2024

令和6年版（第67号）

外交青書

外務省

令和6年版外交青書（外交青書2024）巻頭言

　2023年9月に外務大臣に就任して以来、G7議長国としての活動や、ウクライナや中東を始めとする厳しい国際情勢に向き合う中で、世界が今、歴史の転換点にあることを、私は日々実感しています。同時に、先人が紡いできた日本外交への、国際社会からの確かな信頼や期待も感じています。

　先人たちの努力により築き上げられてきた国際秩序は、今なお続くロシアのウクライナ侵略により、重大な挑戦にさらされています。力による一方的な現状変更の試みは日本の周辺でも続いています。また、「グローバル・サウス」と呼ばれる途上国・新興国の存在感の高まりにより国際社会の多様化が進む一方、国境や価値観を超えて対応すべき課題は山積しています。気候変動や感染症など地球規模の課題に加え、サプライチェーンの脆弱性や経済的威圧、知的財産の窃取などの経済安全保障の課題や、サイバーセキュリティ、偽情報の拡散を始めとする新興技術の悪用など、世界の平和と安定に対する新たな課題も生じています。

　日本は、全ての人が平和と安定、繁栄を享受できるよう、G7議長国としての成果を踏まえ、法の支配に基づく自由で開かれた国際秩序を維持・強化し、「誰一人取り残さない」という持続可能な開発目標（SDGs）の理念に基づき、「人間の尊厳」が守られる安全・安心な世界を実現するための外交を推進していきます。特に、「女性・平和・安全保障（WPS：Women, Peace and Security）」を始めとして、紛争や災害などの際に弱い立場に置かれやすい人々に寄り添う視点を重視していきます。

　また、外務大臣として、日本の国益をしっかりと守る、日本の存在感を高めていく、国民の皆様からの声に耳を傾け、国民に理解され、支持される外交を展開するという3点を基本方針として外交を展開していきます。

　令和6年版外交青書（外交青書2024）は、主として2023年の国際情勢と日本外交の取組を概観したものです。巻頭において、日本がG7議長国として、この1年、世界を分断と対立ではなく協調と平和へと導くためにどのような役割を担ってきたかを振り返り、特集としました。続いて第1章では、近年の国際情勢の認識とこの1年で顕在化した主要課題、さらにはそれを受けた今後の日本外交の展望について概観し、外交青書の要旨としました。第2章以降では、「しなやかで、揺るがない地域外交」、「世界と共創し、国益を守る外交」、「国民と共にある外交」と題して、この1年の日本外交の取組について記載しました。

　この外交青書を通じ、目まぐるしく変化する国際情勢の中で、揺らぎなく、日本の国益を守り、国際社会が直面する諸課題に対して、強さと「しなやかさ」を持って取り組む日本外交の姿について、国内外の皆様に理解を深めていただければ幸いです。

外務大臣

上川陽子

本書は、原則として、令和5年（2023年）1月1日から12月31日までの国際情勢及び日本が行ってきた外交活動の概観を記録するものです。ただし、一部の重要事項については、令和6年（2024年）初めまでの動きも記述しています。

　第1章から第4章では、2023年の日本外交の1年間の取組について簡潔かつ分かりやすく記載するとともに、特定の外交テーマについて深掘りした「特集」や、世界で活躍する方々からの寄稿などを含む「コラム」を盛り込んでいます。さらに、巻末資料として要人往来や1年間の出来事をまとめた年表などを掲載しています。

　本書を始め、外交青書のバックナンバーも外務省ホームページで閲覧できます。また、2024年秋を目途に本書の英語版（全文）、フランス語とスペイン語の要約版も同ホームページに掲載予定ですので、是非御利用ください。

　第3章第2節の「日本の国際協力」については、外務省が別途発行している『開発協力白書 日本の国際協力』も併せて御参照ください。外務省ホームページ上でも閲覧可能です。

　なお、本文中に登場する人物の肩書及び国名は、全て当時のものです。本書内に掲載したインターネット上のリンクや二次元コードは本書発行時点のものであり、今後変更・削除される場合もあります。個人・団体からの寄稿の内容、意見については、外務省の見解を反映したものではありません。また、本書内に掲載した地図は簡易なものであり、必ずしも正確な縮尺などを反映していません。

外交青書バックナンバー：
https://www.mofa.go.jp/mofaj/gaiko/bluebook/

『開発協力白書 日本の国際協力』：
https://www.mofa.go.jp/mofaj/gaiko/oda/shiryo/hakusyo.html

目次

目次

第3章　世界と共創し、国益を守る外交

目次

資料編

巻頭特集・第1章

広島から世界へ

－ 分断と対立ではなく協調と平和の世界へ －

G7広島サミット・セッション1（5月19日、広島県）

　G7*¹は、自由、民主主義、人権や法の支配といった基本的価値や原則を共有し、国際社会が直面する諸課題の解決に、連携して指導力を発揮してきています。2023年、日本はG7議長国を務め、5月19日から21日には広島県でG7広島サミット*²を開催しました。日本は議長国として、同サミットにおける首脳間の議論を牽引し、また、同サミットの成果を着実に実施し、更なる課題に対応するため、積極的にイニシアティブを発揮しました。

▲集合写真（G7首脳、招待国首脳、国際機関の長）（5月20日、広島県）

▶原爆死没者慰霊碑への献花を終えたG7首脳（5月19日、広島県）

1　G7広島サミット（5月）

（1）総論

　G7広島サミットでは、分断と対立ではなく協調の国際社会の実現という大きなテーマの下、法の支配に基づく自由で開かれた国際秩序を守り抜くこと、また、G7を超えた国際的なパートナーとの関与を強化することという二つの視点を柱とし、G7による積極的かつ具体的な貢献を打ち出すことができました。また、インド太平洋が様々な議題に通底する重要なテーマとなりました。

　G7首脳は、招待国・機関を交え、食料、開発、保健、気候変動・エネルギー、環境といった国際社会が直面する諸課題について議論を行い、いわゆるグローバル・サウスと呼ばれる途上国・新興国とも協力してこれらの課題に取り組んでいくことの重要性を確認しました。また、G7、招待国及びウクライナの首脳間で、世界の平和と安定に関する議論を行い、法の支配や、主権、領土一体性の尊重といった国連憲章の諸原則の重要性につき認識を共有しました。

＊1　G7とは、フランス、米国、英国、ドイツ、日本、イタリア、カナダ（議長国順）の7か国及び欧州連合（EU）が参加する枠組み。G7の会議には、G7メンバー以外の招待国や国際機関などが参加することもあり、G7広島サミットでは、オーストラリア、ブラジル、コモロ（アフリカ連合（AU）議長国）、クック諸島（太平洋諸島フォーラム（PIF）議長国）、インド（G20議長国）、インドネシア（ASEAN議長国）、韓国、ベトナム、国際連合（国連）、国際エネルギー機関（IEA）、国際通貨基金（IMF）、経済協力開発機構（OECD）、世界銀行、世界保健機関（WHO）（オンライン参加）、世界貿易機関（WTO）が参加した（※これに加え、一部のセッションにウクライナも参加）。

＊2　G7広島サミット概要：https://www.mofa.go.jp/mofaj/ecm/ec/page4_005920.html（二次元コード1）
　　　G7広島サミット・ホームページ: https://www.mofa.go.jp/mofaj/gaiko/summit/hiroshima23/（二次元コード2）

二次元コード1　　二次元コード2

（2）主要分野の成果とフォローアップ状況

（ア）ウクライナ情勢

　G7広島サミットでは、G7首脳は厳しい対露制裁と強力なウクライナ支援を継続していくことを確認し、「ウクライナに関するG7首脳声明」を発出しました。また、ウクライナのゼレンスキー大統領自身が関連するセッションに対面参加したほか、岸田総理大臣やその他の首脳と会談しました。

　12月6日のG7首脳テレビ会議では、冒頭にゼレンスキー大統領の出席も得て、岸田総理大臣から、中東情勢が緊迫化する中でも、G7がロシアによるウクライナ侵略への国際社会の対応を主導する姿勢は不変であることを強調するとともに、公正かつ永続的な平和を実現するため、G7は引き続き結束して対ロシア制裁とウクライナ支援を強力に推進していくとの決意を示しました。

（イ）インド太平洋

　G7広島サミットでは、岸田総理大臣から「自由で開かれたインド太平洋（FOIP）」のための新たなプラン*3について説明し、G7として東南アジア諸国連合（ASEAN）諸国や太平洋島嶼国を含むインド太平洋地域との協力を強化していくと述べました。G7

G7広島サミットのセッション9「平和で安定し、繁栄した世界に向けて」の様子（5月21日、広島県　写真提供:内閣広報室）

G7広島サミットのセッション8「ウクライナ」に際するゼレンスキー・ウクライナ大統領との集合写真（5月21日、広島県　写真提供:内閣広報室）

G7首脳テレビ会議で発言する岸田総理大臣（12月6日、東京
写真提供：内閣広報室）

首脳は、中国をめぐる諸課題への対応や、核・ミサイル問題、拉致問題を含む北朝鮮への対応において、引き続き緊密に連携していくことを確認しました。

（ウ）軍縮・不拡散

　被爆地であり平和の誓いを象徴する広島で開催された今回のサミットは、「核兵器のない世界」の実現に向けたG7首脳などのコミットメントを確認する上で歴史的意義を有するものとなりました。G7首脳は、被爆の実相に触れ、これを粛然と胸に刻む時を共有し、また、被爆樹木の植樹を通じ核兵器の惨禍を二度と起こさないとの未来に向けた力強い決意を世界に示しました。G7首脳の

みならず、招待国の首脳や国際機関の長も、平和記念公園での献花、資料館訪問、被爆者の声を聞くことを通じ、被爆の実相や平和を願う人々の思いに直接触れ、粛然と胸に刻む時を共有しました。このことは、各々の首脳らが芳名録に記したメッセージにも表れています。

　G7首脳は、「核兵器のない世界」へのコミットメントを再確認するとともに、核軍縮に関する初めてのG7首脳独立文書となる「核軍縮に関するG7首脳広島ビジョン」を発出し、「核兵器のない世界」に向けた国際社会の機運を今一度高めることができました。

バイデン米国大統領による平和記念資料館での記帳内容
「May the stories of this Museum remind us all of our obligations to build a future of peace. Together-let us continue to make progress toward the day when we can finally and forever rid the world of nuclear weapons. Keep the faith!」
仮訳：この資料館で語られる物語が、平和な未来を築くことへの私たち全員の義務を思い出させてくれますように。世界から核兵器を最終的に、そして、永久になくせる日に向けて、共に進んでいきましょう。信念を貫きましょう！
※各首脳の記帳内容については外務省ホームページ参照：
https://www.mofa.go.jp/mofaj/ms/g7hs_s/page1_001692.html

平和記念公園で献花する岸田総理大臣とゼレンスキー・ウクライナ大統領（5月21日、広島県）

＊3　3月20日、岸田総理大臣は「インド太平洋の未来 ―『自由で開かれたインド太平洋』のための日本の新たなプラン― "必要不可欠なパートナーであるインドと共に"」と題する政策スピーチを行い、「平和の原則と繁栄のルール」、「インド太平洋流の課題対処」、「多層的な連結性」、「「海」から「空」へ拡がる安全保障・安全利用の取組」をFOIP協力の四つの柱とする、FOIPのための新たなプランを発表した。

平和記念資料館視察を終え、記帳するG7首脳（5月19日、広島県）

平和記念公園を訪問した招待国首脳・国際機関の長との集合写真（5月21日、広島県）

（エ）食料安全保障

G7広島サミットでは、ロシアのウクライナ侵略が世界の食料安全保障に与えている悪影響も踏まえ、G7首脳は世界の食料安全保障を改善するための取組を継続することにコミットしました。また、G7と招待国の首脳は、共同で「強靱なグローバル食料安全保障に関する広島行動声明」を発出し、同声明に示された食料安全保障の危機への喫緊の対応と、強靱で持続可能かつ包摂的な農業・食料システムの構築に向けた中長期の取組をパートナー国と共にとることを約束し、国際社会におけるより広範な協力を呼びかけました。

同声明に基づき、日本は6月に英国・ロンドンで「食料危機に関する輸入国及び輸出国間の対話」を国際穀物理事会と共催しました。その議論の成果文書を9月の国連ハイレベルウィークの機会に日本、イタリア、アラブ首長国連邦（UAE）及び国連食糧農業機関（FAO）が共催したハイレベルイベントで公表しました。

（オ）経済的強靱性・経済安全保障

G7広島サミットでは、経済安全保障に関して、G7サミットでは初めて独立したセッションを設け、G7首脳は、（1）サプライチェーンや基幹インフラの強靱化、（2）非市場的政策・慣行や経済的威圧への対応強化、（3）重要・新興技術の適切な管理

を含め、結束して対応していくことを確認しました。また、経済安全保障はG7が緊密な連携の下で取り組んでいくべき戦略的な課題であるとの認識の下、経済安全保障に関する取組について、G7枠組みを通じて包括的な形で協働し、連携していく意思を確認しました。とりわけ、経済的威圧に関しては、「経済的威圧に対する調整プラットフォーム」の立上げを確認しました。G7首脳は、G7として初めて、経済的強靱性や経済安全保障に関する包括的かつ具体的なメッセージを「経済的強靱性及び経済安全保障に関するG7首脳声明」として発出しました。さらに、クリーン・エネルギー移行のためのサプライチェーン強靱化に関する「G7クリーン・エネルギー経済行動計画」も発出しました。

こうした成果を踏まえ、10月28日、29日のG7大阪・堺貿易大臣会合では、経済的威圧についてG7として更なる前進を図っていくことで一致したほか、サプライチェーン強靱化に向けて、より広い国際社会との連携や民間セクターへの関与強化の必要性について一致しました。

また、12月6日のG7首脳テレビ会議では、岸田総理大臣から、非市場的政策・慣行や経済的威圧への対応、サプライチェーンや基幹インフラの強靱化、機微技術の管理などにおける連携強化が必要であり、広島サミットでの議論と

「経済的強靱性及び経済安全保障に関するG7首脳声明」はその土台であるとして、この分野におけるG7としての今後の連携強化を呼びかけました。

（カ）気候・エネルギー

G7広島サミットでは、G7首脳は「気候危機」とも呼ぶべき人類共通の待ったなしの課題である気候変動について、G7も太平洋島嶼国もアフリカやその他の地域の国々も一緒に取り組む必要があることを確認し、1.5℃目標[4]達成のため、全ての主要経済国が2025年までに世界全体の温室効果ガス（GHG）排出量をピークアウトすることを求めました。また、エネルギー安全保障、気候危機、地政学リスクを一体的に捉え、再生可能エネルギーや省エネの活用を最大限進めつつ、経済成長を阻害しないよう、各国の事情に応じ、あらゆる技術やエネルギー源を活用する多様な道筋の下で、ネット・ゼロという共通のゴールを目指すことの重要性について、共通の認識を確認しました。加えて、気候資金の動員の重要性及び気候変動に脆弱（ぜい）な国や人々への支援の必要性を確認しました。

さらに、G7首脳は、国際エネルギー機関（IEA）に対し、(1) エネルギー及び重要鉱物の供給やクリーン・エネルギー製造をいかに多様化するかの選択肢についての提言書の作成、(2) クリーン・エネルギー製造ロードマップの作成、(3) 公的部門、金融、企業、研究及びスタートアップ企業の関係者を集めた国際的なフォーラムの開催を要請しました。この要請を受け、エネルギー及び重要鉱物の供給やクリーン・エネルギー製造をいかに多様化するかの提言書が12月にIEAから発表されました。

G7広島サミットのセッション5「経済的強靱性・経済安全保障」に臨む岸田総理大臣（5月20日、広島県）

*4　パリ協定で示された、世界全体の平均気温の上昇を工業化以前よりも2℃高い水準を十分下回るものに抑え、また、1.5℃高い水準までのものに制限するための努力を継続するという目標

（キ）環境

G7広島サミットでは、G7首脳は生物多様性に関する新たな世界目標である「昆明・モントリオール生物多様性枠組（GBF）」の採択を歓迎し、その迅速かつ完全な実施と各ゴール及びターゲットの達成へのコミットメントを確認しました。また、G7首脳は、2040年までに追加的なプラスチック汚染をゼロにする野心を持ってプラスチック汚染を終わらせることを確認しました。

（ク）国際保健

G7広島サミットでは、岸田総理大臣から、新型コロナウイルス感染症の次の危機に備えることを含め、国際保健の課題に取り組むことを訴えました。G7首脳は、公衆衛生危機対応に対する予防・備え・対応（PPR：Prevention, Preparedness and Response）強化のためのグローバルヘルス・アーキテクチャー（GHA：国際保健の体制）の発展・強化に向けて、国際保健のガバナンス向上、資金面の取組の一層の推進及び国際規範強化に取り組むことを確認しました。また、より強靭、より公平、かつより持続可能なユニバーサル・ヘルス・カバレッジ（UHC）*5達成への貢献のため、

UHCハイレベル会合に出席する岸田総理大臣（9月21日、米国・ニューヨーク　写真提供：内閣広報室）

G7は官民合わせて480億ドル以上の資金貢献を表明し、日本としても2022年から2025年までに75億ドル規模の貢献を行う考えを表明しました。さらに、GHA強化とUHC達成の鍵となるヘルス・イノベーションの促進に関しても、感染症危機対応医薬品等（MCM）への公平なアクセスの確保について基本的な考え方や原則を「MCMへの公平なアクセスのためのG7広島ビジョン」として発表し、「MCMに関するデリバリー・パートナーシップ（MCDP）」*6を立ち上げました。また、9月の国連総会の機会に際しては、UHCハイレベル会合に岸田総理大臣が、パンデミックPPRハイレベル会合に上川外務大臣が出席したほか、日本はG7保健フォローアップ・サイドイベントを主催し、G7、関係国や国際機関などと共にUHC達成とPPR強化のためのコミットメントを再確認しました。

（ケ）ジェンダー

日本は、G7日本議長年を通じて、ジェンダー主流化の推進に向けて各課題に対する政策を一体的に扱うことの重要性を訴え、G7の関係閣僚会合においてもジェンダー平等及びあらゆる多様性を持つ女性及び女児のエンパワーメントについて議論が行われました。このように様々な政策分野にジェンダーの視点を取り入れるジェンダー主流化を更に前進させるために提唱されたのが「ネクサス・アプローチ」であり、G7広島首脳コミュニケにも明記されました。「ネクサス・アプローチ」は、政策間の有機的なつながりを重視するものです。政策を互いに連携・調整し、一体的に取り組むことが重要であり、これにより相乗効果が発揮され、ジェンダー平等の達成に向けた進捗が期待できるという考え方です。

---

*5　UHC（Universal Health Coverage）：全ての人々が基本的な保健医療サービスを、必要なときに、負担可能な費用で享受できる状態
*6　MCMに関するデリバリー・パートナーシップ（MCDP）：感染症危機発生時にその対抗手段となるMCMへの公平なアクセス確保のためにMCMのデリバリーに焦点を当てた国際協力の枠組み

日本のWPS促進のための支援プロジェクトの例：
ビディビディ難民居住区の女性のリーダーシップ、エンパワーメント、アクセス及び保護 (Women LEAP) センター (2021年8月25日、ウガンダ)

　G7広島サミットでは、岸田総理大臣から、ジェンダー主流化の推進に向けて「ネクサス」を作り出すことが重要であることを強調し、防災への適用を含む女性・平和・安全保障 (WPS) *7アジェンダの促進、女性の経済的自立などを例に、様々な取組を有機的に連携させていくと発言しました。参加国・機関からは、これに賛同する発言がありました。

(コ) 開発

　G7広島サミットでは、2023年が持続可能な開発目標 (SDGs) 達成に向けた中間年であることを踏まえ、G7首脳は開発協力の効果的活用や民間資金の動員に向けた取組を推進していくことを確認しました。

　また、G7広島サミットの機会に日本はグローバル・インフラ投資パートナーシップ (PGII: Partnership for Global Infrastructure and Investment)

グローバル・インフラ投資パートナーシップに関するサイドイベント (5月20日、広島県)

*7　女性・平和・安全保障 (Women, Peace and Security: WPS)：女性の保護に取り組みつつ、女性自身が指導的な立場に立って紛争の予防や復興・平和構築に参画することで、より持続可能な平和に近づくことができるという考え方。2000年、国連安全保障理事会 (国連安保理) において、同理事会史上初めて、国際的な平和と紛争予防、紛争解決には女性の平等な参画や紛争下の性暴力からの保護、ジェンダー平等が必要であると明記した「女性・平和・安全保障 (Women, Peace and Security: WPS) に関する安保理決議第1325号」が全会一致で採択された。

日本のPGIIの取組の例：デリー高速輸送システム建設計画における工事現場の様子（インド・デリー　写真提供：Delhi Metro Rail Corporation Limited）

日本のPGIIの取組の例：マタバリ港開発計画の建設現場の様子（バングラデシュ・マタバリ　写真提供：バングラデシュ石炭火力発電会社）

に関するサイドイベントを開催し、初めて民間セクターを招待しました。同イベントでは、G7が多様な主体と連携しながらパートナー国のインフラへの投資において民間資金の動員に取り組むことが表明されました。岸田総理大臣からは、PGIIの取組や同パートナーシップの下での日本の取組を紹介しつつ、日本が5年間で650億ドル以上のインフラ支援と民間資金の動員に向けてアジア、アフリカ、大洋州を含め世界各地でインフラ投資を進めてきていること、質の高いインフラ投資が更に促進されるよう取り組んでいくことを表明しました。

（サ）デジタル、人工知能（AI）

G7広島サミットでは、G7首脳は、生成AIや没入型技術（メタバースなど）に関する、G7の価値に沿ったガバナンスの必要性について確認したほか、生成AIに関する議論を行うための「広島AIプロセス」を立ち上げました。また、G7首脳は、

信頼性のある自由なデータ流通（DFFT）[8]具体化のための国際的枠組み（IAP）[9]の設立を承認しました。

12月1日のG7デジタル・技術大臣会合では、広島AIプロセスを通じて、「全てのAI関係者向けの広島プロセス国際指針」及び「高度なAIシステムを開発する組織向けの広島プロセス国際行動規範」を含む、「広島AIプロセス包括的政策枠組」が合意され、12月6日のG7首脳テレビ会議で承認されました。これは、AIについて世界で初めて関係者が遵守すべきルールを包括的に定めた画期的なものであり、急速に進展する生成AIのガバナンスについて、G7が効果的かつ迅速に対応できていることを世界に力強く示しました。

同じくG7デジタル・技術大臣会合では、「DFFTの具体化に関するG7デジタル・技術閣僚声明」及びIAPの組織詳細についてまとめた附属書を採択し、IAPに関する取組の進捗を確認しました。

*8　DFFT: Data Free Flow with Trust
*9　IAP：Institutional Arrangement for Partnership

（シ）貿易

G7広島サミットでは、自由で公正な貿易体制の維持・強化に取り組んでいく必要性についてG7で一致しました。

10月28日、29日のG7貿易大臣会合では、貿易を取り巻く環境が大きく変化する中で、世界経済の持続的な成長、自由で公正な多角的貿易体制の維持・強化や経済安全保障の強化に向けて緊密に議論を行いました。国際社会が直面する新たな課題についてG7としての対応を議論して政策調整が行われただけでなく、G7以外の招待国や国際機関なども交えた議論が行われ、G7を超えた国際的なパートナーとの連携についても改めて確認しました。

G7大阪・堺貿易大臣会合での集合写真（10月28日、大阪・堺）

G7広島サミットのセッション1（ワーキング・ランチ）で議論する岸田総理大臣（5月19日、広島）

2　G7外相会合

（1）G7長野県軽井沢外相会合（4月）

　4月16日から18日に開催されたG7長野県軽井沢外相会合では、G7外相間で率直かつ踏み込んだ議論を行い、会合の成果としてG7外相コミュニケを発出しました。

　セッション全体を通じて、5月のG7広島サミットに向けたG7外相間の連携を確認し、サミットが広島で開催されることも念頭に、核軍縮・不拡散についても議論を行いました。また、アジアで唯一のG7メンバーである日本で開催したことも踏まえ、中国、北朝鮮、ASEAN、太平洋島嶼国など、インド太平洋に関して充実した議論を行いました。

　会合の結果、G7として初めて、日本が重視する法の支配に基づく自由で開かれた国際秩序へのコミットメントや、世界のどこであれ一方的な現状変更の試みに強く反対することを文書の形で確認しました。

「インド太平洋」セッションで議長を務める林外務大臣（4月17日、長野県・軽井沢）

インド太平洋に関するワーキング・ディナー（4月16日、長野県・軽井沢）

G7長野県軽井沢外相会合記念写真（4月17日、長野県・軽井沢）

（2）G7外相会合（11月）

11月7日及び8日に東京で開催したG7外相会合では、特にイスラエル・パレスチナ情勢についてG7外相間で率直かつ踏み込んだ議論を行いました。上川外務大臣は、議長として、議論を取りまとめ、包括的なメッセージを外相声明として発出することに貢献しました。

ウクライナ情勢に関しては、G7として、現下の国際情勢の中にあっても、結束して厳しい対露制裁や強力なウクライナ支援に取り組む姿勢は不変であることを確認したほか、戦略的に最も重要なインド太平洋についても議論しました。また、G7外相会合として初めて、中央アジア5か国と対話を行い、G7と中央アジア諸国の協力の方向性を確認する機会となりました。

さらに、日本議長年の優先事項である国際的なパートナーへの関与強化について幅広い議論を行い、法の支配に基づく自由で開かれた国際秩序の維持・強化、気候変動、核軍縮、女性・平和・安全保障（WPS）を含むジェンダー平等などについて、G7の枠組みを超えて更なる国際的な連帯を築くため取り組んでいくことで一致しました。

「中東」に関するワーキングディナーで議長を務める上川外務大臣（11月7日、東京・外務省飯倉公館）

G7外相会合での集合写真（11月8日、東京・外務省飯倉公館）

国際情勢認識と日本外交の展望：
歴史の転換点にある世界へのメッセージ　― 人間の尊厳 ―

　日本が外交安全保障及び経済上の国益を確保し、また、危機を未然に防ぎ、海外在留邦人を含む国民の生活の安全と繁栄を確保するためには、自由、民主主義、人権、法の支配といった普遍的価値や原則に基づく国際秩序を維持・強化し、平和で安定した国際環境を能動的に創出する必要がある。このためには、国際情勢の潮流を冷静に把握し、変化に適応しながら、戦略的・機動的に外交を展開していくことが求められる。

　本章では、日本を取り巻く国際情勢認識及び日本外交の展望について概観する。

1　情勢認識

　冷戦終焉以降の国際情勢を俯瞰すると、現在、国際社会は再び歴史の大きな転換点にあるといえる。冷戦後の一定期間、安定的な国際秩序が世界に拡大した。圧倒的な国力を有する米国と、日本を含む先進民主主義国が自由、民主主義、基本的人権の尊重、法の支配などの価値や原則に基づく国際秩序の維持・発展をリードし、国際関係の公平性、透明性、予見可能性を高めようという国際協調の潮流が強まった。また、こうした国際秩序を前提として、経済のグローバル化と相互依存が進み、開発途上国を含む国際社会に一定の安定と経済成長をもたらした。

　グローバル化により、国家間の格差が全体としては縮まった一方で、後発開発途上国（LDC）諸国などその恩恵を十分に受けられていない国もある。また、先進国を中心に、国内の格差がむしろ拡大し、それが政治・社会的な緊張と分断を招き、民主的政治体制の不安定化を招く事例も出てきている。加えて、前述の国際秩序の

下で発展した途上国・新興国の台頭により、近年、国際社会の多様化が進んでいる。「グローバル・サウス」とも呼ばれるこれら諸国の一部は、この変化を自覚し、国力に見合うより大きな影響力を求め、発言力を強めている。

　さらに、一部の国家は、急速かつ不透明な軍事力の強化を進め、独自の歴史観に基づき既存の国際秩序に対する挑戦的姿勢と自己主張を強めているほか、経済的な依存関係を自らの政治的目的の実現のために「武器化」するといった動向も見せている。また、安全保障の裾野は半導体や重要鉱物などのサプライチェーンの強靱性確保、重要・新興技術の育成と保護、サイバーセキュリティ、偽情報対策などにまで広がりを見せている。こうしたパワーバランスと安全保障環境の変化を背景に、国家間競争は激しさと複雑さを増している。

　翻って、国際社会全体を見渡すと、気候変動、環境、感染症、核軍縮・不拡散、テロ・国際組織犯罪といった地球規模課題への対処は引き続き極めて重要な課題である。近年、社会の情報化・デジタル化により、こうした課題が世界中で可視化され、その認識が広く広まったものの、これらはどのような大国でも一国のみでは解決できる問題ではなく、国際社会の協調がかつてないほど必要となっている。また、冷戦後の世界で進んだ経済のグローバル化と相互依存は国家間競争の中でも依然として強く存在しており、完全なデカップリング（分離）が可能な状況にはない。このように、国際関係は、対立や競争と協力の様相が複雑に絡み合う状況となっている。

　このような中、2022年2月、ロシアがウクライナ侵略を開始し、ポスト冷戦期の平和と安定、繁栄を支えた国際秩序は、根幹から揺るが

された。さらに、2023年には10月に発生したハマスなどによるイスラエルに対するテロ攻撃以降、イスラエル・パレスチナをめぐる情勢が悪化し、国際社会の対立構造はより複雑化している。紛争の継続によってより深刻化する人道危機を含め、国際社会が喫緊の対応を迫られている危機に対し、国連が本来期待される機能を十分に果たしているとは言い難く、グローバル・サウスを含む一部の国々からは、既存のグローバル・ガバナンス[1]の在り方などに対する不信感が募っているとの指摘もある。

国際関係が複雑に絡み合う今日、欧州と中東の二つの地域で生じた紛争は、それ自体のみならず、サイバー攻撃や偽情報拡散などの新たな脅威を顕在化させ、地球規模課題の解決に向けた国際協力を阻害し、日本を含む世界各地域の安定と繁栄に影響をもたらす問題となっている。このような状況において、2024年には世界各地で重要な選挙が控えており、各国の内政と国際関係が相互に影響を及ぼすという観点からも国際情勢は重要な局面を迎える。

以上を踏まえた上で、国際社会が直面する主要課題について述べていくこととしたい。

（1）法の支配に基づく自由で開かれた国際秩序に対する挑戦

歴史的に見て世界の安定にとり重要な欧州、中東、東アジアの三つの地域のうち二つで戦火が上がっている現状に鑑みれば、東アジアを含むインド太平洋地域の安定は未だかつてなく重要である。

ロシアは、2022年2月以来、ウクライナ侵略を継続している。国連安全保障理事会（以下「安保理」という。）の常任理事国が、主権・領土一体性、武力行使の一般的禁止といった国連憲章の原則をあからさまな形で踏みにじる行為は、国際社会が長きにわたる懸命な努力と多くの犠牲の上に築き上げてきた既存の国際秩序の根幹を揺るがす暴挙であり、国際社会はこれを決して許してはならない。また、ロシアはウク

ライナに対し核兵器による威嚇を繰り返しているが、ロシアが行っているような核兵器による威嚇、ましてやその使用はあってはならず、国際社会は断固として拒否する必要がある。

2023年、日本が主催したG7広島サミットでは、ゼレンスキー・ウクライナ大統領も交え、厳しい対露制裁と強力なウクライナ支援を継続していくことを確認するとともに、ロシア軍の撤退なくして平和の実現はあり得ないことを強調し、ウクライナに平和をもたらすため、あらゆる努力を行うことを確認した。また、国際社会に向けて、法の支配に基づく自由で開かれた国際秩序を維持・強化し、平和と繁栄を守り抜く決意や、「核兵器のない世界」の実現に向けた決意を発信した。国際的にはウクライナへの支援疲れが指摘され、中東情勢の悪化も相まってウクライナ情勢への相対的な関心低下を指摘する向きもあるが、ロシア軍の完全かつ無条件の撤退を前提とした、ウクライナにおける公正かつ永続的な平和の実現は、国際社会における法の支配を守り抜く上で不可欠である。

国際関係が複雑に絡み合う現代の国際社会においては、ロシアによるウクライナ侵略と東アジアにおける力による一方的な現状変更の試みは、地理的に隔絶された別個の事象ではない。欧州・大西洋とインド太平洋の安全保障は不可分であり、法の支配に基づく自由で開かれた国際秩序の維持・強化に向けて、欧州諸国、欧州連合（EU）、北大西洋条約機構（NATO）などを含む幅広い同志国との連携が重要となる。

現実に、日本周辺を含む東アジアにおいては、北朝鮮が大陸間弾道ミサイル（ICBM）級弾道ミサイルなどの発射を含め核・ミサイル開発を進展させている。また中国は、尖閣諸島周辺を含む東シナ海や南シナ海における力による一方的な現状変更の試みや、日本周辺での一連の軍事活動を継続・強化しており、日本周辺の安全保障環境は戦後最も厳しく複雑な状況にある。台湾海峡の平和と安定も重要である。G7広島サミットでは、中国にG7共通の懸念を伝

1　グローバル・ガバナンス：国内のように上位の統治機構が存在しない国際社会において、国家間にまたがる課題への対応に予見可能性や安定性、秩序を持たせるための機関、政策、規範、手続、イニシアティブの総体

え、国際社会の責任ある一員として行動を求めつつ、気候変動などのグローバルな課題や共通の関心分野については中国と協働し、対話を通じて建設的かつ安定的な関係を構築することが重要であるという点で一致した。

このような中、日中間では、11月に行われた日中首脳会談において、「戦略的互恵関係」を包括的に推進することを再確認し、「建設的かつ安定的な日中関係」の構築という大きな方向性を確認した。インド太平洋の安定においては、基本的価値を共有する同志国であるオーストラリアやインド、韓国、東南アジア諸国連合（ASEAN）、太平洋島嶼国などとの連携の重要性も増している。

(2) パワーバランスの変化が　　グローバル・ガバナンスに　　突きつける課題

ポスト冷戦期を通じて発展した安定的な国際秩序の下で、多くの開発途上国が経済発展を遂げたことにより、国際社会は歴史的なパワーバランスの変化を目の当たりにしている。近年、世界経済の規模における途上国・新興国のシェアが急速に増し、2023年にはインドの国内総生産（GDP）が英国を抜いて世界第5位になるなど、象徴的な変化が現れている。

グローバル・サウスとも呼ばれる途上国・新興国は、この変化に自覚を強めており、経済のみならず外交安全保障の領域において、存在感を強める傾向にある。2023年には、G20議長国のインドが「グローバル・サウスの声サミット」を主催し、南アフリカ議長下のBRICS[2]首脳会合ではBRICS加盟国の拡大が発表されるなど、グローバル・サウスの結束を高める動きも見られた。

これら諸国の地政学的立場、経済情勢などは国ごとに様々であり、G20にも名前を連ねる新興国がある一方、貧困、紛争、テロ・国際組織犯罪、自然災害、気候変動などの諸課題に苦しむ脆弱性を抱える国も存在する。各国の利害や思惑は多様である。このことは近年、特にロシアによるウクライナ侵略への対応をめぐって、一部の国々による国連総会決議での投票態度や、対露制裁への消極的な態度などに表れている。「グローバル・サウス」と一括りに捉えることは必ずしも適切ではなく、これら諸国が直面する様々なニーズに応じてきめ細かに対応することが重要である。

国際社会の価値観が多様化し、地政学的な国家間競争が激化する中、国連は試練の時にある。国際社会の平和と安全に主要な責任を有する安保理は、常任理事国の拒否権行使により、ウクライナ情勢やイスラエル・パレスチナ情勢に対し必ずしも有効に機能しているとは言えず、安保理改革を含む国連の機能強化を求める声が高まっている。総会は様々な努力を重ねているが、イスラエル・パレスチナ情勢の悪化以降は、対立構造が更に複雑化しているとの見方もある。

国連を中心とする多国間枠組みが困難に直面する中、G7、日米豪印、日米韓といった同盟国・同志国などの連携の重要性は相対的に増している。特にG7はロシアによるウクライナ侵略開始以降、幅広いウクライナ支援と厳しい対露制裁を継続的に実施してきている。また、G7広島サミットでは、グローバル・サウスを含むG7を超えた国際的なパートナーへの関与の強化を打ち出し、多くのグローバル・サウス諸国も参加するG20にその成果をつなげるよう取り組んできた。国際社会が一つの価値観や主義に収れんすることが困難となる中、価値観や利害の対立を乗り越える包摂的なアプローチと、多様な国との間で相手が真に必要とする協力を模索するきめ細かな外交姿勢が求められている。

2　BRICS：ブラジル、ロシア、インド、中国及び南アフリカを指す用語。なお、8月の首脳会合では、アルゼンチン、エジプト、エチオピア、イラン、サウジアラビア、アラブ首長国連邦（UAE）の新規加盟招待を発表した（アルゼンチンはその後の政権交代により加盟申請を取り下げた。）。2024年1月には、アルゼンチンを除く5か国が加盟したことを、2024年議長国であるロシアが発表したが、その後、サウジアラビア政府がこれを否定する発言も見られる。

（3）経済のグローバル化と相互依存の継続がもたらす影響

このような中にあっても、ポスト冷戦期に発展した世界経済のネットワークは引き続き国際社会の共通基盤として成長を支え、新興国の経済発展や技術革新、人的交流の増加などを背景に国際社会の相互依存は一層深まっている。

とりわけ、近年、新型コロナウイルス感染症やロシアによるウクライナ侵略により、食料・エネルギー不足などが最も脆弱な国々を中心に世界中を直撃し、世界のサプライチェーンが持つ脆弱性が顕在化した。これに加え、一部の国が、経済的依存関係や自国の強大な市場を利用した脅威を通じて自国の利益や勢力拡大を試みる向きもある。このことは、もはや完全なデカップリング（分離）が不可能な時代に、経済のグローバル化と相互依存が、成長や繁栄というプラスの面のみならず、安全保障上の脅威をももたらし得ることを示している。知的財産や機微技術の窃取、他国の債務の持続可能性を無視した開発金融などの課題も指摘されており、安全保障の裾野は経済や重要・新興技術にまで拡大している。

このような時代の要請を踏まえて、G7広島サミットでは、G7サミットの議題としては初めて経済安全保障についての独立したセッションを設けた。この中で、サプライチェーンや基幹インフラの強靱化、非市場的政策及び慣行や経済的威圧への対応の強化、重要・新興技術の適切な管理を含め、結束して対応していくことを確認した。

経済的威圧や不公正な貿易慣行に対抗し、自由で公正な国際経済秩序の拡大を目指すため、世界貿易機関（WTO）を中核とする多角的貿易体制の維持・強化や、時代に即した新たなルール作りもますます重要になっている。また、社会・環境の持続可能性と経済の連結、一体化を統合的に目指すことも時代の要請であり、経済成長を目指しながら、持続可能な開発目標（SDGs）の達成も念頭に、環境や人権、ジェンダー平等といった取組を進めることが求められている。こうした地球規模の課題に対応するため、グローバル・サウス諸国を中心に世界銀行を始めとする国際開発金融機関（MDBs）[3]の改革を求める声も上がっている。

（4）地球規模課題の複雑化と科学技術がもたらす新しい課題

気候変動や環境汚染、感染症を含む国際保健課題、貧困など、人類を共通に脅かす地球規模課題は山積している。特に、近年激甚化・頻発化している豪雨・洪水や干ばつ・山火事などの極端な気象現象や自然災害に見られるように、気候変動による影響の深刻さは一層強く認識され、また、ロシアによるウクライナ侵略なども背景に、食料・エネルギー不足、国内避難民を含む難民の増加、人道危機などの更なる危機が生み出され、深刻化している。2023年、国際社会はSDGs達成年限の中間年を迎えたが、国際社会の分断と対立が深まる中、SDGs達成に向けた国際協力は大きな困難に直面している。

このように国際社会が複合的な危機に直面する中、世界を分断・対立ではなく、協調に導くため、人間の命、尊厳が最も重要であるという、誰もが疑いようのない、人類共通の原点として、「人間の尊厳」に改めて焦点が当たっている。また、ウクライナや中東を始めとする武力衝突においては、特に女性・女児に深刻な被害を及ぼしている。女性・女児の保護や救済に取り組みつつ、女性自身が指導的な立場に立って紛争の予防や復興・平和構築に参画することで、より持続可能な平和に近づくことができるという考え方である「女性・平和・安全保障（WPS：Women, Peace and Security）」の視点も改めて重視されている。

科学技術の進展に目を向ければ、第5世代移動通信システム（5G）、モノのインターネット（IoT）、量子技術などの技術革新は、社会や日常生活に本質的かつ不可逆的な変化をもたら

---

3 MDBs : Multilateral Development Banks

し、SNSの発達により地理的に離れた場所が情報によって瞬時につながる時代が到来した。デジタル化・情報化により人類の生活の利便性が向上し、国境を越えたコミュニケーションが容易になるとともに、気候変動を始めとする地球規模課題は一層可視化された。特に、近年急速に発達する人工知能（AI）には、人類の社会をより良い方向に変革する機会がある一方で、特に生成AIを含む高度なAIシステムについて、サイバー攻撃、偽情報の拡散を含む情報操作といった安全上のリスクが指摘されている。このようなテクノロジーの進歩が国家の競争力にも直結し、軍民両用技術として軍事力を強化する動きにもつながっているほか、SNSを通じた確証バイアス[4]の形成などにより、正しい情報と健全な議論による国民世論の形成が困難となることで、民主主義そのものが試練に晒されている。

このような背景の下、G7広島サミットでは、生成AIの国際ガバナンスを議論するための「広島AIプロセス」を立ち上げ、12月にはAIについて世界で初めて関係者が遵守すべきルールを包括的に定めた「広島AIプロセス包括的枠組み」に合意した。また、11月には英国でAI安全性サミットが開催され、AIの安全性評価に関する国際協力などにつき議論が進められた。

今やグローバリゼーションと相互依存の進展のみによって国際社会の平和と発展は実現されないということは、長期化するロシアによるウクライナ侵略やイスラエル・パレスチナ情勢の急激な悪化を見ても明らかである。しかし同時に、人類共通の地球規模課題の克服には、国境を越えた国際協力や科学技術・イノベーションの積極的な活用が不可欠である。国際社会は価値観や利害の違いを乗り越え、民間企業や市民社会、若年層を含む幅広いステークホルダー（関係者）との連携も重視しながら、テクノロジーがもたらすリスクに適切に対処しつつ、国際協力を進める必要がある。

② 日本外交の展望

ロシアによるウクライナ侵略が継続し、既存の国際秩序が重大な挑戦に晒される一方で、「グローバル・サウス」と呼ばれる途上国・新興国の台頭により国際社会の多様化が進んでいる。こうした中、国連を中心とした多国間主義は一層困難に直面している。一方、気候変動を始めとする地球規模課題や、サイバー攻撃や偽情報を含む情報操作等の新たな脅威など、国境や価値観を超えて対応すべき課題は山積しており、国際社会の協調がかつてなく求められる時代でもある。

日本は、この歴史の転換点にある国際社会において大きな変化の流れを掴み取り、自国及び国民の平和と安全、繁栄を確保し、自由、民主主義、人権、法の支配といった価値や原則に基づく国際秩序を維持・強化し、平和で安定した国際環境を能動的に創出しなければならない。そのためには、「人間の尊厳」という最も根源的な価値を中心に据え、世界を分断や対立ではなく、協調に導く外交を展開する必要がある。

日本は、戦後一貫して平和国家としての道を歩み、アジア太平洋地域や国際社会の平和と安定、繁栄に貢献し、法の支配に基づく自由で開かれた国際秩序の維持・強化に取り組んできた。また、各国の多様性を尊重しながら、あらゆる国との間で、同じ目線に立って共通の課題を議論し、相手が真に必要とする支援を行うきめ細かな外交を展開してきた。さらに、多角的貿易体制の下、自由貿易の旗振り役としてルールに基づく自由で公正な経済秩序を推進し、同時に、人間の安全保障の理念に立脚した開発途上国への協力を行い、能力構築支援などを通じて持続可能な開発目標（SDGs）の達成も含めた地球規模課題に取り組んできた。核軍縮・不拡散や国際的な平和構築の取組にも積極的に貢献してきた。

こうした努力により世界から得た日本への信頼や期待は、今日の日本外交を支える礎となっ

4　確証バイアス：ある仮説を検証する際に、多くの情報の中からその仮説を支持する情報を優先的に選択し、仮説を否定する情報を低く評価あるいは無視してしまう傾向のこと（出典：時事用語辞典）

ている。世界が歴史の転換点を迎える中、（1）日本の国益をしっかりと守る、（2）日本の存在感を高めていく、（3）国民の声に耳を傾け、国民に理解され、支持される外交を展開するという3点を基本方針として外交を展開していく。また日本自身、戦後最も厳しく複雑な安全保障環境に直面する中、国民生活の安全と繁栄を確保し、法の支配に基づく自由で開かれた国際秩序を維持・強化するため、国家安全保障戦略を着実に実践していく。

2024年は世界各地で重要な選挙が控えており、ウクライナ、中東を始め国際情勢は重要な局面を迎えると予想される。このような中、日本は、第10回太平洋・島サミット（PALM[5]10）、アフリカ開発会議（TICAD）[6]閣僚会合など重要な国際会議を開催する予定である。また、「国際協力70周年」という節目の年であるため、最も重要な外交ツールの一つであるODA（政府開発援助）の意義や展望について積極的に発信し、国民の理解を一層深める機会とする。日本として、国際社会と緊密に連携し、山積する国際社会の課題の解決を主導するため取り組んでいく。

（1）法の支配に基づく自由で開かれた国際秩序の維持・強化

法の支配は、全ての国の平和と繁栄の基礎を成すものである。日本は、対話と協力に基づき、法の支配に基づく自由で開かれた国際秩序の維持・強化に向けた外交を包括的に進める。

（ア）法の支配に基づく「自由で開かれたインド太平洋（FOIP）[7]」の推進

法の支配に基づく「自由で開かれたインド太平洋（FOIP）」の実現は日本外交の最優先課題の一つである。3月、岸田総理大臣は、訪問先のインドにおいて、「インド太平洋の未来―『自由で開かれたインド太平洋』のための日本の新たなプラン― "必要不可欠なパートナーで

あるインドと共に"（The future of the Indo-Pacific ― Japan's new plan for a "Free and Open Indo-Pacific" ― "Together with India, as an Indispensable Partner"）」と題する政策スピーチを行い、FOIPの新たなプランを発表した。この中で、「自由」と「法の支配」の擁護、「多様性」、「包摂性」、「開放性」の尊重といった中核的な理念は維持した上で、新たに、「対話によるルール作り」、各国間の「イコールパートナーシップ」、「人」に着目したアプローチを重視していくことを明確にしている。

この新たなプランでは、新型コロナウイルス感染症やロシアによるウクライナ侵略などにより顕在化した新しい課題にも取り組むため、FOIP協力の新たな「四つの柱」を打ち出している。第1の柱は、平和を守るという最も根源的な課題への対処の在り方として、法の支配を重視することである。第2の柱は、気候変動、食料安全保障、国際保健、サイバーセキュリティなど、幅広い分野をFOIPの中に取り込み、インド太平洋流の現実的かつ実践的な協力を推進することである。第3の柱は、多層的な連結性の強化により、皆が裨益（ひ）する形での経済成長を目指すことである。第4の柱は、海だけでなく、空も含めた安全保障・安全利用の取組を強化することである。

FOIPの下での協力を拡充するに当たっては、ODAのより一層の戦略的・効果的な活用を推進していくことも重要である。例えば、日本の強みをいかした魅力的なメニューを作り、提案するオファー型協力を推進していくなど、官民が連動する形で各国のニーズに応えていく。

（イ）同盟国・同志国との連携

法の支配に基づく自由で開かれた国際秩序の推進には、同盟国・同志国との連携が不可欠である。

国際社会が歴史的な転換点にある中で開催さ

5　PALM：Pacific Islands Leaders Meeting
6　TICAD：Tokyo International Conference on African Development
7　FOIP：Free and Open Indo-Pacific

れたG7広島サミットでは、法の支配に基づく自由で開かれた国際秩序を守り抜くことを主要な視点として議論を行い、G7の揺るぎない結束を改めて確認した。また、広島サミットでは、G7、招待国、ウクライナの首脳間で世界平和と安定に関する議論を行い、法の支配に基づく自由で開かれた国際秩序の堅持や、主権や領土一体性の尊重といった国連憲章の重要性について、認識を共有した。

日米豪印については、2024年、日本が外相会合の議長を務めるに当たり、FOIPの実現に向けた地域の国々に真に裨益する実践的協力を一層推進していく。

日韓関係の改善が軌道に乗る中、日米韓協力も着実に進展しており、8月のキャンプ・デービッド（米国）における首脳会合などの成果も踏まえ、日米韓協力が地域の平和と安定に貢献するものであることを示していく。さらに、欧州・大西洋とインド太平洋の安全保障は不可分であり、欧州諸国、EU及びNATOとの連携も強化していく。

（ウ）ウクライナ侵略への対応

ロシアによるウクライナ侵略は、国際秩序の根幹を揺るがす暴挙である。また、ロシアによる核兵器による威嚇、ましてや使用はあってはならない。ロシアが侵略をやめ、ウクライナに公正かつ永続的な平和が訪れるよう、引き続き、G7を始めとする国際社会と連携し、対露制裁とウクライナ支援を強力に推進していく。

さらに、2024年2月19日にシュミハリ首脳の出席も得て開催した日・ウクライナ経済復興推進会議の成果も踏まえ、官民一体となったウクライナの復旧・復興を更に強力に推進するため、取組を進めていく。

（2）安全保障上の課題への対応

日本が戦後最も厳しく複雑な安全保障環境に直面する中、外交を通じて、日本の領土・領海・領空や国民の生命・財産を守り抜いていく。

（ア）日本自身の取組

国家安全保障戦略では、日本の安全保障に関わる総合的な国力の要素として、まず外交力を挙げている。外交と防衛を連携させながら、強い経済や高い技術力、豊かな文化など、日本が誇る様々なソフトパワーを有機的・効果的に結び付け、総合的に外交・安全保障政策を進めていく。また、新たに創設した政府安全保障能力強化支援（OSA）[8]の着実な実施や、サイバー安全保障、経済安全保障の推進に積極的に取り組んでいく。

偽情報等の拡散を含む情報操作などを通じた、認知領域における国際的な情報戦に対しては、様々な角度から情報の収集・分析を行い、戦略的な発信につなげ、情報セキュリティ基盤の構築・強化にも取り組んでいく。

（イ）日米同盟の一層の強化

日米同盟は日本の外交・安全保障の基軸であり、インド太平洋地域の平和と繁栄の礎である。日米同盟の抑止力・対処力の一層の強化、拡大抑止[9]の信頼性・強靱性の維持・強化のための努力、日本における米軍の態勢の一層の最適化に向けた取組を進め、同時に、普天間飛行場の一日も早い全面返還を目指し、辺野古移設を進めるなど、地元の負担軽減と在日米軍の安定的駐留に全力を尽くしていく。

また、11月に開催した日米経済政策協議委員会（経済版「2＋2」）第2回閣僚会合の議論なども踏まえ、引き続き、戦略的観点から経済分野での日米協力を拡大・深化させていく。

（ウ）同盟国・同志国との連携強化

抑止力の強化のためには、日米同盟に加えて、同盟国・同志国間のネットワークを重層的に構築し、それを拡大していくことも重要である。そのために、日米韓、日米豪などの枠組みを活用しつつ、オーストラリア、インド、韓国、

---

8 OSA：Official Security Assistance
9 ある国が有する抑止力をその同盟国などにも提供すること

欧州諸国、ASEAN諸国、カナダ、NATO、EU、太平洋島嶼国などとの安全保障上の協力を強化する。

オーストラリアとは、日豪部隊間協力円滑化協定が8月に発効し、その下で共同訓練が行われるなど、インド太平洋地域の平和と繁栄の確保に向け、引き続き安全保障分野の協力を着実に強化・拡大させている。

欧州諸国及びEU、NATOとは、欧州・大西洋とインド太平洋の安全保障は不可分であるとの認識の下、安全保障に係る連携を強化している。EU、NATOを始め欧州諸国もインド太平洋への関心を高めており、こうしたことを背景に、4月には、NATO外相会合に林外務大臣が、7月には、NATO首脳会合に岸田総理大臣が出席した。また、10月に日英部隊間協力円滑化協定が発効したほか、12月には日本、英国及びイタリアの3か国が、次期戦闘機の共同開発に関し「グローバル戦闘航空プログラム（GCAP）[10]政府間機関の設立に関する条約（GIGO設立条約）」に署名した。引き続き、欧州諸国及びEU、NATOによるインド太平洋への関与拡大に向けて具体的協力を進めていく。

（3）経済外交の新しいフロンティアの開拓

厳しさと複雑さを増す今の時代において、強くしなやかな経済力で世界に存在感を示すため、官民連携を重視し、スタートアップ企業を含むあらゆるステークホルダーを巻き込みながら、経済外交の新しいフロンティアを開拓していく。これからの日本は、グローバル・サウスと呼ばれる途上国・新興国の成長を取り込みながら、経済を強く成長させていかなければならない。地域ごとの課題や特性なども十分踏まえた上で、きめ細かで、戦略的な経済外交を推進していく。

（ア）ルールに基づく自由で公正な経済秩序の維持・拡大

多角的貿易体制の一層の強化のためのWTOの改革、環太平洋パートナーシップに関する包括的及び先進的な協定（CPTPP）[11]のハイスタンダードの維持、地域的な包括的経済連携（RCEP）[12]協定の透明性のある履行の確保、インド太平洋経済枠組み（IPEF）[13]を通じた地域の持続可能で包括的な経済成長の実現、AIや「信頼性のある自由なデータ流通（DFFT）[14]」を含む新興課題の分野での国際的なルール作りなど、課題は山積している。

こうした中、経済協力開発機構（OECD）加盟60周年を迎える2024年、日本は5月のOECD閣僚理事会の議長国を務める。このような機会を捉え、同盟国・同志国とも緊密に連携しながら、ルールに基づく自由で公正な経済秩序の維持・拡大に向けてリーダーシップを発揮していく。

（イ）経済安全保障の取組

安全保障の裾野が経済まで広がる中、経済の自律性、技術などの優位性・不可欠性を確保すること、すなわち経済安全保障も新しい時代の外交の重要な柱である。日本の経済安全保障を確保するため、サプライチェーンの強靱化や経済的威圧への対応を含む経済安全保障上の諸課題に、同盟国・同志国との連携を一層強化しつつ、ODAも活用し、官民で緊密に連携しながら、取組を強化していく。

（ウ）社会・環境の持続可能性と経済との連結、一体化

今や社会・環境の持続可能性と経済との連結、一体化を統合的に目指すことが当たり前に求められる時代である。環境や人権、ジェンダー平等といったSDGsの推進に企業が積極的に関与し、日本が経済成長を実現することで、

---

10 GCAP : Global Combat Air Programme
11 CPTPP : Comprehensive and Progressive Agreement for Trans-Pacific Partnership
12 RCEP : Regional Comprehensive Economic Partnership
13 IPEF : Indo-Pacific Economic Framework for Prosperity
14 DFFT : Data Free Flow with Trust

企業の利益が社会に還元される好循環を実現するための取組を進めていく必要がある。

例えば、民間企業を含む様々な主体を巻き込み、開発協力を実施していく。具体的には、日本の強みをいかしたオファー型協力や民間資金動員型ODAなどを実施し、開発途上国の質の高い成長を実現するとともに、日本の成長にもつなげていく。また、日本企業の海外展開、日本産食品の輸出拡大を積極的に後押しするため、在外公館が現地に進出する日本企業を強力にバックアップしていく。加えて、日本経済の生産性向上・成長を後押しするためには、海外から質の高い人材、先進技術、豊富な資金を呼び込み、イノベーションや雇用を創出することが不可欠である。このような観点から、在外公館を活用した対日直接投資の推進に積極的に取り組んでいく。

さらに、魅力ある日本文化や科学技術・イノベーションなどソフトパワーを積極的に活用していくことも重要である。2025年日本国際博覧会（大阪・関西万博）、2027年国際園芸博覧会は日本の強くしなやかな経済力を示す重要な機会であり、成功に向け、引き続き力強く取り組んでいく。

12月の日本ASEAN友好協力50周年特別首脳会議で打ち出した「次世代共創パートナーシップ－文化のWA2.0－」を始め、対日理解の促進と戦略的な対外発信を更に推進していく。「佐渡島の金山」の世界遺産登録に向け、その文化遺産としての素晴らしい価値が評価されるよう、国際社会に対して説明するとともに、関係国と丁寧な議論を行いつつ、しっかりと役割を果たしていく。

また、ALPS処理水[15]放出の安全性については、引き続き国際原子力機関（IAEA）と緊密に連携し、科学的根拠に基づき、高い透明性をもって国内外に丁寧に説明していく。

（4）近隣諸国などとの外交

日本及び地域の平和と繁栄を維持するため、近隣国などとの難しい問題に正面から対応しつつ、安定的な関係を築いていく。

（ア）日中関係

日本と中国の間には、様々な可能性とともに、尖閣諸島を含む東シナ海、南シナ海における力による一方的な現状変更の試みや、中露の連携を含む日本周辺での一連の軍事活動を含め、数多くの課題や懸案が存在している。また、台湾海峡の平和と安定も重要である。さらに、中国の人権状況や香港情勢についても深刻に懸念すべき状況にある。

同時に日中両国は、地域と世界の平和と繁栄に対して大きな責任を有している。「戦略的互恵関係」を包括的に推進するとともに、主張すべきは主張し、責任ある行動を強く求めつつ、諸懸案も含め、対話をしっかりと重ね、共通の諸課題については協力する、「建設的かつ安定的な日中関係」を双方の努力で構築していくことが重要である。

（イ）日韓関係

重要な隣国である韓国とは、多様な分野で連携や協力の幅を広げ、パートナーとして力を合わせて新しい時代を切り拓いていくため、様々なレベルでの緊密な意思疎通を重ねていく。

インド太平洋の厳しい安全保障環境を踏まえれば、両国の緊密な協力が今ほど必要とされる時はない。日韓関係の改善が軌道に乗る中、グローバルな課題についても連携を一層強化していく。竹島については、歴史的事実に照らしても、かつ、国際法上も日本固有の領土であるとの基本的な立場に基づき、毅然と対応していく。

---

15 ALPS処理水とは、ALPS（多核種除去設備（Advanced Liquid Processing System））などにより、トリチウム以外の放射性物質について安全に関する規制基準値を確実に下回るまで浄化した水。ALPS処理水は、その後十分に希釈され、トリチウムを含む放射性物質の濃度について安全に関する規制基準値を大幅に下回るレベルにした上で、海洋放出されている。

（ウ）日中韓協力

日中韓協力は、大局的な視点から、地域及び世界の平和と繁栄にとって重要である。11月に約4年ぶりに開催された日中韓外相会議の議論を踏まえ、早期で適切な時期のサミットの開催に向け、議長国としての韓国の取組を後押ししていく。

（エ）日露関係

日露関係は、ロシアによるウクライナ侵略により引き続き厳しい状況にあるが、政府として、北方領土問題を解決し、平和条約を締結するとの方針を堅持していく。その上で、例えば、漁業などの経済活動や海洋における安全に係る問題のように、日露が隣国として対処する必要のある事項については、日本の外交全体において何が日本の国益に資するかという観点から適切に対応していく。

また、北方四島交流等事業の再開は日露関係における最優先事項の一つである。ロシア側に対し、今は特に北方墓参に重点を置いて事業の再開を引き続き強く求めていく。

（オ）北朝鮮

北朝鮮との間では、日朝平壌宣言に基づき、拉致、核、ミサイルといった諸懸案を包括的に解決し、不幸な過去を清算して、日朝国交正常化の実現を目指していく。

とりわけ、拉致被害者御家族も御高齢となる中で、時間的制約のある拉致問題は、ひとときもゆるがせにできない人道問題である。全ての拉致被害者の一日も早い御帰国を実現するため、全力で果断に取り組む。

北朝鮮による弾道ミサイルなどの発射は、日本の安全保障にとって重大かつ差し迫った脅威である。地域及び国際社会全体の平和と安全を脅かすものであり、断じて容認できない。

日本としては、米国及び韓国を始めとする国際社会とも協力しながら、累次の関連する安保理決議の完全な履行を進め、北朝鮮の核・弾道ミサイル計画の完全な廃棄を求めていく。

（5）地域外交の課題

グローバル・サウスと呼ばれる途上国・新興国が急速に発言力を高め、世界のパワーバランスが大きく変化する中、国際社会を分断や対立ではなく協調に導き、また、国際社会が直面する諸課題への解決を共に創り出していく上では、多様性や包摂性を重視したアプローチで、各国・各地域の事情や特性を踏まえつつ、きめ細かく関与していくことが重要である。

インド太平洋の要であるASEANの安定と繁栄は、日本、そしてインド太平洋地域全体にとり極めて重要である。日本は、12月の日本ASEAN友好協力50周年特別首脳会議で打ち出した、次の50年に向けた新たな協力のビジョンと幅広い具体的協力を着実に実行し、ASEAN各国との関係をより一層強化していく。

インドは、基本的価値と戦略的利益を共有する、「自由で開かれたインド太平洋（FOIP）」の実現に向けた重要なパートナーである。日印両国は、アジアの民主主義国家という共通項の下、インド太平洋地域、そして世界の平和と安定に大きな責任を共有している。世界が分断と対立を深める中、欧米各国とは異なる文化的、歴史的背景を有しつつも、確固たる民主主義の歴史を有する日印両国が果たせる役割は大きい。このような背景も踏まえ、日印両国は、「特別戦略的グローバル・パートナーシップ」の下、経済、安全保障、人的交流など、幅広い分野における協力を一層推進していく。

インドを含む南西アジアは、日本と中東・アフリカ地域を結ぶシーレーン上の要衝に位置する戦略的に重要な地域であり、また、域内で約19億人の人口を有し、高い経済成長率を維持していることから、日本企業にとって魅力的な市場・生産拠点である。南西アジア各国は伝統的な親日国であり、日本は長年にわたって安全保障、経済、経済協力、人的交流などの幅広い分野においてこの地域の国々との関係を深めてきた。こうした基盤を活用しながら、法の支配に基づく自由で開かれた国際秩序の維持・強化

に向けた重要なパートナーである南西アジア各国との関係を一層深化させていく。

太平洋島嶼国地域は、FOIPの実現の観点からも非常に重要な地域である。2024年2月の太平洋・島サミット（PALM）中間閣僚会合などを踏まえ、同年7月の第10回太平洋・島サミット（PALM10）や二国間での対話を通じ、同志国とも連携しつつ、各国のニーズに寄り添う形で太平洋島嶼国の発展やその一体性を力強く支えていく。

中東は、国際社会にとり主要なエネルギー供給源の一つであり、日本も原油輸入の約9割をこの地域に依存している。したがって、航行の安全の確保を含む同地域の平和と安定は、エネルギー安全保障や日本を含む世界経済の安定と成長にとっても極めて重要である。一方、同地域には歴史的に様々な紛争や対立が存在し、現在も不安定な緊張状態や深刻な人道状況が継続している。近年では、イスラエルと一部のアラブ諸国との国交正常化を始め、域内で関係改善に向けた情勢の変化が見られていたが、10月に発生したハマスなどによるイスラエルに対するテロ攻撃を発端とする一連の動きにより、イスラエル・パレスチナ問題をめぐり地域の不安定性が再び顕在化した。日本は米国と同盟関係にあり、同時に中東各国と伝統的に良好な関係を築いている。中東地域を含む法の支配に基づく自由で開かれた国際秩序の維持・強化に向け、「日・アラブ政治対話」や「日・GCC[16]外相会合」などの様々な対話の枠組みを通じ各国の問題意識やニーズを十分に踏まえた上で、関係国とも緊密に連携しながら、中東の緊張緩和と情勢の安定化に資する外交努力を、積極的に展開していく。

2050年に世界の人口の4分の1を占めるといわれるアフリカは、若く、希望にあふれ、ダイナミックな成長が期待できる大陸である。日本は1993年に、アフリカ開発会議（TICAD）を立ち上げて以降、30年間以上にわたり、アフリカ自らが主導する開発を後押ししていくと

の精神で対アフリカ協力に取り組んできた。2024年には東京でTICAD閣僚会合を、2025年には横浜でTICAD 9を開催予定である。日本としては今後ともTICADプロセスも通じ、アフリカ各国と共に様々な課題に取り組むことによって、日・アフリカ関係を一層深化させていく。

中南米諸国の多くは自由、民主主義、法の支配といった価値と原則を共有し、国際場裡でも存在感を有する重要なパートナーである。また、脱炭素化のために重要な鉱物資源やエネルギー、食料資源を豊富に有し、サプライチェーン強靱化や経済安全保障の観点からも重要性が増している。また、中南米に存在する世界最大の約310万人から成る日系社会は、日本と中南米の伝統的な友好関係の基礎となっている。2024年は、ブラジルでG20が、ペルーでアジア太平洋経済協力（APEC）が開催されるなど世界の注目が中南米に集まるほか、カリブ諸国との間では日・カリブ交流年を迎える。こうした機会を捉え中南米諸国との更なる関係強化を図る。

中央アジア・コーカサス諸国は、ロシアと歴史的、経済的に緊密な関係にある中で、ロシアによるウクライナ侵略の影響を大きく受けている。日本は、「中央アジア＋日本」対話などの枠組みも活用しながら、法の支配に基づく自由で開かれた国際秩序を維持・強化するためのパートナーとして、協力を推進していく。

(6) 地球規模課題のための協力

気候変動、環境問題、食料・エネルギー問題、感染症を含む国際保健課題、人口問題、難民問題、海洋の持続可能な利用など、地球規模課題は山積しており、人類は一致してこれらの課題に取り組まなければならない。

そのためにも国連が本来の役割を果たすことがますます重要になっている。安保理改革を含め国連の機能を強化するため、日本が先頭に立って取り組んでいく。日本が安保理議長を務

---

16 Gulf Cooperation Council 湾岸協力理事会：1981年にサウジアラビア、アラブ首長国連邦（UAE）、バーレーン、オマーン、カタール、クウェートによって設立。防衛・経済をはじめとするあらゆる分野における参加国間での調整、統合、連携を目的としている。

める2024年3月には、国際社会が直面する重要な課題について活発な議論を行う。

2024年9月には国連「未来サミット」が予定されている。今後数十年を見据え、国連を中核に置いた強く実効的な多国間主義を強化する機会として、「人間の尊厳」という原点に立ち返り、法の支配を推進し、人間の安全保障の理念に基づく「人間中心の国際協力」を主導していく。また、2030年までのSDGsの包括的な達成に向けた国際的取組に積極的に貢献していく。国際機関で日本人が職員として更に活躍できるための取組も推進する。

同時に、「核兵器のない世界」の実現、日本らしい人権外交、平和構築、テロ・国際組織犯罪対策などを積極的に推進していく。特に、核軍縮・不拡散については、5月のG7広島サミットで発出した「核軍縮に関するG7首脳広島ビジョン」を強固なステップ台としつつ、「ヒロシマ・アクション・プラン」[17]の下での取組を一つ一つ実行していくことで、「核兵器のない世界」に向けた現実的で実践的な取組を継続・強化していく。具体的には、核戦力の透明性向上や、包括的核実験禁止条約（CTBT）の早期発効や核兵器用核分裂性物質生産禁止条約（FMCT）の即時交渉開始といった効果的な核軍縮措置に向けた取組を積み重ねていく。また、「核兵器のない世界」に向けた国際賢人会議[18]などの取組を通じて、核軍縮に向けた国際的な機運を高める取組を進め、「核兵器のない世界」の実現に向け、一歩一歩近づいていく。

さらに、「女性・平和・安全保障（WPS）」について、主要外交政策の一つとして力強く推進し、その重要性を発信していく。このため、2024年1月、外務大臣の下にタスクフォースを設置した。今後、ODAを含むあらゆるツールを用いてWPSを推進していく。

（7）総合的な外交・領事実施体制の強化

「外交の要諦は人」であり、これらの取組で着実な成果を上げるためには、外交・領事実施体制を強化することが不可欠である。

在外職員などの勤務環境改善や生活基盤強化、人的体制の強化、財政基盤の整備、デジタル・トランスフォーメーション（DX）や働き方改革の推進など、外交・領事実施体制の抜本的強化に取り組む。緊急事態に際し、邦人保護を始め迅速かつ機動力のある危機対応が可能となるよう、在外公館の強靱化を推進し、人的体制を含む即応体制を充実させていく。

---

17 岸田総理大臣が2022年8月のNPT運用検討会議で提唱したもの。「核兵器のない世界」という「理想」と「厳しい安全保障環境」という「現実」を結び付けるための現実的なロードマップの第一歩として、核リスク低減に取り組みつつ、（1）核兵器不使用の継続の重要性の共有、（2）透明性の向上、（3）核兵器数の減少傾向の維持、（4）核兵器の不拡散及び原子力の平和的利用、（5）各国指導者などによる被爆地訪問の促進、の五つの行動を基礎とする。

18 2022年1月に岸田総理大臣が施政方針演説で立上げを表明。核兵器国と非核兵器国の双方からの有識者が、現職・元職の政治リーダーの関与も得て、「核兵器のない世界」の実現に向けた具体的な道筋について議論する国際会議。2023年は4月に東京にて第2回会合、12月に長崎にて第3回会合を開催した。

ウクライナの復旧・復興に向けた日本の取組

日・ウクライナ経済復興推進会議首脳セッションで基調講演を行う岸田総理大臣（2024年2月19日、東京　写真提供：内閣広報室）

ロシアによるウクライナ侵略が長期化する中、戦争の被害は、エネルギー・交通インフラ、住宅、学校など、人々の生活を支えるインフラや施設にも及んでおり、ウクライナの人々は厳しい状況に置かれています。侵略が継続する中であっても、ウクライナの人々が、短期・中長期的な未来を思い描けるよう、日本としてウクライナに寄り添った復旧・復興支援を行っていくことは、待ったなしの課題です。

　日本は、戦後の荒廃や度重なる深刻な自然災害を経験してきましたが、その度に、国際社会から支援を得つつ、めざましい復興を成し遂げてきました。日本には、困難を乗り越える中で培ってきた、復旧・復興に関する経験や知見があります。また、ウクライナ側には、長期にわたるウクライナ復興に向けて、日本の持つ経験や技術に対する期待があります。政府として、こうした経験と知見をいかしつつ、ウクライナの復旧・復興に貢献するため、人道支援から生活再建・復旧支援、そして経済復興・産業高度化のフェーズに至るまで、特に七つの分野で重点的な取組を進めます。具体的には、喫緊の支援として、(1) 復旧・復興の前提となる地雷対策・がれき処理、(2) 人道状況の改善や生活再建支援の二つの分野に取り組むとともに、ウクライナの経済復興及び産業の高度化のため、(3) ウクライナの主要産業である農業・畜産業の生産性向上、(4) バイオなど新たなものづくり、(5) IT人材雇用を見据えたデジタルやIT／ICT産業の発展の三つの分野で取組を進め、(6) 電力や交通インフラなどの生活基盤の整備、(7) 汚職対策・ガバナンス強化という二つの分野におけるウクライナの努力を支援することにより、持続可能な復興を実現するための基盤整備を支えます。

　特に、地雷や不発弾の処理は、住民の安心・安全の確保に不可欠であるのみならず、生活、農業、産業の再建にも欠くことができない復旧・復興の前提です。日本は、地雷・不発弾処理に当たるウクライナ非常事態庁（SESU）[1]に対し、不発弾対策のクレーン付きトラック、地雷探知機などの機材の供与を実施しています。1月には、日本が20年以上にわたり地雷・不発弾対策を支援してきたカンボジアとの協力の下、SESU職員に対して、日本の技術を活用した地雷探知機ALIS[2]（エーリス）の使用訓練・研修を実施し、7月には、カンボジアに加えてポーランドの協力も得て、ウクライナの土壌に近いポーランドで供与済みのALISを使ったフォローアップ訓練も行いました。さらに11月には、ALISの50台追加供与及び車両40台の供与も行いました。

　また、ロシアが発電施設などのエネルギー・インフラへの集中的な攻撃を行ったことを踏まえ、人々の生活を支えるため、9月には、エネルギー・インフラ分野における復旧・復興のための支援として、ウクライナのキーウ市において約50万人が裨益する大型変圧施設2基を、国連開発計画（UNDP）経由で供与しました。さらに2024年1月に、500万人以上の裨益が見込まれる大型変圧器7基の輸送支援並びにUNDP及び独立行政法人国際協力機構（JICA）を通じた日系企業製を含むガスタービン発電機5基の供与を行いました。

　さらに、戦争において女性や子どもたちが特に脆弱な立場に置かれる中、こうした人々を守り、「人間の尊厳」が確保されることが必要です。こうした認識の下、日本は、初期の緊急人道支援から中長期的な生活再建、復興・産業高度化のフェーズに至るまで、女性や子どもを含むウクライナの人々に寄り添い、「女性・平和・安全保障（Women, Peace and Security：WPS）」の視点（245ページ　第3章第1節8参照）を組み込んだ様々な具体的な取組を行っています。WPSの理念を形にした具体的な取組として、2023年度補正予算には、喫緊の課題である女性の保護のため、保健医療、シェルター整備やジェンダーに基づく暴力の被害者保護に関する取組が含まれました。また、女性のエンパワーメントを通じて人道支援・復興への女性の参画を促し、未来のリーダーへの投資として子どもたちへの教育に係る支援を行うことで、短期から長期まで見据えた活動を行っていきます。

ウクライナが示している復興需要は莫大であり、民間セクターの積極的な関与を得て、支援を行っていくことが不可欠となっています。官民一体となった復旧・復興の実現に向けた取組を加速させるため、政府として取組を進めています。

具体的取組として、関係省庁の緊密な連携を図るため、関係省庁局長級から構成されるウクライナ経済復興推進準備会議を設置し、5月15日には、会議の冒頭に岸田総理大臣の出席を得て、木原誠二官房副長官を議長とした第1回会合を開催しました。さらに、6月19日には木原官房副長官を、10月5日及び2024年1月30日には村井英樹官房副長官をそれぞれ議長として会合を開催しました。

ウクライナ復興会議でスピーチを行う林外務大臣（6月21日、英国・ロンドン）

さらに、6月21日から22日、英国とウクライナの共催によりロンドンで開催されたウクライナ復興会議において、林外務大臣は、官民を挙げてウクライナの復旧・復興を力強く後押しするため、日・ウクライナ経済復興推進会議を東京で開催することを発表しました。

その後、同会議の成功に向け、ウクライナ側のニーズを直接聴取し、具体的な支援の案件形成に向けた重要な機会とするため、民間企業を伴ったウクライナ訪問も実施されました。9月9日、林外務大臣が日本企業関係者と共にウクライナを訪問し、11月20日には、辻清人外務副大臣及び岩田和親経済産業副大臣が、ウクライナの復旧・復興に関心の高い複数のスタートアップを含む日本企業の参加を得て、経済ミッションとしてウクライナを訪問しました。また、2024年1月7日、ウクライナを訪問した上川外務大臣は、これらの成果を踏まえ、ゼレンスキー・ウクライナ大統領や特に日・ウクライナ経済復興推進会議に出席するシュミハリ・ウクライナ首相との間で、民間の関与を得て同会議を成功させ、ウクライナの復興につなげていくことを確認しました。

経済ミッションによるスヴィリデンコ・ウクライナ第一副首相兼経済相への表敬（11月20日、ウクライナ・キーウ）

上川外務大臣によるゼレンスキー・ウクライナ大統領への表敬（2024年1月7日、ウクライナ・キーウ）

その上で、同年2月19日、同首相の参加も得て、日・ウクライナ経済復興推進会議が開催されました。日本及びウクライナの多数の企業が参加する中、岸田総理大臣は、ウクライナ支援は両国及び世界の「未来への投資」であると指摘の上、三つの原則（包摂性、パートナーシップ、知見・技術）に基づき、五つの行動（租税条約の署名・投資協定改正の交渉開始、国際金融機関を通じた支援、政府開発援助（ODA）による官民連携事業・JICAの海外投融資、独立行政法人日本貿易振興機構（JETRO）キーウ事務所の設置・NEXI[3]の新たなクレジットライン設定、数次査証の緩和措置など）を通じて、日本の民間投資を促進し、ウクライナでの雇用を生み出していくと述べつつ、官民一体となって「日本ならではの貢献」を行っていくことを表明しました。あわせて岸田総理大臣は、ウクライナの復興を支える国際社会の連帯もまた、一層強固なものにしていかなければならず、ウクライナが復興を成し遂げることは日本そして国際社会全体の利益であると述べました。同会議においては、具体的成果として、日・ウクライナ両国政府で調整された共同コミュニケのほか、同日に署名された租税条約を含め、官民合わせて56本の協力文書が発表されました。また、ウクライナの復旧・復興にWPSの視点をいかに組み込んでいくべきかを考える「WPSセッション」を上川外務大臣の主催で開催し、政府、ビジネス、市民社会の視点から、活発な議論が行われました。同セッションで上川外務大臣は、ウクライナにおける、家族、コミュニティ及び国民全体の「再統合」の必要性とこれに向けた日本の考え方に言及し、ウクライナの復旧・復興におけるWPSの国際的取組を前に進めることを表明しました。このように、日・ウクライナ経済復興推進会議の開催を通して、対ウクライナ支援の継続の必要性に関する力強いメッセージを国際社会に向けて発出することができました。

政府としては、同会議の成果も踏まえ、官民一体となったウクライナの復旧・復興を更に強力に推進するため、引き続き取り組んでいきます。

---

1 SESU：State Emergency Service of Ukraine
2 ALIS：Advanced Landmine Imaging System
3 NEXI：Nippon Export and Investment Insurance

日本のパレスチナ・ガザ地区における取組

日本は、10月7日以降のパレスチナ・ガザ地区をめぐる情勢を受け、国際機関を通じた緊急人道支援や補正予算による追加的な人道支援のほか、独立行政法人国際協力機構（JICA）を通じた同地区への物資支援を実施しています。

11月8日には、第1弾としてテントや毛布などの支援物資をエジプトのエル・アリーシュ空港に輸送し、エジプト及びパレスチナ赤新月社などの協力によりガザ地区内に届けました。それらの物資はその後避難所で使用されています。12月1日には、第2弾として、包帯、ガーゼ、手術用グローブなどの医療消耗品を同空港に輸送し、エジプト及びパレスチナ赤新月社の協力によりガザ地区に届けました。この時は、在エジプト日本国大使館及びJICAの職員が、エジプト赤新月社への支援物資の引渡しに立ち会ったほか、空港からラファハ検問所（エジプトとガザ地区の境界にある検問所）までの支援物資の搬送の流れや搬入のボトルネックについて現地調査を実施しました。届けられた医療消耗品は、ガザ地区内の病院や保健センターなどの医療施設に配布され、随時使用されています。

また、12月25日より（2024年1月下旬まで）JICAを通じて、ガザ地区における緊急人道支援・保健医療分野におけるニーズを調査するため、隣国のエジプト（カイロ）に医師などから構成される調査チームを派遣しました。同チームは、医療資源を適切に配分するために現地で緊急医療支援の調整に当たる世界保健機関（WHO）と連携し、日本の災害緊急援助のノウハウを活用した医療データ管理分野の調整業務支援を実施したり、エジプト保健省と協力してパレスチナの人々の緊急人道支援ニーズの確認をしました。

日本は、ガザ地区の人道状況改善や事態の沈静化に向けて粘り強い外交努力を継続しつつ、関係諸国との協力の下、国際機関やJICAを通じた支援を引き続き行っていきます。

ガザ地区で使用されている支援物資のテント
（12月、パレスチナ・ガザ　写真提供：JICA）

エル・アリーシュ空港に到着した支援物資
（12月、エジプト　写真提供：JICA）

第2章
しなやかで、揺るぎない地域外交

1 法の支配に基づく「自由で開かれたインド太平洋(FOIP)」の推進

1 総論

インド太平洋は、アジア太平洋からインド洋を経て中東・アフリカに至る広大な地域であり、世界人口の半数を擁する世界の活力の中核である。しかし同時に、強大な軍事力を有する国が数多く存在し、その中で法の支配に基づく国際秩序の根幹を揺るがすような行動も見られ、また、海賊、テロ、大量破壊兵器の拡散、自然災害、違法操業といった様々な脅威にも直面している。この地域において、法の支配に基づく自由で開かれた秩序を実現し、地域全体、ひいては世界の平和と繁栄を確保していくことが重要である。

日本は、2007年に安倍総理大臣がインドの国会においてインド洋と太平洋の「二つの海の交わり」に関する演説を行うなど、かねてからインド洋と太平洋を総体として捉える考え方の重要性を強調してきた。2016年8月には、こうした考え方を構想として結実させる形で、安倍総理大臣が、ケニアで開催された第6回アフリカ開発会議(TICAD VI)の基調演説の機会に、「自由で開かれたインド太平洋(FOIP)」を対外発表した。同演説において、安倍総理大臣は、国際社会の安定と繁栄の鍵を握るのは、成長著しいアジアと潜在力あふれるアフリカの「二つの大陸」、自由で開かれた太平洋とインド洋の「二つの大洋」の交わりにより生まれるダイナミズムであり、日本はアジアとアフリカの繁栄の実現に取り組んでいくと述べた。

日本は、2016年から現在に至るまで、法の支配に基づく「自由で開かれたインド太平洋(FOIP)」の実現に向けた取組を、考え方を共有する国々と連携しつつ幅広く推進してきた。その結果、日本が提唱したFOIPは、今や、米国、オーストラリア、インド、東南アジア諸国連合(ASEAN)、韓国、欧州連合(EU)及び欧州諸国を含め国際社会において幅広い支持を集めており、様々な協議や協力が進んでいる。2019年6月にASEAN首脳会議で採択された「インド太平洋に関するASEANアウトルック(AOIP)」、2021年9月にEUが発表した「インド太平洋における協力のためのEU戦略に関する共同コミュニケーション」、2022年2月に米国が発表した「インド太平洋戦略」、同年11月にカナダが発表した「インド太平洋地域戦略」や韓国が発表した「自由・平和・繁栄のインド太平洋戦略」など、インド太平洋に関する政策文書も多く公表されてきている。

2023年3月に岸田総理大臣は、FOIPのための新たなプラン[1]をインドで発表し、国際社会を分断と対立ではなく協調に導くという目標に向け、歴史的転換点におけるFOIPの考え方や取組について具体的に示した。

新プランでは、「自由」と「法の支配」の擁護、「多様性」、「包摂性」、「開放性」の尊重といった中核的な理念は維持しつつ、今後取るべきアプローチとして、「対話によるルール作り」、各国間の「イコールパートナーシップ」、「人」に着目したアプローチを重視することを明らかにした。また、各国との連携を強化すること、FOIPのビジョンを共有する各国の輪を広げ共

---

1 FOIPのための新たなプランの詳細については、外務省ホームページ参照：
https://www.mofa.go.jp/mofaj/fp/pp/page3_003666.html

創の精神で取り組んでいくことを明らかにした。さらに、新たにFOIP協力の「四つの柱」（平和の原則と繁栄のルール、インド太平洋流の課題対処、多層的な連結性、「海」から「空」へ拡がる安全保障・安全利用の取組）を打ち出した。

② 新プランの下での具体的な取組

新たに打ち出した「四つの柱」は、FOIPが目指す世界を実現するため、歴史的転換点に相応しいFOIP協力の「取組の柱」として整理したものである。

（1）平和の原則と繁栄のルール

一つ目の柱「平和の原則と繁栄のルール」は、FOIPの屋台骨である。国際社会においては、「平和」を守り、「自由」、「透明性」、「法の支配」が確立され、弱者が力でねじ伏せられない環境を醸成することが重要である。平和のために国際社会が守るべき基本原則の共有、平和構築、時代の変化に合わせた形の自由で公平、公正な経済秩序の追求、不透明・不公正な慣行を防ぐルール作りなどを進めていく。

（2）インド太平洋流の課題対処

二つ目の柱「インド太平洋流の課題対処」は、FOIP協力の新たな力点である。国際社会において、気候・環境、国際保健、サイバー空間などの「国際公共財」の重要性は飛躍的に高まっているため、FOIP協力を拡充し、各国社会の強靭性・持続可能性を高めていく。例えば、気候・環境及びエネルギー安全保障の面では、脱炭素と成長の両立を目指す「アジア・ゼロエミッション共同体（AZEC）」構想や自然災害に脆弱な国々への「ロス＆ダメージ支援」、豊かな海を守る「ブルーオーシャン・ビジョン」などを推進する。

（3）多層的な連結性

三つ目の柱「多層的な連結性」は、FOIP協

力の中核である。地域全体の活力ある成長を実現するため、各国が様々な面においてつながっている必要がある。連結性強化の取組を通じ域内を更に繋げ、各国の選択肢を増やし、脆弱性を克服する。例えば、「人」の連結性を更に発展させた「知」の連結性の強化や、デジタル・コネクティビティの推進などに取り組む。

（4）「海」から「空」へ拡がる安全保障・安全利用の取組

四つ目の柱「「海」から「空」へ拡がる安全保障・安全利用の取組」では、FOIPの焦点である「海の道」を中心に、空域の安全・安定的な利用の確保も組み合わせた「公域」全体の安全・安定を確保していく。「海における法の支配の三原則」の徹底、海上法執行能力の強化、海洋安全保障の強化、「空」の安全利用の推進などに取り組む。

③ 各国との連携・協力

2023年においても、日本は、FOIPの実現に向け外交活動を積極的に推進した。

（1）米国

1月、ワシントンD.C.を訪問した岸田総理大臣は、バイデン大統領と日米首脳会談を行い、両首脳は、日米でFOIP実現に向けた取組を推進していくことで改めて一致した。会談の成果として発出された日米共同声明においても、今日の日米協力が、自由で開かれたインド太平洋と平和で繁栄した世界という共通のビジョンに根ざし、法の支配を含む共通の価値や原則に導かれた、前例のないものであることが確認された。

その後も、累次にわたる日米首脳会談や日米外相会談、また、1月の日米安全保障協議委員会（日米「2＋2」）や11月の日米経済政策協議委員会（経済版「2＋2」）といった機会を通じ、インド太平洋地域の平和と安定の礎である日米同盟を中核とする強固な日米関係を基礎にしながら、外交・安全保障や経済を始めとする

様々な分野で引き続き緊密に連携していくことを確認してきている。

（2）東南アジア諸国連合（ASEAN）

日本とASEANの間では、2020年11月に「インド太平洋に関するASEANアウトルック（AOIP）協力についての第23回日ASEAN首脳会議共同声明」を発出し、AOIPとFOIPが本質的な原則を共有していることを確認した。2023年7月の日・ASEAN外相会議では、林外務大臣から、3月に岸田総理大臣が発表したFOIPのための新たなプランにおいて、東南アジアを重要地域と明確に位置付けていることに言及しつつ、日本は、AOIP優先協力4分野（海洋協力、連結性、SDGs、経済等）に沿った多くの具体的協力案件を実施していると発言した。また、9月のASEAN関連首脳会議に際し、ハード・ソフト両面で連結性を一層強化するため、「日・ASEAN包括的連結性イニシアティブ」を発表した。さらに、日・ASEAN首脳会議においては、岸田総理大臣から、AOIPへの支持及び開放性、透明性、包摂性、ルールに基づく枠組みといったAOIPが掲げる原則や活動に多くの国が共感し、協力するよう共に取り組むと表明した。その上で、12月の日・ASEAN特別首脳会議では、新たな協力のビジョンを示す共同ビジョンステートメントと幅広い具体的協力を示す実施計画を採択し、全ての国が平和と繁栄を追求でき、民主主義、法の支配、良い統治、人権と基本的自由の尊重といった原則が守られる世界を目指すことでASEANと一致した。

（3）カナダ

1月、岸田総理大臣がオタワを訪問した際の首脳会談において、2022年に両国で発表した「FOIPに資する日加アクションプラン」の着実な実施を通じ、FOIP実現に向けて連携することを確認した。5月及び11月の首脳会談や10月の外相会談を含め、同アクションプランの安全保障及び経済安全保障分野における協力などにおいて着実な進展を確認した。

（4）オーストラリア

8月、日豪部隊間協力円滑化協定（RAA）が発効し、日・オーストラリア両国がインド太平洋地域の平和と安定に一層貢献していくための枠組みが新たに追加された。9月にインドで開催された日豪首脳会談では、両首脳は、本協定の下での防衛協力の進展を歓迎するとともに、FOIPへの揺るぎないコミットメントを確認する新たな安全保障協力に関する日豪共同宣言（2022年10月署名）を指針に具体的協力を強化していくことで一致した。

（5）インド

3月、デリーを訪問した岸田総理大臣は、インド世界問題評議会（ICWA）において政策スピーチを行い、FOIPのための新たなプランを発表した。また、5月の日印首脳会談の際には、二国間関係についての議論において、FOIPの重要性につき認識を共有し、様々な分野で協力していくことを確認した。さらに、7月の第15回日印外相間戦略対話においても、基本的価値と戦略的利益を共有する日印両国がFOIPの実現に向けて連携していくことの重要性を確認した。

（6）日米豪印

日米豪印4か国は、ルールに基づく自由で開かれた国際秩序を強化していくとの目標の下、FOIPの実現に向けて、重要・新興技術、質の高いインフラ、海洋安全保障を始め様々な分野で実践的な協力を進め、より多くの国々へ連携を広げていく重要性を共有している。また、4か国は、AOIPを全面的に支持しており、FOIPに関する欧州を始めとする各国の前向きな取組を歓迎している。5月、日本で開催された日米豪印首脳会合において、4か国の首脳は、法の支配に基づく自由で開かれた国際秩序を守り抜く決意を示し、地域に真に裨益する実践的な協力を展開していくことの重要性を確認した。また、9月に米国で行われた日米豪印外相会合において、FOIPの実現に向けた確固たる

コミットメントを改めて確認した。

（7）韓国

3月の日韓首脳会談において、両首脳は、FOIPを実現する重要性について確認し、法の支配に基づく自由で開かれた国際秩序を守り抜くため同志国が力を合わせていく必要性について認識を共有した。また、その後の首脳会談などの機会にも、FOIPの実現に向けた連携について意見交換し、緊密に意思疎通していくことで一致した。

（8）日米韓

日米韓3か国の連携は北朝鮮への対応を超えて地域の平和と安定にとっても不可欠であるとの認識の下、3か国の間では、首脳会合、外相会合、次官協議、六者会合首席代表者会合などの開催を通じ、重層的に協力を進めてきている。こうした中で、FOIPの実現に向けても、3か国間の連携を確認してきている。7月の日米韓外相会合において、FOIPの実現に向けた連携などについて意見交換を行った。また、8月、米国のキャンプ・デービッドにおいて開催された日米韓首脳会合において、3か国の首脳は、繁栄し、連結され、強靱で、安定し、安全なインド太平洋を確保するために協力していくことで一致した。その上で、インド太平洋に対する日米韓3か国のアプローチの実施を連携させ、共同で行動する新たな分野を継続的に特定するため、年1回の日米韓インド太平洋対話を立ち上げることに合意し、AOIPの力強い実施及び主流化を支援するため、ASEANのパートナーと緊密に協力することなどについてコミットした（35ページ　特集参照）。

（9）欧州

ア EU

7月、日・EU定期首脳協議において、岸田総理大臣は、国際社会が歴史的な転換点を迎える中、価値と原則を共有する同志国が地域を越えて連携することが一層重要になっており、法の支配に基づく自由で開かれた国際秩序の堅持・強化に向けて、日・EU間で緊密に連携を確認し、具体的な協力の方策について議論を深めたいと発言した。また5月には、林外務大臣がスウェーデン・EU共催「インド太平洋閣僚会合」に対面出席し、同志国の連携の重要性を参加各国との間で共有した。

イ 英国

3月、英国は「安全保障、防衛、開発及び外交政策の統合的見直しの刷新」を発表し、FOIPのビジョンへの支持を表明し、インド太平洋への関与をその国際政策の恒久的な柱とすることを発表した。5月に実施された日英首脳ワーキング・ディナーにおいて、岸田総理大臣は、スナク首相とともに、「強化された日英のグローバルな戦略的パートナーシップに関する広島アコード」を発出し、法の支配に基づく自由で開かれた国際秩序の強化に向けた日英の決意や、FOIPのビジョンにコミットする、アジア及び欧州における相互の最も緊密な安全保障上のパートナーとして、相互運用性のある、強靱で、領域横断的な防衛・安全保障協力を進めていくことを確認した。10月には、自衛隊と英国軍の相互運用性を向上させ、両国間の安全保障・防衛協力を更に促進させる枠組みである日英部隊間協力円滑化協定（RAA）が発効した。

ウ フランス

1月、岸田総理大臣は、マクロン大統領との間で日仏首脳会談を実施し、欧州とインド太平洋の安全保障は不可分であり、両国のアセットの往来や日仏共同訓練など実質的な協力の進展を確認し、歓迎した。同月、日本は、インド太平洋地域における地政学上の要衝であり、FOIPの実現に向けた日仏協力を進める上で重要な拠点となるニューカレドニアに、在ヌメア領事事務所を開設した。9月にニューヨークにおいて、上川外務大臣は、コロンナ欧州・外務相と会談し、太平洋に領土を有する「インド太平洋国家」であり、「特別なパートナー」であるフランスとの関係を一層強化していきたいと

述べた。両外相は、11月には東京での日仏外相夕食会において、二国間及びG7の枠組みを通じて、引き続き緊密に連携していくことで一致した。また、12月には、岸田総理大臣は、マクロン大統領との間で電話首脳会談を実施し、FOIPの実現に向けた協力を含む日仏協力に関するロードマップを発出した。

エ ドイツ

2020年9月に閣議決定した「インド太平洋ガイドライン」に基づき、2021年11月に海軍フリゲート艦、2022年9月に空軍機を日本を含むインド太平洋地域に派遣するなど、ドイツ政府が同地域への関与の強化に取り組む中、日独間の安全保障協力は一段と深化した。2023年3月の日独政府間協議に際して発出された共同声明では、欧州とインド太平洋の安全保障は密接に結び付いており、法の支配に基づく自由で開かれた国際秩序の維持・強化の重要性がかつてなく高まる中、インド太平洋地域をめぐり、日独間で具体的な協力を強化していくことが確認された。11月に日独物品役務相互提供協定（日独ACSA）の実質合意に至った。

オ イタリア

5月、岸田総理大臣は、メローニ首相との間で日伊首脳会談を実施し、安全保障・防衛分野における協力について、外務防衛当局間協議などを通じ、具体的協力について議論を深化させることで一致した。

2023年、イタリアは、フリゲート艦「フランチェスコ・モロジーニ」をインド太平洋に派遣し、6月に横須賀へ寄港したほか、7月に東シナ海においてイタリア海軍と海上自衛隊の共同訓練を実施した。さらに、8月にはF-35を含む空軍機を航空自衛隊小松基地に派遣し、イタリア空軍と航空自衛隊の共同訓練を実施した。

カ オランダ

2月、林外務大臣は、フックストラ副首相兼外相との間で日・オランダ外相ワーキング・ランチを実施し、FOIPの実現に向けた連携の強化についてやり取りを行った。9月、岸田総理大臣は、ルッテ首相との間で日・オランダ首脳会談を実施し、法の支配に基づく自由で開かれた国際秩序の維持・強化に向けた安全保障分野を含む協力の強化についてやり取りを行った。

特集
SPECIAL FEATURE

日米韓3か国の連携

日米韓首脳会合（8月18日、米国・キャンプ・デービッド
写真提供：内閣広報室）

日米韓3か国が初めて首脳会合を行ったのは、1994年11月、インドネシア・ジャカルタで開催されたアジア太平洋経済協力（APEC）非公式首脳会議の機会です。当時の村山富市総理大臣、クリントン米国大統領、金泳三韓国大統領が北朝鮮の核問題などについて話し合いました。その後、日米韓3か国は、核・ミサイル問題や拉致問題を含む北朝鮮への対応を中心に、首脳、外相など様々なレベルで会合を重ねてきました。

日米韓3か国を取り巻く現下の安全保障環境が一層厳しさを増している中で、日米韓3か国の協力は、北朝鮮への対応のみならず、地域や国際社会の平和と安定、そして、法の支配に基づく「自由で開かれたインド太平洋（FOIP）」の実現にとって一層重要となっています。

2023年8月、岸田総理大臣は、バイデン米国大統領の招待により、米国メリーランド州に位置する米国大統領の別荘であるキャンプ・デービッドを訪問し、同大統領及び尹錫悦韓国大統領との間で日米韓首脳会合を行いました。この会合は、史上初めて、ほかの国際会議などに合わせた形ではなく、単独で開催された日米韓首脳会合となりました。また、バイデン大統領が外国賓客をキャンプ・デービッドに招待したのも初めてです。

この歴史的な会合において、3か国の首脳は、法の支配に基づく自由で開かれた国際秩序を維持するため、盤石なそれぞれの二国間関係を礎としつつ、「日米韓パートナーシップの新時代」を宣言しました。その上で、日米同盟と米韓同盟の間の戦略的連携を強化し、日米韓安全保障協力を新たな高みへ引き上げること、日米韓連携の裾野を広げること、そして、日米韓連携を継続的かつ安定的に強化していく土台を作ることの三つの点で重要な成果を達成しました。

記者会見に臨む日米韓の首脳（8月18日、米国・キャンプ・デービッド　写真提供：内閣広報室）

会合終了後には、今後、日米韓3か国が中・長期的な視野を持って協力を進めていく際の指針となる原則をまとめた「キャンプ・デービッド原則」、地域情勢に係る立場や日米韓の具体的協力や枠組みの在り方をまとめた「日米韓首脳共同声明」、及び日米韓共通の利益及び安全保障に影響を及ぼす地域の挑戦、挑発及び脅威に対する3か国の対応を連携させるため、3か国の政府が相互に迅速な形で協議することにコミットすることを明記した「日本、米国及び韓国間の協議するとのコミットメント」が発出されました。

日米韓3か国は、首脳級を始めとする幅広いレベルで、少なくとも年に1度の会合を実施することで一致しており、日本政府としては、インド太平洋対話、開発・人道支援政策対話、北朝鮮のサイバー活動に係るワーキンググループなど、新たに立ち上げられた協力の枠組みを通じたものを含め、日米韓の連携を重層的かつ安定的に進めていく考えです。

2 アジア・大洋州

1 概観

〈全般〉

アジア・大洋州地域は、成長著しい新興国を数多く含み、多種多様な文化や人種が入り交じり、相互に影響を与え合うダイナミックな地域である。同地域は、豊富な人材に支えられ、世界経済を牽引し、存在感を増している。世界の約80億人の人口のうち、米国及びロシアを除く東アジア首脳会議（EAS）[1] 参加国[2] には約37億人が居住しており、世界全体の約47%を占めている[3]。名目国内総生産（GDP）の合計は32.8兆ドル（2022年）であり、世界全体の30%以上を占める[4]。

また、域内の経済関係は緊密で、相互依存が進んでいる。今後、更なる成長が見込まれており、この地域の力強い成長は、日本に豊かさと活力をもたらすことにもつながる。

その一方、アジア・大洋州地域では、北朝鮮の核・ミサイル開発、地域諸国による透明性を欠いた形での軍事力の強化・近代化、法の支配や開放性に逆行する力による現状変更の試み、海洋をめぐる問題における関係国・地域間の緊張の高まりなど、安全保障環境は厳しさを増している。また、整備途上の経済・金融システム、環境汚染、不安定な食料・資源需給、頻発する自然災害、テロリズム、高齢化など、この地域の安定した成長を阻む要因も抱えている。

その中で、日本は、地域において、首脳・外相レベルも含め積極的な外交を展開し、近隣諸国との良好な関係を維持・発展させている。

2023年、岸田総理大臣は、3月にG20議長国のインドを訪問し、インドとの首脳会談を行ったほか、5月にはシンガポール及び韓国を訪問し、それぞれ首脳会談を行った。同月、G7広島サミットを開催した際には、インド、インドネシア、クック諸島、韓国、オーストラリア、ベトナムなどの首脳と二国間会談を行ったほか、日米韓首脳間の意見交換及び日米豪印首脳会合を行った。7月に北大西洋条約機構(NATO)首脳会合に出席するためにリトアニアに訪問した際には、日豪NZ（ニュージーランド）韓首脳会議を行ったほか、韓国、ニュージーランドなどの首脳と二国間会談を行い、また、8月には米国を訪問し、史上初となる単独での日米韓首脳会合を実施した。

9月には、ASEAN関連首脳会議及びG20ニューデリー・サミットに出席するため、インドネシア及びインドを訪問した。インドネシアでは、東南アジア各国やクック諸島と首脳会談を行ったほか、日・ASEAN首脳会議、ASEAN+3（日中韓）首脳会議及びEASに出席し、友好協力50周年を迎えた日・ASEAN関係の更なる強化を確認し、また、ロシアによるウクライナ侵略や東シナ海・南シナ海情勢、北朝鮮情勢を含め、地域・国際社会の喫緊の課題などに関する議論を深め、関係国との連携強化を確認した。インドでは、インドやオーストラリア、韓国などの首脳と二国間会談を行った。また、11月にフィリピン及びマレーシアを訪問し、それぞれの首脳と二国間会談を行ったほか、日本の総理大臣として初めてフィリピン議会でス

1　EAS：East Asia Summit
2　東南アジア諸国連合（ASEAN）（加盟国）：ブルネイ、カンボジア、インドネシア、ラオス、マレーシア、ミャンマー、フィリピン、シンガポール、タイ及びベトナム）、日本、中国、韓国、インド、オーストラリア及びニュージーランド
3　出典：国連人口基金
4　出典：世界銀行

ピーチを行った。さらに、同月、APEC首脳会議に出席するために米国を訪問した際には習近平中国国家主席と会談を行ったほか、タイや韓国、オーストラリアなどの首脳との二国間会談や日米韓首脳間の立ち話を行った。12月には、東京において日本ASEAN友好協力50周年特別首脳会議を開催し、過去半世紀の日・ASEAN関係を総括した上で、新たな協力のビジョンを示す共同声明と具体的な協力の実施計画を打ち出した。

林外務大臣は、2月にドイツを訪問した際、日米韓外相会合に出席したほか、3月にはインドを訪問し、インドとの外相会談や日米豪印外相会合を行った。さらに、同月、ソロモン諸島、クック諸島を訪問し、それぞれ外相会談を行った。4月には中国を訪問し、李強中国国務院総理への表敬や、王毅中国共産党中央外事工作委員会弁公室主任との会談及び夕食会、秦剛外交部長との日中外相会談及びワーキング・ランチを行った。

7月にはインドネシアで開催されたASEAN関連外相会議に出席し、ASEANを中心とした地域における具体的な協力から地域情勢まで幅広く有意義な議論を行い、また、東南アジア各国、韓国、バングラデシュとの外相会談や王毅中国共産党中央外事工作委員会弁公室主任との会談、日米韓、日米比（フィリピン）の外相会合にも臨んだ。さらに、7月末にはインド、スリランカ、モルディブを訪問し、それぞれ外相会談を行った。

上川外務大臣は、9月に国連総会ハイレベルウィークに参加するために米国を訪問した際、インドネシア、オーストラリア、韓国、インドなどと二国間の外相会談を行ったほか、日米豪印外相会合や日米韓外相立ち話、日米比外相会合にも臨んだ。10月にはブルネイ、ベトナム、ラオス及びタイを訪問したほか、11月にAPEC閣僚会議に出席するために米国を訪問した際には、韓国、フィリピンなどとの二国間の外相会談や日米韓外相会合に臨んだ。さらに、同月、韓国を訪問し、対面では4年ぶりとなる日中韓外相会議に出席したほか、朴振韓国外交部長官及び王毅中国外交部長とそれぞれ会談した。

日本は、アジア・大洋州地域において様々な協力を強化しており、引き続き多様な協力枠組みを有意義に活用していく考えである。

〈日米同盟とインド太平洋地域〉

日米安全保障体制を中核とする日米同盟は、日本のみならず、インド太平洋地域の平和と安全及び繁栄の礎である。地域の安全保障環境が一層厳しさを増す中、日米同盟の重要性はこれまでになく高まっている。かつてなく強固な日米の協力関係の下、米国とは、2021年1月のバイデン政権発足以降、電話会談を含め19回の首脳会談及び32回の外相会談（2023年12月時点）を行うなど、首脳及び外相間を始めとするあらゆるレベルで常時意思疎通し、連携して地域と国際社会の平和と安定を堅持するため尽力している。日米両国は「自由で開かれたインド太平洋（FOIP）」の実現に向けた協力を進め、また、中国や北朝鮮、ロシア・ウクライナ情勢及びイスラエル・パレスチナ情勢を含む地域の諸課題への対応に当たり連携を深めている。

1月には、米国ワシントンD.C.において、日米安全保障協議委員会（日米「2+2」）を約2年ぶりに対面で開催し、日米双方は、自由で開かれたインド太平洋地域を擁護するとのコミットメントを力強く表明した。また、同月、同じくワシントンD.C.を訪問した岸田総理大臣は、バイデン大統領と日米首脳会談を行った。岸田総理大臣は、FOIPの実現に向けた取組を強化していく考えを述べ、バイデン大統領から、米国の地域に対する揺るぎないコミットメントが改めて表明された。両首脳は、日米でFOIP実現に向けた取組を推進していくことで一致した。会談の成果として発出された日米共同声明においても、今日の日米協力が、自由で開かれたインド太平洋と平和で繁栄した世界という共通のビジョンに根ざし、法の支配を含む日米両国の共通の価値や原則に導かれた、前例のないものであることが確認された。

3月に行われた日米外相会談では、両外相は、1月の日米首脳会談や日米「2＋2」などの成果を踏まえつつ、引き続き日米が結束して、G7や日米豪印などの協力を活用しながら、FOIPの実現に向けた取組を牽引していくことを確認した。

5月のG7広島サミットの際に行われた日米首脳会談では、岸田総理大臣は、日米同盟はインド太平洋地域の平和と安定の礎であり、日米は、安全保障や経済にとどまらず、あらゆる分野で重層的な協力関係にあると述べたのに対し、バイデン大統領から、日米両国は基本的価値を共有しており、日米同盟はかつてなく強固であるとの発言があった。また、同じく行われた日米外相会談では、両外相は、インド太平洋地域の平和と安定の礎である日米同盟を中核とする日米関係はかつてなく強固であり、引き続き日米で様々な分野で連携していくことを確認した。

11月にはサンフランシスコで行われたAPEC閣僚会合の機会に日米経済政策協議委員会（経済版「2＋2」）閣僚会合が開催され、インド太平洋地域におけるルールに基づく経済秩序の強化、経済的強靱性の強化及び重要・新興技術の育成・保護に関して議論が行われた。続いて開催されたAPEC首脳会議の場では、岸田総理大臣とバイデン大統領との間で日米首脳会談が行われ、岸田総理大臣から、中東、ウクライナ、中国や北朝鮮を含むインド太平洋地域の諸課題もあり、日米の連携はこれまで以上に必要であると述べたのに対し、バイデン大統領から、日米同盟の重要性はこれまでになく高まっており、日米間の連携を一層強化していきたいとの発言があった。

〈慰安婦問題についての日本の取組〉

（日韓間の慰安婦問題については、62ページ3（2）イ（ウ）参照）

慰安婦問題を含め、先の大戦に関する賠償並びに財産及び請求権の問題について、日本政府は、米国、英国、フランスなど45か国との間で締結したサンフランシスコ平和条約及びその他二国間の条約などに従って誠実に対応してきており、これらの条約などの当事国との間では、個人の請求権の問題も含め、法的に解決済みである。

その上で、日本政府は、元慰安婦の方々の名誉回復と救済措置を積極的に講じてきた。1995年には、日本国民と日本政府の協力の下、元慰安婦の方々に対する償いや救済事業などを行うことを目的として、財団法人「女性のためのアジア平和国民基金」（略称：「アジア女性基金」）が設立された。アジア女性基金には、日本政府が約48億円を拠出し、また、日本人一般市民から約6億円の募金が寄せられた。日本政府は、元慰安婦の方々の現実的な救済を図るため、元慰安婦の方々への「償い金」や医療・福祉支援事業の支給などを行うアジア女性基金の事業に対し、最大限の協力を行ってきた。アジア女性基金の事業では、元慰安婦の方々285人（フィリピン211人、韓国61人、台湾13人）に対し、国民の募金を原資とする「償い金」（一人当たり200万円）が支払われた。また、アジア女性基金は、これらの国・地域において、日本政府からの拠出金を原資とする医療・福祉支援事業として一人当たり300万円（韓国・台湾）、120万円（フィリピン）を支給した（合計金額は、一人当たり500万円（韓国・台湾）、320万円（フィリピン））。さらに、アジア女性基金は、日本政府からの拠出金を原資として、インドネシアにおいて、高齢者用の福祉施設を整備する事業を支援し、また、オランダにおいて、元慰安婦の方々の生活状況の改善を支援する事業を支援した。

個々の慰安婦の方々に対して「償い金」及び医療・福祉支援が提供された際、その当時の内閣総理大臣（橋本龍太郎内閣総理大臣、小渕恵三内閣総理大臣、森喜朗内閣総理大臣及び小泉純一郎内閣総理大臣）は、自筆の署名を付したお詫びと反省を表明した手紙をそれぞれ元慰安婦の方々に直接送った。

2015年の内閣総理大臣談話に述べられているとおり、日本としては、20世紀において、戦時下、多くの女性たちの尊厳や名誉が深く傷

つけられた過去を胸に刻み続け、21世紀こそ女性の人権が傷つけられることのない世紀とするため、リードしていく決意である。

このような日本政府の真摯な取組にもかかわらず、「強制連行」や「性奴隷」といった表現のほか、慰安婦の数を「20万人」又は「数十万人」と表現するなど、史実に基づくとは言いがたい主張も見られる。

これらの点に関する日本政府の立場は次のとおりである。

● 「強制連行」

これまでに日本政府が発見した資料の中には、軍や官憲によるいわゆる強制連行を直接示すような記述は見当たらなかった。

● 「性奴隷」

「性奴隷」という表現は、事実に反するので使用すべきでない。この点は、2015年12月の日韓合意の際に韓国側とも確認しており、同合意においても一切使われていない。

●慰安婦の数に関する「20万人」といった表現

「20万人」という数字は、具体的な裏付けがない数字である。慰安婦の総数については、1993年8月4日の政府調査結果の報告書で述べられているとおり、発見された資料には慰安婦の総数を示すものはなく、また、これを推認させるに足りる資料もないので、慰安婦の総数を確定することは困難である。

日本政府は、これまで日本政府がとってきた真摯な取組や日本政府の立場について、国際的な場において明確に説明する取組を続けている。具体的には、日本政府は、国連の場において、2016年2月の女子差別撤廃条約に基づく第7回及び第8回政府報告審査、2021年9月提出の同条約の実施状況に関する第9回政府報告及び2022年10月の市民的及び政治的権利

に関する国際規約に基づく第7回政府報告審査を始めとする累次の機会を捉え、日本の立場を説明してきている。

また、韓国のほか、一部の国・地域でも慰安婦像[5]の設置などの動きがある。このような動きは日本政府の立場と相容れない、極めて残念なものである。日本政府としては、引き続き、様々な関係者にアプローチし、日本の立場について説明する取組を続けていく。

慰安婦問題についての日本の取組に関する外務省ホームページの掲載箇所はこちら
https://www.mofa.go.jp/mofaj/a_o/rp/page25_001910.html

2 中国・モンゴルなど

（1）中国

ア 中国情勢
（ア）内政

3月、第14期全国人民代表大会（以下「全人代」という。）第1回会議が開催された。李克強国務院総理が政府活動報告を読み上げ、現在の中国経済の抱える問題について列挙しつつ、引き続き「安定を保ちつつ前進を求める」ことを堅持すると示した。また、脱貧困と小康社会（ややゆとりのある社会）を実現して一つ目の100周年（2021年の中国共産党創立100周年）の奮闘目標を達成し、二つ目の100周年の奮闘目標（2049年の建国100周年までの「社会主義現代化強国」の全面的建設）に向かって進み始めたと言及した。今後5年の国家機関指導部人事も行われ、習近平総書記が3期目となる国家主席に選出された。

秦剛国務委員兼外交部長は、6月末から動静不明となり、7月下旬、外交部長職を解任された。後任には、党中央外事工作委員会弁公室主

5　分かりやすさの観点から、便宜上、「慰安婦像」との呼称を用いるが、この呼称は、これらの像に係る元慰安婦についての描写が正しいとの認識を示すものでは決してない。

任（以下「中央外弁主任」という。）の王毅前外交部長が再び就任した。また、李尚福国務委員兼国防部長も8月末から動静不明となり、10月下旬、国防部長職を解任された。

10月初旬、全国宣伝思想文化工作会議において初めて「習近平文化思想」が提起された。習近平総書記は、2017年の第19回党大会において、「習近平による新時代の中国の特色ある社会主義思想」を提起し、その後、同思想の重要な構成思想として軍事、経済、エコ文明、外交、法治の思想が提起されている。

10月には6年ぶりに中央金融工作会議が、12月には5年ぶりに中央外事工作委員会が開催された。12月には中央経済工作会議も例年どおり開催されたが、通常秋に開催される中央委員会全体会議は年内に開催されなかった。

新疆ウイグル自治区を始めとする中国の人権状況及び香港をめぐる情勢について、国際社会の関心は引き続き高い。日本としては、自由、基本的人権の尊重、法の支配といった国際社会における普遍的価値や原則が中国においても保障されることが重要であると考えており、首脳会談や外相会談の機会も捉え、これらの状況について深刻な懸念を表明するなど、こうした日本の立場については中国政府に対して直接伝達してきている。日本が議長国となった5月のG7広島サミット及び外相会合のコミュニケでは、中国の人権状況に対して懸念を表明し続けることで一致した。また、国連では、中国の人権状況を懸念する有志国による共同ステートメントに、日本はアジアから唯一参加している。10月の国連総会第3委員会では、英国が50か国を代表して、新疆ウイグル自治区における深刻な人権侵害に関する共同ステートメントを読み上げ、日本はこれに参加した。日本政府として、引き続き国際社会と緊密に連携しつつ、中国側に強く働きかけていく。

（イ）経済

3月に行われた全人代では、2023年の成長率目標を前年の2022年より0.5％引き下げ、5.0％前後とするなど、手堅い目標設定となった。また、「積極的な財政政策を一層強化してその効果を高める」とし、財政赤字の対GDP比を3.0％（前年は2.8％）、新規地方専項債の発効上限額を3.80兆元（前年は3.65兆元）に緩和した。結果として、2023年の実質GDP成長率は通年で前年比5.2％増と、目標を達成し、各四半期においては、第1四半期（1月から3月）は前年比4.5％増、第2四半期（4月から6月）に同6.3％増、第3四半期（7月から9月）に同4.9％増、第4四半期（10月から12月）に同5.2％増となった。

中国経済は、2022年末に「ゼロコロナ」政策による外出制限措置などが解除されたことで、一時的にサービス消費を中心として高い回復をみせた。しかし、低迷する不動産市場と、米国及び欧州の利上げを背景とした外需の低迷と

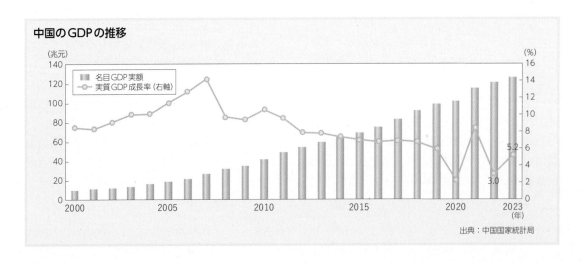

中国のGDPの推移

出典：中国国家統計局

いった要因により、回復は次第に緩やかなものとなった。また、「ゼロコロナ」政策による経済活動の抑制により、多くの企業で業績が悪化したことで、雇用が抑制され、16歳から24歳の若年者失業率は20％を超えるまでに高まった。

習近平総書記は、7月に開催された党中央政治局会議において、「中国経済は現在、新たな困難と課題に直面」しているとの認識を示した上で、国内需要の不足、企業の経営難、重点分野におけるリスク、厳しく複雑な外部環境を主たる要因として指摘した。一方、「中国経済は大きな回復力と潜在的な成長力があり、長期的な成長ファンダメンタルズに変化はない」とし、下半期の経済政策について、引き続き積極的な財政政策と穏健な貨幣政策を維持する方針を示した。その上で、需要の拡大に向け、収入増による消費の拡大、自動車、電子製品、家具、スポーツレジャー、旅行などの消費振興、地方専項債の発行及び使用の加速といった方針を示した。また、不動産市場について、「不動産市場の需要と供給に重大な変化が生じたという新たな情勢に対応し、不動産政策を適時調整・最適化する」との方針を示し、住宅の買い換え促進に向け、頭金及び住宅ローン金利の引下げなどの政策が実施された。また、10月に開催された全国人民代表大会常務委員会において、災害復旧や水害防止を目的とした1兆元の特別国債の発行が承認され、財政赤字の対GDP比は、3％から3.8％まで高められる見込みとなった。

12月に開催された中央経済工作会議では、2023年を、新型コロナウイルス感染症（以下「新型コロナ」という。）への対策後の「経済回復と発展の年」と位置付けた。また、経済回復に向けた課題について指摘しつつも、「全体として見ると、中国の発展が直面している有利な条件は不利な要素よりも強く、経済回復や長期的改善の基本的趨勢は変わらない」と評価した。

（ウ）新型コロナへの対応

従来の「ゼロコロナ」政策の完全な撤廃によ

る2022年末の全国的な感染者及び重症患者の急増は、2023年1月の時点で既に全国的に落ち着きを見せ、同月、中国衛生当局は「我が国の今回の感染は既に収束に向かっている」と発表した。

5月、「第2波」と見られる感染者数の一時的な急増が見られたが、2022年末と比較して全体的に医療体制のひっ迫や企業活動への影響などの大きな混乱は見られなかった。

中国衛生当局による陽性者数などのデータの公表は、5月の連休以降一時的に止まり、その後6月以降は月1回の頻度でデータが公表されている。

（エ）外交

2023年は習近平国家主席を始めとするハイレベルを含めた各レベルによる対面形式での外交活動が活発に行われた。

3月の全人代での外交部長記者会見において、秦剛国務委員兼外交部長は、「元首外交をリードとして、第1回『中国＋中央アジア5か国』サミットと第3回『一帯一路』国際協力ハイレベルフォーラムという二つの『ホームグラウンド外交』の開催を全力を挙げて成功させ、中国外交が持つ風格を示し続けていく」と述べた。

元首外交として3月、習近平国家主席は、国家主席に就任以降9回目となるロシア訪問を行い、中露首脳会談を実施したほか、8月には南アフリカを訪問しBRICS首脳会議に出席した。同会議ではBRICSにアルゼンチン、エジプト、エチオピア、イラン、サウジアラビア、アラブ首長国連邦（UAE）の新たな加盟招待が発表された。9月、李強国務院総理がASEAN関連首脳会合（インドネシア・ジャカルタ）、G20サミット（インド・ニューデリー）に出席し、李希中央紀律検査委員会書記はハバナで開催されたG77＋中国サミットに出席し、「中国は終始グローバルサウスの固有の一員である」と発言した。

「ホームグラウンド外交」としては、5月に陝西省西安市で第1回「中国＋中央アジア5か国」サミットを開催した。習近平国家主席及び

中央アジア5か国の首脳が出席し、西安宣言が採択された。10月には第3回「一帯一路」国際協力ハイレベルフォーラムが北京市で4年ぶりに対面で行われた。

米中間では、2月に中国の高高度監視気球が米国領空を侵犯したことを受けて、米中間の相互往来が一時途絶えたものの、6月のブリンケン国務長官の訪中以降、7月のイエレン財務長官及びケリー気候問題担当米国大統領特使の訪中、さらにサリバン大統領補佐官と王毅中央外弁主任との複数回の会談などを通じて、ハイレベルの交流は徐々に再開した。

一方、経済分野では、前年に引き続き経済安全保障分野における対立が拡大した。中国は7月に、中国が主要な供給国となっている重要鉱物であるガリウム及びゲルマニウムの関連品目について、最終用途の証明などの提出を義務付ける輸出管理を発表した。また、米国のバイデン政権は中国に対し、サプライチェーンにおける過度の依存を低減するデリスキング政策を掲げ、限定された先端技術を厳重に管理する取組を進め、8月に、半導体・マイクロエレクトロニクス、量子情報技術、人工知能の分野における対中投資について、国家安全保障上の懸念がある場合に禁止する大統領令を発表し、さらに10月には、2022年10月に実施した先端半導体に関する輸出規制措置の規制対象品目の拡大などを含む改定を実施した。

11月には米国・サンフランシスコでのAPEC首脳会合の際に米中首脳会談が実施され、ハイレベルの国防当局間の対話の再開やフェンタニルなどの違法薬物の製造・取引への対応に向けた協力などについて合意した。米中両国間で安定的な関係が構築されることは、日本のみならず、国際社会全体にとって重要であり、引き続き今後の動向が注目される。

中東情勢をめぐっては、3月に北京で中国、イラン、サウジアラビアの3か国による政治対話が行われ、イラン及びサウジアラビアの国交正常化が発表された。

10月以降のイスラエル・パレスチナ情勢をめぐっては、王毅中央外弁主任・外交部長や翟儁（てきしゅん）中国政府中東問題特使がイスラエル・パレスチナ双方及び周辺関係諸国と頻繁に意思疎通を行う動きが見られた。

中国は引き続きBRICSや上海協力機構（SCO）などの協力枠組みや、G77に代表される新興市場国や開発途上国との連携を強化する動きを示しており、今後の中国外交への影響が注目される。

（オ）軍事・安保

習近平国家主席は、第19回党大会（2017年）で、今世紀半ばまでに中国軍を世界一流の軍隊にすると述べた。また、2020年10月に発表された第19期党中央委員会第5回全体会議（「五中全会」）コミュニケでは、「2027年の建軍100周年の奮闘目標の実現を確保する」との新たな目標が示された。さらに、第20回党大会（2022年）では、「建軍100周年の奮闘目標を期限までに達成し、人民軍隊を早期に世界一流の軍隊に築き上げることは社会主義現代化国家の全面的建設の戦略的要請である」と改めて述べた。中国が公表している国防費は過去30年間で約37倍に増加しているが、予算の内訳、増額の意図については十分明らかにされておらず、実際に軍事目的に支出している額の一部に過ぎないとみられる。こうした中、中国は「軍民融合発展戦略」の下、核・ミサイル戦力や海上・航空戦力を中心として、軍事力の質・量を広範かつ急速に強化し、宇宙・サイバー・電磁波やAI、無人機といった新たな領域における優勢の確保も重視しており、「機械化・情報化・智能化の融合発展」による軍の近代化を推進している。

2023年は、屋久島周辺での中国海軍測量艦による日本の領海内航行、日本周辺における中露艦艇による共同航行及び中露戦略爆撃機による共同飛行が前年に引き続き確認された。また、中国は4月、台湾周辺の海空域において、空母を含む多数の艦艇や航空機を参加させ、2022年8月に引き続き大規模な軍事演習を実施した。南シナ海では、中国は、係争地形の一層の軍事化や沿岸国などに対する威圧的な活動

など、法の支配や開放性に逆行する力による一方的な現状変更やその既成事実化の試み、地域の緊張を高める行動を継続・強化している。

近年、中国は、政治面、経済面に加え、軍事面でも国際社会で大きな影響力を有するに至っており、現在の中国の対外的な姿勢や軍事動向などは、日本と国際社会の深刻な懸念事項であり、日本の平和と安全及び国際社会の平和と安定を確保し、法の支配に基づく国際秩序を強化する上で、これまでにない最大の戦略的な挑戦であり、日本の総合的な国力と同盟国・同志国などとの連携により対応すべきものである。中国の急速な軍事力の強化及び軍事活動の拡大に関しては、透明性などを向上させるとともに、国際的な軍備管理・軍縮などの努力に建設的な協力を行うよう同盟国・同志国などと連携し、強く働きかけを行う。また、日中間の信頼の醸成のため、日中安保対話などの対話や交流を始め、中国との安全保障面における意思疎通を強化する。加えて、日中防衛当局間の海空連絡メカニズムなど、中国との間における不測の事態の発生を回避・防止するための枠組みの構築を含む日中間の取組を進め、日中間の相互信頼関係を増進させながら、関係国と連携しつつ、透明性の向上について働きかけ、日本を含む国際社会の懸念を払拭していくよう、強く促していく。

日中関係

（ア）二国間関係一般

隣国である中国との関係は、日本にとって最も重要な二国間関係の一つであり、両国は緊密な経済関係や人的・文化的交流を有している。日中両国間には、様々な可能性とともに、尖閣諸島情勢を含む東シナ海、南シナ海における力による一方的な現状変更の試みや、ロシアとの連携を含む中国による日本周辺での軍事的活動の活発化など、数多くの課題や懸案が存在している。また、台湾海峡の平和と安定も重要であ

る。さらに、日本は、香港情勢や新疆ウイグル自治区の人権状況についても深刻に懸念している。同時に日中両国は、地域と世界の平和と繁栄に対して大きな責任を有している。「戦略的互恵関係」を包括的に推進し、日本として、主張すべきは主張し、中国に対し責任ある行動を強く求めつつ、諸懸案も含め、対話をしっかりと重ね、共通の諸課題については協力する、「建設的かつ安定的な日中関係」の構築を双方の努力で進めていくことが重要である。

2023年は、前年に引き続き、首脳間を含むハイレベルでの意思疎通が継続的に行われ、両国間の様々な懸案を含め、二国間関係から地域・国際情勢に至る幅広い議題について意見交換を積み重ねた。

2月2日、林外務大臣は、秦剛外交部長と電話会談を行い、林外務大臣から、両首脳間の重要な共通認識である「建設的かつ安定的な関係」の構築という大きな方向性の実現のため、秦剛部長と連携していきたいと述べ、同部長から同様の考えが示された。また、同月18日、林外務大臣は、ミュンヘン安全保障会議の際に、王毅中央外弁主任と会談を行った。

4月1日から2日、林外務大臣は、日本の外務大臣として約3年3か月ぶりに中国を訪問し、秦剛外交部長、王毅中央外弁主任との会談のほか、李強国務院総理への表敬を行った。秦剛部長との会談では、「建設的かつ安定的な日中関係」の構築という首脳間の共通認識を実施に移していくため、双方が努力を続けていきたいと述べ、秦剛部長から同様の考えが示された。また林外務大臣から、邦人拘束事案への抗議、東シナ海・南シナ海情勢や中国の軍事活動の活発化、中国の人権状況などに対する深刻な懸念を表明し、東京電力福島第一原子力発電所のALPS処理水[6]の海洋放出について日本の立場を明確に伝達した。

7月14日、林外務大臣は、ASEAN関連外相会議（インドネシア）の際に、王毅中央外弁主

6　ALPS処理水とは、ALPS（多核種除去設備（Advanced Liquid Processing System））などにより、トリチウム以外の放射性物質について安全に関する規制基準値を確実に下回るまで浄化した水。ALPS処理水は、その後十分に希釈され、トリチウムを含む放射性物質の濃度について安全に関する規制基準値を大幅に下回るレベルにした上で、海洋放出されている。

任と会談を行い、ALPS処理水の海洋放出について日本の立場を改めて明確に述べ、科学的観点からの対応を改めて強く求め、また、邦人拘束事案への日本の厳正な立場や東シナ海情勢、軍事活動の活発化についての重大な懸念を改めて表明した。

9月6日、インドネシアのジャカルタ訪問中の岸田総理大臣は、ASEAN＋3首脳会議開始前に、李強国務院総理と短時間立ち話を行った。岸田総理大臣から、「建設的かつ安定的な日中関係」の構築の重要性につき述べ、また、ALPS処理水についての日本の立場を改めて明確に述べた。

11月16日、APEC首脳会議に出席するためサンフランシスコ（米国）を訪問中の岸田総理大臣は、習近平国家主席と首脳会談を行った。岸田総理大臣から、2023年は日中平和友好条約締結45周年の節目に当たり、両国の多くの先人達が幅広い分野において友好関係の発展に尽力してきたことに両国国民が思いを馳せ、今後の日中関係を展望する良い機会となった、日中両国が地域と国際社会をリードする大国として、世界の平和と安定に貢献するため責任を果たしていくことが重要であると述べた。両首脳は、日中間の四つの基本文書の諸原則と共通認識を堅持し、「戦略的互恵関係」を包括的に推進することを再確認し、日中関係の新たな時代を切り開くため、「建設的かつ安定的な日中関係」の構築という大きな方向性を確認した。その観点からも、両首脳は、2023年に入り、外務、経済産業、防衛、環境分野の閣僚間の対話が成功裡に開催されたことを歓迎した上で、引き続き首脳レベルを含むあらゆるレベルで緊密に意思疎通を重ねていくことで一致した。また、岸田総理大臣から、経済や国民交流の具体的分野で互恵的協力を進めていきたいと述べ、正当なビジネス活動が保障されるビジネス環境を確保した上で、日中経済交流の活性化を後押ししていきたいと述べた。両首脳は、環境・省エネを含むグリーン経済や医療・介護・ヘルスケアを始めとする協力分野において具体的な成果を出せるよう、日中ハイレベル経済対話を適切な時期に開催することで一致し、日中輸出管理対話の立ち上げを歓迎したほか、マクロ経済についての対話を強化することで一致し、日中協力の地理的裾野が世界に広がっていることを確認した。また、両首脳は、共に責任ある大国として、気候変動などのグローバル課題についても協働していくこと、様々な分野において、国民交流を一層拡大していくこと、日中ハイレベル人的・文化交流対話を適切な時期に開催することで一致した。加えて、岸田総理大臣から、5月の日中防衛当局間の海空連絡メカニズムの下でのホットラインの運用開始を歓迎し、安全保障分野における意思疎通の重要性を述べた。また、尖閣諸島をめぐる情勢を含む東シナ海情勢について深刻な懸念を改めて表明し、日本の排他的経済水域（EEZ）に設置されたブイの即時撤去を求めたほか、ロシアとの連携を含む中国による日本周辺での軍事活動の活発化などについても深刻な懸念を改めて表明した。岸田総理大臣は、台湾海峡の平和と安定が日本を含む国際社会にとっても極めて重要であると改めて強調し、中国側からの台湾に関する立場の主張に対して、日本の台湾に関する立場は、1972年の日中共同声明にあるとおりであり、この立場に一切の変更はないと述べた。さらに、岸田総理大臣から、中国における邦人拘束事案について、邦人の早期解放を改めて求めた。ALPS処理水の海洋放出については、科学的根拠に基づく冷静な対応を改めて強く求め、日本産食品輸入規制の即時撤廃を改めて求めた。双方は、お互いの立場に隔たりがあると認識しながら、建設的な態度をもって協議と対話を通じて問題を解決する方法を見いだしていくこととした。両首脳は、拉致問題を含む北朝鮮、中東、ウクライナなどの国際情勢についても議論を行い、国際情勢について緊密に意思疎通していくことを確認した。

11月25日、上川外務大臣は、日中韓外相会議（韓国・釜山）の際に王毅外交部長と会談を行い、11月16日の日中首脳会談で確認された大きな方向性に沿った日中関係の発展に向け、外相間で緊密に連携していくことで一致し、双

方は、あらゆるレベルで緊密に意思疎通を行っていくことを確認した。また、上川外務大臣から、日本産食品輸入規制の即時撤廃を強く求め、東シナ海情勢などの諸懸案についての深刻な懸念を表明し、日本のEEZに設置されたブイについて即時撤去を求めた。また双方は、グローバルな課題や北朝鮮情勢などについても意見交換を行った。

このほか、2月には日中安保対話及び日中外交当局間協議が、4月と10月には、日中高級事務レベル海洋協議などの事務レベルの各種協議がそれぞれ対面で開催され、東シナ海情勢や中国による軍事活動の活発化などの諸懸案について率直な意見交換を行うなど、事務レベルでも日中間で緊密に意思疎通が継続された。

また、6月3日にはシンガポールで開催されたシャングリラ・ダイアローグに際し、浜田靖一防衛大臣と李尚福国務委員兼国防部長との日

中防衛相会談も行われた。

（イ）日中経済関係

日中間の貿易・投資などの経済関係は、非常に緊密である。2023年の日中間の貿易総額（香港を除く。）は、約3,007億ドル（前年比10.4%減）となり、中国は、日本にとって17年連続で最大の貿易相手国となった。

また、日本の対中直接投資は、中国側統計によると、2022年は約46.1億ドル（前年比17.7%増（投資額公表値を基に推計））と、中国にとって国として第3位（第1位はシンガポール、第2位は韓国）の規模となっている。また、国際収支統計によると、日本にとっても中国は米国、オーストラリアに次ぐ第3位の投資先国であり、約3.2兆円に上る直接投資収益の収益源となっている。

新型コロナによる往来の制限が緩和される

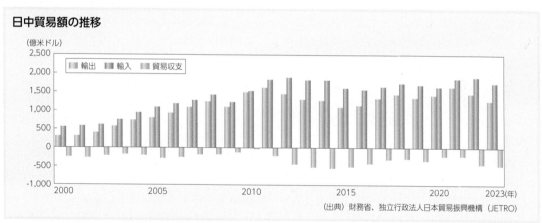

日中貿易額の推移

（億米ドル）（出典）財務省、独立行政法人日本貿易振興機構（JETRO）

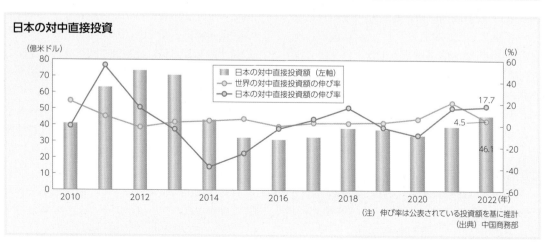

日本の対中直接投資

（注）伸び率は公表されている投資額を基に推計
（出典）中国商務部

中、日中間の経済対話は引き続き行われた。4月には日中外相会談、7月には王毅中央外弁主任との会談が行われ、首脳・外相レベルを含めあらゆるレベルで緊密に意思疎通を行っていくことが確認された。11月16日の日中首脳会談では、環境・省エネを含むグリーン経済や医療・介護・ヘルスケアを始めとする協力分野において具体的な成果を出せるよう、日中ハイレベル経済対話を適切な時期に開催することで一致した。また、同月25日の日中外相会談では、16日の日中首脳会談で一致した環境・省エネを含むグリーン経済や医療・介護・ヘルスケアを始めとする二国間協力の推進、さらには様々な分野における国民交流の拡大に向け、適切な時期に開催する日中ハイレベル経済対話と日中ハイレベル人的・文化交流対話を活用していくため調整を進めることで一致した。このほか、2月には日中経済パートナーシップ協議がオンラインで実施された。また、官民の経済交流としては、11月に第9回日中企業家及び元政府高官対話（日中CEO等サミット）が対面形式で開催され、外務省から堀井巌外務副大臣が歓迎レセプションに出席した。

（ウ）両国民間の相互理解の増進
〈日中間の人的交流の現状〉

中国は、2023年1月8日、入国後のPCR検査や隔離措置を撤廃するなど水際措置を緩和したが、前年末に日本が発表した中国本土での感染拡大に係る水際措置に対する措置として、同月10日、日本国民に対する一般査証の発給を一時停止することを発表した。同月29日、中国は一般査証の発給を再開したが、従来から停止していた観光査証などの一部査証及び中国短期滞在（15日以内）の査証免除措置などは再開されなかった。3月15日、中国は、観光査証を含む各種訪中査証の発給を再開したが、日本人に対する中国短期滞在の査証免除措置は引き続き停止している（2023年12月時点）。

中国からの訪日者数は、2023年は約242.5万人（日本政府観光局（JNTO）推定値）と、前年の約18.9万人（JNTO確定値）に比べ大幅に増加したが、2019年の約959.4万人（JNTO確定値）と比較すると、新型コロナ流行以前の水準には至っていない。

日中両国の間では、文化、経済、教育、地方など幅広い分野で交流が積み重ねられている。2023年は日中平和友好条約締結45周年に当たり、これを記念した行事・イベントも数多く実施された。

条約発効日に当たる10月23日には、東京において日中交流促進実行委員会（委員長：十倉雅和経団連会長）が主催する「日中平和友好条約45周年レセプション」が開催され、岸田総理大臣と李強国務院総理、上川外務大臣と王毅外交部長との間でそれぞれ交換した条約締結45周年を記念するメッセージが紹介された。また、同日、北京においても中国人民対外友好協会及び中国日本友好協会主催の記念レセプションが開催された。

次世代を担う青少年交流については、新型コロナが収束に向かう中で約3年ぶりに国境を越える往来が再開され、対面での交流事業が実施された。対日理解促進交流プログラム「JENESYS」などにより、両国の学生や研究者の相互理解及び対日理解が促進されることが期待される。

（エ）個別の懸案事項
〈東シナ海情勢〉

東シナ海では、尖閣諸島周辺海域における中国海警船による領海侵入が継続しており、また、中国軍も当該海空域での活動を質・量とも急速に拡大・活発化させている。

尖閣諸島は、歴史的にも国際法上も日本固有の領土であり、現に日本はこれを有効に支配している。したがって、尖閣諸島をめぐり解決すべき領有権の問題はそもそも存在しない。日本が1895年に国際法上正当な手段で尖閣諸島を日本の領土に編入してから、東シナ海に石油埋蔵の可能性が指摘され尖閣諸島に対する注目が集まった1970年代に至るまで、中国は、日本による尖閣諸島の領有に対し、何ら異議を唱えてこなかった。中国側は、それまで異議を唱えてこなかったことについて、何ら説明を行って

いない。その後、2008年に、中国国家海洋局所属船舶が尖閣諸島周辺の日本の領海内に初めて侵入した。[7]

2023年の尖閣諸島周辺海域における中国海警船による年間の領海侵入の件数は34件に上り（2022年は28件、2021年は34件）、また、2023年の接続水域内における中国海警船の年間確認日数は過去最多の352日を記録した。さらに、2020年5月以降、中国海警船が尖閣諸島の日本の領海に侵入し、当該海域において日本漁船に近づこうとする動きが頻繁に発生しており、2023年4月にはこれに伴う領海侵入時間が過去最長となる80時間以上となる事案が発生するなど、依然として情勢は厳しい。尖閣諸島周辺の日本の領海で独自の主張をする中国海警船の活動は、国際法違反であり、このような中国の力による一方的な現状変更の試みに対しては、外交ルートを通じ、厳重に抗議し、日本の領海からの速やかな退去及び再発防止を繰り返し求めてきている。引き続き、日本の領土・領海・領空は断固として守り抜くとの決意の下、冷静かつ毅然と対応していく。

中国軍の艦艇・航空機による東シナ海を含む日本周辺海空域での活動も活発化している。2023年は、前年に引き続き、屋久島周辺での中国海軍測量艦による日本の領海内航行が複数回確認された。6月と12月には中露戦略爆撃機による共同飛行、7月から8月にかけては中露艦艇による共同航行が前年に引き続き確認された。また、中国海軍艦艇による尖閣諸島周辺を含む海域での航行も複数回確認された。中国海軍艦艇による日本領海内の航行については、政府として、日本周辺海域における中国海軍艦艇などのこれまでの動向を踏まえ強い懸念を有しており、また、中露両国の軍による日本周辺での共同行動は日本の安全保障上重大な懸念であることから、それぞれの事案について、中国側に対しこうした日本の立場をしかるべく申し入れてきている。

無人機を含む航空機の活動も引き続き活発であり、2012年秋以降、航空自衛隊による中国軍機に対する緊急発進の回数は高い水準で推移している。このような最近の中国軍の活動全般に対して、日本は外交ルートを通じ繰り返し提起してきている。

東シナ海における日中間のEEZ及び大陸棚の境界が未画定である中で、中国側の一方的な資源開発は続いている。政府は、日中の地理的中間線の西側において、中国側が東シナ海の資源開発に関する「2008年合意」[8]以前に設置した4基に加え、2013年6月から2016年5月にかけて新たな12基の構造物が、さらに2022年5月以降、新たに2基が設置され、これまでに合計18基の構造物が16か所に設置されていることを確認している（16か所のうち2か所では、二つの構造物が一つに統合されている状態）。このような一方的な開発行為は極めて遺憾であり、日本としては、中国側による関連の動向を把握するたびに、中国側に対して、一方的な開発行為を中止し、東シナ海の資源開発に関する「2008年合意」に基づく国際約束締結交渉再開に早期に応じるよう強く求めてきている。なお、2019年6月に行われた安倍総理大臣と習近平国家主席との首脳会談においては、両首脳は資源開発に関する「2008年合意」を推進・実施し、東シナ海を「平和・協力・友好の海」とするとの目標を実現することで一致したほか、2023年4月に行われた日中外相会談においても、東シナ海の資源開発に関する「2008年合意」を推進・実施していくことで一致した。

また、東シナ海を始めとする日本周辺のEEZにおいて、中国による日本の同意を得ない海洋調査活動も継続しており、その都度、外交ルートを通じて中国側に申入れを行っている。

加えて、2023年7月、東シナ海の日本のEEZにおいて、中国が設置したと考えられる

ブイの存在が確認された。政府としては、11月の日中首脳会談や日中外相会談を含め、首脳・外相を含むあらゆるレベルで、様々な機会を捉え、中国側に対して抗議し、ブイの即時撤去を累次にわたって強く求めている。

日中両国は、海洋・安全保障分野の諸懸案を適切に処理するため、関係部局間の対話・交流の取組を進めている。例えば、2018年6月に運用開始した日中防衛当局間の「海空連絡メカニズム」は、両国の相互理解の増進及び不測の衝突を回避・防止する上で大きな意義を有するものであり、同メカニズムの下での「日中防衛当局間のホットライン」の運用が2023年5月に開始された。

日中首脳会談を含む累次の機会に日本側から述べているように、東シナ海の安定なくして日中関係の真の改善はない。日中高級事務レベル海洋協議や他の関係部局間の協議を通じ、両国の関係者が直接、率直に意見交換を行うことは、信頼醸成及び協力強化の観点から極めて有意義である。日本政府としては、引き続き個別の懸案に係る日本の立場をしっかりと主張すると同時に、一つ一つ対話を積み重ね、意思疎通を強化していく。

〈大和堆〉
（やまとたい）

日本海の大和堆周辺水域においては、2023年も中国漁船による違法操業が依然として確認

されており、中国側に対し、日中高級事務レベル海洋協議などの機会も利用しつつ様々なレベルで日本側の懸念を繰り返し伝達し、漁業者への指導などの対策強化を含む実効的措置をとるよう強く申入れを行った。

〈日本産食品輸入規制問題〉

中国による日本産食品に対する輸入規制については、11月の日中首脳会談を始め、首脳・外相レベルを含む様々なレベルで規制の早期撤廃を繰り返し強く求めている。

8月24日、ALPS処理水の海洋放出を受けて、中国政府は日本産水産物の全面的な一時輸入停止を発表した。中国がこれまでの輸入規制に加えて、新たな措置を導入したことは何ら科学的根拠のない対応であり、首脳・外相を含むあらゆるレベルで様々な機会を捉え、措置の即時撤廃を求める申入れを行っている。また、世界貿易機関（WTO）においては、中国が「衛生植物検疫の適用に関する協定（SPS協定）」に基づく通報を行ったことを受け、日本政府は、WTOに対して、中国の主張に反論する書面を提出したほか、SPS委員会など関連する委員会において日本の立場を説明してきている。さらに、中国政府に対して、SPS協定及び地域的な包括的経済連携（RCEP）協定の規定に基づく討議の要請を行い、中国が協定の義務に従って討議に応じるよう求めている。

日中中間線付近において設置が確認された中国の海洋構造物（写真提供：防衛省）
詳細は、https://www.mofa.go.jp/mofaj/area/china/higashi_shina/tachiba.html
参照

中国に対しては、科学的な根拠に基づいた議論を行うよう強く求め、引き続きあらゆる機会を捉え、日本産食品の輸入規制の即時撤廃に向けて働きかけを行っていく。

〈邦人拘束事案〉

一連の邦人拘束事案については、日本政府として、これまで首脳・外相会談など、日中間の様々な機会に早期解放に向けた働きかけを行ってきており、これまで5人が逮捕前に解放され、6人が刑期を満了し帰国した。3月、北京市において新たに1人の邦人が拘束された。政府としては、11月の日中首脳会談及び日中外相会談を始め、首脳・外相レベルを含むあらゆるレベル・機会を通じて、早期解放、改訂反スパイ法に関するものを含めた法執行及び司法プロセスにおける透明性、邦人の権利の適切な保護、公正公平の確保並びに人道的な取扱いを中国政府に対して強く求めてきており、引き続きそのような働きかけを粘り強く継続していく。また、邦人保護の観点から、領事面会や御家族との連絡など、できる限りの支援を行っている。

一連の邦人拘束事案発生を受け、在留邦人などに対しては、外務省や在中国日本国大使館のホームページなどにおいて、「国家安全に危害を与える」とされる行為は、取調べの対象となり、長期間の拘束を余儀なくされるのみならず、有罪となれば懲役などの刑罰を科されるおそれがあるので注意するよう呼びかけている。また、7月の改訂反スパイ法の施行を受け、外務省海外安全ホームページにおける注意喚起の内容を更新し、より詳細かつ具体的な形で注意喚起を行っている。[9]

〈遺棄化学兵器問題〉

日本政府は、化学兵器禁止条約に基づき、中国における旧日本軍の遺棄化学兵器の廃棄処理事業に着実に取り組んできている。2023年は、吉林省敦化市ハルバ嶺地区で発掘・回収及び廃棄処理を実施し、また、黒竜江省ハルビン市での廃棄処理を実施した。加えて、その他中国各地における遺棄化学兵器の現地調査及び発掘・回収事業を実施した（2023年12月時点の遺棄化学兵器廃棄数は累計約8.8万発）。

(2) 台湾

ア 内政・経済

2024年1月13日、4年に1度の総統選挙及び立法委員選挙が実施された。2022年11月の統一地方選挙において与党・民進党は大敗していたが、総統選挙では、民進党の公認候補である頼清徳副総統が、得票率40.05%で当選した。2位の野党・国民党の候補との差は6.56ポイントであった。同時に行われた立法委員選挙では、民進党は改選前62議席から11減らし51議席となり、議会第2党となった（定数113）。第1党となった国民党は15増やし52議席、2019年に結成された新規政党の民衆党は3増やし8議席を獲得したが、過半数を得た政党はなかった。このため、民衆党が立法院のキャスティング・ボートを握る（2大政党が拮抗し、いずれも過半数を制することができない場合、少数政党が事実上の決定権を握ること）形となった。

台湾経済は、2022年下半期以降、米中対立、ロシアによるウクライナ侵略などに起因するインフレ圧力や外需低迷の影響を受け成長率が低下し、2023年の年間実質GDP成長率予測はプラス1.61%にとどまった。

イ 両岸関係・対外関係

2023年3月29日から4月7日、蔡英文総統は、台湾と外交関係を有する中米のグアテマラとベリーズを訪問し、往路に米国・ニューヨーク、復路にロサンゼルスに立ち寄った。ロサンゼルスでは、マッカーシー下院議長が主催する米国超党派議員と、レーガン図書館で会談などを行った。中国はこれを受け、蕭美琴駐米代表

9　外務省海外安全ホームページにおける注意喚起の掲載箇所はこちら：
https://www.anzen.mofa.go.jp/info/pchazardspecificinfo_2023T054.html#ad-image-0

やレーガン図書館責任者などに対して、訪中禁止などの制裁措置を発表したほか、8日から10日にかけて台湾周辺で軍事演習を実施した。また5日には、空母山東（さんとう）を含む艦隊が南シナ海から西太平洋に進出した。

なお、蔡英文総統の外遊直前の3月26日、中米のホンジュラスが台湾と断交し、中国と国交を樹立した。

8月12日から18日、頼清徳副総統は、台湾と外交関係を有する南米のパラグアイを訪問、ペニャ大統領は「5年間の任期中、必ず台湾と共にある」と述べた。往路のニューヨーク、復路のサンフランシスコへの立寄りに際しては、要人との会見などは行われなかった。中国はこれを受け、19日に台湾周辺で軍事演習を行った。なお、中国は15日に台湾のポリカーボネートに対する反ダンピング関税を、21日に台湾のマンゴーの輸入停止を発表した。

台湾は、9月に初の独自製造となる潜水艦の進水式を実施した。また、2024年度の防衛予算は過去最高の6,068億台湾元となり、同年から兵役期間を4か月から1年間へと戻すなど抑止力強化の取組を進めた。

12月21日、中国は、台湾の対中貿易制限措置が「海峡両岸経済協力枠組協定（ECFA）」に違反するとして、2024年1月1日からパラキシレンなど台湾製品12品目につき、同協定で定めた税率の適用を中止すると公表した。

台湾の総統選挙直前の12月、中国は両岸間の取決めに基づく台湾からの一部化学物質の輸入に対する関税優遇措置を取り消した。

2024年1月の総統選挙で民進党の頼清徳氏が当選したことに対し、中国の王毅外交部長は「『一つの中国』原則という国際社会の普遍的共通認識は変えられない」「中国は最終的に完全な統一を実現する」などとコメントし、台湾を担当する国務院台湾事務弁公室は、「選挙結果は、民進党が島内の主流民意を代表できないことを示す」との談話を発表した。選挙直後の1月15日には、太平洋島嶼国のナウルが台湾と断交し、台湾承認国は計12となった。

台湾海峡の平和と安定は、日本の安全保障は

もとより、国際社会全体の安定にとっても重要であり、G7広島サミットにおいても、その重要性を再確認し、両岸問題の平和的解決を呼びかけることで一致した。

2023年も各国議会関係者などの活発な訪台は続き、特に欧米からは2023年より31組多い61組が訪台した。

台湾は、2009年から2016年には世界保健機関（WHO）総会にオブザーバー参加していたが、2017年以降は参加できていない。日本は従来、国際保健課題への対応に当たっては、地理的空白を生じさせるべきではないと一貫して主張してきており、こうした観点から台湾のWHO総会へのオブザーバー参加を一貫して支持してきている。

ウ　日台関係

台湾は、日本にとって、自由、民主主義、基本的人権、法の支配といった基本的価値や原則を共有し、緊密な経済関係と人的往来を有する極めて重要なパートナーであり、大切な友人である。日本と台湾との関係は、1972年の日中共同声明に従い、非政府間の実務関係として維持されている。日台双方の市民感情は総じて良好であり、10月10日に台北で行われた「雙十国慶節」（そうじゅう）祝賀行事には、日華議員懇談会から42人が出席したほか、2年連続で日本の高校の吹奏楽部が招待され、ゲスト演奏を行った。6月には経済会合のため29年ぶりに行政院副院長が訪日、8月には麻生太郎自民党副総裁が訪台しシンポジウムに出席するなど、要人往来も活発に行われた。2023年の日台間の人的往来は、台湾から日本へは延べ420万人が渡航した。

日本によるALPS処理水放出に対し、台湾は、科学的根拠に基づき対応している。一方、一部の日本産食品に対する輸入停止及び証明書添付などの輸入規制措置は依然残されており、日本側は、これらが科学的根拠に基づいて早期に撤廃されるよう、引き続き台湾側に粘り強く働きかけている。

3月、日本台湾交流協会と台湾日本関係協会

は「法務司法分野における交流と協力に関する覚書」に署名するなどし、両協会間の取決めは計64本となった。

（3）モンゴル

ア　内政

オヨーンエルデネ内閣は、長期開発計画に係る総合調整機能を強化するため、経済・開発相を副首相級に位置付け、新型コロナ後の経済的自立を目指す政策パッケージである「新再生政策」の柱の一つである「通関所の再生」（輸出入の拠点となるインフラ整備など）の担当大臣ポストを創設するなど、同政策の推進体制の強化を行った。また、2022年に開発銀行の乱脈融資問題やタバン・トルゴイ石炭鉱山の不正輸出疑惑をめぐるデモが頻発したことなどを受けて、2023年を「汚職対策の年」と定めたが、石炭汚職で疑惑を受けた一部の閣僚や複数の現職議員の進退問題に発展したほか、首都ウランバートル市のバス調達をめぐる不正疑惑も持ち上がり、ウランバートル市長や首都問題担当相が辞任する事態が発生した。

5月には、国家大会議の定数と選挙制度を変更する憲法改正案が可決され（2024年1月施行）、2024年の次回総選挙では、選挙区制に加え比例代表制を導入し、また、1992年の創設以来維持されてきた国家大会議の76議席が、選挙区78議席及び比例代表48議席の計126議席に大幅拡大されることとなった。

イ　外交

中国とロシアに挟まれ、経済・エネルギー面で両国への依存を深めているモンゴルは、両国との良好な関係維持を最優先課題としつつも、「第三の隣国」と位置付ける日本や欧米諸国を始めとする諸外国との関係を強化することでバランスを維持する外交政策を従前から推進している。

2023年も、マクロン・フランス大統領（5月）やローマ教皇フランシスコ台下（9月）など多くの要人がモンゴルを訪問したほか、フレルスフ大統領、オヨーンエルデネ首相及びバト

ツェツェグ外相がそれぞれ諸外国を積極的に訪問し、活発な要人外交を展開した。さらに、6月にはバトツェツェグ外相が首都ウランバートルで女性外務大臣会合を主催し、フランス、ドイツ及びインドネシアなどの外相らが出席した。

また、中国との関係では、バトツェツェグ外相（5月、11月）、オヨーンエルデネ首相（6月）、フレルスフ大統領（10月、「一帯一路」国際協力ハイレベルフォーラム、バトツェツェグ外相同行）がそれぞれ訪中したほか、ロシアとの関係でも、ザンダンシャタル国家大会議議長がロシアを訪問（6月）するとともに、ロシアからゴルデーエフ国家院副議長（1月）、ヴォロージン国家院議長（9月）及びアブラムチェンコ副首相（10月）がモンゴルを訪問した。さらに、国際会議の機会においても中国・ロシア両国との首脳会談が複数回行われるなど、両隣国との関係維持にも引き続き努力が払われた。

ウ　経済

2023年、モンゴル経済は、中国からの外需拡大やそれに伴う内需拡大により、回復基調が継続し、特に石炭を含む鉱物資源の中国需要が輸出を牽引した。一方で、鉱業以外の産業の回復は遅く、特に畜産物と農作物の生産が冬から春にかけての悪天候によりマイナス成長となった。また、物価上昇率は2022年よりはやや改善されたが10.4%と上昇傾向が継続したことも、経済回復を鈍化させた。2023年7月から9月のモンゴルの経済成長率は、前年同期比で6.9%となった。また、2023年の貿易額は、前年比で輸出12.1%増、輸入6.3%増となった。

エ　日・モンゴル関係

日本との関係では、2023年もハイレベルの往来や対話が続いた。

3月にはザンダンシャタル国家大会議議長が参議院招待で訪日したほか、7月のASEAN関連外相会議で林外務大臣とバトツェツェグ外相との会談、9月の国連総会ハイレベルウィーク

で岸田総理大臣とフレルスフ大統領との首脳会談をそれぞれ実施し、2022年のフレルスフ大統領訪日時に発出した「平和と繁栄のための特別な戦略的パートナーシップのための日本とモンゴルの行動計画（2022年〜2031年）」に基づいて各分野の協力案件が着実に進展していることを確認した。

具体的には、フレルスフ大統領が気候変動及び砂漠化対策の一環として提唱・実施している「『10億本の植樹』国民運動」への協力として、日本が5年間で5万本規模の植林を行う計画の第1号案件をモンゴルで開始したほか、2022年の外交関係樹立50周年を機に立ち上げられた外務省主催行事「日本・モンゴル学生フォーラム」（3日間のオンライン学習会及び2泊3日の合宿）の第2回が7月から10月にかけて行われ、両国関係の次代を担う学生が相互理解と交流を深めた。

③ 朝鮮半島

（1）北朝鮮（拉致問題含む。）

日本は、2002年9月の日朝平壌（ピョンヤン）宣言に基づき、拉致、核、ミサイルといった諸懸案を包括的に解決し、不幸な過去を清算して、日朝国交正常化を図ることを基本方針として、引き続き様々な取組を進めている。北朝鮮は、2023年、5発の大陸間弾道ミサイル（ICBM）級弾道ミサイルの発射や衛星打ち上げを目的とした弾道ミサイル技術を使用した発射を含め、弾道ミサイルなどの発射を繰り返し行った。一連の北朝鮮の行動は、日本の安全保障にとって重大かつ差し迫った脅威であるとともに、地域及び国際社会に対する明白かつ深刻な挑戦であり、断じて容認できない。日本としては、引き続き、米国や韓国を始めとする国際社会とも協力しながら、関連する国連安保理決議の完全な履行を進め、北朝鮮による核・弾道ミサイル計画の完全な廃棄を求めていく。時間的制約のある拉致問題は、ひとときもゆるがせにできない人道問題である。北朝鮮に対して2014年5月の日朝政府間協議における合意（ストックホルム合意）[10]の履行を求めつつ、米国及び韓国を始めとする国際社会とも緊密に連携し、全ての拉致被害者の一日も早い帰国を実現すべく、引き続き、全力を尽くしていく。

ア 北朝鮮の核・ミサイル問題

（ア）北朝鮮の核・ミサイル問題をめぐる最近の動向

北朝鮮は、累次の国連安保理決議に従った、全ての大量破壊兵器及びあらゆる射程の弾道ミサイルの完全な、検証可能な、かつ、不可逆的な廃棄を依然として行っていない。

2022年12月末、党中央委員会第8期第6回拡大総会が開催され、金正恩（キムジョンウン）国務委員長は、2023年の事業計画として、「戦術核兵器の大量生産」及び「核弾頭保有量を幾何級数的に増やすこと」に言及したと報じられた。2023年2月、朝鮮人民軍創建75周年閲兵式が行われ、「戦術ミサイル縦隊」、「長距離巡航ミサイル縦隊」、「戦術核運用部隊縦隊」、「大陸間弾道ミサイル（ICBM）縦隊」などが登場したと報じられた。9月に開催された最高人民会議第14期第9回会議では、「核兵器発展を高度化」するとの内容が憲法に明記され、金正恩国務委員長が、「帝国主義反動勢力により、全地球的範囲で「新冷戦」構図が現実化」されているとした上で、「核保有国の現在の地位を絶対に変更することも譲歩することもしてはならず、逆に核武力を持続的に更に強化していくべき」と述べたと報じられた。

2023年、北朝鮮は、18回、少なくとも25発の弾道ミサイルの発射などを行った。1月1日に、弾道ミサイルを発射したことに始まり、2月18日に発射したICBM級弾道ミサイルは、北海道渡島大島（おしまおおしま）の西方約200キロメートルの日本の排他的経済水域（EEZ）内に落下したものと推定される。その後、同月20日に弾道ミ

---

[10] 2014年5月にストックホルムで開催された日朝政府間協議において、北朝鮮側は、拉致被害者を含む全ての日本人に関する包括的かつ全面的な調査の実施を約束した。

サイルを、3月16日に「火星17」と称する ICBM級弾道ミサイルを、19日及び27日に弾道ミサイルをそれぞれ発射した。4月13日には、新型の固体燃料推進方式とみられるICBM級弾道ミサイルを発射し、「火星18」の「最初の試験発射」と報じられた。

5月29日、北朝鮮は、31日から6月11日の間に衛星を打ち上げると通報し、5月31日、弾道ミサイル技術を使用した発射を強行した。その上で、同日、「軍事偵察衛星「万里鏡1」号の打ち上げ」を行ったが「推進力を喪失しつつ」「墜落した」と発表した。

6月15日には、弾道ミサイル2発を発射し、いずれも石川県舳倉島（へぐらじま）の北北西約250キロメートルの日本のEEZ内に落下したものと推定される。7月12日、再び「火星18」と称するICBM級弾道ミサイルを発射し、同月19日及び24日にも弾道ミサイルを発射した。

8月22日、北朝鮮は、24日から31日の間に衛星を打ち上げると通報し、24日、再び「軍事偵察衛星「万里鏡1」号の打ち上げ」として、日本列島上空を通過する形で、弾道ミサイル技術を使用した発射を強行したが、同日、「3段目の飛行中に非常爆発体系に誤りが発生して失敗した」と発表した。30日及び9月13日にも、弾道ミサイルを発射した。

11月21日、北朝鮮は、22日から12月1日の間に衛星を打ち上げると通報したが、21日中に、弾道ミサイル技術を使用した発射を強行し、翌22日、「偵察衛星「万里鏡1」号を軌道に正確に進入させた」と発表した。

北朝鮮は12月17日にも弾道ミサイルを発射し、翌18日にも「火星18」と称するICBM級弾道ミサイルを発射した。

これら一連の安保理決議違反に対し、日本は安保理理事国として、米国などとも連携しつつ、安保理において毅然とした対応をとるべく尽力してきているが、一部の国々の消極的な姿勢により、安保理は一致した対応が取れていない。

こうした中で、日本としては既存の安保理決議に基づく制裁措置の実効性を高めるため、同

志国とも連携しつつ関係国に働きかけを行っている。

また、日本政府は3月17日、9月1日及び12月1日に、更なる対北朝鮮措置として、北朝鮮の核・ミサイル開発などに関与した合計7団体12個人を資産凍結などの対象として追加指定した（これまでの措置と合わせ合計で144団体・133個人。2023年12月末時点）。

北朝鮮の核活動については、8月の国際原子力機関（IAEA）事務局長報告が、豊渓里（プンゲリ）近郊の核実験場の第3坑道で更なる活動が観測され、実験場支援エリアなどでいくつかの建物が建設されたと指摘している。また、12月21日、IAEA事務局長は、北朝鮮の寧辺（ニョンビョン）における軽水炉が臨界に達したことが示されたと指摘した。

（イ）日本の取組及び国際社会との連携

北朝鮮による度重なる弾道ミサイルなどの発射は、日本のみならず、国際社会に対する深刻な挑戦であり、断じて容認できない。北朝鮮による全ての大量破壊兵器及びあらゆる射程の弾道ミサイルの完全な、検証可能な、かつ、不可逆的な廃棄に向け、国際社会が一致結束して、安保理決議を完全に履行することが重要である。日本は、これらの点を、各国首脳・外相との会談などにおいて確認してきている。3月19日、7月13日及び12月19日には、北朝鮮による大陸間弾道ミサイル発射に関するG7外相声明が、8月24日及び11月22日には、北朝鮮による弾道ミサイル技術を使用した発射に関するG7外相声明が発出された。

また、日米韓3か国の連携は北朝鮮への対応を超えて地域の平和と安定にとっても不可欠であるとの認識の下、3か国の間では、首脳会合、外相会合、次官協議、そして六者会合首席代表者会合などの開催を通じ、重層的に協力を進めてきている。首脳レベルでは、5月21日、G7広島サミットの機会に日米韓首脳間の意見交換が行われ、その後、8月18日には、米国のキャンプ・デービッドにおいて史上初となる単独での日米韓首脳会合が開催された（35ページ特集参照）。また、11月16日には、APEC首

脳会議の機会にサンフランシスコ（米国）において日米韓首脳間の立ち話が行われた。外相レベルでは、2月18日、ミュンヘン安全保障会議の機会にミュンヘン（ドイツ）において、また、7月14日、ASEAN関連外相会議の機会にジャカルタ（インドネシア）において、日米韓外相会合が開催され、それぞれ北朝鮮によるICBM級弾道ミサイル発射を強く非難し、7月の会合後には、日米韓外相共同声明が発出された。9月22日には、国連総会の機会にニューヨーク（米国）において日米韓外相立ち話が行われ、11月14日には、APEC閣僚会議の機会にサンフランシスコ（米国）において日米韓外相会合が開催された。次官レベルでも、2月13日にワシントンD.C.（米国）において日米韓次官協議が開催され、同協議後には、日米韓次官協議共同声明が発出された。また、六者会合首席代表者レベルでは、4月7日にソウル（韓国）において、7月20日に軽井沢（日本）において、10月17日にジャカルタ（インドネシア）において、3か国の協議が開催されており、4月の協議後には、日米韓3か国共同声明が発出された。

日本は、海上保安庁による哨戒活動及び自衛隊による警戒監視活動の一環として、安保理決議違反が疑われる船舶の情報収集を行っている。安保理決議で禁止されている北朝鮮船舶との「瀬取り」[11]を実施しているなど、違反が強く疑われる行動が確認された場合には、国連安保理北朝鮮制裁委員会などへの通報、関係国への関心表明、対外公表などの措置を採ってきている。「瀬取り」を含む違法な海上活動に対して、米国に加え、オーストラリア、カナダ及びフランスが、国連軍地位協定に基づき、在日米軍施設・区域を使用し、航空機による警戒監視活動を行った。また、米国海軍の多数の艦艇、英国海軍哨戒艦「スペイ」、フランス海軍フリゲート「プレリアル」、カナダ海軍フリゲート「モントリオール」及び「バンクーバー」、オーストラリア海軍フリゲート「アンザック」及び

「トゥーンバ」が、東シナ海を含む日本周辺海域において、警戒監視活動を行った。このように、安保理決議の完全な履行及び実効性の確保のため、関係国の間での情報共有及び調整が行われていることは、多国間の連携を一層深めるという観点から、意義あるものと考えている。

イ　拉致問題・日朝関係
（ア）拉致問題に関する基本姿勢

現在、日本政府が認定している日本人拉致事案は、12件17人であり、そのうち12人がいまだ帰国していない。北朝鮮は、12人のうち、8人は死亡し、4人は入境を確認できないと主張しているが、そのような主張について納得のいく説明がなされていない以上、日本としては、安否不明の拉致被害者は全て生存しているとの前提で、問題解決に向けて取り組んでいる。北朝鮮による拉致は、日本の主権や国民の生命と安全に関わる重大な問題であると同時に、基本的人権の侵害という国際社会全体の普遍的問題である。また、拉致問題は、時間的制約のある人道問題である。拉致被害者のみならず、その御家族も御高齢となる中、「決して諦めない」との思いを胸にこの問題の解決に向けた取組を続けている。日本は、拉致問題の解決なくして北朝鮮との国交正常化はあり得ないとの基本認識の下、その解決を最重要課題と位置付け、拉致被害者としての認定の有無にかかわらず、全ての拉致被害者の安全の確保と即時帰国、拉致に関する真相究明、拉致実行犯の引渡しを北朝鮮側に対し強く要求している。2024年1月には、岸田総理大臣が施政方針演説で、「拉致被害者御家族が高齢となる中で、時間的制約のある拉致問題は、ひとときもゆるがせにできない人道問題であり、政権の最重要課題である。また、北朝鮮による核・ミサイル開発は断じて容認できない。全ての拉致被害者の一日も早い御帰国を実現し、日朝関係を新たなステージに引き上げるため、また、日朝平壌宣言に基づき、北朝鮮との諸問題を解決するために

---

11 ここでの「瀬取り」は、2017年9月に採択された国連安保理決議第2375号が国連加盟国に関与などを禁止している、北朝鮮籍船舶に対する又は北朝鮮籍船舶からの洋上での船舶間の物資の積替えのこと

も、金正恩委員長との首脳会談を実現すべく、私直轄のハイレベルでの協議を進めてまいる。」と表明した。

（イ）日本の取組

北朝鮮による2016年1月の核実験及び2月の「人工衛星」と称する弾道ミサイル発射を受け、同月に日本が独自の対北朝鮮措置の実施を発表したことに対し、北朝鮮は全ての日本人拉致被害者に関する包括的調査を全面中止し、特別調査委員会を解体すると一方的に宣言した。日本は北朝鮮に対し厳重に抗議し、ストックホルム合意を破棄する考えはないこと、北朝鮮が同合意に基づき、一日も早く全ての拉致被害者を帰国させるべきことについて、強く要求した。

（ウ）日朝関係

2018年2月、平昌（ピョンチャン）冬季オリンピック競技大会開会式の際のレセプション会場において、安倍総理大臣から金永南（キムヨンナム）北朝鮮最高人民会議常任委員長に対して、拉致問題、核・ミサイル問題を取り上げ、日本側の考えを伝えた。特に、全ての拉致被害者の帰国を含め、拉致問題の解決を強く申し入れた。また、同年9月、河野外務大臣は国連本部において、李容浩（リヨンホ）北朝鮮外相と会談を行った。2023年9月、岸田総理大臣は第78回国連総会における一般討論演説において、「首脳会談を早期に実現すべく、私直轄のハイレベルで協議を行っていきたい」と改めて表明した。

（エ）国際社会との連携

拉致問題の解決のためには、日本が主体的に北朝鮮側に対して強く働きかけることはもちろん、拉致問題解決の重要性について諸外国からの理解と支持を得ることが不可欠である。日本は、各国首脳・外相との会談、G7サミットを含む国際会議などの外交上のあらゆる機会を捉え、拉致問題を提起している。5月のG7広島サミットではG7首脳との間で、拉致問題を含む北朝鮮への対応において引き続き緊密に連携していくことを確認した。また、8月18日の日

米韓首脳会合では、バイデン大統領及び尹錫悦（ユンソンニョル）大統領から拉致問題の即時解決に向けた支持を改めて確認したほか、会合終了後に発出された「日米韓首脳共同声明」でも拉致問題の即時解決に向けたコミットメントが再確認された。

米国については、トランプ大統領が、安倍総理大臣からの要請を受け、2018年6月の米朝首脳会談において金正恩国務委員長に対して拉致問題を取り上げた。2019年2月の第2回米朝首脳会談では、トランプ大統領から金正恩国務委員長に対して初日の最初に行った一対一の会談の場で拉致問題を提起し、拉致問題についての安倍総理大臣の考え方を明確に伝えたほか、その後の少人数夕食会でも拉致問題を提起し、首脳間での真剣な議論が行われた。また、バイデン大統領は、2022年5月の訪日の際、拉致被害者の御家族と面会し、拉致被害者を思う御家族の方々の心情や、拉致問題の一刻も早い解決に向けた米国の支援を求める発言にじっくりと真剣に耳を傾け、御家族の方々を励まし、勇気付けた。2023年1月13日及び5月18日の日米首脳会談においても、岸田総理大臣からバイデン大統領に対して、拉致問題の解決に向けた米国の引き続きの理解と協力を求め、バイデン大統領から、全面的な支持を得た。同年8月の日米韓首脳会合後の共同記者会見でも、バイデン大統領は同会合に言及し、拉致された人など全員を戻すため共に取り組むとの決意を述べた。

中国についても、2019年6月の日中首脳会談において、習近平（しゅうきんぺい）国家主席から、同月の中朝首脳会談で日朝関係に関する日本の立場、安倍総理大臣の考えを金正恩国務委員長に伝えたとの発言があり、その上で、習近平国家主席から、拉致問題を含め、日朝関係改善への強い支持を得た。また、2023年11月16日の日中首脳会談においても、両首脳は、拉致問題を含む北朝鮮などの国際情勢について議論を行い、緊密に意思疎通していくことを確認した。

韓国も、2018年4月の南北首脳会談を始めとする累次の機会において、北朝鮮に対して拉致問題を提起しており、2019年12月の日韓

首脳会談においても、文在寅（ムンジェイン）大統領から、拉致問題の重要性についての日本側の立場に理解を示した上で、韓国として北朝鮮に対し拉致問題を繰り返し取り上げているとの発言があった。また、2023年3月16日及び5月7日の日韓首脳会談においても、拉致問題について、尹錫悦大統領から改めて支持を得たほか、7月12日及び11月16日の日韓首脳会談でも拉致問題を含む北朝鮮への対応において連携していくことを確認した。

2023年4月には国連人権理事会において、また12月には国連総会本会議において、EUが提出し、日本が共同提案国となった北朝鮮人権状況決議案が無投票で採択された。また、2023年8月17日には、2017年12月以来約6年ぶりに拉致問題を含む北朝鮮の人権状況を協議するための安保理公開会合が開催され、会合後の同志国52か国及びEUによるプレス向け共同発言では拉致問題にも言及した。日本は、今後とも、米国を始めとする関係国と緊密に連携、協力しつつ、拉致問題の即時解決に向けて全力を尽くしていく。

ウ　北朝鮮の対外関係など
（ア）米朝関係

2018年から2019年にかけて、米朝間では2回の首脳会談及び板門店での米朝首脳の面会が行われ、2019年10月にストックホルム（スウェーデン）において米朝実務者協議が行われたが、その後、米朝間の対話に具体的な進展は見られていない。

バイデン大統領は、2021年4月に対北朝鮮政策レビューを通じ、朝鮮半島の完全な非核化が引き続き目標であることや、日本を含む同盟国の安全確保のための取組を強化すると明らかにした。2022年10月には、米国は、新たな「国家安全保障戦略（NSS）」を公表し、朝鮮半島の完全な非核化に向けて持続的な外交を追求し、また、北朝鮮の大量破壊兵器及びミサイルの脅威に直面する中で拡大抑止を強化することを示した。同時に、米国は、様々な機会において、北朝鮮に対して敵対的な意図を抱いておらず、北朝鮮側と前提条件なしに対話を再開する用意があると発信してきている。

一方、金正恩国務委員長は、9月の最高人民会議第14期第9回会議において行った演説の中で、「米国が、日本、「大韓民国」との三角軍事同盟体系樹立を本格化することにより、戦争と侵略の根源的基礎である「アジア版NATO」がついに自らの凶悪な正体をさらけ出し、このことは修辞的脅威や表象的な実体ではない実際の最大の脅威」であるとし、「米国と西側の覇権戦略に反旗を翻した国家との連帯をさらに強化していく」と述べたと報じられた。

7月、在韓米軍の兵士が軍事境界線を越え、北朝鮮側に拘束される事案が発生し、同兵士は9月に解放された。米国は、北朝鮮による弾道ミサイル発射などを含めた一連の挑発行為などへの対応として、2023年に入り、3月、4月、5月、6月、8月及び11月に、それぞれ個人や団体を北朝鮮に対する制裁対象に追加する措置を決定した。

（イ）南北関係

2022年5月、韓国で「南北関係の正常化」を掲げる尹錫悦政権が発足した。尹錫悦大統領は、同年8月、実質的な非核化を条件に様々な経済支援を行うとする「大胆な構想」を提案したが、北朝鮮はこれに応じる姿勢を見せていない。2023年1月には、金正恩委員長が「南朝鮮傀儡（かいらい）らが疑う余地もない我が方の明確な敵として迫っている」と述べたと報じられ、2月には、韓国の国防白書において「北朝鮮の政権と軍は我々の敵」と言及された。

4月には、2021年10月から復旧していた南北通信連絡線が再び途絶した。これに対し韓国政府は、統一部長官声明を発表し、強い遺憾を表明した。9月、韓国の憲法裁判所が、文在寅政権時に法制化された北朝鮮へのビラ散布を禁じる法律条項に対して違憲判決を下した。11月、韓国は、北朝鮮の度重なる合意違反や「軍事偵察衛星」の打ち上げなどを理由に、2018年に署名された「歴史的な「板門店宣言」履行のための軍事分野合意書」の一部効力停止を発

表し、これに対し、北朝鮮は、以後、同合意書に拘束されないとの声明を発出したことが報じられた。また、北朝鮮は12月末に開催された党中央委員会第8期第9回拡大総会で、南北関係を「敵対的な二つの国家の関係、戦争中にある二つの交戦国の関係として完全に固着された」とし、対韓国政策を転換すると報じられた。

韓国は、北朝鮮による弾道ミサイル発射などを含めた一連の挑発行為などへの対応として、2月、3月、4月、5月、6月、7月、9月及び12月にそれぞれ個人や団体を北朝鮮に対する制裁対象に追加する措置を決定した。

（ウ）中朝関係・露朝関係

新型コロナウイルス感染症（以下「新型コロナ」という。）の感染拡大などの影響により、2020年以降は要人往来が確認されていなかったが、2023年7月の北朝鮮の「祖国解放戦争戦勝70周年」記念行事には、中国から李鴻忠（り　こうちゅう）全人代常務委員会副委員長、ロシアからショイグ国防相をそれぞれ団長とする代表団が訪朝し、習近平国家主席及びプーチン大統領からの親書が金正恩国務委員長に伝達されたと報じられた。「国」交樹立75周年を迎えた露朝間では、9月に金正恩国務委員長が4年ぶりにロシアを訪問し、プーチン大統領とアムール州において首脳会談を行い、同首脳会談では、両「国」は戦略的・戦術的協力に合意したと報じられた。また、10月には、ラヴロフ外相が訪朝し、露朝外相会談及び金正恩国務委員長表敬が行われた。日米韓3か国は、10月26日に露朝間の武器移転に関する日米韓外相声明を発出し、北朝鮮からロシアへの軍事装備品及び弾薬の提供を強く非難し、ロシアから北朝鮮に対する軍事支援の可能性について、日米韓として状況を注視していることを表明している。

北朝鮮の対外貿易の約9割を占める中朝間の貿易は、新型コロナの世界的な感染拡大を受けた往来の制限のため、感染拡大前と比較して規模が大幅に縮小していたが、2022年9月に中国・丹東と北朝鮮・新義州を結ぶ鉄道通関地の貨物列車の運行再開が発表されて以降、回復傾向が続いている。結果として、2023年の中朝貿易額は前年を大きく上回り、新型コロナ以前の水準を回復するに至った。

（エ）その他

2023年、日本海沿岸では、北朝鮮からのものと見られる漂流・漂着木造船などが計22件確認されており（2022年は49件）、日本政府として、関連の動向について重大な関心を持って情報収集・分析に努めている。また、2020年9月には、日本海の大和堆（やまとたい）西方の日本のEEZにおいて北朝鮮公船が確認されており、外務省は、このような事案が発生した際には、北朝鮮に対して日本の立場を申し入れてきている。引き続き、関係省庁の緊密な連携の下、適切に対応していく。

エ　内政・経済

（ア）内政

北朝鮮は、2021年1月に、約5年ぶりに朝鮮労働党の最高指導機関である第8回党大会を開催し、金正恩国務委員長が、「人民大衆第一主義政治」を強調しつつ、過去5年間の成果・反省及び核・ミサイル活動の継続や対外関係を含む今後の課題に係る活動総括報告を行ったと報じられた。同党大会では「国防科学発展及び武器体系開発5か年計画」及び「国防力発展五大重点目標」が提示されたと報じられている。2022年12月に開催された党中央委員会第8期第6回拡大総会では、金正恩国務委員長が、初の「軍事衛星」打ち上げに言及し、「国防」力強化が強調されたと報じられた。

2023年1月に開催された最高人民会議第14期第8回会議では、2022年を「史上かつてない試練に満ちた年」だったと評価する一方、「経済建設と人民生活向上のための闘争で顕著な成果を収めた」との報告がされたと報じられた。また、「非規範的な言語要素を排撃」するとし、「平壌文化語保護法」が採択されたと報じられた。2月には、党中央委員会第8期第7回拡大総会が開催され、金正恩国務委員長が、党は農村問題を必ず解決すべき戦略的問題とし

て重視していると述べたと報じられた。6月には、金正恩国務委員長出席の下、党中央委員会第8期第8回拡大総会が開催され、「国防力発展五大重点目標」の一つとして軍事偵察衛星事業について言及し、宇宙産業の拡大・発展を「国」家的な事業として推進していく必要性が指摘されたと報じられた。9月に開催された最高人民会議第14期第9回会議では、憲法改正や「国家宇宙開発局」を「国家航空宇宙技術総局」とすることなどに関する決定が行われたと報じられた。

12月末に開催された党中央委員会第8期第9回拡大総会では、金正恩委員長が2023年を「驚異的な勝利と出来事に満ち溢れた年」と評価し、2024年の核兵器生産計画につき「持続的増加を可能にする土台」を構築するとしたほか、3基の偵察衛星を追加で打ち上げることを宣言したなどと報じられた。

また、2022年11月のICBM級弾道ミサイル発射の際、金正恩国務委員長は、「愛する子弟」と共に「現地指導」したと報じられ、初めて娘とされる子供が公開された。その後、金正恩国務委員長は、2023年2月に行われた「朝鮮人民軍創建75周年」関連行事や4月の「国家宇宙開発局」への視察、8月の朝鮮人民軍海軍司令部の視察など、様々な場面でこの子供を同行させたことが報じられている。

（イ）経済

2021年1月の第8回党大会において、金正恩国務委員長は、制裁、自然災害、世界的な保健危機による困難に言及しつつ、自力更生及び自給自足を核心とした新たな「国家経済発展5か年計画」（2021年から2025年）を提示したと報じられた。2023年1月、金正恩国務委員長は、国家経済発展5か年計画の3年目を迎えた2023年について、「国家経済発展の大きな一歩を踏み出す年、生産伸長と整備・補強戦略の遂行、人民生活の改善において鍵となる目標を達成する年」と規定し、「人民経済の各部門が達成すべき経済指標と12の重要目標」を基本目標としたことが報じられた。

オ　その他の問題

北朝鮮からの脱北者は、滞在国当局の取締りや北朝鮮への強制送還などを逃れるため潜伏生活を送っている。日本政府としては、こうした脱北者の保護や支援について、北朝鮮人権侵害対処法の趣旨を踏まえ、人道上の配慮、関係者の安全、脱北者の滞在国との関係などを総合的に勘案しつつ対応している。なお、日本国内に受け入れた脱北者については、関係省庁間の緊密な連携の下、定着支援のための施策を推進している。

（2）韓国

ア　韓国情勢

（ア）内政

尹錫悦（ユンソンニョル）政権は、国際的な物価高の中、物価と国民生活の安定、輸出や投資の拡大、市場中心経済と健全財政などを掲げ、各種政策の推進を図った。しかし、国会においては、与党「国民の力」は少数勢力であり、最大野党「共に民主党」が単独過半数を占めるいわゆる「ねじれ」の構図が続く中、個別の政策の在り方や閣僚任命などをめぐって与野党は激しく対立した。野党主導により、2022年の梨泰院（イテウォン）での雑踏事故をめぐり行政安全部長官の弾劾訴追請求が可決されたものの、憲法裁判所の審理で請求は棄却された。また、9月には韓国憲政史上初めて、対国務総理解任建議案が可決されるに至った。さらに、政権が指名した大法院長候補者の任命が否決され、約35年ぶりに大法院長が空席となる事態が2月半ほど続いた。

2024年5月末には現国会が任期満了を迎え、4月に国会議員総選挙が行われることから、与野党とも、これを見据えた動きが2023年末から本格化しつつある。

（イ）外政

尹錫悦大統領は、「自由・平和・繁栄に寄与するグローバル中枢国家（GPS：Global Pivotal State）」となることを掲げ、外国訪問を含め積極的な首脳外交を展開した。尹大統領は、就任以降2023年10月末までの時点で、93か国との

間で142回の首脳会談を実施したとしている。

対米関係については、尹大統領は、韓米同盟70周年を機に、4月24日から30日までの日程で、国賓として米国を訪問した。韓国大統領による米国国賓訪問は、李明博（イミョンバク）大統領以来、約12年ぶりであった。尹大統領はバイデン大統領と首脳会談を行い、事後、米韓首脳共同声明を発表したほか、韓国に対する拡大抑止を強化する内容の「ワシントン宣言」も発出され、これに基づく韓米核協議グループ（NCG）が7月に発足した。大統領訪米に際しては上記のほかにも「量子情報科学技術における協力に関する米韓共同声明」、「米韓次世代基幹・新興技術対話の発足に関する共同声明」、「戦略的サイバー安保の協力枠組み」、「朝鮮戦争名誉勲章受贈者の身元確認に関する米韓大統領の共同声明」、「韓米宇宙探査協力共同声明」が発出された。このほか、国賓訪問期間中、尹大統領は、アメリカ航空宇宙局（NASA）宇宙センター訪問や米国議会での演説、ハーバード大学での講演なども行った。また、8月にキャンプ・デービッドで行われた日米韓首脳会合の機会にも、尹大統領はバイデン大統領と韓米首脳会談を行った。

中国との関係では、9月のASEAN関連首脳会議の機会に、尹大統領は李強（りきょう）国務院総理と初めての会談を行った。同月下旬、杭州アジア大会の開会式に出席するために韓悳洙（ハンドクス）国務総理が国務総理としては4年半ぶりに訪中し、この機会に習近平（しゅうきんぺい）国家主席と会談した。また、11月、韓国は約4年ぶりの日中韓外相会議を釜山（プサン）で主催し、これに出席するため、王毅（おうき）中国外交部長が訪韓し、中韓外相会談を行った。

（ウ）経済

2023年、韓国のGDP成長率は1.4%と、前年の2.6%から減少した。総輸出額は、前年比7.4%減の約6,327億ドルで、総輸入額は、前年比12.1%減の約6,427億ドルとなり、2年連続の貿易赤字となったが、赤字額は約100億ドルと、2022年の約478億ドル（過去最大）からは縮小した（韓国産業通商資源部統計）。

尹錫悦政権は、2022年5月の発足時、経済政策の方向性として、「民間中心の力強い経済」、「体質改善で飛躍する経済」、「未来に備える経済」及び「共に進む幸福の経済」を掲げ、四つの方向性を主軸として経済政策を進めていくとした。同年中に「新政権のエネルギー政策の方向性」や「半導体超強大国の実現戦略」を発表し、これらに基づく経済政策を進めている。また、民間においては、2023年9月、全国経済人連合会（全経連）が、2016年に朴槿恵（パククネ）元大統領の友人が関連する財団に全経連の会員企業が多額の資金を拠出した問題（その際に4大グループ（サムスン、現代自動車、SK、LG）を含む多数の会員企業が全経連から脱退）による影響を断ち切るため、「過去に政経の癒着を許した組織の風土を正す」として韓国経済人協会（韓経協）に改組し、その機に全経連から脱退していた4大グループ主たる企業も再び会員企業となった。

なお、韓国では近年急速に少子高齢化が進んでおり、2023年の合計特殊出生率は過去最低の0.72人を記録し、少子化問題が深刻化している。

✓ 日韓関係

（ア）二国間関係総論

2023年は、日韓関係が大きく動いた1年となった。

韓国は、国際社会における様々な課題への対応にパートナーとして協力していくべき重要な隣国である。とりわけ、現下の厳しい国際環境の下、日韓両国は、地域の平和と安定という共通の利益の確保に向け、多様な分野で連携を深め、協力の幅を広げていく必要がある。

日韓両国は、1965年の国交正常化の際に締結された日韓基本条約、日韓請求権・経済協力協定その他関連協定の基礎の上に、緊密な友好協力関係を築いてきたが、過去数年にわたり、とりわけ旧朝鮮半島出身労働者問題により、二国間関係は非常に厳しい状態に陥っていた。しかし、2022年の韓国での政権交代により尹錫悦政権が発足して以降、外相間を始めとする外

交当局間の緊密な意思疎通が行われ、それを経て、2023年3月6日、韓国政府は、旧朝鮮半島出身労働者問題に関する政府の立場を発表した。これを受け、同日、日本政府はこの措置を、2018年の大法院判決により非常に厳しい状態にあった日韓関係を健全な関係に戻すためのものとして評価するなどとした林外務大臣コメント[12]を発表し、日韓関係は新たな展開を迎えた。

同措置の発表から僅か10日後の同月16日、二国間訪問としては約12年ぶりに、尹大統領が訪日した[13,14]。日韓首脳会談では、両首脳が形式にとらわれず頻繁に訪問する「シャトル外交」の再開に加え、安保対話・次官戦略対話の早期再開、経済安全保障協議の立ち上げで一致した。また、両首脳は、輸出管理分野での進展も歓迎した。

これに続き、岸田総理大臣は、5月7日、日本の総理大臣による二国間訪問としては約12年ぶりに韓国を訪問した[15,16]。尹大統領との首脳会談では、多岐にわたる分野において両政府間の対話と協力が動き出したほか、両国間の経済界の交流が力強く復活してきていること、民間交流や議員交流も活発であることなどを確認し、日韓関係改善の動きが軌道に乗ったことを歓迎した。また、ALPS処理水に関し、岸田総理大臣から、高い透明性をもって科学的根拠に基づく説明を誠実に行っていくと述べ、東京電力福島第一原子力発電所への韓国専門家で構成される現地視察団の派遣についても一致した。

その後、同月のG7広島サミットの機会には、尹大統領が再び訪日して引き続き首脳間で信頼を深めたほか、両首脳は、被爆地・広島において、平和記念公園を訪問し、韓国人原爆犠牲者慰霊碑にも共に祈りを捧げた。

以降、7月にリトアニアのビリニュスで開催

岸田総理大臣の韓国訪問（公式歓迎行事）
（5月8日、韓国・ソウル　写真提供：内閣広報室）

されたNATO首脳会合、8月に米国のキャンプ・デービッドで開催された日米韓首脳会合、9月にインドのデリーで開催されたG20首脳サミット、11月に米国のサンフランシスコで開催されたAPEC首脳会合といった機会を捉え、2023年を通じて合計7度の日韓首脳会談が行われた。岸田総理大臣と尹大統領は、このような頻繁なやり取りを通じて、様々な分野で日韓協力の発展を牽引し、地域の平和と安定の確保という共通の利益のための取組を進めてきている。また、サンフランシスコでは、スタンフォード大学において日韓両首脳が共に討論会に出席し、先端技術分野での協力を語り合う機会もあった。この間、外相間の意思疎通も対面で6回、電話会談が3回という極めて高い頻度で行われ、特に、在外邦人保護においては、スーダンやイスラエルからの退避・出国支援において、外相間のやり取りも踏まえた緊密な協力が実現した。政府間の対話は、財務・航空・通信・観光・貿易・エネルギー・文化・環境といった幅広い分野で、閣僚級の接触を含め、大幅に活発化している。さらに、経済・ビジネス交流の活発化や航空便数の回復、金融、エネルギー分野での協力拡大など、日韓間で幅広い協

12 資料編：旧朝鮮半島出身労働者問題　参考資料　参照
13 3月16日、17日の尹大統領訪日については、外務省ホームページ参照：
https://www.mofa.go.jp/mofaj/a_o/na/kr/page1_001529.html
14 3月16日の日韓共同記者会見については、官邸ホームページ参照：
https://www.kantei.go.jp/jp/101_kishida/statement/2023/0316kaiken.html
15 5月7日、8日の岸田総理大臣訪韓については、外務省ホームページ参照：
https://www.mofa.go.jp/mofaj/a_o/na/kr/page1_001655.html
16 5月7日の日韓共同記者会見については、官邸ホームページ参照：
https://www.kantei.go.jp/jp/101_kishida/statement/2023/0507kaiken2.html

力が進んだ。

インド太平洋の厳しい安全保障環境を踏まえれば、日韓の緊密な協力が今ほど必要とされる時はない。日韓関係の改善が軌道に乗る中、首脳会談や外相会談においては、インド太平洋情勢、北朝鮮、ロシアによるウクライナ侵略、イスラエル・パレスチナ情勢など、様々な国際場裡の課題についても取り上げられ、グローバルな課題についても両国の連携を一層強化していくことを確認した。

（イ）旧朝鮮半島出身労働者問題

日本政府は、1965年の国交正常化以来築いてきた日韓の友好協力関係の基盤に基づき日韓関係を発展させていく必要があり、そのためにも2018年の大法院判決を受けた旧朝鮮半島出身労働者問題の解決が必要であるとの考えの下、2022年5月の尹錫悦政権発足以降、この問題について、両国の外相間を始めとする外交当局間で緊密な意思疎通を行ってきた。

2023年3月6日、韓国政府は旧朝鮮半島出身労働者問題に関する自らの立場を発表し、韓国の財団が、2018年の大法院の3件の確定判決の原告に対して判決金及び遅延利息を支給するなどとした。

これを受け、同日、林外務大臣は日本政府の立場を表明し、韓国政府により発表された措置を、2018年の大法院判決により非常に厳しい状態にあった日韓関係を健全な関係に戻すためのものとして評価する、日韓・日韓米の戦略的連携を強化していく、日本政府は1998年10月に発表された「日韓共同宣言」を含め歴史認識に関する歴代内閣の立場を全体として引き継いでいる、今回の発表を契機とし、措置の実施とともに日韓の政治・経済・文化などの分野における交流が力強く拡大していくことを期待するなどと述べた。[17] また、日韓両政府の発表に対して、米国、オーストラリア、英国、欧州連合（EU）、ドイツ、カナダ、国連などから歓迎の意が表明された。

韓国政府は、4月、原告側10名について支払を行ったと発表した。その後、5月に韓国を訪問した際の日韓首脳共同記者会見[18]で、岸田総理大臣は、「韓国政府による取組が進む中で、多くの方が、過去のつらい記憶を忘れずとも未来のために心を開いてくださったことに胸を打たれました。私自身、当時、厳しい環境のもとで多数の方々が大変苦しい、そして悲しい思いをされたことに心が痛む思いです」と述べた。

その後、7月にも、原告1名への支払が行われた。韓国政府は今後も原告の理解を得るため最大限の努力をしていくとしており、日本政府としては、引き続き韓国側と緊密に意思疎通を行っていく。

一方、韓国大法院は、12月及び2024年1月、同種の複数の訴訟について、2018年の判決に続き、日本企業に損害賠償の支払などを命じる判決を確定させた。これらの判決及び、2024年2月に日本企業が韓国裁判所に納付していた供託金が原告側に引き渡された事案については、日本政府として、極めて遺憾であり、断じて受け入れられないとして抗議を行った。韓国政府は、2023年3月6日に行われた措置の発表の中で、旧朝鮮半島出身労働者に関して現在（注：発表当時）係属中であるほかの訴訟が原告勝訴として確定する場合の判決金及び遅延利息は、韓国の財団が支給する予定であると表明している。

旧朝鮮半島出身労働者問題に関する外務省ホームページの掲載箇所はこちら

https://www.mofa.go.jp/mofaj/a_o/na/kr/page4_004516.html

17 資料編：旧朝鮮半島出身労働者問題　参考資料　参照
18 5月7日の日韓共同記者会見については、官邸ホームページ参照：
https://www.kantei.go.jp/jp/101_kishida/statement/2023/0507kaiken2.html

18

2

しなやかで、揺るぎない地域外交

（ウ）慰安婦問題

慰安婦問題は、1990年代以降、日韓間で大きな外交問題となってきたが、日本はこれに真摯に取り組んできた。日韓間の財産及び請求権の問題は、1965年の日韓請求権・経済協力協定で「完全かつ最終的に」解決済みであるが、その上で、元慰安婦の方々の現実的な救済を図るとの観点から、1995年、日本国民と日本政府が協力してアジア女性基金を設立し、韓国を含むアジア各国などの元慰安婦の方々に対し、医療・福祉支援事業及び「償い金」の支給を行うとともに、歴代総理大臣からの「おわびの手紙」を届けるなど、最大限の努力をしてきた。

さらに、日韓両国は、多大なる外交努力の末に、2015年12月の日韓外相会談における合意によって、慰安婦問題の「最終的かつ不可逆的な解決」を確認した。また、同外相会談の直後に、日韓両首脳間においても、この合意を両首脳が責任を持って実施すること、また、今後、様々な問題に対し、この合意の精神に基づき対応することを確認し、韓国政府としての確約を取り付けた。この合意については、潘基文（パンギムン）国連事務総長（当時）を始め、米国政府を含む国際社会も歓迎している。この合意に基づき、2016年8月、日本政府は韓国政府が設立した「和解・癒やし財団」に対し、10億円の支出を行った。この基金から、2023年12月末日までの間に、合意時点で御存命の方々47人のうち35人に対し、また、お亡くなりになっていた方々199人のうち65人の御遺族に対し、資金が支給されており、多くの元慰安婦の方々の評価を得ている。

しかしながら、2016年12月、在釜山日本国総領事館に面する歩道に慰安婦像[19]が設置された。その後、2017年5月に文在寅政権が発足し、外交部長官直属の「慰安婦合意検討タスクフォース」による検討結果を受け、（1）日本に対し再協議は要求しない、（2）被害者の意思をしっかりと反映しなかった2015年の合意では真の問題解決とならないなどとする韓国政府の立場を発表した。また、2018年11月には、女性家族部は、「和解・癒やし財団」の解散を推進すると発表し、その後解散の手続が進んだ。財団の解散に向けた動きは、日韓合意に照らして問題であり、日本として到底受け入れられるものではない。

さらに、2021年1月8日、元慰安婦などが日本国政府に対して提起した訴訟において、韓国ソウル中央地方裁判所が、国際法上の主権免除の原則の適用を否定し、日本国政府に対し、原告への損害賠償の支払などを命じる判決を出し、同月23日、同判決が確定した[20]。同年4月21日、類似の慰安婦訴訟において、ソウル中央地方裁判所は、国際法上の主権免除の原則を踏まえ、原告の訴えを却下したが、2023年11月23日、本件控訴審において、ソウル高等裁判所は、国際法上の主権免除の原則の適用を否定し、原告の訴えを認める判決を出した。日本としては、国際法上の主権免除の原則から、これらの慰安婦訴訟について日本政府が韓国の裁判権に服することは認められず、本件訴訟は却下されなければならないとの立場を累次にわたり表明してきている。上述のとおり、慰安婦問題を含め、日韓間の財産・請求権の問題は、1965年の日韓請求権・経済協力協定で「完全かつ最終的に解決」されており、また、2015年12月の日韓外相会談における合意によって、慰安婦問題の「最終的かつ不可逆的な解決」が確認されている。したがって、これらの判決は、国際法及び日韓両国間の合意に明らかに反するものであり、極めて遺憾であり、断じて受け入れることはできない。日本としては、韓国に対し、国家として自らの責任で直ちに国際法違反の状態を是正するために適切な措置を講ずることを強く求めてきている。

日韓合意は国と国との約束であり、これを守ることは国家間の関係の基本である。日韓合意の着実な実施は、国際社会に対する責務でもあ

---

19 分かりやすさの観点から、便宜上、「慰安婦像」との呼称を用いるが、この呼称は、これらの像に係る元慰安婦についての描写が正しいとの認識を示すものでは決してない。
20 資料編：慰安婦問題　参考資料　参照

る。日本は、上述のとおり、日韓合意の下で約束した措置を全て実施してきている。韓国政府もこの合意が両国政府の公式合意と認めており、日本政府としては、引き続き、韓国側に日韓合意の着実な実施を強く求めていく方針に変わりはない（国際社会における慰安婦問題の取扱いについては38ページ参照）。

慰安婦問題についての日本の取組に関する外務省ホームページの掲載箇所はこちら：

https://www.mofa.go.jp/mofaj/a_o/rp/page25_001910.html

（エ）竹島問題

日韓間には竹島の領有権をめぐる問題があるが、竹島は歴史的事実に照らしても国際法上も明らかに日本固有の領土である。しかしながら韓国は、警備隊を常駐させるなど、国際法上何ら根拠がないまま、竹島を不法占拠し続けてきている。日本は、竹島問題に関し、様々な媒体で日本の立場を対外的に周知するとともに[21]、韓国国会議員などの竹島上陸、韓国による竹島やその周辺での軍事訓練や海洋調査などについては、韓国に対し、その都度強く抗議を行ってきている。2023年は竹島やその周辺での軍事訓練や韓国国会議員の竹島上陸が行われ、これらにつき、日本政府として、日本の立場に鑑み

受け入れられないとして強く抗議を行った[22]。引き続き、竹島に関する日本の基本的な立場に基づき、毅然と対応していく。

竹島問題の平和的手段による解決を図るため、1954年、1962年及び2012年に韓国政府に対し国際司法裁判所への付託などを提案してきているが、韓国政府はこの提案を全て拒否している。日本は、竹島問題に関し、国際法に則り、平和的に解決するため、今後も粘り強い外交努力を行っていく方針である。

（オ）韓国向け輸出管理運用の見直し

2023年3月6日、日韓両国政府は、輸出管理に関する日韓間の懸案事項[23]について、双方が2019年7月以前の状態に戻すため、日韓間の輸出管理政策対話を開催することを発表し、その間、韓国政府はWTO紛争解決手続きを中断することとした[24]。3月16日、韓国は、日本の輸出管理措置に関するWTO紛争解決手続への申立てを取り下げることを発表し、同日、日本は半導体関連3品目（フッ化ポリイミド、レジスト、フッ化水素）の韓国への輸出にかかる措置の運用を特別一般包括許可に見直すこととした（同月23日に通達改正）。[25]

その後、4月に韓国政府は日本を「ホワイトリスト（輸出審査優遇国）」に復帰させ、日本は、意見募集手続、閣議決定を経て、7月に韓国を輸出貿易管理令上の「グループA」に追加

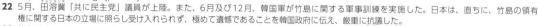

21 2008年2月、外務省は「竹島　竹島問題を理解するための10のポイント」と題するパンフレットを作成。現在、日本語、英語、韓国語、フランス語、ドイツ語、スペイン語、ポルトガル語、アラビア語、ロシア語、中国語及びイタリア語の11言語版が外務省ホームページで閲覧可能。また、2013年10月以降、外務省ホームページにおいて、竹島に関する動画やフライヤーを公開し、現在は上記11言語での閲覧が可能になっている。加えて、竹島問題を啓発するスマートフォンアプリをダウンロード配布するといった取組を行っている。外務省ホームページ掲載箇所はこちら：
https://www.mofa.go.jp/mofaj/area/takeshima/index.html

22 5月、田溶翼「共に民主党」議員が上陸。また、6月及び12月、韓国軍が竹島に関する軍事訓練を実施した。日本は、直ちに、竹島の領有権に関する日本の立場に照らし受け入れられず、極めて遺憾であることを韓国政府に伝え、厳重に抗議した。

23 韓国政府は、2019年9月、日本が韓国への半導体材料3品目（フッ化ポリイミド、レジスト、フッ化水素）の輸出に係る措置の運用を見直し、個別に輸出許可を求める制度としたことは世界貿易機関（WTO）協定に違反するとして、WTO紛争解決手続の下で二国間協議を要請した。同年11月、韓国政府は日韓秘密軍事情報保護協定（GSOMIA）の終了通告の効力停止を発表し、その際、二国間の輸出管理政策対話が正常に行われる間、WTO紛争解決手続を中断すると表明し、2019年12月及び2020年3月には、輸出管理政策対話が実施された。しかし韓国政府は、2020年6月、WTO紛争解決手続を再開させ、同月7月、WTO紛争解決機関会合において紛争処理小委員会（パネル）設置が決定された。

24 日韓の輸出管理に係る発表については、2023年3月6日付経済産業省ホームページ参照：
https://www.meti.go.jp/press/2022/03/20230306007/20230306007.html

25 「輸出貿易管理令の運用について」等の一部を改正する通達については、
2023年3月23日付経済産業省ホームページ参照：
https://www.meti.go.jp/press/2022/03/20230323003/20230323003.html

21

24

25

した[26]。また、日韓の輸出管理当局で、それぞれの制度及び運用の見直しを含め、適切な対応を講ずるフォローアップの枠組みについての覚書に署名した[27]。

（カ）交流・往来

両国間の往来者数は2018年に約1,049万人を記録したが、2020年初旬以降、新型コロナウイルス感染症拡大に係る水際対策の強化により大幅に減少し、2021年は約3万人にとどまった。2022年には両国における査証免除措置が再開され、また、羽田－金浦線を始めとする日韓航空路線の運航が再開したことを受け、旅行件数が増加し、2022年の両国間の往来者数は約131万人に増加した。2023年は水際対策の措置が終了し、日韓航空線の運行再開が新型コロナ前の水準まで回復したことを受け、両国の往来者数が約927万人まで大幅に増加した。

日本では若年層を中心に「K-POP」や関連のコンテンツが広く受け入れられており、韓国のドラマや映画は世代を問わず幅広い人気を集めている。また、日韓間の最大の草の根交流行事である「日韓交流おまつり」は、2023年は東京とソウルで対面形式で開催され、両国合わせて約11万6,000人が参加した。日本政府は、「対日理解促進交流プログラム（JENESYS2023）」の実施を通じ、日韓の青少年を中心とした相互理解の促進、未来に向けた友好・協力関係の構築に努めてきており、2020年度以降、新型コロナ流行拡大により対面形式の交流が途絶えた時期においても、オンラインでの交流を継続し、2022年には対面形式での交流事業を一部再開した。2023年においては、両政府は、日韓関係の改善を受けて対面形式での交流事業の全面再開と交流人数の前年度比倍増を目標とすることを決定し、両国の未来を担う青少年世代の交流の活性化を図っている。

（キ）その他の問題

日韓両国は、2016年11月、安全保障分野における日韓間の協力と連携を強化し、地域の平和と安定に寄与するため、日韓秘密軍事情報保護協定（GSOMIA）を締結し、同協定は、それ以降2017年及び2018年に自動的に延長されてきた。しかし、韓国政府は、2019年8月22日、日本による輸出管理の運用見直し（上記（オ）参照）と関連付け、GSOMIAの終了の決定を発表し、翌23日、終了通告がなされた。その後、日韓間でのやり取りを経て、同年11月22日、韓国政府は8月23日の終了通告の効力を停止することを発表した。尹大統領の訪日直後の2023年3月21日、韓国政府から2019年8月の日韓GSOMIAの終了通告を取り下げるとの正式通報があった。現下の地域の安全保障環境を踏まえれば、同協定が引き続き安定的に運用されていくことが重要である。

日本海は、国際的に確立した唯一の呼称であり、国連や米国を始めとする主要国政府も日本海の呼称を正式に使用している。韓国などが日本海の呼称に異議を唱え始めたのは1992年からである。また、それ以降、韓国などは国連地名専門家グループ（UNGEGN）会議[28]や国際水路機関（IHO）を始めとする国際機関の場などにおいても日本海の呼称に異議を唱えてきたが、この主張に根拠はなく、日本はその都度断固とした反論を行ってきている[29]。

また、盗難被害に遭い、現在も韓国にある文

---

26 輸出貿易管理令の一部を改正する政令については、2023年6月27日付経済産業省ホームページ参照：
https://www.meti.go.jp/press/2023/06/20230627006/20230627006.html

27 日韓輸出管理政策対話については、2023年7月11日付経済産業省ホームページ参照：
https://www.meti.go.jp/press/2023/07/20230711003/20230711003.html

28 各国の地名や地理空間情報などの専門家らが、地名に関する用語の定義や地名の表記方法などについて技術的観点から議論を行う国連の会議。2017年、これまで5年ごとに開催されていた国連地名標準化会議と2年ごとに開催されていた国連地名専門家グループが統合され、国連地名専門家グループ（UNGEGN）会議となった。

29 日本海呼称問題に関する外務省ホームページの掲載箇所はこちら：
https://www.mofa.go.jp/mofaj/area/nihonkai_k/index.html

26 **27**

29

化財[30]については、早期に日本に返還されるよう韓国政府に働きかけており、引き続き適切に対応していく。

そのほか、在サハリン「韓国人」への対応[31]、在韓被爆者問題への対応[32]、在韓ハンセン病療養所入所者への対応[33]など多岐にわたる分野で、日本は、人道的観点から、可能な限りの支援や施策を進めてきている。

ウ　日韓経済関係

2023年の日韓間の貿易総額は、約10兆9,000億円であり、韓国にとって日本は第4位、日本にとって韓国は第5位の貿易相手国である。なお、韓国の対日貿易赤字は、前年比18.2%減の約2兆2,000億円（財務省貿易統計）となった。また、日本からの対韓直接投資額は約13.0億ドル（前年比14.7%減）（韓国産業通商資源部統計）で、日本は韓国への第4位（ケイマン諸島を順位から除く。）の投資国である。また、日韓は、共に地域的な包括的経済連携（RCEP）協定締約国、インド太平洋経済枠組み（IPEF）のメンバーとして協力しているほか、世界貿易機関（WTO）、アジア太平洋経済協力（APEC）、経済協力開発機構（OECD）など各種の経済的枠組みにおいても、連携を図っている。12月には、二国間の経済関係や国際経済情勢などを幅広く議論する日韓ハイレベル経済協議[34]第15回会合が約8年ぶりに開催された。

韓国政府による日本産食品に対する輸入規制については、日本は、様々な機会を捉えて韓国側に対して早期の規制撤廃を働きかけている。

④ 東南アジア

（1）インドネシア

インドネシアは、世界第4位の人口（約2億7,000万人）を有する東南アジア地域の大国であり、マラッカ海峡などのシーレーンの要衝に位置し、東南アジア諸国連合（ASEAN）において主導的な役割を担うほか（2023年は議長国）、ASEAN唯一のG20メンバー国として、地域・国際社会の諸課題においてもイニシアティブを発揮している。

2019年10月に発足したジョコ大統領の第2期政権は、国会の議席の約82%を与党が占める安定政権として、（ア）インフラ開発、（イ）人材開発、（ウ）投資促進、（エ）官僚改革、（オ）適切な国家予算の執行を優先課題として取り組んでいる。新型コロナの影響により、それまで一貫して5%前後を維持してきた経済成長率は、2020年にマイナス成長を記録したものの、2022年には5.3%のプラス成長を回復した。日本は、ジョコ第2期政権の優先課題であるインフラ整備や人材育成の分野における協力を積極的に進めてきている。

日本・インドネシア間では、2023年に外交関係開設65周年を迎えた。5月にはG7広島サミットの機会にジョコ大統領が訪日して首脳会談を行い、9月にはASEAN関連首脳会議の機会に岸田総理大臣がインドネシアを訪問して首脳会談を行った。9月の首脳会談では、日・インドネシア両国の戦略的パートナーシップの包括的かつ継続した進展を踏まえ、また、日・イ

---

30 2012年に長崎県対馬市で盗難され韓国に搬出された後、韓国政府が回収し保管している「観世音菩薩坐像」について、所有権を主張する韓国の寺院が韓国政府に対して引渡しを求める訴訟を提起した。2017年1月、第1審の大田地方裁判所は原告（韓国寺院）勝訴の判決を出したが、2023年2月、第2審の大田高等裁判所は一審判決を取り消し、原告の請求を棄却する判決を出した。原告側は上告したが、同年10月、大法院は上告を棄却する判決を出した。

31 第二次世界大戦終戦前、様々な経緯で南樺太に渡り、終戦後、ソ連による事実上の支配の下、韓国への引揚げの機会が与えられないまま、長期間にわたり、サハリンに残留することを余儀なくされた朝鮮半島出身者に対し、日本政府は、一時帰国支援、サハリン再訪問支援などを行ってきている。

32 第二次世界大戦時に広島又は長崎にいて原爆に被爆した後、日本国外に居住している方々に対する支援の問題。これまで日本は、被爆者援護法に基づく手当や被爆者健康手帳などに関連する支援を行ってきている。

33 2006年2月、「ハンセン病療養所入所者等に対する補償金の支給等に関する法律」が改正され、第二次世界大戦終戦前に日本が設置した日本国外のハンセン病療養所の元入所者も国内療養所の元入所者と同様に補償金の支給対象となった。また、2019年11月、「ハンセン病元患者家族に対する補償金の支給等に関する法律」が制定され、ハンセン病元患者の家族も補償対象となった。

34 12月21日の第15回日韓ハイレベル経済協議の開催については、外務省ホームページ参照：
https://www.mofa.go.jp/mofaj/press/release/pressit_000001_00146.html

34

日・インドネシア外相会談（3月6日、東京）

ンドネシア外交関係開設65周年及び日本ASEAN友好協力50周年を記念し、日・インドネシア関係を包括的・戦略的パートナーシップへと格上げすることで一致した。12月には、ジョコ大統領が訪日して岸田総理大臣と共に日・ASEAN特別首脳会議の共同議長を務めたほか、二国間の首脳会談を行い、日・インドネシア経済連携協定改正交渉の大筋合意を確認した。また、林外務大臣は、3月に外務省賓客として訪日したルトノ外相との間で外相会談（閣僚級戦略対話）を行い、上川外務大臣は、9月の国連総会の機会に外相会談を行った。これらの首脳会談や外相会談では、二国間関係の強化のほか、地域及び国際社会の諸課題に対する両国の連携について緊密に意見交換を行った。（67ページ　コラム参照）

（2）カンボジア

カンボジアは、メコン地域に位置し、地域の連結性と格差是正の鍵を握る国である。過去20年間平均7%の成長を続けており、新型コロナの影響により2020年はマイナス成長となったが、2022年は5.0%のプラス成長に転じた。

内政では、7月の総選挙の実施に当たり、2022年の村・地区評議会選挙で最大野党となった「蝋燭の火」党の立候補登録が拒否され、与党人民党が圧勝した。長年同国の首相を務めたフン・セン氏が首相の座を退き、8月にフン・マネット首相を首班とする新内閣が発足

した。

日本は、1992年に初めて本格的に国連平和維持活動（PKO）へ要員を派遣するなど、カンボジアの和平と復興・開発に協力してきた。また、近年、日本企業による投資が順調に進展しており、経済面での関係も拡大しているほか、安全保障分野やデジタルなどの新しい分野でも協力が進展している。

2023年は、日・カンボジア外交関係樹立70周年であり、両国関係が「包括的戦略的パートナーシップ」に格上げされた（68ページ　コラム参照）。9月にジャカルタ（インドネシア）において岸田総理大臣とフン・マネット首相が初めて首脳会談を行い、また、両首脳は12月に東京で開催された日・ASEAN特別首脳会議の際にも再度首脳会談を行った。その際、6月に閣議決定された開発協力大綱で新たに打ち出したオファー型協力として日本からカンボジア側に提案したデジタル分野での協力メニューで一致し、デジタル経済の発展に欠かせない通信網の改善やサイバーセキュリティ対策における協力の加速化を確認し、デジタルやエネルギーの分野を含む七つの二国間協力文書の署名式に立ち会った。また、カンボジアとの間では、1月の外相会談、10月の外相電話会談、12月の外相会談においても、地域・国際場裡で協力していくことで一致した。

（3）シンガポール

シンガポールは、ASEANで最も経済が発展している国であり、全方位外交の下、米国や中国を含む主要国と良好な関係を維持している。

国内では、リー・シェンロン首相率いる人民行動党（PAP）が、2020年の総選挙で90%以上の議席数を占めるなど、安定した内政を基盤としながら、高齢化対策、失業対策、住宅政策などの政策を進めている。2022年4月、PAPはローレンス・ウォン財務相を次期首相候補に選出した。2023年11月、リー・シェンロン首相は、PAP結党70周年を迎える2024年11月21日までに首相を交代すると表明した。

コラム COLUMN

天皇皇后両陛下のインドネシア御訪問

　天皇皇后両陛下は、御即位後、初の国際親善訪問として、かねてより招請があったインドネシアを6月17日から23日までの7日間の御日程で御訪問になりました。2023年は、日本インドネシア外交関係開設65周年であると同時に、日本ASEAN友好協力50周年という歴史的な節目の年でした。こうした記念すべき年に、天皇皇后両陛下によるインドネシア御訪問が行われたことは、両国の深い友好親善関係を内外に示すものとなりました。

ボゴール宮殿でジョコ大統領夫妻と共に報道陣にお応えになる天皇皇后両陛下（6月19日、インドネシア・ボゴール　写真提供：インドネシア大統領府）

　両陛下は、ボゴール宮殿での歓迎行事や午餐会でジョコ大統領夫妻を始めとするインドネシア政府関係者から盛大な歓迎を受けられました。午餐会前には、1991年に上皇上皇后両陛下もお訪ねになったボゴール植物園をジョコ大統領自らが運転するカートで御訪問になり、大統領夫妻の案内により園内を御視察になるなど、心のこもったおもてなしを受けられました。また、両陛下は、現地で活躍する在留邦人や日本とゆかりのあるインドネシアの方々と、両国の交流などについて御懇談になったほか、ダルマ・プルサダ大学や職業専門高校への御訪問などを通じ、若い世代とも親しく交流されました。

クラトン宮殿でハメンク・ブウォノ10世侯（ジョグジャカルタ特別州知事）と共に晩餐会会場に向かう天皇陛下（6月21日、インドネシア・ジョグジャカルタ　写真提供：クラトン宮殿）

　さらに、天皇陛下は、御関心の深い「水」の分野に関連する施設として、日本の協力によって整備されたジャカルタのプルイット排水機場や古都ジョグジャカルタの砂防技術事務所を御視察になり、治水の問題などについて関係者と熱心にお話になりました。ジョグジャカルタでは、同特別州知事であり、1991年に上皇上皇后両陛下もお会いになったハメンク・ブウォノ10世侯を始めとするスルタン家関係者から心温まる歓迎を受けられました。また、ジョグジャカルタ近郊に位置する世界遺産のボロブドゥール寺院も御視察になりました。

　御訪問中、各所において、多くのインドネシアの人々が両国の国旗を振りながら両陛下を歓迎する場面も見られるなど、インドネシア政府関係者はもとより、広くインドネシア国民からも温かい歓迎を受けられました。今回の御訪問は、両国のこれまでの交流・協力の歴史を再認識する機会を提供するとともに、両国の架け橋として期待される若い世代との御交流などを通じ、両国が長年にわたり培ってきた友好親善や協力関係を一層深めるものとなりました。

日・カンボジア外交関係樹立70周年

　日本とカンボジアは1953年に外交関係を樹立しました。その翌1954年、カンボジアが第二次世界大戦中の対日賠償請求権を放棄したことを受けて、日本は1955年にシハヌーク国王陛下（首相兼外相）を国賓として招き、衆議院で感謝決議を可決、日・カンボジア友好条約に署名しました。

　その後、クメール・ルージュ政権や内戦下で、交流が停滞した時期もありましたが、1980年代末以降、カンボジアが和平を達成する過程に日本が大きく関与したことで、両国の強固な信頼関係の基盤を築くことができました。日本は、初の国連平和維持活動（PKO）への自衛隊派遣や基幹インフラなど多様な分野での開発協力を通じ、カンボジアの国造りや復興に貢献してきました。カンボジアの500リエル紙幣には、日本政府の支援により建設された「きずな橋」と「つばさ橋」が、日本国旗とともに描かれています。近年では、カンボジアの経済成長に伴い民間企業の投資も盛んになり、人的交流も様々な分野で拡大し、両国関係が更に深化しています。

　外交関係樹立70周年を迎えた2023年、日・カンボジア関係は、「包括的戦略的パートナーシップ」に格上げされ、官民が一体となり、多くの記念事業を実施しました。70周年記念事業を実りあるものにするため、カンボジア外務国際協力省と在カンボジア日本国大使館が中心となって実行委員会を設置し、綿密な調整を行いました。また、記念ロゴマークには、多数の公募作品の中から、両国の国旗の赤と青をベースに、7の数字にはカンボジアのお寺などの屋根に利用される「ジャヴァ（Jahva）」というデザインを、0の数字には日本の国花である桜をあしらった、スルーン・メンロンさんの作品が選ばれ、好評を博しました。カンボジア国立銀行から、このロゴマークをあしらった記念貨幣も発行されました。さらに、民間団体による記念事業は、カンボジアにおいて約70件実施されました。

　外交関係樹立記念日である1月9日には岸田総理大臣とフン・セン首相、林外務大臣とプラック・ソコン副首相兼外務国際協力相が祝賀メッセージを交換し、さらに、同副首相兼外務国際協力相は同月に外務省賓客として訪日し、有意義な外相会談が行われました。9月には、岸田総理大臣と8月に新しく就任したフン・マネット首相との首脳会談も行われました。

日・カンボジア首脳会談
（9月7日、インドネシア　写真提供：内閣広報室）

　2月にはカンボジア最大の日本文化紹介イベントである絆フェスティバルが開催され、「日・カンボジア友好70周年」親善大使として、歌手・女優の南野陽子さんが、カンボジア側の親善大使であるシンガーソングライターのローラ・マムさんとステージを共にし、友好促進の機運を一層高めました。在カンボジア日本国大使館では、日本文化を広く紹介し、日本に親しみを持ってもらうため、日本語スピーチコンテスト、七夕フェスティバル、オーケストラ公演を実施し、大きな盛り上がりを見せました。また、メディアや学術機関と協力しながら、植野駐カンボジア大使による

絆フェスティバル（2月23日、カンボジア・プノンペン）

日・カンボジア関係に関する講演会も多数実施しました。12月に開催されたクロージングレセプションをもって、70周年の記念事業は大成功の中、幕引きとなりました。1年を通じて強化された日本とカンボジアの関係、また、両国民の絆を、今後も更に深めていく考えです。

日本・シンガポール間では、5月に岸田総理大臣がシンガポールを訪問したほか、12月には日・ASEAN特別首脳会議の機会にリー・シェンロン首相が訪日し、前年に続き首脳間の相互往来が実現した。これらの機会に首脳会談を行い、二国間関係の更なる強化や地域及び国際社会の諸課題について意見交換を実施した。また、6月には日・シンガポール防衛装備品・技術移転協定への署名が行われた。

両国は1997年に署名した「21世紀のための日本・シンガポール・パートナーシップ・プログラム（JSPP21）」を通じて、開発途上国に対して共同で技術協力を行っており、これまでに約410の研修を実施し、ASEAN諸国などから約7,400人が参加している（2023年12月末時点）。また、日本文化情報の発信拠点としてシンガポールに2009年に開所された「ジャパン・クリエイティブ・センター（JCC）」では、各種の発信やイベントを開催した。

（4）タイ

タイは、1967年の「バンコク宣言」により誕生したASEANの原加盟国の一つであり、また、メコン地域の中心に位置し、地政学的に重要な国である。6,000社近い日本企業が進出し、7万人以上の在留邦人が暮らすタイは、自動車産業を始め日本企業にとっての一大生産拠点であり、今日では地球規模でのサプライチェーンの一角として日本経済に欠くことのできない存在となっている。

2023年はタイの内政が大きく動いた年であった。3月の下院解散を受け、5月に下院選挙が実施された。選挙の結果、選挙前の旧与野党が連立枠組みを形成し、タクシン元首相派の「貢献党」からセター首相が選出され、9月に新政権が発足した。その後、新政権との関係構築のため両国ハイレベルの交流が活発に行われた。10月に上川外務大臣が就任後初めての二国間訪問としてタイを含む東南アジア4か国（ほかにブルネイ、ベトナム、ラオス）を訪問し、パーンプリー副首相兼外相と会談を行った。また、11月にサンフランシスコ（米国）

で開催されたAPEC首脳会議の機会に、岸田総理大臣はセター首相とタイでの新政権発足後初めての首脳会談を行ったほか、12月に東京で開催された日・ASEAN特別首脳会議に出席するため訪日したセター首相と再び会談を行い、両国の経済分野での協力強化を確認した。

（5）東ティモール

東ティモールは、インド太平洋の要衝、オーストラリアとインドネシア間の重要なシーレーンに位置する、21世紀最初の独立国家である。日本は、東ティモールの独立（2002年）と同時に外交関係を開設した。2022年に独立20周年を迎えた同国は、国際社会の支援を得つつ平和と安定を実現し、民主主義に基づく国造りを実践してきた。2023年5月に国民議会議員選挙が実施され、7月にシャナナ・グスマン首相率いる新政権が発足した。経済は天然資源（石油や天然ガス）への依存度が高く、国家の最優先課題として産業多角化に取り組んでいる。外交面では、ASEAN加盟やWTO加盟に向けて、引き続き関係国と調整を行っており、5月にASEANは東ティモールのASEAN加盟のためのロードマップを採択した。

7月、武井俊輔外務副大臣が、外国の閣僚級としてはグスマン新政権発足後に初めて東ティモールを訪問し、グスマン首相に首相就任の祝意を伝達したほか、ラモス＝ホルタ大統領などへの表敬を行った。9月には、岸田総理大臣が、ASEAN関連首脳会議の機会にグスマン首相と懇談を行い、東ティモールのASEAN加盟に向けた取組を引き続き支援していくことを伝えた。12月、岸田総理大臣は、日・ASEAN特別首脳会議のために訪日したグスマン首相と首脳会談を行い、二国間関係を「持続可能な成長と発展のための包括的パートナーシップ」へと格上げし、更に促進していく意欲を表明した。また、7月、林外務大臣は、フレイタス外務・協力相と外相会談を行い、二国間関係や地域及び国際社会の諸課題について意見交換を行った。日本は、独立以前の1999年から東ティモールに対する支援を継続しており、良好な関

係を維持している。8月、国連開発計画（UNDP）との連携による国営放送局への無償資金協力について、書簡の署名・交換が行われた。また、9月に東ティモールからは初めてとなる技能実習生の受入れが高知県で開始された。

（6）フィリピン

フィリピンは、シーレーンの要衝に位置し、戦略的利益を共有する海洋国家である。フィリピン経済は、新型コロナの影響で、2020年にはマイナス成長となったものの、2022年の経済成長率は過去46年間で最高の7.6％を記録し、アジア地域、そして世界で最も経済成長率の高い国の一つとなっている。就任2年目に入ったマルコス大統領は、食料、教育、健康、雇用、社会保障などを通じた国民生活の質向上及び公共インフラへの投資を最優先事項として引き続き取り組んでいる。また、ミンダナオ和平については、モロ・イスラム解放戦線（MILF）の退役・武装解除に遅れが見られるものの、改正バンサモロ基本法に基づき、2025年の自治政府樹立に向けたプロセスが継続している。7月、マルコス大統領はミンダナオ地域における国家非常事態宣言を解除した。

日・フィリピン間では、2月にマルコス大統領が訪日して以降、様々なレベルでの要人往来があり、戦略的パートナーシップの更なる強化が進められている。11月には、岸田総理大臣が総理大臣就任後初めてフィリピンを訪問し、マルコス大統領と首脳会談を実施したほか、日本の総理大臣として初めてフィリピン議会において政策スピーチを行った。また、安全保障面では、11月に政府安全保障能力強化支援（OSA）創設後初の案件である沿岸監視レーダーシステム供与に係る書簡の署名・交換を行った（203ページ　特集参照）ほか、日比部隊間協力円滑化協定（RAA）の交渉開始で一致した。さらに、経済・人的交流面では、8月に経済協力インフラ合同委員会の第14回会合が開催され、フィリピンの上位中所得国入りとインフラ政策「ビルド・ベター・モア」を強力

に後押しするための議論が行われた。こうした二国間協力のみならず、日米比（フィリピン）3か国の協力も進んでおり、6月の日米比国家安全保障担当補佐官協議、7月及び9月の日米比外相会合及び9月の日米比首脳級懇談などを通じて、日米比協力の具体化に向けた議論が進められている。

（7）ブルネイ

ブルネイは、豊富な天然資源を背景に、高い経済水準と充実した社会福祉を実現し、政治的、経済的に安定している。立憲君主制の下、国王が首相、財務・経済相、国防相及び外相を兼任している。東南アジアの中心に位置し、南シナ海問題に関する係争国の一つであり、ASEANの一体性、統合強化を柱とするバランス外交を行っている。

ブルネイの経済は、天然ガスの生産や石油精製事業に支えられているが、エネルギー資源への過度の依存から脱却するため経済の多角化を目指している。

日・ブルネイ両国は、1984年に外交関係を開設し、様々な分野で良好な関係を発展させている。10月、上川外務大臣がブルネイを訪問し、ボルキア国王への拝謁、エルワン第二外相との外相会談などを実施し、外相会談では二国間協力や地域及び国際社会の諸課題について意見交換を行った。12月には、岸田総理大臣が、日・ASEAN特別首脳会議のために訪日したボルキア国王と首脳会談を行い、2024年に迎える外交関係開設40周年も見据えた二国間関係

日・ブルネイ外相会談（10月9日、ブルネイ）

の深化について意見交換を行った。また、両国の間では良好な皇室・王室関係も築かれている。ブルネイは日本へのエネルギー資源の安定供給の面からも重要で、ブルネイの液化天然ガス（LNG）輸出総量の約7割が日本向けとなっており、同国産LNGは日本のLNG総輸入量の約5％を占めている。

（8）ベトナム

ベトナムは、南シナ海のシーレーンに面し、中国と長い国境線を有する地政学的に重要な国である。東南アジア第3位の人口を有し、中間所得層が急増していることから、有望な市場であると同時に、新型コロナ以降、サプライチェーン多元化の動きが後押しし、日系企業を含む外国企業が生産拠点をベトナムに移す流れが続いている。ベトナムは、2045年の先進国入り及び2050年までのカーボンニュートラルを目指し、GX（グリーントランスフォメーション）やDX（デジタルトランスフォメーション）を推進しているほか、インフレ抑制などのマクロ経済安定化、インフラ整備や投資環境改善を通じた外資誘致を通じ、安定的な経済成長の実現に取り組んでいる。新型コロナ拡大による厳しいロックダウンなどにより、2020年から2021年の経済成長率は2％台まで落ち込んだが、ウィズ・コロナ政策への転換により、2022年の経済成長率は8.02％を達成し、2023年の経済成長率は、4.7％から5.8％となる想定である。

日本とベトナムは、1973年9月21日に外交

日・ベトナム首脳会談
（11月27日、東京　写真提供：内閣広報室）

関係を樹立し、50周年を迎えた2023年にはトゥオン国家主席夫妻、チン首相の訪日を始め多くの要人往来が実現した（72ページ　コラム参照）。様々な分野で協力を進展させてきた両国は、11月、トゥオン国家主席の訪日の機会に、両国関係を「アジアと世界における平和と繁栄のための包括的戦略的パートナーシップ」に格上げすることで一致し、共同声明を発出した。同会談において両首脳は（ア）防衛交流、防衛装備・技術移転、政府安全保障能力強化支援（OSA）を通じた安全保障分野における協力の推進、海上保安分野での更なる協力強化、（イ）アジア・ゼロエミッション共同体（AZEC）、GX、DX分野における協力促進、裾野産業の育成などを通じたサプライチェーンの強靭性の強化における協力、投資環境の拡大、（ウ）質の高い人材育成、ベトナム人技能実習生、労働者、学生を取り巻く課題の解決に向けた協力の推進などについて確認したほか、地域・国際問題については、法の支配に基づく自由で開かれた国際秩序及び国連憲章の堅持の原則の重要性を強調した。人的交流に関しては、外交関係樹立50周年を記念し、両国において、500件以上の記念行事が開催された。両国それぞれで、ベトナムフェスティバル、ジャパンフェスティバルが開催されたほか、9月には、長崎の貿易商人荒木宗太郎と王女ゴック・ホア姫の恋愛物語を基に50周年記念新作オペラ「アニオー姫」がベトナムにて初演され、11月に日本でもプレミア公演が開催された。また、技能実習生を中心に在日ベトナム人の数は引き続き増加しており、2011年の約4万人から2023年6月末には約52万人を超え、国別在留外国人数で中国に次いで2番目に多い数字となっている。また、2022年8月には日・ベトナム刑事共助条約が発効したことで、刑事共助分野おける協力が一層進展している。

（9）マレーシア

マレーシアは、マレー半島の「半島マレーシア」とボルネオ島の「東マレーシア」から成る、インド洋と太平洋の結節点に位置し、南シ

日・ベトナム外交関係樹立50周年

2023年は、日越外交関係樹立50周年の年です。1973年9月に日本とベトナムが外交関係を樹立して以来、日本とベトナムの関係はかつてないほど緊密になっています。政治、経済、人的交流などといったあらゆる分野で、両国の関係がますます発展しています。

遡れば、日本とベトナムの友好関係は、千年を超える長い交流の歴史の中で培われてきました。最初の交流は8世紀のベトナム人僧侶の日本訪問から始まりました。16世紀から17世紀にかけては、貿易航路が開かれ国際貿易港として栄えたベトナム中部に位置するホイアンに日本から多くの交易船が訪れ、日本人商人が生活する日本人町が築かれ、栄えました。19世紀の東遊運動ではベトナムの方々が日本へ留学に訪れるようになり、両国の人々の間に強い友情が育まれました。

このように、両国の交流は長年にわたって築かれてきましたが、近年の人的往来には目を見張るものがあります。2012年に約5万人であった在日ベトナム人数は、2022年には10倍の約50万人となり、技能実習生、特定技能外国人、留学生、日越EPA（経済連携協定）による看護師・介護福祉士候補者など、多様な人材が活躍しています。少子高齢化が進む日本において、ベトナム人材は、日本の経済社会を支え、大きな貢献をしてくれています。また、ベトナムには現在、約2万人の在留邦人が滞在し、ベトナムの方と手を携えながら、地域に溶け込んで生活を送っています。

日越外交関係樹立50周年を記念した新作オペラ
「アニオー姫」上演の様子（9月、ベトナム・ハノイ
写真提供：「アニオー姫」実行委員会）

さらに、2019年には約100万人の日本人観光客がベトナムを訪れ、ベトナムからも約50万人が日本を観光に訪れるなど、両国間の往来は大変盛んです。そのおかげで、ベトナムでは、日本のマンガやアニメが若者の間で人気が高く、お寿司や焼き鳥などの日本食も人気があり、日本が身近な国となっています。2023年は50周年を記念する文化交流イベントなども数多く開催され、互いの文化をより深く知る機会が増えました。

両国の往来はハイレベルでも行われ、1993年のキエット首相の日本訪問を皮切りとして活発に実施されてきました。2017年に上皇上皇后両陛下が天皇皇后両陛下として最後に御訪問になった国はベトナムでした。

2023年には、トゥオン国家主席夫妻（11月の公式実務訪問賓客）やチン首相（5月のG7アウトリーチ会合、12月の日本ASEAN友好協力50周年特別首脳会議）が日本を訪問しました。また日本からは、秋篠宮皇嗣同妃両殿下（9月）の御訪問を始め、尾辻秀久参議院議長（9月）、上川外務大臣（10月）などの数多くの方がベトナムを訪問しました。

トゥオン国家主席及びタイン同令夫人と記念撮影を
行う秋篠宮皇嗣同妃両殿下
（9月、ベトナム・ハノイ　写真提供：宮内庁）

こうした様々なレベルでの交流により、両国間の信頼はますます深まっています。互いの国のために協力し、友情を深めたいという熱い思いを持つ人々が幅広いレベルで存在することが、両国の関係発展の大きな原動力となっています。

日本とベトナムの関係は、このように長年にわたり築き上げてきた信頼と友情を基に、お互いを真に必要とし合う関係となっています。2023年は、両国の友好関係の更なる50年のために、絆を確認する1年となりました。

ナ海とマラッカ海峡に面した地政学的に重要な国である。また、13州及び3連邦直轄地から成る連邦国家で、ブミプトラ（土着の民族を含むマレー系）（70％）、華人系（23％）、インド系（7％）などから構成される多民族国家である。

2022年11月の総選挙を経て発足したアンワル政権は、アンワル首相自ら財務相を兼任するなど経済重視の姿勢を示し、外交面では伝統的な全方位外交を指向している。

2023年11月、岸田総理大臣は総理大臣就任後初めてマレーシアを訪問し、アンワル首相と首脳会談を行った。12月、岸田総理大臣は、日・ASEAN特別首脳会議のために訪日したアンワル首相と再度首脳会談を行い、両首脳は日・マレーシア関係を「包括的・戦略的パートナーシップ」に引き上げることで一致した。

人材育成分野では、マハティール首相が1982年に開始した東方政策により、これまでに2万6,000人以上のマレーシア人が日本で留学及び研修した。また、2011年9月に開校したマレーシア日本国際工科院（MJIIT）をASEANにおける日本型工学教育の拠点とするための協力が進められているほか、マレーシアの将来を担う人材の育成に一層貢献するため、筑波大学のマレーシアにおける分校設置に向けた準備が行われており、実現すれば日本の大学が設置する初の海外分校となる。経済面においても、マレーシアへの進出日系企業数は約1,600社に上るなど、引き続き緊密な関係にある。

（10）ミャンマー

2021年2月1日のミャンマー国軍によるクーデター以降、ミャンマー国軍や治安当局による鎮圧などにより多くの市民が死亡しており、一部地域では少数民族武装組織、国民防衛隊（PDF）などとミャンマー国軍との衝突も断続的に発生している。政治面では、1月には新政党登録法が発表され、3月にアウン・サン・スー・チー氏の率いる国民民主連盟（NLD）の政党登録が事実上抹消された。また、クーデター後2年とされた緊急事態宣言は2度延長（2024年1月31日まで）され、情勢は悪化の一途をたどっている。

クーデターから2年を迎えた2023年2月1日、日本政府は、当事者の解放など政治的進展に向けての取組が見られず、緊急事態宣言が延長されたことに深刻な懸念を表明し、改めてミャンマー国軍に対して、暴力の即時停止、被拘束者の解放、民主的な政治体制の早期回復について、具体的な行動を取るよう強く求める外務大臣談話を発出した。さらに、上記のNLD政党登録抹消の際にも、外務報道官談話を発出し、今回の国軍の行いは、日本が一貫して求めてきた平和的な問題解決への取組に反し、事態の改善が更に困難な状況になるとして深刻に憂慮を表明した。

また、日本は、事態の打開に向けて、特にASEANの「五つのコンセンサス」[35]を具体的成果につなげることが重要との考えの下、国際社会と連携し、議長国インドネシアを始めとするASEANの取組を最大限後押ししている。

国連の場では、ミャンマー人権状況に関する人権理事会決議（4月）や国連総会決議（12月）に共同提案国入りするなど、国際社会と連携した対応をとってきている。

さらに、悪化の一途をたどるミャンマーの人道状況の改善のため、ミャンマー国民に直接裨益する人道支援も積極的に行っており、2021年2月1日のクーデター以降、計1億950万ドル以上の人道支援を実施している（2023年12月末時点）。2月28日には、国連高等難民弁務官事務所（UNHCR）などの国際機関を通じて、困窮するミャンマー国民に対し、食料や医薬品、シェルターなどの提供や水・衛生インフラなどの支援のため追加的に合計約6,030万ドルの人道支援を実施することを決定した。

---

35 2021年4月24日に開催されたASEANリーダーズ・ミーティングで発表されたもの。(1) 暴力の即時停止、(2) 全ての当事者による建設的対話の開始、(3) ASEAN議長特使の対話プロセスへの仲介、(4) ASEAN防災人道支援調整センター（AHAセンター）を通じた人道支援の提供、(5) ASEAN議長特使のミャンマー訪問及び全ての当事者との会合の実施、の五つの内容から成る。

（11）ラオス

ラオスは、中国、ミャンマー、タイ、カンボジア及びベトナムの5か国と国境を接し、メコン連結性の鍵を握る内陸国である。2023年、ソーンサイ首相は、内政面では引き続き経済・財政問題に取り組んでおり、10月に開催された第9期国民議会第6通常会期においても、マクロ経済を安定させ、経済危機を防ぐためインフレ率を抑制し、物価や生活費を安定させるための措置を引き続き実施すると述べた。また、ラオスは公的債務や公的保証債務を抱えているが、債務のうち、特に対外債務を返済し続け、デフォルトを防止することを約束すると述べた。

日・ラオス間では、5月にトンルン国家主席が訪日し首脳会談を行い、同月にサルムサイ副首相兼外相も林外務大臣と会談を行った。10月には上川外務大臣がラオスを、11月にはサルムサイ副首相兼外相が日本を訪問し、日・ラオス外相会談がそれぞれ行われた。両会談では、2025年の日・ラオス外交関係樹立70周年を見据え、両国の「戦略的パートナーシップ」を一層拡大していくことが確認された。11月のサルムサイ副首相兼外相の訪日時には、41.71億円を供与限度額とする一般文化無償資金協力「チャオ・アヌウォン・スタジアム改築計画」に関する書簡の署名・交換が行われた。12月には日・ASEAN特別首脳会議の機会に訪日したソーンサイ首相と岸田総理大臣が会談し、2024年のラオスのASEAN議長年に向けた協力及び2025年の両国の外交関係樹立70周年に向けた二国間関係の深化について意見交換を行った。

⑤ 南アジア

（1）インド

人口が世界第1位、経済規模が世界第5位となったインドは、国際社会における存在感をますます高めている。経済面では、「メイク・イ

日印首脳会談（3月20日、インド・デリー　写真提供：内閣広報室）

ン・インディア」を始めとした様々な経済イニシアティブを通じ、着実な成長を遂げている。また、外交面では「アクト・イースト」政策の下、インド太平洋地域を中心に積極的な外交を展開しているほか、2023年はG20議長国として、いわゆる「グローバル・サウス」の声を代弁する役回りを自認するなど、グローバル・パワーとしてますます国際場裡での影響力を増している。

日本とインドは、基本的価値や戦略的利益を共有するアジアの二大民主主義国であり、「日印特別戦略的グローバル・パートナーシップ」の下、経済、安全保障、人的交流など、幅広い分野における協力を深化させてきた。また、インドは「自由で開かれたインド太平洋（FOIP）」を実現する上で重要なパートナーであり、日米豪印といった多国間での連携も着実に進展している。太平洋を臨む日本と、インド洋の中心に位置するインドが二国間及び多国間の連携を深めていくことは、インド太平洋の平和と繁栄に大いに貢献する。日印関係は世界で最も可能性を秘めた二国間関係であり、既存の国際秩序の不確実性が高まる中、その重要性は増している。インド太平洋地域の経済秩序の構築においてもインドは不可欠なプレーヤーであり、その意味でも地域的な包括的経済連携（RCEP）協定への将来的な復帰が期待される。

2023年は、首脳会談を始めとするハイレベルの意見交換が頻繁に行われた。3月にインドで開催された日米豪印外相会合の際には日印外相会談を行った。また、同月にインドを訪問し

た岸田総理大臣は、モディ首相との首脳会談において、G7及びG20議長国として様々な国際社会の諸課題について議論を重ね、連携していくことを確認し、また、二国間関係に関し、安全保障、経済協力、人的交流の各分野におけるこれまでの進展と今後の協力について議論した。5月のG7広島サミットの際に行われた日印首脳会談では、FOIPの重要性につき認識を共有し、様々な分野で協力を進めていくことを確認した。また、7月にはニューデリーで第15回日印外相間戦略対話が行われたほか、9月のG20ニューデリー・サミットの際には日印首脳会談が、また、同月のニューヨークでの国連総会の際には日印外相会談が行われた。さらに、日印間では多くの実務レベルでの協議が実施されており、9月にはインド高速鉄道に関する第16回合同委員会及び第5回日・インド・サイバー協議が実施された。

(2) パキスタン

パキスタンは、アジアと中東を結ぶ要衝に位置しており、その政治的安定と経済発展は地域の安定と成長に不可欠である。2億人を超える人口のうち30歳以下の若年人口が約65％を占めており、政府の財政状況改善及び低成長からの脱却が課題であるものの経済的な潜在性は高い。

外交面では、インドとの間では依然として緊張状態が継続している。中国との間では、「全天候型戦略的協力パートナーシップ」の下、中国の進める「一帯一路」の重要な構成要素とされる中国・パキスタン経済回廊（CPEC）建設を始め、幅広い分野で関係が強化されている。内政面では、シャリフ首相率いる連立政権が8月に下院を解散したことにより、カーカル首相率いる選挙管理内閣が発足した。2024年2月の総選挙に際しては、和田充広駐パキスタン大使を団長とする選挙監視団をパキスタンに派遣した。

日本との関係では、7月にブット一外相が訪日した際に林外務大臣と日・パキスタン外相会談を行った。会談において、林外務大臣は、パキスタンの外相による訪日としては約4年ぶりとなるブット一外相の訪日を歓迎し、両大臣は、伝統的な友好関係をあらゆる分野で一層発展させていくことで一致した。これに先立つ6月には、第12回日・パキスタン外務次官級政務協議を実施した。

日本は近年パキスタンに対し、保健、水・衛生、教育及び防災などの分野を中心に無償資金協力を行っている。2022年には同年に発生した洪水被害への支援として緊急援助物資の供与や緊急無償資金協力を行ったが、それに加え、1月にジュネーブで行われたパキスタン洪水被害に関する支援国会合において、防災、保健・医療、農業分野を含め約7,700万ドル規模の支援を行っていくことを表明し、着実に実施を進めてきている。

(3) バングラデシュ

イスラム教徒が国民の約9割を占めるバングラデシュは、インドとASEANの交点であるベンガル湾に位置し、近年、持続的な安定成長を遂げている（2022年の経済成長率は7.1％）。人口は約1億7,000万人に上り、質の高い労働力が豊富な生産拠点及び高いインフラ整備需要を備えた潜在的な市場として注目されており、日系企業数は2005年の61社から2022年には302社に増加している。安定した電力の供給やインフラの整備が外国企業からの投資促進に向けた課題となっており、日本も円借款の供与などを通じてその発展を支援してきている。また、バングラデシュには、2017年8月以降、ミャンマー・ラカイン州の治安悪化を受けて、同州から新たに70万人以上の避難民が流入した（2023年12月時点）。避難民の帰還はいまだ実現しておらず、避難の長期化によりホストコミュニティ（受入れ地域）の負担増大や現地の治安悪化が懸念されている。内政面では、2024年1月に第12次総選挙が実施され、ハシナ首相率いるアワミ連盟が引き続き政権を担うことになった。

日本との関係では、4月にハシナ首相が公式実務訪問賓客として訪日し、岸田総理大臣と首脳会談を行った。この機会に、両首脳は、二国

日・バングラデシュ首脳会談(4月26日、東京　写真提供：内閣広報室)

間関係を「戦略的パートナーシップ」へと格上げすることを発表した。また、同パートナーシップの下、防衛装備品・技術移転協定締結に向けた交渉の開始、政府安全保障能力強化支援(OSA)の活用を始めとする安全保障分野での協力強化、あり得べき日・バングラデシュ経済連携協定(EPA)に関する共同研究の推進、「ベンガル湾からインド北東部をつなぐ産業バリューチェーンの構築」の下での協力強化、二国間初の友好都市提携、JICA海外協力隊派遣の再開など、様々な分野において協力を進めていくことで一致した。また、7月にインドネシアで開催されたASEAN関連外相会議の際には日・バングラデシュ外相会談を行った。このほか、2月に第4回日・バングラデシュ外務次官級協議を実施したことに加え、5月には髙木啓外務大臣政務官が第6回インド洋会議2023出席のため、10月には高村正大外務大臣政務官がダッカ国際空港第三ターミナル開所式出席のためバングラデシュを訪問した。また、11月には、OSAの初年度案件となる警備艇供与に関する書簡の署名・交換が行われた(203ページ　特集参照)。

(4) スリランカ

スリランカはインド洋のシーレーン上の要衝に位置し、その地政学的重要性が注目されている。経済危機を受けた前大統領の辞任により2022年7月に選出されたウィクラマシンハ大統領は、国際通貨基金(IMF)による支援を受けるため同機関と協議を行った結果、2023年3月、スリランカに対する拡大信用供与措置(EFF)がIMF理事会において承認され、約3.3億ドルの第1回拠出が行われた。現在、スリランカ政府は、EFFプログラムで求められる様々な改革に取り組んでいる。スリランカの債務再編については、4月に日仏印の共同議長の下で債権国会合が立ち上げられ、5月の第1回会合以降、様々なレベルで議論が行われ、11月、債権国会合とスリランカ政府の間で債務再編に係る基本合意がなされた。経済面では、2022年の経済危機から徐々に落ち着きを取り戻しつつあり、インフレ率は2022年9月の70%から2023年9月には1.3%まで低下した。

日本との関係では、2月、武井外務副大臣が第75回スリランカ独立記念式典に出席した。また、5月にはウィクラマシンハ大統領が訪日し岸田総理大臣との間で首脳会談を行い、透明かつ公平な債務再編の重要性について確認した。さらに、7月には林外務大臣がスリランカを訪問した。10月には環インド洋連合(IORA)閣僚会合に参加するために高村外務大臣政務官が同国を訪問した。

(5) ネパール

ネパールは、中国・インド両大国に挟まれた内陸国であり、2015年の新憲法公布以後、民主主義国としての歩みを進めている。内政面では、2022年11月に実施された連邦下院選挙の結果を受け、同年12月にダハル首相が新たに就任した。経済面では、新型コロナの影響によるマイナス成長から徐々に回復し、2021年から2022年の経済成長率は5.6%であるが、依然として低成長からの脱却が課題とされている。

日本との関係では、両国は登山などの民間交流を通じた伝統的な友好関係を築いており、多くのネパール人が日本に在住し、様々な分野で活躍している。4月には、第4回日・ネパール外務省間政務協議を実施した。また、日本はネパールにとって長年の主要援助国であり、長年にわたり、貧困削減、防災及び気候変動対策、民主化の強化の三つの重点分野を始めとする様々な分野において経済協力を実施してきてい

る。特に、民主化の強化に関しては、2008年に王政から連邦民主制へ移行したことを受け、日本はこれまで専門家派遣を通じて法制度整備や平和構築・民主化促進のためのメディア能力強化支援など、ネパールにおける民主化の定着及びガバナンス強化に向けた支援を継続してきている。

(6) ブータン

ブータンは中国とインドの間に位置する内陸国で、日本とは皇室・王室間の交流も深い。国民総幸福量（GNH）を国家運営の指針とし、第12次5か年計画（2018年7月から2023年6月）の優先課題である貧困削減、医療・教育の質向上、男女平等、環境や文化・伝統の保護、マクロ経済安定などに取り組んでいる。内政面では、2024年1月に下院総選挙の本選挙が実施され、国民民主党が勝利し政権交代が行われ、ツェリン・トブゲー首相が2014年以来2期目となる首相に就任した。外交面では、近隣諸国、日本など54か国及びEUとのみ外交関係を保有しており、国防などの分野においてインドと密接な関係を有している。

日本との関係では、7月に西村明宏環境大臣がブータンを訪問した。

(7) モルディブ

シーレーンの戦略的要衝に位置するモルディブは、日本にとってFOIPを実現する上で重要なパートナーである。モルディブは、GDPの約3割を占める漁業と観光業を主産業とし、新型コロナの感染拡大による影響はあったものの、一人当たりのGDPは南アジア地域で最も高い水準に達している。内政面では、9月に実施された大統領選挙の結果、11月にモハメド・ムイズ氏が大統領に就任した。

日本との関係では、4月に第4回日・モルディブ政策対話を実施したほか、5月にはシャーヒド外相が訪日し、林外務大臣と外相会談を行った。7月には林外務大臣がモルディブを訪問し、シャーヒド外相との会談において、幅広い分野で二国間協力を進めていくことで一

総理特使としてムイズ・モルディブ大統領に表敬する高村外務大臣政務官（11月18日、モルディブ）

致した。9月のモルディブ大統領選挙第1回投票に際しては、武井外務副大臣を団長とする選挙監視団がモルディブを訪問した。11月の大統領就任式には岸田総理大臣の特使として高村外務大臣政務官が出席した。

⑥ 大洋州

(1) オーストラリア

ア 概要・総論

オーストラリア政府は2017年11月に発表した外交白書において、今後10年のオーストラリア外交の指針として、開かれ、包摂的で、繁栄したインド太平洋地域の推進、保護主義への対抗、国際ルールの推進・保護などを掲げ、日本を始めとするパートナーとの協力強化を打ち出した。2022年5月に、モリソン首相（保守連合）からアルバニージー首相（労働党）に交代した後も、基本的にこの外交方針は引き継がれている。

地域が様々な課題に直面する中、基本的価値と戦略的利益を共有する日本とオーストラリアの「特別な戦略的パートナーシップ」の重要性はこれまで以上に高まっている。インド太平洋地域における、法の支配に基づく自由で開かれた国際秩序の維持・強化に向けた両国の戦略的ビジョンは広い範囲で一致しており、首脳間や外相間の緊密な関係を基盤とし、国際社会の安定と繁栄に向けて、あらゆる分野での重層的な協力・連携を一層深化させている。

さらに日豪は二国間だけでなく、日米豪、日米豪印といった多国間での連携も着実に強化してきている。特に7月には日豪NZ（ニュージーランド）韓首脳会合を実施し、直前に行われた北朝鮮によるミサイル発射を強く非難する共同ステートメントを発出し、また、インド太平洋地域における協力について意見交換し、東南アジア諸国連合（ASEAN）や太平洋島嶼国と協力を深めていくことの重要性について一致した。

また、日豪両国は、環太平洋パートナーシップに関する包括的及び先進的な協定（CPTPP）や地域的な包括的経済連携（RCEP）協定を始めとする自由貿易体制の推進や、法の支配に基づく自由で公正な経済秩序の構築においてリーダーシップを発揮している。日本にとってオーストラリアは第5の貿易パートナー、オーストラリアにとって日本は第2の貿易パートナーであり、両国は、発効後9年目を迎えた日豪経済連携協定（EPA）、2018年12月に発効したCPTPP、2022年1月に発効したRCEP協定を通じて相互補完的な経済関係を更に発展させている。

2023年3月の電話会談では、アルバニージー首相からAUKUS[36]について説明があったのに対して、岸田総理大臣から同取組に対する一貫した支持を述べ、両首脳は、「自由で開かれたインド太平洋（FOIP）」の実現に向け、共通の同盟国である米国や同志国である英国と共に、引き続き連携を強化していくことで一致した。また、5月にも、岸田総理大臣は、G7広島サミットへの参加のために訪日したアルバニージー首相との間で懇談を行った。9月の日豪首脳会談では、ALPS処理水をめぐる日本の対応について意見交換した際、アルバニージー首相から、日本が国際原子力機関（IAEA）と連携して責任ある形で取り組んできていることについて、また、日本がとった措置を称賛するとの発言があった。11月の日豪首脳会談では、両首脳は、インド太平洋地域の諸課題、さらにイスラエル・パレスチナ情勢などの喫緊の国際

日豪外相会談（9月19日、米国・ニューヨーク）

情勢について意見交換を行い、太平洋島嶼国の持続可能で強靭な発展を支援していくことを確認した。

外相間では、林外務大臣が、7月、ウォン外相と外相会談を実施し、両国が戦略認識及び地域の平和と安定に向けた今後の方向性を共有していることを確認し、日豪・日米豪で緊密に連携していくこと、また具体的協力を着実に実施していくことで一致した。上川外務大臣就任直後の9月の外相会談では、上川外務大臣から、両国の「特別な戦略的パートナーシップ」の更なる深化のため、また、FOIPの実現のため、ウォン外相と緊密に連携していきたいと述べた。日豪外相間では国際社会の諸課題についても適時に緊密な会談を実施してきており、10月の電話会談では中東情勢について、訪中後に日本に立ち寄ったウォン外相との11月の外相間の懇談では、アルバニージー首相の訪中を踏まえたインド太平洋地域の諸課題について、それぞれ意見交換を行った上で、両国が緊密に連携していくことで一致した。

日豪両国は、このような頻繁なハイレベルでの対話を通じて意思疎通を図り、以下に述べるような様々な分野において同志国連携の中核として貢献してきている。

■ 安全保障分野での協力

インド太平洋地域の平和と繁栄の確保に向

---

36 オーストラリア（Australia）、英国（United Kingdom）、米国（United States）が2021年9月に立ち上げたインド太平洋地域での安全保障協力の枠組み

け、日本とオーストラリアは引き続き安全保障分野の協力を着実に強化・拡大させている。

特に8月には、日豪部隊間協力円滑化協定が発効した。これは、日本が締結した初の部隊間協力円滑化協定である。本協定の発効により、両国部隊間の協力活動の実施が円滑になり、両国間の安全保障・防衛協力が更に促進され、日豪両国によるインド太平洋地域の平和と安定への一層の貢献を可能にすることが期待されている。9月の日豪首脳会談では、本協定の下でF-35戦闘機が両国を相互訪問する共同訓練が行われるなどの防衛協力が進展していることを歓迎した。また、同会談では2022年に署名した新たな「安全保障協力に関する日豪共同宣言」[37]を指針に、具体的協力を強化していくことで一致した。

ウ　経済関係

2018年12月に発効したCPTPPの交渉を日本とオーストラリアが主導したことに示されるように、両国はRCEP協定を含む地域の自由貿易体制の推進や、法の支配に基づく自由で公正な経済秩序の構築について緊密に連携し、リーダーシップを発揮している。11月の日豪首脳会談において、CPTPPについて戦略的な観点も踏まえて率直な議論を行い、引き続き緊密に連携していくことを確認した。

日本とオーストラリアの間では、日本が主に自動車などの工業品をオーストラリアに輸出し、また、オーストラリアが主に石炭や天然ガスなどのエネルギー資源や牛肉などの農産物を日本に輸出するという相互補完的な経済関係が、長年にわたり着実に発展してきている。特に近年では、水素関連の取組などの新しい協力も進んでいる。9月の日豪首脳会談では、資源・エネルギー分野における緊密な対話を継続していくことを確認し、アジア・ゼロエミッション共同体（AZEC）構想を通じたアジアの脱炭素化や水素・アンモニア分野での協力などについて、連携して取り組んでいくことで一致した。

エ　文化・人的交流

オーストラリアには約41.5万人に上る日本語学習者（世界第4位）や100を超える姉妹都市など、長年培われた親日的な土壌が存在する。青少年を含む人的交流事業であるJENESYS（対日理解促進交流プログラム）及び新コロンボ計画による日豪間の相互理解の促進、若手政治家交流など、両国関係の基盤強化のための各種取組が行われている。また、日豪ワーキングホリデー制度についても、引き続きその適切かつ着実な運用に取り組んでいる。

オ　国際社会における協力

両国は、国際社会の平和と安定に積極的に貢献するため、幅広い分野での協力を強化してきている。特に、海洋安全保障、北朝鮮の核・ミサイル開発といったインド太平洋地域が直面する諸課題に関する協力を深めてきている。オーストラリアは、日本周辺海域における警戒監視活動にフリゲート「アンザック」を5月下旬に、フリゲート「トゥーンバ」を10月下旬から11月中旬にそれぞれ派遣し、国連安保理決議により禁止されている北朝鮮籍船舶との「瀬取り」を含む違法な海上活動に対して、2018年以降9度目及び10度目の艦艇による警戒監視活動を行った。また、オーストラリアは、2月上旬から3月上旬の間及び8月下旬から9月中旬までの間、在日米軍嘉手納飛行場を使用して、2018年以降11度目及び12度目となる航空機による警戒監視活動を行った。

（2）ニュージーランド

ア　概要・総論

日本とニュージーランドは、民主主義、市場経済などの基本的価値を共有し、長年良好な関係を維持している。近年、「戦略的協力パートナーシップ」の下、経済、安全保障・防衛協力、人物交流を含む二国間協力の強化に加え、地域や国際社会の課題についても協力関係を強化している。11月24日、10月14日に実施さ

37　2022年10月の日豪首脳会談で署名された日豪安全保障・防衛協力の今後10年の方向性を示す文書

れた議会総選挙の結果を受け、国民党（第1党）、ACT党及びNZファースト党の3党連立政権が成立した。

イ ハイレベル協議

地域情勢が複雑に推移する中、アジア太平洋地域に位置し、基本的価値を共有するニュージーランドと首相間や外相間で緊密な意見交換を行ってきている。2月、林外務大臣は、マフタ外相と会談を実施した。両外相は、「太平洋島嶼国地域における協力に関する日・ニュージーランド外相共同宣言」を発出し、同宣言の下、太平洋島嶼国の強靱性、一体性といった共通の目標に向かい、太平洋諸島フォーラム（PIF）の「ブルーパシフィック大陸のための2050年戦略」（以下（3）ア参照）を支持しつつ、海洋安全保障、気候変動、インフラなどの同地域の優先事項に沿って、一層連携を進めていくことで一致した。また、7月の日・ニュージーランド首脳会談で両首脳は、法の支配に基づく自由で開かれた国際秩序の維持・強化の重要性で一致し、FOIPの実現のため緊密に連携していくことを確認し、太平洋島嶼国における同志国連携の重要性で一致した。12月、上川外務大臣は、ピーターズ副首相兼外相と電話会談を行い、太平洋島嶼国を含むインド太平洋地域の安定と繁栄のため緊密に協力していくことを確認し、2024年に開催予定の第10回太平洋・島サミット（PALM10）に向けて協力していくことで一致した。

ウ 経済関係

両国は、相互補完的な経済関係を有しており、CPTPPやRCEP協定の着実な実施やWTO改革、インド太平洋経済枠組み（IPEF）など自由貿易体制の推進や法の支配に基づく自由で公正な経済秩序の構築について緊密に連携している。2月の日・ニュージーランド外相会談では、水素やアンモニアなどの分野において、両国の具体的な協力が進展していることを

歓迎した。

エ 文化・人的交流

日・ニュージーランド間の青少年などの人的交流は、人的交流事業であるJENESYSを通じ、2023年までの累計で1,100人以上が参加しており、外国青年招致事業「JETプログラム」については、2023年までに3,400人以上が参加（年平均換算で約100人）するなど活発な交流が続けられている。また、青少年間の相互理解促進を目的とした44の姉妹都市間の交流が進んでいる。

オ 国際社会における協力

両国は、国連の場を含む国際場裡で国際社会の平和と安定のために緊密に協力している。例えば、東アジア首脳会議（EAS）、ASEAN地域フォーラム（ARF）、アジア太平洋経済協力（APEC）、太平洋・島サミット（PALM）などの地域協力枠組みにおける協力や、太平洋島嶼国地域における連携を強化するなど、地域の安定と発展のために積極的な役割を果たしている。

（3）太平洋島嶼国[38]

ア 概要・総論

太平洋島嶼国は、日本と太平洋によって結ばれ、歴史的なつながりも深く、国際場裡での協力や水産資源・天然資源の供給においても重要なパートナーである。また、太平洋の中心に位置することからFOIPの要としてもその重要性が高まっており、3月に発表したFOIPのための新しいプランでも重要地域として位置付けられている。日本の対太平洋島嶼国外交における重要政策の一つとして、日本は、1997年から3年に1度、太平洋・島サミット（PALM）を開催してきている。2021年7月にテレビ会議方式で開催した第9回太平洋・島サミット（PALM9）では、日本と太平洋島嶼国との間の協力を更に強化する政策である「太平洋のキズナ政策」を発表し、（ア）新型コロナへの対

---

38 太平洋島嶼国：パラオ、ミクロネシア、マーシャル諸島、ナウル、キリバス、ツバル、サモア、クック諸島、ニウエ、トンガ、フィジー、バヌアツ、ソロモン諸島、パプアニューギニア

応と回復、（イ）法の支配に基づく持続可能な海洋、（ウ）気候変動・防災、（エ）持続可能で強靱な経済発展の基盤強化及び（オ）人的交流・人材育成の五つの重点分野を中心に太平洋島嶼国との一層の関係強化に取り組んでいる。2024年に開催予定のPALM10に向け、太平洋島嶼国の課題の解決に向けた更なる取組を進めていく。

さらに、日本は、太平洋島嶼国・地域で構成される地域協力の枠組みである太平洋諸島フォーラム（PIF）との協力を進めている。PIFは、2022年の総会において、2050年の太平洋島嶼国地域における政治・経済などのあるべき姿と戦略的方策をまとめた「ブルーパシフィック大陸のための2050年戦略」を発表し、日本はこの戦略に対する強い支持を表明している。引き続き、地域の一体性を後押ししながら、太平洋島嶼国自身のアジェンダ（行動計画）を尊重し、日本の強みをいかした協力を継続していく。

イ ブルーパシフィックにおけるパートナー（PBP）

太平洋地域の繁栄、強靱性及び安全を支える同志国間の協力枠組みとして、2022年6月に実施された同志国（日本、米国、オーストラリア、ニュージーランド、英国）による高級実務者会合で立上げに一致したPBPは、同年9月に、ニューヨーク（米国）において、初の外相会合を実施した。また、2023年9月、2回目の外相会合が実施され、カナダ、ドイツ、韓国が同志国として新たに参加し、引き続き太平洋島嶼国と対話を進めつつ具体的な協力を推進していくことが確認された。

ウ 要人との会談など

2023年は、太平洋島嶼国各国との活発な要人往来が行われ、太平洋島嶼国との外交において一つの節目の年となった。

1月、武井俊輔外務副大臣はバヌアツを訪問し、ヴロバラヴ大統領、カルサカウ首相などを表敬した。また、同月、在キリバス日本国大使館が開設され、良好な二国間関係を維持・強化し、様々な情報収集や緊急事態における各種支援などを一層効果的に行う体制が強化された。

2月には、ブラウン・クック諸島首相兼外相、カブア・マーシャル諸島外務・貿易相及びプナPIF事務局長が訪日した。岸田総理大臣は同代表団と会談を行い、日本とPIFとの長年にわたる協力関係について触れ、FOIPビジョンの下、太平洋島嶼国・地域との「キズナ」を一層深めていきたいと述べ、また、ALPS処理水に関し、集中的な対話の重要性につき一致した。林外務大臣も同代表団と会談を行ったほか、日・クック諸島首脳会談及び日・マーシャル諸島外相会談も行われた。さらに同月、岸田総理大臣は実務訪問賓客として訪日したパニュエロ・ミクロネシア大統領と首脳会談及びワーキングディナーを行い、その中で同大統領はALPS処理水について、海洋資産及び資源を傷つけないという日本の意図と技術力へのより深い信頼を今や有していると述べた。両首脳立ち会いの下、医療関連機材の供与（無償資金協力「経済社会開発計画」の一環）に関する交換公文の署名式を行い、さらに両首脳は日・ミクロネシア首脳共同声明を発出した。

3月、林外務大臣はソロモン諸島及びクック諸島を訪問し、ソガバレ・ソロモン諸島首相とブラウン・クック諸島首相兼外相を表敬したほか、マネレ・ソロモン諸島外務・貿易相と会談を行い、それぞれ二国間関係及び太平洋島嶼国地域との協力を更に強化していくことで一致

ブラウン・クック諸島首相兼外相主催夕食会に参加する林外務大臣（3月20日、クック諸島・ラロトンガ）

2
しなやかで、揺るぎない地域外交

し、ALPS処理水に関し日本の立場を改めて説明した。

4月には、武井外務副大臣がバヌアツ及びフィジーを訪問し、バヌアツではカルサカウ首相及びナパット外務・国際協力・貿易相への表敬、フィジーでは、カミカミザ副首相兼対外貿易・企業・中小事業相への表敬及びプナPIF事務局長との会談を行った。武井外務副大臣は5月にもフィジー及びツバルを訪問し、フィジーでは日本の無償資金協力によって供与された警備艇の視察し、ツバルではナタノ首相及びコフェ法務・通信・外務相への表敬、気候変動の影響を象徴する場所として知られるフナフティ島北端の視察を行った。また同月、岸田総理大臣は、G7広島サミットアウトリーチ会合出席のため訪日中のブラウン・クック諸島首相兼外相と会談を行い、両首脳は、クック諸島が2023年のPIF議長国であることを踏まえ、2024年開催予定のPALM10の開催に向けて両国で緊密に協力していくことを確認した。

6月には、岸田総理大臣は2022年9月以来の再会となったウィップス・パラオ大統領と首脳会談を行い、二国間関係の更なる強化に向けた議論を行った。同大統領は首脳会談の前日に東京電力福島第一原子力発電所を訪問したことに触れつつ、ALPS処理水に関して科学を信用しており、この訪問は岸田総理大臣のリーダーシップの下、日本が人々の健康と安全を守るために取り組んできていることへの信頼を強めるものとなったと述べた。また同月、「東部ミクロネシア海底ケーブル事業」におけるキリバス及びナウルに対する無償資金協力「経済社会開発計画」に関する書簡の署名・交換（島嶼国3か国の通信インフラを強化するための日本・米国・オーストラリアによる連携事業）が行われた。

7月には、古屋圭司特派大使（衆議院議員）がミクロネシアを訪問し、シミナ大統領の就任式に出席した。古屋特派大使は就任式に先立ち、同大統領を表敬し、日・ミクロネシア関係を一層強化し、ミクロネシアの社会及び経済の発展のため、引き続き、日本の強みをいかした

協力を行っていく考えを述べた。

9月、ASEAN関連首脳会議出席のためインドネシアを訪問中の岸田総理大臣は、東アジア首脳会議（EAS）に先立って、同年3度目の再会を果たしたブラウン・クック諸島首相兼外相と短時間の立ち話を行った。同首相からは、ALPS処理水について日本の取組を支持しているとの発言があった。

10月には堀井巌外務副大臣がパプアニューギニアを訪問し、日本の支援で整備されたナザブ・トモダチ国際空港の開港式に出席したほか、マラペ・パプアニューギニア首相を表敬した。表敬の中で同首相は、ALPS処理水の海洋放出の安全性確保に関する日本の取組を支持していると述べた。

11月には、約4年振りとなるPIF域外国対話がクック諸島のラロトンガで開催され、総理特使として堀井外務副大臣が出席し、海洋・環境、気候変動・防災に関するテーマ別対話にパネリストとして参加した。堀井外務副大臣は、日本の太平洋島嶼国地域に対する力強いコミットメントのうち、太平洋島嶼国が最大の脅威と位置付ける気候変動を中心に説明し、ALPS処理水の海洋放出の安全性について改めて丁寧に説明した。また、同対話の機会を捉え、ブラウン・クック諸島首相兼外相、タンゲランギ・ニウエ首相、フアカヴァメイリク・トンガ首相、

総理特使として太平洋諸島フォーラム（PIF）域外国対話に出席する堀井外務副大臣（11月10日、クック諸島・ラロトンガ）

フィアメ・サモア首相と会談を行った。

12月、岸田総理大臣は訪日中のカブア・マーシャル諸島大統領と会談を行い、上川外務大臣はロバート・ミクロネシア外相と外相会談を行った。

2024年1月、上川外務大臣はアイタロー・パラオ外相と外相会談を行った。

同年2月、上川外務大臣はサモア及びフィジーを訪問した。日本の外務大臣として初めて訪問したサモアにおいては、トゥイマレアリイファノ国家元首、フィアメ首相兼外務貿易相、ムリポラ女性・共同体・社会開発相と会談を行った。さらに、無償資金協力「サモア国立大学保健科学学部施設整備計画」の交換公文署名式、太平洋気候変動センター（PCCC）の視察などを行った。フィアメ首相との間では、地域を取り巻く状況が大きく変わる中であっても、人と人との交流の歴史に支えられた両国間の信頼の強さを確認した。フィジーでは、共同議長としてPALM第5回中間閣僚会合に出席し、PALM9のフォローアップ及び2024年7月開催予定のPALM10に向けた議論を行った。この機会に太平洋島嶼国10か国などと個別に会談を実施し、二国間関係に加えて、地域情勢について議論を行った。

これらの会談などを通じて、日本は、太平洋島嶼国を力強く支援していくことを改めて伝え、また、国際情勢や地域情勢についても意見交換を行い、引き続き緊密に連携していくことを確認した。

■エ　文化・人的交流

PALM9では、人的交流・人材育成を重点5分野の一つとして位置付け、今後3年間で様々なレベルや分野で5,500人以上の積極的な人的交流・人材育成を実施していくと発表した。その一環として、日本は、JENESYSを通じた大学生などとの人的交流を実施している。また、

2016年度に太平洋島嶼国の若手行政官などを対象とした太平洋島嶼国リーダー教育支援プログラム（Pacific-LEADS）として開始し、現在はSDGsグローバルリーダーコースとして実施している事業を通じて、島嶼国の若手行政官や民間人材などを日本国内の大学・大学院で受け入れている。

2024年7月のPALM10に向けて、文化・人的交流の更なる活性化に向けた取組を進めていく。

❼ 地域協力・地域間協力

世界の成長センターであるインド太平洋地域において、法の支配に基づく自由で開かれた秩序を実現することにより、地域全体、ひいては世界の平和と繁栄を確保していくことが重要である。こうした観点から、日本は、日米同盟を基軸としながら、オーストラリア、インド、ASEAN、欧州などの同志国とも連携し、日・ASEAN、日・メコン協力、ASEAN+3（日中韓）、東アジア首脳会議（EAS）、ASEAN地域フォーラム（ARF）、アジア太平洋経済協力（APEC）などの多様な地域協力枠組みを通じ、「自由で開かれたインド太平洋（FOIP）」の実現に向けた取組を戦略的に推進してきている。特に、2019年にASEANが採択した「インド太平洋に関するASEANアウトルック（AOIP）」[39]は、FOIPと開放性、透明性、包摂性、国際法の尊重といった本質的な原則を共有しており、日本としては、ASEANの中心性と一体性を尊重しつつ、AOIPに対する国際社会の支持を一層広げ、AOIPの掲げる原則に資する具体的な日・ASEAN協力を実施し、「インド太平洋国家」としてインド太平洋地域全体の安定と繁栄に寄与する考えである。

---

39 AOIP：ASEAN Outlook on the Indo-Pacific
2019年6月、ASEAN首脳会議において採択された、ASEANのアジア太平洋・インド洋地域への関与の指針。インド太平洋地域におけるASEAN中心性の強化に加え、開放性、透明性、包摂性、ルールに基づく枠組み、グッド・ガバナンス、主権の尊重、不干渉、既存の協力枠組みとの補完性、平等、相互尊重、相互信頼、互恵、国連憲章及び国連海洋法条約その他の関連する国連条約を含む国際法の尊重といった原則を基礎として、海洋協力、連結性、SDGs及び経済等の分野での協力の推進を掲げている。

（1）東南アジア諸国連合（ASEAN）情勢全般

インド太平洋の中心の地政学的要衝に位置するASEANは、FOIP実現の要である。2015年11月のASEAN関連首脳会議では、「政治・安全保障」、「経済」及び「社会・文化」の三つの共同体によって構成されるASEAN共同体が同年内に設立されることが宣言され（ASEAN共同体設立に関するクアラルンプール宣言）、加えてASEAN共同体の2016年から2025年までの10年間の方向性を示す「ASEAN2025：Forging Ahead Together（共に前進する）」が採択された。2019年6月には、AOIPが採択された。

ASEANが地域協力の中心として重要な役割を担っている東アジア地域では、ASEAN+3（日中韓）、EAS、ARFなどASEANを中心に多層的な地域協力枠組みが機能しており、政治・安全保障・経済を含む広範な協力関係が構築されている。

経済面では、ASEANは、ASEAN自由貿易地域（AFTA）を創設し、また、日本、中国、韓国、インドなどとEPAやFTAを締結するなど、ASEANを中心とした自由貿易圏の広がりを見せている。ASEAN加盟国と日本、オーストラリア、中国、韓国及びニュージーランドが参加するRCEP協定は、2022年1月1日に発効した。日本は、参加国と緊密に連携しながら、本協定の透明性のある履行の確保に取り組むと同時に、署名を見送ったインドの本協定への将来的な復帰に向けて、引き続き主導的な役割を果たす考えである。

（2）南シナ海問題

南シナ海においては、領有権をめぐる問題があり、そのような中で中国は、係争地形の一層の軍事化（199ページ　第3章第1節3（4）エ参照）、沿岸国等に対する威圧的な活動など、法の支配や開放性に逆行した力による一方的な現状変更の試みや地域の緊張を高める行動を継続・強化し、また比中仲裁判断[40]を受け入れないとの立場を変えておらず、国連海洋法条約（UNCLOS）と整合的でない海洋権益に関する主張を続けている。2023年は、フィリピン船舶と中国船舶の衝突事案が発生したことなどを受け、フィリピン政府は、南シナ海におけるフィリピン船舶に対する中国船舶の行動を非難する声明を複数発表した。

南シナ海をめぐる問題は、地域の平和と安定に直結し、国際社会の正当な関心事項であり、資源やエネルギーの多くを海上輸送に依存し、南シナ海を利用するステークホルダー（利害関係者）である日本にとっても、重要な関心事項である。

中国によるこうした一方的な現状変更の試みや現場での累次の危険な行動を含め、地域の緊張を更に高める行動に対し、日本を含む国際社会は深刻な懸念を表明している。日本としては、力による一方的な現状変更の試みや緊張を高めるいかなる行為にも強く反対し、また、「海における法の支配の三原則」（238ページ第3章第1節6（2）参照）を貫徹すべきとの立場から、南シナ海をめぐる問題の全ての当事者がUNCLOSを始めとする国際法に基づく紛争の平和的解決に向け努力することの重要性を一貫して強調している。また、中国による南シナ海における基線に関する主張がUNCLOSの関連規定に基づいていないこと、比中仲裁判断で領海や領空を有しない低潮高地と判断された海洋地形の周辺海空域も含め、航行と上空飛行の自由が守られることが重要であること、中国が主張する「歴史的権利」は国際法上の根拠が明らかではなく、比中仲裁判断では中国が主張する「九段線」に基づく「歴史的権利」の主張がUNCLOSに反すると判示され、明確に否定されたことなども指摘してきている。日本は、

---

[40] 2013年1月、フィリピン政府は、南シナ海をめぐる同国と中国との間の紛争に関し、国連海洋法条約(UNCLOS：United Nations Convention on the Law of the Sea) に基づく仲裁手続を開始した。比中仲裁判断は、2016年7月12日に、同手続において組織された仲裁裁判所が示した最終的な判断のこと。日本は、同日に外務大臣談話を発出し、「国連海洋法条約の規定に基づき、仲裁判断は最終的であり紛争当事国を法的に拘束するので、当事国は今回の仲裁判断に従う必要があり、これによって、今後、南シナ海における紛争の平和的解決につながっていくことを強く期待する」との立場を表明してきている。

比中仲裁判断から5年の節目に当たる2021年に続き、2022年7月及び2023年7月にも外務大臣談話を発出し、国際法に従った紛争の平和的解決の原則や法の支配の重要性を始めとする日本の立場を改めて表明した。岸田総理大臣が9月にジャカルタでマルコス・フィリピン大統領及びハリス米国副大統領と懇談し、南シナ海情勢を取り上げるなど、日米比での連携も強化している。7月及び9月には、日米比外相会合を行い、南シナ海情勢を含む厳しい戦略環境を踏まえ、引き続き日米比間での連携を一層強化し、3か国の協力の具体化を進めていくことで一致した。

2018年には、中国とASEANの間で南シナ海行動規範（COC）[41]の交渉が開始された。7月の中・ASEAN外相会議で、COCドラフトの第二読の完了とCOCの早期妥結を加速させるための「ガイドライン」の採択が発表されており、交渉に一定の進展が見られる模様である。日本としては、COCは実効的かつ実質的でUNCLOSに合致し、南シナ海を利用する全てのステークホルダーの正当な権利と利益を尊重するものとなるべきとの立場を表明してきている。

（3）日・ASEAN関係

FOIP実現の要であるASEANがより安定し繁栄することは、地域全体の安定と繁栄にとって極めて重要である。日本は、2013年の日・ASEAN友好協力40周年を記念する特別首脳会議で採択された「日・ASEAN友好協力に関するビジョン・ステートメント」を着実に実施しつつ、ASEAN共同体設立以降も「ASEAN共同体ビジョン2025」に基づくASEANの更なる統合努力を全面的に支援してきている。さらに、2020年に採択した「AOIP協力についての第23回日・ASEAN首脳会議共同声明」を指針として、海洋協力、連結性、国連持続可能な開発目標（SDGs）、経済等というAOIPの優先協力分野に沿って具体的な協力を積み上げてきている。同声明は、AOIPに関してASEANが

域外国との間で採択した初の共同声明であったが、それに続く形でASEANとほかの対話国との間で同様の共同声明が採択されている。日本ASEAN友好協力50周年を迎えた2023年3月には、岸田総理大臣がFOIPの新プランを発表し、東南アジアを重要地域と明確に位置付け、「日・ASEAN統合基金（JAIF）」への1億ドルの新規拠出に加え、「日・ASEAN連結性イニシアティブ」を刷新することを表明した。

7月の日・ASEAN外相会議では林外務大臣から、さらに9月の日・ASEAN首脳会議では岸田総理大臣から、それぞれASEAN中心性・一体性に対する一貫した支持を改めて表明した。また特に9月のジャカルタでの首脳会議に際してサイドイベントとして開催された「ASEANインド太平洋フォーラム（AIPF）」において、ハード・ソフト両面で連結性を一層強化するため、「日・ASEAN包括的連結性イニシアティブ」を新たに発表した。さらに9月の日・ASEAN首脳会議では、「日・ASEAN包括的戦略的パートナーシップ（CSP）」を立ち上げる共同声明を採択した。

ASEAN諸国からは、長年にわたる幅広い分野での日本の協力、ASEAN中心性やAOIPへの支持、JAIFへの1億ドルの拠出に対する謝意が示された。また、CSP立ち上げ及び「日・ASEAN包括的連結性イニシアティブ」への歓迎やアジア・ゼロエミッション共同体（AZEC）構想への評価の意が示されたほか、FOIPとAOIPのシナジー効果（相乗効果）への言及もあった。また、同年12月の特別首脳会議において、新たな関係のビジョンを打ち出し、さらに関係を強化することへの期待が多くの首脳から示された。

また、岸田総理大臣は、地域・国際情勢についても、この地域が成長の中心であり続けるためには、地域・国際社会の平和と安定が維持されることが不可欠であると指摘した上で、ミャンマー、ロシアによるウクライナ侵略、東シナ海・南シナ海、台湾海峡の平和と安定の重要

41　COC：Code of Conduct in the South China Sea

性、経済的威圧、北朝鮮、ALPS処理水などについて取り上げ、日本の立場を明確に述べた。

これに対し、ASEAN諸国からは、南シナ海における航行・上空飛行の自由の重要性、法の支配に基づく国際秩序の重要性、朝鮮半島の非核化や拉致問題の解決の重要性について発言があった。

12月には東京において日本ASEAN友好協力50周年特別首脳会議を開催し、過去半世紀の日・ASEAN関係を総括した上で、新たな協力のビジョンを示す「日・ASEAN友好協力に関する共同ビジョン・ステートメント」とその具体的な協力の「実施計画」を採択した。共同ビジョン・ステートメントは、副題として「信頼のパートナー」を掲げ、半世紀に亘り築かれた信頼こそが、日・ASEAN関係の根幹であることを示した。また、日・ASEANが目指す世界のビジョンとして、全ての国が平和と繁栄を追求でき、民主主義、法の支配、グッド・ガバナンス（良い統治）、人権と基本的自由の尊重といった原則が守られる世界、を掲げた。さらに、日・ASEANが、第一に、「世代を超えた心と心のパートナー」として、長年の信頼関係を次世代につなぎ、強化していくこと、第二に、「未来の経済・社会を共創するパートナー」として、共通の課題への解決策を見いだしていくこと、第三に、「平和と安定のためのパートナー」として、自由で開かれたインド太平洋を推進することを示した。さらに日本は、これらの三つの柱に対応して、次の具体的なアクションを打ち出した。すなわち、第一に、知的・文化交流・日本語パートナーズなどを含む包括的な人的交流プログラムとなる「次世代共創パートナーシップ-文化のWA2.0-」を立ち上げること、また、若手ビジネスリーダーなどの双方向の交流を更に推進すること、第二に、連結性強化、アジア・ゼロエミッション共同体（AZEC）構想の実現を含む気候変動対策、中小零細企業・スタートアップ支援を重点に、オファー型協力などODAの新しい取組も活用して民間投資を一層後押しし、官民の連携に取り組むこと、さらに、「日・ASEAN次世代自動

日本ASEAN友好協力50周年特別首脳会議で共同議長を務めたジョコ・インドネシア大統領と共同記者発表に臨む岸田総理大臣（12月17日、写真提供：内閣広報室）

車産業共創イニシアティブ」を立ち上げること、第三に、「ヒロシマ・アクション・プラン」に基づく核軍縮・不拡散や、司法分野協力、女性・平和・安全保障（WPS）、サイバーセキュリティ、防衛交流・協力、政府安全保障能力強化支援（OSA）の展開を進めることを発表した。

これに対し、ASEAN諸国からは、幅広い分野における長年にわたる日・ASEAN協力の実績について、高い評価が示された。さらに、日本の新たな取組について、高い期待が示された。特別首脳会議では、上記三つの柱に対応した議論の中で地域・国際情勢についても扱い、岸田総理大臣からは、法の支配に基づく自由で開かれた国際秩序の維持・強化が不可欠であると述べた上で、日本の立場を改めて説明した（87ページ　特集参照）。

(4) 日・メコン首脳会議（参加国：カンボジア、ラオス、ミャンマー、タイ、ベトナム及び日本）

メコン地域（カンボジア、ラオス、ミャンマー、タイ及びベトナム）は、インド太平洋の中核であり、力強い経済成長と将来性が見込まれる、日本の戦略的パートナーである。メコン地域の平和と繁栄は、ASEAN域内の格差是正や地域統合にも資するものであり、日本を含むアジア全体にとって極めて重要である。その観点から、2009年以降、日・メコン首脳会議を毎年開催してきた。2021年以降、新型コロナやミャンマー情勢などの事情により延期され、開催に至っていないが、日本は引き続き、日・

特集
SPECIAL
FEATURE

日本ASEAN友好協力50周年

● 日本ASEAN友好協力50周年特別首脳会議

　2023年に日本と東南アジア諸国連合（ASEAN）は友好協力50周年の歴史的節目を迎えました。12月にはASEAN諸国の首脳を東京に招いて特別首脳会議を開催し、成果文書として、新たな協力のビジョンを示す共同ビジョン・ステートメントとその実施計画を採択しました（85ページ　7（3）参照）。

特別首脳会議でのASEAN式集合写真（12月17日、東京　写真提供：内閣広報室）

● 日・ASEAN関係の発展

　日本は世界に先んじて1973年にASEANとの対話を開始しました。それから半世紀、ASEANは拡大し、統合し、飛躍的に発展しました。日・ASEAN関係には紆余曲折もありましたが、日本は開発協力を通じて様々な分野でASEAN自身のイニシアティブを後押しし、その発展と統合の道のりを共に歩んできました。また、日本は長年にわたりASEANの主要な貿易相手であり、直接投資国です。近年、日本からASEAN諸国に対し、毎年平均して約2.8兆円規模の直接投資を行っています。さらにASEANにおける日本企業の事業所数は約1.5万に上り、各国で製品、サービスそして雇用を生み、経済発展に貢献する一方、成長著しいASEANの活力を日本経済に取り込む役目を果たしています。

　日本とASEANの関係はビジネスにとどまりません。その関係の基盤となっているのは、「心と心」の触れ合う相互信頼関係です。それは1977年の「福田ドクトリン」[1]以来、長年にわたる幅広い分野での協力・交流によって育まれてきました。

　また日本とASEANは、アジア通貨危機、スマトラ沖大地震及びインド洋大津波、東日本大震災、近年では新型コロナウイルス感染症の世界的流行拡大（パンデミック）など、試練に際して互いに手を差し伸べ合ってきました。こうした協力の積み重ねもあり、ASEANのある著名なシンクタンクの調査では、日本は主要国のうち、ASEANの最も信頼できるパートナーとして、5年連続で選ばれています。

● 日本とASEANが直面する課題

　現在、国際社会は歴史の転換点にあり、法の支配に基づく自由で開かれた国際秩序は重大な挑戦を受けています。また世界は、気候変動や格差、公衆衛生危機、デジタル化、AIガバナンスなど、複雑で複合的な課題に直面しています。

　こうした中、武力行使禁止原則、法の支配やグッド・ガバナンス（良い統治）、民主主義、基本的自由や人権といった本質的な原則を共有する日本とASEANが、これまで以上に緊密に協力していくことが求められています。

　ASEANは日本が掲げる法の支配に基づく「自由で開かれたインド太平洋（FOIP）」の実現の要であり、日本はASEAN中心性・一体性を一貫して強く支持し、

共同議長を務める岸田総理大臣（12月17日、東京　写真提供：内閣広報室）

また、「インド太平洋に関するASEANアウトルック（AOIP）」の主流化を後押ししていきます。

● 日・ASEAN関係の未来

2023年には、日本とASEANの間で、実に13もの閣僚級会合が開催され、協力の幅広さを示しました。また官民双方で多くの記念行事や交流事業が実施されました。50周年を締めくくる特別首脳会議で採択された共同ビジョン・ステートメントは、第一に「世代を超えた心と心のパートナー」として、長年の信頼関係を次世代に繋ぎ、強化していくこと、第二に「未来の経済・社会を共創するパートナー」として、共通の課題への解決策を見いだしていくこと、第三に「平和と安定のためのパートナー」として、FOIPを推進することを掲げています。今後とも日本はASEANと共に、「信頼のパートナー」として、地域と世界の平和と安定、持続可能で繁栄した未来の「共創」のために取り組んでいきます。

1　福田赳夫総理大臣が、訪問先のフィリピン・マニラで表明した三つのASEAN外交原則を指す：（1）日本は軍事大国にならない、（2）ASEANと「心と心の触れあう」関係を構築する、（3）日本とASEANは対等なパートナーである。

メコン協力を着実に実施し、地域へのコミットメントを堅持する考えである。今後も日本は、メコン地域諸国にとって信頼のおけるパートナーとして、同地域の繁栄及び発展に貢献していく。

（5）ASEAN+3（参加国：ASEAN10か国＋日本、中国、韓国）

ASEAN+3は、1997年のアジア通貨危機を契機として、ASEANに日中韓の3か国が加わる形で発足し、金融や食料安全保障などの分野を中心に発展してきた。現在では、金融、農業・食料、教育、文化、観光、保健、エネルギー、環境など24の協力分野が存在し、「ASEAN+3協力作業計画（2023-2027）」の下、各分野で更なる協力を進めている。

7月に開催されたASEAN+3外相会議では林外務大臣から、日本は、引き続きAOIPの主流化を全面的に支持しており、AOIPの四つの優先分野に沿って以下のような具体的協力を進めていくと述べた。その内容は、（ア）海洋協力について、船舶の通航を支援する管制官の育成、海洋プラスチックごみ対策の計画策定や海洋モニタリングの支援、（イ）連結性について、日・ASEAN連結性イニシアティブの刷新を予定、（ウ）SDGsの達成に向けた、ASEAN＋3緊急米備蓄やASEAN食料安全保障情報システ

ム、ASEAN感染症対策センターの早期稼働、気候変動対策への支援の実施、（エ）経済・金融について、災害リスクファイナンスや、アジア債券市場育成イニシアティブや、金融デジタル化の域内への影響の議論への貢献、となっている。また、ALPS処理水の海洋放出について、国際原子力機関（IAEA）報告書の結論を踏まえ、国際基準及び国際慣行に則り実施するとの日本の立場を明確に説明した。

首脳会議では、岸田総理大臣から、インド太平洋地域が成長の中心（Epicentrum of Growth）であり続けるためには、法の支配に基づく自由で開かれた国際秩序を維持・強化することが不可欠であると強調した上で、ASEAN＋3における日本の積極的な貢献の例として、地域金融協力、食料安全保障、ポスト・コロナ対策の取組を紹介し、日本はASEANの一体性・中心性を支持し、AOIPに沿った協力を重視していると述べた。

地域・国際情勢に関しては、岸田総理大臣から、北朝鮮、ミャンマー情勢について、日本の立場を明確に述べ、拉致問題の即時解決に向けて、各国に引き続き理解と協力を求めた。また、ALPS処理水の海洋放出に関し、国際基準及び国際慣行に則り、安全性に万全を期した上で実施されていることを説明した。最後に、ASEANが中心となり、法の支配に基づく自由

で開かれた国際秩序の維持・強化に向けた取組が進むよう、ASEAN＋3の下での協力を強化していく決意を述べた。

（6）東アジア首脳会議（EAS）
（参加国：ASEAN 10か国＋日本、中国、韓国、オーストラリア、ニュージーランド、インド、米国及びロシア）

EASは、政治・安全保障・経済に係る地域共通の懸念事項に関する戦略的対話及び協力を実施することを目的として、2005年に発足した。首脳主導の地域のプレミア（主要な）・フォーラムとして、法の支配に基づく自由で開かれた国際秩序の維持・強化に貢献することが期待されている。

7月に開催されたEAS参加国外相会議では、林外務大臣は、法の支配に基づく自由で開かれた国際秩序の重要性を強調し、力による一方的な現状変更の試みは世界のどこであれ決して認められないと述べた上で、ロシアによるウクライナ侵略や台湾海峡、拉致問題を含む北朝鮮情勢、東シナ海及び南シナ海情勢、ミャンマー情勢について日本の立場を述べた。また、ALPS処理水の海洋放出について日本の立場を明確に説明した。

9月に開催された第18回EASでは、岸田総理大臣は、ASEAN中心性・一体性及びAOIP主流化への支持を表明したほか、法の支配に基づく自由で開かれた国際秩序を維持・強化し、分断や対立ではなく、協調の国際社会を実現することの重要性を指摘し、力による一方的な現状変更の試みは世界のどこであれ決して認められないと述べた。

地域・国際情勢について、岸田総理大臣から、ロシアのウクライナ侵略により世界経済が直面する困難が深刻化しており、一日も早くロシアが部隊を撤退させ、ウクライナにおける公正かつ永続的な平和を実現することが重要であると述べた。また、ロシアによる核の威嚇は断じて受け入れられず、ましてやその使用はあってはならないと強調した上で、「核兵器のない

第13回EAS参加国外相会議に出席する林外務大臣
（7月14日、インドネシア・ジャカルタ）

世界」の実現に向けて「ヒロシマ・アクション・プラン」の下で現実的かつ実践的な取組を進めていくと述べた。

北朝鮮情勢について、岸田総理大臣は、北朝鮮による核・ミサイル活動の活発化を深刻に懸念し、北朝鮮の全ての大量破壊兵器及びあらゆる射程の弾道ミサイルの完全な、検証可能な、かつ、不可逆的な廃棄の実現に向けて、国際社会が一体となり、安保理決議を完全に履行することが不可欠であると述べた。また、拉致問題の即時解決に向け、理解と協力を求めた。

東シナ海では、日本の主権を侵害する活動が継続・強化されており、強く反対すると述べ、南シナ海でも軍事化や威圧的な活動が継続しているとして、海洋権益の主張や海洋における活動は、国連海洋法条約（UNCLOS）の関連規定に基づきなされるべきであると指摘した。また、台湾海峡の平和と安定の重要性について指摘した上で、習近平国家主席と共に日中両国の「建設的かつ安定的な関係」の構築を双方の努力で進めていくと発言し、そのために引き続きあらゆるレベルで緊密に意思疎通を図っていくと述べた。

ミャンマー情勢について、岸田総理大臣は、ミャンマー情勢が悪化の一途を辿っており、アウン・サウン・スー・チー国家最高顧問を含む被拘束者の解放などの政治的進展が見られないことへの深刻な懸念表明し、事態の打開に向けたASEANの取組を最大限後押ししていくと述べた。

最後に、ALPS処理水の海洋放出に関し、国際基準及び国際慣行に則り、安全性に万全を期した上で実施されていることを説明した。

（7）日中韓協力

日中韓協力は、地理的な近接性と歴史的な深いつながりを有している日中韓3か国間の交流や相互理解を促進するという観点から引き続き重要である。また、世界経済で大きな役割を果たし、東アジア地域の繁栄を牽引する原動力である日中韓3か国が、協力して国際社会の様々な課題に取り組むことには大きな潜在性がある。

11月26日には、韓国・釜山（プサン）において、4年ぶりに日中韓外相会議が開催された。この会議で、3か国の外相は、日中韓で未来志向かつ実務的な協力を進めていくことが、大局的な視点から、地域及び世界の平和と繁栄に重要であることを改めて確認した。また、今後の具体的な協力の方向として、（ア）人的交流、（イ）科学技術、（ウ）持続可能な開発、（エ）公衆衛生、（オ）経済協力・貿易、（カ）平和・安全保障の6分野を始めとする様々な分野における取組を進め、日中韓サミットに向けて3か国で議論を進めていくことで一致した。

地域・国際情勢に関しては、11月21日に衛星打ち上げを目的とする弾道ミサイル技術を使用した発射を行った北朝鮮を始め、イスラエル・パレスチナ情勢、ロシアによるウクライナ侵略など、現下の国際情勢についても議論した。特に北朝鮮については、上川外務大臣から、朝鮮半島の完全な非核化に向け、国連安保理決議の完全な履行を含め、しっかりと取り組むべきと述べ、拉致問題の即時解決に向けた引き続きの理解と協力を改めて求めた。

（8）アジア太平洋経済協力（APEC）（288ページ　第3章第3節3（3）参照）

APECは、アジア大洋州地域にある21の

第10回日中韓外相会議（11月26日、韓国・釜山）

国・地域（エコノミー）で構成されており、各エコノミーの自主的な意思によって、地域経済統合と域内協力の推進を図っている。「世界の成長センター」と位置付けられるアジア太平洋地域の経済面における協力と信頼関係を強化していくことは、日本の一層の発展を目指す上で極めて重要である。

11月にサンフランシスコ（米国）で開催されたAPEC首脳会議では、首脳宣言「ゴールデンゲート宣言」が採択されたほか、米国からウクライナ情勢、イスラエル・パレスチナ情勢などに関する議長声明が発出された。首脳会議に出席した岸田総理大臣は、アジア太平洋地域の持続可能な成長に貢献していく決意を表明した。

（9）南アジア地域協力連合（SAARC）[42]

SAARCは、南アジア諸国民の福祉の増進、経済社会開発及び文化面での協力、協調などを目的として、1985年に正式発足した。2023年12月時点で、加盟国はインド、パキスタン、バングラデシュ、スリランカ、ネパール、ブータン、モルディブ、アフガニスタンの8か国、オブザーバーは日本を含む9か国・機関で、首脳会議や閣僚理事会（外相会合）などを通じ、経済、社会、文化などの分野を中心に、比較的穏やかな地域協力の枠組みとして協力を行ってきている。ただし、首脳会議は2014年、閣僚理事会は2016年を最後に開かれていない。日本

---

42 SAARC : South Asian Association for Regional Cooperation

は、SAARCとの間の青少年交流の一環として、2023年末までに8,758人を招へいしている。

（10）環インド洋連合（IORA）⁴³

IORAは、環インド洋地域における経済面での協力推進を主な目的とした地域機構であり、日本は1999年から対話パートナー国として参加している。10月に開催された第23回IORA閣僚会合には高村正大外務大臣政務官が出席し、FOIPの実現に向けて、パートナー国としてIORAと引き続き協力していくとのスピーチを行った。

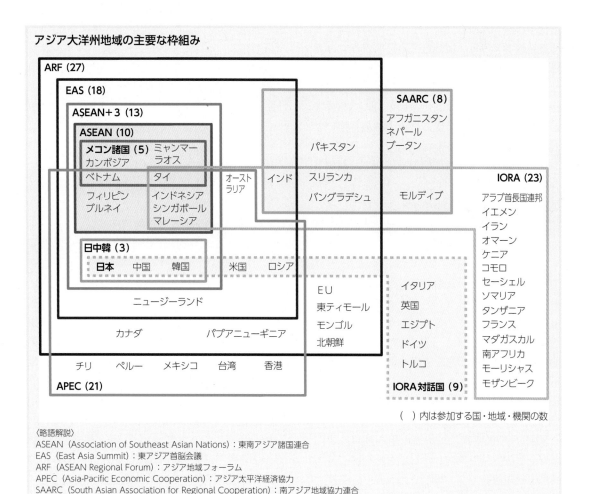

アジア大洋州地域の主要な枠組み

（　）内は参加する国・地域・機関の数

〈略語解説〉
ASEAN（Association of Southeast Asian Nations）：東南アジア諸国連合
EAS（East Asia Summit）：東アジア首脳会議
ARF（ASEAN Regional Forum）：アジア地域フォーラム
APEC（Asia-Pacific Economic Cooperation）：アジア太平洋経済協力
SAARC（South Asian Association for Regional Cooperation）：南アジア地域協力連合
IORA（Indian Ocean Rim Association）：環インド洋連合

43　IORA：Indian Ocean Rim Association

3 北米

1 概観

〈基本的価値や原則を共有する北米地域との連携の重要性〉

現在、国際社会は歴史の転換点にあるといえる。イスラエル・パレスチナをめぐる情勢の緊迫化やロシアによるウクライナ侵略の継続などに見られるように、国際社会の分断と対立は深まっている。また、北朝鮮による大陸間弾道ミサイル（ICBM）級を含む弾道ミサイルなどの発射や、東シナ海・南シナ海における力を背景とした一方的な現状変更の試みの継続・強化など、日本を取り巻く安全保障環境は一層厳しさを増しており、基本的価値観や原則を共有するG7を含めた同盟国・同志国との結束は、その重要性を大きく高めている。米国は日本にとって唯一の同盟国である。強固な日米同盟は、日本の外交及び安全保障の基軸であり、インド太平洋地域の平和と安定の礎である。また、G7のメンバーであり、普遍的価値を共有するインド太平洋地域の重要なパートナーであるカナダとの協力も不可欠である。日本が長年紡いできた信頼関係に基づくこうした国々との連携は、地域と国際社会の平和と安定を堅持するために不可欠である。

〈米国とカナダの外交政策〉

米国は、2022年にインド太平洋戦略及び国家安全保障戦略を発表し、日本を含む同盟国・同志国と連携しつつ、国際社会が直面する様々な課題に取り組んでいく姿勢を打ち出した。こうした戦略に基づき、米国は積極的に外交活動に取り組んでいる。2月、バイデン大統領はウ

クライナ・キーウを電撃訪問し、10月には、ハマスなどによるテロ攻撃を受け、イスラエルを含む中東地域を訪問した。また、米国は2023年のAPECの議長国を務め、11月にはサンフランシスコに各国の首脳や閣僚を招き、首脳会合や閣僚会合に加え、日米首脳会談や米中首脳会談といった会談を行った。さらに、5月のG7広島サミットや、8月にバイデン大統領が初めてキャンプ・デービッドに外国の首脳を招待し開催された日米韓首脳会合に象徴されるように、2023年は、米国が同志国との連携を一層強化した1年でもあった。

カナダは、2022年に発表されたインド太平洋戦略の達成に向けた取組を一層加速させる1年となった。4月にマッケイ駐日カナダ大使をインド太平洋特使に任命し、ASEANや太平洋島嶼国との積極的な外交を展開した。また、地域におけるカナダ軍のプレゼンスを一層強化し、経済及び人的交流の面においても、環太平洋パートナーシップに関する包括的及び先進的な協定（CPTPP）[1]の推進やASEANとの連携を強化するなど、同戦略に基づいて地域への関与を一層強化した。10月、ジョリー外相は外交政策に関するスピーチを行い、カナダが地理的条件から安全を享受できた時代は終焉し、サイバーや偽情報などの様々な脅威への対処が重要なこと、また（1）軍事への投資増強、（2）対米連携、（3）NATO・欧州との連携、（4）インド太平洋政策、（5）北極政策、（6）外国による内政干渉への対抗を重点とすることを述べた。とりわけ、カナダが従来重視していた英国・フランス・ドイツ・イタリアとの関係と同様に日本・韓国とも緊密な関係を築くべきこ

---

1 Comprehensive and Progressive Agreement for Trans-Pacific Partnership

と、ASEANとの関係への投資などについて強調し、引き続きインド太平洋地域への関与を重視していく姿勢を示した。

〈日本の対北米外交〉

　こうした背景の中、2023年は日本と米国及びカナダの関係が更に深化した年となった。唯一の同盟国である米国との間では、安全保障や経済にとどまらず、あらゆる分野で重層的な協力関係にあり、日米関係はかつてないほど強固で深いものとなっている。日米両国は2023年1月から2024年1月末まで、首脳間で4回、外相間で9回（うち電話会談2回）会談を行うなど、あらゆるレベルで常時意思疎通し、連携して地域と国際社会の平和と安定を堅持する努力を尽くしてきている。1月の日米首脳会談における日米共同声明の発出や11月の米国・サンフランシスコで行われた日米首脳会談における、バイデン大統領から岸田総理大臣に対する2024年早期の国賓待遇での公式訪問の招待があったことにも見られるように、日米間の連携は一層幅広く、強固なものとなっている。今後も日米韓などの多国間枠組みを含め、日米間で連携し、日米安全保障協力の強化やインド太平洋地域における経済秩序の維持・強化に努めていく。

　また、日本とカナダの間では、2023年1月から2024年1月末まで、首脳間で3回、外相間で5回会談が行われた。2022年10月に発表した「自由で開かれたインド太平洋（FOIP）に資する日加アクションプラン」を基に、「瀬取り」[2]対応や共同演習の実施のほか、バッテリーサプライチェーン及び産業科学技術に関する二つの協力覚書が署名されるなど、FOIPの実現に向けた数多くの取組において進展があった。また、カナダ貿易ミッション「チームカナダ」の訪日、CPTPPなどの多岐にわたる外交の推進を通じて、日加関係はより一層強化された。

② 米国

（1）米国情勢

ア 政治

　2023年の米国内政は、前年11月の中間選挙の結果として下院与党となった共和党の動向と、大統領の政党と異なる党が議会（下院）の多数党となるねじれの中でのバイデン政権の政策運営の在り方が注目された。また、2024年11月に大統領選挙を控え、既に前年11月に立候補を表明していたトランプ前大統領と、4月に2期目を目指すことを表明したバイデン大統領を中心とした大統領選挙関連の動きにも注目が集まった。

　1月3日に発足した第118連邦議会では、上院で民主党が、下院で共和党がそれぞれ与党となったが、会期開始後に議会が直ちに直面したのは民主・共和両党間の対立ではなく、今日も続く、下院共和党内部における、指導部を含む主流派と、保守強硬派との間の激しい対立であった。すなわち、第118連邦議会発足をもって、下院共和党からは第117連邦議会で下院少数党院内総務を務めたマッカーシー議員が議長に立候補したが、選出過程で党内保守強硬派が同議員の選出に強く反対した。反対派との交渉において、マッカーシー議員は議長解任に関する手続の要件緩和や歳出削減を伴わない債務上限引上げをしないことなどを受け入れることで、最終的に15回もの投票を経て下院議長に選出された。マッカーシー議長はその後、バイデン政権と6月に債務上限引上げ、9月につなぎ予算成立に合意したが、10月3日、共和党保守強硬派は、これらの措置と同議長に強く反発し、同議長の議会の運営方法に不満を抱いていた民主党からの賛成を得て、同議長を解任した。下院議長の解任は米国史上初の出来事であったが、それを可能にしたのは、正にマッカーシー氏が議長選出と引き換えに党内保守強硬派に対して行った譲歩の結果であった。解任

2　ここでの「瀬取り」は、2017年9月に採択された国連安保理決議第2375号が国連加盟国に関与などを禁止している、北朝鮮船舶に対する又は北朝鮮籍船舶からの洋上での船舶間の物資の積替えのこと

後、下院共和党は直ちに新議長の選出プロセスに入り、3人の共和党所属有力議員が次々に立候補したものの、いずれも厳しい党内対立によって選出には至らず、3週間後の10月24日、4人目の候補者のジョンソン議員がようやく議長として選出された。ジョンソン新下院議長の選出に当たっては、マッカーシー前議長選出の際の同前議長と共和党内保守強硬派との間の合意が前提となったことから、ジョンソン新議長は前議長同様に、党内保守強硬勢力の圧力に対して脆弱な立場にあり、その意向を汲んだ議会運営を求められることとなった。

　共和党が下院与党となったことで、バイデン政権は、行政機能の維持に必要な予算の成立のためには、下院共和党指導部との合意が求められることとなった。これを受け、2月、バイデン大統領は一般教書演説において、債務上限引上げなどの問題での超党派の協力・結束による政策の実現を訴えたが、同時にその訴えは、バイデン大統領が下院共和党指導部との交渉を通じて譲歩・妥協する必要があることを意味した。6月、バイデン政権は下院共和党と2025年1月1日までの債務上限の引上げに合意したが、その際には、連邦政府のセーフティネットプログラム受給要件の引上げや、内国歳入庁予算の一部削減などの下院共和党の要求を受け入れることが条件となっていた。9月及び11月にそれぞれ成立したつなぎ予算についても、妥協の結果、インフレを考慮すれば実質マイナスとなる2023年度水準の支出に維持された。下院共和党指導部は、これら予算措置についてバイデン政権と協力したが、所属議員の離反が多かったため、下院での法案通過には、逆により多くの民主党議員の賛成を必要とした。下院共和党の保守強硬派は、このように党指導部がバイデン政権や民主党と協力することに対しても、激しく反発した。バイデン政権は、ウクライナ支援に関しても、下院共和党が消極性を強める中で同党の意向を汲み取ろうとし、10月、対ウクライナ支援、対イスラエル支援及び対台湾支援を、同党が重視する南部の国境対策における強化費用とパッケージ化した計1,060億ド

ルの予算を議会に要請することで、当面のウクライナ支援の継続を目指した。その後、少数の超党派の上院議員の間で、パッケージ法案の成立を目指し、国境対策強化案の中身を中心に交渉が続けられた。

　また、2020年以来、権力の三権分立の一翼を担う連邦最高裁では保守系とされる判事が過半数を占めているが、バイデン政権は同裁判所による保守的な判決に対し、行政措置で対抗している。6月、連邦最高裁は、大学入学選考における積極的差別是正措置（アファーマティブ・アクション）違憲判決と大学学費ローン一部免除違憲判決を立て続けに下した。これらの判決は、バイデン政権が推進する多様性の重視及び中間層の強化と真っ向から対立するのみならず、民主党支持基盤の重要な一部を構成する大卒以上の若年層及び青年層の利益を損なう措置であり、バイデン政権は直ちに、前者に関しては大学に対し司法省・教育省合同書簡を発出し、引き続き教育機会拡大と多様性確保に努めることを要請し、後者については、7月に連邦政府提供の学生ローン軽減策、8月に低所得者対象学費ローン返済軽減措置、10月に追加的学生ローン軽減策を打ち出した。

　連邦最高裁の保守的な判決に対抗する一方、バイデン政権、民主党及びその支持母体は、合衆国憲法は中絶の権利を保障していないとする2022年6月の連邦最高裁判決（ドブス対ジャクソン女性健康機構事件）を、同年の中間選挙以来政治争点化させ、支持層の選挙への動員に積極的に活用している。民主党は11月には、人工妊娠中絶の権利を州憲法に明記するためのオハイオ州住民投票（賛成多数獲得）、バージニア州議会選挙（上下両院過半数）、ケンタッキー州知事選挙（ベシア知事再選）において、中絶問題を争点にすることで勝利を収めた。これら選挙は、民主・共和両党が2024年大統領選挙・議会選挙の前哨戦として位置付けていたものであり、中絶問題が引き続きバイデン大統領及び民主党が支持を得るための有効な争点となり得るかが注目される。

　2024年大統領選挙に向け、2023年12月末

までに主な候補として、民主党からはバイデン大統領、共和党からはトランプ前大統領、デサンティス・フロリダ州知事、ヘイリー元国連大使、ラマスワミ氏（実業家）、クリスティー元ニュージャージー州知事などが出馬し、ケネディ・ジュニア氏（ロバート・ケネディ元司法長官の息子）、ウェスト氏（元ハーバード大教授）が無所属で、緑の党からスタイン氏が、それぞれ立候補した。バイデン大統領は再選を目指すと表明した後、対富裕層増税、薬価の抑制や環境投資などを軸にした自らの経済政策を「バイデノミクス」と呼び、9月には全米自動車労働組合がストライキを展開するピケ現場を大統領として初めて視察し、中間層重視の大統領としてのアピールを試みた。一方、共和党は大統領候補討論会を8月、9月、11月、12月に開催したが、トランプ前大統領は1度も討論会に参加せず、同時間帯に支持者との集会や自らのインタビューの配信を行った。

　トランプ前大統領は、4件計91の罪をめぐって起訴され、裁判への対応を求められた。4月、ニューヨーク州地方裁判所は、不倫関係にあったとされる女性への口止め料の支払をめぐり、同前大統領を起訴した。6月には、連邦裁判所が、トランプ氏自宅での機密文書の違法な隠匿に関係する罪で起訴した。8月、2020年大統領選挙結果転覆の試みの関係で、連邦裁判所とジョージア州地方裁判所が別々に起訴した。2024年には、これら裁判と大統領予備選が同時期に行われる見込みであり、裁判がトランプ前大統領の支持率や選挙活動、選挙資金に及ぼす影響が注目されている。

　また、トランプ前大統領をめぐっては、連邦政府や州の官職にある者が憲法を支持する宣言を行ったにも関わらず、その後、国家に対する暴動や反乱に加わった場合、官職に就くことを禁じる合衆国憲法修正第14条3項を根拠に、合計20州以上でトランプ前大統領の投票用紙への記載の是非や、同前大統領の反乱への加担に関する事実認定などが争われている。

イ　経済

（ア）経済の現状

　米国経済は、引き続き金融引締めに伴う景気後退の懸念に晒されつつも、根強い個人消費などにより、景気後退は回避された。実質GDPは、2022年通年は前年比1.9%であったが、2023年は、一層のプラス成長が続き、7月から9月においては前期比年率4.9%と2021年10月以降で最も高い伸びとなり、GDPの7割を占める個人消費も前期比年率4.0%とGDPの成長を牽引した。今後は、これまでの金融引締めの影響により、労働需要の低下に伴う個人消費の減速が課題となる可能性がある。

　国民の関心を集めていたインフレについては、消費者物価指数（CPI）が2022年9月に約40年ぶりに前年同月比率9%台を記録して以降鈍化し、2023年は6月以降3%台で推移した。高インフレを正常化させるために始まった金融引締めについても、連邦公開市場委員会（FOMC）[3]は、7月の会合で金利を引き上げたのを最後に、政策金利誘導目標を5.25%から5.50%で据え置いている。

　雇用においては、2022年に引き続き、失業率は年間を通じ3%台と堅調に推移し、雇用者数も着実に増加した。平均時給の上昇率もインフレ率の下落に伴い下降傾向にある。一方、労働参加率（生産年齢人口（16歳以上の人口）に占める労働力人口（就業者及び失業者）の割合）は62.5%（2023年12月時点）と、改善傾向にはあるものの、新型コロナウイルス感染症流行前の63.4%（2020年2月時点）と比較して依然として回復途上にあり、労働需給がひっ迫していることから、金融引締めが継続される要因となっている。

（イ）主な経済政策

　6月、米国政府は、（1）効果的な公共投資、（2）教育による労働者の能力向上、（3）競争促進に伴うコスト削減による中小企業支援を3本柱とする「バイデノミクス」として政権発足

以来の経済政策を総括し、また、製造業での約80万人の雇用創出を含む1,300万人以上の雇用創出や、2021年及び2022年の2年間における1,000万件以上の起業申請を成果として強調した。特に、インフラ、半導体、クリーンエネルギー、気候安全保障など、長期的な経済及び安全保障上の利益の確保に不可欠な分野に的を絞った公共投資は民間投資の呼び込みにつながるとの認識の下、「米国雇用計画」の一部として2021年11月に成立し、米国製建材などの使用の義務付けを含む超党派インフラ投資雇用法、2022年8月に成立した半導体及び科学法、「米国家族計画」の一部として2022年8月に成立し、クリーンエネルギー導入や電気自動車購入時の税額控除措置を含むインフレ削減法などが、今後の見込みを含め約4,900億ドルの民間投資を促し、製造・建設支出が2年間でほぼ倍増し、クリーンエネルギー分野では2022年の1年間で30万人の新規雇用を生んだことを指摘した。

　また、この発表に先んじて、4月、サリバン米国国家安全保障担当大統領補佐官はスピーチを行い、過去の経済政策によってもたらされた、過度に単純化された市場効率性、非市場経済国との経済統合、気候危機の加速、経済格差などの課題に対処するため、重要戦略分野での新しい産業政策、同志国間でのサプライチェーンの強靱化、労働・環境保護などに焦点を当てた革新的な貿易協定の推進、透明性が高く包摂的な開発支援、中国とのデリスキング（リスク低減）から成る「新しいワシントン・コンセンサス」を推進する考えを表明した。

（2）日米政治関係

　首脳間、外相間の深い信頼関係の下、日米同盟はかつてなく強固なものとなっており、日米両国は安全保障や経済にとどまらず、中東情勢、中国、北朝鮮やウクライナの地域情勢など、国際社会が直面する様々な課題において緊密に連携している。

　1月11日、日米安全保障協議委員会（「2＋2」）出席のためワシントンD.C.を訪問した林

日米外相会談（1月11日、米国・ワシントンD.C.）

外務大臣は、ブリンケン国務長官と日米外相会談を行った。両外相は、本会談に先立ち開催された日米「2＋2」でのやり取りも踏まえつつ、日本の防衛力強化を米国の能力のより効果的な発揮にもつなげ、日米同盟総体としての抑止力・対処力を一層強化していくことを改めて確認した。また、両外相は中国をめぐる諸課題への対応や、G7広島サミット及びG7外相会合の成功に向けて、引き続き日米で緊密に連携していくことを確認した。

　1月13日、ワシントンD.C.を訪問した岸田総理大臣はバイデン大統領と日米首脳会談を行った。両首脳は、日米両国が近年で最も厳しく複雑な安全保障環境に直面している中、2022年に発表した日米両国の国家安全保障戦略が軌を一にしていることを歓迎し、日米両国の戦略を実施するに当たって相乗効果を生み出すことを含め、日米同盟の抑止力・対処力を一層強化していく決意を新たにした。その上で両首脳は、安全保障分野での日米協力に関する具体的協議を更に深化させるよう指示した。両首脳は地域情勢について意見交換を行い、中国をめぐる諸課題への対応に当たっては、引き続き日米で緊密に連携していくこと及び中国と共通の課題については協力していくことで一致し、また、台湾海峡の平和と安定の重要性を強調し、両岸問題の平和的解決を促した。さらに、北朝鮮の完全な非核化に向けて引き続き日米及び日米韓で緊密に連携していくことで一致し、岸田総理大臣から、拉致問題の即時解決に向けた米国の引き続きの理解と協力を求め、バイデ

日米首脳会談（1月13日、米国・ワシントンD.C. 写真提供：内閣広報室）

ン大統領から改めて支持を得た。ロシアによるウクライナ侵略については、引き続きG7を始めとする同志国と緊密に連携しながら、対露制裁及びウクライナ支援を強力に推進していくことで一致し、両首脳は、ロシアによる核の威嚇は断じて受け入れられず、ましてやその使用は決してあってはならないことを改めて確認した。また、岸田総理大臣は、G7広島サミットでは、法の支配に基づく国際秩序を守り抜くというG7のビジョンや決意を示し、インド太平洋についてもしっかり議論したいとの考えを説明した。さらに両首脳は、「核兵器のない世界」に向けた取組、エネルギー・食料安全保障を含む世界経済、経済安全保障、そして気候変動、保健及び開発といった地球規模の課題などの分野について意見交換を行い、両首脳はG7広島サミットの成功に向けて、引き続き日米で緊密に連携していくことを確認した。両首脳は経済分野に関しても意見交換を行い、持続的・包摂的な経済成長の実現及びルールに基づく自由で公正な国際経済秩序の維持・強化に向けて、日米で国際社会を主導していくことで一致した。両首脳は、地域の経済秩序に対する米国の関与がますます重要となっているとの認識を共有し、インド太平洋経済枠組み（IPEF）[4]の交渉進展に向けて協力することで一致し、岸田総理大臣から、戦略的観点を踏まえ、環太平洋パートナーシップ（TPP）[5]についての日本の立場を

伝えた。そして、両首脳は、「信頼性のある自由なデータ流通（DFFT）[6]」を推進していくことで一致した。さらに、両首脳は、経済的威圧を含む経済安全保障上の課題に対処するため、同志国でサプライチェーン強靱化を進めていくことで一致し、半導体、バイオ、量子及びAIを含む重要技術の育成や保護に向けて協力していくとともに、エネルギー安全保障の強化に向けて取り組む重要性を共有した。また、両首脳は、宇宙分野での日米協力を一層推進していくことで一致した。さらに、岸田総理大臣から、FOIPの実現に向けた取組を強化していく考えであると述べたのに対し、バイデン大統領から、米国の地域に対する揺るぎないコミットメントが改めて表明され、両首脳は、日米でFOIP実現に向けた取組を推進していくことで一致した。会談を受けて両首脳は、自由で開かれたインド太平洋と平和で繁栄した世界という共通のビジョンに根ざし、法の支配を含む共通の価値や原則に導かれた、前例のない日米協力を改めて確認し、日米共同声明を発出した。

3月3日、日米豪印外相会合出席のためインド・ニューデリーを訪問中の林外務大臣は、ブリンケン国務長官と日米外相会談を行った。両外相は、引き続き日米が結束して、G7や日米豪印などの協力を活用しながら、FOIPの実現に向けた取組を牽引していくことを確認した。また、両外相はロシアによるウクライナ侵略開始から1年が経過する中で、厳しい対露制裁及び強力なウクライナ支援を引き続き行うことで一致し、中国をめぐる諸課題などについても意見交換を行った。

4月17日、林外務大臣は、G7外相会合出席のため訪日中のブリンケン国務長官と日米外相会談を行った。両外相は、日米同盟の抑止力・対処力の一層の強化に向けて協力することで一致し、G7外相会合での議論を踏まえ、ウクライナ情勢、中国をめぐる諸課題への対応、拉致

2 しなやかで、揺るぎない地域外交

4　IPEF：Indo-Pacific Economic Framework for Prosperity
5　TPP：Trans-Pacific Partnership
6　Data Free Flow with Trust

通じ合った桜の思い
—岸田裕子総理大臣夫人の訪米—

コラム
COLUMN

4月、岸田裕子総理大臣夫人はジル・バイデン大統領夫人の招待によりホワイトハウスを訪問しました。日本の総理大臣夫人が米国大統領夫人からの招待を受けて単独で米国を訪問するのは初めてのことでした。日米両国がかつてないほど親密かつ固い絆で結ばれていることを示すものです。

バイデン大統領との面会
（4月17日、米国・ワシントンD.C.）

　この初めての機会に当たり、岸田総理大臣夫人には、バイデン大統領夫人との個人的な信頼関係を深めることで、日米関係の一層の緊密化に寄与したい、という目標がありました。両夫人が親密な時間を過ごし、個人的な関係を築くことは、両国のリーダー同士の関係を一層強固なものとし、日米関係を更に強化していく上で非常に重要なことです。

　そして迎えたホワイトハウス訪問。バイデン大統領夫人の出迎えを受けた岸田総理大臣夫人は、自身と全く同じ思いを、大統領夫人が共有してくれているということに即座に気付きました。今回の訪米は、1912年に日本が寄贈したソメイヨシノの開花シーズンに合わせ毎年ワシントンD.C.で行われる全米桜祭り[1]のストリートフェスティバル[2]期間に行われるなど、「桜」が一つのキーワードとなっていました。そのため、岸田総理大臣夫人は桜色の装いを選びましたが、バイデン大統領夫人も同じく桜色の装いでコーディネートしてくれていたのです。二人が並ぶ姿は日米の思いの調和を象徴するものでした。

　昼食会に先立ち、岸田総理大臣夫人はバイデン大統領夫人のために、日本から持参した桜模様の茶碗にお茶を点てました。「一期一会」という考えを大切にしつつ、お互いの心を通わせ、今の日米関係がいかにすばらしいものであるかという思いを分かち合いました。

　桜のクロスで彩られたテーブルを囲み、和やかに行われた昼食会の後は、「ふるさと」などの日本の楽曲を含む生演奏が行われる中、バイデン大統領夫人が桜色にライトアップされたホワイトハウス内を案内してくれました。途中で大統領執務室に立ち寄り、岸田総理大臣夫人をバイデン大統領に引き合わせてくれました。バイデン大統領を交えた短時間の懇談の間、大統領執務室は和やかな笑顔で満ちていました。そして、締めくくりとして、両夫人はホワイトハウスの庭で桜の苗木を植えました。バイデン大統領夫人からは、「この桜の植樹は、日米両国の永遠の友好関係の象徴です。」との言葉があり、日米の政府間のみならず国民同士の幅広く深い関係を確認しました。

両夫人による桜の植樹の様子
（4月17日、米国・ワシントンD.C.）

　このホワイトハウス訪問は、岸田総理大臣夫人とバイデン大統領夫人との和やかな握手から始まりました。そして、両者は互いへの思いやりにあふれた時間を過ごし、最後は抱擁を交わしての別れとなりました。わずか数時間のことでしたが、両首脳夫人は確かな信頼関係で結ばれ、日米間の友好・親善の一層の促進を象徴する機会となりました。

---

1 尾崎行雄東京市長が日米親善の証として、約3,000本の桜を寄贈したことを契機として行われているワシントンD.C.最大のイベント。約150万人の集客力があり、日米文化に関する行事が約1か月間開催される。

2 全米桜祭りの一環としてワシントンDC日米協会が主催する、長い歴史を有する日本文化ストリートフェスティバル。2023年に61回目を迎えた。今次訪米に際し、岸田総理大臣夫人も多くの市民でにぎわう様子を視察した。

日米外相会談（4月17日、東京）

日米首脳会談（5月18日、広島県 写真提供：内閣広報室）

問題を含む北朝鮮への対応及びいわゆるグローバル・サウスへの関与や支援の重要性について、率直に意見交換を行った。また、両外相はIPEFやTPPについて意見交換を行った。

5月18日、岸田総理大臣は、G7広島サミット出席のため訪日したバイデン大統領と日米首脳会談を行った。両首脳はディープテック分野[7]のイノベーション及びスタートアップのエコシステム構築のための「グローバル・スタートアップ・キャンパス」構想の推進を含め、両国が緊密に連携することの重要性で一致し、教育・科学技術分野における日米間の協力に関する覚書の作成を歓迎した。また、バイデン大統領からは、核を含むあらゆる種類の米国の能力によって裏付けられた、日米安全保障条約の下での日本の防衛に対する米国のコミットメントが改めて表明され、両首脳は、そうした文脈において、情勢が進展するあらゆる段階において二国間の十分な調整を確保する意思を改めて確認した。両首脳は、中国や韓国、北朝鮮、ロシアによるウクライナ侵略、いわゆるグローバル・サウスなど、地域情勢についての意見交換を行った。また、両首脳は、IPEFやCPTPPについて意見交換を行ったほか、重要技術の育成・保護の重要性に関する認識を共有し、量子及び半導体分野における日米間の大学及び企業間でのパートナーシップ締結が予定されること

を歓迎し、バイオやAIといった分野への協力拡大で一致した。さらに、両首脳は、エネルギー安全保障の強化に向けて取り組む重要性を共有し、日米経済政策協議委員会（経済版「2＋2」）において経済安全保障の協力を具体化させることで一致した。

翌19日には、同じく訪日中のブリンケン国務長官と林外務大臣の間で日米外相会談が行われた。両外相は、日米同盟の抑止力・対処力の一層の強化に向けた協力の着実な実施で一致したほか、中国をめぐる諸課題、北朝鮮やロシア・ウクライナなどの地域情勢について意見交換を行った。また、今後、経済版「2＋2」において経済安全保障の協力を具体化させることで一致し、IPEFやCPTPPについても意見交換を行った。

6月17日、林外務大臣はワシントンD.C.から北京に移動中のブリンケン国務長官と日米外相電話会談を行った。ブリンケン国務長官から自身の中国訪問を前に、訪問に関する米国政府の考え方について説明があり、両外相は、中国をめぐる諸課題への対応に当たり、引き続き日米で緊密に連携していくことで一致した。また、同月15日に北朝鮮が複数の弾道ミサイルを日本の排他的経済水域（EEZ）内に落下させたことを強く非難し、北朝鮮が前例のない頻度と態様で弾道ミサイルなどの発射を行っている

---

7 特定の自然科学分野での研究を通じて得られた科学的な発見に基づく技術であり、その事業化・社会実装を実現できれば、国や世界全体で解決すべき経済社会課題の解決など社会にインパクトを与えられるような潜在力のある技術（農業・食料、環境・エネルギー、健康、医療、海洋・宇宙などの領域・分野におけるAI・ビッグデータ、バイオ・マテリアル、ロボティクス、エレクトロニクス、センサ・IoTなどの技術（丸・尾原（2019））（「通商白書2023」（経済産業省）https://www.meti.go.jp/report/tsuhaku2023/2023honbun/i2250000.html）を加工して作成）

ことについて、地域の安全保障にとって重大かつ差し迫った脅威であり、かつ、国際社会に対する明白かつ深刻な挑戦であるとの認識を改めて共有した上で、日米及び日米韓の連携強化の必要性を改めて確認した。

8月18日、日米韓首脳会合出席のため米国キャンプ・デービッドを訪問した岸田総理大臣は、バイデン大統領と日米首脳会談を行った。岸田総理大臣から、同月発生したハワイ州マウイ島での山火事に関し改めてお見舞いの言葉を述べ、日本として、被災者救援のための支援を行うことを決めたと述べた。また、今般の日米韓首脳会合の開催は極めて有意義であると述べ、バイデン大統領から、安全保障環境が一層厳しさを増す中で、日米及び日米韓の協力を深めていきたいと述べた。両首脳は、ロシアによるウクライナ侵略や中国をめぐる諸課題といった地域情勢について意見交換を行った。また、岸田総理大臣から、米国側のALPS処理水[8]に関する日本の取組に関する支持と理解に謝意を述べ、両首脳は、ALPS処理水に関する偽情報の拡散防止における連携などについても意見交換を行った。さらに両首脳は、あらゆる種類の米国の能力によって裏付けられた、日本の防衛に対する米国のコミットメントを認識し、日米同盟の抑止力・対処力の一層の強化のため、滑空段階迎撃用誘導弾（GPI）[9]の共同開発を開始できることを歓迎した。

9月13日に就任した上川外務大臣は、就任翌日の14日に就任後初めての電話会談としてブリンケン国務長官と日米外相電話会談を行った。上川外務大臣から、ブリンケン国務長官と良い関係を築き、かつてなく強固になった日米同盟をより一層強化していきたいと述べ、ブリンケン国務長官からは、上川外務大臣の就任に対し祝意が述べられた。両外相は、地域情勢などについて意見交換を行い、ロシアによるウクライナ侵略、中国をめぐる諸課題への対応、北

朝鮮の核・ミサイル開発や拉致問題など、国際社会が直面する課題について引き続き日米で緊密に連携していくことを確認した。両外相は、日米安全保障や日米経済についても、引き続き連携していくことを確認した。

外務大臣就任直後の電話会談から日を置かず、9月18日、国連総会のためニューヨークを訪問した上川外務大臣はブリンケン国務長官と日米外相会談を行った。両外相は、ロシアによるウクライナ侵略、北朝鮮、中国をめぐる諸問題を始めとする国際社会が直面する多くの課題について意見交換を行った。また、上川外務大臣から、ALPS処理水に関する日本の取組に対する米国からの支持と理解に謝意が述べられた。さらに両外相は、日米同盟の抑止力・対処力の一層の強化に向けて具体的な協力深化のための議論を継続し、様々なレベルで拡大抑止の強化に向けて緊密に協議することで一致した。また、上川外務大臣は女性・平和・安全保障（WPS）[10]の分野での協力を密にしていきたいと述べ、ブリンケン国務長官から賛意が示された。

11月7日、上川外務大臣は、G7外相会合のため訪日中のブリンケン国務長官と日米外相会談を行った。上川外務大臣から、10月7日のハマスなどによるテロ攻撃を断固として非難すると述べ、中東情勢に対する米国の外交努力へ

日米外相会談（9月18日、米国・ニューヨーク）

---

8 ALPS処理水とは、ALPS（多核種除去設備（Advanced Liquid Processing System））などにより、トリチウム以外の放射性物質について安全に関する規制基準値を確実に下回るまで浄化した水。ALPS処理水は、その後十分に希釈され、トリチウムを含む放射性物質の濃度について安全に関する規制基準値を大幅に下回るレベルにした上で、海洋放出されている。
9 GPI：Glide Phase Interceptor
10 WPS：Women, Peace and Security

日米外相会談（11月7日、東京）

日米首脳会談
（11月16日、米国・サンフランシスコ　写真提供：内閣広報室）

の最大限の支持を表明した上で、国際社会が様々な課題に直面する今こそ、日米の固い結束が重要であると述べた。両外相は中東情勢に関する率直な意見交換を行い、ガザ地区の人道状況の改善とそれに資する人道的休止及び「二国家解決」の実現に向け、引き続き緊密に連携していくことで一致した。さらに、両外相は、今回の衝突が中東地域全体に波及することを防ぐために外交努力を継続していくことで一致した。また、両外相は、ロシアによるウクライナ侵略、中国をめぐる諸課題への対応を始めとする国際社会が直面する課題について、引き続き緊密に連携していくことで一致した。

11月16日、APEC首脳会議に出席するためサンフランシスコを訪問中の岸田総理大臣は、バイデン大統領と日米首脳会談を行った。岸田総理大臣から、IPEFの大きな進展を歓迎し、経済版「2＋2」の開催も時宜を得たものであると述べた。両首脳は、中東情勢やロシアによるウクライナ侵略を含む地域情勢について意見交換を行い、前日に行われた米中首脳会談の結果を踏まえつつ、中国をめぐる諸課題への対応に当たり、引き続き日米で緊密に連携していくことで一致し、中国と共通の課題については協力していくことの重要性を確認した。さらに会談では、バイデン大統領から岸田総理大臣に対し、2024年早期の国賓待遇での公式訪問の招待があった。

2024年1月12日、ワシントンD.C.を訪問中の上川外務大臣は、ブリンケン国務長官と日米外相会談を行った。上川外務大臣から、新年

のタイミングで、2024年1年とそれ以降を見据えて率直な意見交換ができることは有意義であると述べた上で、能登半島地震に際するバイデン大統領夫妻やブリンケン長官からの温かいお見舞いのメッセージへの謝意を述べた。両外相は、グローバルなパートナーシップとなっている日米関係を一層強化し、法の支配に基づく自由で開かれた国際秩序を維持・強化するとともに、一人一人の「人間の尊厳」が守られる世界を確保するため、連携して取り組んでいくことで一致した。また、両外相は、日米同盟の抑止力・対処力の一層の強化に向けた取組を進めていくことで一致した。両外相は、インド太平洋地域情勢、ロシアによるウクライナ侵略や中東情勢を含む地域情勢について意見交換を行った。また、上川外務大臣から、WPSについて、国連安全保障理事会（安保理）の場も含め、この分野での日米協力を密にしたいと述べ、ブリンケン長官から賛意が示された。

（3）日米経済関係

日米経済関係は、安全保障、人的交流と並んで日米同盟を支える3要素の一つである。例えば、日本は、米国内の直接投資残高で4年連続世界最大の対米投資国（2022年は7,752億ドル）であり、2021年には約96万人の雇用を創出した（英国に次ぎ2位）。このような活発な投資や雇用創出を通じた日本企業による関係強化に加え、2023年は、対面外交が更に活発化し、日米経済関係が一層の深化を遂げる1年

となった。

日米は、インド太平洋地域の持続可能で包摂的な経済成長を目指し、地域のパートナーと共に幅広い分野での連携を強化している。2022年5月、バイデン大統領の訪日に合わせて立ち上げられたIPEF（278ページ　第3章第3節2（1）ア（イ）参照）に関しては、2023年5月、デトロイトで閣僚級会合が開催され、IPEFサプライチェーン協定（柱2）の実質妥結が発表された。さらに同年11月、サンフランシスコで首脳会合及び閣僚級会合が開催され、IPEFサプライチェーン協定の署名式が行われたほか、IPEFクリーン経済協定（柱3）及びIPEF公正な経済協定（柱4）の実質妥結が発表された。引き続き、日本としては、インド太平洋地域における持続可能で包摂的な経済成長を実現するため、地域のパートナー国と緊密に議論しながら、IPEFの議論に建設的に貢献していく。

2021年11月に立ち上がった「日米通商協力枠組み」においても、2023年2月及び12月に会合を実施し、インド太平洋地域における通商分野における日米協力の強化やグローバルアジェンダに関する日米協力などについて議論した。

4月、8月、12月に実施された第5回から第7回の日米グローバル・デジタル連結性パートナーシップ（GDCP）[11]専門家レベル作業部会において、オープンRAN、5G、海底ケーブルなどに関し、政府関係者や民間事業者の間で意見交換が行われるなど、様々な機会を捉えて、デジタル分野における日米の協力強化が図られた。特に、オープンRANや5GなどのICTインフラに関しては、日米両国が共通のビジョンを持って共に関与する優先的な国を特定するとともに、包摂的なインターネット接続を促進し、安全なICTインフラを構築するための協力の拡大を目指して継続的に議論を行うことが確認された。

また、電気自動車のバッテリーの大幅な需要拡大が今後も見込まれる中、その生産に不可欠な重要鉱物を確保することが喫緊の課題となっていることも踏まえ、そのような重要鉱物について、持続可能で衡平なサプライチェーンの確保に向けた協力の強化を通じ、日米、更には同志国との連携による強靱なサプライチェーンの構築を目指すため、3月28日、ワシントンD.C.の米国通商代表部において、冨田駐米大使とタイ米国通商代表との間で、「重要鉱物のサプライチェーンの強化に関する日本国政府とアメリカ合衆国政府との間の協定」（日米重要鉱物サプライチェーン強化協定）の署名が行われた。なお、本協定の締結などを踏まえ、日本は米国インフレ削減法上の「米国との自由貿易協定（FTA）[12]締結国」となり、日本で採取又は加工された関連重要鉱物が同法の電気自動車（EV）税制優遇措置において税額控除を受ける要件を満たすこととなった。

こうした個別の協力の進展も踏まえ、11月には、2022年1月に立ち上がった経済版「2＋2」の第2回閣僚会合を開催し、上川外務大臣、西村康稔経済産業大臣、ブリンケン国務長官、レモンド商務長官の間で、（1）インド太平洋地域におけるルールに基づく経済秩序の強化、（2）経済的強靱性の強化及び重要新興技術の育成と保護に関する戦略的な議論を行い、

日米経済政策協議委員会（経済版「2＋2」）第2回閣僚会合
（11月14日、米国・サンフランシスコ）

---

11 GDCP：Global Digital Connectivity Partnership
12 FTA：Free Trade Agreement

共同声明を発出した。日米双方は、戦略的観点から経済分野での日米協力を更に拡大・深化させていくため、次官級でも議論を継続させた上で、閣僚会合を引き続き定期的に開催することで一致した。

さらに、上川外務大臣は、2024年1月にワシントンD.C.を訪問した際、日米外相会談などを行ったほか、レモンド商務長官と11月の経済版「2＋2」及びIPEFの成果を踏まえた今後の取組などについて意見交換を行った。

連邦政府と並んで、特色豊かな各州とも緊密な関係を築くことは、より身近なレベルでの日米経済関係の深化につながる。2023年には、日米財界人会議、中西部会合同会議、南東部会合同会議が日本で対面開催され、これらの機会に併せて、経済・貿易ミッションを率いて、複数の米国の州知事らが訪日し、個別の機会でもバージニア州、ニュージャージー州の知事などが訪日した。また、フロリダ州政府との間で、経済及び貿易関係に関する協力覚書を作成した。さらに、4月にはコロラド州との間で運転免許試験の一部相互免除に関する覚書を作成した。[13]

さらには、日米経済関係の土台を草の根レベルから強化するため、政府一丸となって対日理解促進にも取り組んでいる。2017年の「グラスルーツからの日米関係強化に関する政府タスクフォース」の立上げ以降、各地域の特徴や日本への関心の高さに応じたテイラーメイドの関係構築に努めてきた。一例として、日系企業による地域経済への貢献を発信する「草の根キャラバン」や岸田内閣の掲げる「新しい資本主義」を踏まえた日本のスタートアップ企業の支援に関する事業など、各省庁・機関の協力の下で様々な取組を実施してきている。今後も、日米経済関係の更なる飛躍に向けて、バイデン政権の重点政策（労働者・中間層重視、気候変

動・エネルギー、イノベーション・科学技術など）に沿ったアプローチである「行動計画2.0」[14]の基本的な考え方は引き続き有効な指針としつつ、これに日米サプライチェーン協力強化の視点を加える形で2023年に策定した「行動計画3.0」[15]に沿って、様々な取組をオールジャパンで実施し、草の根レベルでの対日理解促進などに更に取り組んでいく。

③ カナダ

（1）カナダ情勢

7月、トルドー首相は、低迷する政府支持率の回復を目指し、内閣改造を実施した。引き続きフリーランド副首相兼財務相やジョリー外相など、内閣の重要ポストに女性閣僚を起用し、男女同数内閣を維持した。国民の関心の高い経済問題によりフォーカスした陣容を敷き、トルドー政権は中間層の雇用創出と大胆な気候変動政策の両立に重点を置いているほか、先住民族やLGBTQ、移民に配慮した多様で包摂的な社会を目指すことに力を入れている。

経済面では、世界経済の減速を背景に鈍化傾向にあり、11月のカナダ財務省の経済ステートメントによれば、2023年の実質GDP成長率は1.1％（前年3.4％）、失業率は5.4％（前年5.3％）、消費者物価指数（CPI）の年間平均値は3.8％の見通し（前年平均値6.8％）となっている。物価上昇圧力の緩和のため、カナダ中央銀行は、2022年に政策金利を7回引き上げたが、2023年も政策金利を4.25％から5.0％まで3回引き上げた。引き続きインフレ動向が注目される。

外交面では、2022年11月に発表したインド太平洋戦略に基づき、インド太平洋地域へ軍艦3隻を派遣し、カナダ軍のプレゼンスを強化

---

13 現地邦人の運転免許取得の負担軽減を図り、各州との間で運転免許試験の一部相互免除に関する覚書の作成が進められている。メリーランド州、ワシントン州、ハワイ州、バージニア州、オハイオ州、インディアナ州の7州とは署名済み
14 詳細は外務省ホームページ参照：https://www.mofa.go.jp/mofaj/files/100218014.pdf
15 詳細は外務省ホームページ参照：https://www.mofa.go.jp/mofaj/files/100536422.pdf

14 15

コラム
COLUMN

私たちをつなぐ絆
―日本ハワイ姉妹・友好都市交流からの日米関係強化―

皆さんは、日本とハワイの間に姉妹・友好都市関係がいくつあるか知っていますか？その数は30にも及び、これまで長きにわたり盛んな交流が行われてきました。日本人移民とその子孫によってハワイに作られた同郷会が基礎となって開始された交流もあれば、第二次世界大戦の厳しい経験や悲惨な海洋事故を経て、平和や安全を希求する双方の思いから開始された交流もあります。これらの例が示すように、日本とハワイの間の姉妹・友好都市関係は、150年以上前の日本人移民のハワイ到着から始まった、長く深い友情の歴史そのものです。

このように日・ハワイ関係を語る上で欠かすことのできない姉妹・友好都市交流ですが、新型コロナウイルス感染症の拡大を受け、しばらくの間、対面での交流が中断していました。その後、ハワイにおける新型コロナをめぐる状況が落ち着いてきたこともあり、7月27日及び28日、これまで築き上げてきた絆を強固にし、新たなつながりへと発展させることを目指して、ハワイと姉妹・友好関係にある日本の22の地方自治体の代表がホノルルに集結し、第1回「日本ハワイ姉妹サミット」が開催

日本ハワイ姉妹サミット集合写真
（7月27日、米国・ハワイ　写真提供：ハワイ日米協会）

されました。延べ400人が参加した同サミットには、日本からは6道・県の知事、16市区町の長やその代理が、そしてハワイからは、ハワイ州知事、ホノルル市長、カウアイ郡長、マウイ郡長、ハワイ郡長が参加しました。日本とハワイの地方首長は久しぶりに対面で会談し、これまで1対1で行われてきた姉妹・友好都市交流について、今後はこれを拡大し、双方の関係都市間での重層的な連携を模索し、より効果的な交流を行う可能性について話し合いました。加えて、共通の課題である、持続可能なエネルギー、教育、持続可能な観光、ビジネス・経済について各分野のリーダーを招き、パネルディスカッションが行われました。

在ホノルル日本国総領事館は、サミット準備において、主催団体であるハワイ日米協会（JASH）[1]と協力し、ハワイ側と日本側各地方自治体との調整業務の一端を担いました。また、7月27日には総領事公

総領事公邸での記念レセプションで披露された北海道のアイヌ舞踊（7月27日、米国・ハワイ）

邸にサミット参加者を招き、記念レセプションを行いました。北海道のアイヌ舞踊や沖縄県の獅子舞のパフォーマンスが披露され、ハワイの各界で活躍される方々に日本の地方の魅力を発信する機会となりました。さらに、地元ハワイの6道・県の県人会もブースを出展し、地方自治体の代表者と交流する機会を提供し、日本とハワイの関係強化に寄与することができました。

「日本ハワイ姉妹サミット」は、新型コロナを乗り越えてハワイにおける日本関連の最大級の行事となり、今後の日本とハワイ間の交流再開を象徴するものとなりました。

1　JASH：Japan-America Society of Hawaii

したほか、経済・貿易分野においては、同地域の同志国とサプライチェーンの強靱化やCPTPPのハイスタンダードの維持などにおいて連携を更に強化し、引き続きインド太平洋地域への関与を一層強化した。ASEANとは9月に「戦略的パートナーシップ」を確立し、サイバーセキュリティ、海洋安全保障及び核不拡散などの安全保障課題への対応における協力、加・ASEAN自由貿易協定（FTA）について2025年までの最終合意を目指すことで合意するなど、協力関係の強化を掲げた。ウクライナ情勢への対応では、トルドー首相は6月、2022年5月に続き2回目となるウクライナ訪問を行い、9月にはゼレンスキー・ウクライナ大統領夫妻もカナダ訪問を行うなど、引き続き強力な対露制裁やウクライナ支援を積極的に実施したほか、近代化された加・ウクライナ自由貿易協定に署名した。

対中関係も緊張が続いており、5月には、両国が双方の領事に「ペルソナ・ノン・グラータ（好ましからざる人物）」を通告したほか、10月にカナダ政府は、中国軍機によるカナダ軍機やカナダ軍ヘリコプターへの接近事案や妨害行為が発生したことを発表した。一方、中国とは8月のギルボー環境・気候変動相の訪中など、環境分野などでの連携事案も見られた。台湾との関係では、12月に駐台北カナダ貿易代表部と駐カナダ台北経済文化代表処との間で投資の促進及び保護に関する取決めの署名が行われ、同月には駐モントリオール台北経済文化弁事処が開設された。イスラエル・パレスチナ情勢への対応に関し、ジョリー外相は中東地域を訪問し、カナダ政府として総額6,000万カナダドル（約66億円）の人道支援を発表した。

（2）日・カナダ関係

2023年1月から2024年1月末までに日・カナダ間では首脳会談が3回、外相会談が5回実施された。

1月11日から12日まで、岸田総理大臣はオタワを訪問し、トルドー首相と日加関係及び地域情勢について意見交換を行った。トルドー首相から日本の新たな国家安全保障戦略やG7広島サミットに向けた連携について全面的な支持を得た。

4月18日、林外務大臣は、G7外相会合出席のため来日したジョリー外相と会談を行い、ウクライナ及び東アジア情勢などについて意見交換を行い、林外務大臣からカナダの「瀬取り」監視活動の延長を歓迎した。

5月19日、岸田総理大臣はG7広島サミット出席のため来日したトルドー首相と会談を行い、国際社会が直面する諸課題に対するG7の揺るぎない結束を世界に示すため両国でも連携していくこと、FOIPの実現に向けた連携や日加刑事共助条約の正式交渉の開始などで一致した。

11月7日、上川外務大臣は、G7外相会合出席のため来日したジョリー外相と会談を行い、イスラエル・パレスチナ情勢、中国や北朝鮮をめぐる諸課題への対応や、FOIP実現に向けた取組を確認した。また、上川外務大臣及びジョリー外相の双方が取り組み、前年10月に発表

日加首脳会談（5月19日、広島県　写真提供：内閣広報室）

日加外相会談（4月18日、東京）

した「FOIPに資する日加アクションプラン」にも含まれるWPSに関して、日・カナダ間で連携を深めていくことで一致した。

11月16日、岸田総理大臣はAPEC首脳会議に出席した際、トルドー首相と会談し、イスラエル・パレスチナ情勢や地域情勢への対応やCPTPPにおける連携で一致した。また、カナダ軍のプレゼンス強化に伴う安全保障分野での連携強化、経済安全保障分野での協力覚書の署名、貿易ミッションの訪日など2023年の両国のFOIP実現に向けた取組の進展を評価したほか、2025年大阪・関西万博の成功に向けた協力を確認した。

2024年1月13日、上川外務大臣はジョリー外相の出身地であるモントリオールを訪問し、同外相と日加外相会談を行った。上川外務大臣は、能登半島地震及び羽田空港での航空機衝突事故に関してカナダ政府からお見舞いを受けたことに対して謝意を伝えた。両外相は、インド太平洋地域情勢や中東情勢といった諸課題について意見交換を行ったほか、ロシアによるウクライナ侵略に関して、上川外務大臣から、自身のウクライナ訪問に触れつつ、WPSの視点を踏まえた取組における貢献を始め日本が率先してウクライナへの連帯を示していくと述べた。

両外相は、「FOIPに資する日加アクションプラン」の進捗状況を確認したほか、CPTPP、人的交流、2025年大阪・関西万博の成功及び「核兵器のない世界」に向けて、緊密に連携していくことで一致した。

経済分野においては、9月に、両国の関係閣僚などの間でバッテリーサプライチェーン及び産業科学技術に関する二つの協力覚書が署名された。10月末から11月初旬にかけては、イン輸出促進・国際貿易・経済開発担当相率いるカナダ貿易ミッション（150社を超えるカナダ企業が参加）が訪日し、日本企業との更なる協力の可能性を協議した。

日加間で初の経済連携協定となるCPTPPの発効から5年を迎え、両国の貿易投資関係の更なる深化が見られた。2024年1月には第33回日加次官級経済協議（JEC）[16]をオタワで開催し、CPTPPや世界貿易機関（WTO）を含む最近の国際経済情勢やFOIPの実現を含む日加協力に関する意見交換に加えて、六つの優先協力分野（（ア）エネルギー、（イ）インフラ、（ウ）科学技術協力とイノベーション、（エ）観光・青年交流、（オ）ビジネス環境の改善・投資促進、（カ）農業）などについて議論を行った。

---

16 JEC：Joint Economic Committee

4 中南米

1 概観

(1) 中南米情勢

中南米諸国の多くは、自由、民主主義、法の支配、人権などの基本的価値や原則を共有する重要なパートナーである。現在、国際社会において法の支配に基づく自由で開かれた国際秩序が深刻な挑戦を受けている中で、こうした中南米諸国との連携がますます重要になっている。同地域は、約6億6,000万人の人口と、約6.25兆ドルの域内総生産を抱えており、大きな経済的潜在力を有している。また、脱炭素化のために重要な鉱物資源やエネルギー、食料資源を豊富に有し、日本を含む国際社会のサプライチェーン強靱化や経済安全保障の観点からも重要性が増している。

経済面では、新型コロナウイルス感染症（以下「新型コロナ」という。）により中南米経済は深刻な影響を受けたものの、その後回復基調にあり、2023年のGDP成長率は2.3%と2022年の4.1%と比較して鈍化したものの、プラス成長を続けている。また、インフレ率（ベネズエラとアルゼンチンを除く。）も2022年の7.8%から2023年には5%と低下するなど、緩和傾向にある。一方、新型コロナやロシアによるウクライナ侵略に伴う世界的な物価上昇などにより、中南米の以前からの課題である貧富の格差が縮小せず、所得格差を測るジニ係数も高止まりしている。

政治面では、パラグアイ、グアテマラ、エクアドル、アルゼンチンで大統領選挙が行われた。また、ベネズエラについては、10月にバルバドスにおいてベネズエラの与野党対話が再開し、次回大統領選挙が2024年下半期に行わ

れることで合意されたが、同国の政治経済社会情勢の悪化により避難民として周辺国に流出したベネズエラ人は2023年12月時点で770万人を超え、引き続き地域的課題となっている。ハイチにおいては、2021年の大統領暗殺以降、武装集団（ギャング）の活動などによりハイチ全土の治安情勢が悪化し、国内避難民も増加した。また、行政サービスの停滞によって国民の生活環境は悪化しており、地域的課題となっている。

中南米地域には、世界の日系人の約6割を占める約310万人から成る日系社会が存在している。日系社会は100年以上に及ぶ現地社会への貢献を通じ、中南米地域における伝統的な親日感情を醸成してきた。一方、移住開始から100年以上を経て、日系社会の世代交代が進み、若い世代を含め日本とのつながりを今後どう深めていくかが課題となっている。

(2) 日本の対中南米外交

日本の対中南米外交は、安倍総理大臣が2014年に提唱した「3つのJuntos!!（共に）」（「共に発展」、「共に主導」、「共に啓発」）の指導理念の下で展開されてきた。2018年12月には、同理念の成果を地域全体として総括し、次なる協力の指針として日・中南米「連結性強化」構想を安倍総理大臣が発表した。日本は本構想も踏まえつつ、「自由で開かれたインド太平洋（FOIP）」や法の支配に基づく自由で開かれた国際秩序の維持・強化のための連携、国際場裡における協力、気候変動など地球規模課題への対応及び経済関係などにおいて、中南米諸国との協力関係の深化を目指してきている。

2023年には、日本がG7議長国及び2024年まで国連安全保障理事会（安保理）非常任理事

国を務めること、並びにG20メンバー国であることを念頭に、岸田総理大臣は、G7、G20、国連総会などの多国間会合の機会を捉え、ブラジルやペルーの首脳と会談を行った。林外務大臣も、1月に、メキシコ、エクアドル、ブラジル及びアルゼンチンといった安保理非常任理事国やG20メンバー国である中南米4か国を、また、4月から5月にかけては、2024年の「日・カリブ交流年」に向けた連携強化なども念頭に、トリニダード・トバゴ及びバルバドス、並びに南米のペルー、チリ及びパラグアイの5か国を訪問し、首相や外相など各国要人と会談を行った。さらに上川外務大臣は、9月の国連総会ハイレベルウィークの機会にブラジル、メキシコ及びバルバドスと、また、11月にはAPEC閣僚会議の機会にペルー及びチリと、首相との意見交換や外相会談を行った。さらに、武井俊輔外務副大臣が、5月にジャマイカ及びセントルシアを、7月にドミニカ共和国を、8月にウルグアイ及びパラグアイを訪問するなど、日本から多くの外務省や関係省庁の大臣・副大臣・大臣政務官が中南米諸国を訪問した。

経済分野においては、日系企業の中南米地域拠点が2011年の約2倍に達するなど、サプライチェーンの結び付きが強化されており、日本は、メキシコ、ペルー、チリが参加する「環太平洋パートナーシップに関する包括的及び先進的な協定（CPTPP）」[1]などを通じ、中南米諸国と共に自由貿易の推進に取り組んでいる。

開発協力の分野においては、経済成長を遂げた一部の中南米地域では、経済協力開発機構（OECD）[2]開発援助委員会のODA受取国リストからの「卒業国」、又は「卒業」を控えた国々により南南協力が進められており、日本はこれらの国々との間の三角協力を推進している。

②　地域機構

中南米地域にはラテンアメリカ・カリブ諸国共同体（CELAC）[3]、米州機構（OAS）[4]のほか、以下のような地域枠組みが存在し、様々な課題について政策調整を行っている。また、36か国から成るアジア中南米協力フォーラム（FEALAC）[5]もあり、11月には6人の各国若手行政官を日本に招へいし、「食料安全保障におけるDX・GXと科学技術の活用」について意見交換を行った。

（1）太平洋同盟

太平洋同盟は、域内のモノ・サービスなどの移動の自由やアジア太平洋への進出基盤の構築などを目的とし、チリ、コロンビア、メキシコ及びペルーから構成され、2021年には、シンガポールが初の準加盟国となった。2023年12月末時点で、エクアドル及びコスタリカが加盟国入りに向け、また、オーストラリア、カナダ、ニュージーランド及び韓国が準加盟国入りに向け交渉中である。

日本は、太平洋同盟のオブザーバー国であり、基本的価値を共有するグループとして、連携を重視している。2022年11月にメキシコシティで開催された太平洋同盟関連会合では、林外務大臣がビデオメッセージで参加し、防災分野などにおける太平洋同盟との具体的な協力推進について発信した。

（2）南米南部共同市場（メルコスール：MERCOSUR）[6]

アルゼンチン、ブラジル、パラグアイ、ウルグアイから成るメルコスールは、12月、これまで準加盟国であったボリビアの正式加盟を決定した。メルコスールでは、一部の品目を除き、域内関税が原則として撤廃されている。同

1　CPTPP：Comprehensive and Progressive Agreement for Trans-Pacific Partnership
2　OECD：Organisation for Economic Cooperation and Development
3　CELAC：Comunidad de Estados Latinoamericanos y Caribeños（Community of Latin American and Caribbean States）
4　OAS：Organization of American States
5　FEALAC：Forum for East Asia-Latin America Cooperation
6　MERCOSUR：Mercado Común del Sur（Southern Common Market）

12月には、シンガポールとの間の自由貿易協定（FTA）[7]に署名し、韓国、カナダなどとも交渉中である。なお、ベネズエラは加盟停止中である。

（3）カリブ共同体
　　（カリコム：CARICOM）[8]

カリコムは、カリブ地域の14か国による経済統合や外交政策の調整などを目的に設立され、国際場裡で協調行動を取ることで存在感を示している。カリコム諸国は比較的所得水準が高い国が多い一方、毎年のようにハリケーンによる甚大な被害を受けるなど、自然災害の脅威にさらされているほか、人口・経済規模の小ささから生じる小島嶼国特有の脆弱性を抱えてい

日・トリニダード・トバゴ外相会談（5月1日、トリニダード・トバゴ）

武井外務副大臣のカリコム外交・共同体関係理事会会議（COFCOR）出席、「日・カリブ交流年2024」ロゴマーク発表（5月17日、ジャマイカ・キングストン）

る。ハイチでは2021年の大統領暗殺後、国内政治の混乱により行政及び立法制度が十分に機能しておらず、武装集団（ギャング）の勢力も拡大したことで、国民の人道状況の悪化も懸念されている。これを受け、10月には国連安保理がハイチへ多国籍治安ミッションの派遣を決定した。日本は、同ミッション派遣を踏まえ、治安・人道状況の回復を目的として約1,400万ドルの追加支援を決定した。

日本は、対カリコム協力の3本柱（小島嶼国特有の脆弱性克服を含む持続的発展に向けた協力、交流と友好の絆の拡大と深化、国際社会の諸課題の解決に向けた協力）に基づいた外交を展開しており、所得水準の高い国に対しても各国の開発ニーズや負担能力に応じて必要な協力を行っている。

日本との関係では、2024年に日・カリブ交流年を迎えるに当たり、5月に林外務大臣が日本の外務大臣として初めてトリニダード・トバゴとバルバドスを訪問したほか、同月、武井外務副大臣がジャマイカで開催されたカリコム外交・共同体関係理事会会議（COFCOR）[9]に参加し、カリコム各国の外相と共に日・カリブ交流年2024のロゴマークを発表した。また、9月の国連総会において、上川外務大臣がモトリー・バルバドス首相と会談を実施するなど、

上川外務大臣とモトリー・バルバドス首相との会談
（9月20日、米国・ニューヨーク）

7　FTA：Free Trade Agreement
8　CARICOM：Caribbean Community（加盟国：アンティグア・バーブーダ、ガイアナ、グレナダ、ジャマイカ、スリナム、セントクリストファー・ネービス、セントビンセント及びグレナディーン諸島、セントルシア、ドミニカ国、トリニダード・トバゴ、ハイチ、バハマ、バルバドス、ベリーズ）
9　COFCOR：Council for Foreign and Community Relations

ジョンソン＝スミス外務・貿易相（中央）及びリチャーズ駐日ジャマイカ大使（右）と共に日・ジャマイカ外交関係樹立60周年記念レセプションに出席する柘植外務副大臣（2024年2月8日、東京）

日・メキシコ外相会談（1月5日、メキシコ・メキシコシティ）

二国間及びカリコムとの関係強化のための意見交換を行った。2024年2月にはジョンソン＝スミス・ジャマイカ外務・貿易相が外務省賓客として訪日し、外相会談を実施したほか、柘植芳文外務副大臣と共に外交関係樹立60周年記念レセプションに出席した。

③ 中南米各国

（1）メキシコ

　2018年12月に就任したロペス・オブラドール大統領は、政権発足以来、自由貿易を継続しながら、汚職撲滅、格差是正、治安改善などの内政を重視した政策を推進してきている。政権5年目を迎えた2023年も、引き続き国民からの高い支持率を維持している。

　日本との関係では、外交関係樹立135周年を迎え、政治・経済分野で活発な交流が行われた。1月、林外務大臣は2023年最初の外遊先としてメキシコを訪問し、エブラル外相と外相会談を行ったほか、ブエンロストロ経済相と会談を行った。8月には、林外務大臣が就任直後のバルセナ外相との外相電話会談を実施し、9月には、第78回国連総会ハイレベルウィークの際に上川外務大臣とバルセナ外相が外相会談を行い、二国間関係の更なる強化のみならず、地球規模の諸課題や各地の地域情勢への対応に

当たっても、女性外相同士協力していきたいとの点で一致した。また、両外相は、CPTPPのハイスタンダード維持の重要性につき確認し、今後も緊密に連携していくことで一致したほか、メキシコにおけるビジネス環境整備についても議論を行った。

　経済関係では、中南米地域で最多の約1,300社の日系企業が進出している。6月には、日・メキシコ経済連携協定に基づき設置された第13回ビジネス環境整備委員会がメキシコシティで開催され、秋本真利外務大臣政務官が日本側の共同議長を務め、両国の官民の代表の出席の下で、ビジネス環境に係る課題や問題意識について議論・意見交換を行った。

　第三国との関係では、対米関係を引き続き重視し、経済関係だけでなく、移民問題、麻薬問題などについて度重なる議論が行われた。9月及び10月には、メキシコ・米国ハイレベル経済対話及び治安対話が、両国の閣僚出席の下でそれぞれ開催されたほか、USMCA（米国・メキシコ・カナダ）協定[10]に基づいた対話・取組も継続している。11月には、バイデン米国大統領の要請に応じ、ロペス・オブラドール大統領が就任後初めてAPEC首脳会議（米国・サンフランシスコ）に出席し、米国、カナダ及び中国と首脳会談を実施した。

　また、10月には南部チアパス州において、中南米地域の移民現象の構造的原因及び包括的解決策について模索するための「移民に関するパ

10　USMCA：The United States-Mexico-Canada Agreement

レンケ会合」がロペス・オブラドール大統領主催で開催され、域内から首脳や閣僚が出席した。

(2) 中米（エルサルバドル、グアテマラ、コスタリカ、ドミニカ共和国、ニカラグア、パナマ、ベリーズ、ホンジュラス）

コスタリカ、パナマ、ドミニカ共和国により設立（2021年）された「民主主義開発同盟（略称：ADD）[11]」（2022年にエクアドルも加盟）は、民主主義、人権、法の支配などの普遍的価値や原則を共有するグループと位置付ける米国と協調しつつ、地域における人権を尊重した透明性の高いプロセスによる開発とともに、協力、貿易、投資面の推進を目指している。2023年には、ハイチ情勢や8月のグアテマラ大統領選挙決選投票後の同国内情勢に係る懸念表明などをADDとして行った。グアテマラ大統領選挙については、決選投票の結果、アレバロ候補が新大統領に選出された。

日本との関係では、1月に、ホンジュラスのトーレス外務国際協力筆頭次官が訪日し、政府関係者などと幅広い意見交換などを行った。2月には、ウクライナに関する国連総会緊急特別会合などが行われた際に、日・グアテマラ外相会談が行われ、二国間及び国際場裡における協力に関し幅広い意見交換を行い、FOIP推進における日本との緊密な連携に対する同意を得た。4月には、実務訪問賓客として訪日したド

日・グアテマラ外相会談（2月23日、米国・ニューヨーク）

ペーニャ・ドミニカ共和国副大統領による岸田総理大臣表敬
（4月4日、東京　写真提供：内閣広報室）

ミニカ共和国のペーニャ副大統領が岸田総理大臣を表敬し、FOIPに係る日本のイニシアティブを歓迎すると表明し、東アジア、ウクライナ及びハイチなどの地域情勢について意見交換を行った。5月には、パナマのフランコ筆頭外務次官が訪日し、政府関係者との意見交換や海事分野での関係強化のための地方都市訪問などを実施した。

(3) キューバ

4月に召集された人民権力全国議会において、ディアスカネル大統領が再選（任期5年、連続2期まで）された。同大統領は、就任後ただちに首相、閣僚などの任命を行い、マレーロ首相は留任した。外交面では、9月に首都ハバナにおいてG77プラス中国首脳会合が開催され、「現在の開発が直面する挑戦」を主要テーマとしてハバナ宣言が採択された。国内経済は、新型コロナや国際情勢などによる情勢悪化が深刻化しており、国民生活は厳しさを一層増した。

日本との関係では、10月にはビダル外務次官が訪日し、政府関係者などとの間で幅広い分野について意見交換を行い、日・キューバ政策対話が実施された。

(4) ブラジル

1月に発足したルーラ政権は、アマゾン森林破壊を始めとする環境問題への取組などを重要な政策課題として掲げ、地球規模課題への対処

---

11 ADD：Alliance for Development in Democracy

日・ブラジル首脳会談（5月20日、広島県　写真提供：内閣広報室）

カフィエロ・アルゼンチン外相による岸田総理大臣表敬
（8月29日、東京　写真提供：内閣広報室）

に取り組んでいる。経済政策では、税制改革の審議を進めているほか、デジタルやグリーン分野を含む「新工業化」の推進に力を入れている。

日本との関係では、1月に小渕優子特派大使（衆議院議員）がルーラ大統領就任式に出席し、政府要人や議員関係者などと会談を行ったほか、林外務大臣がブラジルを訪問し、ヴィエイラ外相と会談した。5月には、岸田総理大臣がG7広島サミットに招待国として出席したルーラ大統領と会談し、2024年にブラジルが議長国を務めるG20サミットに向けて連携していくことで一致した。9月には、上川外務大臣が国連総会ハイレベルウィークの際にヴィエイラ外相と会談を行った。また、9月30日から「短期滞在」での活動を目的として訪日するブラジルの一般旅券所持者に対する査証免除措置を開始し、これにより、両国間で相互の短期滞在査証免除が実現した。

このほか、4月に日伯戦略的経済パートナーシップ賢人会議、7月に日本ブラジル経済合同委員会が開催されるなど、官民両方で、両国間での経済関係強化に向けた対話が活性化している。

(5) アルゼンチン

フェルナンデス政権は、歴史的干ばつにより主要輸出品目の農産品生産が大幅に低下するなど、内政上の課題であった外貨収入及び投資増大の面で引き続き問題を抱えた。また、過去30年の中で最悪のインフレ率を記録し、国民

が実感できる経済成長の実現は達成できなかった。経済危機の中、大統領選挙が実施され、既成政党を批判し、緊縮財政、国営企業の民営化などの「小さな政府」を主張する野党のミレイ候補が勝利し、12月に就任した。

日本との関係では、日・アルゼンチン外交関係樹立125周年を迎え、両国外相による相互訪問が実現した。1月には林外務大臣がアルゼンチンを訪問し、フェルナンデス大統領を表敬し、カフィエロ外相及びマサ経済相と会談した。8月にはカフィエロ外相が訪日し、岸田総理大臣を表敬したほか、林外務大臣、西村康稔経済産業大臣、永岡桂子文部科学大臣と会談した。12月には山東昭子特派大使（参議院議員）がミレイ大統領就任式に出席し、同大統領表敬などを行った。様々な機会を通じて、基本的価値や原則を共有する重要な「戦略的パートナー」として、日系社会などを通じた二国間関係強化及び国際場裡での協力の重要性について確認した。

(6) ペルー

カスティージョ大統領が2022年12月に罷免となり、ボルアルテ副大統領が大統領に就任した。2023年1月には国内で大統領選挙の前倒しなどを求める抗議活動が展開され、ボルアルテ大統領自身も前倒しに係る憲法改正案を国会に提出したが、国会で否決された。ハリケーン「ヤク」による被害などに国民の関心が集中し、以降、選挙前倒しの訴えは下火になった。

日本との関係では、日・ペルー外交関係樹立

150周年を迎え、両国外相による相互訪問が実現した（本ページ　コラム参照）。5月には林外務大臣がペルーを訪問し、ボルアルテ大統領を表敬し、ヘルバシ外相と会談を行った。8月から9月にかけてヘルバシ外相が日本を訪問し、林外務大臣と会談を行った。11月に米国で行われたAPEC閣僚会議の機会に、上川外務大臣とゴンサレス＝オラエチェア外相との間で、2023年3度目となる外相会談が実施された。また、外交関係樹立150周年を記念して行われた8月の岸田総理大臣とボルアルテ大統領との間での首脳テレビ会談では、両国間の様々な分野での協力を見据えたロードマップを2024年に向け策定することが合意・確認された。

コラム
COLUMN

海の向こうの旧友
日・ペルー外交関係樹立150周年

2023年、日本とペルーは外交関係樹立150周年を迎えました。ペルーとの外交関係は、日本にとって中南米の国の中で最も長く、また、アジア諸国とラテンアメリカ諸国との間で樹立された初の外交関係でもあります。ここでは、日・ペルーの友好関係の軌跡と150周年記念の様々な取組について紹介します。

●緊密な友好関係の軌跡

日本とペルーの外交関係は、1873年8月21日の「友好通商航海条約」調印に始まり、今日まで良好に発展してきました。こうした二国間関係の基礎となっているのは、南米で最も長い歴史を有し、現在世界で3番目に大きい20万人規模にまで成長した日系社会の存在です。1899年4月3日、790人の日本人移住者を乗せた移民船「佐倉丸」がカヤオ港に到着して以来、日本人移住者は、日本の文化や伝統を連

マチュピチュと富士山を描いた日・ペルー外交関係樹立150周年記念硬貨（左上）、日本郵政発行記念切手（右）とペルー郵政公社発行記念切手（左下）

綿と受け継ぎながら、ペルー社会の一員として、その成長と発展に貢献してきました。また、ペルー日系社会は、両国の架け橋となっているのみならず、多くの日系ペルー人が、日本、米国、中南米及び欧州諸国においても活躍しています。

日本とペルーは、基本的価値や原則を共有する「戦略的パートナー」です。両国は、国連やアジア太平洋経済協力（APEC）などを通じて国際場裡で協力しており、経済面では二国間経済連携協定、租税条約、環太平洋パートナーシップに関する包括的及び先進的な協定（CPTPP）などを通して緊密な関係を築いています。ペルーは2021年までの累計で中南米における日本最大の政府開発援助（ODA）被供与国であるほか、近年は政府間契約（G2G）[1]を通しペルーのインフラ事業に日本企業が参画しています。文化面では、日本の多数の大学がペルー考古学に貢献しており、両国の大学の学長会議が開催されるなど、交流が一層多様化しています。

●外交関係樹立150周年記念

　2023年には、外交関係樹立150周年を記念して、政治・外交、経済、文化を含む様々な分野で両国間の交流・事業が行われました。

　外交面では、5月に林外務大臣がペルーを、9月にヘルバシ外相が日本を訪問し、11月に米国で行われたAPEC外相会合においては、同年3度目となる外相会談が実施されました。また、8月に行われた首脳テレビ会談では、今後の様々な分野での協力を見据えたロードマップを2024年に向け策定することで合意・確認されました。文化面では、南米スペイン語圏で初となる国際交流基金の事務所がペルーの首都リマに新設され、また、ペルー日系人協会が日本語教育などへの貢献により国際交流基金賞を受賞しました。11月、ペルーを御訪問になった佳子内親王殿下は、ボルアルテ大統領への表敬、歓迎・外交関係樹立150周年記念式典、ペルー日系人協会主催・外交関係樹立150周年記念式典などに臨まれ、ペルーの方々から熱烈な歓迎を受けられました。

　2024年にペルー日系人移住125周年を迎える両国間では、引き続き密接な交流が予定されています。日本とペルー、それぞれの国から見ると地球の裏側に位置していますが、政治・経済・文化・学術などの多彩な分野で繋がりを有し、これから先も末長く友好関係を発展させていくことが期待されています。

ボルアルテ大統領と佳子内親王殿下
（11月7日、ペルー・リマ　写真提供：宮内庁）

林外務大臣によるボルアルテ・ペルー大統領表敬
（5月3日、ペルー・リマ）

1　G2G：Government to Goverment

（7）チリ

　2022年3月に発足したボリッチ政権は、格差縮小、福祉充実を目指し、年金や税制を始めとする社会保障政策の改革などの推進を掲げているものの、政権を支える左派の与党が上下議会双方で少数派となっていることなどが影響し、諸政策の実現は難航している。外交面では、人権、ジェンダー、環境、多国間主義を重視する姿勢を打ち出している。

　チリの新憲法制定プロセスについて、2022年9月の国民投票による新憲法案の否決を踏まえ、新たに選挙を通じて選出された50人の議員から構成される憲法審議会が2023年6月に創設され、同審議会を中心に新たな新憲法案が作成された。しかし、同年12月の国民投票において、新憲法案は再び否決され、この結果を受け、ボリッチ大統領は自身の任期中における制憲プロセスの終了を発表した。

　また、2023年2月にはチリでCPTPPが発効し、チリは10番目の締約国となった。

　日本との関係では、1月末にチリ中・南部州で発生した森林大火災に対し、チリ政府からの要請を受け、日本政府は緊急援助物資の供与を実施した。また5月には林外務大臣がチリを訪問し、ボリッチ大統領を表敬したほか、バン・クラベレン外相と会談を実施し、両外相の間で日・チリ科学技術協力協定への署名が行われた。11月にはAPEC閣僚会議の機会に、上川外務大臣がバン・クラベレン外相と会談し、重

要鉱物資源やクリーンエネルギーなどの分野において、二国間協力を深めていくことで一致したほか、CPTPPのハイスタンダードの維持における二国間の連携について確認した。また、国際情勢についても意見交換を行い、価値や原則を共有する「戦略的パートナー」として、国際場裡でも連携していくことを確認した。

（8）ウルグアイ

2020年3月に発足したラカジェ・ポウ政権は、就任当初から任期後半となる現在（2023年末時点）まで、安定した政権運営で高い支持率を維持しており、民主主義指数[12]では、中南米1位を誇っている。経済政策では、自由貿易主義を堅持し、市場の拡大・解放を重視しており、対外政策では、民主主義、法の支配、人権擁護の価値に基づく外交を展開している。

日本との関係では、2022年のラカジェ・ポウ大統領訪日以降、様々な分野での交流が進んでいる。ワーキングホリデー制度が2023年3月に運用を開始し、外交面では、8月に武井外務副大臣がウルグアイを訪問し、アルヒモン副大統領を表敬した。また、ラカジェ・ポウ大統領の訪日から1年の節目となる10月には、同訪日の機会の首脳会談で立ち上げにつき合意された、分野横断的な協力に関する日・ウルグアイ合同委員会の第1回会合、及び、5年ぶりの開催となる日・ウルグアイ政策協議を実施した。

（9）パラグアイ

パラグアイでは4月に大統領選挙が実施され、与党コロラド党から立候補したサンティアゴ・ペニャ氏が当選し、8月に同氏は大統領に就任した。前政権に続き、法の支配、人権の尊重などの基本的価値や原則を擁護し、雇用創出に力を入れている。

日本との関係では、5月には、林外務大臣が日本の外務大臣としては2度目となるパラグアイ訪問を行った。アリオラ外相との間で会談を

日・パラグアイ外相会談（5月5日、パラグアイ・アスンシオン）

行ったほか、大統領選挙当選直後のペニャ次期大統領への表敬を行った。8月の大統領就任式には、武井外務副大臣が特派大使として出席し、アブド大統領やペニャ大統領への表敬を行った。さらに、8月末には、林外務大臣と就任直後のラミレス外相との間で電話会談を行った。一連の要人往来や会談を通じて、二国間共通の課題や国際情勢について意見交換がなされ、日本とパラグアイの二国間関係がより緊密となった。

（10）コロンビア

2022年8月に発足したペトロ政権は、医療保険制度改革、年金改革、労働改革などの主要な社会改革法案の審議を推進しているが、連立与党内での対立により、大きな進展は見られていない。一方で、ペトロ大統領は国内武装勢力との「全面和平」の実現を最大の使命としており、国民解放軍（ELN）[13]を始め、武装勢力との和平交渉を進めている。また、気候変動対策を喫緊の課題として位置付けており、脱炭素化を推進している。

日本との関係では、6月に秋本外務大臣政務官がコロンビアを訪問し、政府要人との会談や日系企業関係者との意見交換を行ったほか、7月に里見隆治経済産業大臣政務官が同国を訪問し、日本コロンビア貿易投資・産業協力合同委員会設立に関する協力覚書に署名し、二国間の

---

12 出典：Economist Intelligence Unit's Democracy Index 2022
13 ELN：Ejercito de Liberacion Nacional, National Liberation Army

貿易投資促進を推進していくことを確認した。

（11）ベネズエラ

2018年に実施された大統領選挙の正統性に疑義がある中、2019年にマドゥーロ大統領の就任式が実施された。2020年、主要野党不在のままベネズエラ国会議員選挙が実施され、マドゥーロ政権側が勝利を宣言したが、主要野党を含むベネズエラ国内及び国際社会は、選挙が正当性を欠くとして反発した。日本もベネズエラにおける自由で公正な選挙の早期実施による民主主義の回復を求めている。

2023年10月、ベネズエラ与野党間対話が開催され、2024年大統領選挙を始めとする自由で公正な選挙実施に向けた政治分野の合意が署名された。同合意により、2024年下半期に大統領選挙を実施することや国際選挙監視団を受け入れることが決定した。同月、大統領選挙に向けた野党側の予備選挙が開催され、ベンテ・ベネズエラ党党首であるマリア・コリナ・マチャド氏が2位以下に大きく差をつけ勝利した。

国内の経済・社会情勢及び人道状況の悪化により、ベネズエラ国民が避難民として引き続き周辺国に流入し、その受入れが地域的課題となっている。日本は、避難民を含むベネズエラ国民及び周辺国に対する支援を引き続き実施している。

（12）ボリビア

ボリビアは、天然ガスなどの天然資源の輸出に依存する経済構造に依拠しているが、天然ガスの埋蔵量の急減などを背景に、財政赤字が膨張し、外貨不足が深刻化している。一方、ボリビアにおけるリチウムの推定埋蔵量は世界最大とされており、6月、ボリビア政府は、中国及びロシアの企業との間でリチウムの大規模生産に向けた協定を締結するなど、リチウム探査・採掘に向けた動きを活発化させている。

日本との関係では、秋本外務大臣政務官が6月にボリビアを訪問し、チョケワンカ副大統領やマイタ外相を始めとする政府要人への表敬や会談を行い、二国間関係の一層の強化に向けた取組を行っていくことを確認した。また、同6月、ボリビア政府との間で税関相互支援協定を締結し、同協定は発効した。10月には第6回日・ボリビア政策協議を実施した。

（13）エクアドル

5月、ラッソ大統領は国会を解散し大統領選挙の前倒しを決定した。8月の第1回投票の後、決選投票が10月に実施され、ダニエル・ノボア候補が当選し、11月、同国史上最年少の大統領として就任した。ノボア大統領は、ラッソ前大統領の任期を引き継ぎ2025年5月までという短い期間で、治安、雇用創出、国内外投資誘致、教育・保健システムの改善といった分野で、成果を残すことができるかが課題となっている。

日本との関係では、2023年1月から2年間、エクアドルは日本と共に国連安全保障理事会非常任理事国を務めており、両国間で、現在の厳しい国際情勢への対応や、安保理改革を含む国連の機能強化に向けて連携している。1月、林外務大臣がエクアドルを訪問し外相会談を行い、オルギン外相は、法の支配に基づく自由で開かれた国際秩序の維持・強化のための日本のFOIPの取組への支持を表明した。同外相からの要望を踏まえ、11月に両国で違法・無報告・無規制（IUU）[14]漁業対策として漁業取締船の供与に係る交換公文に署名するなど、一層の連携が進んでいる。

（14）日系社会との連携

日系社会は、中南米諸国の親日感情の基礎となっている一方、移住開始から100年以上を経て世代交代が進んでおり、若い世代とのつながりをどう深めていくかが課題となっている。その中で、外務省は、若手日系人の訪日招へいに加え、各国の若手日系人によるイベント開催

---

14 IUU : Illegal, Unreported and Unregulated

を支援し、ネットワーク作りを後押しするなど、日系社会との連携強化に向けた施策を実施してきている。1月には、これらの施策をより総合的に実施するために「中南米日系社会連携推進室」を設置した（118ページ　コラム参照）。

2月には、中南米13か国から31人の若手日系人・日系社会関係者が訪日し、日本文化及びビジネスに関する交流を行った。10月には中南米5か国から次世代日系人指導者7人が訪日し、森屋宏内閣官房副長官、堀井巌外務副大臣への表敬などを行ったほか、日系社会の現状及び課題などについての議論を行った。また、令和5年度補正予算において、中南米の日系社会との連携によって、中南米における日本理解の促進と地域活性化に資することを目指す事業を実施するため11億円を計上している。

2

しなやかで、揺るぎない地域外交

中南米日系社会との絆

中南米諸国における約310万人の日系社会は、中南米の方々にとって「身近な日本」を感じられる存在であり、日本と中南米諸国との良好な二国間関係の基礎となっています。日系社会の歴史は100年を超えますが、移住者の方々は日本を遠く離れ、環境も文化も異なる土地で多くの苦難を乗り越え、現在では、その後の世代の日系の方々が、社会の様々な分野で活躍しています。1月、外務省は、このような日系社会とのパートナーシップを推進し、日本と中南米諸国との関係を更に強化することを目的に、中南米日系社会連携推進室を設置しました。

同室では、具体的な連携事業の一つとして、10月に次世代日系人指導者招へいを実施しました。これは、各国の日系社会で活躍している、次世代のリーダーとなる日系人の方々が日本を直接体験することにより、日本と中南米の新たな時代の架け橋になっていただくことを目的とした事業です。

2023年は、中南米5か国から7人が訪日しました。ブラジルのアマゾン地域の中心に位置するマナウス市からは、日系三世のエリカ・アケミ・トミオカさんが参加しました。トミオカさんは、日系団体の文化担当理事を務め、日本語や日本祭り、ポップカルチャーなどを通じて日本文化の普及に取り組んでいます。西部アマゾン日伯協会が主催し、トミオカさんが準備に奮闘した第3回「ジャングル祭り」には3.5万人もの方が来場しました。同祭りは北ブラジル最大の日本文化紹介イベントとなっています。

西部アマゾン日伯協会主催のジャングル祭りでオーガナイザーを務める現地の日系人（8月、ブラジル）

トミオカさんは、アマゾン地域では教育において環境を尊重しているが、この価値観は日系人がもたらした面があり、このような点にも日系社会のプレゼンスが現れている、と語ります。また、アマゾン地域にはかつて多くの日本の若者が移住しましたがその意思は現在の日系社会にしっかりと受け継がれていると言われています。マナウスでは日本語教育が非常に盛んであり、ポルトガル語と日本語のバイリンガルで教育を行う州立校があるのはブラジル全土でマナウスのみとなっています。

トミオカさんは、バイリンガル校のコーディネーターも務めていますが、生徒の多くは非日系人です。日本語や日本文化は、日系・非日系を問わず、地域社会の多くの方々に好意的に受け入れられています。

このアマゾン地域のように、中南米の各地で日系社会は大きなプレゼンスを示しています。中南米日系社会連携推進室では、これからも日本と日系社会との絆を強化するため、様々な取組を進めていきます。

トミオカさんがコーディネーターを務めるバイリンガル校で、書道を習う生徒たち（ブラジル）

5 欧州

1 概観

〈価値や原則を共有する欧州との連携の重要性〉

欧州連合（EU）[1]及び欧州各国は、日本にとり、自由、民主主義、法の支配及び人権などの価値や原則を共有する重要なパートナーである。ロシアによるウクライナ侵略を始めとして、既存の国際秩序が脅かされ、地政学的な競争が激化する中、日本及び欧州が重視する価値や原則への挑戦に対応し、法の支配に基づく自由で開かれた国際秩序を守り抜くためには、欧州・大西洋とインド太平洋の安全保障は不可分であるとの認識に基づき、EU及び欧州各国との連携を強化していくことが一層重要になっている。また、気候変動や感染症などの地球規模課題への対応において国際的な協調が求められる中、EU及び欧州各国との連携の必要性は一層高まっている。

欧州各国は、EUを含む枠組みを通じて外交・安全保障、経済、財政などの幅広い分野で共通政策をとり、国際社会の規範形成過程において重要な役割を果たしている。また、言語、歴史、文化・芸術活動、有力メディアやシンクタンクなどを活用した発信力により、国際世論に対して影響力を有している。欧州との連携は、国際社会における日本の存在感や発信力を高める上でも重要である。

〈ロシアによるウクライナ侵略と欧州〉

2022年2月に始まったロシアによるウクライナ侵略に対し、2023年も引き続き厳しい対露制裁、強力なウクライナ支援が続けられた。日本は、G7議長として、ロシアによるウクライナ侵略を一日も早く止めるため、G7が結束して厳しい対露制裁と強力なウクライナ支援を推進するようリーダーシップを発揮した。また、3月の岸田総理大臣のキーウ訪問や5月のゼレンスキー大統領のG7広島サミット出席のための訪日、12月のG7首脳テレビ会議の機会など、日本は首脳・閣僚を含む様々なレベルでウクライナに対する連帯を示すとともに、ウクライナに寄り添った支援を行い、ウクライナと緊密に連携している。

欧州において、ロシアによるウクライナ侵略は最も重要な課題の一つとなっており、対露制裁及びウクライナ支援を推進している。EU、北大西洋条約機構（NATO）[2]及び各国は一致してロシアを強く非難し、金融制裁、個人・団体の渡航禁止、輸出入の制限などの厳しい対露制裁を発動し、ウクライナへの連帯・支援を継続している。

例えば、EUは、マクロ財政支援などの経済支援や欧州平和ファシリティ[3]を通じた防衛装備支援、ウクライナ軍事支援ミッション（EUMAM Ukraine）[4]を通じたウクライナ兵の訓練などの支援を行っている。また、NATOは、ウクライナを支援するための複数年計画の作成に取り組んでいるほか、加盟国が同意し、条件が整えばウクライナにNATO加盟の招待を行うと表明している。英国は、「チャレンジャー2」戦車の供

---

1 EU：European Union
2 NATO：North Atlantic Treaty Organization　詳細については外務省ホームページ参照
　　https://www.mofa.go.jp/mofaj/area/nato/index.html
3 欧州平和ファシリティ：2021年3月に創設された、EUの共通外交・安全保障政策の下で軍事又は防衛活動への資金提供を可能にし、紛争予防、平和構築、国際安全保障強化に対するEUの能力を高めることを目的とする制度
4 EU Military Assistance Mission in support of Ukraine（EUMAM Ukraine）：2022年10月に設置された、EUがウクライナを支援する軍事ミッション。ウクライナ軍に対し、訓練を提供する。

2

与などを含む、総額93億ポンドの軍事的、人道的、経済的支援を実施しており、6月にはウクライナ復興会議を主催した。フランスは、巡航ミサイルや装甲車・軽戦闘車の供与などを含む総額32億ユーロの軍事支援に加えて、人道的、経済的支援を実施した。ドイツは、1月に「レオパルト2」戦車の供与を決定し、総額240億ユーロの軍事的、人道的、経済的支援を実施している。

〈重層的できめ細かな対欧州外交〉

欧州では、ロシアによるウクライナ侵略などを受け、自由、民主主義、法の支配及び人権といった価値や原則、法の支配・国際法の遵守などの重要性が一層認識されてきている。一方、欧州各国の多様性を踏まえ、各国の事情も踏まえたきめ細かなアプローチが求められる。日本は、強く結束した欧州を支持し、重層的かつきめ細かな対欧州外交を実施している。2023年は、新型コロナウイルス感染症（以下「新型コロナ」という。）により制約があった対面の要人往来が再度活発化し、首脳・閣僚の欧州訪問や要人訪日の機会を捉えた会談などを積極的に行い、欧州各国やEU、NATOなどとの緊密な連携を確認した。

岸田総理大臣は1月にフランス、イタリア及び英国を訪問して各国首脳との間で会談を実施し、自由で開かれた国際秩序の維持・強化や安全保障分野での連携の強化を確認した。また、7月には、リトアニアで開催されたNATO首脳会合に前年に続き出席し、欧州・大西洋とインド太平洋の安全保障は不可分であるとの認識を各国と共有し、続いてブリュッセルを訪問し、第29回日・EU定期首脳協議を実施し、法の支配に基づく自由で開かれた国際秩序の堅持・強化に向けた緊密な連携を確認した。

2023年の1年間で、岸田総理大臣は、アルバニア、イタリア、ウクライナ、英国、オランダ、ギリシャ、スウェーデン、チェコ、デンマーク、ドイツ、ノルウェー、フランス、ベルギー、ポーランド、リトアニア、ルーマニアの

首脳との間で会談を実施するなど、欧州各国との連携を確認した。

また、林外務大臣によるミュンヘン安全保障会議出席（2月）、第7回日仏外務・防衛閣僚会合（「2＋2」）出席（5月）、上川外務大臣による第5回日英外務・防衛閣僚会合（「2＋2」）出席（11月）など、安全保障分野においても連携を深めた。

安全保障分野における法的枠組みについては、日英部隊間協力円滑化協定（RAA）[5]が1月に署名され、10月に発効した。また、ドイツとの間で11月に日独物品役務相互提供協定（日独ACSA）[6]の実質合意に至った。

さらに、欧州から青年を招へいする人的・知的交流事業「MIRAI」や、講師派遣、欧州のシンクタンクとの連携といった対外発信事業を実施し、日本やアジアに関する正しい姿の発信や相互理解などを促進している。欧州各国・機関や有識者との間で、政治、安全保障、経済、ビジネスなど幅広い分野で情報共有や意見交換を行い、欧州との重層的な関係強化に取り組んでいる。

② 欧州地域情勢

（1）欧州連合（EU）

EUは、総人口約4億4,800万人を擁し、27加盟国から成る政治・経済統合体であり、法の支配に基づく自由で開かれた国際秩序を維持・強化し、国際社会の共通の課題に共に取り組む、日本の戦略的パートナーである。

〈EUの動き〉

ロシアのウクライナ侵略を受け、EUは2022年2月以降、12回にわたり対露制裁パッケージを採択し、1,900以上の個人・団体に対する資産凍結・渡航制限のほか、金融、運輸、エネルギー、防衛、原材料など、サービス分野での経済制裁、メディアへの制限などを実施した。このうち12月の欧州理事会で発表された

5　RAA：Reciprocal Access Agreement
6　Japan-Germany ACSA：Japan-Germany Acquisition and Cross-Servicing Agreement

第29回日・EU定期首脳協議
（7月13日、ベルギー・ブリュッセル　写真提供：内閣広報室）

第12次制裁パッケージでは、制裁対象者の追加指定に加え、ロシア産ダイヤモンドの輸入禁止など輸出入禁止項目の追加、ロシア産石油製品に係るプライスキャップ制度（上限価格措置）の履行強化などの措置を決定した。また、ウクライナ支援として、EUは、EU加盟国分と合わせて総額約405億ユーロ（うちEUによる支援は約310億ユーロ）の支援をマクロ財政支援、予算支援、緊急支援、危機対応・人道支援などの形式で実施している（2023年11月時点）。2024年2月、欧州理事会は、2024年から2027年までに最大500億ユーロの財政支援を決定した。さらに、軍事支援として、EU加盟国分と合わせて総額270億ユーロ超を拠出しており、うちEUとしては欧州平和ファシリティを通じ、ウクライナ軍に対し防衛目的の殺傷力を有する軍事装備支援を行っているほか、2022年11月に立ち上げたウクライナ軍事支援ミッション（EUMAM Ukraine）を通じて4万人のウクライナ兵の訓練を行っている。ミシェル欧州理事会議長及びフォン・デア・ライエン欧州委員会委員長は2月にキーウを訪問し、第24回EU・ウクライナ首脳会合を開催し、ウクライナに対する支援を必要な限り継続すると表明した。ウクライナのEU加盟に関し、12月、欧州理事会はウクライナの加盟交渉開始を決定した。

また、10月7日以降のイスラエルとハマスなどパレスチナ武装勢力の武力衝突を受け、11月、欧州委員会はパレスチナに対する人道支援を1億ユーロ超まで増額することを決定した。

〈EU・中国関係〉

ミシェル欧州理事会議長及びフォン・デア・ライエン欧州委員会委員長は12月に訪中し、北京で第24回EU・中国首脳協議に出席した。

〈日・EU関係〉

日本とEUは、2019年に発効した日・EU経済連携協定（日EU・EPA）[7]及び暫定的に適用が開始された日・EU戦略的パートナーシップ協定（日EU・SPA）[8]の下、協力を強化している。7月、岸田総理大臣はベルギー・ブリュッセルを訪問し、ミシェル欧州理事会議長及びフォン・デア・ライエン欧州委員会委員長と第29回日・EU定期首脳協議を行った。同首脳協議では、ロシアによるウクライナ侵略、東アジア情勢及び北朝鮮情勢を中心とした国際・地域情勢、安全保障、経済安全保障、デジタル・パートナーシップ、グリーン・エネルギーなどについて意見交換を行い、幅広い分野での日本とEUの連携・協力で一致した。また、EUが日本産食品輸入規制撤廃を決定したことを歓迎し、安全保障分野における協力を新たな段階に引き上げるため、外相級戦略対話の立ち上げを発表した。

岸田総理大臣は、3月、6月及び10月にフォン・デア・ライエン欧州委員会委員長と電話会談を行った。また、10月に欧州委員会が開催したグローバル・ゲートウェイ・フォーラム[9]にビデオメッセージを送る形で参加した。

林外務大臣は、5月、2023年前半のEU議長国であるスウェーデンとEUが共催する「インド太平洋閣僚会合」に出席し、欧州とインド太平洋の安全保障を分けて論じることはでき

7 日EU・EPA：Japan-EU Economic Partnership Agreement
8 日EU・SPA：Japan-EU Strategic Partnership Agreement
9 グローバル・ゲートウェイ：2021年12月、EUは世界全体の持続可能な開発に向けた資金不足解消のため、インフラ開発投資のための新たな連結性戦略「グローバル・ゲートウェイ」を発表した。

ず、法の支配に基づく自由で開かれた国際秩序を堅持するため、同志国が地域の枠を超えた結束を維持していくことが重要であると述べた。また、林外務大臣は、4月のベルギー・ブリュッセルにおけるNATO外相会合の機会に、また、上川外務大臣は11月の東京におけるG7外相会合の機会に、ボレルEU外務・安全保障政策上級代表と日・EU外相会談を行った。

EUは、米国・中国に次ぐ経済規模を有し、日本の輸入相手の第4位、輸出相手の第3位、対日直接投資残高の第2位の位置を占めるなど、経済面でも日本にとって重要なパートナーである。2019年に日EU・EPAが発効したことにより誕生した世界のGDPの約2割を占める巨大な経済圏の下、日・EU間のつながりは一層強いものとなっている。これまで日EU・EPAに基づく合同委員会（2023年4月、林外務大臣とドムブロウスキス欧州委員会上級副委員長との間で開催）や専門委員会・作業部会を通じて協定の各分野における着実な実施及び運用を確保してきている。さらに、6月、EUとのより幅広い戦略的連携を推進する枠組みとして、林外務大臣は、西村康稔経済産業大臣、ドムブロウスキス欧州委員会上級副委員長と共に日・EUハイレベル経済対話を開催し、日・EU経済政策協力、経済安全保障、ルールに基づく公正公平な貿易枠組みなどについて、日本とEUがより一層連携していくことを確認した。また、10月にも、G7大阪・堺貿易大臣会合の機会を捉えて、上川外務大臣は、西村経済産業大臣、ドムブロウスキス欧州委員会上級副委員長と共に同年2回目となる日・EUハイレベル経済対話を開催し、日EU・EPAに「データの自由な流通に関する規定」を含めることに関する交渉が大筋合意に至ったことを確認し、早期署名に向けた作業の加速化について一致した。さらに、直近の懸案事項として、経済的威圧への対処や強靱なサプライチェーンの構築、輸出管理などについても意見交換を行い、G7や同志国間の連携の重要性を確認した。今後も、日・EU経済関係の更なる発展を目指し、日EU・EPAの着実な実施の確保や、日・EUハイレベル経済対話を含むその他の対話枠組みを活用していく。さらに、日・EU間の航空関係の安定的な発展に向けた基盤を整備するための二国間航空協定に関する日・EU協定について、2月に署名が行われ、10月1日に効力が発生した。

（2）英国

1月、スナク首相は、年初の演説において、五つの公約（2023年中のインフレ率の半減、経済成長、政府債務の削減、国民保健サービスの改善、不法移民対策）を掲げ、その実現に向けた取組を推進する方針を表明した。2月、スナク首相とフォン・デア・ライエン欧州委員会委員長は、英国のEU離脱協定の一部を成す北アイルランド議定書に関し、英国本土と北アイルランド間の物品輸送の手続の簡素化などについての新たな合意（「ウィンザー枠組み」）を発表し、英国のEU離脱（BREXIT）以降難しい関係にあった英・EU協力関係の転換点となるものと位置付けた。3月、英国政府は「統合的見直しの刷新」を発表し、「自由で開かれたインド太平洋（FOIP）」のビジョンを支持し、英国のインド太平洋への「傾斜」を達成したとした上で、同地域への関与を英国の国際政策の恒久的な柱と位置付けた。

日英の政府間では、首脳・外相を始め様々なレベルで対話が活発に行われた。岸田総理大臣は、1月に英国を訪問し、スナク首相との間で会談を行い、その際に日英部隊間協力円滑化協定（RAA）に署名した（その後、同協定は、10月

日・EUハイレベル経済対話に出席する林外務大臣（オンライン会議形式）（6月27日、東京）

2

日英首脳会談（5月18日、広島県　写真提供：内閣広報室）

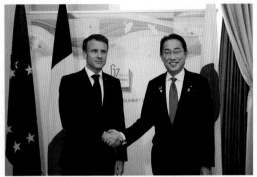

日仏首脳会談（5月19日、広島県　写真提供：内閣広報室）

に発効した。）。また、5月、G7広島サミットの際、日英首脳会談を実施し、両首脳は「強化された日英のグローバルな戦略的パートナーシップに関する広島アコード」を発出した。

外相間では、林外務大臣とクレバリー外務・英連邦・開発相との間で、3月に電話会談、4月のNATO外相会合の際には懇談を行い、同月のG7長野県軽井沢外相会合及び6月の英国でのウクライナ復興会議の際には会談を行った。上川外務大臣とクレバリー外務・英連邦・開発相との間では、9月の国連総会の際に会談を行い、10月にも電話会談を行った。11月のG7外相会合の際、上川外務大臣は、木原稔防衛大臣と共に、クレバリー外務・英連邦・開発相とシャップス国防相の間で、約2年9か月ぶりとなる第5回日英外務・防衛閣僚会合（「2＋2」）を実施した。加えて、上川外務大臣とクレバリー外務・英連邦・開発相との間で、日英人的交流に関する協力覚書が署名され、若者交流を含む様々な分野において両国間の人的交流を促進していくことが確認された。上川外務大臣とキャメロン外務・英連邦・開発相との間では11月に電話会談を行った。

（3）フランス

2月、フランス政府が提出した年金改革法案に反対するデモがフランス全土で行われ、多くの逮捕者を出す事態となった。支持率が伸び悩むマクロン大統領は、7月に内閣改造を行ったものの、小規模なものにとどまった。9月には上院議員選挙が実施され、右派が微減、左派が微増したものの、大勢は変わらない結果となった。

外政面では、フランスは、マクロン大統領のイニシアティブとして、6月に「新たな国際的開発資金取決めのための首脳会合」をパリで開催し、日本から林外務大臣が出席したほか、11月にはパリ平和フォーラム及び各種関連会合を開催し、地球規模課題に関する国際社会の議論を喚起する役割を果たした。また、フランスは、ウクライナ情勢について、対露制裁とウクライナ支援を継続したほか、中東情勢に関し、事態の沈静化などに向けて積極的な外交活動を実施し、マクロン大統領及びコロンナ欧州・外務相は中東諸国を訪問し、11月には「ガザ市民のための国際人道会合」を主催し、日本から深澤陽一外務大臣政務官が出席した。アフリカとは、マクロン大統領は、駐留仏軍を縮小して経済関係を強化するなど、同地域との新しいパートナーシップの構築を目指しているが、旧植民地における反仏感情の高まりや、ロシアの進出に直面している。

日仏関係については、日本政府は、1月1日、インド太平洋地域における地政学上の要衝であるフランス領ニューカレドニアに在ヌメア領事事務所を開設した。

2023年は、首脳・外相を始め様々なレベルで対話が行われた。1月の岸田総理大臣のフランス訪問に始まり、4月、林外務大臣は、G7長野県軽井沢外相会合への出席のため訪日したコロンナ欧州・外務相との間で外相会談を行い、インド太平洋での日仏協力を一層進めていくことで一致した。5月には、林外務大臣は、浜田靖

一防衛大臣と共に、コロンナ欧州・外務相及びルコルニュ軍事相との間で第7回日仏外務・防衛閣僚会合（「2＋2」）をテレビ会議形式で開催した。同月、岸田総理大臣は、G7サミットのため訪日したマクロン大統領と広島で会談し、安全保障・経済分野を含め、幅広い分野で両国の連携を一層深化させることで一致した。また、5年間で100人の日本の起業家をフランスに派遣することを含むスタートアップ分野での協力や、民生原子力に関する協力を進展させることで一致した。6月、林外務大臣は、「新たな国際的開発資金取決めのための首脳会合」に出席するためパリを訪問した際、コロンナ欧州・外務相と会談し、外交分野における経済安全保障に関する作業部会を立ち上げることで一致した。9月、国連総会の際、上川外務大臣は、コロンナ欧州・外務相と両外相間では初めてとなる外相会談を行った。10月、岸田総理大臣及び上川外務大臣は、それぞれマクロン大統領、コロンナ欧州・外務相と電話会談を実施し、中東情勢に関して意見交換を行った。11月、上川外務大臣は、G7外相会合に出席するため訪日したコロンナ欧州・外務相との間で会談を実施した。12月、岸田総理大臣は、国連気候変動枠組条約第28回締約国会議（COP28）に出席するためアラブ首長国連邦・ドバイを訪問中、マクロン大統領と電話会談を行い、「特別なパートナーシップ」の下での日仏協力のロードマップを発出した。

（4）ドイツ

社会民主党（SPD）、緑の党、自由民主党（FDP）による三党連立（いわゆる「信号連立」）政権は、外交面では、ウクライナ情勢に関して、1月に「レオパルド2」戦車の供与を決定するなど、引き続きその対応に集中的に取り組んだ。また、イスラエル・パレスチナ情勢をめぐっては、ショルツ首相やベアボック外相がイスラエルを訪問して同国への連帯を示しつつ、ガザ地区の人道状況の改善に向けて働きかけるなど、情勢の緩和に向けて対応した。ドイツ国内では、エネルギー価格・物価高騰、移民問題などを背景に与党三党の合計支持率が5割

第1回日独政府間協議（3月18日、東京　写真提供：内閣広報室）

を切る状況が常態化する中、政権批判を強める野党キリスト教民主・社会同盟（CDU/CSU）に加え、極右「ドイツのための選択肢（AfD）」の支持率が大きく上昇した。4州（ベルリン州、バイエルン州、ヘッセン州、ブレーメン州）において州議会選挙が実施され、SPD、FDP、緑の党は多くの州で苦戦を強いられた一方で、AfDが多くの州で伸張した。11月、連邦政府が新型コロナ緊急事態対応のため計上した600億ユーロを2023年以降に国内の気候変動対策に使用することを内容とする2021年第二次補正予算に対し、ドイツ憲法裁判所が違憲とする判決を下したことで、政府が予算の成立に向けた対応に窮する状況が発生した。内政における不確実性が高まっており、今後の動向が注目される。

日本との関係では、3月に経済安全保障を中心テーマとして、初となる日独政府間協議が実施され、ショルツ首相、ハーベック副首相兼経済・気候保護相、リントナー財務相、ベアボック外相、フェーザー内務・故郷相、ピストリウス国防相、ヴィッシング交通・デジタル相が一挙に訪日し、日独首脳会談を始めとする各閣僚間での二国間会談や、両国の関係閣僚が一堂に会する全体会合などが行われた。また、日本が議長国を務めたG7プロセスの中でもドイツ要人の訪日が相次ぎ、例えば、5月の広島サミットの機会にはショルツ首相が、4月及び11月に開催されたG7外相会合の機会にはベアボック外相が訪日し、二国間会談において、FOIPの実現やウクライナ情勢への対応などにおいて引き続き緊密に連携することを確認するなど、

基本的価値を共有する重要なパートナーとしての日独関係が一段と強化された。また、9月には、自衛隊とドイツ軍隊との間の共同活動を促進するための法的枠組みとして、日独物品役務相互提供協定（日独ACSA）の締結に向けた日独政府間の正式交渉を開始し、11月に実質合意に至った。

(5) イタリア

メローニ政権は、発足直後から、ロシアによるウクライナ侵略に関し、ウクライナに対する支持及び支援継続を明言し、EUと建設的な関係を維持して復興・強靱化国家計画の追加資金の獲得につなげるなど、外交・経済面では欧米協調路線を打ち出した。内政面では、国民生活を直撃する物価の高騰や、非正規移民の急増もあり、発足当初50％台であった政権支持率は徐々に低下しているものの、40％台を維持している。近年左派が州政を担っていたラツィオ州（州都：ローマ）においても、連立与党である中道右派の統一候補が勝利するなど、中道右派が地方レベルでも議席を増やしている。

日本との関係では、1月の岸田総理大臣のイタリア訪問において、日伊関係が戦略的パートナーシップに格上げされたことを踏まえ、首相・外相を始め様々なレベルで対話が行われた。林外務大臣は、2月、ウクライナに関する国連総会緊急特別会合及び国連安全保障理事会（安保理）閣僚級討論に出席するため訪問したニューヨークで、及び4月のG7長野県軽井沢外相会合の際、タヤーニ外務・国際協力相と会談し、G7議長国を引き継ぐ日本とイタリアが、戦略的パートナーとして連携を一層強化していくことの重要性を確認した。

岸田総理大臣は、5月、G7広島サミットに出席するため訪日したメローニ首相と会談を行い、防衛・安全保障、経済分野を含め、幅広い分野で両国の連携を一層深化させることで一致した。さらに、両首相は、映画共同製作協定の交渉妥結を歓迎し、6月には、林外務大臣が、訪日したサンジュリアーノ文化相との間で同協定に署名した。

日伊首脳会談（5月18日、広島県　写真提供：内閣広報室）

11月、上川外務大臣は、G7外相会合に出席するため訪日したタヤーニ外務・国際協力相と懇談する中で、中東情勢を始めとする喫緊の国際情勢について意見交換を行い、様々なレベルでG7議長国としての引継ぎを行うことを確認した。12月、岸田総理大臣は、COP28に出席するためアラブ首長国連邦・ドバイを訪問中、メローニ首相との間で会談を行い、イタリア議長国下のG7においても、2023年のG7での議論を継続していくため、両国間で緊密に連携していくことで一致した。さらに、2024年2月にはメローニ首相が訪日し、岸田総理大臣と会談を行い、イタリアが議長を務める2024年のG7の成功に向けた連携や、近年飛躍的に進展している日伊関係の更なる推進を念頭に、二国間関係、地域情勢、国際社会の諸課題への対応について議論し、幅広い分野で緊密に協力していくことで一致した。

(6) スペイン

7月23日に上下両院議員選挙が実施され、野党国民党（PP）が第一党になったが、PPのフェイホー党首は、9月の下院での首相信任投票で所定の票数を獲得できなかった。しかし、10月に与党社会労働者党（PSOE）のサンチェス暫定首相が次期首相候補に指名され、11月にカタルーニャ州やバスク州の地域主義政党を含む左派政党の支持を得て、下院で信任され、首相に再任された。

日本との関係では、2018年に両国の首脳間で格上げに一致した戦略的パートナーシップの

日・スペイン外相会談（2月23日、米国・ニューヨーク）

ドゥダ大統領との日・ポーランド首脳会談
（3月22日、ポーランド・ワルシャワ　写真提供：内閣広報室）

下、連携を強化している。2月には、ニューヨークでのウクライナに関する国連特別会合に出席した林外務大臣が、アルバレス外相との間で会談を実施し、2023年にG7議長国及び安保理非常任理事国を務める日本と、同年後半にEU議長国を務めるスペインの、法の支配に基づく国際秩序を守り抜くための連携などについて議論を行った。また、11月にはスペイン・サラマンカで第23回日本・スペイン・シンポジウムが開催されるなど、官民双方における協力が進展した。

（7）ポーランド

10月に総選挙が行われ、与党「法と正義（PiS）」は下院で第一党となったものの過半数には届かず、12月に「市民プラットフォーム（PO）」党首であるトゥスク氏を首班とする新連立政権が成立した。

ロシアによるウクライナ侵略に対しては、ポーランドがウクライナの隣国として積極的に対応し、対ウクライナ支援のハブとして大きな役割を果たしている。この侵略の長期化により、多くのウクライナ避難民を受け入れているポーランドの負担や脆弱性が高まっているため、日本は、これを軽減し、ウクライナへの人道、復旧・復興支援を効果的に行うとの観点から、2月、ポーランドに直接、政府開発援助（ODA）を供与することを決定した。

日本との関係では、ハイレベルでの往来が頻繁に行われた。3月、日本の総理大臣としては10年ぶりにポーランドを訪問した岸田総理大

臣は、ドゥダ大統領及びモラヴィエツキ首相とそれぞれ首脳会談を実施し、自身のウクライナ訪問に当たってのポーランドの協力に謝意を表明し、ウクライナ情勢や二国間関係の更なる進展に向けた方途などについて率直な意見交換を行った。4月、NATO外相会合に出席するためベルギーを訪問した林外務大臣は、ラウ外相と会談を実施した。5月にはラウ外相が訪日し（6年ぶりの外相訪日）、林外務大臣との間で会談などを行った。7月にも、岸田総理大臣はポーランドを訪問し、モラヴィエツキ首相と首脳会談を行い、経済関係を更に強化していくことやウクライナやインド太平洋の地域情勢についても両国間で連携を進めることで一致した。さらに、9月、林外務大臣がポーランドを訪問し、ラウ外相との間で2023年3度目となる会談を行った。2024年1月、上川外務大臣は、新政権発足後のポーランドを訪問した。ドゥダ大統領への表敬及びシコルスキ外相との間での初の外相会談を実施し、新政権との間でも引き続き戦略的パートナーシップ関係を強化していくことを確認した。

（8）ウクライナ

2022年2月に開始されたロシアによるウクライナ侵略が続く中、2023年1月6日に日・ウクライナ首脳電話会談を実施し、岸田総理大臣からゼレンスキー大統領に対して、日本は同年のG7議長国として積極的な役割を果たしていくことを伝達した。さらに、2月18日、ミュンヘン安全保障会議に出席するためドイツを訪

日・ウクライナ首脳会談
（3月22日、ウクライナ・キーウ　写真提供：内閣広報室）

ゼレンスキー大統領を表敬する林外務大臣（9月9日、ウクライナ・キーウ）

問した林外務大臣は、クレーバ外相と外相会談を行った。

　侵略開始から1年に当たる2月24日には、岸田総理大臣はG7首脳テレビ会議を主催した。会議の冒頭にはゼレンスキー大統領が発言し、その後、G7首脳間で議論が行われ、会合後にG7首脳声明を発出した。また、林外務大臣は、ニューヨークで開催されたウクライナに関する国連総会緊急特別会合（同月23日）及び安保理閣僚級討論（同月24日）に出席した。

　3月21日、岸田総理大臣は、ウクライナを訪問し、ゼレンスキー大統領との首脳会談を行い、両首脳は、連携をこれまで以上に強化することで一致し、「特別なグローバル・パートナーシップに関する共同声明」を発出した。また、同日、岸田総理大臣は、キーウ市郊外のブチャ市を訪問し、戦死者慰霊記念碑への献花を行った。

　4月4日、NATO外相会合に出席するためベルギーを訪問した林外務大臣は、クレーバ外相と外相会談を行った。また、5月12日、日本の官民によるウクライナ復興の促進について関係省庁の緊密な連携を図ることを目的としたウクライナ経済復興推進準備会議が設置され、2023年に3回開催された。

　5月19日から21日まで開催されたG7広島サミットでは、G7首脳はウクライナ情勢についても議論し、「ウクライナに関するG7首脳声明」を発出した。また、同月20日から21日までゼレンスキー大統領が訪日し、G7首脳と

のウクライナに関するセッションに参加したほか、G7首脳及び招待国首脳と共に平和と安定に関するセッションに参加した（2ページ　巻頭特集、及び286ページ　第3章第3節3（1）参照）。また、岸田総理大臣は、ゼレンスキー大統領と首脳会談を行い、ウクライナとの協力を一層拡大・深化させていきたい、G7広島サミット及び同首脳会談の成果を踏まえ、G7議長国としてリーダーシップを発揮していくと述べた。そのほか、ゼレンスキー大統領は、広島平和記念資料館を訪問し、岸田総理大臣と共に原爆死没者慰霊碑への献花を行った。

　6月9日の日・ウクライナ首脳電話会談では、同月発生したウクライナのカホフカ水力発電所ダム決壊の影響などについて意見交換を行った。また、6月15日から20日、クブラコフ復興担当副首相兼地方自治体・国土・インフラ発展相が訪日し、G7三重・伊勢志摩交通大臣会合に出席し、関係者との意見交換を行った。同月21日、林外務大臣は、ウクライナ復興会議（英国・ロンドン）に出席し、シュミハリ首相への表敬を行った。

　7月に開催されたNATO首脳会合（リトアニア・ビリニュス）においては、「ウクライナ支援に関する共同宣言」が発表され、岸田総理大臣を含むG7首脳及びゼレンスキー大統領が出席し発出式が開催された（10月7日、同「共同宣言」に基づく日・ウクライナ間の二国間文書の作成に係る初回交渉を実施）。これに続き、8月29日にも日・ウクライナ首脳電話会談を実施した。

　9月9日、林外務大臣が日本企業関係者と共

にウクライナを訪問し、ゼレンスキー大統領及びシュミハリ首相への表敬、並びに外相会談を行った。ゼレンスキー大統領表敬に際しては、林外務大臣から、今回、企業関係者が同行したことを契機に、2024年初めに予定される日・ウクライナ経済復興推進会議も念頭に、官民を挙げてウクライナの復旧・復興を支援していきたいと述べた。同訪問において、林外務大臣は、キーウ市郊外のブチャ市を訪問するとともに、ウクライナ非常事態庁へのクレーン付トラック供与式に出席した。さらに、9月20日、国連総会出席のためニューヨーク訪問中の岸田総理大臣が、効果的な多国間主義とウクライナ情勢に関する国連安保理首脳級会合に出席（上川外務大臣同席）したほか、上川外務大臣がクレーバ外相と外相会談を行った。10月3日、岸田総理大臣は、バイデン米国大統領の呼びかけを受けて、ほかの同志国と共にウクライナ情勢に関する首脳電話会議に出席した。

11月8日の日・ウクライナ首脳電話会談において、両首脳は、日・ウクライナ経済復興推進会議を2024年2月19日東京で開催することで一致した。また、11月20日、辻清人外務副大臣及び岩田和親経済産業副大臣は、日本企業関係者と共にウクライナを訪問し、シュミハリ首相など政府関係者及び商工会などのウクライナの企業関係者と復旧・復興に関する取組を中心に意見交換を実施した。

12月6日、岸田総理大臣はG7首脳テレビ会議を主催した。会議の冒頭にはゼレンスキー大統領が発言し、その後G7首脳間で議論が行われ、G7のウクライナに対する揺るぎない連帯を改めて確認し、G7首脳は、引き続き結束して対露制裁とウクライナ支援を強力に推進していくことで一致した。

2024年1月7日、上川外務大臣がウクライナを訪問し、ゼレンスキー大統領及びシュミハリ首相への表敬、並びにクレーバ外相との外相会談を行った。上川外務大臣から、ウクライナ

日・ウクライナ外相共同記者会見。空襲警報発令のため、急遽、地下シェルターで行われた。（2024年1月7日、ウクライナ・キーウ）

に寄り添う姿勢は揺るがないとの日本の基本的な立場を直接伝達した。また上川外務大臣は、NATO信託基金に新たに約3,700万ドルを拠出し対無人航空機検知システムなどを供与することを表明したほか、越冬支援として可動式ガスタービン発電機5基の供与及び大型変圧器7基の輸送支援に係る供与式に出席した。同訪問において、上川外務大臣は、ブチャ市訪問及び同市付近にあるイルピニ川に架かる橋の視察を行った。また、キーウ駅構内に国際連合児童基金（UNICEF）[10]により設置された女性や子もたちへの支援を行う施設を視察し、ウクライナに常駐する国際機関代表など関係者との間で意見交換を行った。

2024年2月19日、シュミハリ首相の参加も得て、日・ウクライナ経済復興推進会議を東京で開催した。同会議首脳セッションにおいて、岸田総理大臣は、ウクライナ支援を両国及び世界の未来への投資と位置付けた上で、ウクライナが復興を成し遂げることは、日本、そして国際社会全体の利益であることを強調し、日本として、官民一体となってウクライナの復旧・復興を支えていくことを表明した。同会議では、その成果として、官民合わせて56本の協力文書を成果として打ち出した。また、同会議では、上川外務大臣が女性・平和・安全保障（WPS）[11]セッションを主催し、復旧・復興に

10　UNICEF：United Nations Children's Fund
11　WPS：Women, Peace and Security

女性・子どもの視点を組み込むため、ウクライナ政府、企業、市民社会の現場で活躍する女性と有機的な議論を実施した。同会議は、国際社会に対して、対ウクライナ支援継続の必要性に関する力強いメッセージを発出する機会となった。同日、シュミハリ首相は、岸田総理大臣との会談、林官房長官との夕食会及び上川外務大臣との懇談を行った。岸田総理大臣から同首相に、同会議は官民合わせて50本を超える協力文書を発表するなど目覚ましい成果を挙げたと述べ、両者は、同首相の訪日及び同会議の成果をしっかりとフォローアップしていくことで一致した。また、上川外務大臣と同首相の間でも、二国間関係及び国際場裡での協力を一層強化するため、政府間で連携していくことで一致した（26ページ　特集参照）。

　今後も、日本政府として、一日も早くロシアの侵略を止め、ウクライナに公正かつ永続的な平和を実現するため、厳しい対露制裁及び強力なウクライナ支援を継続するとともに、日・ウクライナ経済復興推進会議の成果を踏まえ、ウクライナの復旧・復興に係る官民一体となった取組を加速化していく。

ストルテンベルグNATO事務総長と握手をする岸田総理大臣
（7月12日、ベルギー・ブリュッセル　写真提供：内閣広報室）

日・フィンランド外相会談後の共同記者会見
（2024年1月9日　フィンランド・ヘルシンキ）

③ 地域機関との協力及びアジア欧州会合（ASEM）[12]

（1）北大西洋条約機構（NATO）との協力

　NATOは、加盟国の集団防衛を目的とする組織であり、加盟国の防衛のほか、治安維持活動、テロ対策など、加盟国の領土及び国民の安全保障上の直接の脅威となり得る域外の危機管理や、域外国・機関との協力による協調的安全保障に取り組んでいる。ロシアによるウクライナ侵略を受け、2022年に、これまで軍事非同盟を基本としてきたフィンランド及びスウェーデンがNATO加盟を申請し、2023年4月にフィンランドの、2024年3月にスウェーデンの加盟が実現した。

　既存の国際秩序が重大な挑戦を受けている中、欧州・大西洋とインド太平洋の安全保障は不可分であるとの認識の下、日・NATO間の協力の重要性が高まっている。1月には6年ぶりにストルテンベルグNATO事務総長が訪日した。3月、トルコ南東部を震源とする地震被害に対し、トルコ政府及びNATOからの要請を踏まえ、日本は、自衛隊機を派遣し、緊急援助物資の輸送を実施した。NATOと連携して実施する国際緊急援助活動は今回が初めてである。また、3月、ロシアによる侵略を受けるウクライナを支援するため、殺傷性のない装備品の供与を実施するため、NATOの信託基金に対して3,000万ドルを拠出することを発表した。4月のNATO外相会合には林外務大臣が、また、7月のNATO首脳会合には岸田総理大

臣が、いずれも2年連続で出席した。岸田総理大臣は、同首脳会合の際にストルテンベルグNATO事務総長と会談し、両者は、日・NATO間の新たな協力文書である「国別適合パートナーシップ計画（ITPP）」[13]の合意を発表した（本ページ　特集参照）。

（2）欧州安全保障協力機構（OSCE）[14]との協力

OSCEは、欧州、中央アジア・コーカサス、北米地域の57か国が参加し、包括的アプローチにより紛争予防、危機管理、紛争後の復興・再建などを通じて、参加国間の相違を橋渡しをし、信頼醸成を行う地域安全保障機構である。日本は、1992年以降、「協力のためのアジア・パートナー」としてOSCEと協力しており、アフガニスタン及び中央アジア諸国の国境管理強化によるテロ防止や税関職員の能力強化、ウクライナ及びその周辺国における紛争における女性のリーダーシップ能力強化や、人身売買防止の能力強化などへの支援を行っている。また、2022年のロシアによるウクライナ侵略以

特集 SPECIAL FEATURE

日・NATO協力の進展

2023年は、日本と北大西洋条約機構（NATO）の協力関係が一層進展する年となりました。

岸田総理大臣は7月のNATO首脳会合に2年連続で参加し、欧州・大西洋とインド太平洋の安全保障は不可分であるとの力強いメッセージを発信するとともに、同首脳会合の際に、日・NATOの新たな協力文書である国別適合パートナーシップ計画（ITPP：Individually Tailored Partnership Programme）の合意を発表しました。

NATO首脳会合パートナー・セッションに出席する岸田総理大臣（7月12日、リトアニア・ビリニュス　写真提供：内閣広報室）

ITPPは、日・NATO協力を新たな高みへと引き上げるため、（1）新たな安全保障課題、（2）従来からの安全保障課題、（3）協力活動の拡大、（4）基本的価値の促進を四つの優先課題として、その下で、サイバー、戦略的コミュニケーション、科学・技術を始めとする16の具体的な協力分野を掲げています。

ITPPに基づき、例えばサイバー分野では、11月に初の日・NATOサイバー対話が開催され、双方のサイバー政策、サイバー分野における協力などについて意見交換を行いました。同月、科学・技術に関する日・NATO間の協力を推進するためのNATO SPS（平和と安全保障のための科学：Science for Peace and Security）プログラム「インフォメーション・デイ」を実施しました。また、NATO本部への女性自衛官の派遣、相互の各種演習・訓練へのオブザーバー参加などの実務的な協力を引き続き実施しています。

変わりゆく国際安全保障環境に対応し、法の支配に基づく国際秩序を維持・強化していくため、日本は、基本的価値と戦略的利益を共有するパートナーであるNATOとの間で戦略的な連携を着実に強化していきます。

---

13 ITPP：Individually Tailored Partnership Programme
14 OSCE：Organization for Security and Co-operation in Europe

前から、OSCEはウクライナの状況改善のため重要な役割を果たしており、日本はOSCE特別監視団（SMM）に財政支援及び専門家の派遣を行ってきた（専門家は2015年8月から断続的に派遣、2022年2月に派遣終了）。

日本は、OSCEの外相理事会に毎年出席してきており、12月に北マケドニアで開催された同理事会には深澤外務大臣政務官が参加した。同理事会において深澤外務大臣政務官は、包括的なアプローチで課題に取り組むOSCEとの間で、一層の連携を強化していくと述べた。

（3）欧州評議会（CoE）[15]との協力

CoEは、民主主義、人権、法の支配の分野での国際基準の策定に重要な役割を果たす、欧州46か国が加盟する国際機関である。日本は、1996年以来アジア唯一のオブザーバー国として専門的知見の提供及び会合開催協力により貢献している。

5月に開催された第4回CoEサミットでは岸田総理大臣からメッセージを発出し、日本が基本的な価値と原則を共有するCoEとの協力関係を深めてきたことに言及するとともに、ロシアのウクライナ侵略により生じた損害を登録する機関の設立を歓迎し、今後の議論に積極的に参加することを表明した。

（4）アジア欧州会合（ASEM）[16]における協力

ASEMは、アジアと欧州との対話と協力を深める唯一のフォーラムとして、1996年に設立され、51か国・2機関を参加メンバーとして首脳会合と外相会合を始めとする各種閣僚会合及び各種セミナーの開催などを通じて、（1）政治、（2）経済及び（3）文化・社会その他を3本柱として活動している。

ASEMにおける唯一の常設機関であるアジア欧州財団（ASEF）[17]はシンガポールにあり、柱の一つである社会・文化分野の活動を担っている。

日本はASEFの感染症対策のための医療用個人防護具（PPE）及び抗ウイルス剤などの備蓄事業を支援し、ASEM参加国への備蓄物資の緊急輸送や、緊急対応能力構築のためのワークショップ及び公衆衛生ネットワーク事業の実施に協力している。この一環として、2月にはASEFと共催で「薬剤耐性（AMR）及びパンデミック時代におけるユニバーサル・ヘルス・カバレッジ（UHC）に関するハイレベル会合」を東京で開催した。また、6月にはフィンランドで「パンデミックと経済2023：パンデミック対応力の高い社会」会合が開催された。日本の拠出金によるASEFの「新型コロナなど感染症の感染拡大防止のための支援事業」の下、世界保健機関（WHO）[18]を通じて、ウクライナ及びウクライナ避難民を受け入れている周辺国（ASEM参加国のポーランド、ルーマニア、ハンガリー、スロバキア、チェコ、ブルガリア及び非ASEM参加国モルドバ）に対し、感染症対策のための医薬品、医療用個人防護具及び医療機器などを提供した。

また、日本は、ASEFとの共催によるクラスルーム・ネットワーク事業の実施、ASEFへの拠出金の支出などを通じて、ASEMの活動に貢献した。

2

しなやかで、揺るぎない地域外交

15　CoE：Council of Europe
16　ASEM：Asia-Europe Meeting
17　ASEF：Asia-Europe Foundation
18　WHO：World Health Organization

その他の欧州地域

【北欧諸国】

<u>アイスランド</u>：11月、上川外務大臣は、Women Political Leaders（WPL）[19]、アイスランド政府及び同国議会が主催する「レイキャビク・グローバル・フォーラム2023」にビデオ・メッセージを寄せる形で参加した。

<u>スウェーデン</u>：林外務大臣は、4月、ベルギーで開催されたNATO外相会合の際、ビルストロム外相と懇談を行ったほか、5月、EU・スウェーデン共催インド太平洋閣僚会合に出席するためスウェーデンを訪問し、同外相と会談を行った。また、6月、林外務大臣は、訪日したヨンソン国防相と会談を行った。7月、NATO首脳会合出席のためリトアニアを訪問した岸田総理大臣は、クリステション首相と両首脳間で初めてとなる首脳会談を行い、安全保障面での二国間協力を一層強化していくことで一致した。2024年1月、上川外務大臣はスウェーデンを訪問し、日・スウェーデン外相会談などを行った。

<u>デンマーク</u>：10月、岸田総理大臣は、訪日したフレデリクセン首相と両首脳間で初めてとなる首脳会談を行い、両首脳は、日・デンマーク戦略的パートナーシップの深化に関する首脳共同声明及び共同戦略行動計画を発出した。

<u>ノルウェー</u>：12月、岸田総理大臣は、訪日したストーレ首相と両首脳間で初めてとなる会談を行い、両首脳は、日・ノルウェー戦略的パートナーシップに関する共同声明を発出した。

<u>フィンランド</u>：4月、ベルギーで開催されたNATO外相会合で、フィンランドのNATO加盟が実現した。5月、EU・スウェーデン共催インド太平洋閣僚会合に出席するためスウェーデンを訪問した林外務大臣は、ハーヴィスト外相と会談を行った。8月、日・フィンランド・ワーキング・ホリデー協定が発効した。2024年1月、上川外務大臣はフィンランドを訪問し、日・フィンランド外相会談などを行った。

【ベネルクス三国】

<u>オランダ</u>：2月、林外務大臣は、ニューヨークで開催されたウクライナに関する国連総会緊急特別会合の際、フックストラ副首相兼外相と会談を実施した。さらに、9月、岸田総理大臣は、G20ニューデリー・サミットの際、ルッテ首相と両首脳間で初めてとなる首脳会談を行い、安全保障を含む分野での連携の強化を確認した。10月、日本・オランダ平和交流事業を実施した。2024年1月、上川外務大臣はオランダを訪問し、ルッテ首相表敬や、日・オランダ外相会談などを行った。

<u>ベルギー</u>：4月、林外務大臣は、NATO外相会合に出席するためベルギーを訪問し、ラビブ外相との間で会談を実施した。また、7月、岸田総理大臣は、日・EU定期首脳協議に出席するためベルギーを訪問し、ドゥ=クロー首相との間で、両首脳間で初めてとなる首脳会談を行い、二国間関係の強化に加え、様々な国際的課題に対処していく上で、両国が緊密に連携していくことを確認した。

<u>ルクセンブルク</u>：4月、林外務大臣は、ベルギーで開催されたNATO外相会合の際、アセルボーン外務・欧州相との間で外相会談を行った。

【バルト三国】

<u>エストニア</u>：2月、林外務大臣は、ドイツで開催されたミュンヘン安全保障会議の際、レインサル外相と外相会談を行った。

<u>ラトビア</u>：2月、ミュンヘン安全保障会議に出席するためにドイツを訪問した林外務大臣は、リンケービッチ外相と会談を行った。5月、EU・スウェーデン共催インド太平洋閣僚会合に出席するためスウェーデンを訪問した林外務大臣は、同外相と会談を行った。8月には、日・ラトビア・ワーキング・ホリデー協定が発効した。

<u>リトアニア</u>：林外務大臣は、2月、ミュンヘン安全保障会議に出席するために訪問したドイツにおいて、ランズベルギス外相と会談を行い、5月、ミュンヘン・リーダーズ・ミーティングに出席するため訪日した同外相と会談を行った。7月、岸田総理大臣は、NATO首脳会合に出席するためリトアニアを訪問し、シモニーテ首相及びナウセーダ大統領と会談を行った。また、その際、岸田総理大臣は、エストニア・ラトビア・リトアニアの首相と日・バルト首脳立ち話を行い、日本とバルト三国との連携強化で一致した。

19　WPLは女性政治家の国際的ネットワークであり、女性の政治的リーダーの数と影響力の増加を目的に活動している団体。2013年、元欧州議会副議長のシルヴァナ・コッホ・メーリンによって創設された。上川外務大臣は2016年からWPLアンバサダーを務めている。

<u>アイルランド</u>：6月、林外務大臣は、英国で開催されたウクライナ復興会議の際、マーティン副首相兼外務・国防相と会談を行った。

<u>アンドラ</u>：5月、内閣が改造され、インマ・トール・ファウス外相が再任した。11月、深澤外務大臣政務官は、OSCE外相理事会の際、ファウス外相を表敬した。

<u>サンマリノ</u>：サンマリノの国家元首として、4月にスカラーノ執政とトンニーニ執政が就任し、10月にタマニーナ執政とトロイナ執政が就任した。

<u>バチカン</u>：1月、イタリアを訪問中の岸田総理大臣は、2022年12月末のベネディクト16世名誉教皇台下の崩御に際して弔意を表し、供花を行った。

<u>ポルトガル</u>：4月、林外務大臣は、ベルギーで開催されたNATO外相会合の際、ゴメス・クラヴィーニョ外相と外相会談を行った。9月、上川外務大臣は、ニューヨークで開催された国連総会の際、同外相と会談を行った。

<u>マルタ</u>：2月、林外務大臣は、ニューヨークで開催されたウクライナに関する国連特別会合の際、ボージュ外務・欧州・貿易相と会談した。10月には、マルタで第3回ウクライナに関する国家安全保障担当補佐官会議が開催され、秋葉国家安全保障局長が出席した。2024年1月1日には、在マルタ兼勤駐在官事務所が開設された。これにより、日・マルタ間の一層緊密な関係の構築及び連携の推進に向けた環境が整備されることが期待される（139ページ　コラム参照）。

<u>モナコ</u>：8月、髙木毅衆議院国対委員長率いる議員団がモナコを訪問し、ダルトゥ国務相を表敬した。

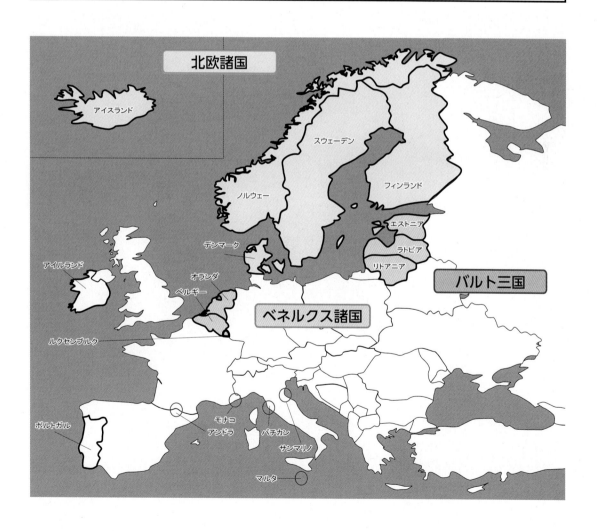

【V4】

　日本とV4各国（スロバキア、チェコ、ポーランド、ハンガリー）との二国間関係は長い歴史があり、伝統的に良好である。ウクライナの近隣国であり自由、民主主義、法の支配や人権といった基本的価値や原則を共有するV4との連携は重要である。3月に第12回「V4＋日本」政策対話を開催し、幅広い分野での連携強化を確認した。

スロバキア（6月までV4議長国）：2月に林外務大臣はカーチェル外相とニューヨークで外相会談を実施したほか、山田賢司外務副大臣が、5月に訪日したブロツコヴァー外務・欧州問題副相と会談を行うなど、外交関係開設30周年の節目の年に様々なレベルで交流が活発化した。

チェコ（7月からV4議長国）：7月に岸田総理大臣がパヴェル大統領とリトアニアで首脳会談を実施し、地域情勢のみならず経済安全保障分野でも連携を進めることで一致した。そのほか、下院外交委員一行（4月）、バルトシュ副首相兼デジタル担当相（6月）、ヴァーレク副首相兼保健相（10月）、フィシェル上院外務委員長（10月）が訪日し、外交関係開設30周年の節目の年に政府間及び議会間で連携が強化された。

ポーランド：※126ページ　2（7）ポーランド参照

ハンガリー：2月に林外務大臣はシーヤールトー外務貿易相とニューヨークで外相会談を実施したほか、7月には同外務貿易相が訪日し、林外務大臣と外相会談を実施した。

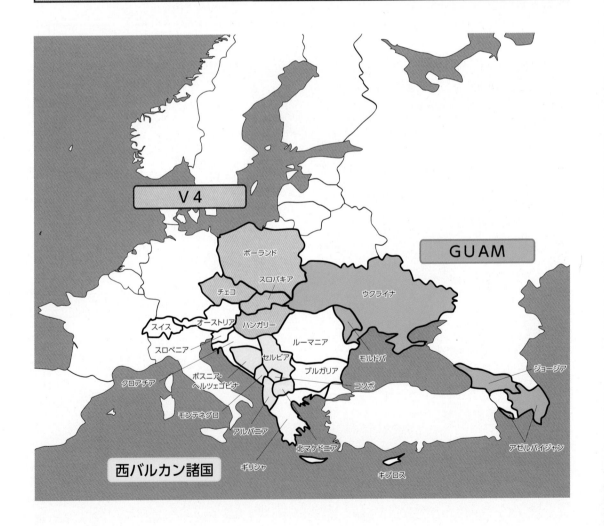

【西バルカン諸国】

西バルカン地域では、ボスニア・ヘルツェゴビナを構成する二つの主体（エンティティ）の一つであるスルプスカ共和国の分離主義的行動の激化や、セルビア・コソボ間の関係正常化に向けた対話の停滞など、和平履行や民族間の対立についての懸念が依然として残っているものの、各国はEU加盟に向けた改革に取り組むなど、全体として、安定と発展に向けて進展した。「西バルカン協力イニシアティブ」[20]の一環で、日本は、西バルカン諸国政府により設立された西バルカン基金との協力事業として、11月に西バルカン各国からの参加者を得て、偽情報への対応をテーマとした地域間会合を開催したほか、西バルカン地域青年協力機構との協力事業として、平和構築をテーマとするオンライン青年交流を実施した。

また、同イニシアティブの下、活発なハイレベルの対話が実現した。岸田総理大臣は、2月に、訪日したラマ・アルバニア首相と会談し、両首脳は、ロシアによるウクライナ侵略への対応の重要性や、東シナ海及び南シナ海における力を背景とした一方的な現状変更の試みへの対応の必要性などで一致するとともに、北朝鮮の核・ミサイル活動の活発化への深刻な懸念を共有し、日本とアルバニアが共に国連安保理非常任理事国を務めることも踏まえ、国連を始めとする国際場裡での協力を一層強化することで一致した。そのほか、12月、OSCE外相理事会への出席のため北マケドニアを訪問していた深澤外務大臣政務官は、オスマニ外相と会談を行った。

スロベニア：9月に、上川外務大臣が、国連総会ハイレベル・ウィーク出席のため米国を訪問中に、ファヨン副首相兼外務・欧州相と会談を実施した。

ルーマニア：3月に、岸田総理大臣がヨハニス大統領と、林外務大臣がアウレスク外相とそれぞれ訪日中に会談し、二国間関係を戦略的パートナーシップに格上げした（137ページ　コラム参照）。6月には、吉川ゆうみ外務大臣政務官がルーマニアを訪問し、日本の技術によって建設されたブライラ橋の開設式典に出席した。9月には、ブカレストで開催された三海域イニシアティブ首脳会合に、岸田総理大臣がビデオメッセージを送る形で参加した。また、10月には、辻外務副大臣がルーマニアを訪問、アウレスク大統領顧問及びオドベスク外相を表敬した。

ブルガリア：4月にベルギーで林外務大臣がミルコフ外相と会談を行った。

クロアチア：2023年に外交関係樹立30周年を迎え、林外務大臣は、グルリッチ＝ラドマン外務・欧州相と、2月にニューヨークで、7月に東京で、それぞれ会談を行った。7月の外相会談に際し、日・クロアチア航空協定が署名された。そのほか、7月に吉川外務大臣政務官が、10月には辻外務副大臣がクロアチアを訪問した。

オーストリア：5月に、政府間交渉を進めていた「日・オーストリア社会保障協定」が実質合意に至ったほか、同月には林外務大臣がシャレンベルク欧州・国際担当相と外相会談を行った。また、11月には、両国における脱炭素社会に向けた取組をテーマに、「将来の課題のための日・オーストリア委員会」第25回会合が山梨県甲府市で開催された。

リヒテンシュタイン：6月に、林外務大臣は、英国で、1996年の外交関係樹立以来、両国史上初となる外相会談をハスラー外務・教育・スポーツ相との間で実施した。

スイス：7月に、日・スイス両政府は、東京で日・スイス経済連携協定に基づく第5回合同委員会及び第3回原産地規則・税関手続及び貿易円滑化に関する小委員会を開催したほか、11月には2024年日・スイス国交樹立160周年記念のロゴマークを発表した。

ギリシャ：1月、岸田総理大臣は、実務訪問賓客として訪日したミツォタキス首相と首脳会談を実施した。両首脳は「戦略的パートナーシップに関する日・ギリシャ首脳共同声明」を発出した。また、11月、日・ギリシャ租税条約の署名が行われた。

キプロス：5月、林外務大臣は、ストックホルムで開催されたEU・スウェーデン共催インド太平洋閣僚会合の際、コンボス外相との間で会談を実施した。

モルドバ：日本は、ロシアによる侵略を受け困難な状況にあるモルドバとの間で、緊密な連携を維持した。2月に林外務大臣はポペスク副首相兼外務・欧州統合相との間で電話会談を実施し、10月には、上川外務大臣がモルドバの首都キシナウで開催された第4回モルドバ支援閣僚級会合にビデオメッセージを送る形で参加し、ロシアによるウクライナ侵略の影響を受けるモルドバを引き続き支援していくことを表明した。

---

20 2018年1月、安倍総理大臣が日本の総理大臣として初めてセルビアを訪問し、EU加盟を目指す西バルカン諸国（アルバニア、北マケドニア、コソボ、セルビア、ボスニア・ヘルツェゴビナ及びモンテネグロ）との協力を進める「西バルカン協力イニシアティブ」を発表し、青年交流、経済交流などの分野で西バルカン地域全体との協力を促進した。

欧州の主要な枠組み

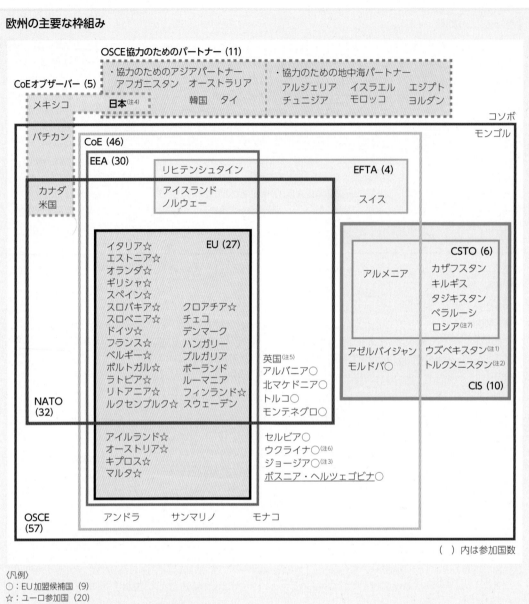

〈凡例〉
○：EU加盟候補国（9）
☆：ユーロ参加国（20）
＿：NATO加盟のための行動計画（MAP）参加国（1）
注1　ウズベキスタンは2012年にCSTOの活動への参加停止を決定
注2　トルクメニスタンは2005年からCIS準加盟国
注3　ジョージアは2008年8月にCISからの脱退を表明。09年8月に正式に脱退。2023年12月、EU加盟候補国の地位が付与された。
注4　日本はNATOのパートナー国の一つ
注5　英国は2020年1月31日にEUを離脱
注6　ウクライナは2018年4月CIS脱退に関する大統領令に署名
注7　ロシアは2022年3月にCoEから除名

〈略語解説〉
CoE（Council of Europe）：欧州評議会（46）
CIS（Commonwealth of Independent States）：独立国家共同体（10）
CSTO（Collective Security Treaty Organization）：集団安全保障条約機構（6）
EEA（European Economic Area）：欧州経済領域（30）
EFTA（European Free Trade Association）：欧州自由貿易連合（4）
EU（European Union）：欧州連合（27）
NATO（North Atlantic Treaty Organization）：北大西洋条約機構（32）
OSCE（Organization for Security and Co-operation in Europe）：欧州安全保障協力機構（57）

> コラム
> COLUMN

一層深まる日・ルーマニア関係
―戦略的パートナーへの格上げ―

● 東欧のラテン国：ルーマニア

　ルーマニアは南東欧に位置し、国土面積は日本のほぼ本州程度、人口は約1,905万人で欧州連合（EU）27か国中第6位を誇ります。ルーマニア人のルーツは先住民ダキア人とローマ人で、同国は「スラブの海に浮かぶラテンの島」とも言われます。2007年のEU加盟後、着実に成長を続け、2022年は史上最高の106.9億ユーロの海外投資を背景に4.8%の経済成長を遂げました。また、東欧ではポーランドに次いで日本語学習者数が多い親日国でもあります。

　ウクライナと国境を接するルーマニアでは、ロシアのウクライナ侵略開始以降、政府と市民が率先して多くの避難民を支援してきました。東日本大震災の際、ルーマニアは福島大学の学生を受け入れたり、福島の子どもたちが描いた絵画の展覧会を開催するなど、日本を応援してくれましたが、ルーマニアがウクライナを支援する姿はこの時の様子を思い起こさせました。

● 日・ルーマニア交流の歴史

　日本とルーマニアの関係は1921年に東京にルーマニア公使館が設立されたことに遡ります。1944年に断絶した外交関係は、1959年には再開され、2018年に安倍総理大臣が日本の総理として初めてルーマニアを訪問、2021年には外交関係樹立100周年を迎えました。新型コロナウイルス感染症流行の影響に苦慮しつつ、日本側は阿波人形浄瑠璃のオンライン公演やルーマニア最大の本の祭典「ブック・フェスト」への参加などを通じ、広く日本文化を紹介しました。また、ルーマニア側も中央銀行による記念硬貨の発行や、ルーマニア国立ラドゥ・スタンカ劇場の来日公演を行いました。このような様々な記念行事などを通じ、両国の交流は一段と深まりました。

日・ルーマニア外交関係樹立100周年のロゴ

ルーマニア中央銀行発行の外交関係樹立100周年記念硬貨（片面ずつ日本とルーマニアをイメージしたデザイン）

● 戦略的パートナーシップの署名

　2023年3月、ヨハニス大統領が訪日し、岸田総理大臣との間で「戦略的パートナーシップ構築に関する日・ルーマニア共同声明」に署名し、両国は戦略的パートナーに格上げされました。

　これを受けて、外交・安全保障面では、吉川ゆうみ外務大臣政務官（7月）、小野田紀美防衛大臣政務官（8月）、辻清人外務副大臣（10月）が相次いでルーマニアを訪問し、7月には22年ぶりに在ルーマニア日本国大使館に防衛駐在官が配属されました。

　経済面では、5月、西村康稔経済産業大臣が日本の経済産業大臣として初めてルーマニアを訪問し、「経済協力に関する

戦略的パートナーシップ構築に関する日・ルーマニア共同声明に署名した岸田総理大臣とヨハニス大統領（3月7日、東京　写真提供：内閣広報室）

共同声明」に署名しました。6月には、スタート・アップ、5G、スマート・シティなどをテーマに「日・ルーマニア・イノベーション・フォーラム」が開催されました。7月には、ドナウ川にかかるEUで3番目に長いつり橋となるブライラ橋の完成式が行われました。日本の技術によって建設されたブライラ橋は、「持続可能な連結性及び質の高いインフラに関する日EUパートナーシップ」に沿ったプロジェクト協力の成功例といえるでしょう。

　文化面では、ブカレスト市内の日本庭園での「花見」（4月）や「すしを愛でる」展（5月から6月）、欧州三大演劇祭の一つであるシビウ国際演劇祭への各種協力（6月）、東欧最大のコミコン（コミック・ブック・コンベション）であるブカレスト・コミコンにおける日本祭り（9月）、2023年欧州文化都市に選ばれたティミショアラ市での日本映画祭（11月）、ルーマニア国立劇場での天神祭の公演（11月）など、様々な行事を開催しました。

　今後とも戦略的パートナーシップを契機として飛躍した両国関係を一層深化させていきます。

コラム
COLUMN

在マルタ兼勤駐在官事務所の開設

地中海の中心に位置するマルタは、18世紀末にはナポレオン軍に占拠され、19世紀初頭に英国領となりましたが、1964年に独立し、日本とは翌1965年に外交関係を開設しました。日本にとっては、クロマグロの最大の輸入元であるという知る人ぞ知る身近な側面もある国です。そのマルタに、2024年1月、在マルタ兼勤駐在官事務所が開設されました。これをもって、日本は、欧州連合（EU）の27の加盟国全てに外交拠点を設置したこととなりました。

在マルタ兼勤駐在官事務所開設を記念して行われた開所式の様子（2024年2月26日、マルタ）

　両国の交流は、2017年に安倍総理大臣が日本の総理大臣として初めてマルタを訪問したことを契機に強化されてきました。2018年にはムスカット首相が訪日したほか、2019年の即位礼正殿の儀にはヴェッラ大統領が参列しました。2020年には駐日マルタ大使館が開設され、2022年にはボージュ外務・欧州・貿易相が故安倍晋三国葬儀に参列するため訪日するなど、近年、二国間の交流が急速に活発化しています。

　マルタは、海洋問題で世界をリードする重要な海洋国家として、地中海の平和・安全の確保に尽力しており、法の支配に基づく「自由で開かれたインド太平洋（FOIP）」の実現を打ち出す日本にとって、その重要性が近年特に増大しています。また、2023年から2024年は、日本と共に国連安保理非常任理事国を務めています。2023年2月にニューヨーク（米国）で外相会談が実施され、両外相は、価値や原則を共有するパートナーとして二国間の連携を一層強化していくことで一致しました。

　このように重要性を増すばかりのマルタに外交拠点を設置し、様々な分野の関係者と現地で恒常的に意見交換を行うことにより、マルタにおける対日理解の促進や、今後の両国間の一層の協力についての議論を進めていきます。

　さらに、16世紀に建設され、街全体が世界文化遺産に登録されているマルタの首都バレッタは、観光地として人気を集めており、日本人観光客も2015年から新型コロナウイルス感染症が拡大する前の2019年にかけて8,500人から2万2,000人に急増しました。マルタの公用語が英語とマルタ語であることから、英語を学ぶ日本人留学生数も急増しており、2022年には約3,000人に達しました。このように、マルタでは在留邦人や旅行者に対する領事サービスの必要性が非常に高まっています。

　これまでは現地にいる邦人を対象として在イタリア日本国大使館員が定期的に領事出張サービスを行っていましたが、急を要する場合には、同大使館に行かなければ領事サービスを受けることができませんでした。在マルタ兼勤駐在官事務所の開設により、今後は、同事務所において領事サービスを受けることができるようになります。また、マルタで事件や事故などが発生し、現地に滞在している邦人が支援などを必要となった場合にも、より迅速に支援を受けることが可能となります。

　このほか、在マルタ兼勤駐在官事務所を拠点に、マルタでの広報や文化交流などの活動もこれまでより活発に行われることを期待しています。2025年には、日・マルタ外交関係樹立60周年を迎えることも踏まえ、同事務所の開設により、現地の各種文化団体との連携を深め、日本文化紹介事業や、日本語教育の推進などを継続的に実施していくことで、一層大きな広報効果や対日理解の促進につなげていきます。

　今後も在マルタ兼勤駐在官事務所を拠点として、様々な分野での日・マルタ間協力が一層深化されることを期待しています。

6 ロシア・ベラルーシと中央アジア・コーカサス

1 概観

　G7・欧州連合（EU）諸国を中心に、引き続き厳しい対露制裁、強力なウクライナ支援が続けられているが、2023年もロシアによるウクライナ侵略という暴挙がやむことはなかった。こうした中、G7・EU諸国とロシアとのハイレベルのやり取りはほぼ実施されていない。侵略以前はロシア産エネルギーの最大の輸出先であった欧州は、輸入を一層減少させた。また、北大西洋条約機構（NATO）は更なる拡大を続けており、フィンランドのNATO加盟が実現したほか、スウェーデンはNATO加盟に向けて大きな進展があった。さらに、ウクライナのEU加盟交渉開始が決定された。このように、ロシアとG7・EU諸国などとの関係は、構造的に大きく変化するに至った。

　ロシアは、国際社会から孤立していないと声高に主張し、中国、インド、北朝鮮やグローバル・サウスと呼ばれる途上国・新興国との一層の連携強化を模索しているが、各国・地域の対応は様々である。7月に開催された第2回ロシア・アフリカサミットでは、首脳級が出席した国の数が2019年の第1回サミットから大きく減少した。8月に南アフリカで開催されたBRICS首脳会合では、新たに6か国の加盟が招請され、2024年1月1日にそのうち5か国（アラブ首長国連邦（UAE）、イラン、エジプト、エチオピア、サウジアラビア）が加盟したことを2024年議長国であるロシアが発表し、今後の対応が注目される。

　ベラルーシについては、ルカシェンコ大統領がロシアの戦術核兵器のベラルーシへの配備に言及するなど、ロシア支援の姿勢を維持している。

　中央アジア・コーカサス諸国については、地政学的及び経済的にロシア、ウクライナ双方と密接な関係にある中で、ロシアによるウクライナ侵略に対し、中立的な立場を維持する姿勢を示している（ウクライナ支持を表明しているジョージアを除く。）。また、エネルギーを始めとする貿易品目の輸送路やロシアへの出稼ぎ労働者からの送金などへの影響が生じており対応に苦慮している。

　こうした状況を受け、米国や中国を含む各国が中央アジア5か国との間の首脳級・閣僚級会合を開催するなど、中央アジアとの対話が活発に行われた。また、コーカサス地域では、9月、アゼルバイジャンによるナゴルノ・カラバフにおける軍事活動が発生したが、その後、和平合意に向けた信頼醸成措置の一歩が見られるなど、中央アジア・コーカサス諸国に対する国際社会の注目が集まっている。

2 ロシア・ベラルーシ

(1) ロシア情勢

ア ロシア内政

　ロシアによるウクライナ侵略が長期化する中で、ロシア政府は、「特別軍事作戦」（ウクライナ侵略）を西側に対する「祖国防衛戦争」であるかのようなナラティブ（説明）を持ち出し、国民に対し、戦争への支援と愛国心を訴えた。また、ロシアでは、前年に引き続き、学校教育への愛国的カリキュラムの導入が継続しており、「特別軍事作戦」の記述を盛り込んだ新たな歴史教科書の使用も始まった。同時に、言論・報道の自由に対する規制が一層強化されており、反戦の動き、抗議活動は引き続き封じ込

められている。

　ロシア政府は、「特別軍事作戦」への参加者やその家族への支援として、基金の創設、高等教育や就職における特別待遇などの優遇措置を次々に打ち出した。同時に、契約兵などの応募が増加しているとして、現段階では更なる動員の必要がないとの説明を繰り返している。

　ロシアが違法に「併合」したウクライナ国内の地域については、プーチン大統領自身が訪問して復興の進捗状況を喧伝し、また、ロシアの統一地方選挙に併せて「地方議会選挙」などを実施するなど、「ロシア化」に向けた動きが見られた。

　5月にはクレムリンへの無人機攻撃が発表され、特に夏期にはモスクワ市を含むモスクワ州に対する頻繁な無人機飛来が見られた。また、6月には、軍や国防省との対立が報じられていた民間軍事会社「ワグネル」の戦闘員が「正義の行進」と称してモスクワの200キロメートル手前まで到達する事案も発生した（8月、プリゴジン「ワグネル」代表及び幹部が搭乗していたとされる航空機が墜落し、全員の死亡が伝えられた。）。ただし、これら事案が国内情勢の不安定化に直結する動きは見られなかった。

　プーチン大統領は、80％以上の支持率を維持する中で、12月、2024年大統領選挙への立候補を表明した。

✔ ロシア外政

　一日も早くロシアによる侵略をやめさせるため、西側諸国はウクライナに対する支援に加え、厳しい対露制裁を含む取組を継続している。一方、ロシアはウクライナにおける「特別軍事作戦」を継続し、国際的なエネルギーや食料価格の高騰の責任を西側諸国に転嫁して非難する独自のナラティブを展開した。2022年に限定的に行われていた露独間、露仏間の首脳レベルの対話も停止するなど、西側諸国とのハイ

レベルでの対話は極めて限定的な状況が続いている。さらに、フィンランドのNATO加盟が実現し、スウェーデンのNATO加盟も進展したほか、ウクライナのEU加盟交渉開始が決定されるなど、西側諸国との関係は、構造的に大きく変化している。

　プーチン大統領は、2月に米露間の新戦略兵器削減条約（新START）[1]の効力の一時停止に関する法律、5月に欧州通常戦力（CFE）[2]条約からの脱退に関する法律（11月にロシア外務省が脱退手続完了を発表）、11月には包括的核実験禁止条約（CTBT）[3]の批准撤回に関する法律にそれぞれ署名するなど、ロシアは国際的な軍備管理・軍縮の枠組みからも次々と退いている。同時に、春以降、ロシアによるベラルーシへの戦術核兵器の移転が報じられている。

　3月、国際刑事裁判所（ICC）[4]は、プーチン大統領などに対し、ウクライナからの子の連れ去りなどに関与した十分な根拠があるとして、逮捕状を発付した。

　こうした中、ロシアは中国、インド、北朝鮮やグローバル・サウスと呼ばれる途上国・新興国などとの連携強化を模索している。

　とりわけ中国との関係は政治、経済、軍事の様々な分野で進展しており、3月、習近平国家主席が、3期目初の外遊として訪露し、中露関係の発展は中国の「戦略的選択」であると発言した。10月には、プーチン大統領が第3回「一帯一路」国際協力ハイレベルフォーラム出席のために訪中し、同（2023）年2回目の対面での中露首脳会談が行われた。中露間の貿易総額は、2024年の目標額としていた2,000億ドルを前倒しで2023年に達成した。軍事面では、ロシア軍が日本周辺で中国軍の艦艇との共同航行（7月から8月）や爆撃機との共同飛行（6月及び12月）を実施するなど、中国との連携を強化する動きがみられる。3月の中露首脳会談の際の共同声明においても、「共同海上・航

---

1 START：Strategic Arms Reduction Treaty
2 CFE：Conventional Armed Forces in Europe
3 CTBT：Comprehensive Nuclear-Test-Ban Treaty
4 IOC：International Criminal Court

空パトロール及び共同演習を定期的に実施」し「両国軍の間の相互信頼を深化させていく」としており、中露両国の軍が日本周辺において頻度を上げて共同行動を継続していることについて、日本の安全保障の観点から、重大な懸念を持って注視していく必要がある。

9月には北朝鮮の金正 恩 国務委員長がロシアの極東地域を訪問し、4年ぶりとなる首脳会談を実施したほか、両「国」外相による相互訪問の実施、さらには、北朝鮮からロシアへの武器移転など、北朝鮮との関係強化に向けた動きが見られる。こうした武器移転はウクライナ情勢の更なる悪化に繋がり得るものであり、また、北朝鮮との間の武器及び関連物資の移転などを全面的に禁止する関連の国連安全保障理事会（安保理）決議に違反するものであることから、日本としてこれを強く非難し、北朝鮮及びロシアに安保理決議を完全に履行するように求めるとともに、ロシアから北朝鮮に対する軍事支援の可能性について懸念を持って注視している。

7月には2019年に引き続き2回目となるロシア・アフリカ首脳会合（ロシア・サンクトペテルブルク）を開催したほか、BRICS首脳会合や上海協力機構（SCO）[5]などのロシアが参加している地域枠組みの活用も進んでいる。

ロシアは、ベラルーシや中央アジア・コーカサス諸国との関係を引き続き重視しているが、アルメニアとは、ナゴルノ・カラバフ問題[6]をめぐる対応を理由に、関係に一定の軋みが見られた。

ロシアは3月、外交方針を示した「ロシア連邦外交政策コンセプト」を改定した。

ウ ロシア経済

ウクライナ侵略を続けるロシアは、戦争継続のための国防支出を大幅に増加させている。2024年予算では、国防費は前年比1.7倍（GDP比6%）を計上し、兵士やその家族への給付を含む社会政策費も約2割増加させた。

G7やEUによる厳しい対露制裁を受け、2022年の実質GDP成長率は1.2%減となった。しかし、政府による財政刺激策と、それを受けた国内消費の持ち直し、製造業を中心とした生産の向上などが経済成長を促し、実質GDP成長率は2023年4月から6月期以降プラスに転じた。制裁によりエネルギーを始めとした対欧州輸出が激減した代わりに、中国・インド・トルコなどの対露制裁を講じていない国々への輸出を増加させて東方への転換を図っているほか、貿易決済でも人民元決済を増加させドル依存低減を試みている。また、西側諸国からの先端部品などの輸出制限に対しては友好国を通じた迂回輸入を試みるなど、ロシア経済は制裁への対応を進めている。

一方、インフレ圧力の継続、政策金利引上げ（ロシア中央銀行は7月から12月にかけて政策金利を7.5%から16%まで順次引上げ）、ウクライナに対する「特別軍事作戦」への部分動員や労働人口の流出による労働力不足、制裁による高度な技術へのアクセスの制限などは、中長期的に経済・社会に対して影響をもたらす可能性がある。

(2) 日露関係

ア 日露関係総論

2022年2月に始まったロシアによるウクライナ侵略は、日露関係にも深刻な影響を及ぼし続けている。ロシアによる侵略を一日も早くやめさせるため、日本は、G7を始めとする国際社会と連携しつつ、厳しい対露制裁措置を実施するなどの取組を進めてきている。特に、日本がG7議長国であった2023年は、G7首脳会合や外相会合の場において、厳しい対露制裁や強力なウクライナ支援におけるG7の結束した対応を主導した。同時に、例えば、漁業などの経済活動や海洋における安全に係る問題のように日露が隣国として対処する必要のある事項については、日本外交全体において、何が日本の国益に資するかという観点から適切に対応してきている。

---

5 SCO：Shanghai　Cooperation Organization
6 ナゴルノ・カラバフ紛争：アゼルバイジャン領内でアルメニア系住民が居住するナゴルノ・カラバフをめぐるアルメニアとアゼルバイジャンの紛争

6月、ロシアで、9月3日を「第二次世界大戦終了の日」から「軍国主義日本に対する勝利及び第二次世界大戦終了の日」に改称する法案が成立した。これに対し、日本政府はロシア政府に対し、日本の立場を申し入れるとともに、両国民の間の無用な感情的対立をあおることのないよう、適切に対応することを求めてきている。

文化・人的交流の分野では、ロシアの市民社会、特に若い世代との接点を維持し、ロシアの市民に国際的な視点を持つ機会を提供することは重要であるとの考えから、国費留学生の受入れやロシアにおける日本語教育など、適切な範囲で事業を実施している。

漁業分野では、日本政府は、ロシアによるウクライナ侵略以降も、日本の漁業活動に係る権益の維持・確保のためロシアとの協議を行ってきているが、北方四島周辺水域操業枠組協定[7]について1月、ロシア側から、ウクライナ情勢に関連した日本の対露政策を理由に、同協定に基づく政府間協議の実施時期を調整することはできないとの通知があった。これに対し、日本政府として抗議を行い、同協定の下での操業を実施できるようロシア側との間で様々なやり取りを行ってきているが、現時点でロシア側から操業実施に向けた肯定的な反応は得られていない。

✈ 北方領土と平和条約締結交渉

日露関係にとって最大の懸案は北方領土問題である。北方領土は日本が主権を有する島々であり、日本固有の領土であるが、現在ロシアに不法占拠されている。北方領土問題は戦後78年を経過した今も未解決のままとなっており、日本政府として、領土問題を解決して平和条約を締結するとの方針の下、これまで粘り強く交渉を進めてきた[8]。

しかしながら、2022年3月、ロシア政府は、ロシアによるウクライナ侵略に関連して日本が行った措置を踏まえ、平和条約交渉を継続しない、自由訪問及び四島交流を中止する、北方四島における共同経済活動に関する対話から離脱するなどの措置を発表した。また、同年9月、ロシア政府は、自由訪問及び四島交流に係る合意の効力を停止するとの政府令を発表した。

現下の事態は全てロシアによるウクライナ侵略に起因して発生しているものであり、それにもかかわらず日本側に責任を転嫁しようとするロシア側の対応は極めて不当であり、断じて受け入れられず、政府として、ロシア側に強く抗議してきている。

ロシアによるウクライナ侵略によって日露関係は厳しい状況にあるが、政府としては、領土問題を解決し、平和条約を締結するとの方針を堅持していく考えである。

また、四島交流等事業[9]については、新型コロナウイルス感染症（以下「新型コロナ」という。）の影響やロシアによるウクライナ侵略を受けた日露関係の悪化により、2020年以降実施できていない。北方墓参を始めとする四島交流等事業の再開は、日露関係における最優先事項の一つである。政府として、御高齢となられた元島民の方々の切実なるお気持ちに何とか応えたいとの強い思いを持って、ロシア側に対し、今は特に北方墓参に重点を置いて事業の再開を引き続き強く求めていく。

また、北方四島でのロシアの軍事演習を含む軍備強化に向けた動きに対しては、これら諸島に関する日本の立場に反するものであり、受け入れられないとしてロシア側に対して抗議している。

⃰ 日露経済関係

日本は、ロシアによるウクライナ侵略以降、ロシアとの経済分野における協力に関する政府事業については当面見合わせ、ロシアに対して

7　北方四島周辺水域における日本漁船の操業に関する協定
8　北方領土問題に関する日本政府の立場については外務省ホームページ参照：
　　https://www.mofa.go.jp/mofaj/area/hoppo/hoppo.html
9　北方墓参、自由訪問、四島交流訪問・受入れ（患者受入れ、専門家交流含む。）を指す。

8

厳しい対露制裁を課すとの方針を継続している。

こうした中、2023年の日露間の貿易は、対前年比で44.3%の減少となった（同期間の日本の貿易額全体は、約1兆4,359億円）。日本の対露制裁措置もあり、ロシアから日本への輸出額は対前年比で47.2%減少し（特に原油、石炭）、また、日本からロシアへの輸出額も対前年比で34.5%減少した（出典は全て財務省貿易統計）。

対露制裁に関しては、日本は、国際秩序の根幹を揺るがす暴挙には高い代償が伴うことを示すため、G7を始めとする国際社会と連携し、ロシアの政府関係者・軍関係者を含むロシア及び被占領地の個人・団体などに対する制裁、銀行の資産凍結などの金融分野での制裁、輸出入禁止措置などの厳しい対露制裁を維持・強化してきている。日本を含むG7及びオーストラリアはEUと共に、ロシアのエネルギー収入を減少させつつ、国際的な石油価格の安定化を図ることを目的に、2022年12月からロシア産原油、2023年2月からはロシア産石油製品に係るプライス・キャップ制度（上限価格措置）を導入している。また、ロシアのウクライナ侵略が長引く中で制裁の実効性を確保することが重要であるとの認識に基づき、2月のG7首脳テレビ会議及び5月のG7広島サミットでは、G7としてロシアに対する措置の回避や迂回を更に阻止していくことを確認し、12月には日本として制裁の迂回・回避への関与が疑われる第三国の団体に対する資産凍結や輸出禁止の措置の導入を決定した。さらに、日本を含むG7は、2024年1月からロシアからの非工業用ダイヤモンドの輸入禁止の措置も導入している。

エネルギー分野について、日本政府は、石炭・石油を含め、ロシアのエネルギーへの依存をフェーズアウトする方針であり、国民生活や事業活動への悪影響を最小化する方法でそのステップをとっていくこととしている。ただし、ロシアにおける石油・天然ガス開発事業「サハ

リン1」、「サハリン2」については、中長期的な安定供給を確保する観点から、日本のエネルギー安全保障上重要なプロジェクトであり、権益を維持する方針をとっている。

（3）ベラルーシ情勢

ベラルーシは、2022年2月10日、ロシアとの合同軍事演習を開始し、同月24日に開始されたロシアによるウクライナ侵略では、参戦はしていないものの、自国領域の使用を通じてロシアの軍事行動を支援している。欧米諸国は対ベラルーシ制裁を強化し、日本も初めて対ベラルーシ制裁を導入した。

その後も、ルカシェンコ大統領は、プーチン大統領と累次にわたりモスクワなどで会談を行い、共同軍事演習の継続、両国の安全保障、経済分野での取組、ベラルーシ・ロシア連合国家[10]の防衛の問題などについて協議を続けている。

2023年3月、プーチン大統領は、ベラルーシへの戦術核配備に合意したと発言した。また、ルカシェンコ大統領は、戦術核兵器について、自国への配備を認めた上で、全てベラルーシが管理することになる趣旨の発言をし、さらに、戦術核兵器の配備が10月に完了したと述べている。国際社会は、ロシアがウクライナ侵略を続ける中で情勢を更に緊迫化させるものであるとして、これを非難した。

また、ロシアの民間軍事会社「ワグネル」が「正義の行進」を行った後、「ワグネル」部隊の一部がベラルーシへ移動し、国境を接するポーランドやリトアニアを始めとした周辺国との一時的な緊張の高まりが指摘された。

ベラルーシ国内では、2024年には議会選挙、2025年には大統領選挙を控えており、その動向が注目されている。

---

10 1999年12月、両国は、政治・経済・軍事の統合や社会生活における両国民の平等の実現などを目指し、ベラルーシ・ロシア連合国家創設条約に署名

❸ 中央アジア・コーカサス諸国

（1）総論

　中央アジア・コーカサス諸国は、東アジア、南アジア、中東、欧州、ロシアを結ぶ地政学的な要衝に位置し、石油、天然ガス、ウラン、レアメタルなどの豊富な天然資源を有する。また、中央アジア・コーカサス諸国を含む地域全体の安定は、テロとの闘い、麻薬対策といった国際社会が直面する重要課題に取り組んでいく上でも高い重要性を有してきた。

　2022年から続くロシアによるウクライナ侵略を受け、地政学的及び経済的にロシアと密接な関係にある中央アジア・コーカサス諸国はそれぞれに慎重な対応を迫られている。中央アジア・コーカサス諸国は、ウクライナ侵略関連の国連総会決議に対しては、ウクライナ支持を表明しているジョージアを除き棄権又は不投票であり、多くの国は対外的に立場を明確にすることを避けている。一方、2022年12月に開催された、「中央アジア＋日本」対話・第9回外相会合において、日本と中央アジア5か国は、全ての国の独立、主権及び領土一体性、紛争の平和的解決といった国連憲章やその他の国際法を堅持する重要性で一致している。

　日本と中央アジア・コーカサス諸国は伝統的に友好的な関係を維持してきている。2023年は新型コロナの収束に伴い、ハイレベルを含め、中央アジア・コーカサス諸国との人の往来が活発化した。日本は、2024年に開始20周年を迎える「中央アジア＋日本」対話の枠組みを含め、ハイレベルの対話などを通じてこれら諸国との二国間関係を強化するとともに、地域協力促進のための取組を続けている。

　また、現下の国際情勢を踏まえ、ロシアを経由せずコーカサス地域経由で中央アジアと欧州を結ぶ輸送路である「カスピ海ルート」の重要性について、中央アジア・コーカサス諸国及び欧米各国の注目が高まっている。日本も同地域の連結性強化について積極的に議論に参加してきており、3月、中央アジア・コーカサス諸国、国際機関及び企業などの専門家の参加を得て、グローバル・フォーラム[11]との共催で「中央アジア＋日本」対話・第12回東京対話「中央アジア・コーカサスとの連結性」を開催した。

（2）中央アジア諸国

　中央アジア諸国は、自由で開かれた国際秩序を維持・強化するパートナーであり、日本は、中央アジアの平和と安定に寄与することを目的とした外交を推進している。

　日本は「中央アジア＋日本」対話の枠組みを2004年に立ち上げ、これまで9回の外相会合のほか、有識者やビジネス関係者の参加も得て様々な議論を実施してきている。近年、国際社会においても中央アジア諸国との関係強化への関心が高まっており、中央アジア諸国との首脳会合を開催した国も少なくない。日本も「中央アジア＋日本」対話20周年を迎える2024年にハイレベルの対話などを通してこれらの地域との関係を強化していく（149ページ　コラム参照）。

　ウズベキスタンでは、5月に憲法が改正され、大統領任期が7年に延長された。また、7月に任期満了前の大統領選挙が実施され、ミルジョーエフ大統領が2回目の再選を果たした。ミルジョーエフ大統領は自身の改革路線を引き続き進めている。日本との関係では、1月の吉川ゆうみ外務大臣政務官によるウズベキスタン訪問、3月の林外務大臣とサイードフ外相代行との電話会談、7月のクチカーロフ副首相の訪日及び10月の上川外務大臣とサイードフ外相との電話会談などハイレベルでの政治対話を活発に実施した。

　カザフスタンでは、1月に上院議員選挙、3月に下院議員選挙が実施され、いずれも与党が勝利するなど内政は安定している。日本との関係では、1月に吉川外務大臣政務官がカザフスタンを訪問したほか、9月に上川外務大臣はヌルトレウ副首相兼外相と会談を行い、日本と

11 Global Forum of Japan：民間、非営利、非党派、独立の立場に立つ政策志向の知的国際交流のための会員制の任意団体（出典：グローバル・フォーラム　ホームページ　Copyright （C） The Global Forum of Japan （GFJ））

日・カザフスタン外相会談（9月20日、米国・ニューヨーク）

日・キルギス首脳会談（11月20日、東京　写真提供：内閣広報室）

「中央アジア＋日本」対話の議長国を務めるカザフスタンとが協力して「中央アジア＋日本」対話・首脳会合の調整を進めていくことを確認し、連結性強化やエネルギー分野など、両国があらゆる分野で協力を深化させていきたいと議論した。

キルギスとの関係では、8月に吉川外務大臣政務官がキルギスを訪問し、クルバエフ外相、モルドガジエフ外務次官と会談し、2022年12月に開催された「中央アジア＋日本」対話・第9回外相会合及び二国間外相会談を踏まえ両国間の関係強化に向けた議論をした。また、11月には、ジャパロフ大統領、クルバエフ外相ほかが訪問した。このうち、ジャパロフ大統領は初の訪日となり、東京・京都を訪問し、岸田総理大臣と初の首脳会談を行った。岸田総理大臣はキルギスとの友好関係を確認し、両首脳は、二国間関係を発展させることで一致し、持続可能な発展に向けた協力を確認する日・キルギス首脳共同声明に署名した。また、この機会に、対キルギス無償資金協力「灌漑用水路の運用及び維持のための機材整備計画」に関する交換公文の署名・交換、外交・公用旅券所持者に対する外交・公用査証免除措置の導入に係る口上書の交換、法務当局間の協力覚書及び保健当局間の協力覚書の署名を行った。

タジキスタンとの関係では、3月、両国はタジキスタンで「日・タジキスタン経済・技術・科学協力政府間委員会」第2回会合を開催した。8月には、吉川外務大臣政務官が訪問し、ムフ

リッディン外相及びザウキゾダ経済発展貿易相とそれぞれ会談し、2022年12月に開催された「中央アジア＋日本」対話・第9回外相会合及び二国間外相会談を踏まえ両国間の関係強化について議論した。

トルクメニスタンでは、1月に人民権力の最高機関である人民評議会が設立され、議会が二院性から一院制に移行した。また、ベルディムハメドフ前大統領が人民評議会議長及び新たに創設された「国家指導者」の地位に就任した。日本との関係では、要人往来が活発に行われた。6月には大串正樹デジタル副大臣及び日・トルクメニスタン友好議員連盟の代表がスマートシティとして建設されたアルカダグ市のオープニング式典に出席した。7月には吉川外務大臣政務官がトルクメニスタンを訪問し、グルマノヴァ国会議長、メレドフ副首相兼外相、及びゲルディムィラドフ経済・銀行・国際金融担当副首相と会談を行った。また、11月に、ゴチモラエフ貿易・対外経済関係相が、大阪で開催された2025年大阪・関西万博の国際参加国会議に出席した。12月には、ジェプバロフ対外経済活動銀行総裁を団長とする経済ミッションが訪日し、日本の関係省庁などとの協議を実施した。さらには、7月に開始した日・トルクメニスタン租税条約の締結交渉は、10月に実施された2回目の締結交渉で実質合意に至った。

また、近年、中央アジア諸国及び周辺国の間では、地域協力の推進に向けた動きが活発化している。2023年には、上海協力機構（SCO）

首脳会合（7月）、独立国家共同体（CIS）[12]首脳会合（10月）、テュルク諸国機構（11月）、集団安全保障条約機構（CSTO）[13]首脳会合（11月）、ユーラシア経済同盟（EAEU）[14]首脳会合（12月）など、中央アジア諸国の首脳が出席する会合が多数行われた。また、中央アジア諸国の間では、9月に第5回中央アジア諸国首脳協議会合がタジキスタンで実施された。

（3）コーカサス諸国

コーカサス地域は、アジア、欧州、中東をつなぐゲートウェイ（玄関口）としての潜在性と国際社会の平和・安定に直結する地政学的重要性を有している。一方、ジョージアでは南オセチア及びアブハジアをめぐる問題が存在し、アゼルバイジャンとアルメニアはナゴルノ・カラバフをめぐり、長く対立関係にある。日本は、2018年に（1）国造りを担う人造り支援（人材育成）及び（2）魅力あるコーカサス造りの支援（インフラ支援及びビジネス環境整備）の2本柱から成る「コーカサス・イニシアティブ」を発表し、これに沿った外交を展開している。

ナゴルノ・カラバフ問題に関して、日本は全ての当事者に対し、対話を通じてこの地域をめぐる問題を平和的に解決することを強く求めてきている。2023年は、ナゴルノ・カラバフとアルメニアをつなぐ唯一の交通路であるラチン回廊において、アゼルバイジャンによって検問所が設置されるなど、前年から引き続き同回廊の交通及び物流に制限が生じ、人道危機が懸念される事態となった。

9月には、ナゴルノ・カラバフでアゼルバイジャンによる軍事活動が実施され、同地域全域がアゼルバイジャンの施政下に入り、同地域から10万人以上の避難民がアルメニアに流入した。日本は外務大臣談話や安保理などの場で、ナゴルノ・カラバフにおける事態の悪化を深刻に懸念することを表明し、アゼルバイジャンによる軍事活動の停止と全ての当事者に対して対話を通じて平和的に解決することを求めた。また、多数の避難民が発生したことを踏まえ、10月、日本は国際機関を通じて200万ドルの緊急無償資金協力を決定した。12月には、アゼルバイジャン大統領府とアルメニア首相府が、主権及び領土保全の原則の尊重に基づいて関係を正常化し、平和条約を締結する意志を再確認するとともに、捕虜交換の実施や、アルメニアが2024年の国連気候変動枠組条約第29回締約国会議（COP29）の立候補を取り下げ、アゼルバイジャンでの開催を支持することを明記した共同声明を発出し、日本はこれを両国の和平合意に向けた信頼醸成措置の一歩として歓迎した。こうした動きも受け、アゼルバイジャン、アルメニア両国の関係に国際社会の注目が集まっている。

アゼルバイジャンとの関係では5月に吉川外務大臣政務官が訪問し、ババエフ環境天然資源相、バキロフ国家税関委員会委員長、ルザエフ外務次官と会談し、経済や地域の連結性の分野での協力関係を強化することで一致した。8月には、日・アゼルバイジャン租税条約が発効し、両国間の投資・経済交流が一層促進されることが期待される。

アルメニアとの関係では、5月に吉川外務大臣政務官が訪問し、シモニャン国民議会議長、サファリャン外務次官、ゲヴォルギャン経済次官と会談し、経済分野、議会間交流などを含む二国間関係を深化させ、緊密に連携していくことで一致した。11月にはケロビャン経済相が訪日し、大阪で開催された2025年大阪・関西万博の国際参加国会議に出席したほか、関係省庁と会談を行った。

ジョージアとの関係では、5月に吉川外務大臣政務官が訪問し、ダヴィタシヴィリ副首相兼経済・持続的発展相、ダルサリア外務第一次官とそれぞれ会談し、ウクライナ情勢を含む地域情勢について協議し、二国間関係での協力を進めることで一致した。12月、欧州理事会は

---

12 CIS：Commonwealth of Independent States
13 CSTO：Collective Security Treaty Organization
14 EAEU：Eurasian Economic Union

しなやかで、揺るぎない地域外交

2

ジョージアに対してEU加盟候補国の地位を付
与することを決定した。

吉川外務大臣政務官コーカサス3か国訪問の際、アルメニアのエチミア
ジン市立第13幼稚園を訪問（5月3日、アルメニア・エチミアジン）

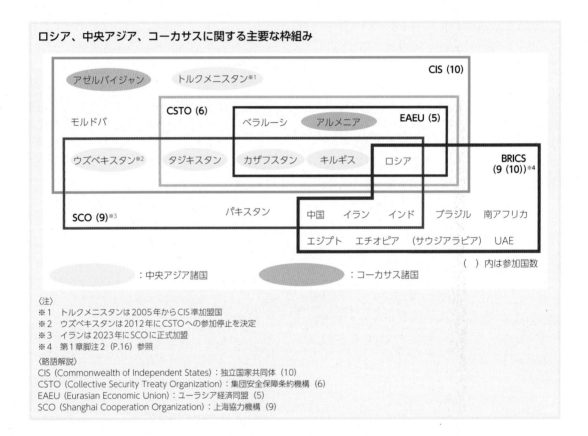

ロシア、中央アジア、コーカサスに関する主要な枠組み

CIS (10)

アゼルバイジャン　　トルクメニスタン※1

モルドバ

CSTO (6)

ベラルーシ　　アルメニア　　EAEU (5)

ウズベキスタン※2　タジキスタン　カザフスタン　キルギス　ロシア

BRICS
(9 (10))※4

SCO (9)※3　　　　パキスタン　　中国　イラン　インド　ブラジル　南アフリカ

エジプト　エチオピア　（サウジアラビア）　UAE

（　）内は参加国数

　　　　　　　　　：中央アジア諸国　　　　　　　　　　　：コーカサス諸国

〈注〉
※1　トルクメニスタンは2005年からCIS準加盟国
※2　ウズベキスタンは2012年にCSTOへの参加停止を決定
※3　イランは2023年にSCOに正式加盟
※4　第1章脚注2（P.16）参照

〈略語解説〉
CIS (Commonwealth of Independent States)：独立国家共同体（10）
CSTO (Collective Security Treaty Organization)：集団安全保障条約機構（6）
EAEU (Eurasian Economic Union)：ユーラシア経済同盟（5）
SCO (Shanghai Cooperation Organization)：上海協力機構（9）

「中央アジア＋日本」対話20周年を迎えて

　日本と中央アジアは海と陸地で数千キロメートルを隔てられていますが、アジア的風土と文化を共有し、シルクロードを通じた交流の歴史は千年以上前に遡ります。1991年に中央アジア5か国がソ連から独立すると、翌年に日本はいち早く外交関係を樹立し、国家間の友好的関係を発展させ、1997年には、政治対話、経済協力・資源開発協力及び平和の構築を3本柱とする「対シルクロード地域外交」を進めてきました。

　2004年、日本は、中央アジアとの新たな次元における協力として「中央アジア＋日本」対話を立ち上げました。中央アジアにとり、地域全体と第三国の対話の枠組みを持つことは初の試みでした。日本が、周囲を大国で囲まれた中央アジアと地理的に離れているからこそ担える役割を意識してきた延長に生まれた発想であり、日本の提案は中央アジア側に受け入れられました。

「中央アジア＋日本」対話が10周年を迎えた際に、記念として漫画家の森薫氏により作成されたイメージキャラクター

　当時の中央アジアは、市場経済化や民主化を含め、国造りの努力を行い、繁栄・発展の途上にありました。同時に、局地的にテロが発生するなど、不安定な要素も抱えていました。国際環境を見渡すと、米国同時多発テロ（9.11）を受け、米軍が同地域に駐留し、ロシアや中国も同地域への影響力の維持・強化を図っていました。こうした状況において、中央アジア地域の安定的な発展は日本を含む国際社会の平和と安定にもつながる、大変重要なことでした。また、日本は、中央アジアが域内協力に取り組むことによって、各国が抱える課題に個別に取り組むよりも、早くより着実に安定や繁栄を達成できると考えました。主役はあくまで中央アジア諸国であり、日本は、「多様性の尊重」、「競争と協調」、「開かれた協力」を三つの基本原則として、中央アジアの発展を支える触媒の役割を果たすことを目指しました。

　その後20年間の「中央アジア＋日本」対話のたゆまぬ歩みの中で、9回の外相会合を始め、多くの政治対話及び人的交流が行われてきました。この間に中央アジア各国は着実な発展を遂げました。日本が長年継続してきた人材育成支援により、多くの人材がそれぞれの場所で活躍し、政府間の協議においても流ちょうな日本語を耳にするのは決して珍しくありません。20年間の協力の軌跡は実感できる形で残されています。

　一方で、20年間を経て、新たな挑戦も生まれています。特に国際的な周辺環境が一層厳しいものとなっている今こそ、「中央アジア＋日本」対話の原点である、中央アジア各国を主体とする域内協力が必要とされており、長年の積み重ねによって発揮される互恵的協力の本質がいかされる時です。日本は、これまで培った信頼関係を基礎として、今後も各国の努力を尊重しつつ、中央アジアが自由で開かれた持続可能な発展を達成していく重要なパートナーとして、この地域と一層向き合っていきます。

7 中東と北アフリカ

1 概観

中東・北アフリカ地域（以下「中東地域」という。）は、欧州、サブサハラ・アフリカ、中央アジア及び南アジアの結節点という地政学上の要衝に位置する。世界の石油埋蔵量の約5割、天然ガス埋蔵量の約4割を占め、世界のエネルギーの供給地としても重要であることに加え、高い人口増加率も背景に、湾岸諸国を中心に経済の多角化や脱炭素化を進めており、市場としても高い潜在性を有している。

同時に中東地域は、歴史的に様々な紛争や対立が存在し、今も多くの不安定要因・課題を抱えている。近年では、イスラエルと一部のアラブ諸国との国交正常化を始め、域内で関係改善に向けた情勢の変化が見られていたが、10月に発生したハマスなどによるイスラエルに対するテロ攻撃を発端とする一連の動きにより、イスラエル・パレスチナ問題の不安定性が再び顕在化した。人質の即時解放、ガザ地区の危機的な人道状況の改善、そして事態の早期沈静化が急務となっており、日本も、関係国と緊密に連携しつつ、人道支援や外交上の働きかけなど、精力的に取り組んでいる。

ほかの一部の国・地域においても、緊張関係や厳しい人道状況が根強く残っている。近年は、イランをめぐり地域の緊張が高まっていることに加え、シリアにおける内戦も終息せず多くの難民・国内避難民が生まれ、周辺国を含む地域全体の安定に大きな影響を及ぼしている。イエメンにおいても、イエメン政府、ホーシー派などの当事者間で4月に全土での一時的な停戦が実現したものの、10月にはこれが失効し、厳しい人道状況が継続しているほか、11月以降、紅海を始めとするアラビア半島周辺海域を航行する民間船舶に対するホーシー派による攻撃が相次いで発生している。前述のイスラエル、パレスチナ情勢の飛び火により、更にこれらの事態が悪化し、地域が一層不安化することも懸念されている。さらに、アフガニスタンでは、2021年8月のタリバーンによるカブール制圧以降、深刻な人道状況が更に悪化している。

2021年1月に成立した米国のバイデン政権は、特に直近においては、ガザ情勢をめぐる地域の緊張の高まり、危機的な人道状況への対応に向け、イスラエルを始めとする関係国への働きかけなど、精力的に取り組んでいる。また、中国も中東地域との関係強化を進めており、3月には、同国の仲介により、2016年以降断交状態にあったイランとサウジアラビアが外交関係の正常化に合意したことが発表された。

日本は、原油の9割以上を中東地域から輸入しており、日本の平和と繁栄のためにも、中東地域の平和と安定を促進し、中東地域諸国との良好な関係を維持、強化していくことが、極めて重要である。こうした観点から、日本は、近年、経済、政治・安全保障、文化・人的交流を含めた幅広い分野で、中東地域諸国との関係強化に努めている。岸田総理大臣は7月にサウジアラビア、アラブ首長国連邦（UAE）及びカタールを訪問した。各国首脳などとエネルギーや脱炭素分野を始めとする様々な分野での協力に加え、地域・国際情勢や二国間関係など、幅広い議題について議論した。林外務大臣は9月にヨルダン、エジプト及びサウジアラビアを訪問した。エジプトでは二国間行事に加えて、第3回日・アラブ政治対話を開催し、アラブ連盟加盟21か国・1機関との間で更なる協力強化を確認したほか、地域・国際情勢について意見

第1回日・GCC外相会合に出席する林外務大臣
（9月7日、サウジアラビア・リヤド）

交換を行った。サウジアラビアでは第1回日・GCC（湾岸協力理事会）[1]外相会合を開催し、二国間関係のみならず、地域協力機構との関係強化に努めた。また、イスラエル・パレスチナ情勢を受けて、上川外務大臣は10月にエジプトを訪問してカイロ平和サミットに出席、11月にはイスラエル、パレスチナ及びヨルダンを訪問し、12月にはジュネーブでイラン、ヨルダン、レバノンと外相会談を実施し、事態の早期沈静化、一般市民の安全確保や人道状況の改善に向けて各国との間で会談を行い、地域の安定に向けた緊密な連携を確認した。加えて、ウクライナ情勢を受けてエネルギー市場が不安定化する中、湾岸諸国に対しては、電話会談も含め、国際原油市場の安定化に向けたハイレベルでの働きかけを繰り返し行った。

2023年には、トルコ南東部を震源とする地震（2月）、モロッコ中部における地震（9月）、リビア東部での洪水（9月）、アフガニスタン西部における地震（10月）を始めとする複数の自然災害が中東地域において発生し、甚大な被害をもたらした。これらの被害について、日本は国際機関を通じたものを含め、様々な形で人道支援を決定、実施している。

② 中東地域情勢

（1）中東和平

⑦ 中東和平をめぐる動き

2014年4月にイスラエル・パレスチナ間の交渉が頓挫して以降、中東和平プロセスの停滞は継続している。米国のバイデン政権発足後、当事者間の協力再開の動きが一時見られ、ハイレベルでの接触など前向きな動きもあったが、2022年12月末にイスラエルで極右政党を含む連立政権が発足し、それ以降、エルサレムを含め、イスラエル及びパレスチナにおいて暴力行為や衝突が断続的に発生し、多数の死傷者が出た。2023年5月にはガザのパレスチナ武装勢力とイスラエル国防軍（IDF）[2]の武力衝突、7月には西岸地区ジェニンでのIDFによる大規模な掃討作戦が行われるなど、暴力の応酬が続いた。

そうした中、10月7日にガザ地区からハマスなどパレスチナ武装勢力が、数千発のロケット弾を発射し、多数の戦闘員が、イスラエル側検問・境界を破り、IDF兵士のほか、外国人を含む市民を殺害・誘拐した。イスラエル側では、少なくとも1,200人が殺害され、4,500人以上が負傷した。さらに、外国人を含む200人以上がガザ地区に連れ去られ、人質になった。これを契機に、IDFがガザ地区への大規模な空爆を開始、その後ガザ地区内での地上作戦を開始した。国連及びパレスチナ保健省の発表によれば、2023年12月時点で、ガザ地区では、2万人以上の死者、5万人以上の負傷者が発生し、住民の85％に当たる約190万人が避難を余儀なくされた。

イスラエルの北部国境では、10月8日以降、レバノンのヒズボッラー（反政府勢力）が国境付近のIDF拠点及びイスラエル北部の主要都市を砲撃、イスラエル領内に侵入し、IDFが反撃するなどの武力衝突が続いた。10月19日以

1　Gulf Cooperation Council（GCC）湾岸協力理事会：1981年にサウジアラビア、アラブ首長国連邦（UAE）、バーレーン、オマーン、カタール、クウェートによって設立された。防衛・経済を始めとするあらゆる分野における参加国間での調整、統合、連携を目的としている。
2　IDF：Israel Defense Forces

降、イエメンのホーシー派がイスラエルに対し、ミサイルや無人機などによる攻撃を断続的に実施し、11月19日にはイエメン沖において日本関係船舶が「拿捕」される事件が発生した。船舶に対する攻撃はその後も続き、世界経済の重要なシーレーンである紅海及びその周辺海域における船舶の自由な航行に重大な影響が生じている。

軍事衝突が続く中で、カタール、エジプト、米国による仲介で、11月22日、イスラエルとハマスは、人質解放をめぐる取引に合意し、11月24日から30日までにイスラエル人人質81人、外国人24人が解放され、イスラエルに収監されていたパレスチナ人240人が釈放された。この間に戦闘が休止され、燃料を含む人道支援物資のガザ地区への搬入が認められた。しかし、12月1日、戦闘が再開され、IDFはガザ地区南部への地上作戦を開始した。IDFは、ハマスなどが病院敷地内を含め地下トンネルを構築し、軍事利用していると主張し、ガザ地区各地の病院への作戦を実施した。

国連の場では、安全保障理事会（安保理）において4本の決議案が否決された後、11月15日に、ガザ地区における児童の保護に焦点を当て、人道的休止やハマスなどによる人質の即時・無条件の解放の要請などを含む決議第2712号が、12月22日に、ガザ地区に対する人道支援の拡大と監視に関する決議第2720号が採択された。日本は、安保理理事国の一員として、本決議の採択のため積極的に取り組んだ。また、国連総会においては、10月27日に人道的休戦などを求めるヨルダン提案の決議案、12月12日に人道的停戦などを求めるエジプト提案の決議案がそれぞれ賛成多数で採択された。さらに、同月29日、南アフリカがイスラエルを国際司法裁判所（ICJ）に提訴し、イスラエルに対する暫定措置を要請したことを受け、2024年1月26日、ICJは、イスラエルに対し、ガザ地区のパレスチナ人との関係において、ジェノサイド及びその扇動を防ぐための措置をとること、緊急に必要とされる基本的サービス及び人道支援を供給することを可能とする措置をとることなどを命じる暫定措置命令を発出した。

日本の取組

日本は、国際社会と連携しながら、イスラエル及びパレスチナが平和的に共存する「二国家解決」の実現に向けて、関係者との政治対話、当事者間の信頼醸成、パレスチナ人への経済的支援の3本柱を通じて積極的に貢献してきている。

日本独自の取組としては、日本、パレスチナ、イスラエル、ヨルダンの地域協力により、パレスチナの経済的自立を中長期的に促す「平和と繁栄の回廊」構想を推進している。2023年末時点において、旗艦事業のジェリコ農産加工団地（JAIP）[3]ではパレスチナ民間企業14社が操業し、約200人の雇用を創出している。また、「パレスチナ開発のための東アジア協力促進会合（CEAPAD）[4]」を通じて東アジア諸国のリソースや経済発展の知見を動員し、パレスチナの国造りを支援している。

10月7日以降のイスラエルとハマスなどパレスチナ武装勢力の武力衝突を受けて、日本は、ハマスなどによるテロ攻撃を断固として非難し、イスラエルが国際法に従って自国及び自国民を守る権利を有することを確認した上で、人質の即時解放・一般市民の安全確保、全ての当事者が国際法に従って行動すること、事態の早期沈静化を一貫して求め、戦闘休止及び人道支援活動が可能な環境の確保に向けた積極的な外交努力を行ってきた。岸田総理大臣は、12月の国連気候変動枠組条約第28回締約国会議（COP28）の機会にエジプト、イスラエル、カタール、ヨルダン、イラン、トルコとの間で首脳会談を行い（イランは電話会談）、事態の早期沈静化などに向けた連携・意思疎通を確認した。上川外務大臣は、10月21日、カイロ平和サミットに出席したほか、11月3日から4

3　JAIP : Jericho Agro-Industrial Park
4　CEAPAD : Conference on cooperation among East Asian countries for Palestinian Development

カイロ平和サミットでスピーチをする上川外務大臣
（10月21日、エジプト・カイロ）

日にイスラエル、パレスチナ、ヨルダンを訪問し、各国・地域との間で外相会談などを行った。またG7の枠組みでも、11月のG7外相会合においてイスラエル・パレスチナ情勢について率直な議論を外相間で行い、11月29日には「イスラエル及びガザ情勢に関するG7外相声明」を発出した。国連においても、安全保障理事会がその責務を果たせるよう、安保理の一員として、ガザ地区に対する人道支援の拡大と監視に関する決議の採択に向けて精力的な働きかけを行った。さらには、日本は、ガザ地区における危機的な人道状況の改善に向け、10月以降、パレスチナに対する総額約7,500万ドルの人道支援や独立行政法人国際協力機構（JICA）を通じた物資支援などを表明し、実施してきている。また、2024年1月26日のICJによる暫定措置命令については、同月27日、外務省は、「国連の主要な国際司法機関であるICJの暫定措置命令は、当事国を法的に拘束するものであり、誠実に履行されるべきもの」である、「国際社会における法の支配を重視する我が国として、この機会に、ICJが果たしている役割に改めて支持を表明」する、などの日本の立場を表明する外務大臣談話を発表した。

（2）イスラエル

　高度な先端技術開発やイノベーションに優れているイスラエルは、日本の経済にとって重要な存在であると同時に、中東地域の安定にとっても重要な国となっている。

　2022年11月の総選挙後、ビンヤミン・ネタニヤフ氏が組閣指名を受け、同年12月末にイスラエルで極右政党を含む連立政権が発足した。同政権の下では、これまで、司法制度改革をめぐり国論が二分され、国内で大規模なデモが継続的に発生したほか、ヨルダン川西岸地区では入植政策が推進され、パレスチナ人とイスラエル人入植者との間で繰り返し衝突が発生した。

　10月7日に発生したハマスなどによるテロ攻撃を受け、ネタニヤフ首相は「戦争状態」を宣言、主要野党を含む形で挙国一致内閣を設置し、ガザ地区に対する軍事作戦を開始した。

　日本との関係では、3月に両国間の定期直行便が運航開始したほか、2023年は「あり得べき日・イスラエル経済連携協定（EPA）に関する共同研究会合」が3回開催された。また、10月7日のテロ攻撃を受け、11月に上川外務大臣がイスラエルを訪問し、ヘルツォグ大統領やコーヘン外相と会談したほか、ハマスによるテロ攻撃で亡くなった方や誘拐された方の御家族と面会した。

（3）パレスチナ

　パレスチナは、1993年のオスロ合意などに基づき、1995年からパレスチナ自治政府（PA）[5] がヨルダン川西岸及びガザで自治を開始し、2005年大統領選挙でアッバース首相が大統領に就任した。その後、大統領率いるファタハと、ハマスとの間で関係が悪化し、ハマスがガザを武力で掌握した。2017年、エジプトの仲介により、ガザにおけるパレスチナ自治政府への権限移譲が原則合意され、また2022年にはアルジェリアが仲介し、パレスチナ立法評議会選挙の1年以内の実施などを掲げる、パレスチナ諸派間の和解文書「アルジェ宣言」が署名されたが、依然としてファタハが西岸を、ハマスがガザを支配する分裂状態が継続している。

5　PA：Palestinian Authority

日・パレスチナ外相会談（11月3日、パレスチナ・ラマッラ）

日本との関係では、9月、林外務大臣がカイロで日・アラブ政治対話の機会にマーリキー外務・移民長官と外相会談を行ったほか、10月7日のハマスなどによるイスラエルへのテロ攻撃を受け、11月には上川外務大臣がパレスチナを訪問し、同外務・移民庁長官と外相会談を行った。

(4) アフガニスタン

アフガニスタンは、中東、中央アジア、南アジアの連結点に位置し、歴史的に様々な宗教、文化、民族が交錯してきた、地政学的に重要な国である。

同国では、タリバーンが2021年8月に首都カブールを制圧し、翌月に「暫定政権」の樹立が発表されたが、民族・宗教的包摂性の欠如が指摘されている。また、女子中等・高等教育の停止、NGO・国連機関のアフガニスタン人女性職員の勤務停止などの女性・女児の権利の大幅な制限に対し、国際社会は深刻な懸念を表明している。また、治安は改善したものの、「イラクとレバントのイスラム国（ISIL）」系組織によるテロが各地で散発している。

こうした中、日本は、アフガニスタンが1990年代のように再び国際社会から孤立しテロの温床となることを避ける観点から、タリバーンに対し、女性や社会的少数者を含む全てのアフガニスタン国民の社会・政治参加や、各種制限の撤廃、及び、国際社会との建設的な関係構築を求める直接的な関与を継続している。2023年は、安保理非常任理事国として、また、アフガニスタン情勢に関するペンホルダー[6]として、UAEと共に関連決議の起草や調整を担い、国連アフガニスタン支援ミッション（UNAMA）[7]に関する国連安保理決議第2678号の全会一致での採択、国際社会のアフガニスタンへの関与の指針を示す独立アセスメント[8]報告書による勧告の実施に向けた同決議第2721号の採択などに貢献した。

国連の発表によると、同国は、人口の約3分の2が人道支援を必要としており、日本は、タリバーンによるカブール制圧以降も国際機関などを経由し、人道支援やベーシック・ヒューマン・ニーズ（人間としての基本的な生活を営む上で最低限必要なもの）に応える支援を継続してきた。2023年も、10月に発生した西部における大規模な地震被害に対して、JICAを通じた緊急援助物資の供与及び国際機関を通じた300万ドルの緊急無償資金協力を実施したほか、12月には、令和5年度補正予算において約5,840万ドルの追加的支援を決定した。これにより、2021年8月以降の日本による支援額は約4億7,000万ドル規模となった（2023年末時点）。

(5) イラン

イランは、約8,500万人の人口と豊富な天然資源を誇るシーア派の地域大国であり、日本とは90年以上にわたり伝統的な友好関係を発展

6　安保理において、特定の議題に関する議論を主導し、決議や議長声明などの文書を起草する理事国を指す。

7　UNAMA（United Nations Assistance Mission in Afghanistan）：2002年、国連安保理決議1401号を根拠として設立され、アフガニスタン政府に対する和平プロセスのための政治的戦略的助言などを任務としている。2021年8月のタリバーンによるカブール制圧以降もアフガニスタンでの活動を継続し、タリバーンへの働きかけや人道支援の調整などを行っている。

8　アフガニスタンに関する「独立アセスメント」：2023年3月16日、国連安保理は、決議第2679号を通じ、アフガニスタンが直面する諸課題に対処するための方途などに関する「独立アセスメント」の実施を国連事務総長に対して要請した。これを受け、4月、国連事務総長は、同アセスメントの取りまとめ役としてシニルリオール特別調整官（トルコ人）を任命した上で、独立アセスメントに関する報告書を作成させ、11月8日付で安保理に提出した。同報告書は、国際社会とアフガニスタンとの間の信頼構築、主要課題に対処するための協力継続及びアフガニスタン人の間の対話追求などを求めるとともに、国連事務総長によるアフガニスタン特使の任命を始め、アフガニスタンへの関与を強化するためのメカニズム構築などを勧告している。

させてきている。

　同国は、米国のトランプ前政権によるイラン核合意（包括的共同作業計画（JCPOA）[9]）からの離脱を受け、2019年7月以降、核合意上のコミットメントを段階的に停止する対抗措置をとってきている。2023年末時点で、60%までの濃縮ウランの製造を行っており、保障措置問題の一部が未解決であるほか、国際原子力機関（IAEA）による抜き打ち査察を可能にしていた追加議定書の履行停止や、一部の特定の国籍のIAEA査察官の指名撤回などを行っている。日本は、イラン核合意を一貫して支持している立場から、2023年3月のイランとIAEAとの間の共同声明の完全かつ無条件の実施を含め、イランによる建設的な対応を求めている。バイデン政権下では、米国及びイラン双方による核合意への復帰に向けた様々な外交努力が行われてきたが、現時点で米国及びイランによる核合意上のコミットメント遵守への復帰は実現していない（2023年12月末時点）。また、10月18日には、イラン核合意の採択の日から8年が経過したことを受け、イランの核問題に関する国連安保理決議第2231号に基づく一部の対イラン措置に係る条項が期限を迎え、日本も同条項に基づく措置を解除した。一方、日本は、安保理決議の規定の有無にかかわらず、核兵器運搬手段に関連するモノ及び技術の移転について、外国為替及び外国貿易法に基づき厳格に対応している。

　このような中、イラン正規軍海軍によるマーシャル諸島籍タンカー拿捕やイラン革命ガード海軍によるパナマ籍タンカー拿捕事案が発生したほか、10月以降のイスラエル・パレスチナ情勢を受け、イランに近いとされる勢力によるシリア及びイラク領内の米国権益への攻撃や紅海及びその周辺海域での船舶に対する攻撃が発生したほか、米国による報復攻撃、シリアにおけるイラン革命ガード上級軍事顧問の殺害、ソレイマニ元革命ガード司令官の追悼集会中の爆発事案、これらの事案に対するイランによる報

復攻撃など、イランをめぐる情勢は高い緊張状態が継続している。日本は様々な機会を捉え、首脳・外相レベルを含め、イランに対し、イランが影響力を持つ勢力に対して自制を強く働きかけるよう求めている。

　一方、イランをめぐる緊張緩和の動きも見られた。イランは、2016年以降外交関係を断絶していたサウジアラビアとの間で、イラクやオマーンによる仲介努力を経て、3月に中国が仲介する形で外交関係正常化に合意した。また、9月にはオマーンやカタールの仲介により、韓国にあるイラン凍結資産が解放され、米・イラン間の被拘束者の交換が実現した。

　ロシアによるウクライナ侵略をめぐっては、イランによるロシアへの無人航空機（ドローン）の提供について、国際社会における非難を受けた議論が継続している。

　日本は、米国と同盟関係にあると同時に、イランと長年良好な関係を維持してきており、保健・医療、環境、防災など、イラン国民が直接裨益する分野での二国間協力を継続しているほか、イランにおけるアフガニスタン難民支援を実施している。また、岸田総理大臣は、前年に引き続き、9月に訪問中のニューヨーク（米国）においてライースィ大統領と会談を行い、12月には日・イラン首脳電話会談が行われた。アブドラヒアン外相との間では、8月の訪日時に林外務大臣が会談を行ったほか、上川外務大臣が10月に電話で、12月には対面で同外相と会談を行った。こうしたハイレベルの会談に加え、4月及び12月に日・イラン次官級協議、1月に日・イラン領事当局間協議、10月に日・イラン人権対話、11月に日・イラン軍縮・不拡散協議を行った。このように、日本は、イランとの様々なレベルでの重層的な対話を継続しつつ、あらゆる機会を捉えて、イランに対し、諸課題について懸念事項を直接伝達するなど、中東地域における緊張緩和と情勢の安定化に向けた独自の外交努力を行ってきている。

2
しなやかで、揺るぎない地域外交

9　JCPOA：Joint Comprehensive Plan of Action

（6）トルコ

　トルコは、地政学上も重要な地域大国であり、北大西洋条約機構（NATO）加盟国として地域の安全保障において重要な役割を果たしており、欧米、ロシア、中東、アジア、アフリカへの多角的な外交を積極的に展開している。また、1890年のエルトゥールル号事件[10]に象徴されるように、伝統的な親日国である。

　2023年2月、トルコ南東部を震源とする大地震が発生、多数の建物が倒壊し、犠牲者数が約5万人に達する未曽有と言える大災害となった。近年、高いインフレ率が市民の生活を圧迫してきたことや、同震災対応に関するトルコ政府への逆風もある中、5月、大統領選挙及び議会選挙が実施された。大統領選挙においては決選投票の末、エルドアン大統領が再選を果たし、また議会選挙においてもエルドアン大統領が率いる公正発展党（AKP）[11]などによる与党連合が勝利した。同選挙により、エルドアン大統領の任期は2028年までとなり、野党による統一候補が当選を果たせず、2024年の地方選挙を迎えることとなった。

　外交面においては、深刻なインフレと経済危機に直面し、大統領選挙に向けて、実利的な面を優先して隣国との関係改善を図ってきた。NATO加盟国としては、フィンランドの加盟申請を容認した。一方、ハマスなどによるテロ攻撃発生以降、イスラエル・パレスチナ情勢が緊迫化したことを受け、関係改善中であったイスラエルを強く非難する姿勢を取っている。

　日本との関係では、2月のトルコ南東部を震源とする大規模地震を受け、日本政府は発災当日に国際緊急援助隊・救助チーム、引き続いて医療チーム及び専門家チームを派遣したほか、自衛隊機を派遣して支援に必要な資機材などの輸送を行った。また、JICAを通じて緊急援助物資を供与したほか、国際機関及び日本のNGOを通じて計850万ドルの緊急人道支援を

行った。加えて、復旧・復興に向け、がれき処理や医療機材・重機などの供与を目的とする総額50億円の無償資金協力の実施や被災地の復旧・復興を支援するための800億円の借款の供与などを表明した。また、9月のG20ニューデリー・サミット、12月のCOP28に際して、岸田総理大臣とエルドアン大統領との間で首脳会談を実施した。

（7）イラク

　イラクは、2003年のイラク戦争後、2005年に新憲法を制定し、民主的な選挙を経て成立した政府が国家運営を担っている。

　内政面では、2021年の国民議会選挙後に内閣を組閣できない混乱状態が続いていたが、2022年10月の新政府発足以降、広範な政治勢力による支持を背景に、スーダーニー首相による安定した政権運営が行われている。2023年6月には、2023年度から2025年度3か年予算法を施行し、予算の安定性と行政の継続性が実現することとなった。また、10年ぶりとなる県評議会選挙を12月に実施し、今後の地方行政の強化と行政サービスの拡充が期待されている。

　スーダーニー政権発足後、イラクの国内治安は大きく改善した一方、10月以降、「イラクのイスラム抵抗」を名乗るイラク国内の親イラン民兵組織によるイラク国内の米軍関係施設への攻撃が相次ぎ、米軍による親イラン民兵組織への反撃も行われるなど、イスラエル・パレスチナ情勢がイラク国内情勢に影響を及ぼしている。

　外交面では、イラン、サウジアラビア、トルコといった地域大国の間に位置し、近隣諸国との関係強化やバランス外交を志向している。3月に中国の仲介によって実現したイランとサウジアラビアの外交関係正常化に関する合意に至る過程においては、イラクもオマーンとともに仲介努力を行い貢献した。

---

10 エルトゥールル号事件の詳細については、外務省ホームページ参照：
　　https://www.mofa.go.jp/mofaj/ms/da/page22_001052.html
11 AKP：Adalet ve Kalkınma Partisi

10

日本は2003年以降、約138億ドル（2023年末時点）の経済協力を実施するなど、一貫して対イラク支援を継続している。

（8）ヨルダン

ヨルダンは、混乱が続く中東地域において比較的安定を維持しており、アブドッラー2世国王のリーダーシップの下で行われている過激主義対策、多数のシリア・パレスチナ難民の受入れ、中東和平への積極的な関与など、ヨルダンが地域の平和と安定のために果たしている役割は、国際的にも高く評価されている。

日本との関係では、両国の皇室及び王室は伝統的に友好な関係にあり、4月にはアブドッラー2世国王及びフセイン皇太子が訪日した。

首脳レベルでは、4月に岸田総理大臣が同国王と首脳会談を実施し、戦略的パートナーシップの下、協力関係を今後更に発展させることを確認した。10月には、ガザ地区をめぐる情勢について同国王と首脳電話会談を実施した。岸田総理大臣は12月にはCOP28に際して同国王と首脳会談を実施し、ガザをめぐる情勢を中心に協議を行い、地域の長期的な安定に向けて、緊密に連携していくことを確認した。

外相レベルでは、林外務大臣が、3月に訪日したサファディ副首相兼外相・移民相との間で第3回外相間戦略対話を実施したほか、5月にはシリアをめぐる情勢について電話会談を行った。また、林外務大臣が9月にヨルダンを訪問した際には、同国王及びハサーウネ首相を表敬したほか、同外相と第4回外相間戦略対話を行い、「二国家解決」に基づく中東和平実現及び難民支援の重要性を共有した。10月には上川外務大臣がガザをめぐる情勢について同外相との間で電話会談を行ったほか、11月にヨルダンを訪問した際に外相会談を実施し、同月サンフランシスコを訪問中にも外相電話会談を行った。また、12月にジュネーブを訪問中にも外相会談を行い、外相間で頻繁に会談を重ね、協

第4回日・ヨルダン外相間戦略対話（9月3日、ヨルダン・アンマン）

力関係を深めていることを歓迎し、ガザ地区における人道状況の改善や事態の早期沈静化、及び二国間協力の更なる発展に向けて、連携して取り組んでいくことを確認した。

加えて、1月に西村康稔経済産業大臣、2月に山﨑統合幕僚長、7月に河野太郎デジタル大臣がヨルダンを訪問し、経済・安全保障面などでも協力を積み重ねてきている。

（9）湾岸諸国とイエメン

湾岸諸国は、近年、脱炭素化や産業多角化などを重要課題として社会経済改革に取り組んでいる。湾岸諸国は、日本にとってエネルギー安全保障などの観点から重要なパートナーであることに加え、こうした改革は中東地域の長期的な安定と繁栄に資するとの観点から、日本としても、サウジアラビアとの「日・サウジ・ビジョン2030」や、UAEとの「包括的・戦略的パートナーシップ・イニシアティブ（CSPI）[12]」などの下で幅広い分野の協力を進めている。岸田総理大臣は7月にサウジアラビア、UAE、カタールを訪問して各国首脳と会談を行い、中東地域をクリーンエネルギーや重要鉱物のグローバルな供給ハブとする構想を提案し、従来の「産油国」と「消費国」という関係から、幅広い分野におけるパートナーの関係へと発展させると述べた。また、2009年以降交渉が中断していた日・GCC自由貿易協定（FTA）[13]につ

12　CSPI：Comprehensive Strategic Partnership Initiative
13　FTA：Free Trade Agreement

いて、2024年中に交渉を再開することでGCC側と一致した。9月には林外務大臣がサウジアラビアを訪問し、日・GCC外相会合に加え、サウジアラビア、オマーン、クウェート及びバーレーンの外相と会談を行った。また、日本はスーダン情勢やガザ情勢を受けて湾岸諸国と電話会談を行った。

サウジアラビアは石油輸出国機構（OPEC）[14]で主導的な役割を担っており、日本の原油輸入の約4割を供給するエネルギー安全保障上の重要なパートナーである。また、同国はアラブ諸国唯一のG20メンバーであり、イスラム教の二大聖地を擁するアラブ・イスラム諸国の盟主である。2023年には、イランとの外交関係正常化、イエメンのホーシー派との直接協議、シリアのアラブ連盟復帰の働きかけ、ガザ情勢を受けたアラブ連盟・イスラム協力機構（OIC）[15]緊急共同サミットの開催など、アラブ・イスラム諸国の外交政策の議論において主導的な役割を担った。また、同国は、「サウジ・ビジョン2030」を掲げ、包括的な社会経済改革を目指し、様々な分野で新たなイニシアティブを推進している。ムハンマド皇太子兼首相と岸田総理大臣との7月及び9月の2回の会談、10月の2回の電話会談、ファイサル外相と林外務大臣との4月の電話会談及び9月の会談、上川外務大臣との10月の電話会談、深澤陽一外務大臣政務官の12月の「日・サウジ・ビジョン2030」第7回閣僚会合への出席などを通じ、「日・サウジ・ビジョン2030」の枠組みの下での様々な分野での協力や「クリーンエネルギー協力のための日・サウジ・ライトハウス・イニシアティブ」の下での協力を一層推進し、両国の戦略的パートナーシップを強化させることを確認した。

UAEも日本の原油輸入の約4割を供給するエネルギー安全保障上の重要なパートナーである。また、2023年、同国はCOP28の議長国を務めたほか、安保理非常任理事国として、ア

日・UAE外相会談（6月12日、東京）

フガニスタン問題では日本と共同で議論を主導し、またガザ情勢に関する決議案を提案するなど、国際場裡において重要な役割を担った。日本は、岸田総理大臣とムハンマド大統領との7月の会談、10月及び12月の電話会談、林外務大臣による1月のサーイグ国務相、4月のジャーベル産業・先端技術相兼日本担当特使、4月（電話）及び6月のアブダッラー外相との会談、上川外務大臣の9月のジャーベル産業・先端技術相兼日本担当特使とのCSPI第1回閣僚級会合、10月のアブダッラー外相との電話会談などを通じ、「CSPI」の枠組みの下での様々な分野での協力や「日・UAEイノベーション・パートナーシップ」及び「グローバル・グリーン・エネルギー・ハブ」構想の下での協力を一層推進し、両国の戦略的パートナーシップを強化させることを確認した。また、防衛分野では、5月に署名した日・UAE防衛装備品・技術移転協定が2024年1月に発効した。

カタールは、世界最大級の産ガス国でありつつ、イラン、タリバーン、ハマスなどとの独自のチャンネルをいかし、米・タリバーン間の和平交渉、米・イラン間の被拘束者交換の交渉、イスラエル・ハマス間の人質解放をめぐる交渉などを仲介し、存在感を高めている。日本はカタールとの間で、7月の岸田総理大臣の同国訪問の際に、両国の包括的パートナーシップを戦略的パートナーシップへと格上げしたほか、岸

---

14 OPEC : Organization of the Petroleum Exporting Countries
15 OIC : Organisation of Islamic Cooperation

日・カタール首脳会談
（7月18日、カタール・ドーハ　写真提供：内閣広報室）

田総理大臣がタミーム首長と10月に電話会談、12月に会談を行い、また、1月に林外務大臣とムハンマド副首相兼外相との間で第2回日・カタール外相間戦略対話を、10月には上川外務大臣とフライフィ外務省国務相との間で電話会談を行った。

オマーンは、イランやホーシー派との独自のチャンネルをいかし、サウジアラビア・イラン間の外交関係正常化の交渉、サウジアラビア・ホーシー派間の交渉、米・イラン間の被拘束者交換の交渉などを仲介した。日本は、バドル外相との間で、林外務大臣が3月及び9月に会談を行い、上川外務大臣が11月に電話会談を行った。

クウェートとは、1月の髙木啓外務大臣政務官の同国訪問、9月の林外務大臣とサーレム外相との会談のほか、12月にはナッワーフ首長の薨去を受け、森英介総理特使（衆議院議員）がクウェートを弔問し、ミシュアル新首長に弔意を伝達した。

バーレーンとの間では、9月に日・バーレーン投資協定が発効したほか、同月、林外務大臣とザヤーニ外相が会談を行った。

イエメンの安定は、中東地域全体の平和と安定のみならず、日本のエネルギー安全保障に直結するシーレーンの安全確保の観点からも重要である。イエメンでは、イエメン正統政府及びアラブ連合軍と、ホーシー派との間での衝突が継続していたが、2022年4月に全土での停戦が合意され、同年10月に同合意は失効したものの小康状態が継続している。2023年には、

オマーンの仲介により、サウジアラビアとホーシー派との間での直接協議が複数回実施され、イエメンの恒久的和平に向けた前向きな動きが見られている。日本も、林外務省参与からホーシー派交渉団長への働きかけなどを通じ、イエメン人同士の対話の実施に向けた外交努力を継続している。ガザ地区をめぐる情勢を受け、11月、ハマスとの連帯を掲げるホーシー派は、イスラエル関係船舶に対する攻撃を行うことを宣言し、紅海のイエメン沖において日本関係船舶を「拿捕」するなど、紅海及びアデン湾などにおいて、船舶に対する攻撃を相次いで行っている。日本は、こうしたホーシー派の行動を断固非難し、船舶の自由かつ安全な航行を阻害する行為の自制を求め、日本関係船舶・乗組員の早期解放や周辺海域の安定化のため、関係国と連携しながら取り組んでいる。2024年1月には、日本が米国と共に提案した、紅海上の船舶に対するホーシー派のあらゆる攻撃の即時停止を求める安保理決議2722号が採択された。一方、紛争長期化により、イエメンは「世界最悪の人道危機」とされる深刻な状況に直面しており、日本は2015年以降、国際機関などと連携し、イエメンに対し、合計約4.3億ドル（2023年末時点）の人道支援を実施している。

（10）シリア

⑦ 情勢の推移

2011年3月に始まったシリア危機は、発生から12年が経過するも、なお情勢の安定化及び危機の政治的解決に向けた見通しは立っておらず、2019年に国連の仲介により設立され政権側及び反体制派側が一堂に会する「憲法委員会」も1年以上実施されていない。一方、2月6日に発生したトルコ南東部を震源とする大地震により、北部を中心にシリアでも甚大な被害が発生した（犠牲者は5,900人以上とされる。）。シリア国内で人道支援を必要とする人々の規模は2024年には1,670万人に上るとされており、国内避難民の数も2023年末時点で720万人を超えるなど、危機発生以降、人道支援ニーズが最も高い状況にあるとされている。

対外関係では、アサド政権を支持するロシアやイランとの協力関係は維持されつつ、近年に見られたアラブ諸国との関係改善の動きの一環として、5月7日にはアラブ連盟外相級臨時会合において同連盟への参加再開が決定された。また9月にはアサド大統領による、19年ぶりとなる訪中が実施された。なお、欧米諸国は、アサド政権による化学兵器使用や人権蹂躙[16]行為などを理由に、シリア政府との関係再開には依然として慎重な姿勢を維持している。

軍事・治安面では、首都ダマスカスの治安は総じて維持されている一方、北部などを中心に不安定な情勢が継続している。また10月7日に発生したハマスなどによるイスラエルに対するテロ攻撃発生以降、イスラエル・パレスチナ情勢が緊迫化したことを受け、シリア国内への空爆などの攻撃が増大するなど、シリア情勢にも影響を及ぼしている。

✈ 日本の取組

日本は、一貫して、シリア危機の軍事的解決はあり得ず、政治的解決が不可欠であると同時に、人道状況の改善に向けて継続的な支援を行うことが重要との立場をとっている。6月に開催された「シリア及び地域の将来の支援に関する第7回ブリュッセル会合」には山田賢司外務副大臣が出席し、人道支援における日本の揺るぎない決意を表明した。日本は、2012年以降、総額約35億ドルの人道支援をシリア及び周辺国に対して実施してきている（2023年末時点）。

(11) レバノン

レバノンは、複合的危機による様々な課題に直面する中、2022年10月末のアウン前大統領の任期終了後、政治勢力間の対立などにより議会での協議は妥結に至らず、新たな大統領の選出も新内閣の組閣も実現しておらず、政治空白が続いている。国際通貨基金（IMF）[17]との事務レベル合意で提示された行財政改革は著し

く遅れており、公共サービスの機能不全や高いインフレ率など、経済危機は長引いている。7月以降には、レバノン国内のパレスチナ難民キャンプで軍事衝突事案が発生した。さらに、10月7日以降のガザ情勢の影響を受け、イスラエルと接する南部ではイスラエルとヒズボッラーなどの間で軍事攻撃の応酬が継続しており、治安情勢や人道状況の更なる悪化が指摘されている。

日本は、2012年以降、合計2億9,090万ドル以上の支援（広域支援を含む。）を行っている（2023年末時点）。8月には山田外務副大臣がベイルートを訪問し、ミカーティ暫定首相やベッリ国会議長などとの会談を実施した。また、上川外務大臣は、12月にジュネーブを訪問中にブハビーブ外務・移民相との間で外相会談を行い、ガザ地区における人道状況の改善や事態の早期沈静化に向けて、両国が引き続き連携して取り組んでいくことを確認した。

❸ 北アフリカ地域情勢（エジプト、リビア、チュニジア、アルジェリア、モロッコ）

(1) エジプト

中東・アフリカ・欧州地域が交差する地政学的要衝に位置するエジプトは、人口1億人以上を有する中東・北アフリカの地域大国である。10月7日のハマスなどによるテロ攻撃発生以降、イスラエル・パレスチナ情勢が緊迫化したことを受け、ガザ地区からの外国人などの退避、国際機関や世界各国からの人道支援物資の受入れ・ガザ地区への搬送や、カイロ平和サミット開催を始めとする外交努力を通じて、情勢の沈静化、地域全体の不安定化の防止、人道状況改善の緊要性等の議論を主導するなど、地域の安定のために重要な役割を果たしている。12月には大統領選挙が実施され、ガザ情勢へ

---

16 国家権力が、憲法に保障された国民の基本的人権を侵犯すること
17 IMF：International Monetary Fund

第3回日・アラブ政治対話に臨む林外務大臣
（9月5日、エジプト・カイロ）

の対応を通じ国民の支持を集める現職のエルシーシ大統領が投票総数の89.6%の得票を得て3選を果たし、長期政権への道を開いた。

日本との関係では、4月に岸田総理大臣が日本の総理として8年ぶりにエジプトを訪問してエルシーシ大統領と首脳会談を行い、二国間関係の戦略的パートナーシップへの格上げを発表した（167ページ　特集参照）。9月には林外務大臣がカイロを訪問、エルシーシ大統領を表敬し、シュクリ外相と会談を行ったほか、中東に関する日本・エジプト・ヨルダン三者閣僚級協議及び第3回日・アラブ政治対話を開催した。悪化するガザ情勢を受けて、岸田総理大臣は10月17日及び11月29日にエルシーシ大統領と電話で協議を行ったほか、12月1日にはUAEで開催された国連気候変動枠組条約第28回締約国会議（COP28）の機会に同大統領との会談を実施し、二国間関係及び地域・国際情勢について意見交換を行い、緊密な連携を確認した。また、上川外務大臣はシュクリ外相と10月12日及び11月14日に電話会談を行ったほか、10月、主要国ハイレベルが出席したカイロ平和サミットに出席し、議長のエルシーシ大統領とも意見交換を行った。

エジプト・イスラエル間の停戦監視活動などを主要任務とするシナイ半島駐留多国籍部隊・監視団（MFO）[18]には、2019年4月から自衛官

2人を派遣してきたが、7月からは2人増員の計4人の司令部要員を派遣しており、引き続き地域の平和と安定に向けた貢献を行っている。

（2）リビア

リビアは、アフリカ1位の原油埋蔵量を誇るエネルギー大国であるが、2011年のカダフィ政権崩壊後、東西に政治勢力が並立する不安定な状況が続いている。2019年4月には、東部の実力者であるハフタル「リビア国軍（LNA）[19]」総司令官がトリポリへの進軍を指示し武力衝突に発展した。2020年10月に両勢力間が恒久的停戦合意に署名して以降、東西両勢力間の武力衝突事案は大幅に減少している。2023年9月には、東部デルナを中心に洪水による甚大な被害が発生した。

政治面では、国連主導の政治対話フォーラムにおいて2021年12月24日の独立記念日に大統領選挙を含む一連の国政選挙を行うことについて基本的合意が成立したものの、2023年末時点で実施に至っていない。2月にバシリー・リビア担当国連事務総長特別代表が2023年内の選挙実施に向けたイニシアティブを発表して以降、引き続き国連主導による取組が進められている。

日本は、9月にリビア東部において発生した洪水を受け、JICAを通じて緊急援助物資を供与したほか、総額300万ドルの緊急無償資金協力を実施している。また、治安情勢に一定程度改善が見られることなどを踏まえ、在リビア日本国大使館は、2014年7月に大使館を一時閉館して以来初めて、2024年1月にトリポリでの業務を再開した。

（3）マグレブ諸国（チュニジア・アルジェリア・モロッコ）

マグレブ地域は、欧州・中東・アフリカの結節点に位置する地理的優位性や豊富な若年労働力などによる高い潜在性から、アフリカにおい

18　MFO：Multinational Force and Observers
19　LNA：Libyan National Army

て経済面で高い重要性を有している一方、引き続き貧困層の拡大、地域格差や高失業率、食料価格高騰の影響などの克服が課題となっている。加えて、リビアやサヘル地域からの武器や不法移民の侵入による治安面への影響が懸念されている。

チュニジアでは、2022年に施行された新憲法の下、同年12月及び2023年1月に国民代表議会選挙が実施され、新議会が成立した。ロシアによるウクライナ侵略や気候変動などによりチュニジアの経済・財政が影響を受ける中、経済社会改革に取り組むことができるかが注目されている。

日本との関係では、6月に山田外務副大臣がチュニジアを訪問し、ブデン首相への表敬、アンマール外相への表敬を行ったほか、第11回日本・チュニジア合同委員会の日本側団長を務め、二国間関係全般、地域情勢及び国際場裡における協力について意見交換を行った。9月には、林外務大臣がエジプトでの日・アラブ政治対話の機会にアンマール外相と外相会談を実施した。また、12月には、第3回日・チュニジア安全保障・テロ対策対話が実施されるなど、政治面での協力が進んだ。

アルジェリアでは、2019年12月にテブン新大統領が就任し、同大統領は「新しいアルジェリア」の実現に向けた経済改革の一環として、2022年に投資法の改正などを実施した。2023年11月にはラルバウィ首相を任命し、2024年に控える大統領選挙での再選に向け、

今後の政権運営に注目が集まる。

日本との関係では、2月に租税条約（2024年1月20日発効）、7月に合同経済委員会設置協定の署名が行われ、経済関係の強化が期待される。6月には日・アルジェリア政策協議、12月には10年ぶりに両国治安・テロ対策協議が開催された。これらの会合では、両国を取り巻く地域情勢などについて意見交換を行い、2024年に議席を共にする国連安全保障理事会を含む多数国間の枠組みでの連携を確認した。また、JICAの技術協力事業による日本からの水産専門家の派遣や、国際マンガフェスティバルへの日本人映画監督の参加など、外交のみならず、多様な分野で二国間関係が進展している。

モロッコでは、2021年9月の衆議院議員選挙を受け発足したアハヌーシュ・独立国民連合（RNI）党首率いる連立内閣が、保健・教育・社会保障・税制改革に加え、モハメッド6世国王が提唱する「新しい発展モデル」の実施に注力している。また、洪水、干ばつなどの気候変動リスクを抱えるモロッコではグリーン経済への移行に向け積極的な取組を進めている。9月には中部山間部において、マグニチュード6.8の地震が発生し甚大な被害が出る中、10月にマラケシュで世界銀行・IMF年次総会が開催され、日本からは鈴木俊一財務大臣及び植田和男日銀総裁が出席した。

日本との関係では、3月には、タールビー・エル・アラミー衆議院議長が日本を公式訪問し、国会関係者と面談を実施した。林外務大臣が9月、エジプトで開催された第3回日・アラブ政治対話の機会にブリタ外相と外相会談を行い、幅広い分野で両国の協力関係を一層強化していくことを確認した。また同月に発生した同国中部における地震被害に対して、総額300万ドルの緊急人道支援を実施した。

第11回日本・チュニジア合同委員会で団長を務める山田外務副大臣
（6月16日、チュニジア・チュニス）

コラム
COLUMN

サウジアラビアで熱狂に包まれる日本人ポップアーティスト

かつては映画や音楽も禁止され、保守的で閉鎖的とのイメージが強かった中東の大国サウジアラビアでは、観光の解禁、女性の一層の社会進出など、従来想像されていなかったレベルでの変化が進んでおり、日本との交流もますます盛んになってきています。

その変化の一つとして、同国では大規模な国民的娯楽イベントが定期的に開催されています。2023年は、イスラムの聖地マッカ（アラビア語読み。英語読みでは「メッカ」）まで車で1時間のジッダで「2023年ジッダイベントカレンダー」が開催され、その一環として4月から6月まで日本のカルチャーを体験するイベントエリア「アニメビレッジ」が開設されました。そこでは、たくさんの日本人アーティストが夜に熱演を繰り広げ、現地の若者たちの熱狂に包まれました。

また、首都リヤド市内のエンタテイメントエリア「ブルバードワールド」[1]内では、「2022年リヤド・シーズン」の開催に際して「ジャパンアニメタウン」が開設され、2022年12月の約1か月間にわたり、日本人アーティストが毎週ライブを行いました。

実際にジッダとリヤドでのイベントで公演した日本人アニメソング歌手で、アニメ「BORUTO-ボルト-NARUTO NEXT GENERATIONS」などのテーマソングを公演したhalcaさんは、その感動について次のようにコメントしています。

2023年ジッダイベントカレンダー会場シティウォーク内のアニメビレッジでのhalcaさんのコンサート

（halcaさんからのコメント）

リヤドとジッダで過ごした時間と経験は、私にとってかけがえのないものになりました。サウジアラビアで起こった全てのことに大きな喜びを感じ、とても感謝しています。

どこへ行って誰と会っても笑顔の人ばかりで、その豊かな感情表現は私がライブでパフォーマンスを披露している最中にも様々な形で伝わってきました。両手を上げて穏やかに揺れながら聴いてくれた人、指先や手のひら、全身を使ってハートマークを私に向けてくれた人、ロングトーンのあとに大きな拍手を送ってくれた人、それぞれが自由に音楽を楽しんでいる姿がとても輝かしく見えました。

リヤド、ジッダどちらのライブも非常に密度の高い歓声に包まれ、熱く心が満たされ、この経験が私にとって確かな自信に繋がったのを今でも実感しています。自身の体験から、お互いを認め合い、愛し合うことで人々は大きな成長を遂げる可能性を感じました。

私を迎えてくれたサウジアラビアの皆さんとの思い出は、これから先も私の心に深く残るでしょう。そして、この美しい気持ちと思い出を日本に持ち帰り、サウジアラビアとその人々の素晴らしさを日本の皆さんに伝えていきたいです。音楽やアニメ、言葉を超えた様々なことに思いを託して、両国の絆が強まりますようにという期待を込めて。

ジッダへの日本人アーティスト派遣業務を請け負った株式会社ソニー・ミュージックエンタテインメントからは、「社会・文化面の自由化が著しいサウジアラビアにおいて日本のアニメ・ゲームや音楽といったエンタメが広く受け入れられていることを実感しており、今後もサウジアラビアの人たちに喜んでいただけるようなコンテンツやイベントを展開していければと思っております。」という感想が寄せられました。

ムハンマド皇太子兼首相の出迎えを受ける岸田総理大臣
（7月16日、サウジアラビア・ジッダ　写真提供：内閣広報室）

また、2023年は、文化面のみならず、政治面での交流も両国間で進みました。7月、岸田総理大臣はジッダで会談したムハンマド皇太子兼首相に、両国の協力枠組み「日・サウジ・ビジョン2030」の第2章を「ザ・ジャーニー」[2]と銘打ち、協力を一層拡大させていきたい、と伝えました。外交関係樹立70周年の節目となる2025年を目前に控え、この両国の新たな旅立ちに際し、一層多くの日本の方々がこの新しいサウジアラビアの魅力に触れ、更に幅広い分野と多様なレベルで交流が深まることが期待されます。

1　「ブルバードワールド」は、日本を含めた世界10か国の文化や料理を紹介し、レストランや市場、芸術を通じて、それぞれの国を体験できるエリア

2　2021年、ムハンマド皇太子兼首相が設立したミスク財団傘下のアニメーション制作会社と日本のアニメーション制作会社が合同で制作した日・サウジ合作アニメ映画「The Journey」にちなんだもの

コラム
COLUMN

大エジプト博物館建設こぼれ話
―飛行機のエチケット袋が歴史を作ることもある！？―

JICA専門家 大エジプト博物館第一館長補　鈴木 彰

「大エジプト博物館建設計画は、両国の友好協力関係の新たなランドマークである。」という安倍総理大臣の思いを未来につなぐため、日本は大エジプト博物館建設に当たり、独立行政法人国際協力機構（JICA）を通じて総工費の約60％に当たる約842億円の円借款供与と、収蔵品、展示品の保存修復、展示方法、博物館運営に関する技術協力、そして別館に展示される「クフ王第2太陽の船」の復原への支援など、開館に向けた包括的な協力を実施してきています。

ギザの三大ピラミッドから北へ約2キロメートルの地に建つ大エジプト博物館は、単一文明を扱う博物館として世界一の大きさを誇り（敷地面積約47ヘクタール）、誰もが息を飲む美しくモダンなデザインの建物です。外壁には昼と夜で表情を変える透き通ったアラバスター石が使用され、建物に入ると、約3,200年前に権勢を誇ったラムセス2世の巨像が設置された6階建ての高さに匹敵するグランドホール、そして古代エジプトの石像など

グランドホールに設置されたラムセス二世の巨像

2

が居並ぶ大階段を上れば世界に名だたるツタンカーメン王のコレクションを集めたツタンカーメンギャラリー、古王国からグレコローマン時代までの3千数百年にわたるコレクションを一堂に集めた常設展示ギャラリーが来館者を出迎えます。そして、大階段の先にある全面ガラス張りの大きな窓から一望できるピラミッド群——古代エジプトの至宝を展示するにふさわしい、この見事な素晴らしい博物館をデザインしたのはいったいどんな建築家なのでしょう。

　今から20年以上遡る2002年1月、博物館のデザインコンペティションが、ユネスコの支援の下、全世界に向けて発表されました。ダブリン（アイルランド）の建築事務所ヘネガン・ペン・アーキテクツ（heneghan peng architects）のヘネガン氏とペン氏は、応募に向けて現地を視察するためにエジプト行きの飛行機に飛び乗り、建設予定地に急ぎました。ギザのピラミッド群を臨むどこまでも広大な砂漠の大地に立ち、二人は何を考え、語り合い、どんなデザインの構想を思い描いたのでしょうか。その後ダブリンに戻る飛行機の中で、彼らはおもむろに座席前にあったブリティッシュ・エアウェイズのエチケット袋を手で切り開き、博物館建設予定地の北端を始点として、そこから南にそびえ立つクフ王、カフラー王、メンカウラー王の3大ピラミッドの頂点に続く3本の軸を想定、その形を基に博物館のデザインの素描を書き上げたそうです。

　翌2003年6月2日、世界83か国、1,557件の応募があった中、並み居る強豪設計事務所を抑え、みごと最優秀賞を得たのはこのダブリンの新進気鋭の建築事務所ヘネガン・ペン・アーキテクツでした。

　今、私の目の前にそびえ建つ、この壮大で、ギザのピラミッドの歴史にどこまでも溶け込む美しい大エジプト博物館の「はじめの一歩」が、機内のエチケット袋に描かれた小さなデッサンだったとは、なんとも意外で微笑ましい、この博物館建設一大プロジェクトの歴史の一コマに記す価値のあるエピソードではないでしょうか。

　開館を控え、世界が注目する大エジプト博物館。ツタンカーメンの黄金のマスクを始め、これまで未公開としてきた至宝も数多く展示される予定です。日本の支援によるこの壮大なプロジェクトが、真に両国の架け橋になることを確信しています。

博物館北端からピラミッドを結ぶ、ヘネガン・ペン・アーキテクツの建築デザイン案（左）
現在の博物館をドローンから撮影した画像（右）

8 アフリカ

1 概観

　アフリカは、54か国に約14億人を擁し、若い人口構成、豊富な鉱物資源、比較的高い経済成長率により、世界の関心を集めている。一方、一部のアフリカ諸国は深刻な債務状況に陥っており、国内法の執行・運用の不透明性など、投資環境上の課題も多い。同時に、紛争やテロ、武力による政権奪取を含む政治的混乱が平和と安定を脅かしている地域が存在し、依然として深刻な貧困を含む開発課題を抱えている。

　ロシアのウクライナ侵略は、引き続きアフリカの政治・社会情勢に影響を与えている。アフリカも首脳級のウクライナ和平ミッション派遣などを通じて、解決に向けて積極的に関与している。また、南アフリカが開催した8月のBRICS（ブラジル、ロシア、インド、中国及び南アフリカ）サミットでのエジプト及びエチオピアのBRICS加盟、9月のG20ニューデリーサミットにおけるアフリカ連合（AU）のG20加盟決定など、国際社会におけるアフリカのプレゼンスはますます向上している。

　スーダンでは、4月に国軍と準軍事組織の即応支援部隊（RSF）[1]との間で武力衝突が発生し、国内外に数百万人の難民及び避難民が発生し、人道上の危機を招いているほか、周辺国の安定への影響も無視できない。西アフリカでは、マリ、ギニア、ブルキナファソに続き、7月にニジェールでも武力による政権奪取が生じた。ガボンでは、8月に実施された大統領選後に、その結果の不正と無効を主張する軍・治安部隊による政変が発生した。紛争や干ばつなどの影響で多くの難民が発生している「アフリカの角」[2]地域では、食料不安が拡大している。大湖地域、特にコンゴ民主共和国東部地域では、「3月23日運動（M23）[3]」など、武装勢力の動きが活発化し、多くの国内避難民及び難民が発生、人権・人道状況の悪化が懸念される状況にある。一方、ナイジェリア、シエラレオネ、ジンバブエ、マダガスカル、リベリア及びコモロではおおむね平和裡に大統領選挙が実施された。

　2023年は日本とアフリカの間で要人往来が活発に行われた。3月、岸田総理大臣は、訪日したロウレンソ・アンゴラ大統領と会談した。また、4月29日から5月4日、岸田総理大臣はエジプト、ガーナ、ケニア及びモザンビークを訪問し、各国首脳と会談を行った（167ページ特集参照）。5月、山田賢司外務副大臣を団長とするアフリカ貿易・投資促進官民合同ミッションはモザンビーク及びモーリシャスを訪問した。7月31日から8月3日、林外務大臣は、南アフリカ、ウガンダ及びエチオピアを訪問した。そのほか、国際会議の機会を捉えて、林外務大臣が6月にマダガスカル及びニジェール、上川外務大臣が9月にシエラレオネとの間で、それぞれ首脳や外相と会談した。11月、上川外務大臣は訪日したマカモ・モザンビーク外務協力相と会談した。また、11月に堀井巌外務副大臣は、セネガルを訪問し、「第9回アフリカの平和と安全に関するダカール国際フォーラム」に出席したほか、セネガル及びモーリタニア、ギニアビサウ要人への表敬・会談などを

1　RSF：Rapid Support Forces
2　「アフリカの角（Horn of Africa）」とは、アフリカ大陸の北東部のインド洋と紅海に向かって「角」のように突き出た地域の呼称で、エチオピア、エリトリア、ジブチ、ソマリア、ケニアの各国が含まれる地域のこと
3　コンゴ（民）東部で活動を活発化させている、ツチ族系住民からなる反コンゴ（民）政府武装勢力

行った。

　また、日本は、5月のG7広島サミットではアフリカからAU議長国のコモロを招き、首脳共同コミュニケでは、アフリカ諸国とのパートナーシップを強化し、多国間フォーラムにおいてアフリカがより代表されるように支援することを表明した。

　8月、日本は、アフリカ開発会議（TICAD）30周年記念行事「TICAD30年の歩みと展望」を東京で開催した。岸田総理大臣がビデオメッセージを発出し、林外務大臣、国会議員、駐日アフリカ大使館、民間企業など約400人が参加し、活発な議論が行われた。

　2024年には東京でTICAD閣僚会合を、2025年には横浜でTICAD9を開催する予定である。日本はTICADプロセスを通じ、TICADが、30年にわたって積み上げた成果を踏まえ、アフリカが直面する様々な課題について、解決策の共創に向けたパートナーシップの精神で、共に取り組んでいく。また、「人への投資」などの日本らしい取組を通じて、アフリカ諸国との一層の関係強化に努めていく。

特集 SPECIAL FEATURE

岸田総理大臣のアフリカ訪問

4月29日から5月4日の間、岸田総理大臣はエジプト（北アフリカ）、ガーナ（西アフリカ）、ケニア（東アフリカ）、モザンビーク（南部アフリカ）を訪問しました。岸田総理大臣は、このアフリカ諸国歴訪に際し、三つのテーマを持って臨みました。一つ目は、「グローバル・サウス」と呼ばれる途上国・新興国の国々とG7との間の橋渡しを行うこと、二つ目は、2022年8月に開催された第8回アフリカ開発会議（TICAD[1]8）で示した、アフリカと「共に成長するパートナー」である日本としてのコミットメントを推進すること、そして三つ目は、スーダンの安定化に向けた連携を確認することです。

　エジプトでは、エルシーシ大統領との間で会談を実施し、両首脳は、日・エジプト関係を「戦略的パートナーシップ」に格上げし、二国間関係を深化させていくことで一致しました。また、岸田総理大臣は、「日・エジプト・ビジネスフォーラム」に出席し、日本企業のエジプト進出を後押ししたほか、日本の総理大臣として初めてアラブ連盟事務局を訪問し、法の支配に基づく国際秩序の維持・強化に向け、日・アラブ間の連携を深めていくことを確認しました。

　ガーナでは、アクフォ＝アド大統領との間で会談を実施しました。岸田総理大臣は、力による一方的な現状変更は世界のどこであれ認められないことを訴え、両首脳は、法の支配に基づく自由で開かれた国際秩序の重要性で一致しました。そのほか、保健分野での取組や国際場裡での連携を通じた二国間関係の発展で一致したほか、岸田総理大臣は、サヘル地域とギニア湾沿岸諸国の平和と安定に寄与し、持続可能な成長を促進するため、今後3年間で約5億ドルの支援を行うことを表明しました。

　また、日本が長年にわたり支援してきた野口記念医学研究所を視察しました。

大エジプト博物館を視察する岸田総理大臣
（4月30日、エジプト・カイロ　写真提供：内閣広報室）

岸田総理大臣による野口記念医学研究所視察
（5月1日、ガーナ・アクラ　写真提供：内閣広報室）

　ケニアでは、地域の平和と安定の面でも、国際場裡でも、積極的にリーダーシップを発揮するルト大統領と会談を行い、スーダン情勢の安定化に向けた協力を確認したほか、ロシアのウクライナ侵略を念頭に、法の支配の推進のために連携していくことで一致しました。また、「自由で開かれたインド太平洋（FOIP）」のための新たなプランの下、東アフリカの物流拠点であるモンバサにおける各種インフラ事業計画での協力を確認しました。

日・ケニア首脳会談
（5月3日、ケニア・ナイロビ　写真提供：内閣広報室）

　モザンビークでは、ニュシ大統領と会談を実施し、アフリカ最大規模の液化天然ガス（LNG）開発事業の早期再開に向けて後押しすることで一致しました。また、両首脳は、同訪問に合わせて派遣されたアフリカ貿易・投資促進官民合同ミッションを契機として、具体的なビジネスの芽が開花するよう協力していくことを確認しました。ニュシ大統領からは、G7議長国である日本が、G7とアフリカ連合（AU）の連携などを通じて、アフリカの様々な課題に取り組むことへの期待が表明されました。

日・モザンビーク首脳会談
（5月4日、モザンビーク・マプト　写真提供：内閣広報室）

　今回、アフリカの主要な経済拠点であるこれら4か国を訪問し、三つのテーマに基づく協議をしっかりと重ねつつ、各国との二国間関係の一層の強化を図ることができました。

　日本政府が主導するTICADが設立されてから、2023年で30年となります。これまで積み上げてきた成果を踏まえ、2024年には東京でTICAD閣僚会合を、また、2025年には横浜でTICAD9を開催予定です。これらの機会を活用しながら、日本は引き続き、アフリカの様々な課題について、アフリカと同じ目線に立って、共に取り組んでいくことを目指しています。

1　TICAD：Tokyo International Conference on African Development

② 東部アフリカ地域

（1）ウガンダ

　ウガンダは、ムセベニ大統領による長期政権の下、安定した内政を背景に経済成長を維持している。周辺国からの難民受入れを積極的に行っており、アフリカ最大となる約150万人の難民を受け入れている。また、アフリカ連合ソマリア移行ミッション（ATMIS）[4]や武装勢

日・ウガンダ外相会談（8月2日、ウガンダ・カンパラ）

4　アフリカ連合ソマリア暫定ミッション（ATMIS：African Union Transition Mission in Somalia）：2021年3月、国連安保理による承認を受け、ソマリア政府が治安維持に責任を持つ体制への移行を図るため、アフリカ連合ソマリア・ミッション（AMISOM：African Union Mission in Somalia）のマンデートを改編する形で成立

力の活動が活発なコンゴ民主共和国の東部地域へ国軍を派遣するなど、地域の安定に向けて貢献している。

8月には林外務大臣が日本の外務大臣として初めて同国を訪問し、ムセベニ大統領への表敬及びオドンゴ外相との会談を行った。表敬及び会談では二国間関係の一層の強化を確認したほか、国際社会における諸課題について今後も連携していくことを確認した。

（2）エチオピア

エチオピアは、アフリカ第2位の人口（1.2億人）を有し、2004年から2019年まで年間約8%の経済成長率を記録（2020年以降は約6%）するなど経済的な潜在力が高い。

2020年11月から連邦政府とティグライ人民解放戦線（TPLF）の間で軍事衝突が続いたが、2022年11月の和平合意以降情勢は改善した。一方、2023年4月以降武装勢力と政府が対立していたアムハラ州では、8月に対立が激化し、政府は同州に非常事態宣言を発出した。

8月に林外務大臣が同国を訪問し、アビィ首相への表敬及びデメケ副首相兼外相と会談を行った。経済分野での二国間連携やアフリカにおける食料安全保障の確保を始め、国際社会における諸課題への対応について今後の連携を確認した。

日・エチオピア外相会談（8月3日、エチオピア・アディスアベバ）

（3）エリトリア

エリトリアは、インド洋とスエズ運河・欧州を結ぶ国際航路に位置し、同国領海は多数の日本関係船舶が航行する経済安全保障上の要衝である。「アフリカの角」地域の安定に同国が果たす役割は重要であり、2024年度に、在エリトリア兼勤駐在官事務所を大使館へ格上げする予定である。

（4）ケニア

ケニアは、民主主義、法の支配といった普遍的価値や原則を日本と共有する重要な同志国であり、スーダン、エチオピア、ソマリア、コンゴ民主共和国の紛争の解決にも尽力するなど、東アフリカの平和と安定に積極的に関与している。また、東アフリカの経済的ハブであり、アフリカ有数の日系企業拠点の一つである。日本との外交関係樹立60周年に当たる2023年には、5月に岸田総理大臣が同国を訪問し、ルト大統領との間で首脳会談を実施し、ロシアによるウクライナ侵略やスーダン情勢などの国際社会が直面する課題につき議論を行った。また、ビジネス関係を含む二国間関係を一層発展させていくことで一致した。2024年2月には、ルト大統領が訪日し、岸田総理大臣と首脳会談を行い、経済関係の一層の強化、「自由で開かれたインド太平洋（FOIP）」の推進、国際場裡における協力の強化などで一致した。

（5）コモロ連合

コモロ連合は、日本と同じ海洋国としてFOIPを支持しているパートナーである。2023年はAU議長国として、積極的な外交活動を展開した。日本は5月に主催したG7広島サミットに同国をAU議長国として招待し、アザリ大統領は議論に貢献した。また、その際に行われた日・コモロ首脳会談では、FOIPやAUのG20常任メンバーとしての参加への協力が確認された。

（6）ジブチ

ジブチは、インド洋とスエズ運河・欧州を結び、多くの日本関係船舶も利用する国際航路に位置しており、FOIPの重要なパートナーである。日本は、2011年から自衛隊の拠点を設置し海賊対処行動に従事している。4月、スーダ

ンにおいて衝突が発生した際の邦人などの退避にも同拠点が活用された。退避に当たって派遣された武井俊輔外務副大臣は、アリ・ハッサン外務・国際協力省次官との会談において、退避におけるジブチの全面的な協力に謝意を表明し、また、FOIPの実現に向けて、日・ジブチ関係を引き続き深化させていくことで一致した。

12月には、ジブチにおいて、在外邦人などの保護措置及び輸送並びにその可能性を見据えた臨時の態勢の整備を行う自衛隊の地位を適切な形で確保することを可能とするため、ジブチ政府との間で新たな交換公文の署名・交換が行われた。

(7) スーダン

スーダンでは4月、首都ハルツームで同国の国軍と即応支援部隊との間で武力衝突が発生し、国内各地に戦闘が拡大した。国内外の避難民は600万人以上に及び、スーダン及び周辺国で人道上の危機が発生した。米国、サウジアラビアを始めとする各国、AU、政府間開発機構（IGAD）[5]などの地域機構及び国連が停戦のための調停努力を続けているが、持続的な停戦には至っていない。日本は、スーダン及び周辺国の人道問題などに対処するため、9,200万ドルに及ぶ支援を実施し、IGAD、AUなどの地域機構、国連などの国際機関と共に諸課題への取組を後押ししている。

(8) セーシェル

セーシェルは、インド洋の要衝に位置する、FOIPの実現に向けた重要なパートナーである。一人当たりGDPが「サブサハラ・アフリカ」第1位を誇る、観光・水産資源に恵まれた島嶼国である一方、気候変動の影響を受けやすく、小島嶼国の脆弱性を有している。これまで在ケニア日本国大使館が同国を兼轄し、同国には兼勤駐在官事務所が置かれていたが、2024年1月に在セーシェル日本国大使館へ格上げされた。

(9) ソマリア

ソマリアにおいては、イスラム過激派アル・シャバーブによる断続的なテロ活動や干ばつなどの影響もあり、厳しい人道状況が継続している。日本は、2022年5月に就任したハッサン大統領による平和の定着に向けた取組を支援してきており、2023年には国際機関を通じて、食料、保健・医療などの様々な分野で、総額約2,700万ドルの人道支援を実施した。

(10) タンザニア

タンザニアは、アフリカの東部と南部を結ぶ要衝に位置しており、安定した内政を背景に経済成長を続けている。2021年4月に就任したサミア大統領の下、投資の誘致や鉄道及び港湾などの大規模インフラ整備にも取り組んでいる。

5月に「第1回日・タンザニア・ビジネス環境改善委員会」を開催し、両国の投資と貿易の円滑化に向けた議論を行った。

(11) ブルンジ

ブルンジは、アフリカ大陸中央部に位置する内陸国であり、2020年5月に就任したンダイシミエ大統領の下、汚職対策や近隣諸国との関係改善などの取組を加速させている。日本は1970年代以降ブルンジに対する開発協力を継続的に行ってきており、現在もインフラ整備や基礎的社会サービス向上などの支援を行っている。

(12) マダガスカル

マダガスカルは、アフリカ東南部沖のインド洋に位置する島国でFOIPを支持している。鉱物資源供給元としても重要な国である。6月には、フランス訪問中の林外務大臣がラジョリナ大統領を表敬し、日本企業が運営するニッケル・コバルト地金の一貫生産事業を含む二国間協力や食料安全保障の強化などについて議論を行った。また、11月には大統領選挙が実施さ

5　IGAD：Inter-Governmental Authority on Development

れ、ラジョリナ大統領が再選した。

（13）南スーダン

南スーダンは、2013年12月の政府及び反政府勢力間の衝突以降混乱が続いたが、2018年9月には衝突解決合意が署名された。同合意の履行期限が2025年2月に迫る中、憲法の制定、選挙の実施などに向けた動きに遅れが見られている。

日本は、独立行政法人国際協力機構（JICA）を通じた開発協力や国連平和維持活動（PKO）への支援を通じて、同国の平和と安定を継続的に支援しており、12月には国際機関などを経由して、停戦監視、選挙支援、人道支援などの分野に対する約1,200万ドルの支援を決定した。

（14）モーリシャス

モーリシャスは、日本と同じ海洋国であり、FOIP実現のための重要なパートナーである。3月にはG20外相会合の機会に山田外務副大臣がガヌー外務・地域統合・国際貿易相と会談した。5月には、山田外務副大臣を団長とするアフリカ貿易・投資促進官民合同ミッションが同国を訪問した。9月には岸田総理大臣がジャグナット首相と立ち話を行い、貿易や投資を含む二国間関係を発展させていくことで一致した。

（15）ルワンダ

ルワンダではカガメ大統領の下、経済開発及び国民融和に向けた努力が続けられている。ICT立国を掲げる同国は、特に情報通信技術分野において急速な発展を遂げており、スタートアップを含む日本企業の進出も増加している。10月には、同国の首都キガリ市における高度道路交通システム導入のための無償資金協力を実施するなど、日本は同国のデジタル化に貢献している。また、日・ルワンダでの産官学連携による人工衛星の打ち上げや技術者育成など、宇宙事業分野でも協力が進んでいる。

③ 南部アフリカ地域

（1）アンゴラ

アンゴラは安定した政治基盤を有し、積極的な多国間外交を通じて、地域の平和と安定に重要な役割を果たしている。アフリカ屈指の産油国であり、ダイヤモンドなどの鉱物資源にも富んでいる。ロウレンソ大統領は、経済多角化・安定化を目指し、ビジネス環境の改善や国内産業の振興に取り組んでいる。

3月、実務訪問賓客として訪日したロウレンソ大統領は、日・アンゴラ・ビジネスフォーラムに出席した。また、岸田総理大臣との会談では、ビジネス関係強化やロシアによるウクライナ侵略などが議論されたほか、透明で公正な開発金融の重要性を確認した。8月、西村康稔経済産業大臣がアンゴラを訪問した際、日・アンゴラ投資協定が署名されたほか、日アンゴラ・ビジネス・ラウンドテーブルが開催された。

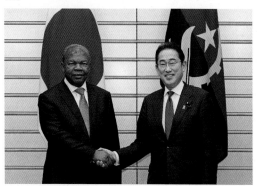

日・アンゴラ首脳会談（3月13日、東京　写真提供：内閣広報室）

（2）エスワティニ

エスワティニは、国王であるムスワティ3世の下、アフリカ唯一の絶対君主制が維持されている。2018年に国名を「スワジランド王国」から「エスワティニ王国」に変更した。アフリカで唯一台湾との外交関係を有する国である。2月、髙木啓外務大臣政務官が訪問先のエチオピアでドラドラ外務・国際協力相と会談を行った。10月には国会議員選挙が行われ、国王が

ドラドラ・エスワティニ外務・国際協力相と会談する髙木外務大臣政務官
（2月16日、エチオピア・アディスアベバ）

新たな首相及び閣僚を任命した。

（3）ザンビア

銅を始めとする豊富な鉱物資源を有するザンビアは、2020年11月にデフォルトに陥ったが、2023年6月に、G20の共通枠組みの下、公的債権者委員会と債務再編案について大筋合意した。内政も安定しており、3月に米国主催の第2回民主主義サミットをアフリカ代表として共催するなど、西側諸国との関係を強化している。7月に同国で外務次官級の意見交換が行われたほか、8月には西村経済産業大臣が同国を訪問し、ヒチレマ大統領を表敬した。

（4）ジンバブエ

8月に大統領選挙を含む総選挙が5年ぶりに実施された。日本は無償資金協力「選挙支援計画（UNDP連携）」を通じて、選挙関連機材供与や研修を実施し、同国の民主主義の定着や法の支配に寄与した。現職のムナンガグワ大統領が再選し、新内閣を発足させたが、欧州連合（EU）など一部の国際選挙監視団は選挙の公正性に懸念を示している。欧米は、特定企業・個人の資産凍結や渡航禁止などの制裁措置を継続しており、新政権は長引くインフレや超過債務の対応など経済運営に課題を抱える。

（5）ナミビア

ナミビアは、1990年の独立以来安定した政治状況にあり、また、豊富な海洋・鉱物資源を有する南部アフリカ地域大西洋側の物流の重要拠点である。また、「2023年世界報道自由度ランキング」でアフリカ第1位となった。4月、アルウェンド鉱山・エネルギー相が訪日した。6月には日本企業ミッションが同国を訪問したほか、8月には西村経済産業大臣が日本の閣僚として初めて同国を訪問し、二国間関係の更なる強化・発展を図ることを確認した。

（6）ボツワナ

ボツワナは1966年の独立以来、政情が安定している。経済面では、ダイヤモンドなどの鉱物収入により独立後急速に成長し、高中所得国に分類される一方、マシシ大統領は、産業多角化・知識集約型経済への移行を目指している。2月には、経済・社会の安定化やグリーン経済への移行に向けた財政支援として、「新型コロナウイルス感染症危機対応緊急支援借款」の交換公文が両国政府間で署名された。

（7）マラウイ

マラウイは、1964年の独立以来、安定した内政を維持しているが、近年、洪水災害や外貨不足などにより経済は不安定となっており、災害からの復興や財政再建、農業の産業化などに取り組んでいる。日本は、基本的価値観を共有する同国と友好関係を築いており、3月、同国南部を襲ったサイクロン「フレディ」による洪水及び土砂災害被害に対し、JICAを通じて緊急援助物資を供与した。

（8）南アフリカ

南アフリカは、G20及びBRICSの参加国として、また、アフリカ諸国首脳によるウクライナ和平イニシアティブの取組などを通じて、国際場裡における存在感を示している。また、アフリカの経済大国であり、ビジネスの展開拠点として、日本を含む外国企業から引き続き関心を集めている。6月、林外務大臣がパンドール国際関係・協力相と電話会談を行い、8月には同国を訪問の上、外相会談を実施し、二国間関係の強化や国際場裡における連携について確認

日・南アフリカ外相会談（8月1日、南アフリカ・プレトリア）

した。また、エネルギー・鉱業分野では、2月に山田外務副大臣が鉱物資源安全保障パートナーシップ会合に参加するため同国を訪問し、9月にヌジマンデ高等教育科学技術相が訪日した際には、両国政府間で水素・アンモニアに関する協力覚書を締結した。

（9）モザンビーク

モザンビークは、FOIPにとって重要なパートナーであり、2023年から日本と共に国連安全保障理事会（安保理）非常任理事国を務めている。

5月、山田外務副大臣を団長とするアフリカ貿易・投資促進官民合同ミッションと共にモザンビークを訪問した岸田総理大臣は、ニュシ大統領と首脳会談を行い、同国北部の液化天然ガス開発事業の早期再開に向けて、両政府が力強く後押しすることで一致した。10月、穂坂泰外務大臣政務官が同国を訪問し、日本が円借款で支援したナカラ港の完工式に出席するとともに、ニュシ大統領を表敬した。11月、上川外務大臣が、訪日したマカモ外務協力相と会談を行い、オファー型協力も活用した同国北部地域全体の成長につながる多角的な開発の重要性や「女性・平和・安全保障（WPS）」などを推進することを確認した。

（10）レソト

国土の大部分が山岳高地の内陸国であるレソ

トは、自然資源を活用して建設されたカツェダムのダム湖でニジマスの養殖を行っており、日本への主要な輸出品となっている。日本は食糧援助を通じた食料事情改善のほか、カツェダムの小水力発電設備を改修し、再生可能エネルギーによる発電設備容量の増強を図るなど同国のエネルギー事情改善の支援を行っている。

❹ 中部アフリカ地域

（1）ガボン

8月に実施された大統領選挙で、軍・治安部隊の一部兵士が選挙結果の不正及び無効を主張し、国家機関の解体を宣言した後、オリギ・ンゲマ将軍が暫定大統領に、文民のンドン・シマ氏が首相に就任した。暫定政権は、民主的で公正な選挙や、新憲法採択のための国民投票の実施などを打ち出しており、汚職の追放や報道の自由の強化に取り組んでいる。

（2）カメルーン

カメルーン政府は、独立分離派と治安部隊の衝突が続く英語圏地域問題の解決に向けた取組を継続している。日本は、3月に無償資金協力「第二次南西州における保健センター及び給水所の改修を通じた復興計画（UNDP連携、供与額3億円）」、9月には国連世界食糧計画（WFP）[6]を通じた食糧援助（供与額2億円）に関する書簡の交換を行い、同国の平和と安定の強化に貢献している。

3月に実施された上院選挙では、ビヤ大統領率いる与党カメルーン人民民主連合（RDPC）が100議席中94議席を獲得し、強固な政権が維持されている。

（3）コンゴ民主共和国

コンゴ民主共和国は、チセケディ大統領の任期最後の年を迎え、12月20日に大統領選挙が行われた。日本は、同選挙が包摂的で安全な形

6　WFP：World Food Programme

で実施されるよう支援を行った。

東部地域では、武装勢力の動きが活発化し、多くの国内避難民及び難民が発生、人権・人道状況の悪化が深刻化した。そのような中、コンゴ民主共和国政府は、同国に展開する国連PKOの早期撤収を要請している。国際社会は、同PKOの段階的で責任のある、持続可能な撤収に向けた現実的で具体的な措置の重要性を指摘し、同国における治安部門改革を始めとする、ガバナンスの強化の必要性を強調している。日本は、国際機関と連携して、「地域の警察モデル」の再構築を通じた支援を行っている。

また、同国は豊富な重要鉱物資源、森林・水資源などを有しており、日本は、資源の利活用や電力インフラ分野の支援を含め、同国の社会経済発展に向けた協力を進めている。

（4）コンゴ共和国

コンゴ共和国は、6月、7か国のアフリカ首脳などによるウクライナ及びロシアへの和平ミッションに参加した。また、広大なコンゴ盆地を擁する同国は、気候変動課題にも積極的に取り組み、10月に三大熱帯雨林サミットを開催するなど、地域及び国際社会の課題に関与している。

一方、ロシアのウクライナ侵略による影響などを受けて国内経済が低迷し、経済の多角化が優先課題となっており、日本は、同国に対しWFPを通じた食糧援助を行った。10月には、サス＝ンゲソ国際協力・官民連携相が訪日し、深澤陽一外務大臣政務官と会談を行い、双方は技術協力協定に関して原則同意に至ったことを歓迎したほか、官民の関係者との意見交換を通じた更なる二国間関係の強化に取り組むことを相互に確認した。

（5）サントメ・プリンシペ

貧困率が高いサントメ・プリンシペでは、ビラ・ノバ大統領が貧困削減に向けた経済の多角化に取り組んでいる。日本は食糧援助を実施し

ており、旧宗主国のポルトガルに次ぐ第2位の援助国となっている。これら食糧援助の見返り資金は、同国の経済社会開発のために活用されている。

（6）赤道ギニア

赤道ギニアは、2022年11月の大統領選挙で再選したオビアン・ンゲマ大統領の長期政権が維持されている。2月に同国の大陸部においてマールブルグ病の症例が確認されたが、6月に世界保健機関（WHO）[7]が同国のマールブルグ病の終息を宣言した。

（7）チャド

チャドでは、12月に新憲法に係る国民投票が実施され、民政移管に向けた進展が見られる。4月に発生したスーダン国内での衝突を受け、同国は40万人以上のスーダン難民を受け入れている。日本は、5月にチャドを含むスーダン周辺国における難民・帰還民に対する支援などを決定し、チャドに対する人道支援を行った。日本は、同国がサヘル地域やチャド湖地域の平和と安定において果たす役割を重要視し、その後押しを行い、食糧援助などを実施している。

（8）中央アフリカ

中央アフリカは、4月に国内の武装勢力5団体の解体を実現するなど、国内の和平プロセスを推進している。一方、多数の難民や国内避難民が存在しており、引き続き人道上の課題に直面している。日本は、9月にWFPを通じた食糧援助（2.5億円）に関する書簡の交換を行い、同国への人道支援を継続している。

7月に新憲法草案の国民投票が実施され、8月に中央アフリカ憲法裁判所は過半数の賛成票により同憲法の採択を宣言した。

7　WHO：World Health Organization

❺ 西部アフリカ地域

（1）ガーナ

　2017年に発足し、2021年から2期目を務めるアクフォ＝アド政権は、「援助を超えるガーナ」構想を掲げ、投資促進や産業の多角化を進めているほか、引き続き債務状況を含む国内経済の立て直しに力を入れている。5月に、岸田総理大臣が日本の総理として17年ぶりにガーナを訪問し、アクフォ＝アド大統領との首脳会談や、日本がODAを通じ長年にわたり支援してきた野口記念医学研究所の視察などを実施した。同研究所は、地域の感染症対策において重要な役割を果たしている。2月には、林外務大臣とアムプラトゥン＝サルポン外務・地域統合副相との会談を実施した。

日・ガーナ首脳会談後の共同記者会見の様子
（5月1日、ガーナ・アクラ　写真提供：内閣広報室）

（2）カーボベルデ

　カーボベルデは民主主義が定着しており、アフリカ諸国の中でも高い政治的安定を誇っている。1月には林外務大臣がソアレシュ外務・協力・地域統合相と米国・ニューヨークで会談を行い、双方は二国間での連携を強化していくことで一致した。また、9月には食糧援助に関する無償資金協力に関する書簡の交換を行うなど、日本は同国の経済開発への協力を行っている。

日・ガーボベルデ外相会談（1月12日、米国・ニューヨーク）

（3）ガンビア

　2017年にバロウ大統領が就任して以降、民主主義や法の支配などの基本的価値と原則に基づく改革が推進されている。一方、農業依存型の脆弱な経済構造及び深刻な貧困などの社会課題を抱えている。日本は同国に対する食糧援助を通じて、同国の安定化に貢献している。

（4）ギニア

　ギニアでは、2021年9月に発生したギニア国軍の一部兵士による権力掌握事案を経て暫定政府（ドゥンブヤ暫定大統領）が発足し、2024年末を期限として民政移管が進行中である。ギニアは豊富な水資源と肥沃な土地を有し、農業や水産業の開発潜在力は高く、ボーキサイト、鉄などを産出する鉱物資源大国である。

　日本はギニアと長年にわたり友好関係を築いており、同国の持続可能な開発を後押しするため、食料安全保障、経済インフラの整備、基礎的社会サービスの向上などの分野での支援を実施している。

（5）ギニアビサウ

　ギニアビサウは、水産資源や鉱物資源などに恵まれた豊かな土地をいかし、貧困と政情不安からの脱却を目指している。6月には国民議会選挙が平和裡に実施され、マルティンス新首相が就任した。日本はギニアビサウに対し、法の支配と民主的ガバナンス強化に向けた制度構築

支援などを引き続き実施している。11月には
セネガルで開催された「アフリカの平和と安定
に関するダカールフォーラム」において、堀井
外務副大臣がマルティンス首相を表敬し、両国
間の関係を一層強化していくことで一致した。

（6）コートジボワール

　コートジボワールは「国家開発計画」の下で
農業生産システムの促進・強化に取り組んでい
る。日本は、これを支援するため、4月に農業
土木関連機材供与及び肥料供与を実施する総額
11.5億円となる2件の無償資金協力「経済社
会開発計画」に関する書簡を交換し、6月には
無償資金協力「稲作分野における機械化サービ
ス向上計画」に関する書簡を交換した。さら
に、北部地域における公共サービスの不足や難
民の流入増加を受け、日本は同国と10月に
「北部地域における地方政府社会インフラ改善
計画（UNDP連携）」に関する書簡を交換した。
2月にはアミシア投資促進庁長官が訪日し、髙
木外務大臣政務官との会談の中で、コートジボ
ワールへの日本企業による投資の促進について
議論し、二国間ビジネス環境改善委員会などを
通じ、引き続き活発な議論を継続することで一
致した。

（7）シエラレオネ

　シエラレオネでは、6月に大統領選挙が行わ
れ、2期目を目指したビオ大統領が再選された。
ビオ政権は、安定的かつ平和で開かれた多元的
な民主主義を構築することに焦点を当て、食料
安全保障、人材育成、若者支援、技術促進など
を優先分野として継続的に取り組んでいる。日
本は、同国に対して、保健、人材育成、農業や
基礎インフラ整備などの分野で開発協力を実施
している。9月に、米国・ニューヨークで上川
外務大臣はカッバ外務・国際協力相と外相会談
を行い、国際場裡での協力などを確認した。

カッバ・シエラレオネ外相と会談する上川外務大臣
（9月19日、米国・ニューヨーク）

（8）セネガル

　サル大統領は、西部アフリカの安定勢力とし
て、アフリカの平和と安定に向けて積極的に取
り組み、6月にはウクライナ和平ミッションに
参加してウクライナ及びロシアを訪問したほ
か、11月には第9回アフリカの平和と安全に
関するダカール国際フォーラムをホストした。
また、内政面においても、サル大統領は憲法の
規定に基づき、2024年2月に実施予定の次回
大統領選挙への不出馬を表明し、セネガルが憲
法に基づく政権運営が行われ、民主主義が定着
している国であることを改めて国際社会に示し
た。

　11月のダカール国際フォーラムには、堀井
外務副大臣が出席し、アフリカの平和と安定を
後押しする日本の取組を紹介しつつ、国際社会
におけるアフリカ諸国の役割が増大しているこ
とを踏まえ、日本がアフリカと共に考え、より
良い解決策を共創するパートナーとして取り組
んでいくことを呼びかけた。また、サル大統領
への表敬やファル外相との会談などを実施し、
二国間協力及び日・アフリカ関係の更なる強化
に向けた連携や、国際場裡における協力を強化
していくことを確認した。

（9）トーゴ

　日本は、トーゴの食料安全保障の改善及び開
発課題の解決のため、ロシアによるウクライナ
侵略の影響を受けて価格が高騰している肥料の
供与を実施する無償資金協力「経済社会開発計

画」に関する書簡を4月に交換したことに加え、9月には無償資金協力「食糧援助」に関する書簡を交換した。また、ロジスティックス（物流）回廊を整備することで地域の物流拠点となることを目指すトーゴを後押しするため、11月に無償資金協力「ソコデ市バイパス道路建設計画」に関する書簡の交換を実施した。

(10) ナイジェリア

2月の大統領選挙の結果、与党全進歩会議（APC）のティヌブ候補が当選し、8年ぶりに新大統領が誕生した。5月の大統領就任式には、日本から田中和徳衆議院議員が総理特使として出席した。同大統領は、憲法と法の支配に基づく統治、治安対策、貧困撲滅、雇用創出、資本へのアクセス改善、汚職との闘いなどを基本政策に掲げており、特に、就任後間もなく、長年にわたり国の財政を圧迫してきた燃料補助金の撤廃を始めとする経済改革に着手した。

治安面では、北東部を中心にボコ・ハラムなどによるテロ・襲撃などが依然として続いている。日本は経済社会開発や国際機関経由の人道支援を実施している。

(11) ニジェール

ニジェールは、マリ及びブルキナファソとの国境地帯を中心に高まるテロの脅威に直面しながらも、バズム大統領の下、国際社会と連携し、テロ対策と開発課題の克服に堅実に取り組んできたが、7月にニジェール軍の一部兵士がバズム大統領を拘束する事案が発生した。日本はニジェール軍の一部兵士による同行動を強く非難しつつ、バズム大統領の安全確保を求め、憲法に基づく秩序が堅持されるよう呼びかける外務報道官談話を発出した。引き続き、バズム大統領の安全確保及び憲法秩序の早期回復に向けた西アフリカ諸国経済共同体（ECOWAS）[8]及びAUなどの外交的取組を後押ししていく。

(12) ブルキナファソ

2022年1月及び同年9月に発生したブルキナファソ国軍の一部兵士による権力掌握事案の後、暫定政府（トラオレ暫定大統領）が発足し、民政移管に向けて取り組んでいる。北部のマリ及びニジェールとの国境地帯を中心にテロや襲撃が頻発するなど治安の悪化が深刻であり、多数の国内避難民が発生している。サヘル地域及びギニア湾沿岸諸国の平和と安定の要であるブルキナファソの平和と安定の確保は喫緊の課題となっている。

日本は、人道状況改善に貢献するため、10月に無償資金協力「食糧援助」に関する書簡の交換を行い、ブルキナファソの食料安全保障の改善を目的として、日本の政府米による食糧援助を実施し、国内避難民への支援に関する協力も進めている。

(13) ベナン

サヘル地域の不安定化に伴うテロ組織の南下によりベナン北部の治安対策の強化が喫緊の課題になっている中で、日本は10月に無償資金協力「経済社会開発計画」に関する書簡の交換を実施し、テロ・治安対策機材の供与を決定した。6月にはワダニ経済・財務相が訪日し、山田外務副大臣との会談の中で、二国間関係を一層発展させていくとともに、サヘル地域とギニア湾沿岸諸国の平和と安定に向けて取り組んでいくことで一致した。

(14) マリ

2020年8月及び2021年5月に発生したマリ国軍の一部兵士による権力掌握事案を経て、暫定政府（ゴイタ暫定大統領）が発足し、民政移管に向けて取り組んでいる。北部及び東部を中心にテロや襲撃、衝突等が頻発するなど治安及び人道状況の悪化が深刻である。6月には、マリ暫定政府による撤収要請などを受け、国連安保理は国連マリ多面的統合安定化ミッション

8　ECOWAS：Economic Community of West African States

（MINUSMA）**9**の撤収決議を全会一致で採択した。サヘル地域及びギニア湾沿岸諸国の平和と安定の要素であるマリの平和と安定の確保は喫緊の課題となっている。

日本は、マリの平和と安定及び持続的成長を支援している。10月には無償資金協力「脆弱な地域における『みんなの学校』モデルに基づく児童の教育推進計画（UNICEF連携）」に関する書簡の交換を行い、ユニセフ（UNICEF国連児童基金）と連携してマリの初等教育の就学促進と学習環境の改善を後押ししている。

（15）リベリア

1989年に勃発した内戦と2014年に隣国から拡大したエボラ出血熱により、甚大な人道被害が発生したリベリアでは、ウェア大統領が貧困対策に力を入れている。インフラ、教育、保健なども優先課題であり、日本は首都モンロビアの幹線道路（ジャパン・フリーウェイ）の拡充・改修の支援や食糧援助を通じて、同国の持続的成長を支援している。大統領選挙の第1回投票が10月に、また、決選投票が11月に実施され、元副大統領のボアカイ候補が当選した。

（16）モーリタニア

モーリタニアは、政治・治安情勢の不安定化が進むサヘル地域にあって、2011年以降テロが発生しておらず、比較的安定した政権運営を続けている。一方、世界情勢及び周辺国の治安悪化に起因する難民流入の増加などにより食料不足は深刻である。日本は食糧援助などの支援を継続的に行っている。また、長年協力してきた水産分野に加え、農業分野への協力を行い、同国の発展を後押ししている。

9　MINUSMA：United Nations Multidimensional Integrated Stabilization Mission in Mali

第3章
世界と共創し、国益を守る外交

日本と国際社会の平和と安定に向けた取組

1 安全保障に関する取組

（1）日本を取り巻く安全保障環境

現在、日本は戦後最も厳しく複雑な安全保障環境に直面している。日本の周辺では、核・ミサイル戦力を含む軍備増強が急速に進展している。軍事力の更なる強化や軍事活動の活発化の傾向が顕著となっており、力による一方的な現状変更の試みもこれまで以上に見られる。また、国際社会では、一部の国家が、独自の歴史観・価値観に基づき、既存の国際秩序の修正を図ろうとする動きを見せるなど、インド太平洋地域を中心にパワーバランスの歴史的な変化と地政学的競争が激化している。2022年2月には、ロシアによるウクライナ侵略が発生した。また、海洋においては、既存の国際秩序とは相<ruby>容<rt>い</rt></ruby>れない主張に基づいて自国の権利を一方的に主張し、又は行動する事例が見られ、これにより、公海における航行の自由や上空飛行の自由の原則などが不当に侵害される状況が生じている。

このような中、領域をめぐるグレーゾーン事態、民間の重要インフラなどへの国境を越えたサイバー攻撃、偽情報等の拡散を含む情報操作などを通じた認知領域における情報戦が国際的に恒常的に生起し、有事と平時の境目がますます<ruby>曖昧<rt>あいまい</rt></ruby>になってきている。また、安全保障の対象は、経済、技術など、これまで非軍事的とされてきた分野にまで拡大し、軍事と非軍事の分野の境目も曖昧になっている。さらに、大量破壊兵器や弾道ミサイルの拡散、国際テロへの対応は、引き続き国際社会にとっての重大な課題である。こういった動きを踏まえ、様々な分野における安全保障政策に係る取組の強化が必要となっている。

2022年12月、日本は新たな「国家安全保障戦略」とともに、これを踏まえた「国家防衛戦略」及び「防衛力整備計画」を決定した。「国家安全保障戦略」においては、安全保障に係る様々な施策（反撃能力の保有を含む防衛力の抜本的な強化、総合的な防衛体制の強化、防衛装備移転三原則や運用指針などの見直しの検討、能動的サイバー防御の導入の検討、海上保安能力の大幅な強化と体制の拡充、経済安全保障政策の促進など）が打ち出される中、安全保障に関わる総合的な国力の主な要素の一つとして、まず外交力が掲げられた。引き続き、同戦略に基づき、危機を未然に防ぎ、平和で安定した国際環境を能動的に創出するために力強い外交を展開していく。

また、国家安全保障戦略にもあるとおり、防衛装備品の海外への移転は、日本にとって望ましい安全保障環境の創出や、国際法に違反する侵略等を受けている国への支援などのための重要な政策的手段となる。こうした観点から、幅広い分野の防衛装備を移転可能とすると同時に、移転に係る審査をより厳格に行うため、2023年12月に防衛装備移転三原則及び運用指針の一部改正を行った。

（2）「平和安全法制」の施行及び法制に基づく取組

日本を取り巻く安全保障環境の変化に対応し、国民の命と平和な暮らしを守るためには、力強い外交を推進し、平和で、安定し、繁栄した国際環境を創出していくことが重要である。その上で、あらゆる事態に対し切れ目のない対応を可能とし、また、国際協調主義に基づき国際社会の平和と安定にこれまで以上に積極的に

貢献することが重要であり、そのための「平和安全法制」が、2016年3月に施行された。

平和安全法制の施行後、米国を始めとする関係国との間で様々な協力が行われており、日米同盟はかつてないほど強固になり、日本は地域や国際社会の平和と安定に一層寄与するようになった。例えば、米軍などに対しては2017年から2022年末までの間、弾道ミサイルの警戒を含む情報収集・警戒監視活動や共同訓練の機会に、計110回の警護を実施した。また、2022年11月には、初めて日米豪3か国が連携した形で警護を実施した。さらに、国連平和維持活動（PKO）などの国際的な平和協力活動への協力についても活動が拡充された。

このように、平和安全法制の施行以来、米国のみならず様々な国との協力が深化している。今後も、国民の命や平和な暮らしを守り抜くため、外務省としても、各国との相互協力の更なる進展に資する外交関係の維持・発展に努めていく考えである。

（3）領土保全

領土保全は、政府にとって基本的な責務である。日本の領土・領空・領海を断固として守り抜くとの方針は不変であり、引き続き毅然としてかつ冷静に対応するとの考えの下、政府関係機関が緊密に協力し、いかなる不法行為に対しても切れ目のない十分な対応を確保するための取組を推進している。同時に、在外公館の人脈や知見をいかしつつ、領土保全に関する日本の主張を積極的に国際社会に発信している。

2 日米安全保障（安保）体制

（1）日米安保総論

日本を取り巻く安全保障環境がこれまで以上に急速に厳しさを増している中、日米安保体制を強化し、日米同盟の抑止力・対処力を向上させていくことは、日本の平和と安全のみなら

ず、インド太平洋地域の平和と安定にとって不可欠である。日米両国は、日米防衛協力のための指針（ガイドライン）及び平和安全法制の下で、日米同盟の抑止力・対処力を一層強化しており、ミサイル防衛、サイバー、宇宙、情報保全などの幅広い分野における協力を拡大・強化している。同時に、これらの取組を進めつつ、普天間飛行場の移設や在沖縄米海兵隊約9,000人のグアムなどへの国外移転を始めとする在日米軍再編についても、沖縄を始めとする地元の負担を軽減するため、日米で緊密に連携して取り組んできている。

（2）日米安保各論

ア 日米安保・防衛協力の概観

2015年に策定された日米防衛協力のための指針（ガイドライン）は、日米両国の防衛協力について、一般的な大枠及び政策的な方向性を見直し、更新したものである。同ガイドラインの下で設置された同盟調整メカニズム（ACM）[1]などを通じて、日米両国は緊密な情報共有及び共通情勢認識の構築を行い、平時から緊急事態まで「切れ目のない」対応と取組を重ねてきている。バイデン政権は発足直後から現在まで、日米同盟を重視する姿勢を鮮明にしている。

1月には、日米両国の戦略文書発表後のタイミングを捉え、ワシントンD.C.（米国）で日米安全保障協議委員会（日米「2＋2」）が行われ、日本側からは、林外務大臣及び浜田靖一防衛大臣が、米国側からは、ブリンケン国務長官及びオースティン国防長官がそれぞれ出席した。双方は、それぞれの国家安全保障戦略及び国家防衛戦略の公表を歓迎し、両国のビジョン、優先事項及び目標がかつてないほど整合していることを確認し、そのような戦略の下、同盟としての抑止力・対処力を最大化する方策について議論を行った。その上で、同月に行われた日米首脳会談では、バイデン大統領から、日本の防衛に対する揺るぎないコミットメントが改めて表明された。また、両首脳は、日米両国

の国家安全保障戦略が軌を一にしていることを歓迎し、日米両国の戦略を実施するに当たって相乗効果を生み出すようにすることを含め、日米同盟の抑止力・対処力を一層強化していくとの決意を新たにした。さらに、日米「2＋2」でのやり取りも踏まえつつ、安全保障分野での日米協力に関する具体的協議を更に深化させるよう指示した。

5月に行われた日米首脳会談においても、米国の拡大抑止[2]が日本の強化される防衛力と相まって、日本の安全及び地域の平和と安定の確保に果たす不可欠な役割を再確認した。バイデン大統領からは、核を含むあらゆる種類の米国の能力によって裏付けられた、日米安全保障条約の下での日本の防衛に対する米国のコミットメントが改めて表明され、両首脳は、そうした文脈において、情勢が進展する際のあらゆる段階において二国間の十分な調整を確保する意思を改めて確認した。その上で、両首脳は、直近の日米「2＋2」や日米拡大抑止協議（EDD）[3]における、米国の拡大抑止に関する活発かつ突っ込んだ議論を評価し、こうした議論を一層強化していくことの重要性を改めて確認した（183ページ　特集参照）。

また、2023年も米国国防当局高官との人的往来が継続的に行われた。4月にコールドウェル米国海軍原子炉管理局長、5月にバーガー米国海兵隊総司令官、6月にオースティン国防長官、7月にミリー米国統合参謀本部議長、ギル

デイ米国海軍作戦部長、9月にコットン米国戦略軍司令官、スミス米国海兵隊総司令官、アクイリノ米国インド太平洋軍司令官、11月にブラウン米国統合参謀本部議長、12月にフリン米国太平洋陸軍司令官、ヴァンオヴォスト米国輸送軍司令官が相次いで訪日した。加えて、8月にウィットマン下院軍事委員会副委員長一行が訪日した。

5月の日米首脳会談を受け、EDDにおける拡大抑止に関する議論が更に強化された。EDDは2010年に設立され、日米安全保障・防衛協力の一つとして、地域の安全保障情勢、日米同盟の防衛態勢、核及びミサイル防衛政策並びに軍備管理について意見交換した上で、日米同盟の中核にある拡大抑止を維持し、強化する方策について率直な議論を行い、相互理解を深める場として機能している。6月にミズーリ州ホワイトマン空軍基地において実施された協議では、米国から、地域における米国の戦略アセットの可視性を増大させるとのコミットメントが改めて表明された。また、日米双方は、日米同盟が潜在的な攻撃への防衛と、核使用への抑止に一層備えるために、情報共有、訓練及び机上演習も含めた演習の向上を通じた同盟協力を深化させる方途を引き続き追求していくことで一致した。加えて、日米双方は、同盟の調整を向上させ、敵対するミサイル脅威に対する同盟の能力及び態勢を強化していくことを確約した。さらに、本協議の一部として、協議参加者

日米「2＋2」（1月11日、米国・ワシントンD.C.）

2　ある国が有する抑止力をその同盟国などにも提供すること
3　EDD：Extended Deterrence Dialogue

特集 SPECIAL FEATURE

拡大抑止とは何か

日本周辺では、核・ミサイル能力を含む軍備増強が急速に進展し、力による一方的な現状変更の圧力が高まっています。北朝鮮は、核戦力を質的・量的に最大限のスピードで強化する方針を掲げており、ミサイル関連技術なども急速に進展させています。ロシアは、ウクライナ侵略の文脈で核兵器による威嚇ともとれる言動を繰り返しているほか、米露間の新戦略兵器削減条約（新START）の履行停止など、これまでの軍備管理の努力に逆行する行為を行っています。また中国は、十分な透明性を欠いたまま、核・ミサイル戦力を含む軍事力を広範かつ急速に増強しており、さらに中露及び露朝の連携といった動きも見られます。このような厳しい安全保障環境の中で、日本は、自国の安全保障を確保するため、国家安全保障戦略などにおいて、米国による拡大抑止の提供を含む日米同盟の抑止力と対処力を一層強化する方針を掲げています。

そもそも「抑止力」とは、侵略を行えば耐えがたい損害を被ること、又は特定の攻撃を物理的に阻止する能力が我が方にあることを相手に明白に認識させることにより、侵略を思いとどまらせるという機能を果たすものと理解されています。そして、「拡大抑止」とは、一般的に、ある国が有する抑止力をその同盟国などにも提供することを指し、日本は同盟国である米国から拡大抑止の提供を受けています。

「抑止力」を構成するものは核のみではなく、通常戦力による対処能力も含まれますが、核兵器の使用をほのめかす相手を通常戦力だけで抑止することは困難であり、核による抑止が必要とされます。しかしながら、日本は核兵器不拡散条約（NPT）締約国であり、非核三原則を堅持しており、一切の核兵器を自ら保有することはありません。そのような前提の下、現実に核兵器などの日本に対する安全保障上の脅威が存在する中で、こうした脅威に対応するためには、米国が提供する核を含む拡大抑止が不可欠となっています。

米国は、日米安全保障条約の下での自国の対日防衛義務や、核戦力を含むあらゆる種類の能力を通じて日本に対し拡大抑止を提供するというコミットメントを、累次にわたり確認してきています。

また、日米両国間では、同盟の抑止政策に関連する様々な事項について、日頃から緊密かつ幅広く意見交換を行ってきています。特に、2010年から定期的に実施している事務レベルの日米拡大抑止協議においては、拡大抑止に関する突っ込んだ議論を行い、関連する二国間協力を更に向上させる方策について協議を行ってきています。2023年は、6月に米国で、12月には日本で、両国政府は机上演習を含む充実した協議を行い、それぞれの機会に、米国ではB－2戦略爆撃機など、日本では佐世保の陸上自衛隊・水陸機動団など、抑止に重要な部隊や装備品を視察しました。

日米拡大抑止協議でのB－2戦略爆撃機の視察
（6月、米国・ミズーリ州ホワイトマン空軍基地
写真提供：米国国防省）

さらに、2022年5月には、岸田総理大臣とバイデン米国大統領は、米国の拡大抑止の更なる強化を重視し、閣僚レベルも含め、日米間で一層緊密な意思疎通を行っていくことで一致しました。その点も踏まえ、2023年1月の日米安全保障協議委員会（「2＋2」）では、拡大抑止を議題の一つとし、まとまった時間をとって突っ込んだ議論を行いました。このように、拡大抑止という面でも日米同盟は着実な深化を見せています。今後も、米国の拡大抑止の維持・強化に向け、様々なレベルでの二国間協議を一層強化し、関連する具体的な協力を更に向上させていきます。

日米拡大抑止協議での議論（12月、日本）

は、B-2戦略爆撃機のフライトシミュレーターを体験し、同爆撃機及び退役済みの大陸間弾道ミサイル「ミニットマンⅡ」の発射管制センターの視察を行った。12月に日本で実施された協議では、日米双方は、地域の安全保障環境に関する評価を共有し、地域における抑止に貢献する同盟の通常戦力及び米国の核能力を検討し、同盟の戦力態勢の最適化及び抑止効果を増大させる活動の重要性を強調した。また、双方は、地域における核戦力が多様化・拡大するにつれて、一層深刻化・複雑化する核リスクに対応する、戦略的な軍備管理及びリスク低減に関するアプローチについて議論を行った。さらに、協議参加者は、南西地域の防衛及び抑止において重要な役割を果たす陸上自衛隊相浦駐屯地及び崎辺分屯地の水陸機動団の視察を行った。その上で、6月、12月の両協議において、同盟の抑止に関する取組を調整する方策を議論するためEDDの議題に定期的に含まれてきた、省庁間机上演習を実施した。このような多層的な取組を通じ、米国との間で安全保障・防衛協力を引き続き推進し、同盟の抑止力・対処力を一層強化していく。

イ　ミサイル防衛

日本は、2006年以降実施している能力向上型迎撃ミサイル（SM-3ブロックⅡA）の日米共同開発及び共同生産の着実な実施を始め、米国との協力を継続的に行いつつ、弾道ミサイル防衛（BMD）システムの着実な整備に努めており、いかなる事態においても日本に対する弾道ミサイルの脅威から国民の生命・財産を守るため、万全の態勢をとっている。また、極超音速兵器を含む新たな経空脅威への効果的な対処を図るための取組も進めており、1月の日米「2+2」においては、極超音速技術に対抗するための共同分析の進展を踏まえ、先進素材及び極超音速環境での試験を含む重要な要素に関する共同研究を開始することや、将来のインターセプターの共同開発の可能性について議論を開始することで一致した。これに基づき両国で検討を行った結果、8月の日米首脳会談の際に、GPI（Glide Phase Interceptor：滑空段階迎撃用誘導弾）の共同開発の開始決定を発表した。

ウ　サイバー

1月の日米「2+2」では、更に高度化・常続化するサイバー脅威に対抗するため、協力を強化することで一致した。こうした日米「2+2」の成果や、日米両国の政府横断的な取組の必要性を踏まえ、5月、第8回日米サイバー対話を開催し、両国におけるサイバー政策、国際場裡における協力及び二国間協力など、サイバーに関する日米協力について幅広く議論した。日米両国は、日米サイバー対話などの枠組みを通じ両国の関係者が幅広い分野における日米協力について議論し、日本のサイバーセキュリティ戦略や米国のサイバー政策も踏まえつつ、両国間の政策面での協調や体制及び能力の強化、インシデント情報の交換などを推進し、サイバーに関する協力を引き続き行っている。

エ　宇宙

1月の日米「2+2」では、宇宙関連能力に係る協力の深化にコミットするとともに、宇宙への、宇宙からの又は宇宙における攻撃が、同盟の安全に対する明確な挑戦であると考え、一定の場合には、当該攻撃が、日米安全保障条約第5条の発動につながることがあり得ることを確認した。日米両国は、宇宙領域把握情報などの相互提供、ホステッド・ペイロード（人工衛星へのミッション機器の相乗り）協力など、安全保障分野での宇宙協力を引き続き進めている。

オ　情報保全

情報保全は、同盟関係における協力を進める上で決定的に重要な役割を果たすものである。こうした観点から、1月の日米「2+2」でもその重要性が確認されたように、日米両国は、情報保全に係る協力を強化するため、引き続き協議を行っている。

（3）在日米軍再編

　政府は、上記のような取組を進めながら、普天間飛行場の辺野古（へのこ）移設を含む在日米軍再編を着実に進め、沖縄を始めとする地元の負担軽減と在日米軍の安定的駐留のための施策に引き続き全力で取り組んでいく。

　1月の日米「2+2」共同発表においても、このような在日米軍再編について、二国間の取組を加速化させる重要性を確認した。同発表では、日本の南西諸島の防衛のためのものを含め、向上された運用構想及び強化された能力に基づいて同盟の戦力態勢を最適化する必要性についても確認した。また、日本における米軍の前方態勢が、同盟の抑止力及び対処力を強化するため、強化された情報収集・警戒監視・偵察能力、対艦能力及び輸送力を備えた、より多面的な能力を有し、より強靱性があり、そして、より機動的な戦力を配置することで、向上され

るべきであることを確認した。そのような政策に即して、2012年4月の日米「2+2」で調整された再編の実施のための日米ロードマップは再調整され、第3海兵師団司令部及び第12海兵連隊は沖縄に残留し、第12海兵連隊は2025年までに第12海兵沿岸連隊に改編されることを確認した。この取組は、地元の負担に最大限配慮した上で、2012年の再編計画の基本的な原則を維持しつつ進められる。また、日米双方は、沖縄における移設先施設の建設及び土地返還並びに2024年に開始される米海兵隊要員の沖縄からグアムへの移転を含む、米軍再編に係る二国間の取組を加速化させる重要性を確認した。

　特に、沖縄における土地返還の取組については、2017年12月の北部訓練場の過半（約4,000ヘクタール）の引渡し以降も、2013年4月の「沖縄における在日米軍施設・区域に関する統合計画」に基づいて各種返還案件が進め

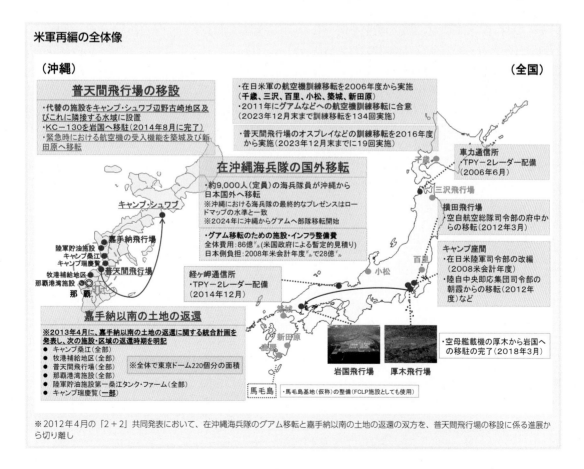

米軍再編の全体像

（沖縄）

普天間飛行場の移設
・代替の施設をキャンプ・シュワブ辺野古崎地区及びこれに隣接する水域に設置
・KC−130を岩国へ移駐（2014年8月に完了）
・緊急時における航空機の受入機能を築城及び新田原へ移転

在沖縄海兵隊の国外移転
・約9,000人（定員）の海兵隊員が沖縄から日本国外へ移転
※沖縄における海兵隊の最終的なプレゼンスはロードマップの水準と一致
※2024年に沖縄からグアムへ部隊移転開始
・グアム移転のための施設・インフラ整備費
全体費用：86億ドル（米国政府による暫定的見積り）
日本側負担：2008年米会計年度ドルで28億ドル

嘉手納以南の土地の返還
※2013年4月に、嘉手納以南の土地の返還に関する統合計画を発表し、次の施設・区域の返還時期を明記
● キャンプ桑江（全部）
● 牧港補給地区（全部）
● 普天間飛行場（全部）
● 那覇港湾施設（全部）
● 陸軍貯油施設第一桑江タンク・ファーム（全部）
● キャンプ瑞慶覧（一部）
※全体で東京ドーム220個分の面積

キャンプ・シュワブ
嘉手納飛行場
陸軍貯油施設
キャンプ桑江
キャンプ瑞慶覧
牧港補給地区
普天間飛行場
那覇港湾施設
那覇

経ヶ岬通信所
・TPY−2レーダー配備（2014年12月）

（全国）

・在日米軍の航空機訓練移転を2006年度から実施（千歳、三沢、百里、小松、築城、新田原）
・2011年にグアムなどへの航空機訓練移転に合意（2023年12月末までに訓練移転を134回実施）
・普天間飛行場のオスプレイなどの訓練移転を2016年度から実施（2023年12月末までに19回実施）

車力通信所
・TPY−2レーダー配備（2006年6月）

三沢飛行場

横田飛行場
・空自航空総隊司令部の府中からの移転（2012年3月）

キャンプ座間
・在日米陸軍司令部の改編（2008米会計年度）
・陸自中央即応集団司令部の朝霞からの移転（2012年度）など

千歳
三沢
百里
小松
築城
新田原
鹿屋

・空母艦載機の厚木から岩国への移駐の完了（2018年3月）

岩国飛行場　　厚木飛行場

馬毛島　・馬毛島基地（仮称）の整備（FCLP施設としても使用）

※2012年4月の「2＋2」共同発表において、在沖縄海兵隊のグアム移転と嘉手納以南の土地の返還の双方を、普天間飛行場の移設に係る進展から切り離し

られ、2020年3月のキャンプ瑞慶覧（ずけいらん）の施設技術部地区の一部返還により、統合計画の中で「速やかに返還」とされている全ての区域の返還が実現した。また、2020年12月には普天間飛行場の佐真下（さました）ゲート付近の土地の返還が行われたほか、2021年5月には牧港補給地区（国道58号線沿いの土地）のランドリー工場地区の返還が実現した。沖縄の本土復帰から50周年の節目となった2022年5月には、キャンプ瑞慶覧のロウワー・プラザ住宅地区について、返還に先立って、緑地公園として地元住民などの利用を可能にすることに日米間で合意し、2024年3月、一般利用が開始された。

（4）「同盟強靱化予算（在日米軍駐留経費負担）」（HNS）[4]

　日本は、日本を取り巻く安全保障環境が一層厳しさを増す中、在日米軍の効果的な活動を確保するため、日米地位協定で定められた範囲内で、提供施設の整備（FIP）費などを負担している。このほか、日米地位協定の特則を定める特別協定を締結した上で、在日米軍従業員の労務費、光熱水料等及び訓練移転費を負担してきた。2022年1月7日に署名、4月1日に発効した新たな特別協定においては、これらに加え、在日米軍の即応性の確保のみならず、自衛隊と米軍の相互運用性の向上にも資する訓練資機材の調達に関連する経費を負担することとなった。日本政府は、日米地位協定及び新たな特別協定に基づき、2022年度から2026年度まで、在日米軍駐留経費（HNS）を負担することとなっている。なお、新たな特別協定に関する協議において、日本側の経費を用いて日米同盟を一層強化する基盤を構築することで一致したことを受け、日本側としては「在日米軍駐留経費負担」の通称を「同盟強靱化予算」とすることとした。新たな特別協定の対象期間（2022年4月1日から2027年3月31日）における「同盟強靱化予算」は年平均で約2,110億円となる。

（5）在日米軍の駐留に関する諸問題

　日米安保体制の円滑かつ効果的な運用とその要である在日米軍の安定的な駐留の確保のためには、在日米軍の活動に伴う周辺の住民への負担を軽減し、米軍の駐留に対する住民の理解と支持を得ることが重要である。日本政府は、地元の要望を踏まえ、2015年の環境補足協定及び2017年の軍属補足協定の着実な実施、米軍関係者による事件・事故の防止・対応、米軍機による騒音の軽減、在日米軍の施設・区域における環境問題への対応などにおいて、最大限の努力を払ってきている。2023年1月の日米「2+2」においても、林外務大臣から米国側に、有機フッ素化合物（PFAS）を含む環境に係る協力強化を要請し、その結果、日米「2+2」の共同発表において、双方で環境に係る協力を強化することを確認した。

　さらに、外務省は、日米の相互理解の促進のため、在日米軍施設・区域周辺の住民と米軍関係者の交流事業を含め、様々な取組を実施している。

　全国の在日米軍施設・区域においては、2020年度から米国国防省教育部（DoDEA）と共に、「日米交流の促進・相互理解の増進のためのプロジェクト（Student Educational Exchange and Dialogue（SEED）project）」を実施している。同プロジェクトでは、在日米軍施設・区域内の学校において、日米の中高生が文化・教育交流を行う場を提供しており、周辺自治体及び在日米軍の協力も得つつ、日本各地で継続的に実施している（187ページ　コラム参照）。

　特に米軍施設・区域が集中している沖縄においては、沖縄の高校生・大学生が同盟国・米国のありのままの姿や国際社会における日本の役割を目の当たりにする機会を設け、日米の相互理解の増進を図ることを目的とする「アメリカで沖縄の未来を考える」（TOFU：Think of Okinawa's Future in the United States）プ

4　HNS：Host Nation Support

コラム
COLUMN

日米交流の促進・相互理解の増進のためのプロジェクト（SEED）

外務省は、2020年から米国国防省教育部（DoDEA）と共催し、在日米軍施設・区域が所在する地域で、地元の中高生と米国軍人の子女との交流プログラム（Student Educational Exchange and Dialogue（SEED）project）を実施しています。このプログラムは、更なる文化・教育交流の「種（SEED）」を蒔くことで、日米の中高生が相互理解を深め、国際社会で活躍する人材へと成長することを目的としています。

2023年度案件としては、横田飛行場（東京都）、岩国飛行場（山口県）、嘉手納飛行場（沖縄県）、佐世保海軍施設（長崎県）、横須賀海軍施設（神奈川県）、キャンプ座間（神奈川県）、及び三沢飛行場（青森県）での実施となっています。このコラムでは、参加した日米両生徒の感想を紹介します。

参加学生と交流する穂坂泰外務大臣政務官（10月22日、長崎県佐世保市）

宮川学沖縄担当大使、ヘイズDoDEA太平洋支部南区教育長による修了書授与の様子（10月15日、沖縄県嘉手納市）

● E. J. King中学・高等学校　ルーク・A・ダンジャニックさん

SEEDは、日本人生徒と交流する素晴らしい機会となりました。校外学習やフィールドトリップでの厳しいルールのあるゲームのような、堅苦しいものとは異なり、このイベントではより気軽で自由な交流ができました。難しさを感じる生徒もいたかもしれませんが、参加者はお互い仲良く話し合い、絆を深めるための効果的なテクニックを実践することができました。一番楽しかったのは、各グループが考えた日米の友好を象徴する独自キャラクターの発表です。参考として与えられた11のキーワードから様々なキャラクターが生み出されるのがおもしろかったです。日米の文化の違いを題材にした寸劇を作るというのも楽しかったです。あるグループは、レストランでの注文の仕方の違いを取り上げていました。日本では大声でウェイターを呼んでも問題ありませんが、アメリカではそのようなことをすると嫌な顔をされたり、あるいはもっと悪い結果になるかもしれないというものです。そして、本イベントのハイライトは、佐世保市長と佐世保市教育委員会教育長にお会いできたことです。今回の交流で、両国の絆は更に強くなったと感じます。両国の若者の、より良い未来のために互いに共通点を探っていきたいという意思を示す素晴らしいモデルケースになったのではないでしょうか。

● 宜野湾市立嘉数中学校　榮山 奏さん

僕は10月に開催された嘉手納基地内での交流会に一つ上の兄と参加しました。毎年開催されるフェスなどで基地の中に両親と入ることはあっても生活圏に立ち入ることはなかったので、楽しみでもあり不安な気持ちもありました。黄色いスクールバスに乗って基地のセキュリティを通過する時は少し緊張しましたが、すぐに不安も吹き飛ぶほどに色々なイベントがありました。ハロウィンのフェイスペイントは全く落ちず次の日もうっすら残ったままでしたし、食べ物は全て大きく、ジュースは初めての味をしていました。笑いのツボや、アルファベットの書き方（PやA）など、違うところも多かったけど皆とたくさん話をしました。英語の全くできない僕に日本語で話しかけてくれて、変な絵を描いて笑ったり、好きなアニメの話をしたり、同じなのに違うところが不思議で楽しかったです。きっと異文化とはこんな小さなことで、もっと理解しあえることがあるんだと感じました。僕は今回参加して、様々な国の存在に多分初めて気付けたのではないかと思いました。今後は異文化理解といっても、枠にとらわれず、もっと世界を広げたいと思います。

ログラムを実施している。2019年度以降は新型コロナウイルス感染症の影響で米国派遣を実施できていなかったが、2022年度は従来の2倍の40人を受け入れ、派遣を再開した。参加者は、ワシントンD.C.及びニューヨークを訪問し、東京及び米国各都市で政府要人との意見交換や政府機関などの視察を行い、国際的な視点を涵養する機会となった。

（6）朝鮮国連軍と在日米軍

1950年6月の朝鮮戦争の勃発に伴い、同月の国連安保理決議第83号の勧告に基づき、同年7月に朝鮮国連軍が創設された。1953年7月の休戦協定成立を経た後、1957年7月に朝鮮国連軍司令部がソウル（韓国）に移されたことに伴い、日本に朝鮮国連軍後方司令部が設立された。現在、同後方司令部は、横田飛行場に設置され、司令官始め軍人4人の常駐ポストが存在しているほか、9か国の駐在武官が朝鮮国連軍連絡将校として在京各国大使館に常駐している。朝鮮国連軍は、日本との国連軍地位協定第5条に基づき、朝鮮国連軍に対して兵たん上の援助を与えるため必要な最小限度の在日米軍施設・区域を使用できる。現在、朝鮮国連軍には、キャンプ座間、横須賀海軍施設、佐世保海軍施設、横田飛行場、嘉手納飛行場、普天間飛行場及びホワイトビーチ地区の7か所の使用が認められている。

2019年7月には、合同会議が日本政府と国連軍との間で開催され、朝鮮半島情勢について議論し、日本における国連軍に係る事件・事故発生時における通報手続に合意した。2023年10月には、ラカメラ国連軍・米韓連合軍・在韓米軍司令官による上川外務大臣への表敬が行われ、上川外務大臣は、国連軍参加国による違法な「瀬取り」の警戒監視活動や、日米同盟及び日米韓連携が、地域の平和と安定のために果たす役割を高く評価すると述べ、引き続き関係を強化していきたいと表明した。

③ グローバルな安全保障

（1）地域安全保障

国際社会では、インド太平洋地域を中心に、歴史的なパワーバランスの変化が生じている。この地域に安全保障上の課題が多く存在する中で、同盟国・同志国などと連携していく必要があり、特に、日米同盟の抑止力・対処力を一層強化することはこれまで以上に重要である。また、日本自身の防衛力も抜本的に強化していく。同時に、各国との二国間及び多国間の安全保障協力の強化に積極的に取り組むことで、地域における安全保障環境を日本にとって望ましいものとしていく取組を続けている。

オーストラリアとは、首脳及び外相レベルで両国の「特別な戦略的パートナーシップ」の更なる深化及び「自由で開かれたインド太平洋（FOIP）」の実現に向け、同志国と共に、引き続き連携を強化していくことで一致している。8月には自衛隊とオーストラリア国防軍との間の共同訓練や災害救助などの両国部隊間の協力活動の実施を円滑にする、日豪部隊間協力円滑化協定が発効し、直後には、同協定の下、F-35戦闘機が両国を相互訪問する共同訓練が実施された。9月に実施した日豪首脳会談及び日豪外相会談では、同協定の下で共同訓練が実施されてきていることを歓迎し、新たな「安全保障協力に関する日豪共同宣言」[5]で示した方向性の下、両国の安全保障協力を強化していくことで一致した。「瀬取り」[6]を含む違法な海上活動については、オーストラリア軍の艦艇が5月下旬及び10月下旬から11月中旬に、航空機が2月上旬から3月上旬までの間及び8月下旬から9月中旬までの間に日本周辺海域において警戒監視活動を行った。また、12月には第5回日豪サイバー政策協議を開催し、両国のサイバーセキュリティ戦略や政策、二国間及び国連などの多国間での協力、能力構築支援などの幅広い

5　2022年10月の日豪首脳会談で署名された日豪安全保障・防衛協力の今後10年の方向性を示す文書
6　ここでの「瀬取り」は、2017年9月に採択された国連安保理決議第2375号が国連加盟国に関与などを禁止している、北朝鮮船舶に対する又は北朝鮮籍船舶からの洋上での船舶間の物資の積替えのこと

論点について意見交換を行った。

インドとは、3月の岸田総理大臣のインド訪問、5月のG7広島サミット、9月のG20ニューデリー・サミットの機会に3度の首脳会談を行い、「日印特別戦略的グローバル・パートナーシップ」を更に発展させていくことを確認した。実務レベルでは、9月に第5回日・インド・サイバー協議を開催し、両国のサイバー政策やサイバーセキュリティ戦略、両国が直面しているサイバー空間の脅威、5G・オープンRAN技術の発展について意見交換を行い、また、能力構築支援関連の二国間協力や国連、日米豪印における協力についても議論を行った。また、9月には両国で初めてとなる統合幕僚協議が開催され、これまで軍種ごとの協力が中心であった防衛協力を統合レベルに進展させることで一致した。

韓国とは、3月の日韓首脳会談で、多岐にわたる分野で政府間の意思疎通を活性化することで一致して以降、安全保障分野においても対話が活発化し、4月には、約5年ぶりに日韓安全保障対話が開催された。また、様々な国際会議などの機会も活用しつつ、日韓・日米韓の首脳、外相、防衛相、国家安全保障局長などの間で会談を行い、北朝鮮への対応やFOIPの実現に向けた緊密な連携を確認した。さらに、6月の日米韓防衛相会談、9月の日米韓防衛相電話会談、11月の日米韓防衛相テレビ会談なども踏まえ、3か国による共同訓練など（2月、4月、7月、8月、9月、10月、11月）を実施し、地域の安全保障上の課題に対応するための更なる3か国協力を推進している。12月には、首脳間の合意に基づき、日米韓3か国で北朝鮮のミサイル警戒データのリアルタイム共有メカニズムの運用を開始し、また、複数年にわたる3か国の訓練計画を共同で策定した。

「グローバルな戦略的パートナー」である英国とは、自衛隊と英国軍との間の共同訓練や災害救助などの両国部隊間の協力活動の実施を円

日英円滑化協定署名式
（1月11日、英国・ロンドン　写真提供：内閣広報室）

滑にする日英部隊間協力円滑化協定について、2022年5月の日英首脳会談で大枠合意を確認した後、2023年1月には、日英首脳会談の機会に岸田総理大臣とスナク首相の間で署名を行い、安全保障・防衛協力を一層深化させることで一致した。その後、本協定は10月に発効し、11月には、日本国内において陸上自衛隊と英国陸軍との実動訓練「ヴィジラント・アイルズ23」を実施し、本協定を初めて適用した。2022年12月には、日本・英国・イタリア3か国による次期戦闘機の共同開発である「グローバル戦闘航空プログラム（GCAP）[7]」について決定・公表し、本協力が今後数十年にわたって世界の安全、安定、繁栄の礎となることを期待するとの認識で一致した。また、12月には、日本・英国・イタリア3か国で「グローバル戦闘航空プログラム（GCAP）政府間機関の設立に関する条約（GIGO[8]設立条約）」に署名し、2035年の開発完了に向けて、引き続き3か国が結束して様々な課題を乗り越える確固たる意志を確認した。「瀬取り」を含む違法な海上活動については、英国軍の艦艇が1月上旬に東シナ海を含む日本周辺海域において警戒監視活動を行った。また、2月には第7回日英サイバー協議を開催し、両国のサイバーセキュリティ戦略や政策、国連を含む国際場裡における協力、能力構築支援などの幅広い論点について意見交換を行ったほか、5G・オープンRAN技術を含

---

7 GCAP（ジーキャップ）：Global Combat Air Programme
8 GIGO（ジャイゴ）：GCAP International Government Organisation

む関連する政策についても議論した。11月には、第5回日英外務・防衛閣僚会合（「2＋2」）も開催し、4閣僚は法の支配に基づく自由で開かれた国際秩序の維持・強化に向け、日英関係を一層強化していくことを確認し、共同声明を発出した。

「特別なパートナー」であるフランスとも、2022年1月に第6回日仏外務・防衛閣僚会合（「2＋2」）を実施し、インド太平洋での協力を一段と高いレベルに引き上げ、地域情勢や国際社会の諸課題への対応における連携を更に促進していくことで一致した。4月上旬以降にはフリゲート、10月上旬から同月下旬までの間には哨戒機が東シナ海を含む日本周辺海域に派遣され、「瀬取り」を含む違法な海上活動に対して警戒監視活動を実施した。1月の日仏首脳会談では、両首脳は、両国のアセットの往来や日仏共同訓練など、実質的な協力が進展していることを歓迎し、両国の連携を深めていくことで一致した。5月の第7回日仏外務・防衛閣僚会合（「2＋2」）では、フランス側から、インド太平洋地域に対する同国の強いコミットメントが改めて示され、4閣僚は、サイバー、宇宙、経済安全保障などの分野における日仏協力についても意見交換を行い、日仏防衛協力・交流を高く評価し、係る協力・交流や防衛装備・技術協力を深化させていくことで一致した。また、11月には第7回日仏サイバー協議を開催し、両国のサイバーセキュリティ戦略や政策、二国間及び多国間協力、5G技術、サイバーセキュリティ分野の人材育成を含む能力構築支援などについて、幅広く意見交換を行った。12月には、日仏首脳電話会談において、日仏協力のロードマップを発出し、「特別なパートナー」の関係を一層飛躍させることで一致した。

ドイツとは、9月、自衛隊とドイツ軍との間の共同活動を促進するため、両国部隊間で物品・役務の提供を円滑かつ迅速に行うことを可能とする日独物品役務相互提供協定（日独ACSA[9]）の交渉を開始し、11月、実質合意に至った。

イタリアとは、2022年5月の首脳会談において、海上自衛隊とイタリア海軍のアデン湾における共同訓練やイタリア空軍による航空自衛隊パイロットの育成など日伊安全保障協力の進展を歓迎したほか、イタリアがEUのインド太平洋戦略に基づいてインド太平洋に関する文書を策定したことを評価した。また、2023年1月の日伊首脳会談では、2022年末に発表されたGCAPを歓迎し、日伊関係を「戦略的パートナー」に格上げすることで一致したほか、外務・防衛当局間の協議を立ち上げ、安全保障分野での連携を更に推進することで一致した。さらにイタリアは、2023年6月にはイタリア海軍のフリゲート艦「フランチェスコ・モロジーニ」を横須賀に、8月にはイタリア空軍機F－35Aなどを小松基地に派遣し、それぞれ共同訓練を実施した。また、12月には、日本・英国・イタリア3か国でGIGO設立条約に署名した。

東南アジア諸国連合（ASEAN）は、地政学的要衝に位置しており、日本にとって重要なシーレーンに面している。ASEANの安定と繁栄は、東アジア地域のみならず国際社会の安定と繁栄にとっても極めて重要である。6月3日にはシンガポールとの間で防衛装備品・技術移転協定に署名した（同日発効）。10月には、日本として完成装備品の初の移転案件である警戒管制レーダー1基目がフィリピンに納入された。11月には、日比部隊間協力円滑化協定の交渉開始で一致した。また、海洋における法の支配を確保するため、日本は、フィリピン、マレーシア、ベトナム、インドネシアなどの海上保安機関を対象として法執行能力向上のための支援を継続して実施している。6月には、初めて日本・米国・フィリピン3か国の海上保安機関間での合同訓練が実施された。

カナダとは、2022年10月の外相会談において発表した、「自由で開かれたインド太平洋に資する日加アクションプラン」に関し、2023年5月のG7広島サミットの際の首脳会

9　ACSA：Agreement Concerning Reciprocal Provision of Supplies and Services

談などにおいて、情報保護協定の交渉実施を始めとする両国間の協力の着実な進展を歓迎した。2023年、カナダは軍艦3隻をインド太平洋地域に派遣し活動を行うなど、同地域への関与をますます深めている。また、1月の岸田総理大臣のカナダ訪問の際の首脳会談では、岸田総理大臣から新たな国家安全保障戦略などに基づいて、反撃能力の保有を含む防衛力の抜本的強化及び防衛予算の増額を決定したと述べたのに対し、トルドー首相から全面的な支持を得たほか、地域の平和と安定のため緊密に連携していくことで一致した。カナダ軍との共同訓練については、2017年以降毎年実施している日加共同訓練「KAEDEX」を6月に実施したほか、10月には日本・米国・フィリピン・カナダ・英国間の共同訓練「EXERCISE SAMASAMA」などの複数の多国間共同訓練を実施した。「瀬取り」を含む違法な海上活動については、カナダ軍の艦艇が6月上旬及び9月上旬から11月上旬に、航空機が4月上旬から5月中旬及び10月上旬から11月上旬までの間、日本周辺海域において警戒監視活動を行った。

北大西洋条約機構（NATO）とは、7月に岸田総理大臣が出席したNATO首脳会合において、欧州・大西洋とインド太平洋の安全保障は不可分との認識の下、法の支配に基づく自由で開かれた国際秩序の維持・強化に向け、連携を更に強化していくことで一致した。この際、日・NATO協力を新たな高みに引き上げる新たな協力文書である「国別適合パートナーシップ計画（ITPP：Individually Tailored Partnership Programme）」を策定し、伝統的な分野に加えて、サイバー、新興破壊技術、宇宙、戦略的コミュニケーションなどの新たな分野での協力も進めることで一致した。また、11月には初の日・NATOサイバー対話を開催し、双方のサイバー政策、サイバー分野における今後の日・NATO協力などの幅広い論点について意見交換を行った。

欧州連合（EU）とは、7月の日・EU定期首脳協議において、現下の厳しい安全保障環境の下、EUがインド太平洋への関与を強めている

ことを歓迎し、外相級の日・EU戦略対話の立上げ、海洋安全保障、サイバー、ハイブリッド脅威、軍縮不拡散等での安全保障パートナーシップ促進などを確認した。また、11月には第5回日・EUサイバー対話を開催し、双方のサイバーセキュリティ戦略・政策、日・EU間及び国連などの多国間での協力、能力構築支援などの幅広い論点について意見交換を行った。

中国との間には、日本固有の領土である尖閣諸島周辺海域での領海侵入、十分な透明性を欠いた軍事力の広範かつ急速な増強や日本周辺海空域における中国軍の活動の拡大・活発化など、様々な懸案が存在している。引き続き首脳会談や外相会談などのハイレベルの機会を活用して、中国側に対して主張すべきは主張し、責任ある行動を強く求めていく。中国の軍事動向は日本にとって深刻な懸念事項であり、日中安保対話などの安全保障分野の対話や交流のチャネルの重層的な構築に努め、政策面での意思疎通を図り、また、日本の懸念を伝達し、国防政策や軍事力に係る透明性の向上や日本を含む地域と安全保障環境に資する具体的な行動の改善を働きかけている。2018年に運用開始された日中防衛当局間の海空連絡メカニズムは、相互理解及び相互信頼の増進や不測の衝突の回避を目的としており、2023年5月には、同メカニズム下でのホットラインの運用が開始された。

中東地域の平和と安定は、日本を含む国際社会の平和と繁栄にとって極めて重要である。また、世界における主要なエネルギーの供給源であり、日本の原油輸入の約9割を依存する同地域において、日本関係船舶の航行の安全を確保することは非常に重要である。2019年12月には、中東地域における平和と安定及び日本関係船舶の安全確保のため、日本独自の取組として、（ア）中東の緊張緩和と情勢の安定化に向けた更なる外交努力、（イ）関係業界との綿密な情報共有を始めとする航行安全対策の徹底及び（ウ）情報収集態勢強化のための自衛隊の艦艇及び航空機の活用について閣議決定し、2020年1月から中東の海域における情報収集活動を継続して実施している。また、6月には

第1回日・ヨルダン・サイバーセキュリティ協議を開催し、双方のサイバーセキュリティ政策、脅威認識などについて議論した。さらには、5月に、アラブ首長国連邦との間で、中東地域の国との間では初となる防衛装備品・技術移転協定の署名を行い、2024年1月に同協定が発効した。

これらに加え、日本は、東アジア首脳会議（EAS）、ASEAN地域フォーラム（ARF）、拡大ASEAN国防相会議（ADMMプラス）など、地域における多国間の枠組みに積極的に参加・貢献し、地域の安全保障面での協力強化に取り組んでいる。この中でもARFは、政治・安全保障問題に関する対話と協力を通じたアジア太平洋地域の安全保障環境の向上を目的とし、北朝鮮やEUといった多様な主体が参加する重要な安全保障対話の枠組みである。また、各種取組を通じた信頼醸成に重点を置いている観点からも重要なフォーラムであり、7月には、30回目となるARF閣僚会合が開催され、ウクライナ、台湾、東シナ海・南シナ海、北朝鮮、ミャンマーなどの地域・国際情勢を中心に率直な意見交換を行った。また、日本は、これまで海上安全保障、不拡散・軍縮、テロ・国境を越える犯罪対策、災害救援及びICTセキュリティの全ての会期間会合（ISM）において共同議長国を務めるなど、積極的に貢献している。

さらに、日本は、安全保障政策の発信や意見交換の場として、政府間協議（トラック1）のみならず政府関係者と民間有識者双方が出席する枠組み（トラック1.5）も活用するなど、日本の安全保障政策に対する各国の理解促進を図り、地域における協力促進や信頼醸成に取り組んでいる。

（2）経済安全保障

ア 経済安全保障を取り巻く動向

近年、安全保障と経済を横断する領域で様々な課題が顕在化しており、安全保障の裾野が急速に拡大している。例えば、窃取され又は流出した先端的な民生技術が他国において軍事転用されるおそれ、外国政府の影響を受けたサプライヤーが情報通信など重要インフラ施設の安定的な運用を害するおそれ、重要な物資の他国への過度な依存に伴う供給途絶のおそれ、サプライチェーン上の優位性や自国市場の購買力を梃子に政治的目的を達しようと他国が講じる経済的威圧を受けるおそれなどが生じている。

経済的手段に関連したこうした様々な脅威が生じていることを踏まえ、日本の平和と安全や経済的な繁栄などの国益を経済上の措置を講じて確保すること、すなわち経済安全保障の重要性が高まっている。2022年5月には、サプライチェーンの強靱化、基幹インフラの安全性と信頼性の確保、先端的な重要技術の開発支援、特許出願の非公開の四つを柱とする経済安全保障推進法が成立し、順次制度運用が開始されるなど、日本でも取組が加速している。同年12月に日本政府が新たに策定した「国家安全保障戦略」でも、経済的手段を通じた様々な脅威が存在していることを踏まえ、日本の自律性の向上、技術などに関する日本の優位性、不可欠性の確保などに向けた必要な経済施策に関する考え方を整理し、総合的、効果的かつ集中的に措置を講じていくことが記されている。また、経済安全保障の取組を強化・推進するため、2021年11月からは、内閣総理大臣を議長とし、外務大臣が構成員である経済安全保障推進会議が開催されている。

また、2023年6月に閣議決定した新たな「開発協力大綱」においては、開発の観点からもサプライチェーンの脆弱性によって多様な分野で負の影響が生じ得ることが明らかになったことを踏まえ、日本の開発協力の重点的取組の一つとして、開発途上国の経済社会の自律性・強靱性を強化するため、サプライチェーンの強靱化・多様化や経済の多角化、重要鉱物資源の持続可能な開発、食料の安定供給・確保などのための協力を推進していくことを掲げた。これらの取組は、開発途上国の持続的成長のみならず日本にとっても重要であり、これらの課題解決に資する人材育成・法制度整備、周辺インフラ整備などの支援に積極的に取り組んでいくこととしている。

■ 各国の最近の取組状況

経済安全保障を推進する取組は、ほかの主要国でも近年急速に進展している。

米国は、これまでも技術の優位性の維持やサプライチェーンリスクへの対応の観点からの規制・振興措置を率先して導入・運用してきている。2月、司法省及び商務省は、米国の先端技術を不法獲得・使用から守ることを目的とした「創造的技術攻撃部隊」を立ち上げた。また、8月、バイデン大統領は対外投資規制に関する大統領令を発表し、新たな規制の策定を財務長官に指示した。10月には、商務省が、機微技術の軍事転用などに対する懸念から、人工知能（AI）処理やスーパーコンピューターに利用される半導体及び先進的な半導体製造に利用される半導体製造装置などを適切に管理するための半導体輸出管理措置の改定を行った。

EUは、重要技術や重要物資などの供給途絶リスクへの強靱性を高めることを「戦略的自律性」という概念の下で推進している。1月、域外国政府の補助金を受けた企業のEU域内市場での活動につき、補助金による市場歪曲的な効果が疑われる場合には、欧州委員会が審査などをすることを可能にする「外国補助金規則案」が発効した。6月には、欧州委員会が「欧州経済安全保障戦略」を公表した。同戦略では、サプライチェーンの脆弱性、重要インフラへの物理的・サイバーセキュリティ上のリスク、技術流出、貿易政策の武器化・経済的威圧を経済安全保障上のリスクとして特定し、それに対する具体的措置を示している。なお、欧州委員会は2021年12月、EU加盟国に対する経済的威圧を行う第三国に対し、協議などによっても中止に至らない場合、最終的な手段として対抗措置を発動するための手続や基準などを規定する「反威圧措置（ACI）規則案」を発表し、2023年10月の欧州議会及びEU理事会における採択を経て、同年12月に発効した。

オーストラリアは、これまでも、自国が保護すべき技術の特定などを推進する方針を示す「サイバー・重要技術国際関与戦略」の策定（2021年4月）、機微な国家安全保障に係る土地・事業への投資審査制度の厳格化（2021年1月）、安全保障上のゲームチェンジャー技術に2016年から10年間で約600億円投資を行う「次世代テクノロジー基金」の設置など、国家の強靱性の確保や、資産・インフラなどの防護を国益として位置付け、具体的な取組を進めてきている。また、2021年12月には、重要インフラ強靱化のため、重要インフラに当たる部門や当該部門に課す義務を拡大し、サイバーセキュリティ・インシデント（事案）が発生した際の政府支援・介入措置について定めた重要インフラ保安法の改正法が発効した。

カナダは、2022年、「重要鉱物戦略」を発表し、重要鉱物の調査・探査からリサイクルまでの取組を強化した。日本との間では、同年にエネルギー安全保障分野での協力を含む「自由で開かれたインド太平洋に資する日加アクションプラン」に合意したほか、2023年9月にバッテリーサプライチェーン及び産業科学技術に関する二つの協力覚書に署名し、これらの分野での協力を一層加速化させている。また、韓国との間では2023年5月に、重要鉱物サプライチェーン、クリーンエネルギー移行及びエネルギー安全保障分野での協力に関する了解覚書に署名し、東南アジア諸国連合（ASEAN）との間でも同年9月に戦略的パートナーシップに合意し、食料安全保障及び栄養分野での協力強化に関する共同声明を発出するなど、インド太平洋地域における経済安全保障に関する取組を推進している。2024年1月には、国家安全保障に危険を及ぼし得る軍事、国防、国家安全保障機関リスト及び機微技術研究リストを公表し、これらに関連する大学、研究機関、研究所の傘下にある活動に従事、ないし資金や物品を受理した研究者が関与する同分野の研究に資金供与を行わないことを盛り込んだ「カナダの研究を保護するための新たな措置に関する声明」を発出した。

■ 経済安全保障の推進に向けた外交上の取組

経済安全保障の推進において、外交が果たす役割は大きい。日本は、同盟国・同志国との連

3

世界と共創し、国益を守る外交

携の更なる強化、現行のルールを踏まえた対応、新たな課題に対応するルールの形成などについて、国際社会と協力しながら、積極的な外交を展開している。

同盟国・同志国との連携の更なる強化については、日米経済政策協議委員会（経済版「2＋2」）や日英などの二国間の取組に加え、G7や、日米豪印、日米韓の連携などを活用し、共通認識の醸成や政策面での協調を行うなど、協力の拡大・深化を図ってきている。

現行のルールを踏まえた対応に関しては、他国による不公正な貿易政策や慣行に対し、WTO（世界貿易機関）協定・経済連携協定（EPA）・投資関連協定等の現行のルールとの整合性の観点などから、同志国と連携して是正の働きかけを行ってきている。また、同志国の取組も参考にしつつ、経済安全保障上の措置と通商ルールとの関係に関する情報収集・分析などを行い、日本の経済安全保障上の政策的ニーズが適切に満たされるよう努力してきている。

新しい課題に対応するルール形成に関しては、5G（第5世代移動通信システム）を含む重要・新興技術、経済的威圧など、既存の国際約束では十分に対応できず、更なる国際ルールの形成が必要とされる分野においては、同志国と連携しつつ引き続き国際的な議論をリードしていく。

エ 同盟国・同志国との連携

同盟国・同志国との連携については、前年に引き続き2023年も著しい進展が見られた。

G7の枠組みにおいて、4月のG7外相会合では、G7外相文書として初めて、経済的強靱性及び経済安全保障が独立した項目として設けられた。5月のG7広島サミットでは、経済的強靱性及び経済安全保障についてG7サミットとして初めて独立したセッションが設けられ、（1）サプライチェーンや基幹インフラの強靱化、（2）非市場的政策・慣行や経済的威圧への対応の強化、（3）重要・新興技術の適切な管理について、結束して対応していくことを確

認した。同セッションを踏まえ、経済的強靱性及び経済安全保障に関する包括的かつ具体的なメッセージを「経済的強靱性及び経済安全保障に関するG7首脳声明」として発出した。こうした成果を踏まえ、10月のG7大阪・堺貿易大臣会合では、経済的威圧への対応及びサプライチェーンの強靱化において更なる進展を確認したほか、11月のG7外相会合でも、経済的強靱性及び経済安全保障についてG7を超えて国際的な連携を更に築くことを確認した。12月のG7首脳テレビ会議では、非市場的政策・慣行や経済的威圧への対応、サプライチェーンや基幹インフラの強靱化、機微技術の管理などの課題に緊密な連携の下で包括的に取り組んでいくことが重要であること、及び、広島サミットでの議論と「経済的強靱性及び経済安全保障に関するG7首脳声明」はその土台であり、今後ともG7として連携を強化していくことを確認した。

米国との間では、11月の日米経済版「2＋2」において、インド太平洋地域におけるルールに基づく経済秩序の強化、経済的強靱性の強化及び重要・新興技術の育成・保護の二つの議題について議論を行った。両国は、インド太平洋地域の自由で公正な経済秩序の構築に向けて、非市場的政策・慣行や経済的威圧への対応に引き続き取り組むことで一致した。また、半導体、AI、量子、クリーンエネルギー、5Gなどの技術分野の育成・保護などについて協力を加速させていく方針を確認した。さらに、両国は、重要鉱物の安定供給確保に向けた連携や、エネルギー安全保障及び食料安全保障の確保に向けた協力などについて、具体的な連携を進めていく方針を確認した。

5月に広島で開催された日米豪印首脳会合では、サプライチェーン強靱性を強化し、5Gネットワークを含む重要・新興技術及び次世代電気通信技術へのアクセスを通じて、地域のデジタル連結性を改善させるための取組を強化していくことを共同声明において確認した。また、太平洋地域において初めてとなるオープン

RAN[10]展開を確立するためにパラオとの協力を発表したほか、オープンRANの優位性、課題及び課題の克服可能性を評価した「オープンRANセキュリティ報告書」や、「重要・新興技術標準に関する日米豪印原則」を発表した。

8月に開催された日米韓首脳会合においても、経済安全保障分野における連携強化について意見交換が行われた。同会合で発出された日米韓首脳共同声明においては、日米韓3か国によるサプライチェーン早期警戒システムの試験運用開始に向けた緊密な連携、技術保護の取組に関する協力強化などについて一致した。

このほか、韓国との関係では、3月の日韓首脳会談で経済安全保障に関する協議を立ち上げることで一致し、2023年は同協議を3回実施した。また、12月に日韓ハイレベル経済協議第15回会合を開催し、経済安全保障分野に関して、経済的威圧や重要・新興技術、サプライチェーンなどについて意見交換を行い、引き続き連携していくことで一致した。

欧州諸国との関係では、5月に行われた日英首脳会談で、経済的威圧を含む経済安全保障上の課題について協力を深めることで一致した。これに際して発出された「強化された日英のグローバルな戦略的パートナーシップに関する広島アコード」においても、サプライチェーンの強靱化、あらゆる形態の強制的な又は威圧的な技術移転及び知的財産の窃取並びに輸出管理などの課題に共に取り組むことを確認し、経済的威圧及び公平な競争条件をゆがめる非市場的政策・慣行に対する懸念を共有し、強く反対した。10月の日・デンマーク戦略的パートナーシップの深化に関する首脳共同声明では、G7広島サミットにおいて採択された経済的強靱性及び経済安全保障に関するG7首脳声明を評価し、非市場的政策・慣行、経済的威圧その他の有害な慣行への対処を含め、経済安全保障に関する協力を強化することで一致した。12月の「日本国政府とノルウェー王国政府との間の戦略的パートナーシップに関する共同声明」でも

同様の趣旨を確認した。

東南アジア諸国との関係では、2月の日・フィリピン首脳会談で発出された共同声明において、経済安全保障を促進する上での協力の強化を決定し、経済的威圧に対する懸念と強い反対を表明した上で、これに対処するための緊密な連携の重要性を強調した。4月に発表された「戦略的パートナーシップに関する日・バングラデシュ共同声明」でも、サプライチェーンの強靱性強化を含む経済安全保障及び経済的威圧などの課題に対抗するためのルールに基づく国際経済秩序の重要性について認識を共有した。11月の日・ベトナム関係を「アジアと世界における平和と繁栄のための包括的戦略的パートナーシップ」に格上げすることに関する共同声明では、経済安全保障を確保するための協力の重要性を確認し、透明で、多様で、安全で、持続可能な、信頼できるサプライチェーンの重要性を認識し、双方の利益のため、安定した生産活動を確保するためサプライチェーンの強靱性の強化を確認した。12月に発表された「包括的・戦略的パートナーシップに関する日・マレーシア共同声明」では、サプライチェーンの強靱性の強化を含む経済安全保障に関して協力する意図を共有し、ICT分野などにおける協力を促進することを確認した。

オ　経済的威圧への対応

また、上記ウに述べた新たな課題の中でも、グローバリゼーションの進展を背景として、国家間の経済的相互依存関係が深化する中、特定の国との経済的結び付きを利用して政治的目的を達成するために、濫用的、恣意的又は不透明な形で措置を講じ、もしくはそのように措置を講じると脅したりする経済的威圧がとりわけ問題となっている。このような経済的威圧は、自由で開かれたルールに基づく国際秩序に挑戦するものである（196ページ　特集参照）。

2022年12月の「国家安全保障戦略」でも、外国からの経済的威圧について効果的な取組を

---

10 複数のベンダーを組み合わせてオープンな形で構築することが可能な無線アクセスネットワークのこと。サプライチェーンリスクの回避にもつなげられるメリットがある。

経済的威圧への対応

　グローバリゼーションの進展を背景として、国家間の経済的相互依存関係が深化する中、特定の国との経済的結び付きを利用して政治的目的を達成するために、濫用的、恣意的又は不透明な形で措置を講じたり、もしくはそのように措置を講じると脅したりする経済的威圧がとりわけ問題となっています。これは自由で開かれたルールに基づく国際秩序に対する挑戦であり、特定の国家による経済的威圧により対象となる国家の自主的な政策の意思決定や健全な経済発展が阻害されることは認められません。2022年12月の「国家安全保障戦略」でも外国からの経済的威圧について効果的な取組を進めていくとの方針が示されています。また、2023年5月のG7広島サミットを始め、様々な機会を捉え、日本として経済的威圧に対抗する意思を明確に示しています。

　広島サミットでは「経済的強靱性及び経済安全保障に関するG7首脳声明」の発出を通じて「経済的威圧に対する調整プラットフォーム」の立上げを表明しました。同プラットフォームは既に活動を開始しており、経済的威圧に関する早期警戒や迅速な情報共有、共同の状況評価、協調的な対応を追求しています。

　10月のG7大阪・堺貿易大臣会合においても経済的威圧に関する議論を行い、G7として更なる前進を図っていくことで一致しました。

　G7以外にも、例えば、6月に日本、オーストラリア、カナダ、ニュージーランド、英国及び米国の6か国で「貿易関連の経済的威圧及び非市場的政策・慣行に対する共同宣言」を発出し、G7でのモメンタムを踏まえ、経済的威圧などへの懸念を改めて表明し、国際的な協力を強化していくことを確認しました。

　また、アジア・太平洋地域の国々とも連携を深めており、例えば、2月の日・フィリピン共同声明や、4月の日・バングラデシュ共同声明でも、経済的威圧への対処の重要性につき確認しています。このほか、10月の日・デンマーク共同声明、11月の日・キルギス共同声明、12月の日・ノルウェー共同声明など、G7以外の同志国との共同声明でも、同様の趣旨を確認しています。

　経済的威圧への効果的な対応に向けて、日本として引き続きG7を始めとした同志国の枠組みや二国間での取組も有効に活用しながら、同盟国・同志国などとの連携や国際ルールに沿った対応を積極的に推し進めていく方針です。

進めていく方針が示された。既存の国際約束では十分に対応しきれない分野の一つである経済的威圧に対しては、同盟国・同志国と連携しつつ、戦略的に国際世論を喚起しながら、国際社会としての共通認識を醸成していくことが重要である。2023年5月のG7広島サミットで発出された「経済的強靱性及び経済安全保障に関するG7首脳声明」においては、経済的威圧に対する共同の評価、準備、抑止及び対応を強化するため、「経済的威圧に対する調整プラットフォーム」の立ち上げが表明され、同プラットフォームの下での取組が進展している。

カ　外務省の役割

　グローバルな安全保障環境の変化により、安全保障の観点も踏まえながら、ルールに基づく国際経済秩序の維持・強化を図っていく必要性が増大している。安全保障政策や対外経済関係、国際法を所管する外務省として、引き続き経済安全保障に関する外交上の取組を牽引し、ひいては国際秩序の維持・強化に積極的に取り組んでいく。

（3）サイバー

今日、国境を越えるサイバー空間は、世界各国のあらゆる活動に不可欠な社会基盤となり、全国民が参画する「公共空間」としてその重要性及び公共性がますます高まっている。一方、昨今の地政学的緊張を反映した国家等の間の競争が展開される中で、サイバー攻撃による重要インフラの機能停止や破壊、他国の選挙への干渉、身代金の要求、機微情報の窃取などは、国家を背景とした形でも平素から行われている。

外務省は、このような認識の下、自由、公正かつ安全なサイバー空間を実現するために、「ルール／規範の形成・深化の推進」、「サイバー攻撃抑止のための取組」、「能力構築支援」、そしてこれらを効果的に進めるための「国際連携」に整理される様々な外交活動を行っている。

「ルール／規範の形成・深化の推進」のための取組については、国連での約四半世紀にわたる議論を通じ、国連全加盟国が既存の国際法がサイバー空間に適用されることを確認し、11項目の責任ある国家の行動規範[11]に合意している。この行動規範そのものは国際法上の法的拘束力を有するものではないが、サイバー空間におけるルールの基盤となっているため、各国がこれら規範を具体的に実践し、国家実行を積み重ねていくことが重要である。このような認識の下、日本は、2021年から2025年までを会期として国連全加盟国が参加して行われているオープン・エンド作業部会（OEWG）において、関連の議論に積極的に参加している。また、既存の国際法がどのようにサイバー空間に適用されるかについて、各国が基本的な立場を明らかにすることも重要であり、日本は2021年にこれを公表している[12]。

「サイバー攻撃抑止のための取組」としては、各国がサイバー攻撃主体に対する非難や懸念を公に表明する「パブリック・アトリビューション」を行ってきている。日本は、2017年にはワナクライ事案[13]の背後における北朝鮮の関与について、2018年には中国を拠点とするAPT10と呼ばれるグループが長期にわたる攻撃を行ったことについて、さらに2021年7月には中国政府を背景に持つAPT40や中国人民解放軍61419部隊を背景に持つTickというサイバー攻撃グループが関与した可能性が高いサイバー攻撃について、外務報道官談話を発出し、同盟国・同志国と連携し、これらの行動を断固非難した。また、2023年には、中国政府を背景とするサイバー攻撃グループBlackTechによるサイバー攻撃に関して、米国と共に注意喚起を発出した。サイバー攻撃者の特定が難しい中、攻撃を解析し、攻撃主体を突き止め、これを公表することは、脅威認識を高め、背景にある国家や犯罪集団の活動を認知し許容しないというメッセージを発し、かつ、国際的なスタンダードを形作る一助となり、サイバー攻撃者の将来の活動コストを高めるなどの効果が期待される。

「能力構築支援」に関しては、サイバー空間のボーダーレスな性質に鑑みれば、他国及び地域の能力を向上させることが日本を含む世界全体の安全を守ることに繋がるとの考えから、法の支配に基づく「自由で開かれたインド太平洋（FOIP）」実現のための要であるASEANを中心に、外務省を含む関係省庁が、国際機関を通じた取組を含め能力構築支援を行っている。具体的には、日・ASEANサイバーセキュリティ能力構築センター（AJCCBC）における研修の実施、機材供与、独立行政法人国際協力機構（JICA）課題別研修・国別研修の実施や、世界銀行の「サイバーセキュリティ・マルチドナー信託基金」への拠出などが挙げられる。

サイバー空間におけるこれらの取組を進める上で、「国際連携」は非常に重要である。日本

11 2015年、サイバーセキュリティに関する国連政府専門家会合（GGE）において、国家による責任ある行動に関する拘束力のない自発的な規範11項目を記載した報告書が採択された。
12 日本の立場については、外務省ホームページを参照：https://www.mofa.go.jp/mofaj/gaiko/page3_003059.html
13 北朝鮮の関与があったとされる悪意のあるプログラム。2017年5月に150か国以上で30万台以上のコンピュータが感染し、身代金が要求された。

12

3

世界と共創し、国益を守る外交

は多くの国・地域等とサイバー協議などを重ねており、2023年は、英国、米国、ヨルダン、インド、フランス、NATO、EU、オーストラリア、日米韓との間で協議などを実施した。また、日米豪印では、2022年5月の首脳会合で発表した「日米豪印サイバーセキュリティ・パートナーシップ」の下、重要インフラのサイバーセキュリティやインド太平洋地域における能力構築支援の協力などに取り組んでいる。このほか、米国が主催する、急速に脅威が増大しているランサムウェア**14**に対処するための多国間枠組みである、「カウンターランサムウェア・イニシアティブ」における議論にも積極的に参加している。

　こうした外交活動を通じ、今後も自由、公正かつ安全なサイバー空間の実現に貢献していく。

（4）国際的な海洋秩序の維持・発展

　日本は、四方を海に囲まれ広大な排他的経済水域（EEZ）と長い海岸線に恵まれた国であり、海上貿易と海洋資源の開発を通じて経済発展を遂げてきた海洋国家である。力ではなく、航行及び上空飛行の自由を始めとする法の支配に基づく海洋秩序に支えられた「自由で開かれた海洋」は、日本だけではなく国際社会全体の平和と繁栄に不可欠である。こうした考えの下、4月に採択された第4期海洋基本計画を踏まえ、領海などにおける国益の確保に加え、国際的な海洋秩序の維持・発展に向けた取組を、政府一体となり推進してきており、同盟国・同志国などと協力しながら、「自由で開かれたインド太平洋（FOIP）」の実現に向け、特に、重要なシーレーンが位置するインド太平洋地域の海洋秩序のための取組を進めている。

ア 基本的な考え方

　海洋をめぐっては、特に、アジアにおいて、国家間の摩擦によって緊張が高まる事例が増えている。このような中、日本は2014年に安倍

総理大臣が「海における法の支配の三原則」（238ページ　6（2）参照）を徹底していく必要があるとの認識を表明した。2023年3月にはインド世界問題評議会（ICWA）において、岸田総理大臣がFOIPのための新たなプランを紹介する中で、「海における法の支配の三原則」の重要性を改めて強調した。これらを踏まえ、各国と連携しつつ、国際的な海洋秩序の維持・発展に向けて取り組んでいる（30ページ　第2章第1節参照）。

イ 国連海洋法条約

　海洋法に関する国際連合条約（国連海洋法条約：UNCLOS）は、「海の憲法」とも呼ばれ、法の支配に基づく海洋秩序の根幹を成す条約である。同条約を根幹とした海洋秩序は、日本の海洋権益を確保し、国際社会全体における海洋に係る活動の円滑な実施の礎となるものである。このため、日本は、同条約の更なる普遍化と適切な実施の確保のために、締約国会合を含む関連国際機関での議論や海洋法秩序の安定に向けた知的発信に積極的に貢献している（238ページ　6（2）参照）。5月のG7広島サミットにおいては、G7首脳はUNCLOSの普遍的かつ統一的な性格を強調した。

ウ 日本の主権・海洋権益に対する挑戦への対応（東シナ海情勢：46ページ　第2章第2節2（1）イ（エ）参照）

　東シナ海では、尖閣諸島周辺海域において、中国海警船による領海侵入事案が2023年も相次いでおり、接続水域内の年間確認日数は、352日となり過去最多を更新した。また、中国海警船が領海に侵入し、日本漁船に近づこうとする事案も繰り返し発生しており、4月には領海侵入時間が過去最長の80時間36分となる事案が発生するなど、情勢は依然として厳しい。さらに、中国軍艦艇・航空機による活動も拡大・活発化している。排他的経済水域（EEZ）及び大陸棚の境界画定がいまだ行われていない

---

14 身代金目的のサイバー攻撃

魚釣島（沖縄県石垣市）

写真：内閣官房領土・主権対策企画調整室

海域では、中国による一方的な資源開発が継続している。加えて、近年、東シナ海を始めとする日本周辺海域において中国による日本の同意を得ない調査活動も確認されているほか、2023年7月には、東シナ海の日中地理的中間線東側の日本のEEZにおいて中国が設置したと見られるブイの存在を確認し、中国側に対して繰り返し即時撤去を求めている。

このように東シナ海における中国の一方的な現状変更の試みが継続していることを踏まえ、日本としては周辺海空域における動向を高い関心を持って注視するとともに、主張すべきは主張しつつ、引き続き、冷静かつ毅然と対応していく。同時に、東シナ海の平和と安定のため、米国を始めとする関係国との連携を進めていく。

5月、G7広島サミットにおいて、G7首脳は、東シナ海及び南シナ海における状況について引き続き深刻に懸念していること、力又は威圧によるいかなる一方的な現状変更の試みにも強く反対することを表明した。また、9月の日・ASEAN首脳会議及び東アジア首脳会議（EAS）において、岸田総理大臣は、東シナ海では日本の主権を侵害する活動が継続・強化されてお

り、強く反対すると述べた。12月の日本ASEAN友好協力50周年特別首脳会議でも、ASEANと協力して地域・国際情勢に対処していきたいとして、東シナ海における日本の主権を侵害する活動の継続・強化を深刻に懸念すると述べた。

エ　南シナ海の海洋秩序に対する挑戦への対応（84ページ　第２章第２節７（２）参照）

南シナ海では、中国が、係争地形の一層の軍事化、沿岸国等に対する威圧的な活動など、法の支配や開放性に逆行する力による一方的な現状変更やその既成事実化の試み、地域の緊張を高める行動を継続・強化しており、日本を含む国際社会は深刻な懸念を表明している。日本は、南シナ海における力による一方的な現状変更の試みや緊張を高めるいかなる行為にも強く反対するとともに、法の支配の貫徹を支持し、航行及び上空飛行の自由並びにシーレーンの安全確保を重視してきている。また、南シナ海をめぐる問題の全ての当事者が、UNCLOSを始めとする国際法に基づく紛争の平和的解決に向け努力することの重要性を一貫して強調してき

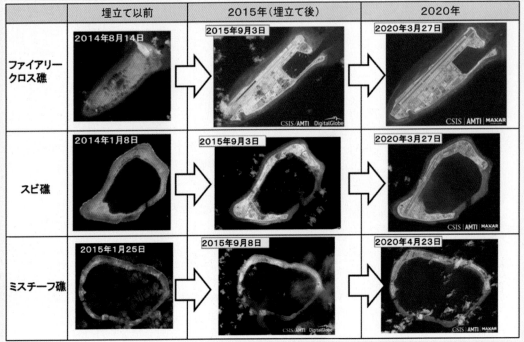

中国による南シナ海における大規模かつ急速な拠点構築

	埋立て以前	2015年（埋立て後）	2020年
ファイアリークロス礁	2014年8月14日	2015年9月3日	2020年3月27日
スビ礁	2014年1月8日	2015年9月3日	2020年3月27日
ミスチーフ礁	2015年1月25日	2015年9月8日	2020年4月23日

（出典）CSIS Asia Maritime Transparency Initiative/Digital Globe/MAXAR

ている。

　5月のG7広島サミットにおいてG7首脳は、南シナ海における中国の拡張的な海洋権益に関する主張には法的根拠がなく、この地域における中国の軍事化の活動に反対し、また、海洋における全ての活動を規律する法的枠組みを規定する上でのUNCLOSの重要な役割を再確認すると表明した。また、G7首脳は、2016年7月12日の仲裁裁判所による仲裁判断が、仲裁手続の当事者を法的に拘束する重要なマイルストーン（一里塚）であり、当事者間の紛争を平和的に解決するための有用な基礎であることを改めて表明した。さらに、2023年5月の日米豪印首脳会合において、岸田総理大臣は、東シナ海・南シナ海を含め、インド太平洋における力又は威圧による一方的な現状変更の試みへの反対、深刻な懸念を表明し、4か国の首脳間でこれらに強く反対することで一致した。9月の

日・ASEAN首脳会議及びEASでは、岸田総理大臣は、南シナ海において軍事化や威圧的な活動が継続しているとして、海洋権益の主張や海洋における活動は、UNCLOSの関連規定に基づきなされるべきであると指摘した。12月の日本ASEAN友好協力50周年特別首脳会議では、ASEANと協力して地域・国際情勢に対処していきたいとして、南シナ海での緊張を高める行為の継続を深刻に懸念すると述べた。

　南シナ海をめぐる問題は、地域の平和と安定に直結し、国際社会の正当な関心事項であり、資源やエネルギーの多くを海上輸送に依存し、南シナ海を利用するステークホルダーである日本にとっても、重要な関心事項である。法の支配に基づく「自由で開かれた海洋」の維持・発展に向け、国際社会の連携が重要である。このような観点から、日本は、南シナ海における米国の「航行の自由」作戦[15]を支持する立場を

---

15 米国政府は、「航行の自由」作戦は航行及び上空飛行の自由その他の適法な海洋利用の権利を侵害し得る過剰な主張に対抗する活動であると説明している。「航行の自由」作戦の一例として、2021年9月8日、米海軍のミサイル駆逐艦「ベンフォールド」が南沙（スプラトリー）諸島の周辺を航行した。

オ 海賊・海上武装強盗対策

日本は、アジアやアフリカでの海賊・海上武装強盗対策などの取組や各国との緊密な連携・協力を通じて、航行及び上空飛行の自由や海上交通の安全確保に積極的に貢献している。

（ア）アジアにおける海賊等事案[16]対策

2006年、日本の主導により策定されたアジア海賊対策地域協力協定（ReCAAP）が発効し、シンガポールに設置された情報共有センター（ReCAAP-ISC）を通じて、マラッカ・シンガポール海峡などにおける海賊等の事案に関する情報共有及び能力構築支援協力が行われている。日本はこれまで事務局長（2022年3月退任）及び事務局長補の派遣、並びに財政的貢献によりReCAAP-ISCの活動を支援してきている。国際商業会議所（ICC）国際海事局（IMB）によれば、東南アジア海域における海賊等事案の発生件数は、2021年は56件、2022年は58件、2023年は67件となっているが、ReCAAP-ISCの活動や締約国の貢献を背景に、近年は誘拐や暴行などを含む深刻な事案の発生は抑制されている。

（イ）ソマリア・アデン湾における海賊等事案 対策

アジアと欧州をつなぐ重要なシーレーンであるソマリア沖・アデン湾での海賊等事案の発生件数は、IMBによれば、ピーク時の2011年（237件）以降、減少傾向にあり、2019年以来は未遂事案が0件又は1件で推移していたものの、2023年には1件、2017年以来の乗っ取り事案が発生した。同乗っ取り事案について、IMBは、1件ではあるものの、この海域において依然として海賊行為を行う能力を有する主体が存在していることを示すものとして、改めて警告している。

日本は、2009年からソマリア沖・アデン湾に海上自衛隊の護衛艦（海上保安官が同乗）及びP-3C哨戒機を派遣し、海賊対処行動を実施している。また、日本は、この海域の海賊を生み出す根本的原因の解決に向けて、ソマリアや周辺国の海上保安能力の向上やソマリアの安定に向けた支援といった多層的な取組を行っている。[17]

（ウ）ギニア湾における海賊等事案対策

IMBによれば、ギニア湾における海賊等事案の発生件数は、2022年は19件、2023年22件であり、若干の増加が見られ、一つの事案で複数人が被害に遭うなど、引き続き世界で最も深刻な事案が多い海域となっている。沿岸国の海上法執行能力の強化が引き続き課題であり、日本は、国連開発計画（UNDP）やJICAによる研修を通じた沿岸国の能力構築支援を行っているほか、「G7＋＋ギニア湾フレンズ・グループ」[18]の会合への参加を始め、国際社会と共に取り組んでいる。

カ 能力構築支援における国際協力

グローバル化の進展、技術革新によるグローバルな安全保障環境への影響、中国の軍事力増強などによる軍事バランスの急速な変化や、国境を越える脅威の増大は、特に海洋分野において、一国のみで自国の平和と安全を守ることを不可能としている。そのため、日本は自国の防衛力や海上法執行能力の強化を進めつつ、国際的な海洋秩序の維持・発展のため、同盟国・同志国などと連携・協力しながら、各国の海洋安全保障や海上法執行能力構築のための支援や、海洋状況把握（MDA）における国際協力を行っている。

こうした協力において、日本は従来から政府開発援助（ODA）を活用してきており、2022

年のシャングリラ・ダイアローグにおいて岸田総理大臣は、衛星、人工知能（AI）、無人航空機などの先端技術の知見の共有も含め、2025年までの3年間で、20か国以上に対し、海上法執行能力強化に貢献する技術協力及び研修などを通じ、800人以上の海上安保分野の人材育成・人材ネットワーク強化の取組を推進すること、インド太平洋諸国に対し、少なくとも約20億ドルの巡視船を含む海上安保設備の供与や海上輸送インフラの支援を行うこと、日米豪印や国際機関なども活用しながら各国への支援を強化していくことを表明した。2023年は、23か国の海上保安機関などの計600人超の職員を対象に、日本や現地での研修を実施し、また、インドネシアの海上保安機構に対し無償資金協力「海上保安能力向上計画」により大型巡視船1隻を日本の造船所で建造し供与することを決定した。また、国連薬物・犯罪事務所(UNODC)のグローバル海上犯罪プログラム(GMCP：Global Maritime Crime Programme)が実施する海上法執行能力強化プロジェクトへの支援を通じ、各国に対して海上犯罪対策に係る訓練コースの開発や、同訓練・ワークショップの実施を行っている。

さらに、インド太平洋沿岸国の海上保安機関に対する能力向上支援のため、専門的な知識や高度な技術を有する海上保安官や能力向上支援専従部門である海上保安庁MCT（Mobile Cooperation Team）を各国の海上保安機関に派遣しているほか（GMCPの枠組み含む。）、日本への招へい研修や「海上保安政策プログラム」により、各国海上保安機関職員への人材育成を実施している。また、インド太平洋諸国の各国の軍などに対し、戦艦整備や潜水医学等に関する能力構築支援、ASEAN加盟国の若手士官などに海上自衛隊艦艇への乗艦研修などを行っている。

加えて、2023年に新たに創設された政府安全保障能力強化支援（OSA）は海洋安全保障を優先分野の一つとし、同志国の軍などに対す

る資機材供与やインフラ整備などを通じて、安全保障上の能力・抑止力の強化を図っている。2023年は、フィリピンに対し沿岸監視レーダーシステム、バングラデシュに対し警備艇、マレーシアに対し警戒監視用機材（救難艇など）、フィジーに対し警備艇などを供与することを決定した（203ページ　特集参照）。

こうした支援の実施に当たっては、日米豪印の行う「海洋状況把握のためのインド太平洋パートナーシップ（IPMDA）」[19]と連携し、また、各国と覚書に基づきMDA情報の共有を図るなど、同盟国・同志国との協調を進めている。

（5）宇宙

日本は6月、3年ぶりに宇宙基本計画を改定するとともに、新たに宇宙安全保障構想を策定した。宇宙安全保障構想には、宇宙安全保障分野の課題と政策を具体化し、宇宙安全保障に必要なおおむね10年の期間を念頭に置いた取組が盛り込まれ、同盟国・同志国などと共に宇宙空間の安定的利用と宇宙空間への自由なアクセスを維持することが記載された。

近年、宇宙利用の多様化や宇宙活動国の増加に伴って宇宙空間の混雑化が進んでおり、また、衛星破壊実験などによりスペースデブリが増加するなど、宇宙空間の持続的かつ安定的な利用に対するリスクが増大している。こうした状況に対応するため、日本は宇宙状況把握（SSA）や宇宙システムの機能保証の強化などに取り組んでおり、また、国際的なルール形成や国際宇宙協力を実施している。

5月には、G7議長国として、G7広島サミット共同コミュニケに、スペースデブリ問題への対処の重要性や破壊的な直接上昇型ミサイルによる衛星破壊実験の不実施へのコミットメントなどを初めて盛り込むことを主導した。

７　宇宙空間における法の支配の実現

国際社会では、宇宙活動に関する国際的な

---

19 地域のパートナーと協働し、人道及び自然災害に対応し、違法漁業と戦うために設計された海洋状況把握イニシアティブ。2022年5月に東京で開催された日米豪印首脳会合で発表された。

特集
SPECIAL
FEATURE

政府安全保障能力強化支援（OSA）[1] の創設

フィリピンに対するOSAに関する書簡の交換式に参加する岸田総理大臣とマルコス・フィリピン大統領（11月3日、フィリピン・マニラ　写真提供：内閣広報室）

現在、日本は戦後最も厳しく複雑な安全保障環境に置かれています。そのような中、力による一方的な現状変更を抑止して、特にインド太平洋地域における平和と安定を確保し、日本にとって望ましい安全保障環境を創出するためには、日本の防衛力の抜本的強化に加え、同志国の安全保障上の能力・抑止力の向上が不可欠です。こうした観点から、日本は2023年、開発途上国の経済社会開発を目的とする政府開発援助（ODA）とは別に、無償による資金協力の枠組みである政府安全保障能力強化支援（OSA）を創設しました。

　OSAは、同志国の安全保障上の能力や抑止力の強化に貢献することにより、日本との安全保障協力関係の強化、日本にとって望ましい安全保障環境の創出及び国際的な平和と安全の維持・強化に寄与することを目的として、軍などが裨益者となる資機材の提供やインフラの整備などを行うものです。OSAは、2022年12月16日に閣議決定された国家安全保障戦略によってその方針が示され、2023年4月5日、OSAの実施方針が国家安全保障会議で決定・公表されました。

　OSAは、日本の平和国家としての基本理念を引き続き堅持しつつ、支援対象国の安全保障上のニーズに応えることを大前提としています。そのため、実施方針では、(1)防衛装備移転三原則及び同運用指針の枠内で支援を行うこと、(2)国際紛争との直接の関連が想定し難い分野に限定して支援を実施すること、(3)国連憲章の目的及び原則との適合性を確保することなどが定められています。同実施方針に基づき、法の支配に基づく平和・安定・安全の確保のための能力向上に資する活動（領海や領空などの警戒監視、テロ対策、海賊対策など）、人道目的の活動（災害対処、捜索救難・救命、医療、援助物資の輸送能力向上など）、国際平和協力活動（PKOなどに参加するための能力強化など）といった分野において、支援を行っていきます。

　OSAの実施に際しては、支援の適正性及び透明性確保の観点から、情報公開の実施、評価・モニタリング及びその結果についての情報開示、供与後の目的外使用や第三者移転に係る適正管理を確保します。また、協力の実施に当たっては、国家安全保障局、防衛省などとも連携することとしています。

　初年度である2023年度は、いずれも地域の平和と安全にとって重要な役割を果たすフィリピン、マレーシア、バングラデシュ、フィジーに対し、支援実施を決定しました（12月末時点）。このうち、フィリピン及びマレーシアに対する案件の書簡の交換は、岸田総理大臣及びマルコス・フィリピン大統領、アンワル・マレーシア首相それぞれの立ち会いの下、行われました。これら4か国への支援は、いずれも海洋安全保障分野の警戒監視能力向上に資するものであり、具体的には、フィリピン軍へは沿岸監視レーダーシステムを、バングラデシュ軍へは警備艇を、マレーシア軍へは救難艇などを、フィジー軍へは警備艇などを供与します。今後も関係省庁と連携しつつ、OSAがその目的に資する有意義な成果を挙げられるよう取り組んでいきます。

1　OSA：Official Security Assistance

ルール形成が様々な形で活発に議論されており、日本も宇宙空間における法の支配の実現に向け積極的に関与している。

民生宇宙活動に関する国際的なルール形成に関しては、国連総会の下に設置された常設委員会である宇宙空間平和利用委員会（COPUOS）が重要な役割を果たしている。

COPUOSには、包括的な議論を行う本委員会以外に、宇宙活動に係る諸問題について科学技術的側面から検討を行う科学技術小委員会と宇宙活動により生ずる法律問題を議論する法律小委員会が設けられている。

2月に開催された科学技術小委員会においては、スペースデブリやリモートセンシングなどの個別のテーマに加え、宇宙活動の長期持続可能性についても活発な議論が行われた。

3月に開催された法律小委員会においては、宇宙空間の定義や静止軌道への衡平なアクセスに関する問題に加え、近年関心が高まっている宇宙交通管理（STM）や宇宙資源に関する議論が行われた。特に、宇宙資源については、2021年、法律小委員会（議長：青木節子慶應義塾大学大学院教授）の下に新たに設置された宇宙資源に関するワーキンググループにおいて、宇宙資源をめぐる国際的なルールの在り方について、集中的な議論が行われた。

宇宙空間における軍備競争の防止（PAROS）については、日本や英国などが2021年に共同で提案した「宇宙空間における責任ある行動」に関する決議で設置されたオープン・エンド作業部会（OEWG）が9月まで4回にわたり開催された。宇宙空間において適用される国際法や宇宙空間における脅威、責任ある・無責任な行動について活発な議論が行われたが、一部の国の反対により、報告書は採択されなかった。また、これとは別の動きとして、ロシアが2022年に提案して設立された政府専門家会合（GGE）が11月にジュネーブで開催された。さらに10月の国連第一委員会では、英国提案の「責任ある行動」に関するOEWGを2025年から2026年に、ロシア提案のPAROSに関するOEWGを2024年から2028年に開催す

ることが決定された。

このほか日本は、宇宙空間における法の支配に貢献するため、2021年に国連宇宙部の「宇宙新興国のための宇宙法プロジェクト」への協力を発表して以降、アジア太平洋地域の宇宙新興国に対する国内宇宙関連法令の整備及び運用の支援を行っている。2023年は、宇宙活動の監督及び許認可に焦点を当てた法的能力構築支援を実施した。6月には、「アジア・太平洋地域宇宙機関会議（APRSAF）」の「宇宙法制イニシアチブ（NSLI）」の参加国11か国と連携し、各国の国内宇宙法制の整備と運用の取組を取りまとめた共同報告書を作成し、国連COPUOS本委員会に提出し、各国の知見を共有した。

✈ 各国との宇宙対話・協議

日本は、主要な宇宙活動国やアジア太平洋地域諸国を中心に、宇宙分野における対話・協議などを推進している。

特に、2023年は、1月に6年ぶりとなる「日仏包括的宇宙対話」や4年ぶりとなる「日EU宇宙政策対話」、3月には3年ぶりとなる「宇宙に関する包括的日米対話」を実施し、双方の宇宙政策に関する情報交換のほか、安全保障分野での協力や機関間協力など、多岐にわたる意見交換を行った（米国との関係については184ページ　2（2）エ参照）。

また日米豪印における取組としては、2021年の日米豪印首脳会合において設置された宇宙分野に関するワーキンググループを活用し、ワークショップなどを通じた第三国への能力構築支援（極端な降水現象への対応など）を実施した。また、2023年5月の日米豪印首脳会談においては、気候変動や災害分野、海洋分野における宇宙技術及び宇宙関連アプリケーションの重要性を確認した。

多国間会合としては、9月に文部科学省及び国立研究開発法人宇宙航空研究開発機構（JAXA）がインドネシア国家研究イノベーション庁との共催により、「第29回APRSAF」を開催し、宇宙産業の拡大や、今後の持続可能な

宇宙活動の推進、社会課題への貢献について議論した。

ウ 国際宇宙探査・国際宇宙ステーション（ISS）

平和的目的のための宇宙空間の探査及び利用の進歩は、全人類の共同の利益であり、外交的にも重要な意義を持つものである。

日本は、2019年、米国提案による国際宇宙探査計画「アルテミス計画」への参画を決定した。2020年には、日米を含む8か国が、アルテミス計画を念頭に、宇宙活動を促進する安全で透明性の高い環境を作り出すための諸原則に対する政治的コミットメントを示す「アルテミス合意」に署名した。その後、アルテミス合意は署名国を増やし33か国となった（2023年12月末時点）。

また、4月には、日米両政府は、火星圏からのサンプルを地球へ持ち帰る火星衛星探査計画（Martian Moons eXploration：MMX）に関する日米間の協力を行うための交換公文に署名した。

さらに、日米両政府は、宇宙の探査及び利用を始めとする宇宙協力を一層円滑にするための新たな法的枠組みである「日・米宇宙協力に関する枠組協定」を1月に署名し、同協定は6月に発効した（206ページ　特集参照）。

日本は、宇宙分野における能力構築支援などを目的として、ISSの日本実験棟「きぼう」を活用し、アジア太平洋地域に対してはAPRSAFに設置されたKibo-ABCイニシアチブ[20]を通した人材育成プログラム（ロボットプログラミング、物理・植物実験など）を提供しており、アラブ首長国連邦（UAE）とは高品質タンパク質結晶生成実験を6月に実施した。さらに、宇宙新興国に対しては国連宇宙部との協力枠組み「KiboCUBE」プログラム[21]を通した超小型衛星の放出機会を提供しており、第

8回「KiboCUBE」の公募を6月に開始した。同プログラムの下、中米統合機構（SICA）、メキシコ、チュニジアは放出に向けた衛星開発を行っている。

エ 宇宙技術を活用した地球規模課題への対応

近年、地球規模課題の解決において、宇宙技術に対する期待が高まる中、日本は、国際的に優位性を持つ宇宙技術を活用した国際協力を推進し、持続可能な開発目標（SDGs）の達成などに向けて貢献している。

例えば、日本は、世界の降水状況を観測する衛星を複数活用した「衛星全球降水マップ（GSMaP）」を無償で提供しており、世界150の国や地域において、降水状況の把握や防災管理、農業などの多岐にわたる分野で利用されている。さらに、日本は、アジア太平洋地域の災害管理のため、災害発生時に衛星観測情報を無償提供する「センチネルアジア」の立上げを主導し、同プロジェクトは、これまでに36か国・地域、430回以上の緊急観測要請に対応している。防災関係者を対象にワークショップを開催し、アジア諸国における災害時の衛星データ利活用に係る能力向上にも貢献している。

加えて、独立行政法人国際協力機構（JICA）は、JAXAと連携し、8月から9月にかけ12か国の宇宙関連機関職員16人を日本に受け入れて、SDGsに資する宇宙技術の利活用能力の向上に係る研修を実施した。また9月からはルワンダ、10月からはパラグアイにおいて、宇宙機関の組織・技術的キャパシティ向上に係る技術協力事業（各2年間を予定）を開始した。そのほか、REDD＋（途上国における森林減少・森林劣化に由来する排出の抑制、並びに森林保全、持続可能な森林経営、森林炭素蓄積の増強）[22]における衛星技術の利用など多様な分野で宇宙技術を活用した地球規模課題への対応を推進している。

---

20 Kibo-ABC (Asian Beneficial Collaboration through "Kibo" Utilization) イニシアチブ：アジア・太平洋地域におけるISSの「きぼう」日本実験棟の利用推進と、その価値を共有することを目的としたイニシアチブ

21 宇宙新興国などの宇宙関連技術の向上に貢献することを目的に、ISSの「きぼう」日本実験棟から超小型衛星を放出する機会を選定された機関に提供するプログラム

22 REDD＋：正式名称は「Reducing Emissions from Deforestation and forest Degradation and the role of conservation, sustainable management of forests and enhancement of forest carbon stocks in developing countries」

世界と共創し、国益を守る外交

3

特集 SPECIAL FEATURE

「日・米宇宙協力に関する枠組協定」締結までの道のり

皆さんは、月や火星に行ってみたいと思いますか？日本は、米国が提唱した国際的な月探査計画である「アルテミス計画」に参加しており、2020年代後半には日本人宇宙飛行士の月面着陸の実現を目指しています。今日、様々な国が月を始めとする宇宙探査を計画しており、まさに、世界は新たな宇宙探査の時代に突入していると言えるでしょう。

日本は、アルテミス計画を提唱した米国との間で、月面探査に利用する機器の開発・運用や宇宙飛行士の月面活動など、多数の協力を予定しています。今後、宇宙科学や地球観測などの幅広い分野も含め、更に協力が拡大していくことも見込まれています。このような中、これらの協力を一層迅速かつスムーズに進めるための新たな法的な枠組みが必要となり、「日・米宇宙協力に関する枠組協定」の交渉が始まりました。

本協定は、宇宙協力に関する基本事項を規定することにより、日米の実施機関（国立研究開発法人宇宙航空研究開発機構（JAXA）や米国航空宇宙局（NASA）といった宇宙関連機関など）が個別の協力活動を実施することができる仕組みを確立するものです。そのため、本協定の交渉では、日米の宇宙飛行士が共同で月面探査を実施する場面も見据えながら、今後の日米宇宙協力に必要な法的仕組みや、安全で持続可能な宇宙活動のための規範などについて日米間で知恵を絞りながら協議しました。例えば、協力を行うに当たっての宇宙空間における人に対する管轄権に関する規定や、惑星保護や宇宙ゴミ（スペースデブリ）の低減に関する規定などです。新型コロナウイルス感染症拡大の影響を受け、しばらくの間はオンラインでの交渉を余儀なくされましたが、マスクを着用しながらの対面交渉も経て、晴れて交渉が結実しました。

1月13日、ワシントンD.C.（米国）で、林外務大臣及びブリンケン米国国務長官の間で本協定の署名が行われました。署名式に立ち会った岸田総理大臣からは、本協定により、日米宇宙協力が力強く推進されるとともに、これまでになく強固になっている日米関係の協力分野が一層広がることを強く期待するとの言及がありました。

その後、日米両国における国内手続を経て、6月に本協定は発効しました。本協定によって、アルテミス計画を含む日米間の宇宙協力が更に促進されることが期待されます。また、本協定の下での協力を通じて、日米両国が安全で持続可能な宇宙活動を実践していくことで、宇宙活動に関する国際的なルール作りにも貢献することが期待されています。

日・米宇宙協力に関する枠組協定署名式（1月13日、米国・ワシントンD.C.　写真提供：内閣広報室）

（6）平和維持・平和構築

国際社会では依然として、民族・宗教・歴史の違いなどを含む様々な要因、また、貧困や格差などの影響によって地域・国内紛争が発生し、近年、特にその長期化が課題となっている。このため、国連PKOの派遣などによる紛争後の平和維持に加え、紛争の予防や再発防止、紛争後の国家の国造りと平和の持続のため、開発の基礎を築くことを念頭に置いた平和構築の取組が課題となっている。

近年では、紛争だけでなく、気候変動や感染症など新たなリスクが平和と安定に及ぼす影響についても懸念されており、より統合的なアプローチが必要となっている。このように国際社会の課題が複雑化・多様化する中、グテーレス国連事務総長が、2023年7月に発出した「新・平和への課題（New Agenda for Peace）」において、平和構築・平和維持といった平和活動の強化を加盟国に呼びかけるなど、その取組はますます重要になっている。

⦿ 現場における取組

（ア）国連平和維持活動（国連PKO）など

2023年12月末時点で、11の国連PKOミッションが中東・アフリカ地域を中心に活動しており、停戦監視、政治プロセスの促進、文民の保護など幅広い任務を行っている。従事する軍・警察・文民要員の総数は8万人を超える。任務の複雑化・大規模化とそれに伴う人員、装備、財源などの不足を受け、国連などの場で、国連PKOのより効果的・効率的な実施に関する議論が行われている。

また、国連は、PKOミッションに加え、文民主体の特別政治ミッション（SPM）を設立し、紛争の平和的解決、紛争後の平和構築、紛争予防といった多様な役割を付与している。

日本は、「国際連合平和維持活動等に対する協力に関する法律（PKO法）」に基づき、1992年以来、計29の国連PKOミッションなどに延べ1万2,500人以上の要員を派遣してきた。直近では、国連南スーダン共和国ミッション（UNMISS）に対し、2011年から司令部要員を、2012年から施設部隊を派遣した。施設部隊は、インフラ整備や避難民への給水活動などを実施し、2017年5月に活動を終了した。UNMISS司令部では2023年12月末時点で4人の自衛官が活動し、同国の平和と安定に向けた協力を行っている。また、日本は、2019年から、エジプトのシナイ半島に駐留する多国籍部隊・監視団（MFO）に司令部要員を派遣し、2023年12月末時点で4人の自衛官が活動し、中東の平和と安定に資する活動を行っている。日本は、今後も、日本の強みをいかした能力構築支援の強化、部隊及び個人派遣などを通じて、国際平和協力分野において積極的に貢献していく。

（イ）平和構築に向けたODAなどによる協力

紛争及び人道危機への対応においては、人道支援と開発協力に加え、平時から包摂的な社会を実現するための平和構築及び紛争再発防止が重要である。2022年には世界の難民・避難民数が初めて1億人を超え、中長期的な観点に立って強靱な国造りや社会安定化のための支援を行い、自立的発展を後押しすることで、危機の根本原因に対処する必要性が一層高まっている。日本は、「人道・開発・平和の連携（HDPネクサス）」[23]の考え方を、2023年6月に改定された開発協力大綱で明記した。12月に開催された第2回グローバル難民フォーラム（GRF）においては、上川外務大臣から同アプローチにおいて日本が主導の役割を務め、国際社会と協力して、平和構築支援も含め未曽有の人道危機に取り組む姿勢を示した。

a　中東

日本は、中東の平和と安定のための包括的支援を実施しており、食糧援助や難民支援などの

---

23 HDPネクサス（人道（Humanitarian）、開発（Development）、平和（Peace）の連携（Nexus））：短期的な「人道支援」と合わせて、中長期的な観点から、難民の自立支援や受入国の負担軽減のための「開発協力」を行い、さらに難民発生の根本的な原因である紛争の解決・予防に向けた「平和の取組」を進める考え方

ほか、国造りを担う人材の育成を支援している。パレスチナでは、難民人口が増大する一方、難民キャンプのインフラ劣化や失業・貧困などの生活環境の悪化が深刻化している。日本はパレスチナの難民キャンプにおいて、「キャンプ改善計画（CIP）」や教育施設への支援を通じて、難民の生活環境の改善を図り、人間の安全保障に基づく民生の安定と向上に貢献した。

b　アフリカ

日本は、2022年の第8回アフリカ開発会議（TICAD 8）において、各国と共に、平和で安定したアフリカの実現に向け取り組む考えを示し、法の支配の推進、憲法秩序への回復・民主主義の定着に向けたアフリカ自身による取組を日本として力強く後押ししていく考えを示し、新たに「アフリカの角」[24]担当大使を任命することを表明した。2019年開催のTICAD 7で提唱された「アフリカの平和と安定に向けた新たなアプローチ（NAPSA）」の下、TICAD 8以降もアフリカのオーナーシップを尊重しながら、民主主義の定着及び法の支配の推進、紛争予防・平和構築、コミュニティの基盤強化に向けた支援などを通して、平和と安定に向けたアフリカ主導の取組を後押ししている。

例えば、日本は、フランス語圏アフリカ諸国に対し、2014年から刑事司法研修を行い、捜査機関及び司法機関の能力強化を通じたサヘル地域の安定化を支援してきた。また、アフリカ諸国に対し、頻発するテロや越境犯罪などに対する治安維持能力の向上のための治安対策機材供与や、地雷除去支援も進めている。

南スーダンでは、UNMISSへの司令部要員派遣に加え、2018年に署名された「南スーダンにおける衝突の解決に関する再活性化された合意（R-ARCSS）」[25]を受け、東アフリカの地域機関である政府間開発機構（IGAD）などに

よる和平合意の履行や停戦監視の実施を支援している。さらに、日本は、2008年から2023年までにUNDP経由で、アフリカ諸国が運営するPKO訓練センターのうち計14か国のセンターに総額約6,500万ドルを拠出し、アフリカの平和維持活動能力の向上に寄与している。

◢ 国連における取組

平和構築の取組の必要性に関する国際社会の認識が高まった結果、2005年の安保理決議（1645）及び総会決議に基づき、紛争解決から復旧・社会復帰・復興まで一貫した支援に関する助言を行うことを目的とする「国連平和構築委員会（PBC）」が、安保理及び総会の諮問機関として設立された。PBCは国・地域における平和構築の在り方に関する議論に加え、女性・平和・安全保障（WPS）などのテーマに関する議論も行っており、近年は安保理や総会などへの助言機能を果たす機会が増える傾向にある。

日本はPBC設立時から一貫して、PBCの「組織委員会」のメンバーを務めており、強靱で持続的な平和を実現するためには、HDPネクサスに基づくアプローチが必要との立場の下、制度構築や人への投資に取り組む重要性を唱えてきている。

また、日本は、国連平和構築基金（PBF）[26]に、2023年12月末まで総額6,307万ドルを拠出し、主要ドナー国として、国連関連機関が実施するアフリカなどにおける事業の遂行を積極的に支援している。

日本は、2023年1月から2年間の安保理の任期でも平和構築を優先課題の一つとして取り組んでおり、2023年1月には、安保理議長国として平和構築に関する公開討論を主催し、ウクライナのみならず、いわゆるグローバル・サウスが抱える様々な難しい課題に焦点を当て、

---

24 「アフリカの角（Horn of Africa）」とは、アフリカ大陸の北東部のインド洋と紅海に向かって「角」のように突き出た地域の呼称で、エチオピア、エリトリア、ジブチ、ソマリア、ケニアの各国が含まれる地域のこと
25 南スーダンにおける衝突の解決に関する再活性化された合意（R-ARCSS：Revitalized Agreement on the Resolution of the Conflict in South Sudan）：2015年に締結された「南スーダンにおける衝突の解決に関する合意」が2016年7月の衝突により停滞したため、当事者間で再度、衝突の解決に向け、暫定政府の構成、停戦措置、選挙の実施などに合意したもの
26 2006年10月に設立された基金。アフリカを始めとする地域で、地域紛争や内戦の終結後の再発防止や、紛争の予防のための支援を実施。具体的には、和平プロセス・政治対話への支援、経済活性化、国家の制度構築、女性・若者の国造りへの参加支援などを実施している。

平和を構築し、持続させる上での「人」の役割を重視し、また、安保理によるPBCの活用といった国連の機能強化の重要性を強調した。同会合には74か国が発言し、多くの国が日本の考えに賛同した。

また、ほかの安保理理事国とも連携し、平和構築に関する取組を実施してきている。例えば、5月のスイス安保理議長月における平和構築に関する閣僚級公開討論では、日本から秋本真利外務大臣政務官が出席し、人への投資を通じた人間の安全保障の重要性を強調し、平和構築に関して安保理が果たすべき役割についても発言を行った。加えて、2024年1月には、ガイアナ及びモザンビークと共に、「平和構築と平和の持続：強靱性強化に向けた人への投資」をテーマとする会合を主催し、平和を構築する上での女性のエンパワーメントを含む人への投資の重要性について取り上げるなど、日本の立場を積極的に発信した。このように、日本は、PBCメンバー国としてだけでなく、安保理理事国としても国連の場において、平和構築に取り組む重要性が深く共有されるよう、議論を喚起してきている。

ウ　人材育成

（ア）平和構築・開発におけるグローバル人材育成事業

紛争後の平和構築では、高い能力と専門性を備えた文民専門家の人材育成が課題となっている。日本は、現場で活躍できる人材を育成する事業を実施しており、2023年末までに育成した人材は900人を超える。事業修了生はアジアやアフリカなどの平和構築・開発の現場で活躍しており、諸外国などから高い評価を得ている。また、若手人材向けの研修コース（初級コース）を修了した215人のうち113人が国際機関の職員（正規職員のほか、ジュニア・プロフェッショナル・オフィサー（JPO）や国連ボランティア、コンサルタントを含む。）を務めるなど、この事業は平和構築・開発分野の国際機関における日本人のキャリア形成とプレゼンス強化に大きく貢献している。2023年には、

初級コース及び平和構築・開発分野での経験を持つ中堅層の実務家を対象とする研修コースを実施した（210ページ　コラム参照）。

（イ）各国平和維持要員の訓練

日本は、国連PKOに参加する各国の平和維持要員の能力向上を支援してきている。2015年から、国連、支援国、要員派遣国の三者が互いに協力し、必要な訓練や装備品の提供を行うことでPKO要員の能力向上という喫緊の課題に対処するための革新的な協力の枠組みである国連三角パートナーシップ・プログラム（Triangular Partnership Programme：TPP）に資金を拠出し、自衛隊員等を教官として派遣するなど協力を行っている。これまで、国連PKOへ施設部隊を派遣する意思を表明したアフリカの8か国312人の要員に対し、重機操作の訓練を実施してきた。2018年にはアジア及び同周辺地域にも対象地域が拡大され、ベトナム及びインドネシアで訓練を実施した。2019年10月から、国連PKOにおいて深刻な問題となっている医療分野でも救命訓練を開始し、2021年から国連PKOミッションに遠隔医療を導入するための支援を開始した。2023年は、7月にウガンダで実施された野外衛生救護補助員コースに、自衛隊医官1人を派遣している。重機操作及び医療分野で教官として派遣した自衛官などは延べ317人に上る。さらに、2023年は、TPPを拡充し、アフリカ連合（AU）が主導する平和支援活動に派遣される要員への訓練を実施するために約850万ドルの拠出を決定した。なお、本プログラムとは別に、アジア・アフリカ諸国のPKO訓練センターに対する講師などの人材派遣や財政支援も行っている。

（7）治安上の脅威に対する取組

良好な治安を確保し、国民の生命などを守ることは、様々な社会経済活動の前提であり、国の基本的な責務である。科学技術の進展、新型コロナウイルス感染症（以下「新型コロナ」という。）のまん延といった社会情勢の変化もあいまって急速に複雑化、深刻化している国際的なテロや組織犯罪といった治安上の脅威に効果

3

世界と共創し、国益を守る外交

コラム
COLUMN

平和構築・開発における
グローバル人材育成事業に参加して

国連難民高等弁務官事務所（UNHCR）モルドバ事務所
フィールド担当官補（国連ボランティア）　小島秀亮

外務省委託「平和構築・開発におけるグローバル人材育成事業」の「プライマリー・コース」研修員の小島秀亮です。同コースを通じて、国連難民高等弁務官事務所（UNHCR）[1]のモルドバ事務所で国連ボランティアとして勤務しています。

皆さんはモルドバという国をご存じですか？欧州の端にあるこの国は、大国に翻弄されてきた歴史があり、今も欧州最貧国として知られています。そのモルドバには現在、ウクライナから逃れてきた難民が約11万人暮らしており、この数はモルドバ全人口の約4%を占めます。経済的にも人的資源においても裕福ではないこの小国にとって、これだけ多くの難民を受け入れることは困難を極めます。難民保護と難民問題の解決を、難民条約などで使命として課されているUNHCRは、モルドバに逃れてきた難民に対する現金の給付や支援物資の配布、法的・身体的保護の提供などから、政府への知的・物的支援まで幅広く活動しています。

赴任当初は、フィールドチームの一員として、ウクライナとの国境や難民受入れ用宿泊施設、支援を提供している現地団体などに赴き、難民が抱える問題や必要とする支援の聞き取り調査とその対応を行っていました。現在は機関間調整チームの一員として働いています。難民支援が必要な状況では、政府機関や国連機関、国際赤十字委員会、NGOなど、様々なステークホルダーが活動を行います。受入れ国政府と共にその先頭に立ち、支援活動の方針を決め、全ての関係団体がその方針に従って活動するよう促し、支援が全ての人々に重複なく公平に行き渡ることを確保することが、機関間調整チームの役割です。私は、中でも、モルドバ国内7か所に設置された地域別連絡会合を取りまとめる責任者として、各地域で活動する団体間の連携の促進、地域特有の問題の特定及び関係部署への伝達や解決策の模索といった、地方と中央を結ぶ仕事をしています。また、UNHCRの担当者として越冬支援に関する機関間会合を主導し、モルドバの長く厳しい冬に備えたニーズ調査と越冬支援の方針作成なども行いました。今年のモルドバの越冬支援では、現金給付に加えて、経済的に脆弱な世帯の家屋や地方都市のコミュニティ施設のインフラ補強を行っています。

実際に働いていると、UNHCRのような国連機関でさえ活動する上で多くの制限があることを日々感じます。それでも、難民や現地住民から彼らの困難な状況について直接話を聞き、UNHCRとしてどのような解決策を提供できるかを考えることや、難民支援の方針策定に携わることができることは、非常にやりがいのある仕事です。権利を否定され安全を脅かされた難民のためにUNHCRで働くことは高校生の頃からの夢であり、今、実際に働くことができ、幸せに感じています。様々な人道危機対応に携わった経験豊富な同僚から日々学びつつ、彼らのような難民支援のプロとなることを目指して職務に励んでいます。

難民対応計画策定のためのワークショップ（筆者中央）

難民用宿泊施設で在モルドバ日本大使とUNHCRモルドバ代表などと一緒に（筆者手前左から1人目）

1　UNHCR：The Office of the United Nations High Commissioner for Refugees

的に対処するためには、国際社会全体が協力して取り組むことが不可欠である。

▼ テロ及び暴力的過激主義対策

2019年末以降、新型コロナの感染拡大により、人々の情報通信技術への依存が高まり、テロを取り巻く環境にも大きな影響があった。テロリストは、ガバナンスの脆弱化、貧困、人種・民族問題の顕在化による社会的分断など、新型コロナの流行を受けた社会の新たな状況にも適応しつつ、アジアを含む各地域でテロ活動を継続し、また、インターネット・SNSを使った過激思想の拡散あるいは勧誘行為、さらには、暗号資産などを使用しテロ資金獲得を図るといった傾向も顕著に見せるようになった。2023年10月、日本はG7議長国としてG7ローマ・リヨン・グループ会合[27]を東京で開催し、テロ・コンテンツ対策を含むオンライン・テロ対策に関する議論を深めるため、GIFCT（テロ対策に関するグローバル・インターネット・フォーラム）[28]を招待した。

さらに、日本は、2016年のG7伊勢志摩サミットで取りまとめた「テロ及び暴力的過激主義対策に関するG7行動計画」に則り、これまで、テロ対処能力構築の取組として、国際刑事警察機構（インターポール）のデータベース活用促進やテロ資金対策を実施しているほか、テロの根本原因である暴力的過激主義を防止するため、対話などを通じた穏健な社会の促進や教育を通じた取組の実施、また、刑務所における更生支援のための取組を含む法執行機関の能力構築支援を実施してきた。これらに加えて、主に東南アジア地域におけるテロ及び暴力的過激主義対策を着実に推進するために、国連薬物・犯罪事務所(UNODC)、インターポール、国連開発計画(UNDP)などの国際機関を通じ、各機関の強みをいかしたプロジェクトを実施している。

また、過去20年間にわたり継続して行っている取組として、インドネシア、マレーシア及びフィリピンからイスラム学校の教師を招へいし、宗教間対話、異文化交流、日本の教育の現場の視察などを行う交流を実施している。2020年、2021年と新型コロナにより実施を見送ったが2022年から同事業を再開した。異なる価値を受け入れる寛容な社会・穏健主義拡大への貢献のため、今後も継続して実施していく。

このほか、二国間・三国間テロ対策協議、日米豪印テロ対策作業部会などを通じて、テロ情勢に関する情報交換や連携の強化などを確認しつつ、実践的な協力を強化してきている。

さらに、テロ対策の要諦は情報収集であるとの認識に基づき、2015年12月、日本政府は国際テロ情報収集ユニット（CTU-J）を設置し、政府一体となった情報収集を官邸の司令塔の下に行ってきている。海外における邦人の安全確保という重要な責務を全うするため、引き続きCTU-Jを通じた情報収集を更に強化し、テロ対策及び海外における邦人の安全確保に万全を期していく。

▲ 刑事司法分野の取組

国連の犯罪防止刑事司法会議（通称「コングレス」）及び犯罪防止刑事司法委員会（いずれも事務局はUNODC）は犯罪防止及び刑事司法分野における国際社会の政策形成を担っている。2021年3月に京都で開催された第14回コングレス（京都コングレス）では、全体テーマ「2030アジェンダの達成に向けた犯罪防止、刑事司法及び法の支配の推進」の下、国際社会が犯罪防止・刑事司法の分野で中長期的に取り組むべき内容をまとめた政治宣言（京都宣言）が採択された。日本は、その後もリーダーシップを発揮し、UNODCなどと協力しつつ、(1)アジア太平洋地域において刑事実務家が情報共有や意見交換をするプラットフォームとしての「アジア太平洋刑事司法フォーラム」の定期開

27　国際テロ及び国際組織犯罪対策の分野における優先課題への対応などについて、G7の専門家の間で協議する枠組みで、G7の共通ポジションを形成する機会となっている。議論の結果はG7首脳・閣僚会合にインプットされる。

28　GIFCT（Global Internet Forum to Counter Terrorism）：インターネット上のテロリズムや暴力的過激主義の拡散を共同で防止する目的で設立されたIT企業による民間フォーラム

催、（2）若者（ユース）たちが自ら議論し、その声を政策に取り入れていくことを目指す「法遵守の文化のためのグローバルユースフォーラム」の定期開催、（3）国際社会による再犯防止の取組を推進するための国連準則の策定への取組を進めているほか、UNODCが行う京都宣言のテーマ別討論をサポートするなど、京都宣言のフォローアップを積極的に行っている。

さらに、2023年5月に開催された国連犯罪防止刑事司法委員会において、日本は、京都宣言を引き続きフォローアップする決議案を提出し、同決議案は全会一致で採択された。これにより、京都コングレスの成果は、2026年の第15回コングレス（アラブ首長国連邦がホスト国）に受け継がれていくこととなった（本ページ　コラム参照）。

また、UNODC及びインターポールへの資金拠出や日・ASEAN統合基金（JAIF）からの資金拠出を通じて、東南アジア諸国の検察その他刑事司法機能の強化、刑務所運営の強化及びサイバー犯罪対策に係る能力強化を支援している。

そのほか、国連アジア極東犯罪防止研修所

コラム
COLUMN

国連の会議でラポラトゥール（報告者）を務めて

在ウィーン国際機関日本政府代表部 一等書記官　山﨑 純

「ラポラトゥールは報告書案を説明してください。」
　5月27日土曜日真夜中の午前1時半。ここは、第32会期国連犯罪防止刑事司法委員会（CCPCJ）[1]通常会合のひな壇。議長から促されたラポラトゥールの私は、マイクをオンにして話し始めました。

報告書の説明をするところ
（5月27日（土）午前1時半、オーストリア・ウィーン
筆者ひな壇右端、スクリーン）

● ラポラトゥール（報告者）とは？
　ラポラトゥールとは、会議での議論の内容や結果を報告書にまとめて報告する人のことです。私の場合、5月22日（月）から26日（金）の1週間、第32会期CCPCJ通常会合で話し合われたことを報告書にまとめるのが任務でした。通常はその報告書を金曜日の午後の会議で説明し、全会一致で採択されると正式な報告書になります。

● ラポラトゥール、走る
　この1週間の主なテーマは「司法へのアクセスを保障するための刑事司法制度の強化」や「京都コングレス[2]の成果文書である京都宣言の実施状況」で、これらのテーマについて参加国の意見をまとめることが任務でした。ラポラトゥールの私は、金曜日までに報告書案をまとめなければならないため、CCPCJ事務局の助けを借りながら案文を作りました。ラポラトゥールはあくまでこの会議の役員、つまり日本政府職員としての立場を離れた国連の役職ですが、同時に、私は、この会議に参加する日本政府代表団の一員でもありました。ですから私は、二足のわらじをはいて、国連の役職として報告書の案を作るかたわら、日本政府代表団の一員として決議案交渉への参加、東京から来る出張者の対応、日本主催のサイドイベントの開催準備と常に走り回っていました。他国の外交官仲間からは、「ニンジャみたいにどこにでもいるな。」と言われたほどです。例えば、事務局から電話がかかってきて、「ジュン、今どこ？報告書の書きぶりについて相談したい。」と言われればニンジャは急いで事務局と落ち合い、相談が一段落すると日本政府代表団の一員としての現場対応に戻るのですが、その後、また事務局から電話がかかってくるという具合で、この1週間はとにかくよく走りました。

　報告書を作成する際、ある国からの、名指しはしないまでも一定の国々を非難する響きを含む発言をどう報告書に書くかという悩ましい問題もありました。そのような発言をしたことは事実なので、書かないとそのある国が反発しますが、書けば書いたで非難された国々が黙っていないからです。私は、過去の報告書の記載ぶりを参考に、なるべく穏当な文言を入れました。

　報告書案について検討してもらうため、木曜日の午後には参加国に共有しました。するとその日の夜には、上に書いたある国からの発言で非難された国々の担当官から「ジュン、これどういうこと？」と問合せがありました。私はまた走り出し、個別にそれらの国々の担当官に会って説明をして理解を求めました。

　そのようにしてやっと迎えた金曜日ですが、今度はある決議案の交渉が難航し、その交渉がいつ終わるかが全く見通せなくなりました。その決議は報告書の一部を成すものなので、まとまるまでは報告書の採択ができません。ようやくこの決議案がまとまったとき、時刻は0時を回っていました。このようなドタバタの末、5月27日土曜日午前1時半、私はひな壇にたどりつくことができたのでした。

●そして、報告書採択へ

　「ラポラトゥールから説明のあった報告書案に意見はありますか。」議長が参加者に尋ねます。心地よい沈黙が続きます。なんと発言を求める国はなし！議長の木づちをたたく音が高らかに響き、土曜日午前2時頃、報告書「案」は正式な報告書として無事に採択されたのでした。会議後に事務局から聞きましたが、30年以上のCCPCJの歴史の中で、報告書が一言の修正もなく採択されたのは史上初とのことでした。議長も事務局も喜んでいましたし、参加した国々からも感謝されました。地道で決して目立つことのないニンジャのような仕事ぶりだったかもしれませんが、汗をかいている姿はみんなが見てくれていました。このラポラトゥールとしての仕事が、日本が国際社会で存在感を高める一助になったのであれば幸いです。

---

1 CCPCJ：Commission on Crime Prevention and Criminal Justice
2 国連犯罪防止刑事司法会議（通称「コングレス」）。5年に1度開催される、犯罪分野では最大規模の国連会議で、2021年3月に開催された第14回コングレスは日本がホスト国を務め、京都市の国立京都国際会館で開催した。

（UNAFEI）[29]を通じて、犯罪者処遇や犯罪防止、犯罪対策などに関する研修を日本で実施し、各国刑事司法担当者などの能力構築に貢献している。

　日本は、テロを含む国際的な組織犯罪を一層効果的に防止し、これと戦うための協力を促進する国際的な法的枠組みを創設する国際組織犯罪防止条約（UNTOC）の締約国として、同条約に基づく捜査共助や条約の履行状況を審査する取組による国際協力を推進している。

ウ 腐敗対策

　持続的な発展や法の支配を危うくする要因として指摘される腐敗への対処に対する国際的な

関心が高まる中で、日本は、贈収賄、公務員による財産の横領などの腐敗行為に対処するための措置や国際協力を規定した国連腐敗防止条約（UNCAC）の締約国として、同条約の効果的履行や腐敗の防止・撲滅のための国際協力の強化に向けた議論に積極的に参加している。9月には、UNCACレビューメカニズム（締約国間の相互審査）において、同条約上の犯罪化及び法執行（第3章）並びに国際協力（第4章）の規定に係る日本の実施状況に関する審査の結果についてのエグゼクティブ・サマリーが公表された。また、G20の枠組みで開催される腐敗対策作業部会の活動にも積極的に参加し、法執行関連の国際協力強化や腐敗防止に責任を有

---

29 日本政府と国連との協定に基づき、1962年に設立された国連地域研修所。東京都昭島市に所在。法務省が運営し、海外参加者を招へいして刑事司法分野の研修などを継続的に実施している。

する当局の清廉性の促進など、腐敗対策の諸分野に関するハイレベル原則の策定に貢献した。さらに2023年8月には、G20腐敗対策作業部会が設置されて以来2回目の開催となる閣僚会合に出席し、国際的な腐敗対策に係る枠組みを強化するための議論を経て、「G20閣僚会合成果文書及び議長総括」が採択された。そのほか、UNAFEIを通じて日本で汚職防止刑事司法支援研修を実施している。

経済協力開発機構（OECD）贈賄作業部会は国際商取引における外国公務員に対する贈賄の防止に関する条約（外国公務員贈賄防止条約）の各締約国による履行状況の検証を通じて、外国公務員に対する贈賄行為の防止に取り組んでおり、日本も積極的に参加している。

エ マネー・ローンダリング（資金洗浄）・テロ資金供与対策

マネー・ローンダリングやテロ資金供与対策については、国際的な枠組みである金融活動作業部会（FATF）が、各国が実施すべき国際基準を策定し、その履行状況について相互審査を行っている。また、近年、FATFは、大量破壊兵器の拡散につながる資金供与の防止対策にも取り組んでおり、北朝鮮による不正な金融活動の根絶を求めるFATF声明を発出している。

日本は、設立時からのメンバー国として、これらの議論に積極的に参加している。なお、2021年6月のFATF全体会合において第4次対日相互審査報告書が採択され、同年8月末に公表された。この報告書で指摘された改善事項について、日本は着実に対応策を実行・準備している。

加えて、日本は、テロ資金供与防止条約の締約国としてテロ資金対策を行っているほか、国連安保理タリバーン制裁委員会及び同ISIL及びアル・カーイダ制裁委員会の指定を受け、または、国連安保理決議第1373号[30]に基づく日本独自の対応として、テロリスト等に対する資産凍結などの措置を実施している。政府は、

2023年10月7日のハマスなどによるイスラエルへのテロ攻撃を受けて、国連安保理決議第1373号に基づき、10月31日にハマス関係の9個人及び1団体を資産凍結などの措置の対象に指定した後、12月26日にはハマス関係の3個人を追加指定している。2023年12月末時点では、合計410個人及び120団体に対し資産凍結などの措置を実施している。

オ 人身取引対策・密入国対策

日本は、手口が一層巧妙化・潜在化する人身取引犯罪に効果的に対処するため、「人身取引対策行動計画2022」に基づき、国内体制を強化し、また、開発途上国に対する支援にも積極的に取り組んでいる。例えば、2023年も、国際協力機構（JICA）を通じ、日本を含むアジア各国の関係者の人身取引対策（特に、予防、被害者保護・自立支援）に関する取組の相互理解及びより効果的な地域連携の促進を目的とする研修事業を引き続き実施した。さらに、2022年1月からJICAを通じたタイ政府に対する技術協力を実施しており、2023年8月にはメコン地域の人身取引対策関係者のネットワーク強化を目的とした人身取引対策のためのワークショップを開催した。また、同年3月からJICAを通じたカンボジア政府に対する技術協力を実施しており、関連機関による人身取引被害当事者への支援能力の向上を目指している。国際機関との連携としては、国際移住機関（IOM）への拠出を通じて2023年も継続して、日本で保護された外国人人身取引被害者の母国への安全な帰国支援及び帰国後に再被害に遭うことを防ぐための社会復帰支援事業を行った。また、UNODCが実施する東南アジア向けのプロジェクトへの拠出を通じ、法執行当局に対する研修を始めとする対応能力強化支援を実施した。

日本は、人身取引議定書及び密入国議定書の締約国として、人身取引や移民の密入国対策のため、諸外国との連携を一層深化させている（215ページ　コラム参照）。

---

30 2001年3月の米国同時多発テロ発生を受け、同年9月に国連安保理で採択された。国連加盟国に対し、テロ行為を行う者やテロ行為に関与する者などに対する資産凍結等の包括的な措置を講じることを求めている。

> **コラム**
> COLUMN

タイ・ミャンマー国境の子どもたちを助けるために
—ユネスコによる教育・人道支援—

国連教育科学文化機関（UNESCO：ユネスコ）コンサルタント　甲斐利也

　ミャンマーは、同じアジアの国であり、国民の大半が仏教徒と言われていますが、あまりなじみがないという人も多いのではないでしょうか。一方、その隣のタイは、日本人も多く住んでいるほか、世界中から旅行客が訪れる東南アジアの国です。

　2021年2月1日のミャンマーの軍事クーデター以降、同国からタイに避難してきている人々や子どもたちが国境付近で急増しており、人道的・社会的な問題になっています。タイ北部のターク県では、2022年6月だけでも、約1万500人のミャンマー人が非正規に入国したと推定されています（国際移住機関（IOM）調べ）。そのうち、2,000人以上の新規入国者は、これまで何年も学校教育を受けられなかった学齢期の子どもたちです。学校に通えない子どもたちが増えることは、人身売買や児童労働、搾取の大きなリスクとなっています。特に少女たちは、学校外での性的搾取に遭うおそれが高くなっています。タイ教育省の移民教育調整センター（MECC）は、64の移民教育センター（MLC）と1万人以上のターク県の子どもたちの教育管理に関する調整に努めていますが、その財源は非常に限られています。

　国連教育科学文化機関（ユネスコ）は設立以来、教育、科学、文化、コミュニケーションの分野における国際的な知的協力及び途上国への支援事業を行ってきました。これらの分野において、危機への備え、救援、復旧、復興の人的・制度的側面にも取り組んでいます。特に、教育分野では、質の高い教育へのアクセスを支援することで、持続可能な復興と長期的な発展のための基盤構築を目的としています。

　タイ・ミャンマー国境の悪化する状況に鑑み、避難している子どもたちの学習へのアクセスや安全な空間を提供するために、ユネスコは、日本政府の支援の下、ターク県で緊急の教育及び人道支援のプロジェクトを開始しました。国連の人道・開発・平和の連携（HDPネクサス）の観点から、社会的結束の促進（教育を通じた平等、正義、寛容、尊重、多様性の促進）、社会的回復力の構築、対話の促進、地域のオーナーシップの強化を通じて、人道的行動、開発、平和の結び付きを強化しています。具体的には、約3,000人の移民の子どもたちへの学習の継続性の確保及び食糧支援と衛生管理の促進、オンライン学習プログラムにアクセスするためのICT機器とインターネットの提供、ミャンマー教育省の基本教育カリキュラムに沿った主要科目の質の高いビデオ授業の開発、移住児童や青少年がMLCからタイの学校に入学するためのタイ語の授業提供など各種支援、社会性と情動に関する学習機会の提供を含めた約100人の教師への支援などを実施しています。対象となるMLCには、その倍以上の生徒たちが在籍しており、オンライン学習プログラムには遠隔地からも

MLCでの給食（8月15日、タイ　写真提供：MECC TAK PASEO 2）

MLCでの学習の様子（12月、タイ　写真提供：MECC TAK PASEO 2）

アクセスできることから、MLCの改築と同学習プログラムにより、支援を必要とするより多くの子どもたちが恩恵を受けることになります。この事業により、移民や社会的弱者の子どもたちが、安全で適切かつ包括的な機会を得て、学習を継続し、心身ともに健康で学習損失を減らすことで、タイ・ミャンマー国境の平和を促進することが期待されます。また、この事業の終了後も、子どもたちへの支援が継続できるよう、ほかの国連機関や政府団体、基金、日本企業、NGOなどとのパートナーシップの構築を行っていく予定です。

カ 不正薬物対策

日本は、UNODCと協力し、違法薬物の原料の生産や新たな合成薬物の製造、密輸などの取締りに関係する調査、分析情報の整備や連携ネットワークの維持拡大に貢献している。また、国境を越える国際的な薬物取締りの実地的な能力強化、薬物原料植物の違法栽培に代わる作物の生産などの支援及び取締り関連情報の整備を進めるとともに、薬物対策分野における地域ごとの開発課題を考慮しながら、世界各地に拡散する不正薬物の対策に取り組んでいる。

④ 軍縮・不拡散・原子力の平和的利用

(1) 核軍縮

日本は、唯一の戦争被爆国として、「核兵器のない世界」の実現に向け国際社会の取組をリードしていく責務がある。

しかし、ロシアによるウクライナ侵略、北朝鮮の核・ミサイル開発、中国の透明性を欠く核戦力の増強などにより「核兵器のない世界」への道のりは一層厳しくなっている。また、核兵器禁止条約を取り巻く状況に見られるように、核軍縮の進め方をめぐっては、核兵器国と非核兵器国との間のみならず、核兵器の脅威にさらされている非核兵器国とそうでない非核兵器国との間においても立場の違いが見られる。このような状況の下、核軍縮を進めていくためには、様々な立場の国々の間を橋渡ししながら、現実的かつ実践的な取組を粘り強く進めていく必要がある。

日本は、「核兵器のない世界」の実現のため、被爆地広島出身の岸田総理大臣のリーダーシップの下、核軍縮に向けた着実な歩みを進めている。特に、被爆地広島で開催された5月のG7広島サミットでは、各国首脳が被爆の実相に触れる機会を持ち、その上でG7首脳間で胸襟を開いた議論が行われ、「核兵器のない世界」へのコミットメントが確認された。また、核軍縮に関するG7初の首脳独立文書である「核軍縮に関するG7首脳広島ビジョン」を発出し、核兵器国と非核兵器国双方が参加する核兵器不拡散条約（NPT）体制の維持・強化の重要性を強調し、「核兵器のない世界」に向けた国際社会の機運を今一度高めることができた。このように、被爆地を訪れ、被爆者の声を聞き、被爆の実相や平和を願う人々の思いに直接触れたG7首脳が「G7首脳広島ビジョン」を発出したことは歴史的な意義のあることである。日本としては、本ビジョンを強固なステップ台としつつ、2022年のNPT運用検討会議で岸田総理大臣が発表した「ヒロシマ・アクション・プラン」[31]の下での取組を一つ一つ実行していくことで、「核兵器のない世界」に向け、現実的かつ実践的な取組を進めていく考えである。

そのほか、「核兵器のない世界」に向けた国際賢人会議、核兵器廃絶決議の国連総会への提出、軍縮・不拡散イニシアティブ（NPDI）などの同志国・有志国との協力・連携の取組や個別の協議などを通じ、立場の異なる国々の橋渡しに努めてきている。また、包括的核実験禁止条約（CTBT）の発効促進や核兵器用核分裂性物質生産禁止条約（FMCT）の交渉開始に向けた働きかけ、軍縮・不拡散教育の推進、さらには効果的な核軍縮検証の実現に向けた議論・演習といった核兵器国も参加する現実的かつ実践的な取組なども積み重ねることを通じ、NPT体制の維持・強化を進めていく考えである。

なお、核兵器禁止条約は、「核兵器のない世界」への出口とも言える重要な条約である。しかし、現実を変えるためには、核兵器国の協力が必要だが、同条約には核兵器国は1か国も参加していない。そのため、同条約の署名・批准といった対応よりも、日本は、唯一の戦争被爆

---

31 岸田総理大臣が2022年8月のNPT運用検討会議で提唱したもの。「核兵器のない世界」という「理想」と「厳しい安全保障環境」という「現実」を結び付けるための現実的なロードマップの第一歩として、核リスク低減に取り組みつつ、(1) 核兵器不使用の継続の重要性の共有、(2) 透明性の向上、(3) 核兵器数の減少傾向の維持、(4) 核兵器の不拡散及び原子力の平和的利用、(5) 各国指導者などによる被爆地訪問の促進、の五つの行動を基礎とする。

国として、核兵器国を関与させるよう努力していかなければならず、そのためにも、まずは、「核兵器のない世界」の実現に向けて、唯一の同盟国である米国との信頼関係を基礎としつつ、現実的かつ実践的な取組を進めていく考えである。

ア 核兵器不拡散条約（NPT）[32]

日本は、国際的な核軍縮・不拡散体制の礎石であるNPT体制の維持・強化を重視している。NPTの目的の実現及び規定の遵守を確保するために5年に1度開催される運用検討会議では、1970年のNPT発効以来、その時々の国際情勢を反映した議論が行われてきた。

2026年第11回NPT運用検討会議第1回準備委員会は7月31日から8月11日に国連ウィーン本部において開催され、日本からは、武井俊輔外務副大臣が出席した。武井外務副大臣は一般討論で最初にステートメントを行い、「核兵器のない世界」への道のりが一層厳しくなる中だからこそ、NPT体制の維持・強化は国際社会全体の利益であり、引き続き「ヒロシマ・アクション・プラン」に基づき現実的かつ実践的な取組を進めていくと述べた。また、ALPS処理水[33]の海洋放出について、7月に公表された国際原子力機関（IAEA）による包括報告書の内容に言及しつつ、日本は科学的根拠に基づき、高い透明性をもって、国際社会に対して丁寧に説明してきており、こうした努力をこれからも続けていくと表明した。

各国が2026年の次回運用検討会議に向けNPT体制の維持・強化の重要性への共通認識を示し、対面で率直な意見交換を行った意義は大きい一方、最終的に一部の国の反対意見により、議長が議長サマリーの作業文書としての提出を控えざるを得なかったことは残念であり、こうした国際社会の分断の状況は、今後乗り越えなければならない課題である。一方、今回の会議を通じて、国際的な核軍縮・不拡散体制の礎石であるNPTを中心とした国際的な核不拡散体制の維持・強化が国際社会全体の利益であることへの強い認識が広く共有されていることが改めて確認された。

イ 「核兵器のない世界」に向けた国際賢人会議

岸田総理大臣は2022年1月の施政方針演説で、核兵器国と非核兵器国、さらには、核兵器禁止条約の参加国と非参加国からの参加者が、それぞれの国の立場を超えて知恵を出し合い、また、各国の現職・元職の政治リーダーの関与も得て、「核兵器のない世界」の実現に向けた具体的な道筋について、自由闊達な議論を行う場として国際賢人会議の立ち上げを表明した。

2022年12月に広島で開催された第1回会合に続き、第2回会合は、4月4日及び5日に東京において開催され、白石隆座長（熊本県立大学理事長）を含む日本人委員3名のほか、核兵器国、非核兵器国などからの外国人委員6名の合計9名の委員が対面参加し、5名の外国人委員がオンラインで参加した。会議では2026年第11回NPT運用検討会議第1回準備委員会へのインプットを念頭に、同会合での議論を具体的なメッセージの形で取りまとめることで一致した。発出されたメッセージは、国際社会が重大かつ前例のない核の課題に直面しているとした上で、現在の危機を特にNPTの維持・強化によって核不拡散体制を強化する機会に変えなければならないとの認識の下、2026年第11回NPT運用検討会議第1回準備委員会から始まる次期NPT運用検討サイクルで優先されるべき措置として、（1）核兵器の使用・威嚇の禁止を含む「規範の強化・拡大」、（2）新たな軍備管理体制の確立に向けた対話を含む「具体的な施策の実施」、（3）「NPT運用検討プロセスの活性化・強化」に取り組むことなどを要請している。

「核兵器のない世界」に向けた国際賢人会議第3回会合
（12月8日から9日、長崎県長崎市　写真提供：内閣広報室）

第3回会合は、12月8日及び9日に長崎において開催され、白石座長を含む日本人委員3名のほか、核兵器国、非核兵器国などからの外国人委員10名の合計13名の委員が対面で、1名の外国人委員がオンラインでそれぞれ参加し、また、政治リーダーとしてブラウン英国上院議員（元国防相）が、開催地の有識者として朝長万左男日赤長崎原爆病院名誉院長が対面参加した。

岸田総理大臣は閉会セッションに出席し、自由闊達な議論を通じて「長崎を最後の被爆地に」という共通の決意を新たにすることに国際賢人会議の意義があり、「核兵器のない世界」に向けて、引き続き国際賢人会議の叡智を得つつ強いリーダーシップを発揮していくと述べた。

今次会合では、参加者は国際的な安全保障環境の変化や人工知能（AI）を含む新興技術などの今日的視点から、核軍縮を進める上での課題について深く検討を行うとともに、2026年のNPT運用検討会議に向けた国際賢人会議としての最終成果物の検討を開始し、「長崎を最後の被爆地に」という決意の下、核軍縮を取り巻く国際的な安全保障環境の更なる不安定化を避けるためにも、外交努力の一層の強化や政治的なリーダーシップが不可欠であるとの点で一致した。

ウ 核兵器のない世界に向けたジャパン・チェア

9月19日、岸田総理大臣は国連総会の一般討論演説において、核軍縮「主流化」の流れを確実に進めていくためには、政府だけではない、重層的な取組が重要との認識の下、新たに30億円を拠出して、海外の研究機関・シンクタンクに「核兵器のない世界に向けたジャパン・チェア」を設置することを表明した。

同ジャパン・チェアは、海外の主要な研究機関・シンクタンクにおいて、核軍縮を専門とするポスト（核兵器のない世界に向けたジャパン・チェア）の設置を支援することで、日本が掲げる「現実的かつ実践的な核軍縮」についての議論を喚起し、また、国際社会の分断克服に貢献することを目的としたものであり、2024年の活動開始を予定している。

エ 軍縮・不拡散イニシアティブ（NPDI）[34]

2010年に日本とオーストラリアが主導して立ち上げた地域横断的な非核兵器国のグループであるNPDI（12か国で構成）は、現実的かつ実践的な提案を通じ、核兵器国と非核兵器国の橋渡しの役割を果たし、核軍縮・不拡散分野での国際社会の取組を主導している。2022年8月にニューヨークで開催された第11回NPDIハイレベル会合には、岸田総理大臣が日本の総理大臣として初めて出席し、会合後にNPDIとしてNPTの実施を強化するために必要な、継続的かつハイレベルの政治的リーダーシップ及び外交上の対話の促進にコミットし続けるとの決意を表明するとの共同声明が発出された。

また、NPDIとして、第9回NPT運用検討会議に計19本、第10回NPT運用検討会議プロセスに計18本の作業文書を提出するなど、現実的かつ実践的な提案を通じてNPT運用検討プロセスに積極的に貢献してきている。2023年7月から8月に開催された2026年第11回NPT運用検討会議第1回準備委員会でも、NPDIとして共同ステートメントを実施したほか、透明性（報告）と説明責任（アカウンタビリティ）及び運用検討プロセス強化に係る作業文書を共同で提出した。また、同委員会の直前に開催されたNPT運用検討プロセス強化に関

---

34 NPDI：Non-Proliferation and Disarmament Initiative

する作業部会では、日本がNPDIなどを通じて長年主張してきた透明性向上や国別報告書による説明責任（アカウンタビリティ）の必要性について具体的な議論が行われた。

オ 国連を通じた取組（核兵器廃絶決議）

日本は、1994年以降、その時々の核軍縮に関する課題を織り込みながら、日本が掲げる現実的かつ具体的な核軍縮のアプローチを国際社会に提示するため核兵器廃絶に向けた決議案を国連総会に提出してきている。2023年の決議案においては、「核兵器のない世界」を実現する上での現実的かつ実践的な取組の方向性を示す必要があるとの認識の下、G7広島サミット及び2026年第11回NPT運用検討会議第1回準備委員会での議論を踏まえ、2022年8月の第10回NPT運用検討会議で岸田総理大臣が提唱した「ヒロシマ・アクション・プラン」の更なる具体化と浸透を図るため、特に核兵器用核分裂性物質生産禁止条約（FMCT）及び透明性の向上に関する具体的な措置の実施を国際社会に呼びかけることに焦点を当てた。同決議案は、10月の国連総会第一委員会で145か国、12月の国連総会本会議では148か国の幅広い支持を得て採択された。賛成国には、核兵器国である米国及び英国のほか、NATO加盟諸国、オーストラリア、韓国などの米国の同盟国や、核兵器禁止条約推進国を含む様々な立場の国々が含まれている。国連総会には、日本の核兵器廃絶決議案のほかにも核軍縮を包括的に扱う決議案が提出されているが、日本の決議案はそれらの決議案と比較して最も賛成国数が多く、例年国際社会の立場の異なる国々から幅広く支持され続けてきている。

カ 包括的核実験禁止条約（CTBT）[35]

日本は、核兵器国と非核兵器国の双方が参加する現実的な核軍縮措置としてCTBTの発効

第13回包括的核実験禁止条約（CTBT）発効促進会議でスピーチする上川外務大臣（9月22日、米国・ニューヨーク）

促進を重視し、発効要件国を含む未署名国や未批准国に対しCTBTへの署名・批准を働きかける外交努力を継続している。

第13回包括的核実験禁止条約（CTBT）発効促進会議は9月の国連総会ハイレベルウィーク中に開催され、日本からは上川外務大臣が出席した。上川外務大臣はステートメントを行い、日本が現実的かつ実践的な核軍縮措置としてCTBTの早期発効を重視していると述べ、CTBTの重要性がかつてないほど高まっているとしつつ、CTBTの前進に向けた国際社会の協力を呼びかけた。

発効要件国の動向について、2000年にCTBTを批准したロシアは2023年11月、プーチン大統領が同条約の批准を撤回する法案に署名し、同法案が発効した。CTBTの発効要件国であり、かつ署名・批准国の中で最大の核兵器国であるロシアがCTBTの批准撤回を決定したことは、国際社会の長年の努力に逆行するものであり、日本は、ロシアによる同決定を非難する外務大臣談話などを発出した。

キ 核兵器用核分裂性物質生産禁止条約[36]（FMCT：カットオフ条約）[37]

FMCTの構想は、核兵器用の核分裂性物質（高濃縮ウラン、プルトニウムなど）の生産そ

35　CTBT：Comprehensive Nuclear Test-Ban-Treaty
36　核兵器その他の核爆発装置製造のための原料となる核分裂性物質（高濃縮ウラン及びプルトニウムなど）の生産を禁止することにより、核兵器の数量増加を止めることを目的とする条約構想
37　FMCT：Treaty Banning the Production of Fissile Material for Nuclear Weapons or other Nuclear Explosive Devices / Fissile Material Cut-off Treaty

FMCTハイレベル記念行事でスピーチする岸田総理大臣（9月19日、米国・ニューヨーク　写真提供：内閣広報室）

のものを禁止することにより、新たな核兵器国の出現を防ぎ、また、核兵器国による核兵器の生産を制限するものであることから、軍縮・不拡散双方の観点から大きな意義を有する。しかしながら、ジュネーブ軍縮会議（CD）では長年にわたる議論にもかかわらず交渉開始の合意に至っていない。こうした状況を受け、2016年に、第71回国連総会でFMCTハイレベル専門家準備グループの設置が決定され、日本は同グループでの議論に積極的に参画している。

また、9月の国連総会ハイレベルウィークの期間において、岸田総理大臣は、2023年がFMCTを求める国連総会決議採択から30年目に当たることを踏まえ、FMCTへの政治的関心を高めることを目的としてFMCTハイレベル記念行事をフィリピン及びオーストラリアと開催した。岸田総理大臣は基調演説を行い、冷戦の最盛期以来、初めて核兵器数の減少傾向が逆転しかねない瀬戸際にあると指摘し、そういった状況にあるからこそ、FMCTの早期の交渉開始が必要であると述べた。本行事を通じて、各国からの出席者による活発な意見交換が行われ、FMCTに対する政治的な関心を再び集める契機となった。

ク　軍縮・不拡散教育

日本は、唯一の戦争被爆国として、軍縮・不拡散に関する教育を重視している。具体的には、被爆証言の多言語化、国連軍縮フェローシップ・プログラム[38]を通じた各国若手外交官などの広島及び長崎への招へい、海外での原爆展の開催支援[39]、被爆体験証言を実施する被爆者に対する「非核特使」の名称付与などを通じ、被爆の実相を国内外に伝達するため積極的に取り組んでいる。

岸田総理大臣は、2022年8月のNPT運用検討会議の一般討論演説において、国連に1,000万ドルを拠出して「ユース非核リーダー基金」を設けることを表明した。これは核兵器国、非核兵器国の双方を含む各国から若手政策決定者や研究者などの未来のリーダーを日本に招き、被爆の実相に触れてもらい、日本を含め、核廃絶に向けた若い世代のグローバルなネットワークを作ることを目的としている。2023年12月に同基金下の研修が開始された。

また、被爆者の高齢化が進む中で、広島及び長崎の被爆の実相を世代や国境を越えて語り継いでいくことが重要となっている。こうした観点から、2013年から2023年までに国内外の600人以上の若者に「ユース非核特使」の名称を付与してきている。

38　1983年以来、軍縮専門家を育成するために国連が実施している。同プログラムの参加者を広島・長崎に招待しており、資料館の視察や被爆者による被爆体験講話などを通じ、被爆の実相への理解促進に取り組んでいる。
39　広島市や長崎市との協力の下、ニューヨーク（米国）、ジュネーブ（スイス）及びウィーン（オーストリア）で常設原爆展が開設されている。

ケ　将来の軍備管理に向けた取組

核軍縮分野においては、これまで、NPTなどの多国間の枠組みを通じた取組に加えて、米露二国間での軍備管理条約が締結されてきた。2021年2月3日には、米露両国間で新戦略兵器削減条約（新START）が延長された。同条約は米露両国の核軍縮における重要な進展を示すものであり、日本は同条約の延長を歓迎した。しかし、2022年8月にはロシアは、全てのロシア関連施設を一時的に査察対象から除外するとの声明を発出し、また、同年11月に予定されていた二国間協議委員会（BCC）の延期を米国に通告した。2023年1月には米国務省はロシアが新STARTを遵守しているとは認定できないとの議会報告書を米国議会上院に提出した。2月、プーチン大統領は、年次教書演説において、新STARTの履行停止を発表した。こうした動きを受け、例えば「G7首脳広島ビジョン」においても、新STARTを損なわせるロシアの決定に対する深い遺憾の意を表明し、ロシアに対して、同条約の完全な履行に戻ることを可能とするよう求めている。

核兵器をめぐる昨今の情勢を踏まえれば、米露を超えたより広範な国家、より広範な兵器システムを含む新たな軍備管理枠組みを構築していくことが重要である。その観点から、日本は様々なレベルでこの問題について関係各国に働きかけを行ってきている。

例えば、7月に開催されたASEAN地域フォーラム（ARF）閣僚会合で、林外務大臣は、核戦力の透明性の向上に向け、中国が核兵器国として、また、国際社会の重要なプレーヤーとしての積極的な役割を果たすことを期待しており、また、より広範な国家、より広範な兵器システムを含む幅広い軍備管理枠組みに向けた対話が行われることを強く期待していると述べた。

また、上記の核兵器廃絶決議においても、核

軍備競争予防の効果的な措置に関する軍備管理対話を開始する核兵器国の特別な責任につき再確認することが言及されている。

（2）不拡散及び核セキュリティ

ア　不拡散に関する日本の取組

日本は、自国の安全を確保し、かつ国際社会の平和と安全を維持するため、不拡散政策にも力を入れている。不拡散政策の目標は、日本及び国際社会にとって脅威となり得る兵器（核兵器、生物・化学兵器といった大量破壊兵器及びそれらを運ぶミサイル並びに通常兵器）やその開発に用いられる関連物資・技術の拡散を防ぐことにある。

国際秩序が動揺する中、北朝鮮、イラン、シリアなどにおける不拡散懸念は高まっている。また、経済成長に伴う兵器やその開発に転用可能な物資などの生産・供給能力の増大、グローバル化の進展に伴う流通形態の複雑化及び懸念物資などの調達手法の巧妙化、新技術の登場を背景とした民間技術の軍事転用のリスクの高まりなども、不拡散リスクを増大させている。

このような状況において、日本は、国際的な不拡散体制・ルール、国内における不拡散措置、各国との緊密な連携・能力構築支援などを通して不拡散政策に取り組んでいる。

拡散を防ぐための手段には、保障措置、輸出管理、拡散対抗の取組などがある。

保障措置とは、原子力が平和的利用から核兵器その他の核爆発装置に転用されないことを担保することを目的に、国際原子力機関（IAEA）[40]と国家との間で締結される保障措置協定に従って行われる検証活動である。これはNPT3本柱の一つである核不拡散の中核的手段であり、その強化は核軍縮・原子力の平和的利用の推進にとっても不可欠である。日本はIAEAの指定理事国[41]として、IAEA関連活動の支援、保障

40　IAEA：International Atomic Energy Agency
41　IAEA理事会で指定される13か国。日本を含む高度な原子力技術を有する国が指定されている。

3

世界と共創し、国益を守る外交

措置に対する理解や実施能力の増進支援、追加議定書（AP）[42]の普遍化促進などを進めている。また、アジア太平洋保障措置ネットワーク（APSN）会合への貢献やアジア諸国に対する日本での研修事業実施などを通じて各国における保障措置の能力開発にも貢献している。

輸出管理は、拡散懸念国やテロ組織など、兵器やその関連物資・技術を入手し、拡散しようとする者に対し、いわば供給サイドから規制を行う取組である。国際社会には四つの輸出管理の枠組み（国際輸出管理レジーム）があり、日本は、全てのレジームに発足当時から参加し、国際的な連携を図りつつ、厳格な輸出管理を実施している。具体的には、核兵器に関して原子力供給国グループ（NSG）、生物・化学兵器に関してオーストラリア・グループ（AG）、ミサイル[43]に関してミサイル技術管理レジーム（MTCR）、通常兵器に関してワッセナー・アレンジメント（WA）があり、各レジームにおいて、管理すべき兵器の開発に資する汎用品・

■日本と国際原子力機関（IAEA）

国際原子力機関（IAEA）は、原子力の平和的利用を促進し、同時に原子力が軍事的目的で利用されないことを確保することを目的に、1957年に設立された国連の関連機関である。1970年に発効した核不拡散条約（NPT）第3条においても、平和的利用のための原子力技術が軍事転用されることを防止するため、非核兵器国がIAEAの保障措置を受諾する義務が規定されている。

外務省賓客として訪日したグロッシーIAEA事務局長と会談する林外務大臣（7月4日、東京）

「核の番人」とも呼ばれるIAEAの活動内容は、核不拡散を担保する保障措置の実施や核テロ対策から、原子力発電に係る技術支援や保健・医療、食料・農業、水資源管理、環境、産業応用などの非発電分野における原子力技術の応用研究・支援まで多岐にわたり、北朝鮮やイランなどへの核不拡散においても重要な役割を果たしている。

日本は、原加盟国としてIAEAに加盟して以降、指定理事国として総会及び理事会での議論に貢献しているほか、伝統的に核不拡散分野や原子力の平和的利用においてIAEAとの協力を深め、人材面、財政面でその活動を積極的に後押ししてきた。最近では、東京電力福島第一原子力発電所のALPS処理水の海洋放出や、ウクライナの原子力安全分野における協力に加え、医療・食料・環境などの分野での原子力利用に対する世界的な関心と需要の高まりを背景にIAEAが推進する様々なイニシアティブでも協力を進めている。開発途上国におけるSDGsの達成に向けてIAEAが提唱したRays of Hope（放射線がん治療・診断に関するイニシアティブ）やAtoms4Food（食料問題に関するイニシアティブ）はその一例であり、日本からも資金拠出をしている。

グロッシー事務局長による3回の外務省賓客としての訪日の機会なども通じて、こうした分野での連携強化を図っている。

---

42 NPT締約国である非核兵器国は、NPT第3条1項に基づきIAEAとの間で当該国の平和的な原子力活動に係る全ての核物質を対象とした「包括的保障措置協定（CSA）」などを締結することを義務付けられているが、これに追加して、各国がIAEAとの間で締結する議定書。追加議定書（AP）の締結により、IAEAに申告すべき原子力活動情報の範囲が拡大され、未申告の原子力核物質・原子力活動がないことを確認するためのより強化された権限がIAEAに与えられる。2023年12月時点で、142か国が締結している。

43 弾道ミサイルに関しては、輸出管理体制のほかにも、その開発・配備の自制などを原則とする「弾道ミサイルの拡散に立ち向かうためのハーグ行動規範」（HCOC）があり、2023年12月時点で、144か国が参加している。

技術をそれぞれリスト化している。参加国は、それらリストの掲載品目・技術について国内法に基づき輸出管理を行うことで、懸念物資・技術の不拡散を担保している。国際輸出管理レジームではこのほか、拡散懸念国などの動向に関する情報交換や非参加国に対する輸出管理強化の働きかけなども行われている。日本は、NSGの事務局の役割を在ウィーン国際機関日本政府代表部が担っているほか、このような国際的なルール作り、ルールの運用に積極的に関与している。

また、日本は、こうした保障措置や国際輸出管理レジームを補完し、大量破壊兵器の拡散や脅威に総合的に対処するために、拡散対抗の取組を推進している。具体的には、拡散に対する安全保障構想（PSI）[44]の活動に積極的に参加しており、PSI阻止訓練を4回主催するなど、各国及び関係機関の間の連携強化などに努めている。2023年6月には韓国主催訓練に参加した。加えて、非国家主体への大量破壊兵器及びその運搬手段（ミサイル）の拡散防止を目的として2004年に採択された国連安保理決議第1540号[45]に関し、日本はアジア諸国による同決議の履行支援のための資金を拠出するなど、国際的な不拡散体制の維持・強化に貢献している。2023年には、G7議長国として、大量破壊兵器及び物質の拡散に対するグローバル・パートナーシップ作業部会[46]を東京及び長崎において開催した。

さらに、日本は、アジア諸国を中心に不拡散

体制への理解促進と地域的取組の強化を図るため、毎年、アジア不拡散協議（ASTOP）[47]やアジア輸出管理セミナー[48]を開催している。

✈ 地域の不拡散問題

2023年、北朝鮮は、18回、少なくとも25発の弾道ミサイルの発射などを行った。このような一連の北朝鮮の行動は、関連する安保理決議の明白な違反であり、日本の安全保障にとって重大かつ差し迫った脅威であるとともに、国際社会に対する明白かつ深刻な挑戦であり、断じて容認できない。8月のIAEA事務局長報告は、北朝鮮の核活動は引き続き深刻な懸念を生じさせるものであり、北朝鮮の核計画の継続は国連安保理決議の明確な違反であると指摘した。さらに、9月のIAEA総会では、北朝鮮に対して、全ての核兵器及び既存の核計画の完全な、検証可能な、かつ、不可逆的な方法での放棄並びに全ての関連活動の速やかな停止に向けた具体的な行動を強く求める決議がコンセンサスで採択され、北朝鮮の非核化に向けたIAEA加盟国の結束した立場を示した。日本も、8月の2026年第11回NPT運用検討会議第1回準備委員会や9月のIAEA総会及び11月のIAEA理事会などにおいて北朝鮮の核問題への対処の重要性を国際社会に積極的に発信した。

北朝鮮による全ての大量破壊兵器及びあらゆる射程の弾道ミサイルの完全な、検証可能な、かつ、不可逆的な廃棄に向け、国際社会が一致団結して、国連安保理決議を完全に履行するこ

---

44 大量破壊兵器などの拡散阻止のため、各国が国際法・各国国内法の範囲内で共同して取り得る措置を実施・検討するための取組で、2003年に発足。2023年12月時点で、106か国がPSIの活動に参加・協力している。2013年、日本、オーストラリア、ニュージーランド、韓国、シンガポール及び米国の6か国は、アジア太平洋ローテーション訓練として1年ごとに訓練を主催することで合意した。日本は、外務省、警察庁、財務省、海上保安庁、防衛省・自衛隊などが連携し、これまで2004年、2007年及び2018年にPSI海上阻止訓練、2012年にPSI航空阻止訓練、2010年にオペレーション専門家会合（OEG）をそれぞれ主催したほか、他国が主催する訓練及び関連会合にも積極的に参加している。

45 2004年4月採択。全ての国に対し（1）大量破壊兵器開発などを試みるテロリストなどへの支援の自制、（2）テロリストなどによる大量破壊兵器開発などを禁ずる法律の制定及び（3）大量破壊兵器拡散を防止する国内管理（防護措置、国境管理、輸出管理など）の実施を義務付けるとともに、国連安保理の下に国連安保理理事国から構成される「1540委員会」（国連安保理決議第1540号の履行状況の検討と国連安保理への報告が任務）を設置

46 2002年のG8カナナスキス・サミット（カナダ）において設立が合意された。当初は軍縮・不拡散分野での喫緊の課題であったソ連崩壊後のロシアなどを対象に、退役原潜の解体や化学兵器の廃棄などの不拡散関連プロジェクトを実施していた。現在では毎年、G7議長国主催で作業部会を年2回程度実施し、核・放射線源セキュリティ、生物・化学セキュリティなどに分野において、ウクライナやグローバル・サウスなどを対象とした具体的な拡散脅威の削減に係る協力を推進している。さらに、プロジェクト拠出国と受益機関とのマッチメイキングを実施している。

47 日本が主催し、ASEAN10か国、中国、インド、韓国、そしてアジア地域の安全保障に共通の利益を持つ米国、オーストラリア、ニュージーランド、カナダ、フランス、オランダ及びEUの局長級が一堂に会し、アジアにおける不拡散体制の強化に関する諸問題について議論を行う多国間協議で、2003年に発足。直近では、2023年12月に第18回協議を開催し、アジアにおける拡散課題や輸出管理の強化について議論した。

48 日本が主催し、アジア諸国・地域の輸出管理当局関係者などが参加して、アジア地域における輸出管理強化に向けて意見・情報交換をするセミナー。1993年から毎年東京で開催している。

とが重要である。日本としては、引き続き、米国、韓国を始めとする関係諸国や国連やIAEAなどの国際機関と緊密に連携していく。また、国連安保理決議の完全な履行の観点から、アジア地域を中心とした輸出管理能力の構築も進めていく。NSGやMTCRなどの国際輸出管理レジームにおいても、北朝鮮の核・ミサイルに関する議論に日本は積極的に貢献していく。

イランは、2018年にトランプ前米政権が包括的共同作業計画（JCPOA）[49]から離脱し、イランへの独自制裁を復活させて以降、JCPOA上のコミットメントを低減する措置を継続している。2021年2月に追加議定書（AP）を含むJCPOA上の透明性措置の履行停止、同年4月には60%の濃縮ウランの製造を開始した。

日本としては、国際的な不拡散体制の強化に資するJCPOAを一貫して支持している観点から、米国及びイラン双方によるJCPOAへの復帰に向けた関係国の取組を支持してきている。また、イランがJCPOA上のコミットメントを継続的に低減させていることを強く懸念し、イランに対し、累次にわたり、JCPOAを損なう措置を控え、JCPOA上のコミットメントに完全に戻るよう求めている。

こうしたJCPOAの履行や一連の保障措置問題（イラン国内でIAEAに未申告の核物質が検出された問題）を協議するため、グロッシーIAEA事務局長は、2023年3月にイランを再訪問し、両者の間で、保障措置問題などにおける今後の協力に向けた共同声明を発出した。9月の理事会において、イランに対しIAEA事務局長の要請に直ちに応じるよう求める有志国による共同ステートメントが発出された。その後、11月に発出されたIAEA事務局長報告では、共同声明に基づく協力は「凍結」状態にあ

ると報告された。日本としては、引き続きイランに対して、IAEAと完全かつ無条件に協力するよう強く求めていく。日本は、NSGやMTCRなどの国際輸出管理レジームにおけるイランの核・ミサイルに関する議論にも貢献していく。

シリアは、2011年のIAEA理事会で未申告の原子炉建設などがIAEA保障措置協定下の違反を構成すると認定されており、日本としてはこの未解決の問題を解決するために、シリアがIAEAに対して完全に協力することを求めている。同国が追加議定書を署名・批准し、実施することが重要である。

ウ　核セキュリティ

核物質やその他の放射性物質を使用したテロ活動を防止するための「核セキュリティ」については、国際的な協力が進展している。2007年に核によるテロリズムの行為の防止に関する国際条約、2015年に核物質の防護に関する条約の改正がそれぞれ発効し、また、2010年から2016年の間に核セキュリティ・サミットが4回開催された。2020年にIAEAが開催した「核セキュリティに関する国際会議」では、日本から政府代表として、若宮健嗣外務副大臣が閣僚会合に出席し演説を行うなど日本も取組に積極的に参加し、貢献してきている。

2022年3月、ウィーンにおいて、核物質の防護に関する条約の改正後初となる、運用検討締約国会議が開催され、条約の妥当性や実施状況が確認された。日本からは、今後も人材育成及び技術開発分野でIAEAをサポートし、国際的な核セキュリティ強化に貢献していくことを表明した。

2022年3月2日及び3日、ウィーンにおいて、ロシアによるウクライナ侵略を受けた原子

---

49 イランの原子力活動に制約をかけつつ、それが平和的であることを確保し、また、これまでに課された制裁を解除していく手順を詳細に明記したもの
〈イラン側の主な措置〉
●濃縮ウラン活動に係る制約
・稼動遠心分離機を5,060機に限定
・ウラン濃縮の上限は3.67%、貯蔵濃縮ウランは300kgに限定など
●アラク重水炉、再処理に係る制約
・アラク重水炉は兵器級プルトニウムを製造しないよう再設計・改修し、使用済燃料は国外へ搬出
・研究目的を含め再処理は行わず、再処理施設も建設しない。

力安全、核セキュリティ及び保障措置上の影響に関するIAEA特別理事会が開催された。同理事会においては、各国から、チョルノービリ原子力発電所を始めとするウクライナ内の原子力関連施設におけるロシアの攻撃などの行為について、原子力安全、核セキュリティ及び保障措置の観点から非難や懸念などが表明された。同理事会で賛成多数で採択された決議は、ウクライナにおけるロシアの行為が原子力施設及び民間人の安全に対して深刻で直接的な脅威をもたらしていることに遺憾の意を表明し、ウクライナが原子力施設の安全な操業を確保できるようロシアに対してこれらの全ての行為を即座に停止するよう求めた。さらに同年9月及び11月のIAEA理事会においても、決議は賛成多数で採択された。これらの決議には、ロシアがウクライナの原子力施設に対するあらゆる行為を即座に停止するべきという理事会の求めに応じていないことへの重大な懸念を表明すること、ウクライナ当局がザポリッジャ原子力発電所の安全かつ確実な操業を確保するために同発電所の完全な管理を回復することができるよう、また、IAEAが保障措置活動を完全かつ安全に行うことができるよう、ロシアに対し求めること、さらに、ザポリッジャ支援ミッションや同原発におけるIAEA職員の継続的な駐在などを通じた、ウクライナにおける原子力安全、核セキュリティ及び保障措置への影響に対処するためのIAEA事務局長などの取組を支持することなどが盛り込まれている。2023年9月には、IAEA総会においても決議が賛成多数で採択され、ザポリッジャ原発が直面する状況への懸念やIAEAによる関連の取組への支持が改めて表明された。日本としても、原子力施設の占拠を含むロシアによる侵略を強く非難し、ウクライナにおける原子力施設の安全などの確保に向けたIAEAの取組を引き続き後押ししていく。

（3）原子力の平和的利用

ア　多国間での取組

　原子力の平和的利用は、核軍縮・不拡散と並んでNPTの3本柱の一つであり、同条約で、不拡散を進める締約国が平和的目的のために原子力の研究、生産及び利用を発展させることは「奪い得ない権利」とされている。国際的なエネルギー需要の拡大などを背景に、原子力発電[50]を活用する又は活用を計画する国は多い。

　一方、これら原子力発電に利用される核物質、機材及び技術が軍事転用される可能性もあり、また一国の事故が周辺諸国にも影響を与え得る。したがって、原子力の平和的利用に当たっては、（1）保障措置、（2）原子力安全（原子力事故の防止に向けた安全性の確保など）及び（3）核セキュリティの「3S」[51]の確保が重要である。また、東京電力福島第一原子力発電所（以下「東電福島第一原発」という。）事故の当事国として、事故の経験と教訓を世界と共有し、国際的な原子力安全の向上に貢献していくことは、日本の責務である。2013年には福島県において「IAEA緊急時対応能力研修センター」が指定され、同センターにおいては、IAEAと日本の協力の下、国内外の関係者を対象として、緊急事態の準備及び対応の分野での能力強化のための研修が実施されている。

　原子力は、発電のみならず、保健・医療、食糧・農業、環境、産業応用などの非発電分野でも活用されている。これら非発電分野での原子力の平和的利用の促進と開発課題への貢献は、開発途上国がNPT締約国の大半を占める中で重要性が増してきており、IAEAも、開発途上国への技術協力や持続可能な開発目標（SDGs）の達成への貢献に取り組んでいる。

　そのような中、日本は、「原子力科学技術に関する研究、開発及び訓練のための地域協力協定（RCA）」に基づく協力を始めとする技術協力活動や、「平和的利用イニシアティブ（PUI）」

---

50 IAEAによると、原子炉は世界中で412基が稼働中であり、59基が建設中（IAEAホームページ。2024年1月時点）
51 核不拡散の代表的な措置であるIAEAの保障措置（Safeguards）、原子力安全（Safety）及び核セキュリティ（Security）の頭文字を取って「3S」と称されている。

への拠出などを通じてIAEAの活動を技術面、財政面で積極的に支援している。PUIへの拠出を通じた支援事業の例としては、海洋プラスチックごみ問題に対処する事業や放射線がん治療の事業、食糧問題に対処する事業などが挙げられる。

✈ 二国間原子力協定

二国間原子力協定は、相手国との間で原子力の平和的利用分野における協力を実現するため、相手国との間で移転される原子力関連資機材などの平和的利用及び核不拡散の法的な確保に必要となる枠組みを定めるために締結するものである。また、二国間協定の下で、原子力安全の強化などに関する協力を促進することも可能である。原子力協定の枠組みを設けるかどうかは、核不拡散の観点、相手国の原子力政策、相手国の日本への信頼と期待、二国間関係などを総合的に勘案し、個別具体的に検討してきている。2023年12月時点で、日本は、発効順で、カナダ、フランス、オーストラリア、中国、米国、英国、欧州原子力共同体（EURATOM）、カザフスタン、韓国、ベトナム、ヨルダン、ロシア、トルコ、UAE及びインドの14か国・1機関との間で二国間原子力協定を締結している。

ⓥ 東電福島第一原発の廃炉及びALPS処理水の取扱い

東電福島第一原発の廃炉・汚染水対策、除染・環境回復は、困難な作業ではあるものの、世界の技術や英知を結集し、原子力分野の専門機関であるIAEAとも緊密に連携しつつ、着実に進められている。2021年4月、日本政府はALPS処理水の処分に関する基本方針を公表し、同年7月には、日本政府とIAEAとの間で、「東京電力福島第一原子力発電所におけるALPS処理水の取扱いの安全面のレビューに関する日本政府に対するIAEAの支援についての付託事項（TOR）」が署名された。IAEA職員及びIAEAが選定した国際専門家で構成されるIAEAタスクフォースは、このTORに基づき、日本政府

及び東京電力に対し、第三者の立場から安全性と規制面に係るレビューを実施してきた。2023年1月には規制面に係るレビュー、5月から6月にかけては海洋放出に関する包括的なレビューが実施された。

7月4日、グロッシーIAEA事務局長が訪日し、TORに基づくこれらのレビューを総括するIAEA包括報告書が岸田総理大臣に手交された。IAEA包括報告書では、（1）ALPS処理水の海洋放出に対する取組及び関連の活動は、関連する国際安全基準に合致していること、（2）ALPS処理水の海洋放出による人及び環境に対する放射線影響は無視できるほどであることが結論として示されたとともに、（3）IAEAが放出中及び放出後も継続して追加的なレビュー及びモニタリングを行う予定であることが示された。

8月22日の廃炉・汚染水・処理水対策関係閣僚等会議、ALPS処理水の処分に関する基本方針の着実な実行に向けた関係閣僚等会議を経て、8月24日、ALPS処理水の海洋放出が開始された。これまでのモニタリング結果からは、計画どおりの放出が安全に行われていることが確認されている。

10月16日から23日にかけてIAEAの専門家及び第三国の分析機関（カナダ、中国及び韓国）による海洋モニタリング（具体的には東電福島第一原発周辺における海水などの採取、福島県での水産物の採取、及び採取された試料の前処理の確認）が実施された。また、10月24

東電福島第一原発沖でH-3分析用の表層海水試料を採取している様子
（10月、福島県　写真提供：原子力規制委員会）

日から27日にかけて、IAEAタスクフォースが訪日し、ALPS処理水の海洋放出開始後初めてのレビューが実施され、IAEAはその報告書を2024年1月に公表した。

国際社会の正しい理解と支援を得ながら事故対応と復興を進める観点から、日本政府は、東電福島第一原発の廃炉・汚染水対策の進捗、空間線量や海洋中の放射能濃度のモニタリング結果、食品の安全といった事項についても、IAEAを通じて包括的な報告を定期的に公表しているほか、在京外交団を始めとする関係団体及びIAEA向けの現状の通報や、原発事故以来100回以上に上る在京外交団などに対する説明会の開催、在外公館を通じた情報提供、SNSなどを活用した情報発信などを行っている。

日本政府は、ALPS処理水の海洋放出の安全性について今後も国際社会に対し、科学的根拠に基づき、透明性の高い説明を丁寧に行っていく方針であり、風評被害を助長しかねない主張に対しては、適切に対応していく（228ページ特集参照）。

（4）生物兵器・化学兵器

ア　生物兵器

生物兵器禁止条約（BWC）[52]は、生物兵器の開発・生産・保有などを包括的に禁止する唯一の多国間の法的枠組みである。条約遵守の検証手段に関する規定や条約実施機関がなく、条約をいかに強化するかが課題となっている。

2006年以降、履行支援ユニット（事務局機能）の設置や、5年に1度開催される運用検討会議の間における年2回の会期間会合の開催などが決定され、BWC体制の強化に向けて取組が進められてきた。

2022年に行われた第9回運用検討会議において、BWCの実行をあらゆる面で強化するため、全締約国に開かれた作業部会を設置することが決定された。作業部会は2023年から会合

を開き、締約国が国際協力に係る措置、科学技術の進展に係る措置、条約遵守・検証に係る措置などにつき検討を進めている。

イ　化学兵器

化学兵器禁止条約（CWC）[53]は、化学兵器の開発・生産・貯蔵・使用などを包括的に禁止し、既存の化学兵器の全廃を定めている。条約の遵守を検証制度（申告と査察）によって確保しており、大量破壊兵器の軍縮・不拡散に関する国際約束としては画期的な条約である。CWCの実施機関として、ハーグ（オランダ）に化学兵器禁止機関（OPCW）[54]が設置されている。OPCWは、シリアの化学兵器廃棄において、国連と共に重要な役割を果たし、2013年には、「化学兵器のない世界」を目指した広範な努力が評価されノーベル平和賞を受賞した。2023年5月には、日本も資金を拠出した化学・技術センター（CCT）[55]が設立され、開所式典には吉川ゆうみ外務大臣政務官が出席した。

化学産業が発達し、化学工場の数が多い日本は、OPCWの査察を数多く受け入れている。そのほか、加盟国を増やすための施策、条約の実効性を高めるための締約国による条約の国内実施措置の強化など、OPCWに対して具体的な協力を積極的に行っている。また、日本は、CWCに基づき、中国国内で遺棄された旧日本軍の化学兵器について、中国と協力しつつ、一日も早い廃棄の完了を目指している。

（5）通常兵器

通常兵器とは、一般に大量破壊兵器以外の武器を意味し、戦車、大砲、地雷から、けん銃などの小型武器まで多岐にわたる。実際の紛争で広く使用され、文民の死傷にもつながる通常兵器の問題は、安全保障に加え人道の観点からも深刻であり、グテーレス国連事務総長が2018

52　BWC：Biological Weapons Convention　1975年3月発効。締約国数は185か国・地域（2023年12月時点）
53　CWC：Chemical Weapons Convention　1997年4月発効。締約国数は193か国・地域（2023年12月時点）
54　OPCW：Organization for the Prohibition of Chemical Weapons
55　CCT：Centre for Chemistry and Technology

ALPS処理水の海洋放出の安全性

　8月24日、東京電力福島第一原子力発電所におけるALPS処理水の海洋放出が開始されました。ALPS処理水の海洋放出の安全性については、関連する国際安全基準に合致することなどが国際原子力機関（IAEA）包括報告書で示されています。日本政府は、国際会議の場や二国間会談の機会を捉え、日本の取組について、科学的根拠に基づき透明性高く丁寧に説明してきているほか、SNSなども活用し、全世界に向けて積極的に情報発信を行っています。

　2021年4月、日本政府はALPS処理水の処分に関する基本方針を公表し、同年7月には、日本政府とIAEAとの間で、「東京電力福島第一原子力発電所におけるALPS処理水の取扱いの安全面のレビューに関する日本政府に対するIAEAの支援についての付託事項（TOR）」が署名されました。このTORに基づき、IAEA職員及びIAEAが選定した国際専門家で構成されるIAEAタスクフォースは、日本政府及び東京電力に対し、第三者の立場から安全性と規制面に係るレビューを実施しています。

　2023年7月4日、グロッシーIAEA事務局長から岸田総理大臣に対し、TORに基づくこれらのレビューを総括するIAEA包括報告書が手渡されました。報告書では、ALPS処理水の海洋放出に対する取組及び関連の活動は、関連する国際安全基準に合致しており、ALPS処理水の海洋放出による人及び環境に対する放射線影響は無視できるほどであると結論付けられています。また、IAEAが放出中及び放出後も継続して追加的なレビュー及びモニタリングを行う予定であることが示されています。

グロッシーIAEA事務局長による岸田総理大臣表敬
（7月4日、東京　写真提供：内閣広報室）

　8月24日のALPS処理水海洋放出開始後も、日本は引き続き、IAEAとも緊密に連携しつつ、三つのモニタリング、(1)タンク内の処理水のモニタリング、(2)リアルタイムモニタリング、(3)海域モニタリングを重層的に実施しています。これまでのモニタリング結果からは、計画どおりの放出が安全に行われていることが確認されています。また、幅広い地域の国々がIAEAの取組などに対する支持・評価を表明するなど、ALPS処理水の海洋放出に対する理解は広がっています。

上川外務大臣とグロッシーIAEA事務局長との会談及び署名式（9月18日、米国・ニューヨーク）

　9月18日、上川外務大臣は、グロッシーIAEA事務局長との間で、「ALPS処理水に関する日本とIAEAとの間の協力覚書」に署名しました。署名に続く会談において上川外務大臣は、この覚書はALPS処理水に関するIAEAによるレビュー及びモニタリングへの関与の継続など、IAEAとの連携を再確認するものであり、ALPS処理水の海洋放出について国際社会の安心を一層高めるものであると述べました。

　政府としては、今後とも、IAEAのレビューも受けつつ、高い透明性を持って、国際社会に対して日本の立場を丁寧に説明し、また、モニタリングの結果を迅速に公表するなど、科学的根拠に基づく透明性の高い情報発信を続けていきます。

年に発表した軍縮アジェンダにおいて、通常兵器分野の軍縮は「人命を救う軍縮」として3本柱の一つに位置付けられている。日本は、通常兵器に関する国際的な協力・支援や関連会議での議論などを通じて、積極的な貢献を継続している。

ア　小型武器

小型武器は、実際に使用され多くの人命を奪っていることから「事実上の大量破壊兵器」とも称され、入手や操作が容易であるため拡散が続き、紛争の長期化や激化、治安回復や復興開発の阻害などの一因となっている。日本は、2001年以来毎年、小型武器非合法取引決議案を他国と共同で国連総会に提出し、同決議は毎年採択されてきており、2023年には日本が同決議の起草を務めた。また、世界各地において武器回収、廃棄、研修などの小型武器対策事業を支援してきている。2019年には、グテーレス国連事務総長の軍縮アジェンダに基づき設立された小型武器対策メカニズムに対し、200万ドルを拠出し、2022年には、同基金を通じた小型武器対策事業がカメルーン、ジャマイカ、南スーダンにおいて開始された。

イ　武器貿易条約（ATT）[56]

通常兵器の国際貿易を規制するための共通基準を確立し、不正な武器移転などを防止することを目的としたATTは、2014年12月に発効した。日本は、条約の検討を開始する国連総会決議の原共同提案国の1か国として、国連における議論及び交渉を主導し、条約の成立に大いに貢献した。また発効後も、2018年8月、アジア大洋州から選出された初めての議長国として第4回締約国会議を東京で開催するなど、積極的な貢献を継続している。2023年8月に開催されたATT第9回締約国会議において日本は、条約の普遍化、透明性・報告、履行促進などに係る議論で積極的な貢献を果たした。

ウ　特定通常兵器使用禁止・制限条約（CCW）[57]

CCWは、過度に傷害を与える又は無差別に効果を及ぼすことがあると認められる通常兵器の使用を禁止又は制限するもので、手続事項などを定めた枠組条約及び個別の通常兵器などについて規制する五つの附属議定書から構成される。枠組条約は1983年に発効した。日本は、枠組条約及び改正議定書Ⅱを含む議定書ⅠからⅣを締結している。2017年からは、急速に進歩する科学技術の軍事利用に対する国際社会の懸念を背景として、CCWの枠組みで自律型致死兵器システム（LAWS）に関する政府専門家会合が開催されており、2019年にはLAWSに関する指針11項目が作成された。日本はこうした国際的なルール作りに関する議論に積極的かつ建設的に貢献してきており、2023年3月には、米国、英国、オーストラリア、カナダ、韓国と共に「国際人道法を基礎とした禁止と制限の方法に係る自律型兵器システムに関する条項案」を政府専門家会合に共同で提出した。3月及び5月の政府専門家会合において活発な議論が行われた結果、国際人道法を遵守できない兵器システムは禁止し、それ以外の兵器システムは制限するとの考え方を含む報告書が全会一致で採択された

また、人工知能（AI）を含む新興技術が軍事領域に与える影響に係る国際的議論の活発化を背景に、2月、オランダにおいて「軍事領域における責任あるAI利用（REAIM）」第1回サミットが開催された。さらに11月には、米国主導による「AIと自律性の責任ある軍事利用に関する政治宣言」の初会合が行われた。

---

56 武器貿易条約（ATT：Arms Trade Treaty）の2023年12月時点の締約国は113か国・地域。日本は、署名が開放された日に署名を行い、2014年5月、締約国となった。

57 特定通常兵器使用禁止・制限条約（CCW：Convention on Certain Conventional Weapons）の2023年12月時点の締約国は126か国・地域

エ 対人地雷

日本は、1998年の対人地雷禁止条約（オタワ条約）[58]締結以来、対人地雷の実効的な禁止と被害国への地雷対策支援の強化などを含む同条約の包括的な取組を推進してきた。アジア太平洋地域各国へのオタワ条約締結に向けた働きかけに加え、人道と開発と平和の連携の観点から、国際社会において、地雷除去や被害者支援などを通じた国際協力も着実に実施してきている。

11月にジュネーブで開催されたオタワ条約第21回締約国会議において、カンボジアが2024年に開催されるオタワ条約第5回検討会議の議長を務めること、また、2025年に日本が第22回締約国会議の議長を務めることが承認された。

オ クラスター弾[59]

クラスター弾がもたらす被害は、人道上の観点から国際的に深刻に受け止められている。日本は、被害者支援や不発弾処理といった対策を実施[60]している。また、クラスター弾に関する条約（CCM）[61]の締約国を拡大する取組も継続しており、9月に開催されたCCM第11回締約国会議においても、これらの課題に関する議論に参加し、日本の積極的な取組をアピールした。

❺ 国際連合（国連）における取組

（1）日本と国連との関係

国連は、世界のほぼ全ての国（2023年12月時点で193か国）が加盟する国際機関であり、紛争解決や平和構築、テロ対策、軍縮・不拡散、貧困・開発、人権、難民問題、環境・気候変動、防災、保健を含む多様な分野の諸課題に取り組んでいる。

日本は、1956年に加盟して以来、普遍性と専門性の両面を活用し、国連の3本柱である平和と安全、開発、人権を始めとする様々な分野において、多国間協力を通じた政策目的の実現を図ってきた。日本は、2023年1月から国連加盟国中最多となる12回目の国連安全保障理事会（安保理）非常任理事国を務め、国際社会の平和と安全の維持のため主要な役割を果たしてきている。また、こうした活動を支えるため、政府として国連への財政拠出を行いつつ、組織面（マネージメント）への関与を行ってきたほか、国連を舞台として活躍する日本人職員を支援し、重要なポストの獲得に努めている（315ページ　第4章第1節2（1）参照）。「人間の尊厳」を守り強化できる、強く実効的な多国間主義を実現するため、日本は安保理改革を始めとする国連の機能強化に積極的に取り組んでいる。

（2）2023年の主要行事

9月、第78回国連総会ハイレベルウィークに、岸田総理大臣と上川外務大臣が出席した。

岸田総理大臣は一般討論演説において、国際社会が複合的危機に直面し、分断を深める中、「人間の尊厳」に改めて光を当て、国々の体制や価値観の違いを乗り越える「人間中心の国際協力」を提唱した。「人間の尊厳」を守り、強化する国際協力として、特に、核軍縮の主流化の流れを確実にすべきこと、法の支配の重要性、強固な国連を実現するための安保理改革などの重要性を強調した。

岸田総理大臣は、以下の五つの多国間会合に出席した。

日本がフィリピン及びオーストラリアと共催したFMCT（核兵器用核分裂性物質生産禁止

---

58 対人地雷の使用・生産などを禁止するとともに、貯蔵地雷の廃棄、埋設地雷の除去などを義務付ける条約で、1999年3月に発効した。2023年12月時点の締約国数は、日本を含め164か国・地域

59 一般的には、多量の子弾を入れた大型の容器が空中で開かれて子弾が広範囲に散布される仕組みの爆弾及び砲弾のことをいう。不発弾となる確率が高いともいわれ、不慮の爆発によって一般市民を死傷させることなどが問題となっている。

60 クラスター弾対策及び対人地雷対策に関する国際協力の具体的な取組については、開発協力白書を参照

61 クラスター弾の使用・生産・保有などを禁止するとともに、貯蔵クラスター弾の廃棄、汚染地域におけるクラスター弾の除去などを義務付ける条約で、2010年8月に発効した。2023年12月時点の締約国数は、日本を含め112か国・地域

条約）ハイレベル記念行事では、岸田総理大臣が基調演説を行い、冷戦の最盛期以来、初めて核兵器数の減少傾向が逆転しかねない瀬戸際にあると指摘し、FMCTの早期の交渉開始が必要であると述べた。また、2023年がFMCTを求める国連総会決議採択から30年目に当たることを踏まえ、本行事を通じてFMCTへの政治的関心を再び集めることで議論を再活性化し、早期の交渉開始に向けて共に取り組む新たな契機とするよう呼びかけた。

SDGサミット2023では、国際社会が様々な困難に直面する今こそ「誰一人取り残さない」というSDGsの原点に立ち返るべきであること、日本が一貫して主張してきた「人間の安全保障」こそが「人間の尊厳」に基づくSDGs達成の鍵であることを改めて強調しつつ、日本が国際社会のSDGs達成に向けた取組を力強く牽引し、その先の未来を切り開いていくとの決意を示した。

「効果的な多国間主義とウクライナ情勢に関する安保理首脳級会合」では、ロシアのウクライナ侵略を改めて非難し、国連憲章に基づく平和の重要性を強調した。また、世界各地で苦しむ人々の尊厳を守り、「協調の精神に根ざした多国間主義」を目指す決意を表明した。さらに、対立や分断ではなく協調の世界を目指すべきこと、安保理改革を含め国連の機能強化に向け具体的行動に移るべきことなどを訴えた。

UHC（ユニバーサル・ヘルス・カバレッジ）ハイレベル会合では、岸田総理大臣から国際社会は改めてUHCの達成に向け行動すべきであると呼びかけた。

G7保健フォローアップ・サイドイベントでは、岸田総理大臣はG7広島サミットの保健分野の成果である「感染症危機対応医薬品等（MCM）に関するデリバリー・パートナーシップ」[62]及び「グローバルヘルスのためのインパクト投資イニシアティブ（トリプルI）」[63]の進

国連総会議場で一般討論演説を行う岸田総理大臣
（9月19日、米国・ニューヨーク　写真提供：内閣広報室）

展を確認し、途上国が予防・備え・対応（PPR）に必要な資金を機動的・効果的に動員できるよう、新たな円借款制度を創設することを発表した。

岸田総理大臣は、国連ハイレベルウィークの機会に2回の二国間首脳会談を行い、国際場裡における様々な課題及び二国間関係について意見交換を積極的に行った。また、ニューヨーク滞在中、グローバル・ゴールキーパー賞授賞式やグローバル市民賞授賞式に出席したほか、ニューヨーク経済クラブ主催の講演を通して、資産運用立国の実現に向けて資産運用業とアセットオーナーシップの改革を行っていくことなど、経済分野を中心に岸田政権の過去1年の成果と今後の決意について発信し、日本への投資を呼びかけた。

上川外務大臣は、国連安保理改革に関するG4外相会合、G7外相会合、日米韓外相会合など、計12の多国間会合への出席に加え、16の二国間会談を行い、五つの総理行事に同席し、積極的な外交を展開した。各国との会談などにおいて、「法の支配」とその中核を担うべき国連の重要性、安保理改革を含む国連の機能強化について、力強いメッセージを打ち出した。また、女性・平和・安全保障（WPS）を日本外交の一環として力強く推進する重要性を

---

62 G7広島サミットにおいて立ち上げられた、感染症危機対応医薬品等（MCM）への公平なアクセス確保のためにMCMのデリバリーに焦点を当てた国際協力の枠組み

63 金銭的なリターンと同時に、測定可能な社会的・環境的に有益なインパクトの創出を企図したインパクト投資を通じて民間資金を動員しグローバルヘルス分野の課題解決を目指すイニシアティブ

3

世界と共創し、国益を守る外交

G7広島サミットにおける岸田総理大臣とグテーレス国連事務総長との会談
（5月21日、広島県広島市　写真提供：内閣広報室）

法の支配に関する安保理閣僚級公開討論を主催する林外務大臣
（1月12日、米国・ニューヨーク）

確認した。さらに、ウクライナや北朝鮮などの地域情勢に関する連携を確認し、また、保健、軍縮、環境問題などに関する日本の立場を国際社会に発信した。

また、上川外務大臣はフランシス国連総会議長と会談し、安保理改革を含む国連の機能強化を強調し、総会及び総会議長の役割と権威の強化を後押ししていくと述べた。

5月には、グテーレス国連事務総長がG7広島サミット出席のため訪日し、岸田総理大臣と会談を行った。岸田総理大臣からは核軍縮に関し、核兵器不拡散条約（NPT）の維持及び強化の重要性を強調し、被爆の実相への理解を含め、「核兵器のない世界」の実現に繋げたいと述べた。また、グテーレス国連事務総長は日本のこれまでの貢献を評価し、核軍縮分野における一層緊密な連携強化をしていきたいと述べた。両者は法の支配に基づく自由で開かれた国際秩序の実現に向け、国連の改革と機能強化の重要性に関し認識を共有した。

（3）国連安全保障理事会（国連安保理）、国連安保理改革

ア　国連安全保障理事会

国連安保理は、国連の中で、国際の平和と安全の維持に主要な責任を有する機関であり、5か国の常任理事国と、国連加盟国により選出される10か国の非常任理事国（任期2年）から構成される。その扱う議題は、紛争の平和的解決への取組、大量破壊兵器の拡散やテロへの対処から、平和構築、女性・平和・安全保障

（WPS）など幅広い分野に及んでおり、近年は気候変動や食料安全保障などの新しいテーマも徐々に取り上げられている。国連平和維持活動（PKO）や国連特別政治ミッション（SPM）の活動内容を定める権限も持つ。

日本は2022年6月に行われた安保理非常任理事国選挙で当選を果たし、2023年1月から2年間、加盟国中最多となる12回目の非常任理事国を務める（233ページ　特集参照）。1月の議長月には、林外務大臣がニューヨークを訪問し、議長として「法の支配」に関する閣僚級公開討論を開催した。また、同月には、平和構築に関する常駐代表級の会合も主催した。常任理事国であるロシアによるウクライナ侵略や、安保理決議への違反を繰り返し、日本、地域、国際社会の平和と安全を脅かす北朝鮮の核・ミサイル活動に対し、安保理が有効に機能できていない現状にあるが、日本は、2年間の理事国任期を通じ、各国との緊密な意思疎通と対話を通じ、安保理がその本来の役割を果たすよう協力していく中で、法の支配に基づく国際秩序の維持・強化を目指していく。中東・アフリカなどの地域情勢、気候変動などの地球規模課題に対する対応についても積極的に議論に貢献していく考えである。これまでの任期で貢献してきたように、安保理の効率性・透明性向上といった作業方法改善にも引き続き取り組んでいく。

> 特集
> SPECIAL
> FEATURE

安保理非常任理事国に就任して

2023年1月から2年間、日本は国連加盟国中最多となる12回目の国連安全保障理事会（安保理）非常任理事国という責任ある役割を務めており、日々安保理において国際社会の平和及び安全のために精力的に取り組んでいます。

● 2023年1月　安保理議長月の主な活動

・法の支配に関する閣僚級公開討論を主催

1月の安保理議長月の機会を捉え、同月12日、林外務大臣は安保理で法の支配に関する閣僚級公開討論を主催しました。公開討論では、ロシアのウクライナ侵略などにより加盟国が分断され得る状況を念頭に、林外務大臣から各国に対して、法の支配に関する不可欠な要素として、第一に、国連憲章、国連の決議、国際判決などの合意を守り、誠実に遵守すること、第二に、力や威圧による国境の書換えを許さないこと、第三に、国連憲章の違反に協力して立ち向かうことを強調し、「法の支配のための結集（uniting for rule of law）」を呼びかけました。同会合には、3か国の外相を含む77か国が参加し、力による支配ではなく、法の支配が重要であるという日本の考えに対する多くの賛同を得ました。

・平和構築に関する大使級公開討論を主催

1月26日、安保理議長月の目玉行事の一つとして、「平和構築と平和の持続」に関する国連安保理公開討論（常駐代表級）を主催しました。石兼国連大使が議長を務め、持続的な平和の実現のために国際社会が対処すべき現在の複雑化する課題や、平和構築における「人」の役割の重要性に焦点を当て、安保理や平和構築委員会といった国連の機能強化の方向性などについて議論を喚起しました。

本会合は、紛争を経験したアフリカ、東南アジア、中南米の国々、気候変動の影響に苦しむ島嶼国、ウクライナ及び周辺国など、計74か国等が発言するなど、国際社会における平和構築に対する広い関心を示すものとなりました。

● 安保理の下部機関などでの役割

日本は安保理において、アルシャバーブ制裁委員会及びリビア制裁委員会の議長、イラク制裁委員会、北朝鮮制裁委員会及び文書手続作業部会の副議長を務めているほか、アフガニスタン情勢に関する議論を主導するペンホルダー[1]としてアフガニスタンに関する安保理決議などを主導したりと、安保理の活動に積極的に貢献しています。

● 個別の重要課題への貢献

日本は、北朝鮮による度重なる弾道ミサイルなどの発射を受けて、米国、韓国などの関係国と緊密に連携しつつ、安保理における議論を先導しました。8月には「北朝鮮の状況」に関する会合を約6年ぶりに開催し、拉致問題の即時解決を含む北朝鮮の人権状況の改善に向けた国際的な議論を喚起しました。ウクライナ情勢に関しては、2月の安保理閣僚級会合に林外務大臣が、9月の安保理首脳級会合に岸田総理大臣が出席し、ロシアによるウクライナ侵略を改めて強く非難するとともに

効果的な多国間主義とウクライナ情勢に関する安保理首脳級会合に出席する岸田総理大臣（9月20日、米国・ニューヨーク　写真提供：内閣広報室）

法の支配の重要性を訴えました。イスラエル・パレスチナ情勢に関しては、ほかの理事国などと緊密に調整を行い、ガザ地区における人道的休止などを求める安保理決議第2712号及びガザ地区に対する人道支援の拡大・監視に関する安保理決議第2720号の採択に貢献しました。さらに、アフリカ、中南米を含むその他地域情勢に関する会合や、食料安全保障、気候変動、AIなど新しいテーマに関する会合においても、積極的に議論に貢献しました。

　国際社会が様々な課題に直面している中、日本は2024年も引き続き、安保理非常任理事国として、国際社会の平和と安全に向け貢献していきます。

1　安保理において、特定の議題に関する議論を主導し、決議や議長声明などの文書を起草する理事国を指す。

✔ 国連安保理改革

　国連発足後75年以上がたち、国際社会の構図の大きな変化に伴い、国連の機能が多様化した現在でも、国連安保理の構成は、ほとんど変化していない。2022年2月のロシアによるウクライナ侵略の事態に対し、安保理ではこれを非難し、ロシア軍の撤退を求める決議案が投票に付されたが、ロシアの拒否権行使により採択されず、安保理で協調した対応がとれなかった。このことは、安保理がロシアのウクライナ侵略などの事態に対して有効に機能できていないことを如実に示した。国際社会では、国連安保理改革を早期に実現し、その正統性、実効性及び代表性を向上させるべきとの認識が共有されている。

　日本は、国連を通じて世界の平和と安全の実現により一層積極的な役割を果たすことができるよう、常任・非常任議席双方の拡大を通じた国連安保理改革の早期実現と日本の常任理事国入りを目指し、各国への働きかけを行ってきている。

ウ 国連安保理改革をめぐる最近の動き

　国連では、2009年から総会の下で国連安保理改革に関する政府間交渉（IGN）が行われている。2023年は、1月から5月にかけて5回の会合が実施された。第77回会期中には、IGNの会合の一部のウェブ中継や、関連資料及び各国発言などを収録する専用ウェブサイトの開設が実現した。6月下旬、第77回会期の

国連安保理改革に関するG4（日本、インド、ドイツ、ブラジル）外相会合（9月21日、米国・ニューヨーク）

作業を第78回会期に引き継ぐ決定が、2022年に引き続き、国連総会でコンセンサスにて採択された。10月、フランシス第78回国連総会議長は、政府間交渉の共同議長にクウェートとオーストリアの国連常駐代表を再任命した。新たな体制の下、今後の議論の進展が注目される。

　日本は、安保理改革の推進のために協力するグループであるG4（日本、インド、ドイツ及びブラジル）の一員としての取組も重視している。上川外務大臣は、9月の国連総会ハイレベルウィークの際に行われたG4外相会合に出席した。G4外相会合では、ロシアによるウクライナ侵略などによって傷ついた国連への信頼を回復するため、安保理改革を含む国連の機能強化が重要になっているとの問題意識の下、安保理改革をめぐる現状認識を共有し、今後の方向性について議論した。上川外務大臣から、

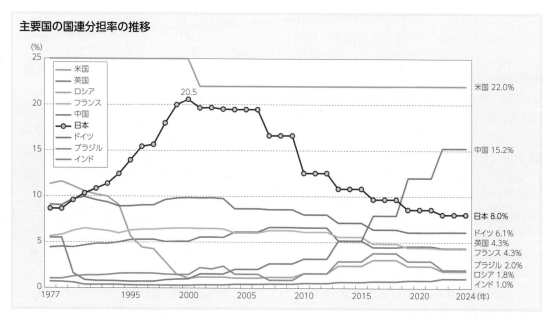

主要国の国連分担率の推移

主要国のPKO分担率の推移

3

世界と共創し、国益を守る外交

2024年の未来サミットや2025年の国連創設80周年を、改革に向けたモメンタム（機運）を高める契機として見据えつつ、安保理改革実現に向けて、IGNの場も活用し、具体的行動を目指していくことを提起した。その上で、G4として、安保理改革実現に向け、IGNにおける具体的な議論に向けて総会議長と緊密に協力し、また、アフリカや米国を含む関係国と連携しながら、早期に具体的成果を目指すことで一致した。日本は引き続き、多くの国々と緊密に連携し、安保理改革の実現に向けて粘り強く取り組んでいく。

（4）国連の組織面（マネージメント）

ア　マネージメント

グテーレス国連事務総長は、平和への取組及び開発とともに国連のマネージメント改革を優先課題として位置付け、グローバルガバナンス

向上に引き続き取り組んでいる。また、2021年に「我々のコモンアジェンダ」報告書を発出し、国連を新たな時代に適応させるための具体策を提案しており、日本は、改革の目的を支持し国連が一層効率的・効果的に任務を果たすよう求めてきている。

✓ 予算

国連の予算は、一般的な活動経費である通常予算（1月から12月までの単年予算）と、PKO活動に関するPKO予算（7月から翌年6月までの単年予算）で構成されている。

通常予算については、2023年12月、国連総会において、2024年予算として約35.9億ドルの予算が承認された。また、PKO予算については、2023年6月に2023年から2024年度の予算が承認され、予算総額は約60.5億ドルとなった。

国連の活動を支える予算は、各加盟国に支払が義務付けられている分担金と各加盟国が政策的な必要に応じて拠出する任意拠出金から構成されている。このうち、分担金については、日本は、米国、中国に次ぐ第3位の分担金負担国として、2023年通常予算分担金として約2億3,499万ドル、2023/24年PKO分担金として約4億8,630万ドルを負担しており、主要拠出国の立場から、国連が予算をより一層効率的かつ効果的に活用するよう働きかけを行ってきている。なお、分担金の算出根拠となる分担率は加盟国の財政負担能力に応じて3年ごとに改定されており、2021年末に改定された日本の分担率は、米国、中国に次ぐ8.033%（2022年－2024年）となった。

また、国連の行財政を支える主な機関として、国連行財政問題諮問委員会（ACABQ）及び分担金委員会がある。二つの委員会は個人資格の委員から構成される総会付属の常設委員会であり、ACABQは国連の行財政問題全般について審査し、総会に勧告を行う一方、分担金委員会は、総会における通常予算分担率の決定に先立ち、全加盟国の分担率案を作成し総会に勧告する重要な役割を担っている。日本はこれ

らの委員会に継続的に委員を輩出している。

❻ 国際社会における法の支配

「法の支配」とは、一般に、全ての権力に対する法の優越を認める考え方であり、国内において公正で公平な社会に不可欠な基礎であると同時に、国際社会の平和と安定に資するものであり、友好的で平等な国家間関係から成る国際秩序の基盤となっている。国際社会においては、法の支配の下、力による支配を許さず、全ての国が国際法を誠実に遵守しなければならず、力又は威圧による一方的な現状変更の試みは決して認められてはならない。日本は、法の支配の強化を外交政策の柱の一つとして推進し、様々な分野におけるルール作りとその適切な実施に尽力している。

（1）日本の外交における法の支配の強化

日本は、国際会議を含む様々な機会を通じ、法の支配に基づく自由で開かれた国際秩序の重要性を各国と確認しているほか、様々な分野におけるルール形成に積極的に参画することで、新たな国際法秩序の形成・発展に貢献している。また、紛争の平和的解決や法秩序の維持を促進するため、国際司法機関の機能強化に人材面・財政面からも積極的に協力しているほか、法制度整備支援や国際法関連の行事の開催など法の支配に関する国際協力にも積極的に取り組んでいる。

ロシアによるウクライナ侵略により国際秩序の根幹が揺るがされる中、法の支配を強化することは一層重要性を増している。9月に行われた国連総会での一般討論演説の中で、岸田総理大臣は、主権平等、領土一体性の尊重、武力行使の禁止といった国連憲章の原則は、国際法の基本原則であり、法の支配の根幹であると強調した。また、国際法は、弱い立場の国のためにあると訴え、脆弱な国・人々が平和に生きる権利を、「法の支配」をもって守り抜くとの決意を表明した。

2024年1月には、上川外務大臣が、ハーグ

ドノヒューICJ所長と会談する上川外務大臣
（2024年1月11日、オランダ・ハーグ）

3

世界と共創し、国益を守る外交

（オランダ）において、ドノヒュー国際司法裁判所（ICJ）[64]所長、ホフマンスキ国際刑事裁判所（ICC）[65]所長及びカーンICC検察官と会談し、また、ハンブルク（ドイツ）において、ヘイダー国際海洋裁判所（ITLOS）[66]所長と会談した。分断と対立の深まる国際社会の現状についての危機感を共有しつつ、「法の支配」や「人間の尊厳」のため国際裁判所が果たしている役割への日本の揺るぎない支持を示し、対話と協力に基づき、国際社会における「法の支配」の強化のための外交を包括的に進めていくことを表明した。

ア 紛争の平和的解決

　日本は、国際法の誠実な遵守に努めつつ、国際司法機関を通じた紛争の平和的解決を促進するため、国連の主要な司法機関である国際司法裁判所（ICJ）の強制管轄権を受諾[67]しているほか、人材面・財政面の協力を含め、国際社会における法の支配の確立に向けた建設的な協力を行っている。例えば、日本は国際刑事裁判所（ICC）及び常設仲裁裁判所（PCA）[68]への最大の財政貢献国であり、人材面では、2023年現

在、ICJの岩澤雄司裁判官（2018年から現職）、ITLOSの堀之内秀久裁判官（2023年から現職）、ICCの赤根智子裁判官（2018年から。2024年3月、ICC所長に選出）などを輩出し、また、国際裁判所の実効性と普遍性の向上に努めている。さらに、将来的に国際裁判で活躍する人材の育成のために、「国際裁判機関等インターンシップ支援事業」を通じて、国際裁判機関などでインターンシップを行う日本人を積極的に支援している。

　同時に、国際裁判に臨む体制を一層強化するため、国際裁判手続に関する知見の増進を図り、主要な国際裁判で活躍する国内外の法律家や法律事務所との関係強化などを通じて国際裁判に強い組織作りに取り組んでいる。経済分野においても、近年、世界貿易機関（WTO）[69]協定、経済連携協定（EPA）[70]及び投資協定に基づく紛争解決の重要性が高まっている中で、WTO協定などに基づく紛争の処理に当たり、関係各省庁や外部専門家（国内外の法律事務所・学者など）とも緊密に連携しながら、書面作成、証拠の取扱い、口頭弁論などの訴務対応を行っているほか、判例・学説の分析や紛争予防業務などの取組も進めており、紛争処理を戦略的かつ効果的に行うための体制を強化している。

イ 国際的なルール形成

　国際社会が直面する課題に対応する国際的なルール形成は、法の支配の強化のための重要な取組の一つである。日本は、各国との共通目的の実現に向けた法的基盤を作るための二国間や多数国間条約の締結を積極的に進めているほか、国連などにおける分野横断的な取組に自らの理念や主張を反映する形で国際法の発展を実現するため、ルール形成の構想段階からイニシアティブを発揮

---

64 ICJ：International Court of Justice
65 ICC：International Criminal Court
66 ITLOS：International Tribunal for the Law of the Sea
67 ICJ規程第36条2に基づき、同一の義務を受諾する他の国に対する関係において、ICJの管轄権を当然にかつ特別の合意なしに義務的に受け入れることを宣言すること。現在、日本を含めて74か国が宣言しているにとどまる（2024年2月末時点）。
68 PCA：Permanent Court of Arbitration
69 WTO：World Trade Organization
70 EPA：Economic Partnership Agreement

している。具体的には、国連国際法委員会（ILC）[71]や国連総会第6委員会での国際公法分野の法典化作業、また、ハーグ国際私法会議（HCCH）[72]、国連国際商取引法委員会（UNCITRAL）[73]、私法統一国際協会（UNIDROIT）[74]などでの国際私法分野の条約やモデル法の作成作業など、各種の国際的枠組みにおけるルール形成プロセスに積極的に関与してきている。ILCでは、浅田正彦委員（2023年から現職。同志社大学教授・京都大学名誉教授）が条文草案の審議への参加などを通じて国際法の発展に貢献している。また、HCCH、UNCITRAL及びUNIDROITでは、各種会合に政府代表を派遣し、積極的に議論をリードしている。特に、UNCITRALについては、日本は同委員会で交渉された「調停による国際的な和解合意に関する国際連合条約」に2023年に加入し、これまでも構成国拡大や紛争解決の分野におけるプロジェクトを提案して実現させるなど、委員会設立以来の構成国としてプレゼンスを発揮している。そのほか、UNIDROITにおいては、神田秀樹理事（2014年から現職。学習院大学教授・東京大学名誉教授）が「デジタル資産と私法」に関する作業部会の議長を務め、デジタル金融をめぐる最先端の議論に貢献している。

ウ 国際協力、人材育成

　日本は、法の支配に関する国際協力にも積極的に取り組んでいる。国際的な法の支配に加え、国内における法の支配を強化するための国際協力も行っており、例えば、法の支配を更に発展させるために、特にアジア諸国の法制度整備支援を行っている。また、国際法に関するアジア・アフリカ地域唯一の政府間機関であるアジア・アフリカ法律諮問委員会（AALCO）[75]における議論に建設的に参画し、人材面・財政

面での協力も行っているほか、欧州評議会（CoE）[76]の下で国際公法に関する問題を議論する国際公法法律顧問委員会（CAHDI）[77]にもオブザーバーとして積極的に参画している。さらに、8月、国際法人材育成の取組として、インド太平洋地域の行政官、日本の弁護士や国際法研究者を対象に、国際法に関する実務家向けの研修を提供する「東京国際法セミナー」を初めて開催した。また、日本を含むアジア諸国の学生に紛争の平和的解決の重要性などの啓発を行い、次世代の国際法人材の育成と交流を強化する目的で開催している国際法模擬裁判「アジア・カップ」については、「東京国際法セミナー」の一環として「2023年アジア・カップ」（第24回）を開催した（239ページ　特集参照）。

（2）海洋分野における取組

　海洋国家である日本にとって、法の支配に基づく海洋秩序の維持及び強化は極めて重要な課題である。そのため、日本は「海における法の支配の三原則」（（ア）国家は法に基づいて主張をなすべきこと、（イ）主張を通すために力や威圧を用いないこと及び（ウ）紛争解決には平和的な事態の収拾を徹底すべきこと）を主張してきており、3月に発表された「自由で開かれたインド太平洋（FOIP）」のための新たなプランに係る岸田総理大臣の政策スピーチでも改めて呼びかけた。

　このような海における法の支配の根幹となるのは、国連海洋法条約（UNCLOS）[78]である。同条約は、日本を含む168か国（日本が国家承認していない地域を含む。2023年12月時点）及びEUが締結しており、公海での航行・上空飛行の自由を始めとする海洋に関する諸原則や、海洋の資源開発やその規制などに関する

---

71 ILC：International Law Commission
72 HCCH：Hague Conference on Private International Law / Conférence de La Haye de droit
73 UNCITRAL：United Nations Commission on International Trade Law
74 UNIDROIT：International Institute for the Unification of Private Law
75 AALCO：Asian-African Legal Consultative Organization
76 CoE：Council of Europe
77 CAHDI：Committee of Legal Advisers on Public International Law
78 UNCLOS：United Nations Convention on the Law of the Sea

特集
SPECIAL
FEATURE

第1回「東京国際法セミナー」の開催

外務省は8月、第1回となる実務者向けの国際法研修「東京国際法セミナー」を東京の国連大学で開催しました。

このセミナーは、アジア・アフリカの行政官などの実務者が国際法に関する共通の知識を高め、交流を促進することにより、法の支配に導かれた平和の実現に貢献すること、また日本の弁護士や若手国際法研究者に参加の門戸を開くことで、日本における国際法分野の人材育成を図ることを目的としています。

セミナーでは、武力行使、海洋法、免除、国際人道法、国際刑事法、国際経済法、国際環境法といった国際法実務で特に重要な分野や、サイバーに関連する国際法などの新たな分野、さらに国際司法・国際仲裁における紛争解決実務などについて実践的な講義を行いました。講師陣には、アカンデ・オックスフォード大学教授、ライクラー・11KBW法律事務所弁護士、ボーン・ウィルマーヘイル法律事務所弁護士など国際的に著名なトップクラスの国際法専門家を海外から招いたほか、岩澤雄司国際司法裁判所（ICJ）裁判官など有数の日本人専門家をそろえました。

また、アジア諸国の学生を対象として1999年から毎年日本で開催している国際法模擬裁判の国際大会「アジア・カップ」も「東京国際法セミナー」の一環として開催し、書面による予備審査を通過した14か国の学生代表チームが、日本における弁論大会で弁論の優劣を競い、交流を深めました。

このように、第1回「東京国際法セミナー」は、国内外の国際法の専門家や実務家、また次世代の若者同士が、ここ日本で、国際法の重要な側面を共に学び合い、親睦を深めてネットワークを作る貴重な場となりました。日本弁護士連合会、国際法学会、日本の法律事務所など、日本国内の多くの法律関係者の協力を得て実現したこの「日本発」の取組に対して、多くの参加者から高い評価を得ました。

近年、法の支配に基づく国際秩序の維持・強化の重要性が増す中、日本は、2023年、国連安全保障理事会（安保理）において法の支配のための結束を呼びかけ、またG7議長国として法の支配に基づく自由で開かれた国際秩序の強化を訴えるなど、国際法の誠実な遵守を通じた法の支配の実現に向けた国際的な議論をリードするため努力してきました。「東京国際法セミナー」は、3月に岸田総理大臣が発表した「自由で開かれたインド太平洋（FOIP）」のための新たなプランの取組の一つであり、将来にわたり、このセミナーを更に拡充させていく考えです。

アカンデ教授による講義の様子（8月、東京）

セミナー参加者で記念撮影（8月、東京）

国際法上の権利義務関係を包括的に規定している。領海や排他的経済水域（EEZ）を含む分野に関する同条約の規定は国際社会に広く受け入れられており、海洋における活動は同条約の規定に従って行われるべきとの認識が広く共有されている。一層複雑化し多岐にわたる海洋問題に対応していく上で、包括的な、かつ、普遍的な法的枠組みである同条約に基づく海洋秩序を維持・強化していくことが重要である。

UNCLOSの目的を達成するため、UNCLOSに基づきいくつかの国際機関などが設置されている。1996年に設置された国際海洋法裁判所（ITLOS）は、海洋に関する紛争の平和的解決と海洋分野での法秩序の維持と発展において、重要な役割を果たしている。特に近年、ITLOSは海洋境界画定や海洋環境保護を含む幅広い分野の事例を扱い、その重要性が増している。日本はITLOSの役割を重視し、設立以来、日本人裁判官を輩出し続けており、6月に国連で行われたITLOS裁判官選挙では、堀之内UNCLOS担当大使が新たに裁判官に当選した（任期は2023年10月から9年間）。

また、大陸棚限界委員会（CLCS）[79]は、大陸棚延長制度の運用において重要な役割を果たしている。日本は、CLCSの設置以来、委員を輩出し続けているなど（現在の委員は山崎俊嗣東京大学教授（任期は2028年6月15日まで））、CLCSに対する人材面・財政面での協力を継続している。深海底の鉱物資源の管理を主な目的として設置された国際海底機構（ISA）[80]では、2023年に3回開催された理事会において、深海底の鉱物資源の開発に関する規則について審議が行われており、日本は自国の立場が同規則に反映されるよう交渉に積極的に参画している。

さらに、公海等における海洋生物多様性の保全などに対する国際社会の関心の高まりを受け、2004年に国連で議論が開始され、2018年からは条文交渉が行われてきたUNCLOSの下の国家管轄権外区域の海洋生物多様性の保全及び持続可能な利用に関する協定（BBNJ協定）[81]が、6月19日にニューヨークの国連本部において採択された。日本は、「保全」と「持続可能な利用」のバランスを重視する立場から、同協定の交渉に積極的に参加した（241ページ　特集参照）。

（3）政治・安全保障分野における取組

日本の外交活動の法的基盤を強化するため、政治・安全保障分野における国際約束の締結に積極的に取り組んでいる。一方の国の部隊が他方の国を訪問して活動を行う際の手続や地位などを定める部隊間協力円滑化協定（RAA）[82]については、8月にオーストラリアとの間で、また、10月に英国との間でそれぞれ発効し、11月にはフィリピンとの間で交渉開始で一致した。また、12月24日にジブチとの間で、在外邦人などの保護措置及び輸送並びにその可能性を見据えた臨時の態勢の整備を行う自衛隊の地位を確保するため、2009年の日・ジブチ地位取極を日・ジブチ両政府が相互に決定する活動に準用するための交換公文に署名（同日に発効）した。さらに、自衛隊と外国の軍隊との間の物品・役務の相互提供に係る決済手続などについて定める物品役務相互提供協定（ACSA）[83]に関しては、9月にドイツとの間で交渉を開始し、2024年1月に署名した。このほか、移転される防衛装備品や技術の取扱いについて定める防衛装備品及び技術移転協定、関係国との間の安全保障に係る秘密情報の共有の基盤となる情報保護協定などの更なる整備を進めた。防衛装備品及び技術移転協定については、アラブ首長国連邦との間で5月に署名（2024年1月に発効）、シンガポールとの間で6月3日に署名（同日に発効）した。

---

79 CLCS：Commission on the Limits of the Continental Shelf
80 ISA：International Seabed Authority
81 BBNJ協定：Agreement under the United Nations Convention on the Law of the Sea on the Conservation and Sustainable Use of Marine Biological Diversity of Areas beyond National Jurisdiction
82 RAA：Reciprocal Access Agreement
83 ACSA：Acquisition and Cross Servicing Agreement

特集
SPECIAL
FEATURE

国連海洋法条約と多様化する海洋の課題
―海洋環境の視点から―

1982年に国連で採択された国連海洋法条約（UNCLOS）[1]は、海の憲法とも呼ばれ、海洋活動に関する国際法上の権利義務を包括的に規定しています。一方、気候変動や技術の発展により、近年、国際社会が直面する海洋の課題は多様化しています。その中には、UNCLOS起草時に想定されていなかったものもあり、国際社会では、UNCLOSの枠組みの下で、こうした新しい課題にいかに対応するべきかの議論が進んでいます。今回は、海洋環境の視点から、国際社会が取り組んでいる海洋法の新しい課題として、「海面上昇」と「国家管轄権外区域の海洋生物多様性」を紹介します。

● 海面上昇が基線に及ぼす影響

　国際社会が直面する喫緊の課題として、気候変動問題に注目が集まっています。特に海洋に囲まれた国にとっては、気候変動によって海面が上昇すると、海岸線が陸側に後退することになりますが、これによって各国の領海などの外縁も変わるということになると、深刻な影響が発生します。このため、国際法の分野では、法的安定性を重視しつつ、既存の領海基線や海域を更新しないことが認められるかどうかについて、国連国際法委員会（ILC）[2]を始めとする場で議論が行われています。

　海面上昇の問題は、海洋国家の日本にとっても重要であり、太平洋島嶼国を始めとする各国との間で協力を強化しています。2月、日本は、気候変動による海面上昇によって海岸線が後退しても、UNCLOSに従って設定された既存の基線を維持することは許容されるとの立場をとることとし、林外務大臣から太平洋諸島フォーラム（PIF）代表団にこの立場を伝えました。また、9月の国連総会ハイレベルウィークにおける一般討論演説においても、岸田総理大臣から世界に向けてこの立場を表明し、国際社会の議論をリードしています。

● 国家管轄権外区域の海洋生物多様性（BBNJ）[3]

　海洋生物多様性の保全と持続的な利用に関しても、国際社会の関心は高く、取組が進んでいます。沿岸国が管轄権を行使できる海域（領海、排他的経済水域及び大陸棚）の生物多様性の保全については、1993年に発効した生物多様性条約がありますが、そうでない海域（公海及び深海底）にも同様のルールが必要であるとの国際的な認識の高まりを受け、2023年6月、「国連海洋法条約の下の国家管轄権外区域の海

国連でBBNJ協定が採択された時の様子
（6月、米国　写真提供：UN Photo/Eskinder Debebe）

洋生物多様性の保全及び持続可能な利用に関する協定（BBNJ協定）」が採択されました。2004年に国連で本件に関する議論が開始されて以降、日本は「保全」と「持続可能な利用」のバランスが取れ、実効的かつ多くの国が参加する普遍的な条約となるよう、交渉に積極的に参加してきました。20年近くにわたる議論や交渉が結実し、公海及び深海底における海洋生物多様性の保全及び持続可能な利用に関するルール作りが進展したことを歓迎しています。

　このように、国際社会が新たな海洋課題に直面する中、日本は、国際社会の議論をリードし、UNCLOSに基づく海洋秩序の維持・発展に努めています。

1　UNCLOS : United Nations Convention on the Law of the Sea
2　ILC : International Law Commission
3　BBNJ : Marine Biological Diversity of Areas beyond National Jurisdiction

（4）経済・社会分野における取組

貿易・投資の自由化や人的交流の促進、日本国民・企業の海外における活動の基盤整備などの観点から、諸外国との間で経済面での協力関係を法的に規律する国際約束の締結・実施が引き続き重要である。2023年も、各国・地域との間で租税条約、投資協定、社会保障協定などの交渉及び署名・締結を行った。また、自由で公正な経済圏を広げ、幅広い経済関係を強化するため、経済連携協定（EPA）などの交渉に積極的に取り組んだ。

環太平洋パートナーシップに関する包括的及び先進的な協定（CPTPP）[84]について、7月にCPTPPへの英国の加入議定書の署名が行われ、日本では12月にその締結について国会承認を得たほか、日EU・EPAについては、10月の日・EUハイレベル経済対話の機会に、「データの自由な流通に関する規定」を含めることに関する交渉の大筋合意を発表した。

さらに、日本国民・企業の生活・活動を守り、促進するため、WTOの紛争解決制度の活用を図り、既存の国際約束の適切な実施に取り組んでいる。

国民生活と大きく関わる人権、労働、環境、保健、漁業、海事、航空、宇宙、郵便などの社会分野でも、日本の立場が反映されるよう国際約束の交渉に積極的に参画し、また、これを締結している。例えば、宇宙分野では、6月に日・米宇宙協力に関する枠組協定を締結し、航空分野では、7月に二国間航空協定に関する日・EU協定を締結した。

（5）刑事分野における取組

ICCは、国際社会の関心事である最も重大な犯罪を行った個人を国際法に基づいて訴追・処罰する世界初の常設国際刑事法廷である。日本は、2007年10月の加盟以来、ICCの活動を一貫して支持し、様々な協力を行っている。財政面では、日本はICCへの最大の分担金拠出国であり、2023年現在、分担金全体の約15％を負担している。加えて、ICC加盟以来継続して裁判官を輩出しており、赤根智子前国際司法協力担当大使兼最高検察庁検事が裁判官を務めている（2024年3月、ICC所長に選出）。予算財務委員会においても、山田潤アジア・アフリカ法律諮問委員会（AALCO）事務局次長が新たに委員に選出されるなど、人材面においても、ICCの活動に協力している。ICCが国際刑事司法機関としての活動を本格化させていることに伴い、ICCに対する協力の確保や補完性の原則の確立、裁判手続の効率性と実効性の確保が急務となっており、日本は、締約国会議の作業部会などの場を通じて、これらの課題に積極的に取り組んでいる。

さらに、近年の国境を越えた犯罪の増加を受け、他国との間で必要な証拠の提供などの刑事分野の司法協力を一層確実に行えるようにしている。具体的には、刑事司法分野における国際協力を推進する法的枠組みの整備のため、刑事共助条約（協定）[85]、犯罪人引渡条約[86]及び受刑者移送条約[87]の締結を進めている。8月に国際協力に係る多数国間の枠組みであるサイバー犯罪に関する条約の第二追加議定書を締結したほか、6月にブラジルとの間で刑事共助条約について実質合意に至り、2024年1月に同条約に署名した。

7 人権

世界各地における人権状況への国際的関心が高まっているが、人権の保護・促進は国際社会の平和と安定の礎である。人権は普遍的な価値であり、達成方法や文化に差異はあっても、人権擁護は全ての国の基本的責務であると日本は認識している。また、深刻な人権侵害に対して

84　CPTPP：Comprehensive and Progressive Agreement for Trans-Pacific Partnership
85　捜査、訴追その他の刑事手続について他国と行う協力の効率化や迅速化を可能とする法的枠組み
86　犯罪人の引渡しに関して包括的かつ詳細な規定を有し、犯罪の抑圧のための協力を一層実効あるものとする法的枠組み
87　相手国で服役している受刑者に本国において服役する機会を与え、社会復帰の促進に寄与する法的枠組み

はしっかり声を上げるとともに、「対話」と「協力」を基本とし、民主化、人権擁護に向けた努力を行っている国との間では、二国間対話や協力を積み重ねて自主的な取組を促すことが重要であると考えている。加えて日本は、アジアでの橋渡しや社会的弱者の保護といった視点を掲げつつ、二国間対話や国連など多数国間フォーラムへの積極的な参加、国連人権メカニズムとの建設的な対話を通じて、世界の人権状況の改善に向けて取り組んでいる。二国間対話としては、米国との間で民主主義の強靱性に関する日米戦略対話を新たに立ち上げ、2月に第1回日米戦略対話（東京）を開催した。8月には第12回日・カンボジア人権対話（プノンペン）、10月には第14回日・イラン人権対話（東京）を開催し、人権分野での双方の取組について情報交換し、また、多国間の場での協力について意見交換を行った。11月の第3回日・国連人権高等弁務官事務所（OHCHR）政策協議では、日本とOHCHRの協力強化について議論するとともに、人権分野などにおける日本の取組やアジアを始めとする地域の人権状況などにつき意見交換を行った。

（1）国連などにおける取組

▶ア 国連人権理事会

　国連人権理事会は、1年を通じてジュネーブで会合が開催され（年3回の定期会合）、人権や基本的自由の保護・促進に向けて、審議・勧告などを行っている。5月にはスーダンの人権状況に関する特別会合が開催され、スーダン紛争の人権への影響に関する決議が採択された。日本は、2022年までに、理事国を5期務めた。10月の理事国選挙でも当選し、2024年1月から2026年12月まで理事国を務めることとなる（6期目）。

　2月及び3月の国連人権理事会第52会期のハイレベル・セグメントでは、中谷元総理大臣補佐官（国際人権問題担当）がステートメントを実施した。その中で、中谷総理補佐官は、ロシアによるウクライナ侵略を国際秩序の根幹を揺るがす暴挙として断固拒否し、国際社会が今

一度結束して行動することを求めた。また、日本として引き続き、アジアの国々を始めとする世界の人権保護・促進に貢献していく決意を述べ、拉致問題の早期解決の重要性を訴えた。さらに、香港や新疆ウイグル自治区を始めとする中国の人権状況に深刻な懸念を表明し、中国の具体的行動を求めた。また、「ビジネスと人権」、ハンセン病差別撤廃、多様性が尊重され、全ての人々がお互いの人権や尊厳を大切にし、自分らしい人生を送れる社会の実現、女性の人権の保護推進といった分野における日本の直近の取組を紹介した。同会期では、EUが提出し、日本が共同提案国となった北朝鮮人権状況決議案が無投票で採択された（採択は16年連続）。この決議は、北朝鮮に対して、全ての拉致被害者の即時帰国の実現を確保することを始め、拉致被害者及びその御家族の声に真摯に耳を傾け、即座に被害者の家族に対する失踪者の安否及び所在に関する正確、詳細、かつ完全な情報の誠実な提供を改めて強く要求しているほか、関係者と建設的な対話を行うことを要求する内容となっている。

　6月及び7月の第53会期では、日本はハンセン病差別撤廃決議案を主提案国として提出し、無投票で採択された。同決議は、全世界でハンセン病患者・回復者及びその家族による人権の享受を実現し、平等な社会参加を妨げる患者などへの差別や偏見を撤廃することを目的に、ハンセン病差別撤廃に関する特別報告者の任期を3年間延長することを主な内容としている。

　9月及び10月の第54会期では、日本はカンボジア人権状況決議案を主提案国として提出し、無投票で採択された。同決議は、カンボジアの人権状況に対する国際社会の懸念を反映しつつ、カンボジア政府による人権状況改善のための取組を促進するほか、カンボジアの人権状況に関する特別報告者の任期を2年間延長する内容となっている。

▶イ 国連総会第3委員会

　国連総会第3委員会は、人権理事会と並ぶ国

連の主要な人権フォーラムであり、例年10月から11月にかけて、社会開発、女性、児童、人種差別、難民、犯罪防止、刑事司法など幅広いテーマが議論されるほか、北朝鮮、シリア、イランなどの国別人権状況に関する議論が行われている。第3委員会で採択された決議は、総会本会議での採択を経て、国際社会の規範形成に寄与している。

第78会期では、EUが提出し、日本が共同提案国となった北朝鮮人権状況決議案が、11月の第3委員会と12月の総会本会議において、無投票で採択された（採択は19年連続）。同決議は、深刻な人権侵害を伴う拉致問題及び全ての拉致被害者の即時帰国の緊急性及び重要性を始めとしたこれまでの決議内容を重ねて言及し、さらには、北朝鮮が被害者及びその家族の声に真摯に耳を傾け、被害者の家族に対する被害者の安否及び所在に関する正確、詳細かつ完全な情報の誠実な提供、関係者との建設的な対話を行うよう強く要求する内容となっている。また、同会期では、英国が50か国を代表して、新疆ウイグル自治区における深刻な人権侵害に関する共同ステートメントを読み上げ、日本はアジアから唯一これに参加した。

さらに日本は、シリア、イラン、ミャンマーなどの国別人権状況や各種人権問題（社会開発、児童の権利など）を含め、人権保護・促進に向けた国際社会の議論に積極的に参加した。

⑦ 「ビジネスと人権」に関する行動計画の実施

日本は、国連人権理事会において支持された「ビジネスと人権に関する指導原則」を受け、2020年に政府が策定した「ビジネスと人権」に関する行動計画の下、企業活動における人権尊重の促進に取り組んでいる。また、企業における人権尊重の取組を後押しするため、2022年9月に業種横断的な人権デュー・ディリジェンス[88]に関するガイドラインを策定したことに加え、2023年4月には、公共調達における人権配慮に関する政府の方針についての決定を

行った。5月、G7広島サミット首脳コミュニケにおいても、G7内外でビジネスと人権に関する議論を深める必要性を強調した。さらに、国際機関とも連携し、日本企業の進出国を中心に、現地政府への支援や、日本企業及びそのサプライヤーに対する研修やセミナーなどを実施している。今後も、関係府省庁と連携しつつ、ステークホルダーと継続的に対話を行いながら、行動計画の着実な実施に取り組んでいく。

(2) 国際人道法に関する取組

日本は、国内における国際人道法の履行強化に向けて積極的に取り組んできた。11月にはアジア太平洋国際人道法地域会合に参加した。また、国際人道法の啓発の一環として、例年同様、赤十字国際委員会（ICRC）主催の国際人道法模擬裁判・ロールプレイ大会に、審査員役として講師を派遣し、12月には国際人道法（IHL）国内委員会を開催した。

(3) 難民問題への貢献

日本は、国際貢献や人道支援の観点から、2010年度から2014年度まで第三国定住（難民が、庇護を求めた国から新たに受入れに同意した第三国に移り、定住すること）により、タイに一時滞在しているミャンマー難民を受け入れた。2015年度以降は、マレーシアに一時滞在しているミャンマー難民を受け入れている。

その後、難民を取り巻く国際情勢の大きな変化や国際社会の動向を踏まえ、難民問題に関する負担を国際社会において適正に分担するとの観点から、日本は、2019年6月、第三国定住による難民の受入れを、年約60人の範囲内へ拡大することを決定した。

2020年度は、国内外における新型コロナウイルス感染症の状況を踏まえて、難民の受入れが延期されたが、2022年3月に再開され、2010年度から2023年末時点までに合計101世帯276人が来日した。

来日した難民は生活のための語学習得や就職

---

88 人権デュー・ディリジェンス：企業活動における人権への影響の特定、予防・軽減、対処、情報提供を行うこと

支援サービスを受けるなど、6か月間の定住のための研修を受ける。研修を終えた者は、それぞれの定住先地域で自立した生活を営んでいる。当初、首都圏の自治体を中心に定住を実施してきたが、難民問題への全国的な理解を促進することなどの観点から、2018年以降は、首都圏以外の自治体での定住を積極的に進めている。

第三国定住による難民受入れは欧米諸国が中心となって取り組んできたが、アジアで開始したのは日本が初めてである。

⑧ ジェンダー平等・女性のエンパワーメント

2022年から続くロシアによるウクライナ侵略や2023年10月のハマスなどパレスチナ武装組織によるテロ攻撃を発端としたパレスチナ・ガザ地区での武力衝突は、紛争関連性的暴力に関する報告の増加に代表されるように、特に女性・女児に深刻な被害を及ぼしている。さらに、気候変動による台風やハリケーン、洪水、地震、大火災など大規模自然災害の影響は国を問わず世界中で頻発しており、保健や食料・エネルギーへの不安なども拡大し、既存のジェンダー不平等を一層浮き彫りにしている。このため、ジェンダー平等の実現と女性のエンパワーメントの促進は国内外の平和と繁栄のための最重要課題の一つとして捉える必要がある。より平和で繁栄した社会を実現していく上で、女性・女児を様々な施策の中心に位置付けることは不可欠であり、あらゆる政策にジェンダーの視点を取り入れる「ジェンダー主流化」は、国際社会においてますます重要となっている。特に、紛争後の平和構築に至るまでの意思決定の全ての段階において、女性の平等で十全な参画を得ることによって、より持続可能な平和に近づくという考え方である「女性・平和・安全保障（Women, Peace and Security、以

下「WPS」という。）の視点が重要である。

日本の予算の基礎となる「経済財政運営と改革の基本方針2023（いわゆる「骨太方針2023」）」においては、初めてWPSが取り上げられた。外務省においても、ODAを含むあらゆるツールを用いて省内横断的にWPSを推進するため、2024年1月に大臣の下にタスクフォースを設置した。今後も、女性に関する国際会議の開催や、各国や国際機関などとの連携を通じた開発途上国支援を強力に推進し、WPSを含むジェンダー平等の実現と女性のエンパワーメントの促進に貢献していく。

（1）G7

5月に開催されたG7広島サミットの首脳宣言では、三つの段落にわたりジェンダーが主題として扱われたほか、前文、開発、食料安全保障、労働、教育、デジタル、人権、テロ、地域情勢といった幅広い文脈においてもジェンダーが取り上げられた。なかでも、あらゆる人々が性自認、性表現あるいは性的指向に関係なく、暴力や差別を受けることなく生き生きとした人生を享受することができる社会の実現にコミットしたほか、ジェンダー主流化を深化させるため、政治と安全保障、経済と社会の領域を橋渡しする「ネクサス」[89]を作り出すことによる行動の効率と影響の最大化を提唱した点などが特筆される。また、6月には日本で初めての開催となるG7栃木県・日光男女共同参画担当大臣会合において、小倉將信女性活躍担当大臣・内閣府特命担当大臣（男女共同参画）が議長を務め、会合の成果として「G7ジェンダー平等大臣共同声明（日光声明）」を取りまとめた。11月に上川外務大臣が議長を務め東京で開催されたG7外相会合においては、WPSアジェンダを含むジェンダー平等といった、より広範なグローバルな課題に対処するため、G7を超えて国際的な連帯を更に築くことにコミットすることが共同声明に盛り込まれた。

---

89 ネクサス（NEXUS）：「一貫性」「連結性」「連続性」を意味する。

世界と共創し、国益を守る外交

3

このほか、「ジェンダー・ギャップに関するG7ダッシュボード」[90]の改訂や、初となる「ジェンダー平等実施報告書」の経済協力開発機構（OECD）による公表など、ジェンダー分野におけるG7のコミットメントの監視メカニズムも着実に実施された。

（2）G20

8月、G20インド議長国下で、G20では3回目となる女性活躍担当大臣会合がガンディガナル（インド）で開催された。同会合の主要テーマは、「世代間変革を先導する女性主導の包摂的な開発（Women led Inclusive Development as Cusp of Inter- Generational Transformation）」で、小倉女性活躍担当大臣・内閣府特命担当大臣は「女性のリスキリング（Skilling Opportunities for Women）」のセッションに参加し、日本の男女共同参画の現状や取組、G7栃木県・日光男女共同参画・女性活躍担当大臣会合で取りまとめた「日光声明」などに言及した。9月のG20ニューデリー・サミットで発出された首脳宣言では、ジェンダー平等並びに全ての女性及び女児のエンパワーメントや、経済的・社会的エンパワーメントの強化、ジェンダー間のデジタル・ディバイド是正の重要性を確認した。

（3）国際協力における開発途上国の女性支援

日本は、国際協力機構（JICA）や国際機関を通じ、教育支援・人材育成のほか、開発途上国の女性の経済的エンパワーメントやジェンダーに基づく暴力の撤廃に向けた取組を行っている。

ア　教育支援・人材育成

2021年7月に開催された世界教育サミットで、茂木外務大臣がビデオメッセージで、5年間で15億ドル以上の教育支援を表明、また少なくとも750万人の開発途上国の女子に対する質の高い教育及び人材育成の機会の提供の支援を表明し、これを実施している。2022年9月に開催された第77回国連総会において、岸田総理大臣は、人への投資を重視しつつ人材育成や能力構築に力を入れること、また、教育チャンピオン[91]に就任し、国連変革教育サミットの成果も踏まえて人づくり協力を進めることを表明した。

イ　JICAを通じた女性支援

女性の経済的エンパワーメントを推進するため、パキスタンにおいて低所得層の女性家内労働者の生活改善支援や、ベトナムにおいて女性のニーズに応じた金融サービスなどの提供促進支援を行った。また、女性の平和と安全の保障を推進するため、メコン地域を対象に人身取引対策に携わる関係組織の能力と連携強化を支援し、さらに、南スーダンやパキスタンにおいてジェンダーに基づく暴力の生存者の保護や自立支援を行う協力及びジェンダーに基づく暴力の撤廃をテーマとした研修を12か国から参加者を得て実施した。

ウ　紛争下の性的暴力への対応

紛争の武器としての性的暴力は、看過できない問題であり、加害者不処罰の終焉及び被害者の支援が重要である。21世紀こそ女性の人権侵害のない世界にするため、日本はこの分野に積極的に取り組んでおり、紛争下の性的暴力担当国連事務総長特別代表（SRSG-SVC）[92]事務所などの国際機関との連携、国際的な議論の場への参加を重視している。2023年、日本はSRSG-SVC事務所に対し、約90万ドルの財政支援を行い、マリにおける紛争関連性的暴力を含むジェンダーに基づく暴力の被害者に対し

---

90 ジェンダー平等に関するG7のコミットメントを継続的に監視するため、教育、雇用・社会保障、起業、リーダーシップ、健康・福祉、開発協力基金の分野から12の指標を選定し、G7及びEUの国内・域内のジェンダー平等の進捗を図表化したもの。2022年6月のG7エルマウ・サミットで承認された。

91 同国連総会で、岸田総理大臣は、グテーレス国連事務総長の要請を受け、国際社会において教育を推進するリーダーの役割を担う初代教育チャンピオンに就任した。

92 SRSG-SVC：Special Representative of the Secretary-General on Sexual Violence in Conflict

て、医療・心理的支援や社会経済的統合に関する支援などを行っている。また、2018年ノーベル平和賞受賞者であるデニ・ムクウェゲ医師及びナディア・ムラド氏が中心となって創設した紛争関連の性的暴力生存者のためのグローバル基金（GSF）[93] に対し、2023年に200万ユーロを追加拠出し、これまでに計800万ユーロを拠出した（2023年12月末時点）。また、日本は理事会メンバーとして同基金の運営に積極的に関与している。さらに、国際刑事裁判所（ICC）の被害者信託基金にも引き続き拠出を行っており、性的暴力対策にイヤーマーク（使途指定）し、被害者保護対策にも取り組んでいる。このほか、国連女性機関（UN Women）を通じた支援も行っている。

（4）国連における取組

⑦ 女性・平和・安全保障（Women, Peace and Security：WPS）

日本は、WPSを主要外交政策の一環として力強く推進している。WPSとは、紛争下の女性や女児の保護及び紛争予防から和平プロセス、紛争後の平和構築に至るまでの意思決定の全ての段階における女性の平等で十全な参画を得ることによって、より持続可能な平和に近づくという考え方で、2000年に採択された安保理決議第1325号に初めて明記された。

上川外務大臣は、就任以来、国連ハイレベルウィークに際するニューヨーク訪問や東南アジア、中東訪問、G7外相会合など、二国間・多国間を問わず様々な機会をとらえて、WPSの重要性を発信している。9月の国連総会ハイレベルウィーク期間中、上川外務大臣は国際平和研究所（IPI）、アイルランド政府及び笹川平和財団の共催による「女性・平和・リーダーシップ」シンポジウム及び「WPSフォーカルポイント・ネットワーク・ハイレベル・サイドイベント」に出席し、安保理非常任理事国として、日本はWPSの推進に一層取り組んでいくと述べた。11月、APEC閣僚会議に際するサンフ

「WPSフォーカルポイント・ネットワーク・ハイレベル・サイドイベント」に出席する上川外務大臣（9月21日、米国・ニューヨーク）

ランシスコ訪問では、「WPS＋I（イノベーション）」と題して、WPSを次の次元に引き上げるためのイノベーションをテーマに基調講演を実施し、WPSの推進や女性のエンパワーメントには男性の協力が不可欠であること、また、世界各地で自然災害が多発する中、災害対応や防災・減災の分野にWPSアジェンダを組み込むことは極めて重要であると指摘し、平和と安定が揺らいでいる時代において、経済と平和・安定を不可分のものとして議論すべきとの問題を提起した上で、斬新かつクリエイティブな議論を行った。

また、12月には、日本としてWPSを次の次元に引き上げるために、各界や現場の専門家の意見をヒアリングすることが重要であるとの観点から、上川外務大臣は、「WPS＋I（イノベーション）」第2弾として、「WPS＋イノベーション－難民支援・人道支援の現場から－」と題する意見交換会を主催し、佐藤摩利子国際移住機関（IOM）アジア太平洋地域上級顧問のモデレートの下、国連高等難民弁務官事務所（UNHCR）、赤十字国際委員会（ICRC）、国際赤十字・赤新月社連盟（IFRC）、IOMから、難民支援や人道支援の現場での経験を踏まえつつ、直面する課題や日本に期待する役割などについて聴取した。さらに、上川外務大臣は、笹川平和財団主催のWPSに関する日本・インドネシア外相対話「なぜ、女性の視点が必要なの

---

93 GSF：Global Fund for Survivors of Conflict-Related Sexual Violence

世界と共創し、国益を守る外交 3

かー日本・インドネシアの女性外相が語るー」に出席し、災害対応における女性の視点の重要性について強調しつつ、日本ASEAN友好協力50周年を契機として、インドネシアを始めとするASEAN諸国と共にWPSアジェンダを推進し、ルトノ外相と共にWPSの主流化を国際社会全体に広めていきたいと発言した。

そのほか、上川外務大臣は、10月にはジョージタウン大学女性・平和・安全保障研究所、笹川平和財団主催「女性、平和、安全保障における男性の参加」シンポジウム、11月にはWomen Political Leaders（WPL）、アイスランド政府及び同国議会が主催する「レイキャビク・グローバル・フォーラム2023」に対してそれぞれビデオメッセージを発出し、WPSアジェンダを更に推進していきたいと述べた。

また、日本は4月に、第3次「女性・平和・安全保障行動計画」（女性・平和・安全保障に関する国連安保理決議第1325号及びその関連決議の履行に向けた行動計画）を策定した。本計画に沿って、主にUN WomenやSRSG-SVC事務所などの国際機関への拠出により中東、アフリカ、アジア地域のWPS分野に貢献しているほか、モニタリングのための実施状況報告書及び外部有識者から構成される評価委員による評価報告書を作成した。さらに、日本国内では12月に「WPSパネルディスカッション：国際平和と安全保障への女性の参画促進に日本はどう貢献できるか？―G7 GEAC・WAW!フォローアップイベントー」を開催し、実務家やハイレベルの議論を行った（249ページ　特集参照）。

■イ　国連女性機関（UN Women）との連携

日本は、2013年に約200万ドルだった拠出金を、2023年には約2,066万ドルにまで増額し、UN Womenとの連携を強化している。とりわけ、開発途上国の女性・女児に対し、平和構築及び復興プロセスに参画するための能力強化、生計支援や起業支援などの経済的なエンパワーメント、また、ジェンダーに基づく暴力の被害を受けた女性に対する支援などに取り組んでいる。このほか、紛争、自然災害の影響を受けた女性、女児に対する生活必需品の提供、雇用創出・職業訓練を通じた女性の経済的エンパワーメント支援も実施している。

■ウ　国連女性の地位委員会（CSW）[94]

3月に開催された第67回国連女性の地位委員会（CSW67）は、2019年のCSW63以来の対面開催となった。会議では、「ジェンダー平等と全ての女性と女児のエンパワーメントの達成のためのイノベーション、技術変革、デジタル時代の教育」を優先テーマに議論が展開された。日本からは、小倉女性活躍担当大臣・内閣府特命担当大臣（男女共同参画）が、一般討論においてビデオメッセージ形式で、デジタル分野における女性のエンパワーメントに向けた日本の取組について説明した。また、閣僚級円卓会合において、田中由美子日本代表（城西国際大学特命連携教授）が、デジタル分野での女性の就業支援の取組や国際協力として実施している国外での女性たちのデジタルスキル向上支援といった日本の取組を紹介した。

---

94 CSW：United Nations Commission on the Status of Women

特集 SPECIAL FEATURE

ジェンダー平等と女性のエンパワーメントに向けて
―G7ジェンダー平等アドバイザリー評議会（GEAC）・ 国際女性会議WAW! フォローアップウィーク―

2015年以降のG7サミットでは、女性のエンパワーメントが議題の一つとして取り上げられ、重要課題と認識されています。日本が議長国を務めた5月のG7広島サミットの首脳宣言では、三つの段落にわたりジェンダーが主題として扱われたほか、前文、開発、食料安全保障、労働、教育、デジタル、人権、テロ、地域情勢といった幅広い文脈においてもジェンダーに言及しました。さらに12月には、G7の首脳に対してジェンダー平等に関する提言を行う外部諮問機関であるジェンダー平等アドバイザリー評議会（GEAC）[1]が、岸田総理大臣に提言を取りまとめた最終報告書を提出しました。また、日本政府は、ジェンダー平等と女性のエンパワーメントを国内外で実現するための取組の一環として、2014年から国際女性会議WAW!（World Assembly for Women）を開催しています。こうした取組をフォローアップする観点から、外務省は、ジェンダー平等と女性のエンパワーメントに向けたイベントを12月に開催しました。

● GEACによる岸田総理大臣表敬

12月12日、岸田総理大臣は、白波瀬佐和子東京大学教授を議長とする、GEACの代表による表敬を受けました。GEACのメンバー8人は、最終報告書「包摂的、平和的、公正な社会のためのジェンダー主流化」を提出し、ジェンダー主流化を通じたジェンダー平等の実現と女性のエンパワーメントを更に推進することへの強い期待を述べました。それに対し、岸田総理大臣は一層のジェンダー主流化の促進に取り組みたいと述べました。

GEACによる岸田総理大臣表敬
（12月12日、東京　写真提供：内閣広報室）

● G7広島サミットフォローアップ：GEAC報告書発表シンポジウム ―ジェンダー平等と女性のエンパワーメントに向けて―

12月13日、「G7広島サミットフォローアップ：GEAC報告書発表シンポジウム　ジェンダー平等と女性のエンパワーメントに向けて」が開催されました。GEACのメンバーは、今般発表された最終報告書の内容について、ジェンダーに知見を有する各分野の専門家としての視点を交えて議論を展開しました。上川外務大臣はビデオメッセージで、最終報告書の提言はG7の考えとも一致するものであるとした上で、中でも女性・平和・安全保障（Women, Peace and Security：WPS）の完全な実施の確保が提言に含まれていることを歓迎しました。

GEAC報告書発表シンポジウムにおける上川外務大臣ビデオメッセージ（12月13日、東京）

● WPSパネルディスカッション：国際平和と安全保障への女性の参画促進に日本はどう貢献できるか？―G7 GEAC・WAW! フォローアップイベント―

同日、「国際平和と安全保障への女性の参画促進に日本はどう貢献できるか？」をテーマとして、WPSに関するパネルディスカッションが開催されました。第一部では、外務省から日本のWPS行動計

画の特徴や日本ならではの
WPSの取組を紹介したのに続
いて、防衛省、笹川平和財団、
独立行政法人国際協力機構
(JICA)、NGO関係者などか
らWPSに関する現場での経験
に基づく報告が行われました。
第二部では、メレーン・バー
ビア・ジョージタウン大学

WPSパネルディスカッションの様子（12月13日、東京）

深澤外務大臣政務官とバービア
WPS研究所長との昼食会
（12月14日、東京）

WPS研究所長や目黒依子上智大学名誉教授、マキシム・ウィナト国連女性
機関（UN Women）東・南部アフリカ地域事務局長、ピーター・ロバーツ駐日オーストラリア大使館
首席公使らが登壇し、WPSを踏まえた紛争や災害対応について、非常に活発な議論が行われました。さ
らに、バービアWPS研究所長は深澤陽一外務大臣政務官と懇談し、日本のWPSに関する取組などにつ
いて意見交換を行いました。

---

1 GEAC：The Gender Equality Advisory Council

2 日本の国際協力 （開発協力と地球規模課題への取組）

2023年は、国際社会がロシアによるウクライナ侵略、中東情勢、地球規模課題が相まった複合的危機に直面する中で、「人間の尊厳」が守られる世界の実現が一層の課題となるとともに、「グローバル・サウス」と呼ばれる途上国・新興国が存在感を増した1年であり、こうした諸課題に対応するための開発協力の重要性が改めて認識された。

1 開発協力

（1）開発協力大綱と日本のODA実績

ア 開発協力大綱の改定

6月、日本の開発協力の新たな方向性を示す「開発協力大綱」を閣議決定した（252ページ特集参照）。1992年以降、2003年、2015年に続く8年ぶりの改定の背景には、国際社会が歴史的な転換期にあることが挙げられる。すなわち、国際社会が複合的危機（(1) 気候変動や感染症などの地球規模課題の深刻化と持続可能な開発目標（SDGs）達成の遅れ、(2) 既存の国際秩序への重大な挑戦とサプライチェーンを含む分断リスクの深刻化、(3) これらが連動した開発途上国経済への打撃や人道危機の発生など）に直面しており、こうした危機の克服

のため、開発協力の果たす役割はますます重要となっている。

また、一部の開発途上国で債務問題が深刻化するなど、国際社会全体において透明かつ公正なルールに基づく開発協力が一層求められている。同時に、民間資金の流れが政府開発援助（ODA）[1]を含む公的資金を大きくしのぐ中で、民間企業や国際機関を始めとする、多様なアクターとの連携や新たな資金動員を通じて、開発効果を最大化することがますます求められている。

こうした背景を踏まえ、日本は開発協力大綱を改定し、日本の開発協力の新たな方向性を示すこととした。新たな大綱の下で、開発途上国への関与を一層強化し、外交の最も重要なツールの一つである開発協力を従来以上に効果的・戦略的に活用していく。

イ 日本のODA実績

2022年の日本のODA実績[2]については、「贈与相当額計上方式」[3]によると、対前年比0.8%減の約174億9,994万ドルとなった。これは経済開発協力機構・開発援助委員会（OECD/DAC）[4]メンバーの中では、米国、ドイツに次いで第3位である。この計上方式での対国民総所得（GNI）[5]比は0.39%となり、OECD/DACメンバー中第16位となっている（出典：OECD

---

1 ODA：Official Development Assistance
開発協力を進めるための公的資金のうち、開発途上国の経済開発や福祉の向上に役立つことを主目的としたもの
https://www.mofa.go.jp/mofaj/gaiko/oda/shiryo/hakusyo.html

2 日本のODAの主な形態としては、無償資金協力、債務救済、国際機関等経由及び技術協力である贈与、政府貸付等、国際機関向け拠出・出資等がある。
3 「贈与相当額計上方式」（Grant Equivalent System：GE方式）は、経済協力開発機構・開発援助委員会（OECD/DAC）が標準のODA計上方式として2018年の実績から導入したものであり、政府貸付等について、贈与に相当する額をODA実績に計上するもの。贈与相当額は、支出額、利率、償還期間などの供与条件を定式に当てはめて算出され、供与条件が緩やかであるほど額が大きくなる。以前のOECD/DACの標準であった純額方式（供与額を全額計上する一方、返済額はマイナス計上）に比べ、日本の政府貸付等がより正確に評価される計上方式と言える。
(https://www.mofaj.go.jp/mofaj/gaiko/oda/files/100053766.pdf)

4 OECD/DAC：Organisation for Economic Co-operation and Development/Development Assistance Committee
5 GNI：Gross National Income

特集
SPECIAL
FEATURE

新たな開発協力大綱

6月、日本の開発協力の新たな方向性を示す「開発協力大綱」が閣議決定されました。見直しの主なポイントは以下のとおりです。

（1）基本方針のアップデート

新たな時代の「人間の安全保障」を指導理念として掲げ、一人ひとりが尊厳を持って幸福に生きることができるよう、個人の保護と能力強化といった「人への投資」に取り組み、様々な主体間の「連帯」を柱に据えました。

また、開発途上国を中核に様々な主体を巻き込み、新たな解決策や社会的価値を共に創り上げるという「共創」を新たに掲げました。こうした価値を日本にも還流させつつ、日本と開発途上国の次世代を担う人材を育てていくことにより、日本自身の経済・社会課題の解決や経済成長につなげていくことも目指していきます。

（2）三つの重点政策

第一に、複合的危機の時代において、「質の高い成長」がますます重要になっています。これを踏まえ、経済成長の基礎・原動力確保のための協力を行っています。また、今日開発途上国が直面する課題である、食料・エネルギー安全保障などの経済社会の自律性・強靱性の強化や、デジタルなどの新たな課題への取組を強化していきます。

第二に、こうした「質の高い成長」の前提である、開発途上国の社会の安定などに資する、法制度整備支援、グッド・ガバナンス（良い統治）の実現、人道支援・平和構築、海洋保安能力強化などに取り組んでいきます。また、「自由で開かれたインド太平洋（FOIP）」のビジョンの下、法の支配に基づく自由で開かれた国際秩序の維持・強化に開発途上国と共に取り組んでいきます。

第三に、「質の高い成長」と密接に関わる地球規模課題への対応です。気候変動など地球規模課題は脆弱な立場の開発途上国に特に深刻な影響を及ぼしています。持続可能な開発目標（SDGs）の進捗に遅れが生じていることを踏まえ、特に、気候変動（開発途上国の緩和・適応の対応能力向上）・環境、保健（ユニバーサル・ヘルス・カバレッジ（UHC）の推進）、防災、教育といった分野の取組を加速化していきます。

（3）実施：ODAを進化させる三つのアプローチ

第一に、様々な主体との「共創」による開発効果の最大化です。民間企業、公的金融機関、他ドナー（開発協力の目的・理念を共有する国々）、国際機関・国際開発金融機関（MDBs）など様々なパートナーとの連帯の強化を示しました。民間資金動員型ODAやJICA海外投融資を始めとする公的資金の戦略的活用を通じ、インパクト投資[1]など持続可能な社会を実現するための金融（サステナブルファイナンス）を後押しし、また、開発途上国の人材育成や法制度整備支援などビジネス環境の整備などに努めていきます。

第二に、オファー型協力などによる戦略性の強化です。オファー型協力は、日本の強みをいかした魅力的な協力メニューを積極的に提案し、相手国との対話と協働を通じて案件形成を行うものです。日本の外交政策に照らし戦略的に取り組む分野を選定・公表することにより、予見可能性を高めることで、

様々な主体の案件参画を促します。

　第三に、日本のODAの制度改善です。「柔軟性・効率性」及び「迅速性」をキーワードに、包括的な協力パッケージの提案や所得水準が相対的に高い国々への無償・技術協力の活用による関与強化、民間に合わせた意思決定の迅速化、緊急人道支援の支援手法の改善など、時代に応じた制度改善に不断に努めていきます。

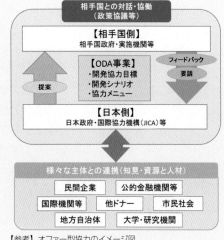

【参考】オファー型協力のイメージ図

1 投資収益の確保にとどまらず、社会課題を考慮し、経済社会全体の便益に寄与する環境・社会的な効果（「インパクト」）の創出を意図する投資（出典：金融庁ウェブサイト（https://www.fsa.go.jp/news/r4/singi/20221025.html）を加工して作成）

データベース（OECD.Stat）（2023年12月））。

（2）2023年の開発協力

　2023年、日本は以下アからエを中心に取り組んだ。

ア　ウクライナ支援とグローバル・サウス支援、及び人道危機への対応

　日本はこれまで、ウクライナ及びその周辺国など影響を受けた関係国に対し、人道、財政、食料、復旧・復興の分野で、総額76億ドルの支援を表明し、着実に実施してきている。ロシアによるウクライナ侵略開始直後から、ウクライナ避難民向けの医療・保健、水・衛生、シェルター、食料、女性・子どもの保護などの人道支援を行い、財政支援も迅速に実施してきた。また、ロシアによる攻撃により多くのエネルギー・インフラ施設が破壊され、各地で大規模な停電が発生していることを受け、9月に越冬

支援として、キーウ市において50万人が裨益する大型変圧施設2基を、国連開発計画（UNDP）[6]経由で供与した。アフリカを含むグローバル・サウスの国々では、ロシアによるウクライナ侵略の影響も受けたインフレの拡大、サプライチェーンの混乱などにより、食料不安・不足が深刻化し、人道危機の更なる悪化に曝されている。これに対しグローバルな食料安全保障への対応として二国間及び国際機関や日本の非政府組織（NGO）経由での食料支援や生産能力強化支援などを行っている。

　パレスチナ・ガザ地区の情勢は一層深刻化しており、日本はパレスチナに対する総額約7,500万ドル[7]の人道支援のほか、独立行政法人国際協力機構（JICA）を通じたテントや医療消耗品などの物資支援を実施した。

　このように世界の人道状況が悪化する中で、12月にジュネーブで第2回グローバル難民フォーラム（GRF）[8]が開催され、共催国であ

6　UNDP：United Nations Development Programme

7　2024年1月26日に発覚したUNRWA職員のテロへの関与疑惑を受け、1月28日、日本はパレスチナ支援の一部であるUNRWAへの資金拠出（3,500万ドル）を一時停止した。

8　GRF：Global Refugee Forum

る日本からは、上川外務大臣が出席した。上川外務大臣からは、難民・避難民一人一人の夢を実現できることこそ、日本が心に描くべき未来の展望であると述べ、難民・避難民への対応において「女性・平和・安全保障（WPS）[9]」の考え方が不可欠であると指摘し、人道状況の悪化を食い止めるため、国際社会の団結と協力強化を呼びかけた。また、上川外務大臣から、ドナー（援助）国、受入国、国際機関などが連携するためのプラットフォームとして、「人道・開発・平和の連携（HDPネクサス）[10]」のマルチステークホルダー・プレッジ（宣言）を打ち出したことについて述べ、HDPネクサスの取組をアフリカにおいて拡大していると説明した。

イ 「自由で開かれたインド太平洋（FOIP）」の実現

世界の活力の中核であるインド太平洋地域及びビジョンを共有する幅広い国際社会のパートナーと共に「自由で開かれたインド太平洋（FOIP）」を実現するため、引き続き、ODAを戦略的に活用しながら具体的な取組を進めている。

日本は従来、地域の連結性強化のための「質の高いインフラ」整備、法制度整備支援、債務管理・マクロ経済政策分野の能力強化、海上安全の確保のための海上法執行機関の能力強化（巡視船艇や沿岸監視レーダーなどの機材の供与、人材育成など）を実施しており、引き続きこれらを推進していく。

とりわけ、質の高いインフラの整備は、FOIP実現に向けた重要な基礎である。この点、2019年のG20大阪サミットで承認された「質の高いインフラ投資に関するG20原則」に含まれる、開放性、透明性、ライフサイクルコストを考慮した経済性、債務持続可能性などの諸要素を確保し、これらを国際スタンダードとして引き続き普及・実施していくことが重要である。2023年3月に発表されたFOIPのための新たなプランでは、FOIPを実現するための取組を強化することとし、2030年までにインフラ面で官民合わせて750億ドル以上の資金をインド太平洋地域に動員し、各国と共に成長していくことを発表した。

また、2022年6月のG7エルマウ・サミットで立ち上げられた、質の高いインフラ投資を促進するためのイニシアティブである「グローバル・インフラ投資パートナーシップ（PGII）[11]」に関し、2023年5月のG7広島サミットでは、日本、米国、欧州委員会による共催の下、民間セクターも参加するPGIIに関するサイドイベントを開催し、G7は、多様な主体と連携しながら、開発途上国におけるインフラ投資への民間資金の動員に取り組むことを表明した。

ウ 地球規模課題への取組

日本は、6月に閣議決定された新たな開発協力大綱において、新しい時代の人間の安全保障の理念を指導理念として位置付け、SDGsの達成を含む地球規模課題の解決に向けた取組を進めている。引き続き、人道支援を含む、保健、食料、栄養、ジェンダー、教育、防災、水・衛生、気候変動・地球環境問題などの分野における「人間中心の国際協力」を積極的に進めていく。これに際しては、日本の国際協力NGOとの連携も活用しつつ、顔の見える開発協力を推進する。また、人道危機が長期化・多様化する中、人道と開発に加えて紛争の根本原因への対処を強化し、平和の持続のための支援を行うHDPネクサスの理念に基づいて、難民・避難民支援を含む人道支援、貧困削減・経済社会開発、平和構築・国造り支援を推進していく。

9　女性・平和・安全保障（Women, Peace and Security：WPS）：女性の保護に取り組みつつ、女性自身が指導的な立場に立って紛争の予防や復興・平和構築に参画することで、より持続可能な平和に近づくことができるという考え方。2000年、国連安全保障理事会（国連安保理）において、同理事会史上初めて、国際的な平和と紛争予防、紛争解決には女性の平等な参画や紛争下の性暴力からの保護、ジェンダー平等が必要であると明記した「女性・平和・安全保障（Women, Peace and Security：WPS）に関する安保理決議第1325号」が全会一致で採択された。

10　人道（Humanitarian）、開発（Development）、平和（Peace）の連携：人道支援と平行して、難民の自立支援や受入国の負担軽減のための開発協力を行い、さらに根本的な原因である紛争の解決・予防に向けた平和の取組を進めるアプローチ

11　PGII：Partnership for Global Infrastructure and Investment

エ 日本経済を後押しする外交努力

開発途上国の発展を通じて日本経済の活性化を図り、共に成長していくための取組を推進している。

具体的には、今後、新たな開発協力大綱で打ち出した、日本の強みをいかした魅力的なメニューを提案するオファー型協力や、民間資金動員型ODAなどを活用した官民連携を促進していく。また、日本の優れた技術を開発途上国の開発に活用するため、官民連携型の公共事業への無償資金協力などを通じ、日本企業の事業権・運営権の獲得を推進し、さらに、貿易円滑化や債務持続性の確保といった、質の高いインフラ投資に資する技術協力を促進していく。加えて、中小企業を含む民間企業及び地方自治体の海外展開のため、JICAの民間連携事業による開発途上国の課題解決に貢献し得るビジネスモデルの調査・実証や製品・機材などの認知度の向上に係る支援を通じて、継続的な需要創出を図る。さらに、人材育成を通じて、ビジネス環境整備を推進し、企業の海外展開や投資促進に貢献していく。

（3）国際協力事業関係者の安全対策

世界各地での政情不安などを受けた治安の悪化や自然災害などのリスクに対して、国際協力事業関係者の安全を確保することは、開発協力を適正に実施する上で不可欠である。

外務省及びJICAでは、2016年7月にバングラデシュの首都ダッカで発生した襲撃テロ事件を受け設置した「国際協力事業安全対策会議」の最終報告（2016年8月発表）で策定された安全対策の実施に取り組み、国際協力事業関係者の安全対策の実効性を確保するための対応を継続・強化している。

（4）主な地域への取組

ア 東・東南アジア

東・東南アジア地域の平和と安定及び繁栄は、同地域と密接な関係にある日本にとって重要である。日本はこれまで、開発協力を通じ、同地域の経済成長や人間の安全保障を促進することで、貧困削減を含む様々な開発課題の解決を後押しし、地域の発展に貢献してきた。

中でも、東南アジア諸国連合（ASEAN）はFOIP実現の要であり、日本は、ASEANが抱える課題の克服や統合の一層の推進を支援している。2020年の日・ASEAN首脳会議で、「インド太平洋に関するASEANアウトルック（AOIP）[12]」がFOIPと本質的な原則を共有していることが確認されたことも踏まえ、日本は、AOIPの重点分野である海洋協力、連結性、SDGs、経済などに沿った日・ASEAN協力を引き続き強化していく考えである。日本ASEAN友好協力50周年の節目である2023年には、連結性強化の取組をハード・ソフトの両面で一層推進する「日ASEAN包括的連結性イニシアティブ」を発表した。これにより日本は、交通インフラ整備、デジタル、海洋協力、サプライチェーン、電力連結性、人・知の連結性といった幅広い分野で多層的な連結性強化を図り、技術協力により3年間で5,000人の人材育成を行うことを表明した。また、12月の日本ASEAN友好協力50周年特別首脳会議においては、共創による課題解決のための官民連携の新たな取組として、連結性強化、気候変動対策、中小零細企業・スタートアップ支援などのための民間投資を後押しすることにより、民・官合わせて5年間で350億ドルの資金がASEAN地域に動員されることを目指す方針を示した。

東・東南アジア地域は多くの日本企業が進出し、在留邦人の数も多いことから、保健・医療関連機材などの無償供与及び技術協力を通じた保健・医療システム強化などの新型コロナウイルス感染症（以下「新型コロナ」という。）対策支援を集中的に行ってきた。また、新型コロナによる経済的影響を踏まえ、モンゴル及び東南アジアに対してこれまでに総額約4,000億円の財政支援円借款を供与した。ASEAN域内での新型コロナ対策支援の一環として、引き続き

インドネシア「経済社会開発計画（漁業監視船の供与）」
（9月、インドネシア　写真提供：JICA）

JICA及び海上保安庁によるマレーシア海上法令執行庁向け逮捕術コース研修（10月、マレーシア　写真提供：JICA）

ASEAN感染症対策センターの稼働に向けた支援を行っている。

さらに、自由で開かれた国際秩序を構築するため、日本のシーレーン上に位置するフィリピンやベトナムなどに対し、巡視船や沿岸監視レーダーを始めとする機材供与、専門家派遣や研修による人材育成などを通じて、海上法執行支援を積極的に実施している。そのほか、域内及び国内格差是正、防災、環境・気候変動、エネルギー分野など、持続可能な社会の構築のための支援についても着実に実施している。2019年には日ASEAN技術協力協定に署名し、日本は同協定に基づきASEAN共同体に対する技術協力を実施してきた。2023年には、国際公法や刑事司法、地場産業振興、地域保健システム強化などに関する研修を実施した。また、メコン地域に対しても、日・メコン協力の枠組みを通じて協力を行ってきており、引き続きメコン諸国の発展に貢献していく。

ミャンマーについては、2021年2月に発生したクーデター以降の人道状況悪化を受けて、国際機関やNGOなどを通じた、ミャンマー国民に直接裨益する形での人道支援（食料、医療用品など）を実施してきている。

☑ 南西アジア

南西アジアは、東アジア地域と中東地域を結ぶ海上交通の要衝として戦略的に重要な地域である。また、インドを筆頭に、今後、着実な経済成長や膨大なインフラ需要が期待されるなど、大きな経済的潜在力を有している。一方、同地域は、インフラの未整備、貧困、自然災害などの課題を抱えており、日本は、日本企業の投資環境整備や人間の安全保障の強化・推進も念頭に、ODAを通じ、課題の克服に向けた様々な支援を行っている。

巨大な人口を抱えるインドに対して、日本は、FOIPの実現に向け、連結性の強化と産業競争力の強化に資する運輸を始めとする経済社会インフラ整備の支援として、高速鉄道や複数の都市における地下鉄建設、海上道路建設などの支援を実施している。これに加えて、持続的で包摂的な成長への支援として、インド政府によるSDGs達成に向けた取組の支援や、植林などを通じた森林セクターの支援、水路の維持管理や営農支援などを通じた農業セクターの支援、医療体制の強化のための保健セクター支援などを実施している。バングラデシュでは、日本は、「ベンガル湾産業成長地帯（BIG-B）」構想及びFOIPのための新たなプランに基づき、「ベンガル湾からインド北東部をつなぐ産業バリューチェーン」というコンセプトの下、バングラデシュ国内及び地域の多層的な連結性向上やインフラ整備、投資環境の改善など、経済発展に寄与する支援を行っている。また、ウクライナ情勢などの影響により、輸送、食料、エネルギー価格などが高騰する中で歳出管理改善を目指す同国政府に対し、財政管理改革を後押しするための財政支援借款の供与を決定した。このほか、引き続き深刻な食料不安などに直面しているミャンマー・ラカイン州からの避難民に対し、食料支援、シェルター改修、水・衛生、

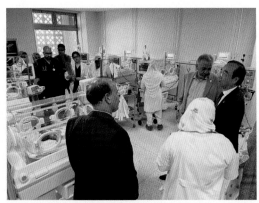

日本の支援で新設されたパキスタン医科学研究所新生児室
（10月、パキスタン・イスラマバード）

保護、教育、生計向上分野などで約35億円の人道支援を実施した。また、避難民を受け入れている周辺のホストコミュニティに対しても、約22.5億円の生活向上支援を決定した。

日本は、2022年4月に政府が対外債務の一時的な支払停止を宣言するに至った経済危機により人道状況が悪化しているスリランカに対し、保健医療サービスの維持並びにその安定的提供のために50億円規模の支援を行った。また、感染性廃棄物管理改善（5.03億円）や病院における再生可能エネルギーを活用した電力供給安定化（12.3億円）の支援、及び北部州などの貧困・脆弱地域における漁民や女性などの生計向上のための支援を決定した。パキスタンについては、1月に洪水被害に関する支援国会合がジュネーブで開催され、日本は、2023年以降も、国内手続が完了することを前提に追加支援として、防災、保健、農業分野を含め約7,700万ドル規模の支援を行っていくことを表明した。その一環として、被災した女子小学校9校の改修支援（7.94億円）を決定した。

ウ　太平洋島嶼国

太平洋島嶼国は、日本にとって太平洋で結ばれた「隣人」であるばかりでなく、歴史的に深いつながりがある。また、これらの国は広大な排他的経済水域（経済的な権利が及ぶ水域（EEZ））[13] を持ち、日本にとって海上輸送の要となる地域である。また、かつお・まぐろ遠洋漁業にとって必要不可欠な漁場を提供している。このため、太平洋島嶼国の安定と繁栄は、日本にとって非常に重要である。

太平洋島嶼国は、経済が小規模であること、領土が広い海域に点在していること、国際市場への参入が困難なこと、自然災害の被害を受けやすいことなど、小島嶼国特有の共通課題を抱えている。このような事情を踏まえ、日本は太平洋島嶼国の良きパートナーとして、自立的・持続的な発展を後押しするための支援を実施してきている。

特に、2021年7月の第9回太平洋・島サミット（PALM9）[14] において打ち出された五つの重点分野（(1) 新型コロナへの対応と回復、(2) 法の支配に基づく持続可能な海洋、(3) 気候変動・防災、(4) 持続可能で強靱な経済発展の基盤強化、(5) 人的交流・人材育成）に基づき、日本は、新型コロナ対策として、医療コンテナなどの供与を通じた保健医療体制の強化を実施している。これに加えて、広大なEEZを有する大洋州の海洋秩序を維持するための海上保安関連機材の供与や再生可能エネルギー導入を促進する送電系統の整備支援なども行っている。

さらに、2022年6月、太平洋島嶼国への支援を効果的かつ効率的に行うために各国のアプ

太平洋島嶼国のSDG14「海の豊かさを守ろう」プロジェクトでのティラピア養殖研修（種苗管理の実習）（1月、フィジー　写真提供：JICA）

3

世界と共創し、国益を守る外交

13　EEZ：Exclusive Economic Zone
14　PALM9：The Ninth Pacific Islands Leaders Meeting

パラオにおける「気候変動への強靱性強化のための統合的沿岸生態系管理能力向上プロジェクト」で、マングローブ水質調査を行う様子
（4月、パラオ　写真提供：JICA）

対ボリビア無償資金協力「国道7号線道路防災対策計画」による道路沿いの斜面崩壊対策や土石流対策のための防災工事の様子
（6月、ボリビア・サンタクルス県）

ローチを調整するイニシアティブとして立ち上げられた「ブルーパシフィックにおけるパートナー（PBP：Partners in the Blue Pacific）[15]」にも参画し、オーストラリア、ニュージーランド、英国、米国、ドイツ、カナダなどと共に、太平洋地域とのパートナーシップとコミットメントの強化を確認している。特に日本は、気候変動などにおいて、太平洋島嶼国による地域の取組を支えていくこととしている。

🔲 中南米

中南米は、日本と長年にわたる友好関係を有し、約310万人の日系人が在住するなど、歴史的なつながりが深い。また、資源・食料の一大供給地域であると同時に、約6.25兆ドル規模の域内総生産を有する有望な新興市場である。一方、気候変動に伴う防災分野、保健・医療分野の脆弱性、貧困など、国際社会共通の課題において大きな開発ニーズを抱えており、日本は、各国の事情を踏まえ、様々な協力を行っている。

2023年、保健・医療分野では、ボリビアに対して、保健・医療セクターに係る公共サービスの継続・拡大及び脆弱層の保護のための制度改善を支援するために、日本政府は150億円

を限度とする円借款の供与を決定した。また、自然災害に対する支援分野では、チリに対して、JICAを通じ、森林火災被害に対する緊急援助物資を供与した。

気候変動・環境分野では、日本政府は、2022年にセントクリストファー・ネービス、セントビンセント及びグレナディーン諸島、セントルシア、トリニダード・トバゴ及びバルバドスに対し、UNDPを通じた約14億円のサルガッサム海藻除去のための無償資金協力を決定した。さらに、2023年にドミニカ共和国に対しても同問題対応のための2億円相当の日本企業製品機材の無償供与を決定した。また、日本政府は、避難民を含むベネズエラ国民への民生支援の一環として、国際移住機関（IOM）[16]を通じて約3.5億円を供与し、同国における最も脆弱な立場に置かれている女性や青少年などに対し、保護活動及びシェルターの整備などの人道的支援を行い、また、情報アクセスの強化、地域コミュニティ及び人道支援団体などへの支援を行っている。また、非正規移民対策の一環として、2023年、グアテマラにおいて日米連携に基づく非正規移民対策に係るJICAと米国国際開発庁（USAID）[17]との連携協定への署名が行われた。

このほか、ハイチにおける治安状況の悪化により、国連安全保障理事会によるハイチ多国籍治安支援ミッションの派遣を承認する決議を受

---

15 太平洋島嶼国との協力に関する「ブルーパシフィックにおけるパートナー」外相会合については外務省ホームページ参照：
https://www.mofa.go.jp/mofaj/a_o/ocn/shin4_000112.html
16 IOM：International Organization for Migration
17 USAID：United States Agency for International Development

15

けて、日本は、ハイチ情勢の安定化に貢献するため、ハイチ国家警察の能力強化支援などへの約20億円の拠出のほか、コレラ対策のための約300万ドルの緊急無償資金協力や、食糧援助のための2億円の無償資金協力などを決定した。

また、日本は、ブラジル、メキシコ、アルゼンチン、チリとパートナーシップ・プログラムを交わし、中小企業支援、防災、警察制度などの分野において、三角協力[18]を通じて中南米諸国の人材育成を進めている。

オ 中央アジア・コーカサス

中央アジア・コーカサス地域は、ロシア、アジア、欧州に囲まれ地政学上の重要性を有するほか、東アジアと欧州を結ぶ輸送路であることから、この地域の発展と安定は、日本を含むユーラシア地域全体の発展と安定や連結性の要として重要である。日本は、中央アジア・コーカサス地域の諸国が法の支配に基づく自由で開かれた国際秩序を維持・強化するパートナーであることを踏まえ、2022年12月の「中央アジア＋日本」対話・第9回外相会合において、中央アジアの持続可能な発展に向け、「人への投資」と「成長の質」などに重点を置いた新たな発展モデルに基づいて支援を行っていくことを表明した。

タジキスタンでの田中JICA理事長とイブロヒム・タジキスタン運輸交通相による無償資金協力「ドゥシャンベ〜ボフタル道路におけるキジルカラ〜ボフタル間道路改修計画」の開通式の様子（9月1日、タジキスタン・ハトロン州　写真提供：JICA）

「人への投資」では、日本政府は、無償資金協力「人材育成奨学計画（JDS）[19]」により、将来指導者層になることが期待される若手行政官を日本の大学院に留学生として受け入れ、帰国後は政策の立案・実施において活躍する人材の育成を図っている。また、「成長の質」を重視した支援として、無償資金協力でタジキスタンで主要幹線道路の改修・車線拡張を行った結果、安全性が向上し物流が円滑化した。

これに加え、日本はアフガニスタンと国境を接する中央アジア地域に対し、国境管理能力強化に関する支援も実施している。

カ 中東・北アフリカ

欧州、サブサハラ・アフリカ及びアジアの結節点という地政学上の要衝に位置する中東・北アフリカ地域の平和と安定の確保は、日本のエネルギー安全保障のみならず世界の平和と安定のためにも重要である。こうした観点から日本は、同地域の平和と安定に向けた支援を行ってきている。

内戦の続くシリアに関しては、日本は困難に直面する全てのシリアの人々に人道支援を提供するとの支援方針の下、シリア及び周辺国に対して2012年以降総額約35億ドルの支援を行ってきている。さらに、将来のシリア早期復興を担う人材を育成するため、2017年以降、シリア人留学生136人を日本に受け入れている。

厳しい人道状況が継続するイエメンに対しては、日本は2015年以降、合計約4億ドル以上の支援を実施してきた。2月の「イエメン人道危機に関するハイレベル・プレッジング会合」では、林外務大臣から、日本は引き続きイエメンの平和と安定に向け貢献していくとの決意を表明した。また、2023年は、国際機関とも連携し、特に人道ニーズが高い、食料、教育及び難民支援などの分野における人道支援に加え、中長期的な視点から、アデン港につながる道路の改修やJICA研修を通じた人材育成などの協

---

18 三角協力：先進国などが、開発途上国がほかの開発途上国に対して行う協力を人材、技術、資金、知識などを活用して支援すること
19 JDS（通称）：The Project for Human Resource Development Scholarship

※字幕（アラビア語）：「日本は常にイエメンと共にあります。」
イエメン人道危機に関するハイレベル・プレッジング会合に参加する林外務大臣（オンライン形式）（2月27日、東京）

力を行った。

アフガニスタンでは、2021年8月のタリバーンによるカブール制圧以降の深刻な人道危機の状況を踏まえ、基本的人道ニーズへの支援を含む保健・教育・食料分野などに関する人道支援を国際機関などと連携しながら実施している。また、2023年10月のアフガニスタン西部における地震被害に対しては、JICAを通じた毛布などの緊急援助物資供与を行ったことに加え、国際機関を通じた食料や保健などの分野における300万ドルの緊急無償資金協力や、ジャパン・プラットフォーム（JPF）[20]を通じた日本のNGOによる約146万ドルの被災者支援を実施した。

中長期的な中東地域の安定化のためには人材育成が不可欠である。一例として、エジプトでは、エジプト日本学校（EJS）における日本式教育、エジプト日本科学技術大学（E–JUST）など、未来の人材育成分野での協力にも力を入れている。

4月、岸田総理大臣がエジプトを訪問し、エルシーシ大統領との首脳会談で「カイロ地下鉄四号線第一期整備計画（III）」の1,000億円の円借款の供与に関する交換公文の署名式を行ったほか、食料安全保障強化や大エジプト博物館（GEM）[21]に関する協力など、日本のODAを通じた支援の着実な進展を確認した（164ページ　コラム参照）。

2月のトルコ南東部を震源とする地震被害に対して、日本は発災直後からJICAを通じてトルコ及びシリアに緊急援助物資を供与し、トルコには国際緊急援助隊救助チーム、医療チーム、専門家チームを派遣して緊急援助活動を行った（261ページ　コラム参照）。あわせて、自衛隊機により医療チーム用資機材を輸送し、パキスタンからトルコに災害救援物資を輸送する、北大西洋条約機構（NATO）[22]との調整・協力を通じたオペレーションを初めて実施した。また、国際機関及びJPF経由で日本のNGOを通じた緊急人道支援を実施した。さらに、7月の日・トルコ首脳電話会談において、岸田総理大臣は復旧・復興に向けた新たな支援策として、がれき処理や、医療機材・重機などの供与を目的とする総額50億円の無償資金協力の実施、被災地の復旧・復興を支援するための800億円の借款の供与、これらの資金協力と連携した、復興計画の策定支援、公共建築物の耐震補強技術支援、がれき処理を含む災害廃棄物の管理能力強化支援など、日本の知見をいかした技術協力を行うことを表明した。

---

20 JPF（Japan Platform）：特定非営利活動法人ジャパン・プラットフォーム（JPF）は、2000年8月に設立されたNGO（特定非営利活動法人格取得は2001年5月）。海外での自然災害・難民発生などの際の日本のNGOによる迅速で効果的な緊急人道支援活動を目的として、NGO、経済界、日本政府が共同して設立した。
21 GEM：Grand Egyptian Museum
22 NATO：North Atlantic Treaty Organization

コラム
COLUMN

まさかの時の友こそ真の友
―日本とトルコ　助け合いの100年―

2月6日、トルコ南東部を震源とする大地震が発生しました。日本は、地震発生の当日、トルコ政府の要請を受け、外務省、警察庁、消防庁、海上保安庁及び独立行政法人国際協力機構（JICA）の職員と民間関係者（構造評価専門家、医療関係者を含む。）計74人で構成される捜索・救助活動を行う国際緊急援助隊・救助チームを派遣しました。

また、2月10日から順次、外務省員、医師、看護師、薬剤師、技師、後方支援要員（宿舎や輸送手配などチームの円滑な活動を支える職員）、JICA業務調整員などで構成される国際緊急援助隊・医療チームとして一次隊（75人）・二次隊（65人）・三次隊（41人）の延べ181人を派遣しました。同医療チームは、2月16日から3月11日までの24日間にわたり、医療ニーズが高いトルコ南東部ガジアンテップ県オーゼリ郡に設営した野外病院で診療活動を実施しました。次いで、建築・免震・耐震技術などの専門家（国土交通省、民間コンサルタント、JICAなど）で構成される専門家チームも派遣しました。

震災時における医療支援というと、倒壊した建物から救助された被災者の人々の治療活動が真っ先に思い浮かぶかもしれません。しかし、地元の病院が被災して機能不全となったために、これまで通常の医療を受けていた人々に対する診療行為ができなくなってしまうことにも目を向ける必要があります。

このような状況に対応するため、今回、日本は史上初めて、手術や入院機能などを伴う「タイプ2」と呼ばれる世界保健機関（WHO）認証の緊急医療チームを派遣し、24時間態勢で計約2,000件の診療（入院17件、手術49件、X線検査361件などを含む。）を行いました。

医療チームメンバーの高い専門性、士気の高さ、丁寧な対応により、治療を受けた人々のみならず地元の人々からも感謝の言葉をいただきました。派遣当初は気温が氷点下となる厳しい気象条件の下での活動となりましたが、トルコの人々からの「日本人による診療であれば安心して受けられる」、「日本を信頼している」といった言葉や感謝の声に医療チーム全員が勇気付けられました。

被災者の手当を行う医療チーム
（写真提供：JICA）

トルコは親日国として知られ、両国は友好関係を強化してきましたが、その背景には、今回のような震災が発生した際にお互いに手を差し伸べてきたという長い歴史があります。トルコも日本と同様に地震多発国であり、1999年にトルコ北西部で発生した大地震の際も、日本は国際緊急援助隊の派遣、「日本村」と呼ばれた仮設住宅サイトの建設など、震災による被災者の支援を行いました。また、2011年に発生した東日本大震災では、トルコ政府は救助チーム32人を派遣し、宮城県内で約3週間救助活動を行ったほか、様々な支援を行ってくれました。この3週間に及ぶ救助チームの派遣は、各国・地域から派遣された支援・救助チームとしては最長の期間となりました。また、震災以外でも、イラン・イラク戦争時にテヘランにいた日本人の国外脱出のために、トルコ政府がトルコ航空機を派遣してくれたこともありました。

医療チームの診療の様子
（写真提供：JICA）

くしくも、2024年は日本とトルコの外交関係樹立100周年の年となります。両国関係は、まさに「まさかの時の友こそ真の友」とのことわざを体現する形で進展してきました。新たな100年においても、このような友好関係を基礎に日本とトルコの関係が一層進展してほしいと願っています。

設営した野外病院（写真提供：JICA）

キ　アフリカ

アフリカは、54か国に約14億人の人口を擁し、世界の成長の原動力となり得る高い潜在性と豊富な天然資源により、引き続き国際社会の注目と期待を集めている。一方、貧困、脆弱な保健システム、テロ・暴力的過激主義の台頭など、様々な課題にも直面している。こうした中、日本は、二国間及び国際機関を通じた支援やアフリカ開発会議（TICAD）[23]などを通じて、長年にわたり、アフリカの発展に貢献してきた。

4月、スーダンで発生した武力衝突の影響で、同国及び周辺国で人道上の危機が発生した。国内の多くの地域で治安が悪化し、国内外の避難民は600万人以上に及んだ。これを受け日本は、国際機関を通じた緊急無償資金協力やJPFを通じたNGOによる避難民支援を実施し、スーダンにおける人道支援に取り組んだ。

また、5月に岸田総理大臣は、訪問先のガーナにおいて、サヘル地域とギニア湾沿岸諸国の平和と安定に寄与し、持続可能な成長を促進することを目的として支援を行っていくことを表明した。

2023年は、TICADが1993年に立ち上げられてから30年になることを記念し、8月にTICAD30周年行事「TICAD30年の歩みと展望」を東京で開催したほか、12月には、ニューヨーク国連本部においても、TICAD30周年行事を開催し、TICADのこれまでの成果や今後の在り方について率直な意見交換が行われた。日本は、これまで長きにわたり、アフリカの成長を推進するとのコミットメントを、アフリカに寄り添いながら具体化してきており、アフリカと「共に成長するパートナー」として、「人」に注目した日本らしいアプローチで取組を推進し、アフリカ自身が目指す強靱なアフリカを実現していく。

（5）適正かつ効果的なODA実施のための取組

ア　適正なODA実施のための取組

ODAの実施では、各段階で外部の意見を聴取し、その意見を踏まえた形で案件を形成することにより、透明性及び質の向上に努めている。ODA実施の事前調査開始前の段階では、開発協力適正会議を公開の形で開催し、関係分野に知見を有する独立した委員と意見交換を行い事業の妥当性を確認している。さらに、事業の実施後には、JICAは原則2億円以上の全ての事業について、事業の透明性を高める観点から、事後評価を実施している。JICAではその結果を「ODA見える化サイト」で公表しており（2023年9月30日時点で5,219件掲載）、10億円以上の事業については第三者による事後評価を行っている。また、外務省はODAの管理改善と説明責任の確保を目的として、第三者による政策レベルの評価（国別評価、課題・スキーム別評価など）及び外務省が実施する無償資金協力案件の事後評価を実施し、評価を通じて得られた提言や教訓をその後のODAの政策立案や事業実施にいかすように努め、その結果を外務省ホームページ上で公表している。

イ　効果的なODA実施のための取組

限られたODA予算を効率的に活用し、高い開発効果を実現するため、外務省は相手国の開発計画や開発上の課題を総合的に検討しつつ、開発協力大綱の重点政策を踏まえて、国ごとにODAの重点分野や方針を定めた開発協力方針を策定している。また、国別開発協力方針の別紙として事業展開計画を策定しており、個別のODA案件がどの重点分野につながっているかを一覧できるよう取りまとめている。これらの取組により、国ごとの開発協力の方針を明確にし、各枠組みの垣根を越えたより戦略的な案件の形成を実現している。

---

23 TICAD：Tokyo International Conference on African Development

ウ ODAの国際的議論に関する取組

日本はODAに関する国際的な議論に積極的に貢献している。経済協力開発機構・開発援助委員会（OECD/DAC）ではODAを触媒とした民間資金の動員の促進や、気候変動問題に関する援助の在り方について議論が行われている。また、新興ドナーが行う開発途上国支援が、国際的な基準や慣行と整合する形で説明責任と透明性を持って行われるよう、OECD/DACとして相互学習の機会を設けるなどの働きかけを行っている。

エ ODAへの理解促進のための取組

開発協力の実施に当たっては国民の理解と支持が不可欠であり、このため外務省は効果的な情報の発信を通じて国民の理解促進に努めている。外務省ホームページやODA X（旧ツイッター）などのSNS、YouTube動画、メールマガジンなどを通じて、幅広い層を対象に、分かりやすい政策広報に取り組んでおり、開発協力ドキュメンタリー動画やテレビドラマなどを新たに制作した。さらに、32回目となる「グローバルフェスタJAPAN」を、対面・オンライン配信を併用したハイブリッド形式で開催、9月30日及び10月1日までの2日間で3万9,000人の来場・視聴者を得た。また、教育機関などで

テレビドラマ「ファーストステップ2　世界をつなぐ勇気の言葉」公開中（2024年2月時点）
https://www.mofa.go.jp/mofaj/gaiko/oda/sanka/page22_001633.html

ドキュメンタリー動画「紛争や混乱に揺れる国で活躍する日本人女性」公開中（2024年2月時点）
https://www.mofa.go.jp/mofaj/gaiko/oda/sanka/pagew_000001_00029.html

外務省員が講義を行うODA出前講座の実施など、積極的な開発協力への理解促進を図っている。海外に向けた広報としては、日本の開発協力に関する現地での報道展開を目指してODA現場での視察ツアーを実施するほか、英語や現地語などによる広報資料の作成も行っている。

② 地球規模課題への取組

（1）持続可能な開発のための2030アジェンダ

「持続可能な開発のための2030アジェンダ（2030アジェンダ）」は、2001年に策定されたミレニアム開発目標（MDGs）[24]の後継として2015年9月の国連サミットで採択された、「誰一人取り残さない」持続可能で多様性と包摂性のある社会の実現に向けた2030年までの国際開発目標である。2030アジェンダは、先進国を含む国際社会全体の開発目標として相互に密接に関連した17の目標と169のターゲットから成る「持続可能な開発目標（SDGs）[25]」を掲げている。日本は、2030アジェンダ採択後、まず、SDGs実施に向けた基盤整備として、総理大臣を本部長、官房長官及び外務大臣を副本部長として、ほかの全ての国務大臣を構成員とするSDGs推進本部を設置し、SDGs達成に向けた中長期的戦略を定めたSDGs実施指針を

24 MDGs：Millennium Development Goals
25 SDGs：Sustainable Development Goals

第3章 世界と共創し、国益を守る外交

策定した。また、SDGs実施に向けた官民パートナーシップを重視するため、民間セクター、市民社会、有識者、国際機関などの広範な関係者が集まるSDGs推進円卓会議を開催し、SDGs推進に向けた地方やビジネス界の取組、ユース・女性のエンパワーメントの方策、国際社会との連携強化などについて意見交換を行っている。

2023年はSDGs達成に向けた折り返しの年に当たり、岸田総理大臣は、9月に国連で開催されたSDGサミットにおいて、「人間の尊厳」を国際社会全体の連帯を支える理念として掲げ、国際社会におけるSDGs達成の取組を主導していくと述べ、12月には、SDGs実施指針の改定が4年ぶりに行われた。目標達成年である2030年までの残りの期間においても、日本は、同実施指針に基づいて、国内及び国際社会全体でのSDGs達成に向けた取組を推進していく。

ア　人間の安全保障

人間の安全保障とは、一人一人が恐怖と欠乏から免れ、尊厳を持って幸福に生きることができるよう国・社会造りを進めるという考え方である。日本は、長年にわたって人間の安全保障を外交の柱として提唱しており、6月に改定された開発協力大綱においては、人間の安全保障を日本のあらゆる開発協力に通底する指導理念に位置付けた。また、日本が議長国として5月に開催した広島サミット首脳宣言では、誰一人取り残さない社会の実現を目指し、新しい時代の人間の安全保障を推進するとの言及がなされた。日本は、国連においても議論を主導し、1999年、日本のイニシアティブにより国連に設置された人間の安全保障基金に対し、2022年末までに累計約500億円を拠出し、国連機関による人間の安全保障の普及と実践を支援してきた。また、二国間協力においても、草の根・人間の安全保障無償資金協力などの支援を通じ、この概念の普及と実践に努めてきた。「人間中心」や「誰一人取り残さない」といっ

た理念を掲げるSDGsも、人間の安全保障の考え方を中核に据えており、岸田総理大臣は、9月に国連で開催されたSDGサミットにおいて、人間の安全保障は、「人間の尊厳」に基づくSDGs達成の鍵となる概念であると述べた。さらに、2024年初頭には、10年ぶりとなる人間の安全保障に関する事務総長報告が公表され、今後、国連を始めとする国際場裡において人間の安全保障をめぐる議論が再活性化することが見込まれている。

イ　防災分野の取組

気候変動の影響により災害の頻発化・激甚化が懸念される中、防災の取組は、貧困撲滅と持続可能な開発の実現にとって不可欠である。日本は、幾多の災害の経験により蓄積された防災・減災に関する知見をいかし、防災の様々な分野で国際協力を積極的に推進している。2023年は、第3回国連防災世界会議（2015年）において、日本が主導して採択された「仙台防災枠組（2015-2030）」の計画期間の折り返し地点であり、5月には国連本部において、「仙台防災枠組実施状況の中間評価に係る国連ハイレベル会合」が開催され、これまでの防災分野の取組進捗の把握が行われた。また、2030年までの目標達成に向けた各ステークホルダー（利害関係者）取組加速の必要性などが示された。さらに、日本の主導により、2015年、第70回国連総会において全会一致で制定された「世界津波の日（11月5日）」に合わせ、日本は、「世界津波の日」高校生サミットを開催し、また、国連防災機関（UNDRR）[26]と共催して、津波防災に対する意識向上を目的とする普及・啓発イベントを開催している。また、国連開発計画（UNDP）と連携し、アジア・大洋州の女性行政官などを対象として津波に関する研修を行うとともに、国連訓練調査研究所（UNITAR）[27]広島事務所と協力し、学校を対象とした津波避難訓練の実施などを支援している。今後も災害で得た経験と教訓を世界と共有

---

26 UNDRR：United Nations Office for Disaster Risk Reduction
27 UNITAR：United Nations Institute for Training and Research

し、各国の政策に防災の観点を導入する「防災の主流化」を引き続き推進していく。

ウ　教育

教育分野では、2030アジェンダ採択に合わせて日本が発表した「平和と成長のための学びの戦略」の下、世界各地で様々な教育支援を行っている。2022年9月、グテーレス国連事務総長のイニシアティブで開催された国連教育変革サミットにおいて、岸田総理大臣は、人への投資を中核に位置付けた人材育成や「持続可能な開発のための教育（ESD）[28]」の推進などを表明した。また、同月、岸田総理大臣は、同サミットで高まった気運を維持し、教育改革をグローバルに推進する役割を担うため、教育チャンピオンに就任した。さらに、G7広島サミットにおいては、G7として包摂的で公平な質の高い教育の確保に向けて前進することにコミットした。これらの動きを踏まえ、2023年6月に改定された開発協力大綱に記載されたとおり、万人のための質の高い教育、女性・こども・若者のエンパワーメントや紛争・災害下の教育機会の確保の観点も踏まえて、引き続き教育支援を実施していく。

エ　農業分野の取組

日本はこれまでG7やG20などの関係各国や国際機関とも連携しながら、開発途上国などの農業・農村開発を支援している。2020年以降、新型コロナウイルス感染症（以下「新型コロナ」という。）の感染拡大に伴う移動制限やウクライナ情勢の影響などを受け、国際機関などを経由した支援を通じて、農産品などの流通の停滞による食料システムの機能低下などに対処している。国際的な取組としてはG7広島サミットにおいて、グローバルな食料安全保障の実現と飢餓ゼロの達成を掲げた「強靱なグローバル食料安全保障に関する広島行動声明」を発出した。

オ　水・衛生分野の取組

日本は、1990年代から継続して水・衛生分野での最大の支援国の一つであり、日本の経験・知見・技術をいかした質の高い支援を実施しているほか、国際社会での議論にも積極的に参加してきている。3月に開催された「国連水会議2023」では、上川陽子総理特使（衆議院議員）がテーマ別討議「気候、強靱性、環境に関する水」の共同議長を務め、日本の水防災の経験も生かしつつ、世界における水分野の強靱化に向けた提言を取りまとめた。

（2）国際保健

保健は、人間一人一人の生存・生活・尊厳を守り、日本が提唱する人間の安全保障を実現していく上で必要不可欠な基礎的条件である。さらに新型コロナの世界的流行拡大（パンデミック）は、国際保健が人々の健康に直接関わるのみならず、日本を含む国際社会にとって、経済、社会、安全保障上のリスクにも関わる重要な課題であることを浮き彫りにした。こうした認識の下、新型コロナの教訓も踏まえ、日本政府は2022年5月に「グローバルヘルス戦略」を策定した。同戦略では、グローバルヘルス・アーキテクチャー（GHA）[29]の構築に貢献し、パンデミックを含む公衆衛生危機に対する予防・備え・対応（PPR）[30]を強化すること、また、人間の安全保障を具現化するため、ポスト・コロナの新たな時代に求められる、より強靱、より公平、かつより持続可能なユニバーサル・ヘルス・カバレッジ（UHC）[31]を達成することを目標として掲げている（268ページ　コラム参照）。

G7広島サミットでは、日本は議長国として国際保健分野においても、（ア）公衆衛生危機対応のためのGHAの発展・強化、（イ）より

---

28 ESD：Education for Sustainable Developement
29 GHA（Global Health Architecture）：国際保健の体制
30 PPR：Prevention, Preparedness and Response
31 UHC（Universal Health Coverage）：全ての人々が基本的な保健医療サービスを、必要なときに、負担可能な費用で享受できる状態

強靭、より公平、かつより持続可能なUHC達成への貢献、（ウ）様々な健康課題に対応するためのヘルス・イノベーションの促進の三つの柱を軸にして、議論を主導した。

具体的にはG7首脳は、GHAの発展・強化に向けて、国際保健のガバナンス向上、財務・保健両当局間の連携強化、パンデミック基金[32]による支援及びパンデミック対応のための迅速かつ効率的な資金供給メカニズムに係る検討などの資金面の取組、国際保健規則（IHR）[33]改正及びパンデミックのPPRに関する世界保健機関（WHO）[34]の新たな法的文書（いわゆる「パンデミック条約」）の作成交渉を通じた国際的な規範の強化に取り組んでいくことを確認した。

また、UHC達成への貢献に関して、G7首脳は、HIV/エイズ、結核、肝炎、マラリア、ポリオ、麻しん、コレラ、顧みられない熱帯病（NTDs）を含む感染症、薬剤耐性（AMR）、また、メンタルヘルス症状を含む非感染性疾患（NCDs）、母子保健、全ての人の包括的な性と生殖に関する健康と権利（SRHR）[35]の実現、健康的な高齢化並びに定期予防接種、栄養改善及び水と衛生（WASH）[36]の促進といった、新型コロナへの対応により後退した従来の保健課題への対応の推進を確認し、UHC達成及びPPR強化を含む国際保健への貢献のため、官民合わせて480億ドル以上の資金貢献を表明した。日本からは、岸田総理大臣が、G7全体として資金貢献を行っていく中で、グローバルヘルス技術振興基金（GHIT）[37]への2億ドルのプレッジ（供与の約束）を含め、2022年から2025年までに官民合わせて75億ドル規模の貢献を行う考えを表明した。さらに、G7首脳はインパクト投資による民間資金動員を通じて保健課題の解決を目指す「グローバルヘルスの

ためのインパクト投資イニシアティブ（Impact Investment Initiative for Global Health：Triple I for Global Health）」や、G7各国が世界全体のUHC達成に向けて取り組むべき行動についてまとめた「G7 UHCグローバル・プラン」を承認するなど、2030年までの世界全体におけるUHC達成に引き続き貢献していく決意を改めて表明した。

加えて、GHAの強化とUHCの達成の鍵となるヘルス・イノベーションの促進に関して、G7首脳は、新型コロナのパンデミックで特に課題となった、ワクチンを含む感染症危機対応医薬品など（MCMs）[38]への公平なアクセスの確保について、公平性、包摂性などの基本的な考え方や原則を「MCMへの公平なアクセスのためのG7広島ビジョン」として発表した。さらに、G7首脳はこの広島ビジョンに基づき、「MCMに関するデリバリー・パートナーシップ（MCDP）[39]」を立ち上げた。MCDPは、日本が世界に先駆け実施した新型コロナワクチンに関するラスト・ワン・マイル支援で得た知見や教訓をいかすMCMのデリバリーに焦点を当てた協力の取組であり、今後、G7、G20、WHO、国連児童基金（UNICEF）などの関係国・機関との協力の下、WHOによる関連の取組との連携も期待されている。

9月、第78回国連総会の機会に際しても、新型コロナ感染拡大収束後初の保健関連のハイレベル会合及び日本主催のものも含むサイドイベントが開催され、国際保健に係る活発な議論が首脳レベルで行われた。初開催のパンデミックへのPPRに関するハイレベル会合では、上川外務大臣が、日本がPPR強化に積極的に取り組む姿勢を改めて国際社会に示した。UHCハイレベル会合では、岸田総理大臣が国際社会

---

32 新型コロナの世界的流行拡大を受けて既存の国際保健システムにおける資金ギャップに対処する新たな資金メカニズムとして2022年に世界銀行内に設立された、PPRのための金融仲介基金。日本は同基金に計7,000万ドルの貢献を表明済み（うち5,000万ドルは拠出済み）
33 IHR：International Health Regulations
34 WHO：World Health Organization
35 SRHR：Sexual reproductive Health and Rights
36 WASH：Water, Sanitation and Hygiene
37 GHIT：Global Health Innovative Technology Fund
38 MCMs：medical countermeasures
39 MCDP：MCM Delivery Partnership

G7広島サミットで議長国記者会見を行う岸田総理大臣
（5月21日、広島県　写真提供：内閣広報室）

G7保健フォローアップ・サイドイベントで開会挨拶を行う岸田総理大臣
（9月21日、米国・ニューヨーク　写真提供：内閣広報室）

国際保健が議論されたG7広島サミットのセッション6「複合的危機への
連携した対応」（5月21日、広島県　写真提供：内閣広報室）

G7保健フォローアップ・サイドイベントに出席する岸田総理大臣及び武見
厚生労働大臣（9月21日、米国・ニューヨーク　写真提供：内閣広報室）

は引き続きUHCの達成に向けて行動すべきであると発信した。日本が主催したG7保健フォローアップ・サイドイベントでは、岸田総理大臣及び武見敬三厚生労働大臣に加え、G7、タイ、ジョージア、バングラデシュ、ブラジルなどの首脳級・閣僚級、WHO、世界銀行、UNICEFなどの国際機関の長、ビル・ゲイツ・ビル＆メリンダ・ゲイツ財団共同議長、渋澤健GSG国内諮問委員会委員長などが出席した。岸田総理大臣はMCDPの推進を確認し、「トリプル・アイ（Triple I)」[40]の立ち上げを発表した。また、開発途上国がPPRに必要な資金を機動的・効果的に動員できるよう、新たな円借款制度を創設することを発表し、世界のリーダーと共にUHC達成とPPR強化に関する国際社会のコミットメントを再確認した。

日本は、これらの成果を踏まえ、2024年5月の第77回WHO総会での提出及び採択を目指している「パンデミック条約」の作成交渉やMCMへの公平なアクセスの確保に係る国際的な取組を含め、国際保健の推進に引き続き貢献していく。

（3）労働・雇用

雇用を通じた所得の向上は、貧困層の人々の生活水準を高めるために重要である。また、世界的にサプライチェーンが拡大する中で、労働環境の整備などを図り、「ディーセント・ワーク（働きがいのある人間らしい仕事）」の実現に取り組んでいく必要がある。このディーセント・ワークの実現は、SDGsの一つであり、国際労働機関（ILO)[41]でも、その活動の主目標に位置付けられている。こうした中で、日本は、ILOへ義務的な分担金を負担するのみならず、開発途上国における労働安全衛生水準の向上や社会保険制度の構築などに対する任意拠出

40　G7広島サミットで承認された、インパクト投資を通じて民間資金動員を加速させる、国際保健のためのインパクト投資イニシアティブ
41　ILO：International Labour Organization

ユニバーサル・ヘルス・カバレッジ(UHC)達成に向けた日本の取組

ユニバーサル・ヘルス・カバレッジ（UHC）とは、全ての人々が基礎的な保健医療サービスを、必要なときに、負担可能な費用で享受できる状態を指します。日本は、1961年に国民皆保険制度を構築し、世界で有数の健康長寿社会を築き上げ、国内のUHCを推進し、世界全体におけるUHCの達成にも貢献してきました。

「既に健康長寿社会を構築している日本がなぜ『世界の』UHC達成を支援する必要があるのか。自国のUHC推進のみ行えば十分ではないか。」との問いが生じるかもしれません。新型コロナウイルス感染症の世界的流行拡大（パンデミック）は、感染症を始めとする健康危機はどのような国でも一国のみでは解決できない課題であることを示しました。

先のパンデミックは、グローバル社会においては人の移動とともに感染症が国境を越えて国際社会全体に広がることを浮き彫りにしました。日本だけが強固な保健システムを構築して国内のUHCのみを推進しても、世界の国々が脆弱な保健システムのために感染症拡大の危機に瀕すれば、日本だけが逃れることはできないことが明らかになったのです。世界全体のUHC達成こそが、日本を含む国際社会における、人々の健康と、経済、社会、安全保障の安定に資する、これが新型コロナから得られた教訓の一つです。

新型コロナ以前から、日本は、世界全体におけるUHC達成に向けた取組を主導してきました。2015年9月に国連で持続可能な開発目標（SDGs）が定められた際には、ターゲットの一つとしてUHC達成が位置付けられる（SDGsターゲット3.8）ように後押ししました。その後、2016年5月のG7伊勢志摩サミットでは、UHCが初めて主要テーマとして扱われ、「国際保健のためのG7伊勢志摩ビジョン」が発出されました。

また、日本は、2030年までのUHC達成に向けた国際保健パートナーシップである「International Health Partnership for UHC2030（UHC2030）」の発足（2016年6月）に貢献し、さらに、2018年12月に国連においてUHC達成の機運を高めるための有志国グループ「UHCフレンズグループ（The Group of Friends on UHC）」の設置を主導し、2019年9月に初めて開催された国連総会UHCハイレベル会合では、フレンズグループ議長としてUHC政治宣言を取りまとめました。

そして、新型コロナのパンデミック発生以降、前述の教訓を踏まえ、グローバルヘルス・アーキテクチャー（GHA）の構築とパンデミックを含む公衆衛生危機に対する予防・備え・対応（PPR：Prevention, Preparedness and Response）の強化に加え、ポスト・コロナの新たな時代に求められる、より強靭、より公平、かつより持続可能なUHCの達成を政策目標とした「グローバルヘルス戦略」を2022年5月に策定しました。同戦略を踏まえ、日本が議長国として臨んだ2023年5月のG7広島サミットでは、UHC達成を含む国際保健への貢献のため、G7として官民合わせて480億ドル以上の資金貢献を行っていく中で、日本としても2022年から2025年までに官民合わせて75億ドル規模の貢献を行う考えを表明しました。また、G7各国が世界全体のUHC達成に向けて取り組むべき行動を「G7 UHCグローバル・プラン」として取りまとめました。そして、2023年9月の国連総会UHCハイレベル会合では、日本も積極的に交渉に臨んだ政治宣言が承認され、2019年のUHCハイレベル会合でも確認された、2030年までに全ての人に基礎的医療サービスを届けることなどの目標達成に向けた強いコミットメントが示されました。このUHCハイレベル会合では、岸田総理大臣が、改めて国際社会はUHCの達成に向

け行動すべきであると発信し、2030年までに開発途上国を含む世界全体がUHCを達成できるよう、国際社会の取組を更に主導していく決意を表明しました。

世界全体のUHC達成の目標年である2030年は、日本が再びG7議長国を務める予定です。日本は、UHC達成に関する自国の知見と新型コロナのパンデミックで得られた教訓をいかし、引き続き世界全体のUHC達成に貢献していきます。

UHCハイレベル会合に出席する岸田総理大臣
（9月21日、米国・ニューヨーク　写真提供：内閣広報室）

を通じた支援を積極的に行い、労働分野での持続可能な開発に取り組んでいる。さらに、G7広島サミットにおいて、グローバル・バリューチェーン（製造業の国際分業）における国際労働基準及び人権、ILO基本条約の尊重の確保、技術協力を含むディーセント・ワークの促進に積極的に関与することなどを内容とした首脳コミュニケを発出した。

（4）環境・気候変動

⑦ 地球環境問題

2030アジェンダに環境分野の目標が記載されるなど、地球環境問題への取組の重要性は広く認識され、国際的な関心も更に高まっている。日本は、多数国間環境条約や環境問題に関する国際機関などにおける交渉及び働きかけを通じ、自然環境の保全及び持続可能な開発の実現に向けて積極的に取り組んでいる。また、複数の環境条約の資金メカニズムとして世界銀行に設置されている地球環境ファシリティ（GEF）[42]の主要拠出国の一つとして、地球規模の環境問題に対応するプロジェクトの実施に貢献している。

（ア）海洋環境の保全

海洋プラスチックごみ問題は、不法投棄や不適正な廃棄物管理などにより生じ、海洋の生態系、観光、漁業及び人の健康に悪影響を及ぼしかねない喫緊の課題として、近年その対応の重要性が高まっている。2019年のG20大阪サミットにおいて打ち出した、2050年までに海洋プラスチックごみによる追加的な汚染をゼロにまで削減することを目指す「大阪ブルー・オーシャン・ビジョン」の実現に向けて、日本は、国連環境計画（UNEP）[43]などの国際機関とも協力し、海洋プラスチックごみの流出防止策に必要な科学的知見の蓄積支援及びモデル構築支援など、主にアジア地域において環境上適正なプラスチック廃棄物管理・処理支援などを行っている。

海洋環境などにおけるプラスチック汚染対策のための新たな国際枠組み作りに向けた機運の高まりを受け、2022年3月の第5回国連環境総会において、海洋環境などにおけるプラスチック汚染に関する法的拘束力のある国際文書の策定のための政府間交渉委員会（INC）[44]を設立し、2024年までに作業完了を目指すことが決定された。日本は、5月及び11月にそれぞれ開催された第2回及び第3回のINC会合において、当該国際文書（条約）の目的に、G7広島サミットで定めた2040年までに追加的なプラスチック汚染をゼロにするという野心を盛り込むべきこと、また、条約に基づく各国の包括的な義務として、社会全体でプラスチック資

---

42 GEF：Global Environment Facility
43 UNEP：United Nations Environment Programme
44 INC：Intergovernmental Negotiating Committee

源循環メカニズムを構築し、生産から廃棄物管理に至るまでのライフサイクル全体で対応に取り組む規定が必要であることなどを主張した。日本は今後も、本分野において主導的な役割を果たしながら、実効的かつ進歩的なルール形成を後押ししていく。

海洋環境の保全、漁業、海洋資源の利用などについて議論を行う「持続可能な海洋経済の構築に向けたハイレベル・パネル」（海洋国家の首脳で構成）では、9月に第5回首脳会合が開催され、岸田総理大臣の代理として上川外務大臣が同会合に出席した。上川外務大臣は、日本が第4期海洋基本計画を策定したことを紹介し、ブルーカーボン（海洋生態系による炭素固定）関連の取組などの日本の優れた取組を「日本モデル」として発信していくことを述べつつ、プラスチック汚染対策について、2040年までに追加的なプラスチック汚染をゼロにするという野心を多くの国と共有することを期待すると述べた。

（イ）生物多様性の保全

2022年12月、モントリオール（カナダ）において生物多様性条約第15回締約国会議（COP15）第二部が開催され、生物多様性に係る新たな世界目標である「昆明・モントリオール生物多様性枠組（GBF）[45]」が採択された。これを踏まえ、日本は、2023年3月に生物多様性国家戦略を改定し、GBFの実施を着実に進めている。また、10月には、ナイロビ（ケニア）において、COP15、カルタヘナ議定書第10回締約国会合及び名古屋議定書第4回締約国会合の第二部再開会合が開催され、残された議題について決議を採択し、これらの会合が正式に閉会した。

8月、バンクーバー（カナダ）で第7回GEF総会が開催され、GEFの下で運用される、GBFの実施を促進するための生物多様性枠組基金（GBFF）[46]の設立が承認された。また、12月9日、国連気候変動枠組条約第28回締約国会議（COP28）（アラブ首長国連邦・ドバイ）のサイドイベントにおいて、伊藤信太郎環境大臣からGBFFへの6.5億円の拠出を表明した。

近年、野生動植物の違法取引が深刻化し、国際テロ組織の資金源の一つとなっているとして、国際社会で注目されている。日本は、ワシントン条約[47]のゾウ密猟監視（MIKE）[48]プログラムへの拠出などを通じてこの問題に真摯に取り組んでいる。近年では、2022年にザンビア及びルワンダに密猟監視施設を提供した。加えて、2022年にはボツワナに、2023年にはジンバブエにも野生動物の密猟及び保全対策に関連する施設の供与を決定した。また、日本は、11月に開催されたワシントン条約第77回常設委員会会合（スイス・ジュネーブ）に出席し国際的な議論に積極的に貢献している。

日本は、持続可能な農業及び食料安全保障のための、食料・農業植物遺伝資源の保全及び持続可能な利用の促進に関する国際ルール作りにも貢献している。11月にローマ（イタリア）で開催された食料・農業植物遺伝資源条約（ITPGR）[49]第10回理事会において、日本は、遺伝資源へのアクセス及び育種を始めとする遺伝資源の利用を促進するため、多数国間の制度（MLS）[50]の対象となる遺伝資源の範囲拡大及びその機能改善に向けて、議論に参画した。

国際熱帯木材機関（ITTO）[51]を通じた取組に関しては、日本は、ITTOへの拠出を通じ、熱帯林の持続可能な経営及び持続的・合法的な熱帯木材の貿易の促進などに資する実地プロジェクトを2023年も継続的に実施した。11月には、ITTO第59回理事会がパタヤ（タイ）

---

45 GBF：Kunming-Montreal Global Biodiversity Framework
46 GBFF：Global Biodiversity Framework Fund
47 正式名：絶滅のおそれのある野生動植物の種の国際取引に関する条約（CITES：Convention on International Trade in Endangered Species of Wild Fauna and Flora）
48 MIKE：Monitoring the Illegal Killing of Elephants
49 ITPGR：International Treaty on Plant Genetic Resources for Food and Agriculture
50 MLS：Multilateral System
51 ITTO：International Tropical Timber Organization

で開催され、2026年に期限を迎えるITTOの設置根拠である国際熱帯木材協定（ITTA）や行財政予算などについて議論が行われ、ITTAの再延長については、2024年6月1日までに加盟国からの書面回答を踏まえて決定されることとなった。

（ウ）化学物質・有害廃棄物の国際管理

10月、ナイロビ（ケニア）で、「オゾン層を破壊する物質に関するモントリオール議定書」第35回締約国会合が開催された。同会合では、開発途上国の議定書履行を支援するためのモントリオール議定書多数国間基金の増資交渉が行われたほか、議定書の効率的・効果的な運用について締約国間で議論が行われた。

5月、ジュネーブ（スイス）で、「有害廃棄物の国境を越える移動及びその処分の規制に関するバーゼル条約」、「残留性有機汚染物質に関するストックホルム条約」及び「国際貿易の対象となる特定の有害な化学物質及び駆除剤についての事前のかつ情報に基づく同意の手続に関するロッテルダム条約」の合同締約国会議が開催され、附属書改正の採択を含む各条約の運用上の課題のほか、3条約に共通する技術協力や条約間の連携の強化による効率的な対策の実施について議論が行われた。

9月、ボン（ドイツ）で、第5回国際化学物質管理会議が開催され、国際的な化学物質管理の新たな枠組みとして、「化学物質に関するグローバル枠組み（GFC）―化学物質や廃棄物の有害な影響から解放された世界へ」が採択された。

10月から11月にかけ、ジュネーブ（スイス）で、「水銀に関する水俣条約」第5回締約国会議が開催され、附属書改正や規制の対象となる水銀汚染廃棄物のしきい値[52]などについて、議論が行われた。

✓ 気候変動

（ア）2050年カーボンニュートラル実現に向けた取組

2020年10月、日本は2050年までに温室効果ガス排出を全体としてゼロとする、カーボンニュートラルの実現を目指すことを宣言した。2021年4月に開催された米国主催気候サミットにおいては、2050年カーボンニュートラルと整合的で野心的な目標として、2030年度に温室効果ガスを2013年度から46％削減することを目指すこと、更に50％の高みに向け挑戦を続けることを表明した。2021年10月、新たな削減目標を反映した「国が決定する貢献（NDC）[53]」及び2050年カーボンニュートラル実現に向けた取組を反映した「パリ協定に基づく成長戦略としての長期戦略」を国連気候変動枠組条約事務局に提出した。

（イ）国連気候変動枠組条約とパリ協定

気候変動の原因である温室効果ガスの排出削減には、世界全体での取組が不可欠であるが、1997年の同条約第3回締約国会議（COP3）で採択された京都議定書は、先進国にのみ削減義務を課す枠組みであった。2015年12月、パリで開催されたCOP21では、先進国・開発途上国の区別なく、温室効果ガス削減に向けて自国の決定する目標を提出し、目標達成に向けた取組を実施することなどを規定した公平かつ実効的な枠組みであるパリ協定が採択された。同協定は2016年11月に発効し、日本を含む195か国の国・機関が締結している（2023年末時点）。

11月30日から12月13日にドバイ（アラブ首長国連邦）で開催されたCOP28では、パリ協定の目標達成に向けた世界全体の進捗を評価するグローバル・ストックテイク（GST）に関する決定、ロス＆ダメージ（気候変動の悪影響に伴う損失と損害）に対応するための基金を含む新たな資金措置の制度の大枠に関する決定などが採択された。

3

世界と共創し、国益を守る外交

52　ある一定の値以上で影響が出て、それ以下では影響が出ない境界の値のこと
53　NDC：Nationally Determined Contribution

GSTでは、1.5℃目標[54]の達成に向け、2025年までの世界全体の温室効果ガス排出量のピークアウトや全ての温室効果ガス及びセクターを対象とした野心的な排出削減目標の策定に加え、各国ごとに異なる道筋を考慮した分野別貢献（世界全体での再生可能エネルギー設備容量3倍・エネルギー効率改善率2倍のほか、ゼロ・低排出技術（再エネ、原子力、CCUS[55]、低炭素水素等）の加速、化石燃料や道路部門における取組等）などが決定された。

ロス＆ダメージに対応するための基金については、気候変動の影響に特に脆弱な開発途上国を支援の対象とすること、世界銀行の下に設置すること、先進国が立ち上げ経費の拠出を主導する一方、公的資金、民間資金、革新的資金源などのあらゆる資金源から拠出を受けることが決定された。

COP28に際して12月1日及び2日に開催された首脳級会合「世界気候行動サミット」には岸田総理大臣が出席し、2030年までの行動が決定的に重要であることを強調の上、2050年ネット・ゼロの達成、全ての温室効果ガスを対象とする経済全体の総量削減目標の設定及び2025年までの世界全体の排出量ピークアウトの必要性を訴えた。また、経済成長やエネルギー安全保障と両立するよう、多様な道筋の下で、全ての国がネット・ゼロという共通の目標を目指すことも訴えた。さらに、日本は徹底した省エネと、再エネの主力電源化、原子力の活用などを通じたクリーンエネルギーの最大限の導入のほか、日本のネット・ゼロへの道筋に沿って、エネルギーの安定供給を確保しつつ、排出削減対策が講じられていない新規の国内石炭火力発電所の建設を終了していくことを表明した。

（ウ）国際社会における日本の貢献

開発途上国が十分な気候変動対策を実施できるよう、日本を含む先進国は開発途上国に対して、資金支援、能力構築（キャパシティ・ビルディング）、技術移転といった様々な支援を実施している。

COP26において立ち上げられた「公正なエネルギー移行パートナーシップ（JETP）[56]」では、日本が米国と共に共同リード国を務めるインドネシアを対象とした包括的投資・政策計画や、日本がパートナー国を務めるベトナムを対象とした資源動員計画が作成された。今後、これらの計画に沿って、JETP対象国において具体的なエネルギー移行の取組が進められることとなる。

2021年のG7コーンウォール・サミット及びCOP26において、日本は2021年から2025年までの5年間で官民合わせて最大約700億ドル規模の支援、及びこれまでの倍となる約148億ドルの適応分野への支援を表明した。こうした支援には、開発途上国による気候変動対策を支援する多国間基金である「緑の気候基金（GCF）[57]」も重要な役割を果たしている。日本は、これまでに約3,190億円を拠出してきており、2023年10月の第2次増資ハイレベル・プレッジング会合においては、第2次増資（2024年から2027年）に対しても第1次増資と同規模の最大約1,650億円を拠出することを表明した。

12月には、日本ASEAN友好協力50周年特別首脳会議にあわせ、初のアジア・ゼロエミッション共同体（AZEC）[58]首脳会合を開催し、脱炭素・経済成長・エネルギー安全保障の同時実現や、各国の事情に応じた多様な道筋を通じてカーボンニュートラルという共通のゴールを目指すことの重要性をAZECパートナー国の首脳と共に確認し、協力を進めていくことで一致した。

54　パリ協定で示された、世界全体の平均気温の上昇を工業化以前よりも2℃高い水準を十分下回るものに抑え、また、1.5℃高い水準までのものに制限するための努力を継続するという目標
55　CCUS：Carbon dioxide Capture Utilization and Storage 二酸化炭素回収・貯留技術
56　JETP：Just Energy Transition Partnership
57　GCF：Green Climate Fund
58　AZEC：Asia Zero Emission Community

（エ）二国間クレジット制度（JCM）[59]

JCMは、パートナー国への優れた脱炭素技術などの普及を通じ、パートナー国における温室効果ガス排出削減・吸収に貢献し、その成果の一部をクレジットとして日本が獲得する制度である。これらのクレジットは日本のNDC達成に活用することができ、日本とパートナー国の両方にメリットがある。日本は、2021年のCOP26での市場メカニズムの実施指針の採択を受け、JCMをより一層拡大していく方針である。2022年6月に閣議決定された「新しい資本主義のグランドデザイン及び実行計画・フォローアップ」では、2025年を目途にパートナー国を世界全体で30か国程度とすることを目指し、関係国との協議を加速していくこととしている。2022年以降、新たに11か国とJCM協力覚書に署名し、2023年12月時点で28か国とJCMを構築している。

（オ）気候変動の影響に対する強靱性の強化に関する取組

6月に改定された開発協力大綱及び2022年12月に改定された国家安全保障戦略においては、脱炭素を含む緩和策（温室効果ガスの排出削減・吸収増進等）及び島嶼国を始めとする開発途上国などが持続可能で強靱な経済・社会を構築するための適応策（気候変動による被害の回避・軽減等）の双方に対する支援の推進が盛り込まれた。日本は、各国・地域の事情に応じた、経済成長と気候変動対策の双方に資する支援を実施していく。

また、開発途上国の気候変動や災害への対応能力を高め、金融面での強靱性を高めることを目的とし、2022年にグローバル・シールド・ファイナンシング・ファシリティ（GSFF）[60]」が立ち上がった。これは、地域リスクプールの立ち上げや強化、リスク移転のための保険料融資など、災害リスク保険などのリスクファイナンスに関する資金支援及び技術支援を実施するもので、日本も2023年3月に8億円の拠出を行った。

さらに、COP28においてロス&ダメージに対応するための基金の制度の大枠が決定されたことを受け、日本は、基金の立ち上げのため、1,000万ドルを拠出する用意があることを表明した。立ち上げ経費への拠出を通じて同基金の早期運用化を支援し、基金の適切な運用に向けて、今後も積極的に議論に貢献していく。

（5）北極・南極

ア 北極
（ア）北極をめぐる現状

北極海を中心に、北緯66度33分以北は北極圏とされており、米国、カナダ、デンマーク、ノルウェー、ロシアの5か国が北極海に面する北極海沿岸国、これにアイスランド、スウェーデン、フィンランドを加えた8か国が北極圏国とされている。

北極海においては、有効な対策がとられない場合、今世紀半ばまでには夏季の海氷がほぼ消失する可能性が高いと予想している。さらに、北極では地球上の他のいずれの地域よりも地球温暖化の影響が増幅しており、地球温暖化による北極環境の急速な変化は、北極圏の人々の生活や生態系に深刻で不可逆的な影響を与えるおそれがある。一方、海氷の減少に伴い北極海航路の利活用や資源開発を始めとする経済的な機会も広がりつつある。また、一部の北極圏国が自国の権益確保などのため安全保障上の取組を強化する動きもある。

北極に関する課題対処においては、8か国の北極圏国によって設置された北極評議会（AC: Arctic Council）[61]が中心的役割を果たしており、ACにおける関係国や先住民を交えた議論や知見の共有を踏まえ、閣僚会合で決定される方針が、北極における協力を方向付けている。北極圏国の北極政策は、気候変動対策、環境保

59 JCM：Joint Crediting Mechanism
60 GSFF：Global Shield Financing Facility
61 北極圏に係る共通の課題（特に持続可能な開発、環境保護など）に関し、先住民社会などの関与を得つつ、北極圏8か国（カナダ、デンマーク、フィンランド、アイスランド、ノルウェー、ロシア、スウェーデン及び米国）間の協力・調和・交流を促進することを目的に、1996年に設立された政府間協議体（軍事・安全保障事項は扱わない。）。日本は2013年にオブザーバー資格を取得した。

護、持続可能な発展、先住民の権利・生活など
を優先事項と位置付けており、ACにおいても
これらに関する協力が行われている。また、
ACは軍事・安全保障課題を扱わないこととし
ている一方で、北極の平和・安全保障は北極圏
国が重視する課題となっている。

　また、地球温暖化や経済的機会の広がりを背
景に、近年は非北極圏国も北極に対する関心を
高めており、日本のほか、英国、フランス、ド
イツ、スペイン、オランダ、ポーランド、中
国、インド、イタリア、シンガポール、韓国、
スイスがACのオブザーバーとなっている。

（イ）日本の北極政策と国際的取組

　日本も2015年に「我が国の北極政策」を策
定し、研究開発、国際協力、持続的な利用を3
本柱に、国際社会に貢献することを目指してい
る。

　日本はACのオブザーバーとして、動植物相
保全、海洋環境保護、持続可能な開発などを
テーマにしたAC傘下の高級北極実務者会合、
分野別作業部会や専門家会合での議論や知見の
共有を通じてACの取組に貢献してきており、
引き続きこれらの会合に積極的に参加してい
く。また、北極圏国の主導で開催され、産官学
の様々な関係者が参加する複数のフォーラムに
おいても北極に関する課題について意見交換及
び知見の共有が促進されており、日本はこれら
のフォーラムにも参加することで、北極の科学
研究に関する知見を共有し、北極海における法
の支配の重要性を発信している。

◢ 南極

（ア）南極と日本

　日本は1957年に開設した昭和基地を拠点に
南極地域観測事業を推進してきており、日本の
高い技術力をいかした観測調査を通じて地球環
境保全や科学技術の発展における国際貢献を
行っている。また、1959年に採択された南極
条約の原署名国として、南極の平和的利用に不
可欠な南極条約体制の維持・強化に努め、南極
における環境保護、国際協力の促進に貢献して

きている。

（イ）南極条約協議国会議と南極の環境保護

　5月末から6月上旬にかけてヘルシンキ（フィ
ンランド）で開催された第45回南極条約協議
国会議（ATCM45）では、南極地域における
気候変動の問題及び南極条約体制としての取組
について議論が行われた。

（ウ）日本の南極地域観測

　長期にわたり継続的に実施している基本的な
南極観測に加え、2022年度から2027年度ま
での南極地域観測第10期6か年計画に基づき
研究観測を実施する。第10期6か年計画では、
南極域における氷床、海洋大循環、大気大循環
や超高層大気などの過去と現在の変動の把握と
その機構の解明を目的として、各種研究観測を
実施することを予定している。

❸ 科学技術外交

　科学技術は、経済・社会の発展を支え、安
全・安心の確保においても重要な役割を果た
す、平和と繁栄の基盤となる要素である。日本
はその優れた科学技術をいかし、「科学技術外
交」の推進を通じて、日本と世界の科学技術の
発展、各国との関係促進、国際社会の平和と安
定及び地球規模課題の解決に貢献してきてい
る。その一環として、外務大臣科学技術顧問の
活動を通じた取組に力を入れている。

　外務省は、2015年9月、外務大臣科学技術
顧問制度を創設し、岸輝雄東京大学名誉教授を
初の外務大臣科学技術顧問に任命し、2020年
4月には、松本洋一郎東京大学名誉教授をその
後任の顧問（外務省参与）に任命した。また、
顧問を補佐するため2019年4月には狩野光伸
岡山大学教授が最初の外務大臣次席科学技術顧
問に就任した。2022年4月からは小谷元子東
北大学理事・副学長が新たに次席顧問に就任し
ている。松本顧問及び小谷次席顧問は、日本の
外交活動を科学技術面で支え、各種外交政策の
企画・立案における科学技術・イノベーション

の活用について外務大臣及び関係部局に助言を
行う役割を担っている。

外務省は外務大臣科学技術顧問の下に科学技
術の各種分野における専門的な知見を集め、外
交政策の企画・立案過程に活用するための「科
学技術外交アドバイザリー・ネットワーク」を
構築しており、その一環として松本顧問を座
長、小谷次席顧問を副座長とし、さらに20人
の有識者から成る「科学技術外交推進会議」を
設置し、科学技術外交の体制・機能強化へ向
け、様々なテーマで議論を行っており、2023
年は8月に同会議第6回会合を開催した。また、
2022年に同会議で取りまとめた「科学技術力
の基盤強化」に係る提言を踏まえ、外務省は、
在外公館における科学技術外交の体制・機能強
化を図ることを目的として、在外6公館に在外
公館科学技術フェローを設置し、現地在住の邦
人研究者などをフェローとして採用した[62]。

松本顧問及び小谷次席顧問は、各国政府の科
学技術顧問などが参加する「外務省科学技術顧
問ネットワーク（FMSTAN）」の会合などの
場を活用し、ネットワークの構築・強化に努め
ている。松本顧問は1月にシンガポール、6月
にオーストラリア、7月にスペイン、10月に
欧州（英国・ロンドン、スイス・ジュネーブ）
を訪問した。スペイン及びスイスにおいては科
学技術外交に関する国際会議で登壇したほか、
各訪問先において研究者や科学技術政策関係者
と、科学技術イノベーション政策や科学技術外
交の取組などについて意見交換を行った。小谷
次席顧問もシンガポールや欧州に加え、6月に
パナマ、10月にマレーシア、12月にはオース
トラリアを訪問し、シンポジウムや現地の科学
技術関係機関との会合において日本の科学技術
外交の取組などを紹介し、関係者と科学技術協

科学技術外交推進会議第6回会合に出席する林外務大臣
（8月30日、東京）

力などについての意見交換を行った。

さらに、松本顧問は、外務省内の知見向上の
ため、様々な専門分野の有識者を招いた科学技
術外交セミナーを定期的に開催している。

各国との科学技術協力では、日本は33の二
国間科学技術協力協定を締結しており、現在、
47か国及びEUとの間で適用され[63]、同協定に
基づき定期的に合同委員会を開催し政府間対話
を行っている。2023年は、イタリア、スイス、
ドイツ、ハンガリー、オランダ、ニュージーラ
ンド、米国、チェコ、英国、EUとそれぞれ合
同委員会を開催し、関係府省などの出席の下、
様々な分野における協力の現状や今後の方向性
などを協議した。

多国間協力では、日本は、旧ソ連の大量破壊
兵器研究者の平和目的研究を支援する目的で設
立され、現在では化学、生物、放射性物質、核
などの幅広い分野における研究開発などを支援
する国際科学技術センター（ISTC）の理事国
として、中央アジア・コーカサス地域を中心に
支援を行っているほか、核融合エネルギーの科
学的・技術的な実現可能性を実証する「ITER
（イーター：国際熱核融合実験炉）計画」など
の活動に参画している。

---

[62] 在インド日本国大使館、在イスラエル日本国大使館、在スウェーデン日本国大使館、在英国日本国大使館、欧州連合日本政府代表部、在サンフランシスコ日本国総領事館の6公館に設置
[63] 内訳については外務省ホームページ参照：
https://www.mofa.go.jp/mofaj/gaiko/technology/nikoku/framework.html
日ソ科学技術協力協定をカザフスタン、キルギス、ウズベキスタン、アルメニア、ジョージア、ウクライナ、ベラルーシ、モルドバ、トルクメニスタン、タジキスタンが各々異なる年月日に承継。日・チェコスロバキア科学技術協力取極を1993年にチェコ及びスロバキアが各々承継。日・ユーゴスラビア科学技術協力協定をクロアチア、スロベニア、マケドニア（国名は当時）、セルビア、ボスニア・ヘルツェゴビナ、モンテネグロが各々異なる年月日に承継

63

3

世界と共創し、国益を守る外交

3 経済外交

1 経済外交の概観

　国際社会においては、政治・経済・軍事の各分野における国家間の競争が顕在化する中、パワーバランスの変化がより加速化・複雑化し、既存の国際秩序をめぐる不確実性が高まっている。新型コロナウイルス感染症（以下「新型コロナ」という。）は、経済活動の抑制を通じて世界的に急速な景気の悪化をもたらした。その後、新型コロナの影響の緩和に伴い、世界経済全体としては緩やかな持ち直しの動きがみられるものの、足元では需要回復やウクライナ情勢の影響なども相まって、物価の高騰が進行している。先行きについても、金融資本市場の変動を始め、新型コロナ対策で膨らんだ政府債務、海運を始めとする物流コスト増、エネルギーやコモディティ価格の上昇などにより、依然として不透明感が漂っている。

　こうした中、日本は、自由で公正な経済秩序を拡大・発展させる試みを継続した。インド太平洋経済枠組み（IPEF）[1]は、交渉立上げから1年半を経て、IPEFサプライチェーン協定の署名並びにIPEFクリーン経済協定及びIPEF公正な経済協定の実質妥結など、大きな進展を見た。環太平洋パートナーシップに関する包括的及び先進的な協定（CPTPP）[2]については、同協定が発効してから初めてとなる加入交渉が英国との間で妥結し、7月に加入議定書の署名が行われた。

　多角的貿易体制の礎である世界貿易機関（WTO）[3]においては、漁業補助金協定の受諾、日本を含む有志国で進める投資円滑化協定のテキスト交渉の妥結、電子商取引やサービス国内規制の各分野での新たなルール作りに向けた進展、多数国間暫定上訴仲裁アレンジメント（MPIA）[4]への参加など、WTO体制の機能強化に向けた取組が進んだ。

　以上の認識も踏まえ、日本は、（1）経済連携協定の推進や多角的貿易体制の維持・強化といった、自由で公正な経済秩序を広げるためのルール作りや国際機関における取組、（2）官民連携の推進による日本企業の海外展開支援及び（3）資源外交とインバウンドの促進の三つの側面を軸に、外交の重点分野の一つである経済外交の推進を加速するため取組を引き続き進めていく。

2 自由で公正な経済秩序を広げるための取組

（1）経済連携の推進

　近年、経済のグローバル化が進展する一方、新型コロナの感染拡大により保護主義的な動きが一層顕著となり、さらにはロシアによるウクライナ侵略を原因として世界経済全体が混乱に見舞われている。そうした中で日本は、物品の関税やサービス貿易の障壁などの削減・撤廃、貿易・投資のルール作りなどを通じて海外の成長市場の活力を取り込み、日本経済の基盤を強

1　IPEF：Indo-Pacific Economic Framework for Prosperity
2　CPTPP：Comprehensive and Progressiove Agreement for Trans-Pacific Partnership
3　WTO：World Trade Organization
4　MPIA：Multi-party Interim Appeal Arbitration Arrangement
　　WTOの上級委員会が20019年から機能を停止していることに伴い、WTO協定が定める仲裁制度をもってその機能を代替させるため、有志国が立ち上げた暫定的な枠組み

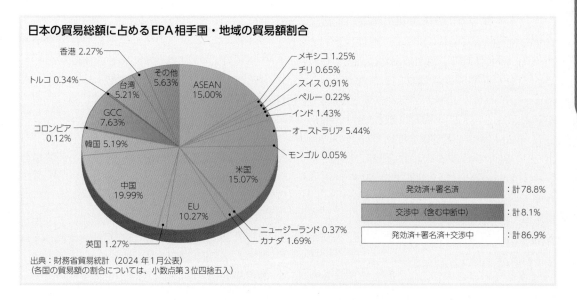

日本の貿易総額に占めるEPA相手国・地域の貿易額割合

香港 2.27%
トルコ 0.34%
台湾 5.21%
その他 5.63%
ASEAN 15.00%
メキシコ 1.25%
チリ 0.65%
スイス 0.91%
ペルー 0.22%
インド 1.43%
オーストラリア 5.44%
モンゴル 0.05%
GCC 7.63%
コロンビア 0.12%
韓国 5.19%
中国 19.99%
米国 15.07%
EU 10.27%
英国 1.27%
カナダ 1.69%
ニュージーランド 0.37%

発効済+署名済	：計78.8%
交渉中（含む中断中）	：計8.1%
発効済+署名済+交渉中	：計86.9%

出典：財務省貿易統計（2024年1月公表）
（各国の貿易額の割合については、小数点第3位四捨五入）

3

世界と共創し、国益を守る外交

化する経済連携協定（EPA/FTA）[5]を重視し、これを着実に推進してきている。2023年3月には、英国のCPTPP加入について、CPTPP参加国と英国との間で交渉の実質的な妥結を確認し、7月には英国加入議定書への署名が行われた。また同月には、2009年以降交渉が中断していた日・GCC（湾岸協力理事会）[6]自由貿易協定（FTA）について、2024年中に交渉を再開することでGCC側と一致した。こうした取組の結果、日本の貿易のEPA/FTA比率（日本の貿易総額に占める発効済み・署名済みの経済連携協定相手国との貿易額の割合）は約78.8%に至った（出典：2024年財務省貿易統計）。

また、1月には、米国産牛肉についての農産品セーフガードの適用の条件を修正するための日米貿易協定改正議定書が発効した。

日本は、引き続き、自らの平和と繁栄の基礎となる自由で公正な経済秩序を広げるため、CPTPPの高いレベルの維持や、地域的な包括的経済連携（RCEP）[7]協定の透明性のある履行の確保、その他の経済連携協定交渉などに積極的に取り組んでいく。

ア　多数国間協定など

（ア）環太平洋パートナーシップに関する包括的及び先進的な協定（CPTPP）

CPTPPは、関税、サービス、投資、電子商取引、知的財産、国有企業など、幅広い分野で21世紀型の新たな経済統合ルールを構築する取組である。日本にとっても、日本企業が海外市場で一層活躍する契機となり、日本の経済成長に向けて大きな推進力となる重要な経済的意義を有している。さらに、CPTPPを通じて、自由、民主主義、基本的人権、法の支配といった基本的価値や原則を共有する国々と共に自由で公正な経済秩序を構築し、日本の安全保障やインド太平洋地域の安定に大きく貢献し、地域及び世界の平和と繁栄を確かなものにするという大きな戦略的意義を有している。日本、オーストラリア、ブルネイ、カナダ、チリ、マレーシア、メキシコ、ニュージーランド、ペルー、シンガポール、米国及びベトナムの12か国は、2016年2月、環太平洋パートナーシップ（TPP）協定に署名したが、2017年1月に米国がTPP協定からの離脱を表明したことから、11か国でTPPを早期に実現するため、日本は精力的

5　EPA : Economic Partnership Agreement, FTA : Free Trade Agreement
6　湾岸協力理事会（GCC）：サウジアラビア、アラブ首長国連邦（UAE）、バーレーン、オマーン、カタール、クウェートによって設立。防衛・経済を始めとするあらゆる分野における参加国での調整、統合連携を目的としている。
7　RCEP : Regional Comprehensive Economic Partnership

に議論を主導した。2017年11月のTPP閣僚会合で大筋合意に至り、2018年3月にCPTPPがチリで署名された。協定の発効に必要とされる6か国（メキシコ、日本、シンガポール、ニュージーランド、カナダ、オーストラリア）が国内手続を終え、同協定は2018年12月30日に発効した。2019年1月にベトナムが、2021年9月にペルーが、2022年11月にマレーシアが、2023年2月にチリが、7月にブルネイが締約国となり、同協定は署名した11か国全てについて発効した。

CPTPPの発効後、閣僚級を含めTPP委員会が7回開催されている。2021年6月の第4回TPP委員会では、同年2月に加入を要請した英国の加入手続の開始と英国の加入に関する作業部会（AWG）の設置が決定され、同年9月に同作業部会の会合が開始された。2023年3月にはCPTPP参加国と英国はオンライン形式で閣僚会合を行い、英国のCPTPP加入交渉の実質的な妥結を確認した。7月には第7回TPP委員会がニュージーランドで開催され、英国加入議定書への署名が行われた。同議定書は、交渉の結果を踏まえ、CPTPPが規定する各分野のルールの英国による遵守並びにCPTPPの締約国及び英国が互いに付与する市場アクセスに関する約束などを定めている。日本は、同議定書の署名後、精力的に国内手続を進め、同議定書は12月に第212回国会（臨時会）で承認された。また、11月にはCPTPP閣僚会合が米国で開催され、加入要請への対応や「協定の一般的な見直し」に係る今後の対応について議論がなされた。2021年9月16日に中国が、同月22日に台湾が、同年12月17日にエクアドルが、2022年8月10日にコスタリカが、同年12月1日にウルグアイが、2023年5月にウクライナが加入を要請した。日本は、加入要請を行ったエコノミーがCPTPPの高いレベルを完全に満たすことができ、加入後の履行においても満たし続けていくという意図と能力があるかどうかについてしっかりと見極めつつ、戦略的観点や国民の理解も踏まえながら対応していく。

（イ）インド太平洋経済枠組み（IPEF）

IPEFは、インド太平洋地域における経済面での協力について議論するための枠組みであり、オーストラリア、ブルネイ、フィジー、インド、インドネシア、日本、マレーシア、ニュージーランド、フィリピン、韓国、シンガポール、タイ、米国及びベトナムの合計14か国が参加している。2022年5月、バイデン米国大統領の訪日に合わせて東京で立上げが発表され、同年9月、ロサンゼルスでのIPEF閣僚級会合において、貿易、サプライチェーン、クリーン経済及び公正な経済の四つの柱が交渉対象として合意された。2023年5月、デトロイトでのIPEF閣僚級会合において、IPEFサプライチェーン協定（柱2）の実質妥結が発表された。

さらに、11月、サンフランシスコにおいてIPEF首脳会合及びIPEF閣僚級会合が開催された。サンフランシスコ会合では、IPEFサプライチェーン協定の署名式が行われたほか、IPEFクリーン経済協定（柱3）、IPEF公正な経済協定（柱4）及びIPEFの下での各協定全体の横断的な事項について取り扱うIPEF協定の実質妥結が発表された。また、これらの成果に加え、IPEF重要鉱物対話の立上げ、2024年以降毎年開催される閣僚級のIPEF評議会の設立及び2年に1度の首脳会合の開催などを内容とする首脳声明が発出された。

日本としては、米国によるインド太平洋地域の経済秩序への関与という戦略的な観点からIPEFを重視しており、インド太平洋地域における持続可能で包摂的な経済成長を実現するた

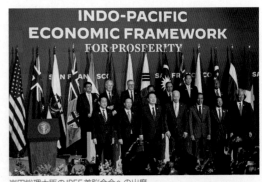

岸田総理大臣のIPEF首脳会合への出席
（11月16日、米国・サンフランシスコ　写真提供：内閣広報室）

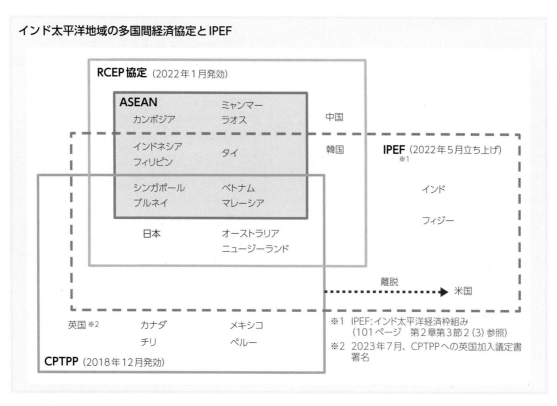

インド太平洋地域の多国間経済協定とIPEF

RCEP協定（2022年1月発効）

ASEAN
カンボジア　ミャンマー　ラオス　　　中国

インドネシア　タイ　　　　　韓国
フィリピン

IPEF（2022年5月立ち上げ）※1

シンガポール　ベトナム　　　　　インド
ブルネイ　　　マレーシア

日本　　　　オーストラリア　　　　フィジー
　　　　　　ニュージーランド

離脱　　　　　→　米国

英国※2　　　カナダ　　　メキシコ
　　　　　　チリ　　　　ペルー

CPTPP（2018年12月発効）

※1　IPEF:インド太平洋経済枠組み
（101ページ　第2章第3節2（3）参照）
※2　2023年7月、CPTPPへの英国加入議定書
署名

め、地域の経済秩序の構築と繁栄の確保に向けて、引き続き、米国と共に、地域のパートナー国と緊密に協力していく。

（ウ）日・EU経済連携協定（日EU・EPA）

2019年2月、当時の世界GDPの約3割、世界貿易の約4割を占める日EU・EPAが発効した。EUは、日本にとって第三の輸出相手国（全体の9.5%）かつ第四の輸入相手国（9.6%）（いずれも2022年時点）となる重要なパートナーである。

2023年4月には、閣僚間で合同委員会第4回会合を開催し、日EU・EPAの適正かつ効果的な運用を確保するための議論や、地理的表示（GI）、規制協力、政府調達、貿易と持続可能な開発の分野に係る進捗について意見交換を行った。また、10月には、閣僚間で日・EUハイレベル経済対話を開催し、日EU・EPAに「データの自由な流通に関する規定」を含めることに関する交渉が大筋合意に至ったことを確認した。今後も、閣僚級の合同委員会や分野別の専門委員会・作業部会を通じて、EPAの効

果的な実施を確保するための取組を進め、日・EU経済関係の更なる深化に向けて引き続き緊密に協力していく。

（エ）日英包括的経済連携協定（日英EPA）

英国のEU離脱を機に2021年1月に発効した日英EPAは、基本的価値を共有するグローバルな戦略的パートナーである日英関係を経済面で一層深化させるための重要な礎となっている。日EU・EPAを基礎とし全24章で構成される日英EPAは、電子商取引や金融サービスなどの分野で日EU・EPAよりも先進的かつハイレベルなルールを盛り込んでいる。また、日本が結ぶEPAの中で初めて、貿易により創出される機会や利益への女性のアクセス促進のための日英協力に関する章を設けている。

10月、閣僚間で日英EPA合同委員会第2回会合が開催され、EPAの実施状況を確認し、経済分野での協力をより一層強化・促進することで一致した。今後も、閣僚級の合同委員会や分野別の専門委員会・作業部会を通じて、EPAの効果的な実施を確保するための取組を

進め、日英経済関係の更なる深化に向けて引き続き緊密に協力していく。

（オ）日・GCC自由貿易協定（FTA）

日本と湾岸協力理事会（GCC）との間のFTA交渉は、2006年に開始され、その後2009年に中断されたが、2023年7月に岸田総理大臣がサウジアラビアを訪問した際、岸田総理大臣とブダイウィGCC事務総長との間で、2024年中に日・GCC自由貿易協定交渉を再開することで一致した。

（カ）地域的な包括的経済連携（RCEP）協定

RCEP協定は、東南アジア諸国連合（ASEAN）加盟国と日本、オーストラリア、中国、韓国及びニュージーランドが参加する経済連携協定である。RCEP協定参加国のGDPの合計、参加国の貿易総額、人口はいずれも世界全体の約3割を占める。この協定の発効により、日本と世界の成長センターであるこの地域とのつながりがこれまで以上に強固になり、日本の経済成長に寄与することが期待される。2012年11月に、プノンペン（カンボジア）で開催されたASEAN関連首脳会合の際、RCEP交渉立上げ式が開催されて以来、4回の首脳会議、19回の閣僚会合及び31回の交渉会合が開催されるなど約8年の交渉を経て、2020年11月15日の第4回RCEP首脳会議の機会に署名に至った。

RCEP協定は、2022年1月1日に発効し、2023年末までに合計5回の合同委員会及び2回の閣僚会合が開催された。日本としては、RCEP協定の透明性のある履行の確保を通じ、自由で公正なルールに基づく経済活動を地域に根付かせるため、関係各国と緊密に連携しながら取り組んでいく。

なお、インドは、交渉開始当初からの参加国であったが、2019年11月の第3回首脳会議において、以降の交渉への不参加を表明し、RCEP協定への署名にも参加しなかった。しかしながら、RCEP協定署名の際、署名国は、同協定がインドに対して開かれていることを明確化する「インドのRCEPへの参加に係る閣僚宣言」を日本の発案により発出し、インドの将来的な加入円滑化や関連会合へのオブザーバー参加容認などを定めた。インドがRCEP協定に参加することは、経済的にも戦略的にも極めて重要であり、日本は、インドのRCEP協定への将来の復帰に向けて、引き続き主導的な役割を果たしていく。

（キ）アジア太平洋自由貿易圏（FTAAP）[8]構想

アジア太平洋地域の中長期的な方向性を示す「APECプトラジャヤ・ビジョン2040」（2020年アジア太平洋経済協力（APEC）首脳会議で採択）は、「高水準で包括的な地域での取組に貢献するアジア太平洋自由貿易圏（FTAAP）のアジェンダに関する作業などを通じて、ボゴール目標[9]及び市場主導による地域における経済統合を更に推し進める」と言及している。2022年には、「FTAAPアジェンダに関する作業計画」が合意され、このビジョンを具体化する作業が進められている。

日本はこれまで、FTAやEPAにおける「競争章」や投資政策に関する政策対話などを行い、FTAAPアジェンダに関する知見の共有や能力構築支援に継続的に取り組んでいる。またCPTPP協定が2018年12月末に発効したこと、RCEP協定が2022年1月に発効したことは、質が高く包括的なFTAAPを実現する観点からも重要な意義がある。

◢ 二国間協定

日・トルコEPA

トルコは、欧州、中東、中央アジア・コーカサス地域、アフリカの結節点に位置する重要な国であり、高い経済的潜在性を有し、周辺地域への輸出のための生産拠点としても注目されて

8　FTAAP：Free Trade Area of the Asia-Pacific
9　ボゴール目標：1994年のAPEC首脳会議で決定された「先進エコノミーは遅くとも2010年までに、開発途上エコノミーは遅くとも2020年までに自由で開かれた貿易及び投資という目標を達成する」との目標

いる。トルコは、これまでに20以上の国・地域とFTAを締結しており、日本としても、EPA締結を通じて日本企業の競争条件を整備する必要がある。

また、両国の経済界からも日・トルコEPAの早期締結に対する高い期待感が示されていることから、2014年1月の日・トルコ首脳会談において交渉開始に合意し、2023年12月末までに17回の交渉会合が開催された。

ウ　その他の発効済みのEPA

発効済みのEPAには、協定の実施の在り方について協議する合同委員会に関する規定や、発効から一定期間を経た後に協定の見直しを行う規定がある。また、発効済みのEPAの円滑な実施のために、発効後も様々な協議が続けられている。日・インドネシアEPAについては、12月に開催された日・インドネシア首脳会談において、改正交渉が大筋合意に至ったことが確認された。

また、EPAに基づき、インドネシア、フィリピン及びベトナムから看護師・介護福祉士候補者の受入れを実施しており、2023年度までの累計受入数は、それぞれ、インドネシア3,949人、フィリピン3,613人及びベトナム1,845人となっている。また、2022年度までの3か国の累計国家試験合格者数は、看護師は648人、介護福祉士は2,890人である。

エ　投資関連協定

投資関連協定（投資協定及び投資章を含むEPA/FTA）は、投資家やその投資財産の保護、規制の透明性向上、投資機会の拡大、投資紛争解決手続などについて共通のルールを設定することで、投資家の予見可能性を高め、投資活動を促進するための重要な法的基盤である。海外における日本企業の投資環境を整備するだけでなく、日本市場への海外投資の呼び込みにも寄与すると考えられることから、日本は投資関連協定の締結に積極的に取り組んできている。

2023年には、日本は、日・アンゴラ投資協定に署名し（8月）、日・バーレーン投資協定が発効した（9月）。2024年1月末時点で、発効済みの投資関連協定が53本（投資協定36本、EPA17本）、署名済み・未発効となっている投資関連協定が3本（投資協定2本、EPA1本）あり、これらを合わせると56本となり、81の国・地域をカバーすることとなる。これらに現在交渉中の投資関連協定を含めると94の国・地域、日本の対外直接投資額の約95%をカバーすることとなる[10]。

オ　租税条約／社会保障協定
（ア）租税条約

租税条約は、国境を越える経済活動に対する国際的な二重課税の除去（例：配当などの投資所得に対する源泉地国課税の減免）や脱税・租税回避の防止を図ることを目的としており、二国間の健全な投資・経済交流を促進するための重要な法的基盤である。日本政府は、日本企業の健全な海外展開を支援するため、これに必要な租税条約ネットワークの質的・量的な拡充に努めている。

2023年には、アゼルバイジャンとの新租税条約（全面改正）（8月）が発効した。またアルジェリアとの租税条約（2月）及びギリシャとの租税条約（11月）が署名された。さらに、10月にはトルクメニスタンとの間で新租税条約（全面改正）が実質合意に至っている。2023年12月時点で、日本は85本の租税条約などを締結しており、154か国・地域との間で適用されている。

（イ）社会保障協定

社会保障協定は、社会保険料の二重負担や年金受給資格の問題を解消することを目的としている。海外に進出する日本企業や国民の負担が軽減されることを通じて、相手国との人的交流の円滑化や経済交流を含む二国間関係の更なる緊密化に資することが期待される。2023年12

---

10 財務省「直接投資残高地域別統計（資産）（全地域ベース）」（2022年末時点）

投資関連協定の現状（2024年1月）

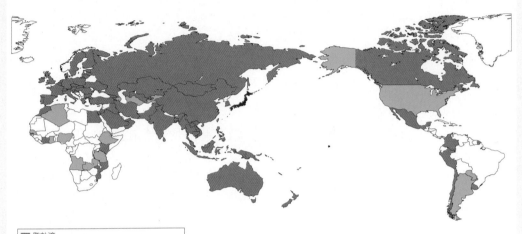

投資関連協定^(注)の交渉状況　　(注) 投資協定及び投資章を含むEPA/FTA
- 発効済：53本（投資協定36本、EPA17本）
- 署名済・未発効：3本（投資協定2本、EPA1本）　}81の国・地域をカバー
- 交渉中：17本（投資協定14本、EPA3本）　　　　交渉中のものも発効すると94の国・地域をカバー

■ 発効済
■ 署名済・未発効
■ 交渉中ほか（実質・大筋合意などを含む。）

■発効済（終了したものを除く。）　　( )：発効年　　(自)：『自由化型』協定
投資協定

1 エジプト（1978）	19 ミャンマー（2014）^(自)
2 スリランカ（1982）	20 モザンビーク（2014）^(自)
3 中国（1989）	21 コロンビア（2015）^(自)
4 トルコ（1993）	22 カザフスタン（2015）
5 香港（1997）	23 ウクライナ（2015）
6 パキスタン（2002）	24 サウジアラビア（2017）
7 バングラデシュ（1999）	25 ウルグアイ（2017）^(自)
8 ロシア（2000）	26 イラン（2017）
9 韓国（2003）^(自)	27 オマーン（2017）
10 ベトナム（2004）^(自)	28 ケニア（2017）
11 カンボジア（2008）^(自)	29 イスラエル（2017）^(自)
12 ラオス（2008）^(自)	30 アルメニア（2019）^(自)
13 ウズベキスタン（2009）^(自)	31 ヨルダン（2020）
14 ペルー（2009）^(自)	32 アラブ首長国連邦（2020）
15 パプアニューギニア（2014）	33 コートジボワール（2021）^(自)
16 クウェート（2014）^(自)	34 ジョージア（2021）^(自)
17 イラク（2014）	35 モロッコ（2022）
18 日中韓（2014）	36 バーレーン（2023）

(注) 台湾との間では2011年に
日台民間投資取決め（自由化型）を作成

投資章を含むEPA

1 シンガポール（2002）^(自)	12 モンゴル（2016）^(自)
2 メキシコ（2005）^(自)	13 TPP11協定^(注1)（2018）^(自)
3 マレーシア（2006）^(自)	14 EU（2019）^(自)
4 チリ（2007）^(自)	15 ASEAN（2020^(注2)）^(自)
5 タイ（2007）^(自)	16 英国（2021）^(自)
6 ブルネイ（2008）^(自)	17 RCEP協定^(注3)（2022）^(自)
7 インドネシア（2008）^(自)	
8 フィリピン（2008）^(自)	
9 スイス（2009）^(自)	(注1) TPP11協定：環太平洋パートナーシップ
10 インド（2011）^(自)	に関する包括的及び先進的な協定
11 オーストラリア（2015）^(自)	(注2) 改正議定書の発効年
	(注3) RCEP協定：地域的な包括的経済連携協定

■交渉中
投資協定

1 アルジェリア	8 ナイジェリア
2 カタール	9 ザンビア
3 ガーナ	10 エチオピア
4 タンザニア	11 タジキスタン
5 トルクメニスタン	12 EU
6 セネガル	13 パラグアイ
7 キルギス	14 アゼルバイジャン

投資章を含むEPA/FTA
1 GCC（2024年交渉再開予定）
2 日中韓
3 トルコ

■署名済・未発効
- TPP協定^(注)（2016年2月署名、承認済）（EPA）^(自)
- アルゼンチン（2018年12月署名、承認済）^(自)
- アンゴラ（2023年8月署名、未承認）^(自)

(注) TPP協定：環太平洋パートナーシップ協定

月時点で日本と社会保障協定を締結又は署名している国は23か国である。

（2）国際機関における取組

▶ 世界貿易機関（WTO）

（ア）WTOが直面する課題とWTO改革

WTOは、ルールに基づく自由で開かれた多角的貿易体制の基盤として、日本及び世界の経済成長に貢献してきた。現在、世界が、ロシアによるウクライナ侵略などの地政学的挑戦にさらされ、デジタル経済の発展などの世界経済の変化や、非市場的な政策及び慣行、経済的威圧などの新たな課題にも直面する中、WTOがこれらの危機や課題に十分対応できていないことも事実であり、WTOを中核とする多角的貿易体制の維持・強化のため、WTO改革の必要性が一層強く認識されている。

こうした中、日本は、（1）時代に即したルール形成、（2）紛争解決制度の改革、（3）協定の履行監視機能の強化、の3本柱から成るWTO改革に向けた国際的取組を推進している。日本が議長国として10月に開催したG7大阪・堺貿易大臣会合でも、WTO改革を推進し、WTOを中核とする、ルールに基づく、包摂的で、自由かつ公正な多角的貿易体制を維持及び強化することへのG7のコミットメントを再確認した。

（イ）時代に即したルール形成

日本は、2022年6月の第12回WTO閣僚会議の際に採択された漁業補助金協定を2023年7月に受諾した。同協定は、違法・無報告・無規制（IUU）[11]漁業につながる補助金の禁止などにより海洋生物資源の持続可能な利用の実現を目指すものであり、1995年のWTO設立以来、貿易円滑化協定に続く2例目となる全加盟国が参加して作成された新協定である。日本は、同協定の早期発効に向け各国に受諾を働きかけているほか、開発途上国による履行を推進するため、2月、同協定の基金に対して加盟国の中で最初に拠出した。

同時に、日本は、共同声明イニシアチブ（JSI）[12]の下、複数の有志国によるルール形成も推進している。2020年、開発のための投資円滑化に関する協定の作成のための交渉が開始された。日本も積極的に議論に貢献し、7月、その実体規定の文言交渉が妥結した。実体規定は、投資に関する措置の透明性向上及び許可手続の簡素化・迅速化などを規定している。同じくJSIの一つである電子商取引に関する新たな協定の作成を目指す交渉では、日本は、オーストラリア及びシンガポールと共に共同議長国として、交渉の妥結に向けて議論を主導した。

（ウ）紛争処理

WTOの紛争解決手続[13]は、WTO加盟国間の経済紛争をルールに基づき解決するための制度であり、多角的貿易体制に安定性と予見可能性を与える柱として位置付けられている。2019年12月以降、上級委員会（最終審に相当）は審議に必要な委員数を確保できず、「機能停止」状態にあるが、紛争解決制度自体は引き続き加盟国に利用されている。

2023年12月末時点で、WTOの紛争解決手続には、5件[14]の日本の当事国案件が付託されており、2023年には以下の動きがあった。

2019年に日本がインドによる情報通信技術（ICT）製品（スマートフォンやその部品など）の関税引上げ措置について申し立てた案件では、4月、当該措置はWTO協定と非整合的であるとして、措置の是正を勧告するパネル（第一審に相当）報告書が配布された。翌5月、インドがパネル報告書を不服として、機能停止している上級委員会に申し立てたため、審議は現

---

11 IUU：Illegal, Unreported and Unregulated
12 JSI：Joint Statement Initiative　2018年12月の第11回閣僚会議（アルゼンチン）で採択された、（1）電子商取引、（2）投資円滑化、（3）中小零細企業（MSMEs）、（4）サービス国内規制の四つの分野における、それぞれの複数の有志国が発出した共同声明に基づく取組
13 詳細については外務省ホームページ参照：https://www.mofa.go.jp/mofaj/ecm/ds/page24_000710.html
14 本文で言及したインド及び中国とのそれぞれの案件のほか、インドによる鉄鋼製品に対するセーフガード措置、韓国によるステンレス棒鋼に対するダンピング防止措置、韓国による自国造船業に対する支援措置に関する案件がある。

13

在行われていない。

2021年に日本が中国による日本製ステンレス製品に対するダンピング防止措置について申し立てた案件では、6月、当該措置はWTO協定と非整合的であるとして、措置の是正を勧告するパネル報告書が配布され、翌7月のWTO紛争解決機関（DSB）[15]会合において採択された。また、10月、日中両国は、中国による当該措置の是正期限を2024年5月8日とすることで合意したことをDSBに通報した。

2019年に韓国が日本の韓国向け輸出管理の運用見直し[16]について申し立てた案件では、3月、韓国が本件申立てを取り下げた。

また、上級委員会の機能停止に伴い個別紛争について最終判断を得ることが難しくなっていることを受け、日本は3月、上級委員会の機能を代替する暫定的な枠組みとして2020年に有志国が立ち上げた多数国間暫定上訴仲裁アレンジメント（MPIA）に参加した。MPIAは、参加国間の紛争について確定的な判断を得ることを可能にすることで、WTOの紛争解決制度の予見可能性を高め、ルールに基づく多角的貿易体制の維持・強化に資するものである[17]。

一方、日本はこれまでも、上級委員会が抱える問題の恒久的な解決に資する改革を達成するため、紛争解決制度改革の議論に積極的に参加しており、MPIA参加後も引き続き各国と連携しながら改革に向けた取組を主導している。

（エ）第13回WTO閣僚会議（MC13）に向けて

2024年2月のMC13での具体的な成果に向けて、WTOでの取組に加え、日本は、4月及び10月のG7大阪・堺貿易大臣会合、8月のG20貿易・投資大臣会合、11月のAPEC閣僚会議などの機会を活用し、MC13での議論を主導し、各国の緊密な協力を呼びかけた。

■ 経済協力開発機構（OECD）
（ア）特徴

OECDは、経済成長、開発援助、自由かつ多角的な貿易の拡大を目的とし、「共通の価値」を有する加盟国（38か国）で構成される国際機関である。OECDは経済・社会の広範な分野について調査・分析を実施するほか、具体的な政策提言を行っている。また、約30の委員会で行われる議論などを通じて国際的なスタンダードやルールを形成している。日本は、1964年にOECDに加盟して以降、各種委員会での議論や財政・人的な貢献を通じて、OECDの取組に積極的に関わってきている。

（イ）2023年OECD閣僚理事会

2023年の閣僚理事会は6月7日及び8日にパリ（フランス）で開催され、議長国の英国、副議長国のコスタリカ及びニュージーランドの下、「強じんな未来の確保：共通の価値とグローバル・パートナーシップ」をテーマに議論が行われ、日本からは、山田賢司外務副大臣、中谷真一経済産業副大臣などが対面で出席した。山田外務副大臣から、5月のG7広島サミットでの議論を紹介し、G7とウクライナの揺るぎない連帯を示し、日本の官民を挙げてウクライナの復旧・復興を力強く後押ししていく決意を述べた。また、同外務副大臣から、OECDの東南アジアへのアウトリーチや強靭なサプライチェーンの構築に関する日本の立場や取組を紹介し、環境・デジタル化・人権などの今日的課題に一層適合したものとなったOECD多国籍企業行動指針の普及・促進の重要性を指摘した。

閉会セッションでは、ウクライナ支援、東南アジアへのアウトリーチ、気候変動やデジタルなどの諸課題について各国の立場や見解を踏まえた閣僚声明が採択されたほか、「OECDインド太平洋戦略枠組み」、「多国籍企業行動指針」

---

15 DSB：Dispute Settlement Body
16 フッ化ポリイミド、レジスト、フッ化水素の韓国向け輸出及びこれらに関連する製造技術の移転（製造設備の輸出に伴うものも含む。）について、包括輸出許可制度の対象から外し、個別に輸出許可申請を求める制度に切り替えることとしたこと
17 MPIAの参加国は、参加国間のWTOに係る紛争について上級委員会に申し立てず、代わりにWTO協定に基づく仲裁を用いることに政治的にコミットするものである（2023年12月末時点の参加国・地域数は52）。

の改訂版などの成果文書も併せて採択された。

会合の最後には、山田外務副大臣が、日本のOECD加盟60周年に当たる2024年のOECD閣僚理事会の議長国に日本が立候補することを発表した。

（ウ）各分野での取組

OECDは、経済・社会分野におけるルールや規範を形成し、また、G20、G7、APECなど、ほかの国際フォーラムとの連携を深め、新興国へのルール・規範の普及にも重要な役割を果たしている。具体的には、国際課税制度の見直しの議論を主導しているほか、AIやコーポレート・ガバナンスに関する原則の改定、「質の高いインフラ投資に関するG20原則」[18]の普及・実施、援助協調などの取組を行っている。

（エ）東南アジア地域へのアウトリーチ

世界経済におけるインド太平洋地域の比重が増す中、インドネシアを始めとする東南アジアの新興国との関係を強化し、OECDのスタンダードを普及させることがOECDの重要な課題となっている。こうした文脈において、OECDは、東南アジア地域プログラム（SEARP）[19]を通じた政策対話などを行い、同地域との関係強化に取り組んでおり、7月には東南アジアからは初めてインドネシアがOECDへの加盟意図を表明した。10月にはハノイ（ベトナム）で開催されたOECD東南アジア閣僚フォーラムに辻清人外務副大臣が対面で出席した。同外務副大臣からは、OECDの東南アジアへのアウトリーチは、法の支配に基づく自由で開かれた経済秩序の維持・強化を目指すものであり、日本はその理念を共有すると述べた。また、ASEANが掲げる「インド太平洋に関するASEANアウトルック（AOIP）[20]」は、開放性、透明性、包摂性、国際法の尊重といった原則を

OECD東南アジア閣僚フォーラムで発言する辻外務副大臣
（10月26日、ベトナム・ハノイ）

強調しており、AOIP及びOECDの国際スタンダードを推進することが、ASEAN地域に民間投資を呼び込み、持続可能な経済成長につながると発言した。

日本は今後も、OECD東京センターや独立行政法人国際協力機構（JICA）の技術協力を活用しながら、東南アジア地域からの将来的なOECD加盟を後押ししていく。

（オ）財政的・人的貢献

2023年現在、日本は、OECDの本体予算（分担金）の9.0%（米国（19.1%）に次ぎ全加盟国中第2位）を負担している。また日本は代々事務次長（4ポストあり）の1ポストを輩出しているほか（現在は武内良樹事務次長）、事務局には2022年末時点で85人の邦人職員が勤務している。

（3）知的財産の保護

技術革新を促進し、経済成長を実現する上で、知的財産の保護の強化は極めて重要である。日本は、APEC、WTO（TRIPS）[21]、世界知的所有権機関（WIPO）[22]などにおける多国間の議論を通じた国際的な連携の強化に貢献している。また、CPTPP、RCEP協定、日EU・

---

18 2019年6月のG20大阪サミットにおいて承認された、開放性、透明性、経済性、債務持続可能性などの要素を含む、質の高いインフラ投資に関する諸原則
19 SEARP：Southeast Asia Regional Programme
20 AOIP：ASEAN Outlook on the Indo-Pacific
21 TRIPS協定（Agreement on Trade－Related Aspects of Intellectual Property Rights）：知的所有権の貿易関連の側面に関する協定
22 WIPO：World Intellectual Property Organization

3

世界と共創し、国益を守る外交

EPA、日英EPAなどの経済連携協定において知的財産の保護と利用推進のための規定を設けるなど、日本の知的財産が内外で適切に保護され活用されるための環境整備に取り組んでいる。

同時に、深刻化する模倣品・海賊版を始めとする知的財産の課題に直面する日本企業を迅速かつ効果的に支援するため、その窓口となる知的財産担当官をほぼ全ての在外公館に設置し、日本企業からの相談を受け付け、現地における情報収集、対応策の検討、相手国政府を始めとする関係者への働きかけを行っている。また、これらの知的財産担当官を対象とする会議を開催し、各地域・各国における被害の現状に関する情報交換や、在外公館による対応実績や知見の共有を行い、知的財産権侵害への対応体制の強化を図っている。2023年は南西アジア地域を対象に同会議を開催した。

❸ 国際会議における議論の主導

（1）G7

世界が気候危機、新型コロナ感染拡大、ロシアによるウクライナ侵略といった複合的危機に直面し、国際社会が歴史的な転換点にある中、日本は2023年のG7議長国を務めた（2ページ　巻頭特集参照）。

ロシアによるウクライナ侵略開始から1年となる2月24日、岸田総理大臣はG7首脳テレビ会議を主催した。冒頭にゼレンスキー・ウクライナ大統領が発言し、その後G7首脳間で議論が行われ、ウクライナに寄り添い、支援を必要とする国や人々を支援し、法の支配に基づく国際秩序を堅持することについて、G7の連帯は決して揺らぐことはないことで一致した。

岸田総理大臣は、5月19日から21日まで

G7広島サミットを主催した[23]。G7首脳は、分断と対立ではなく、協調の国際社会の実現を大きなテーマとして、法の支配に基づく自由で開かれた国際秩序を守り抜くこと、G7を超えた国際的なパートナーへの関与を強化することという二つの視点を柱とし、G7首脳間で積極的かつ具体的な貢献を打ち出していくことを確認した。

会議にはゼレンスキー大統領も参加した。ウクライナ情勢について、G7首脳は、厳しい対露制裁と強力なウクライナ支援を継続していくことを確認するとともに、ロシア軍の撤退なくして平和の実現はあり得ないことを強調し、ウクライナに平和をもたらすため、あらゆる努力を行うことを確認した。G7首脳は、「ウクライナに関するG7首脳声明」を発出した。

外交・安全保障については、岸田総理大臣から、世界のどこであれ、力による一方的な現状変更の試みは決して認められず、法の支配に基づく自由で開かれた国際秩序を守り抜くというG7の強い意志を示していくことが不可欠であると述べた。また、インド太平洋情勢について、G7首脳は、中国をめぐる諸課題への対応や、核・ミサイル問題、拉致問題を含む北朝鮮への対応において、引き続き緊密に連携していくことを確認した。

核軍縮・不拡散については、被爆地広島で被爆の実相に触れながら、G7首脳間で胸襟を開いた議論が行われ、「核兵器のない世界」へのコミットメントが確認された。G7首脳は、核軍縮に関する初めてのG7首脳独立文書となる「G7首脳広島ビジョン」を発出した。

経済安全保障上の課題に対処する重要性の急速な高まりを受け、経済安全保障についてG7サミットとして初めて独立したセッションを設け、率直な議論を行った。G7首脳は、この課題に関する包括的かつ具体的なメッセージとして、G7で初の独立の首脳声明となる「経済的

---

23 成果文書を含むG7広島サミット詳細については外務省ホームページ参照：
https://www.mofa.go.jp/mofaj/ms/g7hs_s/page1_001673.html

強靱性及び経済安全保障に関するG7首脳声明」を発出した。

　急速な技術の進展を遂げる生成AIについて、「広島AIプロセス」として、担当閣僚の下で速やかに議論させ、2023年中に結果を報告させることで一致した。

　G7首脳は、招待国・機関を交え、食料、開発、保健、気候変動・エネルギー、環境といった国際社会が直面する諸課題について議論を行い、いわゆるグローバル・サウスと呼ばれる途上国・新興国とも協力してこれらの課題に取り組んでいくことの重要性を確認した。

　会議の最後に、G7、招待国及びウクライナの首脳間で、世界の平和と安定に関する議論を行い、法の支配や、主権、領土一体性の尊重といった国連憲章の諸原則の重要性につき認識を共有した。

　議論の総括として、G7首脳は、G7広島首脳コミュニケ、前述の「ウクライナに関するG7首脳声明」、「核軍縮に関するG7首脳広島ビジョン」、「経済的強靱性及び経済安全保障に関するG7首脳声明」に加え、「G7クリーン・エネルギー経済行動計画」を発出し、また、招待国の首脳と共同で、「強靱なグローバル食料安全保障に関する広島行動声明」を発出した。

　また、12月には、岸田総理大臣は、G7日本議長年を締めくくるG7首脳テレビ会議を主催した[24]。会議には、ゼレンスキー大統領も冒頭に参加し、G7のウクライナに対する揺るぎない連帯を改めて確認し、G7首脳は、引き続き結束して対露制裁とウクライナ支援を強力に推進していくことで一致した。

　中東情勢については、各首脳からハマスなどによるテロ攻撃への非難、全ての人質の即時解放の要求、現地の人道状況改善の重要性などにつき発言があり、G7首脳は、事態の沈静化や人々への支援を引き続きG7が主導していくことを確認した。

　AIについては、G7首脳は、AIについて世界で初めて関係者が遵守すべきルールを包括的に定めた「広島AIプロセス包括的政策枠組」がG7で合意されたことを歓迎し、こうした成果を広く国際社会に拡大していくことで一致した。

　G7首脳は、G7広島サミットを始めとする日本議長下の取組を総括しつつ、2024年のイタリア議長下でも更に協力を深めていくことを確認し、会議終了後にG7首脳声明を発出した。

　G7外相会合は、2023年に対面で5回、オンラインも含めて計7回開催した。4月16日から18日に開催し、林外務大臣が議長を務めたG7長野県軽井沢外相会合では、G7外相が、5月のG7広島サミットに向けた連携を確認した。また、G7として初めて、日本が重視する法の支配に基づく自由で開かれた国際秩序へのコミットメントや、世界のどこであれ一方的な現状変更の試みに強く反対することを文書の形で確認し、会合の成果としてG7外相コミュニケを発出した。11月7日及び8日に東京で開催し、上川外務大臣が議長を務めたG7外相会合では、特に中東情勢についてG7外相間で率直かつ踏み込んだ議論を行い、包括的なメッセージを文書の形でまとめた。また、ウクライナ情勢に関し、G7として、現下の国際情勢の中であっても、厳しい対露制裁や強力なウクライナ支援に取り組む姿勢は不変であることなどを確認した。そのほか、戦略的に最も重要なインド太平洋についても議論した。

　G7貿易大臣会合については、第1回会合が4月4日にオンラインで、第2回会合が10月28日及び29日に大阪・堺で開催され、それぞれ、林外務大臣及び西村康稔経済産業大臣、上川外務大臣及び西村経済産業大臣が出席し、WTOを中核とする自由で公正な貿易体制の維持・強化に加え、経済安全保障の観点から経済的威圧や、サプライチェーン強靱化などについ

---

24 成果文書を含むG7首脳テレビ会議の詳細については外務省ホームページ参照：
https://www.mofa.go.jp/mofaj/ecm/ec/pageit_000001_00046.html

て率直な議論が行われ、G7貿易大臣声明を採択した。

(2) G20

G20は、主要先進国・新興国が参画する国際経済協力のプレミア・フォーラムである。9月9日及び10日に開催されたG20ニューデリー・サミットでは、議長国インドが掲げた「一つの地球、一つの家族、一つの未来」のテーマの下、議論が行われた。

岸田総理大臣は、ウクライナにおける公正かつ永続的な平和を実現することが重要であると訴え、さらに、G7の成果をG20につなげるとの考えの下、食料安全保障、気候・エネルギー、開発、保健、デジタルといった重要課題について、日本の立場や取組について発信した。

特に食料安全保障について、岸田総理大臣から、G7広島サミットで招待国も交えて具体的な行動計画を取りまとめ、データの充実化に向けたG20の取組や、インドが主導する雑穀研究イニシアティブの重要性を確認したことを紹介しつつ、持続可能で強靱な農業・食料システムの構築に向けて取り組んでいく考えを表明した。また、保健について、岸田総理大臣から、全ての人が基礎的な保健サービスを必要なときに負担可能な費用で受けることができるユニバーサル・ヘルス・カバレッジ（UHC）の達成、危機に際する迅速かつ効率的な資金供給などの次なる健康危機への予防・備え・対応（PPR）[25]の強化を重視していると述べた。特に、G7広島サミットで打ち出した感染症危機対応医薬品など（MCM）[26]のデリバリーの強化について、今般のG20でも重要性を確認できたことを強調した。

議論の総括として、ロシアを含む全メンバーで合意したG20ニューデリー首脳宣言が発出され、食料、気候変動・エネルギー、環境、保健といった分野でG7広島サミットの成果を踏まえたコミットメントが記載されたほか、ウクライナにおける包括的、公正かつ恒久的な平和

への言及、領土一体性及び主権を含む国連憲章の原則の堅持などが明記された。

また、議長国インドの呼びかけにより11月22日にはG20首脳テレビ会議が行われ、岸田総理大臣が出席した。会議では、多国間システムの改革、気候変動、デジタル、女性主導の開発といった重要課題について議論が行われた。岸田総理大臣から、国際社会が直面する諸課題に対処するに当たり、「人間の尊厳」が守られる世界を目指すべきであると強調し、国連や国際開発金融機関といった多国間システムの改革、気候変動、AI、女性主導の開発などの課題について、日本の立場や取組について説明した。

3月2日にニューデリーで行われたG20外相会合には、山田外務副大臣が出席し、多国間主義の在り方、食料・エネルギー安全保障、開発協力などの重要課題について議論が行われた。山田外務副大臣から、日本はG7議長国として国際社会が直面する様々な課題の解決に向けてリーダーシップを発揮していく考えであり、G20とも連携していくことを強調した。

(3) アジア太平洋経済協力（APEC）

APECは、アジア太平洋地域の21の国・地域が参加する経済協力の枠組みである。アジア太平洋地域は、世界人口の約4割、貿易量の約5割、GDPの約6割を占める「世界の成長センター」であり、APECはこの地域の貿易・投資の自由化・円滑化に向け、地域経済統合の推進、経済・技術協力などの活動を行っている。国際的なルールに則り、貿易・投資の自由化・円滑化と連結性の強化によって繁栄するアジア太平洋地域は、日本が志向する「自由で開かれたインド太平洋（FOIP）」の核である。日本がAPECに積極的に関与し、協力を推進することは、日本の経済成長や日本企業の海外展開を後押しする上で非常に大きな意義がある。

2023年は米国が議長を務め、「全ての人々にとって強靱で持続可能な未来を創造する」と

---

25 PPR : Pandemic Prevention, Preparedness and Pesponse
26 MCM : Medical Counter Measures

いう全体テーマの下、優先課題として（ア）相互連結、（イ）革新性、（ウ）包摂性が掲げられ、年間を通じて様々な会合で議論が進められた。中でも、前年のAPEC首脳会議で採択されたAPEC地域の持続可能な成長に関する取組を記した文書「バイオ・循環型・グリーン経済に関するバンコク目標」を受けた協力や2020年首脳会議で採択された「APECプトラジャヤ・ビジョン2040」で示された「開かれた、ダイナミックで、強靱かつ平和なアジア太平洋共同体」の実現に向けた議論が進められた。

11月16日及び17日にサンフランシスコ（米国）で開催された首脳会議では、首脳宣言として「ゴールデンゲート宣言」が採択され、自由で公正なルールに基づく多角的貿易体制の重要性や、WTO改革へのコミット、そして、データ流通促進のための協力について明記された。また、首脳宣言とは別に、ウクライナ及び中東情勢に関する議長声明が米国から発出された。ロシアによるウクライナ侵略に関し、岸田総理大臣から核兵器の利用又はその威嚇は許されないことを改めて強調し、この点も議長声明に盛り込まれた。

岸田総理大臣は、首脳会議において、国際社会が複合的な課題に直面している現在、APECの協力の重要性が一層高まっていることを強調した上で、地域の包摂的で強靱な成長には、公正で透明性のある貿易・投資環境の確保が不可欠であると訴えたほか、デジタル経済の推進について、G7広島AIプロセスの取組をG7を超えて幅広く展開していくことや「信頼性のある自由なデータ流通（DFFT）[27]」の重要性について訴えた。また、岸田総理大臣は、脱炭素化実現に向けて、多様かつ現実的な道筋によるエネルギー移行が重要であると主張し、地域の持続可能な成長のため、日本として様々な形で貢献していく意志を表明した。2024年は、ペルーが議長を務めることとなっている。

④ 日本企業の海外展開支援（日本の農林水産物・日本産食品の輸出促進を含む。）

（1）外務本省・在外公館が一体となった日本企業の海外展開の推進

外国に進出している日系企業は、国内外の経済情勢やそのほかの事情の影響を受けつつも中長期的には増加傾向にある。これは、日本経済の発展を支える日本企業の多くが、海外市場の開拓を目指し、海外展開に積極的に取り組んできたことの現れである。アジアを中心とする海外の経済成長の勢いを日本経済に取り込む観点からも、政府による日本企業支援の重要性は高まっている。

このような状況を踏まえ、外務省では、本省・在外公館が連携して、日本企業の海外展開推進に取り組んでいる。在外公館では、大使や総領事が率先し、日本企業支援担当官を始めとする館員が「開かれた、相談しやすい公館」をモットーに、各地の事情に応じた具体的支援を行うために、日本企業への各種情報提供や外国政府への働きかけを行っている。また、現地の法制度に関するセミナーや法律相談を、2023年度にはアジア・アフリカ地域を中心に、16か国23公館で実施した。また、2022年8月、「技術と意欲のある」日本企業の海外ビジネス投資をサポートするための施策の企画立案や関係省庁との調整を進めることを目的として、海外ビジネス投資支援室が内閣官房に設置され、外務省もその活動に積極的に貢献している。

ビジネスに関する問題の相談だけではなく、天皇誕生日祝賀レセプション、各種イベント・展示会などで、日本企業の製品・技術・サービスや農林水産物などの「ジャパンブランド」を広報することも、在外公館における日本企業支援の重要な取組の一つである。日本企業の商品展示会や地方自治体の物産展、試食会など、日本製品、日本産品を広報・宣伝する場として、

---

27 DFFT：Data Free Flow with Trust

また、ビジネス展開のためのセミナーや現地企業・関係機関との交流会の会場として、大使館や大使公邸などを積極的に提供することにより、幅広く広報活動を行ってきている。

（2）インフラシステムの海外展開の推進

新興国を中心としたインフラ需要を取り込み、日本企業のインフラシステムの海外展開を促進するため、2013年に内閣官房長官を議長とし、関係閣僚を構成員とする「経協インフラ戦略会議」が設置され、2023年12月までに56回の会合が実施された。同会議では2013年に作成された「インフラシステム輸出戦略」を毎年改定し、そのフォローアップを行ってきたが、2020年12月に近年の情勢変化を踏まえ、「インフラシステム海外展開戦略2025」（以下「新戦略」という。）を策定し、（1）経済成長の実現、（2）持続可能な開発目標（SDGs）達成への貢献、（3）「自由で開かれたインド太平洋（FOIP）」の実現を3本の柱とし、2025年のインフラシステムの受注額を34兆円とすることが目標として掲げられた。2023年6月には新戦略の追補版を策定し、インフラ海外展開を取り巻く環境の変化を踏まえ、DX（デジタルトランスフォーメーション）など新たな時代の変革への対応の強化、脱炭素社会に向けたトランジション（移行）の加速、FOIPを踏まえたパートナーシップの促進の三つの重点戦略につき具体的取組と共に明示され、外務省も関係省庁と共にこれらの取組を推進している。

また、在外公館においては、インフラプロジェクトに関する情報の収集・集約などを行う「インフラプロジェクト専門官」を指名し（2023年12月末時点で79か国101公館、約200人）、成果を上げてきている。

（3）日本の農林水産物・食品の輸出促進（東日本大震災後の日本産食品に対する輸入規制撤廃）

日本産農林水産物・食品の輸出拡大は政府の重要課題の一つであり、政府一体となった取組を一層促進するため、2020年12月に「農林水産物・食品の輸出拡大実行戦略」が策定され、農林水産物・食品の輸出額を2025年に2兆円、2030年に5兆円にするという目標の達成に向け、輸出産地・事業者の育成などを行っていくこととなった。また、輸出額1兆円を突破した2021年末、2022年6月及び12月には本戦略を改訂し、更なる輸出拡大に向けて取組を加速化させている。外務省としても、関係省庁・機関、日本企業、地方自治体などと連携しつつ、輸出拡大に向けた取組を実施しており、特に56か国・地域の計61の在外公館などでは、日本企業支援担当官（食産業担当）を指名し、農林水産物・食品の輸出促進などに向けた取組を重点的に強化している。また、在外公館などのネットワークを利用し、SNSなども活用しながら、日本産農林水産物・食品の魅力を積極的に発信しているほか、各国・地域の要人を招待するレセプションや文化行事などの様々な機会を捉え、精力的なPR活動を行っている。2022年より輸出額の大きい国・地域の4公館に現地事情に精通する農林水産物・食品輸出促進アドバイザーを設置するなど、在外公館の体制強化を図っている。また、在外公館・独立行政法人日本貿易振興機構（JETRO）海外事務所などで構成する輸出支援プラットフォームでは、現地を拠点とする強みをいかし、国内事業者、品目団体、都道府県などに対し、現地発の有益な情報を提供するほか、これらの関係者と海外の事業者とをつなぐ結節点として、また、様々なプロモーション活動をオールジャパンで行うための企画立案を行う主体としての役割を果たしている。

輸出拡大の大きな障壁の一つとして、東日本大震災・東京電力福島第一原子力発電所事故後に諸外国・地域が導入した、日本産農林水産物・食品に対する輸入規制措置がある。この規制の撤廃及び風評被害対策は政府の最重要課題の一つである。外務省も、関係省庁と連携しながら、一日も早くこうした規制が完全に撤廃されるように取り組んでいる。こうした取組の結果、8月、EU、ノルウェー、アイスランド、スイス、リヒテンシュタインが輸入規制を撤廃

し、累計で48か国・地域が規制を撤廃した。

一方、2023年末現在も7の国・地域が規制を維持しており、特に中国、香港、マカオ及びロシアは、8月のALPS処理水の放出（226ページ　第3章第1節4（3）ウ参照）を受けて規制を強化した（輸入停止を含む規制：韓国、中国、台湾、香港、マカオ、ロシア、限定規制：仏領ポリネシア）。日本はWTOにおいて、中国を含む各国の規制につき早期の規制撤廃を一貫して強く働きかけ、SPS[28]協定に基づき中国などに討議要請を行ったほか、WTOの関連委員会においても日本の立場を説明している。さらに、日中両国が締約国となっているRCEP協定の規定に基づき、中国政府に対して討議の要請を行い、中国が協定の義務に従って討議に応じるよう求めている。このように、引き続き、関係省庁、地方自治体、関係する国際機関などと緊密に連携しながら、科学的根拠に基づく早期撤廃及び風評被害の払拭に向け、あらゆる機会を捉え、粘り強く説明及び働きかけを行っていく。

⑤ 資源外交と対日直接投資の促進

（1）エネルギー・鉱物資源の安定的かつ安価な供給の確保

⑦ エネルギー・鉱物資源をめぐる内外の動向
（ア）世界の情勢

近年、国際エネルギー市場には、（1）需要（消費）構造、（2）供給（生産）構造、（3）資源選択における三つの構造的な変化が生じている。（1）需要については、世界の一次エネルギー需要が、中国、インドを中心とする非OECD諸国へシフトしている。（2）供給については、「シェール革命」[29]により、石油・天然ガスともに世界最大の生産国となった米国が、

2015年12月に原油輸出を解禁し、また、米国産の液化天然ガス（LNG）の更なる輸出を促進するなど、エネルギー輸出に関する政策を推進している。（3）資源選択については、エネルギーの生産及び利用が温室効果ガス（GHG）の排出の約3分の2を占めるという事実を踏まえ、再生可能エネルギーなどのよりクリーンなエネルギー源への移行に向けた動きが加速している。また、気候変動に関するパリ協定が2015年12月に採択されて以降、企業などによる低炭素化に向けた取組が一層進展している。加えて、2021年に入り、世界各国において、今世紀後半のカーボンニュートラル宣言が相次いでおり、世界の脱炭素化へのモメンタム（勢い）は高まりを見せている。2021年から上昇傾向にあったエネルギー価格は、2022年には、ロシアのウクライナ侵略が引き起こしたエネルギー危機の中で、大きな変動を経験した。国際社会はエネルギー市場の安定化、脱炭素化の実現をいかに達成していくかという課題に直面している。

（イ）日本の状況

東日本大震災以降、日本の発電における化石燃料が占める割合は、原子力発電所の稼働停止に伴い、震災前の約60%から2012年には約90%に達した。石油、天然ガス、石炭などのほぼ全量を海外からの輸入に頼る日本の一次エネルギー自給率（原子力を含む。）は、2011年震災前の20%から2014年には6.3%に大幅に下落し、2019年には12.1%まで持ち直したものの、ほかのOECD諸国と比べると依然として低い水準にある。日本の原油輸入の約90%が中東諸国からである。一方、LNGや石炭については、中東への依存度は原油に比べて低いものの、そのほとんどをアジアやオセアニアからの輸入に頼っている。このような中、エネルギーの安定的かつ安価な供給の確保に向け

28　SPS協定（Agreement on the Application of Sanitary and Phytosanitary Measures）：衛生植物検疫措置の適用に関する協定
29　シェール革命：2000年代後半、米国でシェール（Shale）と呼ばれる岩石の層に含まれる石油や天然ガスを掘削する新たな技術が開発され、また経済的に見合ったコストで掘削できるようになったことから、米国の原油・天然ガスの生産量が大幅に増加し、国際情勢の多方面に影響を与えていること

た取組がますます重要となっている。同時に、気候変動への対応も重要となっている。日本は、2020年10月に2050年カーボンニュートラル、2021年4月に、2030年度の46％削減、更に50％を目指して挑戦を続ける新たな削減目標を表明した。こうした状況を背景に、2021年10月に閣議決定された、「第6次エネルギー基本計画」では、エネルギー源の安全性（Safety）、安定的供給の確保（Energy Security）、エネルギーコストの経済的効率性の向上（Economic Efficiency）、気候変動などの環境への適合性（Environment）を考慮した、「S＋3E」の原則を引き続き重視しながら、2030年までの具体的な取組を示している。

✈ エネルギー・鉱物資源の安定的かつ安価な供給の確保に向けた外交的取組

エネルギー・鉱物資源の安定的かつ安価な供給の確保は、活力ある日本の経済と人々の暮らしの基盤を成すものである。外務省として、これまで以下のような外交的取組を実施・強化してきている。

（ア）在外公館などにおける資源関連の情報収集・分析

エネルギー・鉱物資源の獲得や安定供給に重点的に取り組むため、在外公館の体制強化を目的とし、2023年末時点で計53か国60公館に「エネルギー・鉱物資源専門官」を配置している。また、エネルギー・鉱物資源の安定供給確保の点で重要な国を所轄し、業務に従事する一部在外公館の職員を招集して、「エネルギー・鉱物資源に関する在外公館戦略会議」を開催している。

（イ）エネルギー市場安定化に向けた取組

2022年2月に起きたロシアのウクライナ侵略により、石油価格は1バレル当たり130ドルを超え、欧州ガス市場では100万BTU当たり70ドルを突破するなどエネルギー価格は大きく高騰し、エネルギー市場は大きく不安定化した。

この状況下、日本は、同年2月と3月に、欧州での天然ガスの需給逼迫を緩和するため、日本企業が取り扱うLNGの一部を欧州に融通し、また国際エネルギー機関（IEA）[30] 加盟国として、同年3月から4月に2回にわたる石油備蓄の協調放出を実施し、過去最大の放出量となる計2,250万バレルの石油備蓄を放出した。

こうしたエネルギーをめぐる情勢の中で、資源生産国に対して、エネルギー市場の安定化や増産の働きかけも行っている。2023年4月の林外務大臣とファイサル・サウジアラビア外相との電話会談、7月の岸田総理大臣とムハンマド・サウジアラビア皇太子兼首相及びムハンマド・アラブ首長国連邦大統領との会談、9月の林外務大臣とファイサル・サウジアラビア外相との会談及び湾岸協力理事会（GCC）各国閣僚との会合、岸田総理大臣とムハンマド・サウジアラビア皇太子兼首相との懇談、上川外務大臣とジャーベル・アラブ首長国連邦産業・先端技術相兼日本担当特使との会談など、産油国との間の首脳・閣僚レベルの累次の会談の機会に産油国に対する働きかけを行ったほか、在外公館や関係省庁を通じて様々なレベルで産油国に対する働きかけを行った。

（ウ）エネルギー・鉱物資源に関する国際機関との連携

エネルギーの安定供給や重要鉱物資源のサプライチェーン強靱化に向けた国際的な連携・協力のため、日本は、国際的なフォーラムやルールを積極的に活用している。エネルギー安全保障を確保しつつ、脱炭素化に向けて現実的なエネルギー移行を図るために、エネルギーの安定供給の確保と供給源の多角化及びエネルギー移行に不可欠な重要鉱物資源の安定的確保が重要であることを国際社会に発信している。

1月、髙木啓外務大臣政務官は、国際再生可能エネルギー機関（IRENA）[31] 第13回総会（ア

---

30 IEA：International Energy Agency
31 IRENA：International Renewable Energy Agency

ラブ首長国連邦・アブダビ）に出席し、再生可能エネルギーがエネルギー安全保障確保のための最も重要な選択肢であることを強調した上で、各国・地域の事情を踏まえた現実的なエネルギー移行を通じて、世界規模での脱炭素社会の実現を追求すべきことを指摘した。また、脱炭素社会の実現に向けた課題として、再生可能エネルギー関連機器及びそれに必要な重要鉱物資源のサプライチェーンの問題や再生可能エネルギー関連機器の廃棄の問題などを挙げて、「環境・社会・ガバナンス（ESG）[32]」などの公正で実効的なルール作りの必要性について指摘し、IRENAの場で議論して、加盟各国で協調して課題を解決していきたいと述べた。

7月、髙木外務大臣政務官は、インドを議長国として開催されたG20エネルギー移行大臣会合に出席した。髙木外務大臣政務官からは、エネルギー・アクセスについて、廉価なエネルギーへのアクセスは人々の生活の基盤を成すものと考えると述べた。また、G7広島サミットでの成果を説明し、エネルギー移行期におけるエネルギー・アクセスの在り方について、G20でも連携を進めていきたいと発言した。

9月、高村正大外務大臣政務官は、IEA重要鉱物・クリーンエネルギー・サミット（フランス・パリ）に出席し、重要鉱物の安定供給の確保に向けては、高いESG基準の遵守、ESG投資の浸透及び市場の透明性向上が必要であり、今後、国際社会の一致した行動が求められると指摘した上で、引き続き世界中のパートナーとの協力を深化させていきたいと発言した。

10月、小野外務審議官は、鉱物安全保障パートナーシップ（MSP）[33]副大臣級会合（英国・ロンドン）に出席し、重要鉱物分野におけるG7広島サミットの成果に触れつつ、高いESG基準の浸透に向けた国際的な支援の必要性を指摘した上で、日本としてMSPメンバー国及び資源国との連携を強化していく立場を示した。

（エ）エネルギー・鉱物資源に関する在外公館戦略会議

外務省では、2009年度から、主要資源国に設置された大使館・総領事館、関係省庁・機関、有識者、企業などの代表者を交えた会議を定期的に開催し、日本のエネルギー・鉱物資源の安定供給確保に向けた外交的取組について議論を重ね、政策の構築と相互の連携強化を図ってきた。

（オ）エネルギー憲章条約の近代化に係る交渉の実質合意

エネルギー憲章に関する条約（ECT）[34]は、ソ連崩壊後の旧ソ連及び東欧諸国におけるエネルギー分野の市場原理に基づく改革の促進、世界のエネルギー分野における貿易・投資活動を促進することなどを宣言した「欧州エネルギー憲章」の内容を実施するための法的枠組みとして定められ、1998年4月に発効した多数国間条約である（日本は2002年に発効）。欧州及び中央アジア諸国を中心とした49か国・機関が本条約を締結している（2024年1月時点）。2020年から条約改正に向けた議論が行われ、2022年6月に締約国交渉当事者間で実質合意に達した。日本はECTの最大の分担金拠出国であり、2016年には東アジア初となるエネルギー憲章会議の議長国を務め、東京でエネルギー憲章会議第27回会合を開催するなど、ECTの発展に貢献してきている。なお、2021年9月から、ECTの運営組織であるエネルギー憲章事務局の副事務局長に廣瀬敦子氏が日本人として初めて副事務局長に就任している。

（カ）エネルギー・鉱物資源に関する広報分野での取組

1月、外務省は、「エネルギー危機：脱炭素と地政学」をテーマに、対面でのセミナーを開催した。本セミナーでは、グルドIEAチーフ

エコノミストが基調講演を行ったほか、第一線で活躍する学術関係者、メディア関係者、ビジネス関係者などがパネリストとして登壇し、エネルギー安全保障、脱炭素、地政学リスクについて、活発な議論が行われた。

（2）食料安全保障の確保

世界の食料安全保障の状況は、新型コロナ、エネルギー価格の高騰、気候変動、紛争などによる複合的リスクにより、サプライチェーンの混乱や途絶といった農業・食料システムへの影響が顕在化していたところに、ロシアのウクライナ侵略によって、特にアフリカや中東を中心に食料安全保障をめぐる状況が世界規模で急激に悪化した。さらに、食料の生産のための土地利用、気候変動に適応した農業生産、効率的な肥料の利用などといった持続可能で強靱な農業・食料システムの構築に向けた課題は山積している。

2023年の「世界の食料安全保障と栄養の現状（SOFI）」[35]によると、新型コロナの世界的蔓延の影響からの経済回復により2022年の栄養不足人口は前年比で約380万人減少し、世界人口の約8％程度となる約7億3,500万人程度まで減ったと推定されている。一方、ロシアのウクライナ侵略によって引き起こされた食料やエネルギー価格の上昇が状況改善の負の要素となっていることは間違いないとしている。

ア　食料安全保障に関する国際的枠組みにおける協力

このようなグローバルな食料危機に対応するため、日本は2023年のG7議長国として、人間一人一人に安全な栄養のある食料への手頃な価格でのアクセスを確保するというアプローチを中心に据え、食料安全保障を優先課題の一つとして取り組んできた。5月のG7広島サミットにおいて、日本はG7各国に加え、招待国

（オーストラリア、ブラジル、コモロ、クック諸島、インド、インドネシア、韓国及びベトナム）と共に発出した「強靱なグローバル食料安全保障に関する広島行動声明」において、食料安全保障の危機に関する喫緊の課題への対処と、強靱でグローバルな農業・食料システムの構築に向けた中長期的な取組を包括的に取りまとめた。

また、6月には、広島行動声明を踏まえ、日本は国際穀物理事会（IGC）[36]と「食料危機における行動に関する対話」を共催した。この対話では、各国政府、国際機関及び企業などからの幅広い参加を得て、食料安全保障の危機時に、危機の悪化を避けるために輸出国及び輸入国を始めとする市場関係者が取るべき行動について議論した。この対話の結果を「食料安全保障の危機に際しての輸出者及び輸入者のための行動原則」として取りまとめた。このほか、G20やAPECといった様々な国際的な枠組みにおいて食料安全保障の確保と、持続可能で強靱な農業・食料システムの構築に向けた取組に関しての議論が行われ、日本は積極的にこの議論に参加してきた。

イ　日本が参加した主なイニシアティブ

8月3日、米国のイニシアティブにより、ニューヨークの国連本部で「飢饉と紛争に起因するグローバルな食料不安」と題する国連安全保障理事会公開討論が開催され、山田外務副大臣が出席した。会合の中で、日本は、飢饉や紛争起因の食料不安への対処に当たっては、緊急食料支援などの短期的取組に加え、食料システムのレジリエンス（強靱性）強化など人間の安全保障の理念に立脚した中長期的な観点からの取組が必要であること、また、食料不安の根本原因たる紛争を予防する取組も重要であり、人道・開発・平和の連携（ネクサス）によるアプローチを通じて包括的に対処することの重要性

---

35 世界の食料安全保障と栄養の現状報告（SOFI：The State of Food Security and Nutrition in the World）：SOFIは、国連食糧農業機関（FAO）、国連児童基金（UNICEF）、国連世界食糧計画（WFP）、国際農業開発基金（IFAD）及び世界保健機関（WHO）が共同発行する世界の食料不足と栄養に関する年次報告書
36 IGC：International Grains Council

を強調した。

ウ　食料安全保障に関する国際機関との連携強化

日本は、国際社会の責任ある一員として、食料・農業分野における国連の筆頭専門機関である国連食糧農業機関（FAO）[37]の活動を支えている。特に、日本は第3位の分担金負担国であり、主要ドナー国の一つとして、食料・農業分野での開発援助の実施や、食品安全の規格などの国際的なルール作りなどを通じた世界の食料安全保障の強化に大きく貢献している。また、日・FAO関係の強化にも取り組んでおり、年次戦略協議の実施なども行っている。

（3）漁業（マグロ・捕鯨など）

日本は世界有数の漁業国及び水産物の消費国であり、海洋生物資源の適切な保存管理及び持続可能な利用に向け、国際機関を通じて積極的に貢献している。

日本は、鯨類は科学的根拠に基づき持続的に利用すべき海洋生物資源の一つであるとの立場から、国際捕鯨委員会（IWC）[38]が「鯨類の保護」と「捕鯨産業の秩序ある発展」という二つの役割を有していることを踏まえ、30年以上にわたり、収集した科学的データを基に誠意を持って対話を進めてきた。しかし、持続的利用を否定し保護のみを主張する国々との共存は極めて困難であることが明らかとなったため、日本は2019年にIWCを脱退し、商業捕鯨を再開した。

日本は、領海と排他的経済水域（EEZ）[39]に限定し、科学的根拠に基づき、IWCで採択された方式により算出された、100年間捕獲を続けても資源に悪影響を与えない捕獲可能量の範囲内で商業捕鯨を行っている。

国際的な海洋生物資源の管理に積極的に貢献するといった日本の方針は、IWC脱退後も変わることはない。日本は、IWC総会やIWC科学委員会へのオブザーバー参加を始め、北大西洋海産哺乳動物委員会（NAMMCO）[40]といった国際機関に積極的に関与し協力を積み重ねている。また、日本は非致死性の鯨類資源科学調査を展開し、その一部はIWCと共同で実施している。その成果は、鯨類資源の持続的利用及び適切な管理の実現の基礎となる重要なデータとして、IWCを始めとする国際機関に提供している。

違法・無報告・無規制（IUU）漁業は、持続可能な漁業に対する脅威の一つである。日本は、寄港国がIUU漁船に対して入港拒否などの措置をとることについて規定する「違法漁業防止寄港国措置協定」（PSMA）[41]への加入を未締結国に対して呼びかけており、G7広島サミットにおいて、PSMAへの加入を奨励することを確認したほか、IUU漁業を終わらせるため、更なる行動を取ることで一致した。このほか、日本は、開発途上国に対してIUU漁業対策を目的とした能力構築支援も行っている。

中央北極海では、地球温暖化に伴う一部解氷によって、将来的に無規制な漁業が行われる可能性が懸念されている。このような懸念を背景として、2021年6月、北極海沿岸5か国に日本などを加えた10か国・機関が参加する「中央北極海における規制されていない公海漁業を防止するための協定」が発効した。2023年6月に開催された第2回締約国会合へは、日本を含む10か国・地域が参加し、中央北極海における科学的な調査やモニタリング計画の骨子が採択されたほか、試験漁業に係る保存管理措置の策定などに向けた議論が行われた。

日本は、まぐろ類の最大消費国として、まぐろ類に関する地域漁業管理機関（RFMO）[42]に加盟し、年次会合などにおいて保存管理措置の策定に向けた議論を主導しており、近年、国際

---

37 FAO：Food and Agriculture Organization of the United Nations
38 IWC：International Whaling Commission
39 EEZ：Exclusive Economic Zone
40 NAMMCO：North Atlantic Marine Mammal Commission
41 PSMA：Agreement on Port State Measures to Prevent, Deter and Eliminate Illegal, Unreported and Unregulated Fishing
42 RFMO：Regional Fisheries Management Organization

的な資源管理を通じた積極的な取組の成果が上がりつつある。太平洋クロマグロについては、12月、中西部太平洋まぐろ類委員会（WCPFC）[43]の年次会合において、小型魚の漁獲上限の一部を1.47倍して大型魚の漁獲上限に振り替える際の上限の引上げが認められたことにより、管理の柔軟性が増加した。大西洋クロマグロについては、2022年11月に開催された大西洋まぐろ類保存国際委員会（ICCAT）[44]の年次会合において、近年の資源量回復を受けて大西洋東水域の総漁獲可能量（TAC）[45]は前年比12．7％の増加が認められ、2023年にはこの水準を踏まえた操業が行われた。ミナミマグロについては、10月に開催されたみなみまぐろ保存委員会（CCSBT）[46]において、科学委員会からの勧告を踏まえ、2024年から2026年の間の毎漁期のTACの約17％の増加が認められた。

サンマについては、資源が過去にない水準に低迷しており、それに伴う不漁が問題となっている。3月、札幌で開催された北太平洋漁業委員会（NPFC）[47]の年次会合において、漁獲枠を25％削減する措置に合意したほか、漁獲努力量の削減を目的として実操業隻数の削減又は操業日数の制限を導入することが初めて合意された。また、小型魚保護のための措置が強化された。引き続き、今後の会合に向けて資源管理を一層充実させていくことが重要となっている。

遡河性魚類（さけます類）については、北太平洋遡河性魚類委員会（NPAFC）[48]において資源の保存のための議論が行われている。5月に開催された第30回年次会合において、近藤喜清氏（水産大学校校務部長）が同委員会事務局長に選出され、9月に就任した。

ニホンウナギについては、5月、ウナギに関する第2回科学者会合が日本主導の下で開催さ

れ、ウナギ類の資源管理に関する科学的知見が共有された。また、7月に、東京で、第16回非公式協議が対面形式で開催され、日本、韓国、中国、台湾の間で、シラスウナギの養殖池への池入れ上限の設定、ニホンウナギの共同研究における協力を促進することなどについて議論及び確認が行われた。

（4）対日直接投資

対日直接投資の推進については、2014年から開催されている「対日直接投資推進会議」が司令塔として投資案件の発掘・誘致活動を推進し、外国企業経営者の意見を吸い上げ、外国企業のニーズを踏まえた日本の投資環境の改善に資する規制制度改革や支援措置など追加的な施策の継続的実現を図っていくこととしている。2015年3月の第2回対日直接投資推進会議で決定した「外国企業の日本への誘致に向けた5つの約束」に基づき、2016年4月以降、外国企業は「企業担当制」[49]を活用し、担当副大臣との面会を行っている。また、2023年6月には、経済財政諮問会議において「経済財政運営と改革の基本方針2023」（骨太の方針2023）が閣議決定され、対日直接投資残高の目標を従来の80兆円から拡大し、2030年に100兆円を目指すこととされた。

外務省は、対日直接投資推進会議で決定された各種施策を実施するとともに、外交資源を活用し、在外公館を通じた取組や政府要人によるトップセールスも行い、対日直接投資促進に向けた各種取組を戦略的に実施している。2022年度には、126の在外公館に設置した「対日直接投資推進担当窓口」を通じ、日本の規制・制度の改善要望調査、在外公館が有する人脈を活用した対日直接投資の呼びかけ、対日直接投資関連イベントを開催するなど、活動実績は700

---

43 WCPFC : Western and Central Pacific Fisheries Commission
44 ICCAT : International Commission for the Conservation of Atlantic Tunas
45 TAC : Total Allowable Catch
46 CCSBT : Commission for the Conservation of Southern Bluefin Tuna
47 NPFC : The North Pacific Fisheries Commission
48 NPAFC : North Pacific Anadromous Fish Commission
49 日本に重要な投資を実施した外国企業が日本政府と相談しやすい体制を整えるため、当該企業の主な業種を所管する省の副大臣などを相談相手につける制度

件以上となった。また、2023年5月には、海外における人材・投資誘致体制を抜本強化するため、在外公館長・JETRO海外事務所長レベルでの連携による「FDIタスクフォース」を5拠点（ニューヨーク、ロンドン、デュッセルドルフ、パリ、シドニー）に設置することが決定され、拠点公館での活動強化に取り組んでいる。

さらに、日本国内では、2023年3月に外務省主催でグローバル・ビジネス・セミナーを開催し、対日直接投資の推進をテーマに、昨今の日本への投資傾向や海外から見た日本のビジネス環境、日本国内の対日投資促進に向けた取組や方針について、政府・地方自治体関係者やビジネス界の代表、企業関係者が講演を行ったほか、国内外企業関係者、在京大使館、駐日経済団体・商工会議所関係者、政府・地方自治体関係者など約120人が参加し、活発な議論が行われた。

（5）2025年日本国際博覧会（大阪・関西万博）開催に向けた取組

2020年12月、博覧会国際事務局（BIE）[50]総会で大阪・関西万博の登録申請が承認され、日本は正式に各国・国際機関に対する参加招請を開始し、多数の国・地域、国際機関に参加してもらえるよう招請活動に取り組んできており、2024年1月時点で160か国・地域及び9国際機関の参加表明を得ている。

公益社団法人2025年日本国際博覧会協会（以下「日本国国際博覧会協会」という。）は、2023年6月に「International Planning Meeting（国際企画会議）」、11月に「International Participants Meeting（国際参加者会議）」を開催し、大阪・関西万博に参加予定の国・地域、国際機関を大阪市に招き各種情報の提供を行った。

大阪・関西万博は、国内外から多数の来場が見込まれる万博を通じて、世界に日本の魅力を発信し、「いのち輝く未来社会のデザイン」というテーマの下、2030年を目標年とするSDGs達成への取組を加速化するよい機会となる。海外パビリオン建設の遅れを含む各種課題に対し、外務省としても外交ルートや在外公館経由での働きかけなどを含め、関係省庁・日本国国際博覧会協会とも緊密に連携し、大阪・関西万博の成功のために引き続きオールジャパンで取り組んでいく。

50　BIE：Bureau International des Expositions

4 日本への理解と信頼の促進に向けた取組

1 戦略的な対外発信

（1）偽情報対策を含む情報戦への対応

地政学的な競争が激化する中で、偽情報などの拡散を含む情報操作などを通じた、認知領域における国際的な情報戦が恒常的に生起しており、特にウクライナやイスラエル・パレスチナ情勢などをめぐりこうした傾向が顕著に見られる。外国による情報操作は、国家及び非国家主体が、日本の政策決定に対する信頼を損なわせ、民主的プロセスや国際協力を阻害するような偽情報やナラティブ（解説）を意図的に流布するものであり、対応の重要性が高まっている。

外務省としても、そうした認識の下、国家安全保障戦略も踏まえ、情報・政策・発信部門が連携し、情報戦に対応する情報収集・分析・発信能力を着実に強化してきている。外国による情報操作への対応に当たっては、メディア、シンクタンク、NGOなどを含めた社会全体のレジリエンス（強靱性）が極めて重要であり、政府としての対応は自由な情報空間を前提としたものとなる。ALPS処理水（226ページ　第3章第1節4（3）ウ参照）をめぐっては、事実とは異なる偽情報を拡散する試みが見られたことから、問題となった偽情報を否定する報道発表を発出するなどの対応をとった。

また、情報操作への対応に対しては同様の懸念を共有する諸国が一致して対処していくべきものとの認識に基づき、12月6日には日米間で情報操作に係る協力文書に署名を行った。そのほか、G7即応メカニズム（RRM）[1]や二国間

外国からの情報操作に係る日米間の協力文書への署名
（12月6日、東京）

協議などにおいて情報操作に関する協議を行い、価値観を共有する各国・地域との協力を進めている。

（2）戦略的対外発信の取組

情報戦が恒常的に生起する中で、日本の政策や取組に対する理解や日本への関心を高めるための戦略的対外発信（Strategic Communication）はこれまで以上に重要になってきている。外務省では、（ア）日本の政策や取組、立場の発信及び（イ）日本の多様な魅力の発信を行うことで（ウ）日本への関心・理解・支持を拡大する、という3本柱に基づき、様々な角度から情報収集し分析を行った上で、国家安全保障戦略も踏まえながら、戦略的対外発信を実施している。

（ア）日本の政策や取組、立場の発信に関し、2023年は、ロシアによるウクライナ侵略の長期化に加え、中東で新たな危機が生じるなど、

1　RRM：Rapid Response Mechanism

国際社会は分断と対立の様相を一層深める状況となったことを受け、外務省は様々な外交機会や取組を通じ、国際社会の平和と安定及び繁栄、法の支配に基づく国際秩序の維持・強化や地球規模課題への日本の基本的考えや取組について、様々なソーシャルメディアも活用しつつ、重点的に発信した。さらに、歴史認識や領土・主権の問題への理解の促進に取り組んだ。

具体的には、総理大臣や外務大臣を始め政府関係者が、記者会見やインタビュー、寄稿、外国訪問先及び国際会議でのスピーチなどで発信し、在外公館においても、任国政府・国民及びメディアに対する発信を積極的に行っている。また、事実誤認に基づく報道が海外メディアによって行われた場合には、速やかに在外公館や本省から客観的な事実に基づく申入れや反論投稿を実施し、正確な事実関係と理解に基づく報道がなされるよう努めている。加えて、政策広報動画などの広報資料を作成し様々な形で活用している。また、日本の基本的立場や考え方への理解を得る上で、有識者やシンクタンクなどとの連携を強化していくことも重要である。こうした認識の下、外務省は海外から発信力のある有識者やメディア関係者を日本に招へいし、政府関係者などとの意見交換や各地の視察、取材支援などを実施している。さらに、日本人有識者の海外への派遣を実施しているほか、海外の研究機関などによる日本関連のセミナー開催の支援を強化している。

さらに、いわゆる慰安婦問題を始めとする歴史認識、日本の領土・主権をめぐる諸問題などについても、様々な機会・ツールを活用した戦略的な発信に努めている。また、一部で旭日旗について事実に基づかない批判が見られることから、外務省ホームページに旭日旗に関する説明資料や動画を多言語で掲載するなど、旭日旗に関する正しい情報について、国際社会の理解が得られるよう様々な形で説明している。[2]

これらの発信を一層効果的なものにするためには各種ソーシャルメディアや外務省HPの活用が不可欠であり、これらによる発信の強化に努めている。

（イ）日本の多様な魅力の発信に関し、海外における対日理解を促進し、日本と国民が好意的に受け入れられる国際環境を醸成するとの観点から、在外公館や独立行政法人国際交流基金を通じ、様々な文化交流・発信事業を実施している。具体的には、世界各地の在外公館や国際交流基金の海外拠点を活用した文化交流事業や日本国際漫画賞などの事業を通じ、伝統文化からポップカルチャーを含む幅広い日本文化の魅力をソーシャルメディアなども活用して積極的に発信した。またその際、国内外の関係者と協力し、世界の有形・無形の文化遺産の保護への取組と、日本の文化・自然遺産の「世界遺産一覧表」及び「人類の無形文化遺産の代表的な一覧表」への記載を推進した。さらに、より深い対日理解の促進のため、国際交流基金などを通じ、人的・知的交流や日本語の普及に努め、「対日理解促進交流プログラム」などによる日本と諸外国・地域間の青年交流、世界の主要国の大学・研究機関での日本研究支援を進めている。

これらの取組を通じ、今後も、外務省は日本

3 世界と共創し、国益を守る外交

外務省が活用するソーシャルメディア

2　旭日旗に関する説明資料の外務省ホームページ掲載箇所はこちら：
　(1) https://www.mofa.go.jp/mofaj/a_o/rp/page22_003194.html
　(2) 動画リンク：https://www.youtube.com/watch?v=Oaehixu4luk
　『伝統文化としての旭日旗』（2021年10月8日からYouTube外務省チャンネルで公開）

(1) 　　(2)

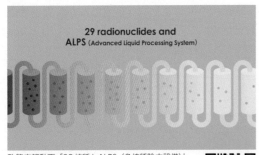

政策広報動画「29核種とALPS（多核種除去設備）」（英語版）（2023年7月13日から外務省公式動画チャンネルで公開）
https://www.youtube.com/watch?v=hGnbpLbjw4w

への関心・理解・支持を拡大することを目指し、一層の努力を行っていく。

（3）ジャパン・ハウス

外務省は、日本の多様な魅力や様々な政策・取組・立場の発信を通じ、これまで必ずしも日本に関心がなかった人々を含む幅広い層を惹き付け、日本への関心・理解・支持を一層拡大することを目的に、サンパウロ（ブラジル）、ロンドン（英国）及びロサンゼルス（米国）の3都市に戦略的対外発信拠点「ジャパン・ハウス」を設置している。

本活動を行うに当たっては、（ア）政府、民間企業、地方公共団体などが連携してオールジャパンで発信すること、（イ）現地のニーズを踏まえること、及び（ウ）日本に関する様々な情報がまとめて入手できるワンストップ・サービスを提供することで、効果的な発信に努めている。

ジャパン・ハウスは、「日本を知る衝撃を世界へ」を標語として、各拠点が独自に企画する「現地企画展」に加え、日本で広く公募し、専門家による選定を経て3拠点を巡回する「巡回企画展」を開催し、現地・日本双方の専門家の知見をいかした質の高い企画を実施している。また、展示のみならず、講演、セミナー、ワークショップ、ウェビナー、図書スペース、ホームページ・SNS、物販、飲食、カフェなどを活用し、伝統文化・芸術、ハイテクノロジー、自然、建築、食、デザインを含む日本の多様な魅力や様々な政策・取組・立場を発信してい

る。現在、一部展示の他都市や近隣国での開催や、ポスト・コロナ時代に対応した対面とオンラインのハイブリッド方式での発信など、新たな訴求対象の獲得に向けても積極的に取り組んでいる。2023年末には、3拠点の累計来館者数が597万人を超え、各都市の主要文化施設として定着しつつある。

（4）諸外国における日本についての論調と海外メディアへの発信

2023年の海外メディアによる日本に関する報道については、G7広島サミット及び関係閣僚会合の開催、岸田総理大臣のNATO首脳会合出席、日米韓首脳会合、日本ASEAN友好協力50周年、イスラエル・パレスチナ情勢、ウクライナ情勢、日中関係、日韓関係、北朝鮮への対応などの外交面に加え、ALPS処理水の海洋放出、防衛力強化、エネルギー政策などに関心が集まった。

外務省は、日本の政策・取組・立場について国際社会からの理解と支持を得るため、海外メディアに対して迅速かつ積極的に情報提供や取材協力を行っている。海外メディアを通じた対外発信としては、総理大臣・外務大臣へのインタビュー、外務大臣による定例の記者会見（オンラインでも日本語・英語のライブ配信を実施）、ブリーフィング、プレスリリース、プレスツアーなどを実施し、外交日程を踏まえて、時宜を得た戦略的かつ効果的な対外発信を行うよう努めている。また、看過できない事実誤認、日本の立場とは相容れない報道がなされた場合には、速やかに当該メディアへの申入れや反論投稿を行うことにより、正確な事実関係と理解に基づく報道がなされるよう努めている。

2023年はG7議長国としてG7広島サミットを主催するなど、国際社会から注目を集める年となった。総理大臣や外務大臣は寄稿・インタビューを通じて海外メディアに積極的に発信した。例えば、G7広島サミットの主催に際し、岸田総理大臣は複数の海外メディアへの寄稿を通じて、国際社会が歴史的な転換期を迎えている中、基本的価値を共有するG7は、国際社会

の重要な課題に効果的に対応し、世界をリードしていかなければならないこと、また、協調の国際社会の実現に向けたG7の結束の確認と役割の強化のための積極的かつ具体的な貢献を、G7として明確に打ち出したいこと、さらに、国際社会が直面する諸課題の解決に向けたG7の断固たる決意を、広島の地から共に強く発信していきたいと訴えた。また、林外務大臣は5月にCNNによる対面インタビューに応じ、厳しさを増す安全保障環境に対する日本の姿勢の発信に努めた。このほか、10月の上川外務大臣によるブルネイ、ベトナム、ラオス及びタイ訪問時や11月の岸田総理大臣によるフィリピン及びマレーシア訪問の際には、現地メディアへの寄稿を通じて日本ASEAN友好協力50周年に伴う一層の関係・協力強化への姿勢などの発信も行った。総理大臣は、12月の日本ASEAN友好協力50周年特別首脳会議の際にも、加盟各国現地メディアへの寄稿を実施した。

このような形で、2023年には、総理大臣の寄稿・インタビューを計34件、外務大臣の寄稿・インタビューを計36件実施し、外務報道官などによる海外メディアに対する発信、総理大臣及び外務大臣の外国訪問に際する、現地外国メディアへの記者ブリーフィングを随時実施した。海外メディアの招へい事業については、2023年は、20件の招へい案件を実施し（うち、訪日を伴う招へいは13件、オンライン形式での取材は7件）、延べ87か国から153人の記者の参加を得た。

（5）インターネットを通じた情報発信

外務省は、日本の外交政策に関する国内外の理解と支持を一層増進するため、2023年には公式インスタグラムアカウントを開設するなど、外務省ホームページや各種ソーシャルメディアなどインターネットを通じた情報発信に積極的に取り組んでいる。外務大臣の定例記者会見のライブ配信（日本語・英語）を行っているほか、G7広島サミット及び関連会合、ウクライナ情勢、ガザ情勢、ALPS処理水などに関する情報発信を迅速かつ積極的に行った。

また、外務省ホームページ（英語）を、広報文化外交の重要なツールと位置付け、領土・主権、歴史認識、安全保障などを含む日本の外交政策や国際情勢に関する日本の立場、さらには日本の多様な魅力などについて英語での情報発信の強化に努めてきている。さらに、海外の日本国大使館、総領事館及び政府代表部のホームページやソーシャルメディアを通じ、現地語での情報発信を行っている。

❷ 文化・スポーツ・観光

（1）概要

日本文化がきっかけとなって日本に関心を持つ外国人は大変多い。外務省及び国際交流基金は、海外において良好な対日イメージを形成し、日本全体のブランド価値を高めることに努めている。また、海外の幅広い層の日本への関心・理解・支持を拡大し、新型コロナウイルス感染症（以下「新型コロナ」という。）収束後の訪日観光客を増やすため、日本文化の魅力発信や、スポーツ、観光促進に向けた様々な事業を行っている。具体的には、「在外公館文化事業」などを通じ、茶道、華道、武道などの伝統文化やアニメ、マンガ、ファッションといったポップカルチャー、食文化など幅広い分野における日本の魅力を紹介している。

「日本ブランド発信事業」では、日本の国家ブランドを確立し、世界における日本のプレゼンスを強化するため、様々な分野の専門家を海外に派遣し、講演会や実演、ワークショップなどを通じて日本の多様な魅力や強みを発信した。

また、2021年に開催された2020年東京オリンピック・パラリンピック競技大会（以下「2020年東京大会」という。）のレガシーを継承するため、外務省は、スポーツを通じた日本の国際交流・協力の取組である「Sport for Tomorrow（SFT）」プログラムの一環として、様々なスポーツ交流・スポーツ促進支援事業、独立行政法人国際協力機構（JICA）海外協力隊

によるスポーツ関係者の派遣や招へい、文化無償資金協力を活用したスポーツ器材の供与や施設の整備を実施した。また、これらの取組を外務省公式X（旧ツイッター）アカウント「MofaJapan×SPORTS」を通じて内外に発信した。

さらに、次世代を担う多様な人材の対日理解促進のため、外務省は、在外公館を通じて、日本への留学機会の広報や元留学生とのネットワーク作り、地方自治体などに外国青年を招へいする「JETプログラム」への協力、アジアや米国などとの青年交流事業や社会人の招へい事業、大学や研究機関における日本研究支援などを実施している。

海外における日本語の普及は、日本との交流の担い手を育て、対日理解を深め、諸外国との友好関係の基盤となるとともに、日本における多文化共生社会の実現にも資するものである。こうした観点から、日本国内においては、2019年6月に「日本語教育の推進に関する法律」が公布・施行され、2020年6月には「日本語教育の推進に関する施策を総合的かつ効果的に推進するための基本的な方針」（閣議決定）が策定された。外務省は、これらに基づき、国際交流基金を通じて、日本語専門家の海外への派遣、海外の日本語教師に対する研修、日本語教材の開発など海外における日本語教育の環境整備に努めている。また、就労目的で来日を希望する外国人に対する日本語教育という社会的ニーズに対しても取組を行っている。

日本は、国連教育科学文化機関（UNESCO：ユネスコ）などと協力し、世界の有形・無形の文化遺産や自然遺産の保護支援にも熱心に取り組んでいる。また、世界遺産条約や無形文化遺産保護条約などを通じ、国際的な遺産保護の枠組みの推進にも積極的に参加している。

デジタルツールを一層活用するなどの工夫を凝らしてこれら文化・スポーツ外交を推進し、日本の魅力を海外に発信することによって、将来の訪日観光客の増加にもつなげていく。

（2）文化事業

各国・地域における世論形成や政策決定の基

日・ベトナム外交関係樹立50周年（5月14日、ベトナム・ハナム）

日・ペルー外交関係樹立150周年（8月22日、ペルー・リマ）

盤となる個々人の対日理解を促進し、日本のイメージを一層肯定的なものとすることは、国際社会で日本の外交政策を円滑に実施していく上で重要である。この認識の下、外務省は、在外公館や国際交流基金を通じて多面的な日本の魅力の発信に努めている（311ページ　コラム参照）。在外公館では、管轄地域での対日理解の促進や日本のイメージ向上を目的とした外交活動の一環として、多様な文化事業を行っている。例えば、茶道・華道・折り紙などのワークショップ、日本映画上映会、邦楽公演、武道デモンストレーション、伝統工芸品や日本の写真などの展示会、アニメ・マンガなどのポップカルチャーや日本の食文化などの生活文化も積極的に紹介し、また、日本語スピーチコンテストや作文コンテストなどを企画・実施している。

また、外交上の節目となる年には、時宜を捉えて文化・人的交流事業を活性化し、更なる関係強化を実現するため、政府関係機関や民間団体とも連携して大規模かつ総合的な周年行事などを集中的に実施している。2023年は、日本ASEAN友好協力50周年、日・ベトナム外交

日本ASEAN友好協力50周年及び日本インドネシア国交樹立65周年記念事業：劇団SCOT『ディオニュソス』公演（10月、インドネシア・ジャカルタ　写真提供：国際交流基金 ©Djajusman）

国際交流基金×東京国際映画祭 co-present 交流ラウンジ アジア映画学生交流プログラム 是枝裕和監督によるマスタークラス（10月26日、東京　写真提供：国際交流基金　©2023 TIFF）

関係樹立50周年、日・ペルー外交関係樹立150周年、日・サモア外交関係樹立50周年、日・カンボジア友好70周年であり、周年を記念した大型の文化事業を実施した。

　国際交流基金は、外務省・在外公館との連携の下で海外拠点を活用し、日本と諸外国との文化芸術交流事業を展開している。2023年は、日本ASEAN友好協力50周年の機会を捉え、音楽公演や共同制作演劇作品の上演を始めとする様々な文化交流事業を東南アジア各国で実施した。また、第18回ヴェネチア・ビエンナーレ国際建築展の日本館展示の主催など、「リアル」な事業（オンラインではなく対面での事業）を世界各地で実施した。

　これと並行し、日本の舞台芸術作品を動画配信で世界に紹介する「STAGE BEYOND BORDERS」や、日本映画に関わる様々な話題や映画関係者へのインタビューなどを紹介し、映画作品の配信も行う「JFF+」など、新型コロナ流行下の時期に開始したオンライン事業をより充実させながら継続することで、多面的な切り口から日本文化の発信事業を展開した。

　また、国際交流基金は、2013年12月に安倍総理大臣が発表した「文化のWA（和・環・輪）プロジェクト―知り合うアジア―」の下、ASEAN（東南アジア諸国連合）を中心とするアジア諸国を対象に、芸術・文化の双方向交流事業と日本語パートナーズ事業を、10年間にわたり実施してきた。ASEAN諸国などとの人的交流事業を今後も継続・拡大するため、12

月の日本ASEAN友好協力50周年特別首脳会議において、「文化のWA」プロジェクトの後継となる「次世代共創パートナーシップ－文化のWA2.0－」を発表した。日本とASEAN諸国などの次世代の担い手を中心とした包括的な人的交流の取組を、国際交流基金を通じて今後10年間にわたって集中的に実施する。このほか、4年目を迎えた東京国際映画祭との連携事業である「交流ラウンジ」により、アジアを始めとした世界各国・地域から集う映画人と第一線で活躍する日本の映画人が東京で語り合う場を提供し、特別プログラムとして、中国、東南アジア（タイ、インドネシア、フィリピン、マレーシア、ベトナム）、日本の学生に向けての是枝裕和監督によるマスタークラスを実施した。

　日本国際漫画賞は、海外への漫画文化の普及と漫画を通じた国際文化交流の促進を目的として、優れた漫画作品を創作した海外の漫画家を顕彰するため、2007年に外務省が創設した。

第16回日本国際漫画賞授賞式（3月2日、東京）

第17回となる2023年は、82の国・地域から過去最多となる587作品の応募があり、台湾の作品が最優秀賞、スペイン、ベトナム、香港の作品が優秀賞、サウジアラビアの作品が奨励賞に輝いた。また、今回はエチオピア、コモロ、セネガル、ルワンダの4か国から初めて応募があった。

（3）人物交流や教育・スポーツ分野での交流

外務省では、諸外国において世論形成・政策決定に大きな影響力を有する要人、各界で一定の指導的立場に就くことが期待される外国人などを日本に招き、人脈形成や対日理解促進を図る各種の招へい事業を実施している。また、教育やスポーツなどの分野でも、幅広い層での人的交流促進のために様々な取組を行っている。これらの事業は、相互理解や友好関係を増進させるだけではなく、国際社会での日本の存在感を高め、ひいては外交上の日本の国益増進の面でも大きな意義がある。

ア　留学生交流関連

外務省は、在外公館を通じ日本への留学の魅力や機会を積極的に広報し、国費外国人留学生受入れのための募集・選考業務、各国の「帰国留学生会」などを通じた元留学生との関係維持や日本への関心・理解・支持の拡大に努めている。3月、前年に続き第3回目となる帰国留学生総会を対面とオンラインを組み合わせたハイブリッド形式で開催し、48か国からの参加を得た。同総会においては、国単位での各国帰国留学生会の活動に加え、地域単位で開催される総会などの取組についての報告及び意見交換が行われ、各国帰国留学生間のネットワークの強化が図られた。

また、2021年9月の第2回日米豪印首脳会合において、教育及び人的交流に係る協力として発表された、日米豪印のSTEM分野（科学、技術、工学及び数学）の優れた人材に対して米国留学のための奨学金を授与する日米豪印フェローシップの枠組みで、8月、第1期採用者100人（各国25人）が米国での修学を開始した。

イ　JETプログラム

外国語教育の充実と地域の国際交流の推進を図る目的で1987年に開始された「JETプログラム」は、総務省、外務省、文部科学省及び一般財団法人自治体国際化協会の運営協力の下、地方自治体などが外国青年を自治体や学校で任用するものであり、外務省は、在外公館における募集・選考や渡日前オリエンテーション、19か国に存在する元JET参加者の会（JETAA、会員数約2万3,000人）の活動を支援している。2023年度は50か国から1,995人の新規参加者を含む5,831人の参加者が全国に配置され、2023年7月1日時点の累計参加者は約7万7,000人を超える。JETAAは各国で日本を紹介する活動を行っており、数多くのJET経験者がプログラム参加後、日本への関心・理解・支持

各地域の帰国留学生組織及び会員数

ヨーロッパ
32か国、38組織
4,699人（約4％）

アジア
20か国、100組織
87,285人（約77％）

北米
2か国、6組織
301人（約0.2％）

アフリカ
32か国、36組織
10,301人（約9％）

中東
8か国、10組織
1,394人（約1％）

大洋州
9か国、14組織
1,839人（約2％）

中南米
19か国、27組織
7,654人（約7％）

全世界合計：122か国、231組織、11万3,473人

（2024年1月時点）.

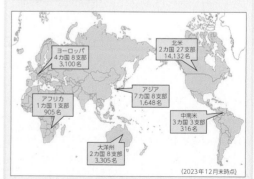

元JET参加者の会（JET Alumni Association）支部数及び会員数

ヨーロッパ
4カ国 8支部
3,100名

北米
2カ国 27支部
14,132名

アフリカ
1カ国 1支部
905名

アジア
7カ国 8支部
1,648名

中南米
3カ国 3支部
316名

大洋州
2カ国 8支部
3,305名

（2023年12月末時点）

元JET参加者によるワシントンD.C.「桜まつり」における広報活動（4月15日から16日、米国・ワシントンD.C.　写真提供：元JET参加者の会）

スポーツ外交推進事業：クック諸島へビーチバレーボール寄贈時の引渡式（6月12日、クック諸島）

対日理解促進交流プログラム「JENESYS」：日本ASEAN友好協力50周年を記念して「日本ASEAN学生会議」を実施（12月15日から18日、東京　写真提供：一般財団法人 日本国際協力センター）

対日理解促進交流プログラム「MIRAI」：バイオ燃料製造プラント視察（11月16日、神奈川県）

の拡大に資する積極的な活動を行いつつ各国の様々な分野で活躍するなど、JET参加者は日本にとって貴重な人的・外交的資産となっている。

ウ　スポーツ交流

　スポーツは言語を超えたコミュニケーションを可能とし、友好親善や対日理解の増進に有効な手段となる。外務省は、「スポーツ外交推進事業」による各国スポーツ競技団体に対する器材輸送支援などのスポーツ交流・協力を通じて、二国間関係の発展にも貢献している。この事業は、スポーツを活用した外交を推進し、日本への関心・理解・支持を拡大することで、国際相互理解の増進に寄与しており、国際スポーツ界における日本の地位向上にもつながっている。

エ　対日理解促進交流プログラム

　外務省は、日本とアジア大洋州、北米、欧州、中南米の各国・地域との間で、二国間又は地域間関係を発展させ日本の外交基盤を拡充することを念頭に、諸外国・地域の青年に対し、招へい、派遣、オンライン交流を通じて多角的に日本への理解を促進するプログラムを実施し、日本への関心・理解・支持の拡大に努め、日本について海外からの発信強化を図っている。2023年は2,000人規模の青年がこれらのプログラムに参加し、日本の政治、経済、社会、文化、歴史及び外交政策などの分野において、専門家からの講義の聴講、各分野の視察及び意見交換並びに日本文化の体験を行った。この事業は、諸外国・地域の青年の日本への興味や関心を喚起し、日本への支持層の裾野を広げ、参加者が同プログラムを通じて得た学びや日本国内訪問地の体験を、所属先における報告やSNS

で発信することで、国際社会における日本の理解促進及びイメージ向上にも貢献した。また、本事業の同窓生を対象に約90件の同窓会やオンライン再訪日プログラムなどを実施したことにより、各々の関心分野についての学習意欲を高め、日本と諸外国・地域の関係を含めた日本へのより深い理解促進につながるなど、強固なネットワークが培われている。

（4）知的分野の交流

ア 日本研究

外務省は、国際交流基金を通じ、海外における日本の政治、経済、社会、文化などに関する様々な研究活動を複合的に支援している。2023年は、日本研究フェローシップ事業を通じて161人の研究者に訪日研究の機会を提供した。また、招へい中の国際交流基金フェローを始めとする国内外の研究者間のネットワーク形成・強化などを目的として、9月には東京大学で、10月には京都の国際日本文化研究センターで、それぞれ「日本研究フェロー・カンファレンス」を開催した。

また、2023年は、25か国・地域の47か所の日本研究機関に対し、教員拡充助成や、オンラインなどを含むセミナー・シンポジウムの開催支援、日本関係図書の拡充支援などを行ったほか、各国・地域の日本研究者や研究機関のネットワーク構築を促進するため、学会活動への支援なども行った。

イ 国際対話

国際交流基金は、新たな知見・知恵の創造と共有、共通課題の解決、次世代の相互理解の深化を目指す国際対話事業も実施している。具体的には、共通の国際的課題をテーマとしたシンポジウムなどの開催、作家の派遣・招へいを通じた文芸交流に取り組んだほか、草の根レベルで日本の関心と理解を深めるため、日米草の根交流コーディネーター派遣（JOI）事業を実施するなど、様々なレベルでの対話の促進と人材育成、人的ネットワークの形成に資する交流事業を企画、実施、支援した。

また、日本ASEAN友好協力50周年を記念し、3月には国際シンポジウム「新たなステージを迎えた日・ASEAN関係－グローバル・パートナーシップの構築に向けて－」を実施し、ASEAN諸国と日本が今後どのように連携し協調を進めるかという観点から、次世代の有識者の新たな関係構築について議論した。さら

日本ASEAN友好協力50周年記念国際シンポジウム パネルディスカッション（3月、東京　写真提供：国際交流基金）

JFIPPネットワーク事業（防災グループ）駐日オーストラリア大使館でのラウンドテーブル（9月、東京　写真提供：国際交流基金）

内外日本研究者によるグループディスカッション
（9月、東京　写真提供：国際交流基金）

に、7月から11月には日本とASEANの学生がより良い世界の共創を目指し、共に考え絆（きずな）を深める「日アセアンユース・フォーラムTASC2023」を実施した。このほか、日本政府が掲げる「自由で開かれたインド太平洋（FOIP）」の実現に資する人材を育成するため、域内の専門家や実務家が共通課題に取り組むフェローシップを実施し、2023年度は計47人が参加したほか、未来志向の日中関係の礎となる人材の育成を目指し、大学生や高校生の日本への招へい事業やオンライン交流事業を行った。

ウ 日米文化教育交流会議（CULCON：カルコン）

日米の官民の有識者が文化・教育交流・知的対話について議論するカルコンでは、10月に開催された第30回カルコン日米合同会議において、(1) デジタル化時代の情報共有とアクセス、(2) サブナショナル外交と地域間交流の促進の2テーマに関する分科会会合の中間報告を基に日米の交流強化について議論を行い、12月にはこの議論に基づく日米カルコン委員の共同声明を、佐々江日本側カルコン委員長が岸田総理大臣に提出した。

エ 国際連合大学（UNU）との協力

UNUは日本に本部を置く唯一の国連機関であり、国連諸機関全体のシンクタンクとして持続可能な開発目標（SDGs）を含む地球規模課題の研究に加え、学位プログラムを開設するなど人材育成の面でも国際社会に貢献しており、日本は様々な協力と支援を行ってきている。

3月には、ヨハネスブルグ大学の副学長を務めたチリツィ・マルワラ氏がUNU学長に就任した。同月、マルワラ学長は林外務大臣を表敬し、UNUと日本の関係強化、「グローバル・サウス」への関与、グローバルな諸課題への対応などについて意見交換を行った。また、マルワラ学長は、11月には上川外務大臣を表敬し、双方は、「人間の尊厳」が守られる形での、人間中心の国際協力の推進や女性・平和・安全保障（WPS）[3]の推進といったグローバルな諸課題への対応を始め、日本とUNUとの連携を一層深めていくことで一致した。

また、白波瀬佐和子国際連合大学上級副学長・国際連合事務次長補は、BIG IDEAS対話シリーズなどを通じて、SDGsに関する議論の促進に貢献している。

第30回カルコン日米合同会議
（10月6日、米国・アトランタ　写真提供：国際交流基金）

マルワラ国連大学新学長による表敬を受ける林外務大臣
（3月14日、東京）

3　WPS：Women, Peace and Security

（5）日本語普及

日本経済のグローバル化に伴う日本企業の海外進出の増加や日本のポップカルチャーの世界的な浸透などにより、若者を中心に外国人の日本語への関心が増大している。海外において日本語の普及を一層進めることは、海外での対日理解の促進や日本の国民や企業にとって望ましい国際環境の醸成につながり、また、日本での就労を希望する外国人の日本語能力を向上させ、日本における多文化共生社会の実現にも資するものである。国際交流基金が2021年度に行った調査では、141の国・地域で約379万人が日本語を学習していることが確認されている。また、同基金が実施する日本語能力試験は、2020年以降は新型コロナの感染拡大によって受験応募者数（国内実施分を含む。）が一時的に減少したものの、その後急速に回復・増加し、2023年の受験応募者数は過去最高の約148万人に達した。一方、これらの多くの国・地域では、多様化する日本語学習への関心・ニーズに応える上で日本語教育人材の不足が大きな課題となっている。

外務省は、国際交流基金を通じて海外における日本語教育環境の整備に努めており、現場での多様なニーズに対応している。具体的には、日本語専門家の海外派遣、海外の日本語教師や外交官、公務員、文化・学術関係者を対象とした研修、子どもを対象とした日本語教育支援、インドネシア及びフィリピンとの経済連携協定（EPA）に基づく看護師・介護福祉士候補者への訪日前日本語予備教育、各国・地域の教育機関などに対する日本語教育導入などの働きかけや日本語教育活動の支援、日本語教材開発、eラーニングの運営、外国語教育の国際標準に即した「JF（国際交流基金）日本語教育スタンダード」の普及活動などを行っている。また、「文化のWA」プロジェクトの一環として、ASEAN諸国などに、中等教育機関などにおける日本語教育の補助要員として日本語パートナーズの派遣事業を実施しており、2023年には285人を10か国に派遣した。

また、日本における少子高齢化を背景とした労働力不足への対応として、2019年4月の在留資格「特定技能」外国人材受入れ開始以降、「外国人材の受入れ・共生のための総合的対応策」（2018年12月25日「外国人材の受入れ・共生に関する関係閣僚会議決定」）の策定に伴い、来日する外国人の日本語能力を測定する「国際交流基金日本語基礎テスト」（JFT-Basic）の実施（2023年末までに、海外11か国及び日本国内において、累計受験者数は約17万人）や、その日本語能力を効果的に習得することを目的とした教材・カリキュラムの開発・普及、就労希望者に日本語教育を行う現地日本語教師の育成などの取組を行っている。

（6）文化無償資金協力

開発途上国での文化・スポーツ・高等教育振興、及び文化遺産保全に使用される資機材の購入や施設の整備を支援し、日本と開発途上国の相互理解や友好親善を深めるため、政府開発援助（ODA）の一環として文化無償資金協力を実施している。2023年は、一般文化無償資金協力5件（総額約46億9,870万円）、草の根文化無償資金協力15件（総額約10,645万円）を実施した。具体的には、一般文化無償資金協力として、ラオスの市民に親しまれているスタジアムを改築する約42億円協力を決定したほか、パキスタン、パプアニューギニア、ザンビア及びベトナムの博物館における文化財の展示、修復及び保存のための機材の整備などを実施し、また、草の根文化無償資金協力として、武道を中心とするスポーツ振興や日本語普及分

現地生徒に日本文化を紹介する日本語パートナーズ
（10月、インドネシア・デポック　写真提供：国際交流基金）

（7）国連教育科学文化機関（UNESCO：ユネスコ）を通じた協力

ユネスコは1951年に日本が戦後初めて加盟した国際機関である。日本は、教育、科学、文化などの分野におけるユネスコの様々な取組に積極的に参加し、1952年以降、日本は継続してユネスコ執行委員会委員国を務めている。

日本はユネスコと協力して、開発途上国に対する教育、科学、文化面などの支援を行っている（312ページ　コラム参照）。文化面では、世界の有形・無形の文化遺産の保護・振興及び人材育成分野での支援を柱として協力している。また、文化遺産保護のための国際的枠組みにも積極的に参画している。1994年から継続するアンコール遺跡（カンボジア）修復保全支援事業、2003年から継続するバーミヤン遺跡（アフガニスタン）修復保全支援事業がその代表的な事例である。こうした事業においては、日本人の専門家が中心となって、現地の人々が将来は自らの手で遺跡を守ることができるよう人材育成を行った。また、遺跡の保全管理計画の策定や保存修復への支援を行ってきた。11月には高村正大外務大臣政務官がフランスのパリで、第4回アンコール遺跡救済・持続的開発に関する政府間会議に出席し、30年にわたる日本の支援を紹介した上で、日本政府としても日本の強みをいかした支援を引き続き行っていくと発言した。同会合では、カンボジアを始めとする他の参加者からも、日本の長年の貢献への謝意が表明された。また近年、アフリカ諸国や小島嶼開発途上国に対しても、文化遺産保護と持続可能な開発の両立のための人材育成への支援を実施している。無形文化遺産保護についても、開発途上国における音楽・舞踊などの伝統芸能、伝統工芸などを次世代に継承するための事業、各国が自ら無形文化遺産を保護する能力を高めるための国内制度整備や関係者の能力強化事業に対し、支援を実施している。

また、教育分野では、2022年9月13日、日本は「高等教育の資格の承認に関する世界規約」の受諾書をユネスコ事務局長に寄託した。この規約は、高等教育の資格を承認し、又は評定するための原則、基準及び権利義務関係を定め、高等教育機関などに関する情報の共有などについて規定するものである。この規約の発効（2023年3月5日）により、外国人留学生の日本への誘致及び日本人学生の海外留学の促進に貢献することが期待される。

アズレー・ユネスコ事務局長は、ユネスコの非政治化のための改革及び組織改革を含むユネスコ強化に向けた「戦略的変革」を推進してきており、日本は一貫して同事務局長を支持してきた。今後も引き続き、同事務局長のリーダーシップの下で推進されるユネスコの活動に積極的に貢献していく。1月には、フランスを訪問中の岸田総理大臣が、アズレー事務局長による表敬を受けた。加えて、アズレー事務局長との間では、6月には林外務大臣との間で電話会談が、11月にはフランスを訪問した高村政務官との間で会談が行われるなど、ハイレベルでの意見交換が行われた。

また、7月10日、米国はユネスコに約5年ぶりに再加盟した。米国のユネスコへの復帰は、米国の国際社会への関与のより一層の強化を象徴するだけではなく、ユネスコの活動を活発化させ、また、より効果的なものとする上でも大いに意義がある。日本は、米国がユネスコに早期に復帰できるよう、積極的に外交努力を行った。今後、日本として、米国を始めとする同志国と緊密に連携しながら、ユネスコの活動への貢献を強化していく。

■ア　世界遺産条約

世界遺産条約は、文化遺産や自然遺産を人類全体の遺産として国際的に保護することを目的としており、日本は1992年にこの条約を締結した（2023年10月時点での締約国数は195か国）。この条約に基づく「世界遺産一覧表」に記載されたものが、いわゆる「世界遺産」である。建造物や遺跡などの「文化遺産」、自然地域などの「自然遺産」、文化と自然の両方の要素を持つ「複合遺産」に分類され、2023年

10月時点で、世界遺産一覧表には日本の文化遺産20件、自然遺産5件の計25件を含む、世界全体で1,199件が記載されている。第45回世界遺産委員会は、ロシアによるウクライナ侵略を受け延期となり、2023年9月にサウジアラビアの首都リヤドで開催された。

「明治日本の産業革命遺産」については、2021年の世界遺産委員会で採択された決議に基づき、「保全状況報告書」を2022年11月にユネスコ事務局に提出し、その後、2023年の第45回世界遺産委員会においてこれまでの日本の取組みを踏まえた決議が採択された。日本としては、本件決議を着実に実施していく。

日本が世界文化遺産として推薦している「佐渡(さど)島の金山」については、2023年1月にユネスコ事務局に推薦書（正式版）を改めて提出した。その世界遺産登録に向け、その文化遺産としての素晴らしい価値が評価されるよう、国際社会に対して説明するとともに、関係国と丁寧な議論を行いつつ、しっかりと役割を果たしていく。

イ 無形文化遺産保護条約

無形文化遺産保護条約は、伝統芸能や伝統工芸技術などの無形文化遺産について、国際的保護の体制を整えるものである（2023年12月時点での締約国数は182か国）。国内の無形文化財保護において豊富な経験を持つ日本は、この条約の運用制度改善を議論する政府間ワーキンググループ会合の議長を務め、開発途上国からの要望を取りまとめるなど議論を牽(けん)引した。2023年12月時点で、同条約に基づき作成されている「人類の無形文化遺産の代表的な一覧表」には、日本から計22件が記載されており、同年3月には、2024年の新規記載に向け、「伝統的酒造り」の提案書をユネスコに提出した。

ウ ユネスコ「世界の記憶」事業

ユネスコ「世界の記憶」事業は、貴重な歴史的資料などの保護とアクセス、関心の向上を目的に1992年に創設された。このうち、国際登録事業においては、2023年12月時点で494件が登録されている。

従来の制度では、加盟国が登録の検討に関与できる仕組みとなっておらず、また登録申請案件について、関係国間での見解の相違が明らかであるにもかかわらず、一方の国の主張のみに基づき申請・登録がなされ政治的対立を生むことは、ユネスコの設立趣旨である加盟国間の友好と相互理解の推進に反するものとなることから、2017年以降新規申請を凍結した上で同事業の包括的な制度改善を日本が主導した。その結果、2021年4月のユネスコ執行委員会で新しい制度が承認された。新制度では、登録申請は加盟国政府を通じて提出することとなったほか、当事国からの異議申立て制度を新設し、加盟国間で対立する案件については当事国間で対話を行い帰結するまで登録を進めないこととなった。制度改善が完了したことを受け、同年7月に新規の申請募集が再開され、2023年5月、64件の新規登録が決定された。日本からは「智証大師円珍関係文書典籍― 日本・中国の文化交流史―」（申請者：園城寺、東京国立博物館）が新たに登録された。また、11月には日本から、「増上寺が所蔵する三種の仏教聖典叢書」（申請者：浄土宗、大本山増上寺）と「広島原爆の視覚的資料－1945年の写真と映像」（申請者：広島市、中国新聞社、朝日新聞社、毎日新聞社、中国放送、日本放送協会）の2件の申請書をユネスコに提出した。

コラム
COLUMN

ICT を活用した新たな国際文化交流のかたち

2020年から続いた新型コロナウイルス感染症の世界的流行は、人と人が直接顔を合わせることを自明としていた国際文化交流の在り方にも大きな影響を与えました。海外との文化交流を担う独立行政法人国際交流基金（JF）も、国境を越えた人の移動が制限される中で活動の大幅な見直しを余儀なくされましたが、ICTを活用した新たな交流の形を模索しながら、日本と世界の繋（つな）がりを維持・発展させるための様々な取組を進めました。

例えば、2021年に開始した日本の舞台公演を紹介するプロジェクト「STAGE BEYOND BORDERS -Selection of Japanese Performances-」[1] では、伝統芸能から現代演劇まで多彩なジャンルの作品計117本（通算）を字幕付きで全世界に向けてYouTubeで配信しています。工夫を凝らしたカメラワーク、制作過程や背景知識の解説動画など、オンラインならではの試みを施した結果、視聴者数は2023年3月時点で137の国・地域から約1,800万人に上り、「新型コロナの影響で訪日が叶（かな）わない中、日本のダンスや劇場を研究する自分にとってかけがえのないコンテンツになった」といった感謝の声も多く届きました。対面でのリアルな事業が再開された現在では、海外主催公演のライブ配信など新たな展開も図っています。

「STAGE BEYOND BORDERS」でのアニソン（アニメソング）シンガー・鈴木このみ氏のマレーシア公演の動画配信（3月 写真提供：JF）

映画分野では、世界のどこからでも日本の映像コンテンツを楽しんでもらえるよう、2020年に特設サイト「JFF＋」[2] を立ち上げました。作品の配信や日本映画の特集記事を掲載した本サイトは、日本映画になじみの薄い人々を含めて世界中の映画ファンにその魅力を届ける貴重なツールとなっており、2022年度には174万回のページビューを記録しました。日本各地のミニシアター紹介動画に寄せられた「本当に美しい！是非行ってみたい！」という視聴者コメントからは、訪日観光のきっかけ作りにも一役買っていることが伺え、また、監督を交えたオンライン交流会などの企画はリアルな映画上映会への足掛かりの役割も果たしています。

さらに、アジアの若手日本研究者を対象に2018年より実施している「次世代日本研究者協働研究ワークショップ」でもオンラインと対面を併用しています。4回目となる2022年度プログラムでは、シンガポール国立大学、香港中文大学、ベトナム国家大学など10の国・地域から参加した大学院生24名が、オンライン上での講義や実践を通じて顔の見える関係をあらかじめ構築した上で来日しました。日本では、グループワークやパネル発表などに協働で取り組み、参加者からは「異なる文化的背景を持つ学者や大学院生との繋がりができ、魅力的な時間を過ごすことができた」との感想が聞かれました。国や分野を越えて切磋琢磨（せっさたくま）した経験や培った人脈は、今後の研究活動の力強い後押しとなることでしょう。

次世代日本研究者協働研究ワークショップの参加者・関係者（2月、日本 写真提供：JF）

こうした事業でも見られるとおり、「オンライン」と「リアル」は決して二者択一ではなく、それぞれの強みをいかすことで波及効果を増幅させることができるものです。日常が戻った今こそ、試行錯誤を経て「かたち」になった取組を一層発展・進化させ、国際文化交流の地平を更に広げていきたいと思います。

---

1 「STAGE BEYOND BORDERS-Selection of Japanese Performances-」の
ホームページはこちらから　https://stagebb.jpf.go.jp/

2 「JFF+」のホームページはこちらから
https://jff.jpf.go.jp/ja/

1 　2

国連教育科学文化機関（UNESCO：ユネスコ）を通じた
日本のウクライナ支援

　ウクライナのブチャでの残虐行為の爪痕、ロケットによる攻撃で破壊される建物や廃墟の数々…
2022年2月に開始されたロシアによるウクライナ侵略は、テレビやインターネットなど様々なメディアを通じ、その衝撃的な映像や情報が世界に瞬く間に伝えられました。その後、「Stand with Ukraine」の掛け声とともに、困難な状況にあるウクライナを支援しようと世界中の多くの国や人々が立ち上がったことは、皆さんの記憶に新しいことと思います。

　2023年1月、ユネスコ本部で日本のユネスコを通じたウクライナ支援に関する協力文書の署名式が行われ、ユネスコを通じて文化・教育などの分野で支援を実施するという日本政府独自の取組が始動しました。アズレー・ユネスコ事務局長は、日本によるこれまでにない水準の支援に対し、「日本のユネスコに対するコミットメントに感謝」とXに投稿し、4月にウクライナを訪問した際も、自身のXで日本によるウクライ

ウクライナ支援に関する協力文書の署名式の様子
（1月31日、フランス・パリ）

ナ支援に言及するなど、幾度となく感謝を表明しています。
この協力は、主にウクライナ国内支援として、(1)戦乱地で活動するジャーナリストの安全確保（ジャーナリズム）、(2)戦時下における文化遺産の監視、評価、保護、修復と人材育成（文化）、(3)戦災により心理的負担を受けている児童・生徒に対するメンタルヘルス・ケア支援（教育）の三つの分野でプログラムが組まれており、支援の具体例をいくつか紹介します。

　一つ目は、ジャーナリズム支援プログラムの枠内で設置された「ジャーナリストのための不屈の拠点」です。この施設は、戦闘地域に近い都市や町全体が戦場と化してしまった都市で、安全かつ安定的にジャーナリズム活動ができるよう、ウクライナ全土に8か所設置され、仮オフィスとしての機能に加え、安全確保のためのトレーニングや、取材用安全防具の貸与などを実施しています。この施設を利用する地元密着型のジャーナリストが発信する情報は、主に経済的な理由で戦闘地域から安全な地域に避難できない、いわゆる戦争弱者にも貴重な情報源になっています。

ロシアの攻撃により、被害を受けたオデーサの大聖堂
（写真提供：ユネスコ）

　二つ目は、文化支援の枠内で行われている文化財保護・修復プログラムです。7月に南部の都市オデーサのウクライナ正教救世主顕栄大聖堂がロシア軍による大規模なミサイル攻撃を受け、甚大な被害を受けた例に代表されるように、ロシアによるウクライナ侵略は、ウクライナの独自の文化、歴史、宗教にも被害を及ぼしています。そのような状況の中、同プログラムを通じて、危機に瀕する文化財の監視、評価、保護、修復といった活動のほか、文化財修復の要となる学芸員や修復専門家を対象に、各種技術研修を実施しています。

　このような支援はごく一例であり、国難に直面するウクライナの人々に寄り添った「日本ならでは」のきめ細かな支援を通じて、今後も貢献できればと考えています。

Audrey Azoulay
@AAzoulay

Important meeting at @UNESCO headquarters with @ZelenskaUA to talk about mental health & psychosocial support for Ukrainian children facing war. I announced that UNESCO is mobilizing US $3.3 million to address this issue through education system, thanks to the support of #Japan.
ポストを翻訳

Олена Зеленськаさんと他9人

ゼレンスカ・ウクライナ大統領夫人との会談において
アズレー・ユネスコ事務局長は日本の支援への謝意を
述べた。（2022年12月13日）

第4章

国民と共にある外交

世界とのつながりを深める日本社会と日本人

1 日本の成長と外国人材の受入れ

（1）観光立国の復活と査証（ビザ）制度

日本政府は、2016年3月に「明日の日本を支える観光ビジョン」を策定し、2020年の訪日外国人旅行者数4,000万人、更に2030年には6,000万人という目標を設定した。外務省は、上記ビジョンを基に毎年策定される「観光ビジョン実現プログラム」を踏まえ、インバウンド観光促進の観点から査証緩和措置を実施し、2019年の訪日外国人数は過去最高の3,188万人となった。

2020年以降、新型コロナウイルス感染症の世界的拡大を受けた日本及び各国・地域の水際措置の影響により、訪日外国人数は大幅に減少したが、2023年には感染の世界的流行が落ち着きを見せ、各国・地域の水際措置緩和及び撤廃が進んだ。これにより、国際的な人の往来は、急速に回復し、2023年10月の訪日外国人旅行者数は2019年同月比の水準を上回った。

こうした中、持続可能な形での観光立国の復活に向けて、日本政府は3月に「観光立国推進基本計画（第4次）」を、5月に「新時代のインバウンド拡大アクションプラン」を新たに策定し、2025年までに訪日外国人旅行者数3,200万人以上、訪日外国人旅行消費額5兆円及び国内旅行消費額20兆円の達成という目標を設定した。

査証緩和はインバウンドの回復に資するものであり、従来にも増してその重要性は高まっている。2023年1月以降、諸外国からの要望も踏まえて関係省庁と検討を重ねた結果、4月2日にカタール向けに旅券の事前登録制による査証免除、9月30日にブラジル向け査証免除を導入した。また、6月30日にモンゴル向け数次査証を緩和し、12月4日には新たなサウジアラビア向け数次査証を導入した。このほか、ウルグアイ、フィンランド及びラトビアとの間でワーキング・ホリデー制度を開始したほか、英国とは、ワーキング・ホリデーの人数枠を大幅に拡大することで一致した。2023年12月末時点で、日本は70の国・地域に対し一般旅券所持者に対する査証免除措置を実施している。

日本と各国との間の国民レベルの往来、交流及び相互理解の促進に資する査証緩和を進めると同時に、犯罪者や不法就労を目的とする者、又は、人身取引の被害者となり得る者などの入国を未然に防止する観点から、査証発給の審査厳格化も重要な課題である。外務省としては、日本が世界に誇る安心・安全な社会を維持しながら、訪日外国人旅行者数を増やし、また、質量両面で観光立国の復活に貢献していくことを目指し、二国間関係や外交上の意義などを総合的に考慮しつつ、今後も査証緩和を検討していく。

（2）外国人材の受入れ・共生をめぐる取組

日本国内で少子高齢化や人口減少が進行しつつある中、中小・小規模事業者を始めとする各事業者の深刻化する人手不足に対応するため、生産性向上や国内人材の確保のための取組を行ってもなお人材を確保することが困難な状況にある産業分野において、一定の専門性・技能を有し即戦力となる外国人を受け入れていく特定技能制度が2019年4月に創設された。外務省は、法務省、厚生労働省及び警察庁と共に同制度の制度関係機関として、送出国との情報連携の枠組みなどを定める協力覚書の作成や同覚書に基づく二国間協議に参画しているほか、主要送出国の現地語による広報を行っている。

さらに、新たな外国人材の受入れ及び日本で生活する外国人との共生社会の実現に向けた環境整備については、政府一体となって総合的な検討を行うため「外国人材の受入れ・共生に関する関係閣僚会議」が設置されており、6月に「外国人との共生社会の実現に向けたロードマップ」（令和5年度一部変更）及び「外国人材の受入れ・共生のための総合的対応策（令和5年度改訂）」が決定された。また、外務省では、国際移住機関（IOM）との共催で「外国人の受入れと社会統合のための国際フォーラム」を毎年開催しており、受入れに係る具体的課題や取組について国民参加型の議論の活性化に努めている。

❷ 国際社会で活躍する日本人

（1）国際機関で活躍する日本人

国際機関は、国際社会共通の利益のために設立された組織である。世界中の人々が平和に暮らし、繁栄を享受できる環境作りのために、様々な国籍の職員が集まり、それぞれの能力や特性をいかして活動している。ロシアによるウクライナ侵略やイスラエル・パレスチナ情勢、それに伴う食糧・人道危機などを始め、環境、気候変動、難民、感染症対策、持続可能な開発、軍縮・不拡散、紛争予防・平和構築、エネルギー、防災、労働、人権・人道、ジェンダーの平等など、いかなる国も一国では解決することのできない地球規模の課題に対応するため、多くの国際機関が活動している。

国際機関が業務を円滑に遂行し、国際社会から期待される役割を十分に果たしていくためには、専門知識を有し、世界全体の利益に貢献する能力と情熱を兼ね備えた優秀な人材が必要である。日本は、これら国際機関の加盟国として政策的貢献を行うほか、分担金や拠出金を拠出しているが、日本人職員の活躍も重要な日本の貢献である。また、より多くの優秀な日本人が国際機関で活躍することによって、国際社会における日本のプレゼンスが顔の見える形で一層

強化されることが期待される。各日本人職員が担当する分野や事項、また、赴任地も様々であるが、国際社会が直面する諸課題の解決という目標は共通している（316、317ページ　コラム参照）。さらに、国際機関において職務経験を積み、世界を舞台に活躍できる人材が増加することは、日本の人的資源を豊かにすることにもつながり、日本の発展にも寄与する。

現在、国連（UN）を含む国際機関の要職で日本人が貢献している。2022年1月に目時政彦氏がトップに就任した国連専門機関の万国郵便連合（UPU）を始め、世界税関機構（WCO）やアジア開発銀行（ADB）など多くの国際機関において、日本人が組織の長として活躍している。さらに、日本は、長年にわたり、国際司法裁判所（ICJ）、国際海洋法裁判所（ITLOS）、国際刑事裁判所（ICC）といった国際裁判所に日本人判事を輩出している。グローバルな課題に取り組む上での国際機関の重要性を踏まえれば、日本と国際機関の連携強化につながる国際機関の長を含む要職の獲得は重要な課題である。一方、国際機関の長を含む要職は、一朝一夕に獲得できるものではなく、長期的視野に立ち、ふさわしい人材を育成し、きめ細かい対応をしていく必要がある。

現在、961人（2022年末時点、外務省調べ）の日本人が専門職以上の職員として世界各国にある国連関係機関で活躍しており、過去最多となった。日本人職員の更なる増加を目指し、日本政府は2025年までに国連関係機関で勤務する日本人職員数を1,000人とする目標を掲げており、その達成に向けて、外務省は、関係府省庁、大学や団体などと連携しつつ、世界を舞台に活躍・貢献できる人材の発掘・育成・支援を積極的に実施している。その取組の一環として、国際機関の正規職員を志望する若手の日本人を2年間、国際機関に職員として派遣し、派遣後の正規採用を目指すジュニア・プロフェッショナル・オフィサー（JPO）の派遣制度（356ページ　資料編参照）や、将来の幹部候補となり得る日本人に中堅以上の職務経験を提供し昇進を支援するための派遣制度を設けている。こ

国連の舞台を支えてきた日本人の声

国連専門機関の組織運営をサポートして

万国郵便連合（UPU）　上級特別顧問　宮地章夫

　万国郵便連合（UPU）[1]は、2024年に創設150周年を迎えます。各国の郵便ネットワークを相互接続して（専門用語では「単一の郵便境域」を形成するといいます。）世界中の人々が世界のどこにでも郵便をより良い品質で送ることができるようにしようという目的のために創設されました。この崇高な目的を持つ組織が1874年（明治7年）に創設されていること、また、日本はその僅か3年後の1877年にUPUに加盟していることに照らすと、先達の偉大さを感じざるを得ません。

UPU国際事務局の建物外観
（本部：スイス・ベルン　写真提供：UPU）

　私は、UPUと不思議な縁があり、今回が3回目の勤務です。最初は1987年から5年間、技術協力部の書記官としてアジア・太平洋諸国向けの技術協力に携わり、2回目は2005年から2014年まで業務・技術部長を勤め、3回目となる今回は、2022年1月から現職を勤めています。

　今回は、2021年のアビジャン万国郵便大会議で、目時政彦氏が国連専門機関の唯一の日本人トップとして国際事務局長に選出されたことを受けて、その組織運営（選挙職である国際事務局長と次長が担います。）を補佐するために派遣されました。今回は、組織トップへのアドバイスが求められていますので、新たな視点で仕事をしています。

　組織のトップとしては、組織、人事、予算の適切な管理執行はもとよりですが、何よりも組織目標の達成を目指していかなければなりません。着任早々の仕事は、4人の上級部長と私で構成する移行チームによる組織の最適化の検討でした。3か月で案を作成し、実施へと運ぶことができました。その後は、新体制による初の年次予算の編成に携わりました。UPUは比較的小さな組織ですが、異なる文化背景を持つ職員の集合体ですので、人事部との定例会合も行いながら組織全体の人事の適切な運営に努めています。

　組織目標に関しては、UPUは大会議ごとに向こう4年間の戦略とビジネスプランを策定しています。組織幹部にはその達成をリードする任務が課せられています。案件は、内容に応じて、毎年2回開催される管理理事会と郵便業務理事会で審議されます。審議にかける書類を準備するのは専らUPU職員の役割となります。組織幹部は、関係各部が担うプロジェクトや作業が滞りなく進んでいることを確認する必要がありますので、新たに作業計画管理表を導入して、毎月各部長から報告を受けることとしています。

　国際機関では、様々なイベントの企画・実施、地域機関や加盟国との意思疎通が多く必要になります。2023年10月には、サウジアラビアのリヤドで万国郵便臨時大会議を開催しました。この会議は、喫緊の四つの課題：（1）UPUの利害関係者への開放の在り方、（2）郵便事業体の持続可能な開発目標（SDGs）／気候変動・排出ガス規制への対応、（3）Eコマース向け新規サービスの開発、（4）予算シーリング枠の見直しに焦点を絞った会議でしたが、成功裡に終えることができました。また、同年6月には、UPUと世界税関機構（WCO）[2]の両日本人トップ（WCOの事務総局長（当時）は御厨邦雄氏）の合意により、東京で初めて共同会議を開催しました。

　国際機関をリードする上での成功の鍵は、コミュニケーションであると言っても過言ではありません。組織幹部には、日常、大小様々な案件が承認のため提出されます。私は、職員と明るく対話しつつ、稲

盛和夫氏の言葉、「善いことなのか、正しいことなのか」を視座に据えて、必要に応じて適切なアドバイスができるよう微力を尽くしていきたいと思います。

万国郵便臨時大会議を開催した時の模様（左）と会議場での筆者（右）
（10月、サウジアラビア・リヤド　写真提供：UPU）

1　UPU：Universal Postal Union
2　WCO：World Customs Organization

コラム
COLUMN

国連の舞台を支えてきた日本人の声

国連の現場での活動は「謙虚さ」を強みに

国連開発調整室（UN DCO）[1]
アゼルバイジャン国連常駐調整官事務所所長　馬渕加奈子

私が2004年1月にジュニア・プロフェッショナル・オフィサー（JPO）として国連世界食糧計画（WFP）の本部に派遣されて以来、早20年がたとうとしています。この20年の間、四つの国連機関で七つの任地に赴任しました。その中で特にやりがいを感じたのは、フィールド（現場での活動）の任地であるエジプト、ミャンマー、ジンバブエ、東ティモール、そしてアゼルバイジャンでの仕事です。ミャンマーでは、2010年11月にアウン・サン・スー・チー氏が自宅軟禁から解放された時、ジンバブエでは、2017年11月にムガベ大統領が辞任した時など、それぞれの国の歴史的な瞬間に居合わせることができ、国連の戦略的ポジショニングに関わる仕事をさせていただきました。

　2016年からは、国連常駐調整官事務所の所長を務めています。簡単に言えば、国連が開発支援活動を行っている国において最もシニア（最高責任者）である国連常駐調整官の首席補佐官です。国によって具体的活動内容は異なりますが、基本的には、20以上の国連機関の支援活動が、その国の開発計画や持続可能な開発目標（SDGs）に統合的に貢献できるよう調整するのが仕事です。「調整」と言うと、紙を回している印象を受けがちですが、国連常駐調整官事務所の仕事は玉手箱のように毎日が開けてびっくり。予期しない挑戦や課題が次々に生じますが、どのような状況にも迅速で適切な対応が求められます。通常は開発支援活動が主ですが、災害が発生した際は緊急支援に切り替わります。例えば、ジンバブエでは、以前は国内に国連人道問題調整事務所（OCHA）の事務所がなかったため、ジンバブエ国連常駐調整官事務所が中心となり、エルニーニョ現象による干ばつの被害に対する支援（2016年から2017年）や、サイクロン・イダイの被災地域への人道支援（2019年）の調整に関わりました。また、東ティモール国連常駐調整官事務所に赴任した直後には、世界保健機関（WHO）による新型コロナウイルス感染症の感染拡大を受けた緊急事態宣言が出され、各国の大使館員や国際NGOの職員が国外退避する中、

Stay & Deliver（危機の際にも、現場にとどまり、支援を届ける）の理念で東ティモールに残りました。今でも鮮明に覚えているのは、2020年4月4日、首都ディリ発の最後の定期便となる旅客機を自宅のコンパウンドから家族と共に見上げながら、国連職員の類のない使命を肝に銘じた瞬間です（ちなみにその後、同年6月から月に1度、WFPの人道支援チャーター便のみ運航という状態が1年以上も続きました。）。医療制度が脆弱な後発開発途上国では、国連の新型コロナ対策支援の調整に徹し、国連スタッフとその家族の健康や安全に関わる案件では、それこそ生と死に関わる仕事もし、とても感慨深い経験となりました。

東ティモール国立大学の学生を対象に行ったSDGsの講義の様子。どの国でも若者には元気と希望を貰います。（筆者1列目中央、2021年3月、東ティモール　© Chang Won Choi）

　最後に。この20年間、どの国に赴任しても仕事がやりやすかった理由が一つあります。それは、初対面の現地職員や政府の役人に「日本人？以前○○さんという日本人と仕事をして、彼女／彼は素晴らしい人だった。」と言われることです。その日本人の方々が「素晴らしい」理由として挙げられるのは大抵、「優秀さ」、「働き者」、そして「謙虚さ」です。国連で仕事

アゼルバイジャンで開催された地雷除去の国際会議で共同宣言を読み上げている筆者（5月、アゼルバイジャン　©国連アゼルバイジャン事務所）

をしていると、謙虚であることはかえって評価のマイナスになるのではと考えがちです。しかし私の経験では、特にフィールドで多くのインターナショナル・スタッフと仕事をしてきた現地職員や政府の役人は、日本人の謙虚さを高く評価していると思います。先代の日本人国連職員の「素晴らしさ」の恩恵を受け、どの任地でもポジティブに受け入れてもらったことに感謝するとともに、後に続く日本人職員の方々が仕事をしやすいように、これからも誠実に仕事をしていきたいと思っています。

1　UN DCO：United Nations Development Coordination Office

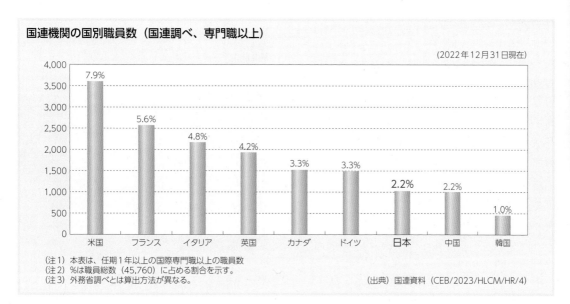

国連機関の国別職員数（国連調べ、専門職以上）

（2022年12月31日現在）

（注1）本表は、任期1年以上の国際専門職以上の職員数
（注2）％は職員総数（45,760）に占める割合を示す。
（注3）外務省調べとは算出方法が異なる。

（出典）国連資料（CEB/2023/HLCM/HR/4）

4

国民と共にある外交

れらを通じて日本人職員を増やしていくことに加え、日本人職員の一層の採用・昇進に向けた国際機関との協議や情報収集にも取り組んでいる。

　国際機関勤務を志望する日本人に対しては、国際機関人事センターのホームページ[1]やメーリングリスト、ソーシャルメディア（フェイスブック、X（旧ツイッター）、リンクトインなど）、動画配信などを通じて国際機関の空席情報などの有用な情報を随時提供しているほか、応募に関する支援にも力を入れている。国際機関で働く魅力や就職方法を説明するセミナーのほか、国際機関の幹部職員や人事担当者を招いた説明会をオンラインで実施[2]するなど、広報に努めている。

　外務省は、地球規模課題の解決に貢献できる高い志と熱意を持った優秀な日本人が一人でも多く国際機関で活躍できるよう、日本人職員の増加及び昇進支援に今後もより積極的に取り組んでいく。

（2）非政府組織（NGO）の活躍

ア　開発協力分野

　政府以外の主体の力をいかし、オールジャパ

ンでの外交を展開する観点から、開発途上国などに対する支援活動の担い手として、開発協力及び人道支援においてNGOが果たし得る役割は大きく増している。

　外務省は、日本のNGOが開発途上国・地域で実施する経済・社会開発事業に対する無償の資金協力（「日本NGO連携無償資金協力」）によりNGOを通じた政府開発援助（ODA）を積極的に行っており、事業の分野も保健・医療・衛生（母子保健、結核対策、水・衛生など）、農村開発（農業の環境整備・生計向上など）、障害者支援（職業訓練・就労支援など）、教育（学校建設など）、防災、地雷・不発弾処理など、幅広いものとなっている。2022年度は、アジア、アフリカ、中東、中南米など41か国・地域で日本NGO連携無償資金協力事業を実施する日本のNGO（57団体）に対し、117件の資金供与を行った。さらに、NGOの事業実施能力や専門性の向上、NGOの事業促進に資する活動支援を目的とする補助金（「NGO事業補助金」）を交付している。

　また、政府、NGO、経済界との協力や連携により、大規模自然災害や紛争発生時に、より効果的かつ迅速に緊急人道支援活動を行うこと

1　https://www.mofa-irc.go.jp/
2　上記脚注1のサイトの「お知らせ」に掲載

1

を目的として2000年に設立されたジャパン・プラットフォーム（JPF）には、2023年12月末時点で47のNGOが加盟している。JPFは、2023年には、トルコ南東部地震被災者支援、サイクロン「モカ」被災者支援（ミャンマー）、スーダン人道危機支援、ハワイ・マウイ島大規模火災緊急支援、モロッコ中部地震被災者支援、アフガニスタン西部地震被災者支援、ガザ人道危機対応支援、アフガニスタン帰還民支援緊急対応などのプログラムを立ち上げたほか、ウクライナ及び周辺国、ミャンマー、バングラデシュ、南スーダン及び周辺国、エチオピア、イエメン、パキスタン、モザンビーク、アフガニスタン、イラク、シリア及び周辺国における難民・国内避難民支援を実施した。

このように、開発協力及び人道支援の分野において重要な役割を担っているNGOを開発協力の戦略的パートナーとして位置付け、NGOがその活動基盤を強化して更に活躍できるよう、外務省と独立行政法人国際協力機構（JICA）は、NGOの能力強化、専門性向上、人材育成などを目的として、様々な施策を通じてNGOの活動を側面から支援している（2023年、外務省は、「NGO相談員制度」、「NGOスタディ・プログラム」、「NGOインターン・プログラム」及び「NGO研究会」の4事業を実施した。）。

NGOとの対話・連携の促進を目的とした「NGO・外務省定期協議会」について、2022年度は、「全体会議」が2022年11月に、小委員会の「連携推進委員会」が同年7月、12月及び2023年3月に、「ODA政策協議会」が2022年7月、11月及び2023年3月に開催された。また、2022年9月には開発協力大綱改定に関する臨時全体会議が開催され、活発な意見交換が行われた。また、持続可能な開発目標（SDGs）達成においては、あらゆるステークホルダーとの連携が不可欠であり、2016年9月から「SDGs推進円卓会議」においてNGOを含めた多様なステークホルダーとの活発な意見交換がなされてきた。2023年3月には、SDGs推進円卓会議民間構成員からSDGs実施指針に関する提言書が政府へ提出され、その後

女性たちが手にしているのは、子どもの栄養改善支援事業で配布した家庭菜園用の農具。「畑仕事で使うのが楽しみ。葉物野菜を育てて子どもに食べさせたいわ」と笑顔で話してくれました。（マダガスカル　写真提供：AMDA社会開発機構）

も円卓会議などで活発な意見交換がなされた。

✈ そのほかの主要外交分野での連携

人権に関する諸条約に基づいて提出する政府報告や「ビジネスと人権」に関する行動計画、国連安保理決議第1325号及び関連決議に基づく女性・平和・安全保障に関する行動計画などについても、日本政府はNGO関係者や有識者を含む市民社会との対話を行っている。

また、通常兵器の分野では、地雷・不発弾被害国での地雷や不発弾の除去、危険回避教育プロジェクトなどの実施に際して、NGOと協力している。

さらに、核軍縮の分野でも、様々なNGOや有識者と対話を行っており、「非核特使」及び「ユース非核特使」の委嘱事業などを通じて、被爆者などが世界各地で核兵器使用の惨禍の実情を伝えるためのNGOなどの活動を後押ししている。2023年12月までに、103件延べ312人が非核特使として、また、48件延べ697人がユース非核特使として世界各地に派遣されるなどしている。

国際組織犯罪対策では、特に人身取引の分野において、官民一体となった対策を推進するため、政府は、近年の人身取引被害の傾向や、それらに適切に対処するための措置などについて、NGOとの意見交換を行っている。

コラム
COLUMN

外務省と市民社会のもう一つの連携
―C7の活動―

外務省は従来ODAの実施に当たり、様々なNGO団体を始めとする市民社会との連携を進めてきています。そのほかにも、G7首脳が議論する多様な議題について市民社会からの積極的な関与を得るため、外務省は、各種団体との対話を行っています。ここでは、G7広島サミットに先立ち、市民社会の視点からG7首脳に対して政策提言を行ったCivil7（C7）の活動や外務省との連携を紹介します。

C7では例年、G7議長国の市民社会組織が事務局を務め、G7サミットに先駆けて「C7サミット」を開催し、G7への政策提言を取りまとめています。2022年5月、翌年のC7サミット開催に向けた事務局組織として、日本のNGOにより「G7市民社会コアリション2023」が発足しました。2023年1月に日本がG7議長国になると、C7には（1）核兵器廃絶、（2）気候・環境正義、（3）公平な経済への移行、（4）国際保健、（5）人道支援と紛争、（6）しなやかで開かれた社会という六つの分野別ワーキンググループが設置され、72か国から700名以上が参加して議論を重ねました。そこでの議論の成果は、「平和、繁栄及び透明性のための持続可能な政策の企画と実施」をテーマとする政策提言書[1]に取りまとめられ、C7サミットの前日、岸田総理大臣に手渡されました。C7サミットは、4月13日及び14日に都内で各国市民社会関係者の参加を得て開催され、開会式には山田賢司外務副大臣が出席しました。5月19日から21日のG7広島サミット期間中には、広島市内に設置されたNGO活動拠点で50を超える記者会見や提言活動が行われ、国際社会が直面している多くの課題について、市民社会の知見が提供されました。外務省と市民社会が、C7関連行事の成功という共通目標に向けて緊密な調整を取ることで、より一層の連携を深める好例となりました。

このように、外務省と市民社会の連携は非常に重要です。6月に閣議決定された開発協力大綱では、市民社会を「我が国の開発協力の戦略的パートナー」と位置付けており、NGOを始めとする市民社会と政府の連携が一層密になることが期待されています。さらに、開発協力に限らず、国際社会が直面している喫緊の課題に対応するに当たり、市民社会からのインプットは非常に有益です。今般のC7と外務省の協働は、双方の連携強化に大きく資することになりました。外務省は、G7議長国のバトンをイタリアに引き継いだ後も、引き続き市民社会と連携し、その知見を外交政策の立案・実現にいかしていきたいと考えます。

C7関係者による岸田総理大臣表敬及び政策提言書の手交（4月12日、総理官邸　写真提供：内閣広報室）

C7サミット参加者が右手で「C」を表して記念撮影している様子（4月13日、東京）

G7広島サミット開催期間中にC7により行われた記者会見の様子（5月21日、広島市）

1　政策提言書はこちらを参照
https://civil7.org/wpC7/wp-content/uploads/2023/04/C7_communique_JPN.pdf

4

国民と共にある外交

（3）JICA海外協力隊・専門家など

JICA海外協力隊（JICAボランティア事業）は、技術・知識・経験などを有する20歳から69歳までの国民が、開発途上国の地域住民と共に生活し、働き、相互理解を図りながら、その地域の経済及び社会の発展に協力・支援することを目的とするJICAの事業である。本事業が発足した1965年以降、累計で99か国に5万5,385人の隊員を派遣し（2023年3月末時点）、計画・行政、商業・観光、公共・公益事業、人的資源、農林水産、保健・医療、鉱工業、社会福祉、エネルギーの9分野、約190職種にわたる協力を展開している。 帰国した協力隊経験者の知見を教育現場や地域社会、民間企業などで活用するなど、国内社会への還元の取組も進めており、日本独自の国民参加による協力隊の活動は、受入れ国を始め、国内外から高い評価を得ている（本ページ　コラム参照）。

JICA専門家の活動は、専門的な知識、知見、技術や経験を有した人材を開発途上国の政府機関や協力の現場などに派遣し、相手国政府の行政官や技術者に対して高度な政策提言や必要な技術及び知識を伝え、協働して現地に適合する技術や制度の開発、啓発や普及を行う事業である。JICA専門家は、保健・医療や水・衛生といったベーシック・ヒューマン・ニーズ（人間としての基本的な生活を営む上で最低限必要なもの）を満たすための分野や、法制度整備や都市計画の策定などの社会経済の発展に寄与する分野など、幅広い分野で活動しており、開発途上国の経済及び社会の発展と日本との信頼関係の醸成に寄与している。2022年度に新規で派遣された専門家は7,713人、活動対象国・地域は103か国・地域に上り、新型コロナの世界的な拡大前の水準に戻りつつある。

> **コラム**
> COLUMN
>
> ## 現地での触れ合いを通して「森林保全」の在り方を考える
> 独立行政法人国際協力機構（JICA）海外協力隊員（職種：林業・森林保全）
> 派遣国：ペルー　毛笠貴博（け がさ）

2019年夏、JICA海外協力隊に合格し、翌年年明けには派遣前訓練を受けて準備も整った矢先、新型コロナウイルス感染症の流行によって派遣は延期され、2022年8月、ようやく任国ペルーへとたどり着きました。クスコ州の国家自然保護区管理事務局（SERNANP）マチュピチュ歴史保護区事務所に配属され、森林火災で劣化した森林の修復活動を開始しました。赴任当初より植栽地だけではなく様々な集落にも足を運び、現地の住民と共に森林を保全するための取組を模索しました。そのような中、2022年12月の前大統領の罷免

SERNANPアルトマヨの森保護区事務所の同僚との集合写真（筆者左から5人目）

に伴い、クスコ州を含むペルー南部で抗議活動が激しくなったことで首都リマへの退避を余儀なくされ、リマで3か月を過ごしました。その後、クスコへの帰任は叶わず（かな）SERNANPアルトマヨの森保護区事務所に任地が変更されました。

クスコに後ろ髪を引かれる思いや異なる任地での新生活に対する不安、ようやく本腰を据えて活動を始められる喜び、複雑な感情が渦巻く中で新任地のサン・マルティン州リオハ郡に着任したことを鮮明に覚えています。18.2万ヘクタールの広大な保護区における原生樹種に関する蓄積されたデータは限定的であったため、植林の計画立案を見据えて代表的な原生樹種のモニタリング調査からスタートさせました。任地は、アグロフォレストリー（樹木を植栽し、樹間で家畜を飼育及び農作物を栽培する農林業）

によるコーヒー生産が盛んな地域であり、農家を訪ねては彼らが経験的に蓄積しているそれぞれの樹種の有用性（薬用樹木や肥料木、庇陰樹など）について聞いて回り、今後の生活に有益となるよう体系的な情報の蓄積を心がけています。また森林保全には住民の自発的な協力が不可欠であり、その土台となる彼らの暮らしの担保の必要性を感じています。そこで配属先やNGO、郡役所、大学などと共に小中学校や保護区内の農家組合、女性自治委員会を対象に、環境啓発だけでなく、マーケティングや「観察・分析・判断」による改善活動、栄養教育に至るまで、必要な内容であれば分野にとらわれずワークショップを開催することで、住民の生活の質の向上を目指しています。私ができることは多くも大きくもありませんが、日本という遠く離れた国の知見を、この地域の発展のために少しでもいかせたらという思いの下に活動しています。

言語や慣習の違いに苦しんでいた時も、任地変更で悔しい思いをしていた時も、支えてくれたのは同僚やホストファミリー、友人、地域の住民です。人との出会いは私の協力隊経験におけるかけがえのない財産です。彼らへの恩返しの意味も込めて、残りの時間も最大出力で取り組んでまいります。

保護区周辺の小学校において水源の保全の重要性を伝える授業を実施する様子（筆者右奥）

保護区周辺集落の女性自治委員会のメンバーの下に戸別訪問して聞き取りを行う様子（筆者左）

❸ 地方自治体などとの連携

外務省は、内閣の最重要課題の一つである地方創生にも積極的に取り組み、地方との連携による総合的な外交力を強化するための施策を展開している。

日本国内では、外務大臣が各地方自治体の知事と共催し、各国の駐日外交団や商工会議所、企業関係者などを外務省の施設である飯倉公館に招き、レセプションの開催やブースでの展示を通じて地方の多様な魅力を内外に広く発信する「地方創生支援 飯倉公館活用対外発信事業」を実施している。2023年は、3月に栃木県との共催でレセプションを実施し、約190人の関係者が出席した。林外務大臣からは、栃木県の観光地やいちごなどの特産品の多様な魅力を紹介しつつ、駐日外交団を始めとする参加者に対し、栃木県の素晴らしい魅力をSNSなどで発信することについて協力を求めた。同レセプションでは、栃木県の特産品、観光、産業、G7栃木県・日光男女共同参画・女性活躍担当

大臣会合、ホストタウン交流などを紹介するブースを設けるとともに、日光東照宮・雅楽のパフォーマンス披露などを通して多様な魅力をPRし、駐日外交団を始め、駐日商工会議所、企業関係者などの参加者と栃木県との更なる交流の促進につながる機会となった。

また、林外務大臣及び武井俊輔外務副大臣は、地方の魅力を世界に発信する「地方を世界へ」プロジェクトを実施した。同プロジェクト

栃木県知事との共催レセプションで挨拶する林外務大臣（3月24日、東京・外務省飯倉公館）

は、外務大臣及び外務副大臣などが駐日外交団と共に日本の地方を訪れるものである。駐日外交団に地方の魅力を体験してもらい、地域の方々との対話を通じて地方への理解を深めてもらうことにより、参加外交団から自国民への発信を促しインバウンド需要を喚起すること及び外務大臣と地域の方々との対話を通じて（340ページ　第3節1（4）参照）地域の更なる活性化を図ることを目的としている。駐日外交団と共に、2月に岡山県を、6月に秋田県を、また8月には長野県を訪問した。

このほか、外務省は地方自治体などとの共催で、各国の駐日外交団や商工会議所、関連企業などの関係者に対して各地域の地元産品、観光や産業、投資などの施策や魅力を発信する「地域の魅力発信セミナー」を実施している。10月19日に東京都内で開催したセミナーには、奈良県、静岡県、福島県郡山市及び茨城県石岡市が参加し、プレゼンテーションを通じた地域

「地方を世界へ」プロジェクト：秋田市民俗芸能伝承館を視察する林外務大臣一行（6月17日、秋田県）

地域の魅力発信セミナーでの参加地方自治体によるプレゼンテーション（10月19日、東京）

の魅力の発信、参加者との交流会における各地域の特産品、観光スポット、産業などの紹介、伝統文化の実演などが行われた。セミナーは、東京に居ながらにして地方の魅力を直接体験できる貴重な場であるとして参加者から好評を得るとともに、地方自治体と駐日外交団などの参加者との交流の促進にも資するものになった。

また、外務省と地方自治体との共催で、駐日外交団に地方の多様な魅力を現地で直接体験してもらうことを目的に「駐日外交団による地方視察ツアー」を実施している。7月18日及び19日に福岡県北九州市へのツアーを実施し、参加した駐日外交団は、ものづくりの街・北九州市を代表する企業や環境関連の先進企業などを訪問し、北九州市の地元の食材を使用した食文化などについての理解を深めた。8月2日及び3日に実施した福島県へのツアーでは、参加した駐日外交団は、東日本大震災の直接的な被害を受けた浜通り地方を中心に視察し、東日本大震災の発生当時の状況や復興が進む福島の現状、また、安全で美味しい福島の食の魅力について認識を深めた。10月12日及び13日には新潟県佐渡市へのツアーを実施し、参加した駐日外交団は、世界遺産登録を目指す「佐渡島の金山」の文化的価値や歴史を体験できる施設を視察し、また、日本政府が「伝統的酒造り」の無形文化遺産登録も目指していることを踏まえ、佐渡島の酒造りのほか、食、伝統芸能、自然などの多様な魅力を堪能した。11月28日及び29日に実施した静岡県へのツアーでは、参

小倉城を訪れた外交団（駐日外交団による地方視察ツアー）（7月19日、福岡県）

加した駐日外交団は、2023年の東アジア文化都市にも選定された静岡県の歴史、文化芸術、食、自然や日本有数のものづくり産業に関連する施設を視察し、静岡県の多様な魅力に対する理解を深めた。本ツアーの実施をきっかけに参加国と新たな交流を始める地方自治体や参加外交団とのつながりをいかして来訪者の増加を目指す地方自治体も出てきている。

さらに、外務省では地方自治体に対し、地域レベルの国際交流活動に密接に関係する最新の外交政策などに関する説明の場を提供しており、その一環として、1月に「地方連携フォーラム」をウェビナー形式で開催した。第1部の外交政策等説明会では「コロナ禍を乗り越えて、地方の魅力をいかにして世界へ発信するか？」のテーマで、第2部の外部有識者による説明会では「地方自治体におけるSDGs推進持続可能なまちを考える」のテーマでそれぞれ講演が行われた。

海外での事業については、東日本大震災後の国際的な風評被害対策として、食品輸入規制の撤廃・緩和の働きかけと併せ、地方創生の一環として日本の地域の魅力発信、日本各地の産品の輸出促進、観光促進などを支援する総合的な広報事業である「地域の魅力海外発信支援事業」を実施している。2023年7月から2024年3月にかけて、中国及び香港においてオンライン形式での情報発信を含む形で実施した。SNSを活用して多くの人々に日本の観光・文化・食などの地域の魅力を体感してもらうことを目標に、期間中、中国においては、40の自治体が、在中国日本国大使館の微博（中国SNSウェイボー）アカウントで、日本各地の動画を配信した。また、在中国日本国大使館が主催するイベントにおいて、日本の自治体による食や工芸品のPRを行ったほか、中国各地で行われる日本の魅力を発信するイベントなどにインフルエンサーの派遣を行い、日本の地域の魅力を発信した。香港では、7月に実施された香港ブックフェアにおいて東北地方などのPRを行った。

また、在外公館施設を活用して地方自治体が地方の魅力を発信することを通じて、地方産品

福島県主催交流会（駐日外交団による地方視察ツアー）
（8月2日、福島県）

道遊の割戸を訪れた外交団（駐日外交団による地方視察ツアー）
（10月13日、新潟県）

久能山東照宮を訪れた外交団（駐日外交団による地方視察ツアー）（11月28日、静岡県）

4

国民と共にある外交

地域の魅力海外発信支援事業で在中国日本国大使館のSNSアカウントから発信した自治体のPR動画

の販路拡大、インバウンド促進などを目的とした「地方の魅力発信プロジェクト」を9件実施した。

　加えて、例年天皇誕生日の時期に合わせて開催される「在外公館における天皇誕生日祝賀レセプション」で地方自治体の産品や催事などを紹介・発信する場を設けている。2023年は新型コロナによる各種制限が緩和されたこともあり、234の在外公館において対面開催され、そのうち114公館において地方自治体の魅力発信を行った。

　このほか、外務省では様々な取組を通じて日本と海外の間の姉妹都市交流や2020年東京オリンピック・パラリンピック競技大会のホストタウン交流を始めとする日本の地方自治体と海外との間の交流を支援してきた。具体的には、在外公館長や館員が海外の姉妹都市提携先を訪問して、国際交流・経済交流関係担当幹部などと意見交換を行うことや、在外公館長の赴任前や一時帰国の際に地方を訪問し、姉妹都市交流やホストタウン交流に関する意見交換や講演を行うことで、地方の国際的取組を後押ししている。また、日本の地方自治体と姉妹都市提携を希望している海外の都市などがある場合は、都

道府県及び政令指定都市などに情報提供し、外務省ホームページの「グローカル外交ネット」[3]で広報するなどの側面支援を行っている。

　地方連携の取組を紹介する広報媒体としては、「グローカル外交ネット」のほか、毎月1回メールマガジン「グローカル通信」[4]を配信し、加えて「X（旧ツイッター）」[5]による投稿を行っている。これら広報媒体においては、外務省の地方連携事業や各地方自治体が進める姉妹都市交流、ホストタウン交流、地方の国際的取組などを紹介している。

　また、各地の日本産酒類（日本酒、日本ワイン、焼酎・泡盛など）の海外普及促進の一環として、各在外公館における任国要人や外交団との会食での日本産酒類の提供、天皇誕生日祝賀レセプションなどの大規模な行事の際に日本酒で乾杯するなど日本産酒類の紹介・宣伝に積極的に取り組んでいる。またその際には、「伝統的酒造り」を2024年ユネスコ無形文化遺産登録に向け提案中であることも積極的にアピールしている。

　さらに、開発途上国の急速な経済開発に伴いニーズが急増している水処理、廃棄物処理、都市交通、公害対策などについて、ODAを活用して日本の地方自治体の経験やノウハウ、また、これを支える各地域の中小企業の優れた技術や製品も活用した開発協力を進め、そうした開発途上国の開発ニーズと企業の製品・技術とのマッチングを進めるための支援を実施している。これらの取組は、地元企業の海外展開やグローバル人材育成にも寄与し、ひいては地域経済・日本経済全体の活性化にもつながっている。

3　外務省ホームページ「グローカル外交ネット」
　https://www.mofa.go.jp/mofaj/gaiko/local/index.html
4　地方連携推進室メールマガジン「グローカル通信」
　https://www.mofa.go.jp/mofaj/ms/lpc/page25_001870.html
5　地方連携推進室
　X（旧Twitter）：https://twitter.com/localmofa

3 　4 　5

2 海外における日本人への支援

① 海外における危険と日本人の安全

（1）2023年の事件・事故などとその対策

2023年は、年間延べ約962万人[1]の日本人が海外に渡航し、同年10月時点で約129万人の日本人が海外に居住している。このような海外に渡航・滞在する日本人の生命・身体を保護し、利益を増進することは、外務省の最も重要な任務の一つである。

2020年以降は、日本人が犠牲となるテロ事件は発生していないが、2023年も各地で多くのテロ事件が発生した。主なテロ事件としては、アンカラ（トルコ）での自爆事件（9月）、アラス（フランス）での刃物襲撃事件（10月）、ブリュッセル（ベルギー）での銃撃事件（10月）、ウガンダの国立公園における外国人観光客襲撃事件（10月）などが挙げられる。また、中東地域では、イラク、シリア、イスラエル、アフガニスタンを中心に、南西アジアではパキスタンにおいてテロ事件が多く発生した。さらに、アフリカでも、ブルキナファソ、マリ、ニジェール、ナイジェリア、コンゴ民主共和国、ソマリア、モザンビークなどにおいても多くのテロ事件が発生した。

近年、テロ事件は、中東・アフリカのみならず、日本人が数多く渡航・滞在する欧米やアジアでも発生している。欧米で生まれ育った者がインターネットなどを通じて国外の過激思想に感化され実行するテロや、組織的背景が薄い単独犯によるテロ、不特定多数の人が集まる日常的な場所でのテロ事件が引き続き多く発生して

いる。欧米では特定の人種や民族に対する憎悪を動機とした犯罪（ヘイトクライム）を始めとして極右・極左過激主義者による暴力的な活動が活発になり、また、イスラム過激派による活動範囲が世界的に拡大するなど、テロへの危機感が高まっている。

2023年は、新型コロナウイルス感染症（以下「新型コロナ」という。）の世界的流行が落ち着きを見せ、国際的な人の往来が急速に回復し、海外渡航者数も、2022年（約277万人）と比較して増加傾向にある。日本人の犯罪被害件数は新型コロナ流行拡大以前と比べると低水準ではあるものの、引き続き世界各地で日本人が犯罪被害を受ける事件、交通事故や登山中の事故などが発生している。

自然災害は、世界各地で発生しており、トルコ（2月）、モロッコ（9月）、アフガニスタン（10月）における地震や、米国ハワイ州における山火事（8月）、リビアにおける洪水（9月）などでは大きな被害が出た。

アフリカでは、ニジェール（7月）、ガボン（8月）において政変が相次ぎ発生し、スーダンにおいては、首都ハルツームを中心にスーダン国軍と準軍事組織である即応支援部隊（RSF）との間で衝突が発生したことを受け、日本政府は同国の危険レベルを引き上げ、自衛隊機及び政府チャーター機で日本人の退避を支援した（4月）。中東では、パレスチナ武装勢力によるイスラエルに対するテロ攻撃が大規模な衝突に発展したことを受け、日本政府はイスラエルの危険レベルを引き上げ、政府チャーター機及び自衛隊機で日本人のイスラエルからの出国を支援した（10から11月）。

1　出典：日本政府観光局（JNTO）

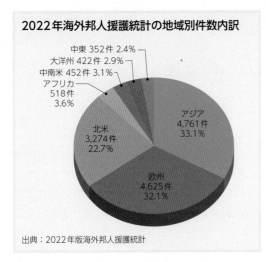

2022年海外邦人援護統計の地域別件数内訳

中東 352件 2.4%
大洋州 422件 2.9%
中南米 452件 3.1%
アフリカ 518件 3.6%
アジア 4,761件 33.1%
北米 3,274件 22.7%
欧州 4,625件 32.1%

出典：2022年版海外邦人援護統計

外務省は、感染症など、健康・医療面で注意を要する国・地域についても随時関連の海外安全情報を発出し、流行状況や感染防止策などの情報提供及び渡航や滞在に関する注意喚起を行っている。

新型コロナの感染症危険情報について、世界の感染状況が総じて改善し、5月5日、世界保健機構（WHO）も「国際的に懸念される公衆衛生上の緊急事態（PHEIC）」を解除したことなどを踏まえ、同月8日付けで、全世界に発出しているレベル1（十分注意してください。）を解除した。引き続き、外務省は、ホームページや領事メールを通じて在留邦人及び渡航者に対し適時適切に情報発信を行っている。2023年には、赤道ギニア及びタンザニアでマールブルグ病の感染例が確認され、スポット情報を発出した。蚊が媒介する感染症であるデング熱については、中南米において大規模な流行が記録されたほか、アジアやアフリカでも流行が見られた。

（2）海外における日本人の安全対策

日本の在外公館及び公益財団法人日本台湾交流協会が2022年に対応した日本人の援護人数は、延べ1万6,895人、援護件数は1万4,404件であった。このような中で、世界各地の日本国大使館・総領事館などにおいて、日本人への各種支援や出入国・治安関連などの情報発信を、きめ細かな形で実施した。

日本人の安全を脅かすような事態は世界中の様々な地域で絶え間なく発生している。海外に渡航する日本人にとっては、感染症とテロが同時に発生する複合リスクに備えることが必要とされており、万が一海外でテロやその他事件・事故に遭遇した場合の対応は、従来にも増して困難となり、海外安全対策に万全を期すことがより一層求められている。

こうした観点から、外務省は、広く国民に対して安全対策に関する情報発信を行い、安全意識の喚起と対策の推進に努めている。具体的には、「海外安全ホームページ」に必要な情報に容易にアクセス可能な特設ビューを追加した上で、各国・地域について最新の安全情報を発出しているほか、在留届を提出した在留邦人及び外務省海外旅行登録「たびレジ」に登録した短期旅行者などに対して、渡航先・滞在先の最新の安全情報をメールで配信している。

「たびレジ」の登録及び在留届の提出を促進するため、広報活動にも積極的に取り組んでおり、各旅券事務所で、在留届や「たびレジ」の認知度向上及び届出、登録の促進を目的とする広報カードを配布したほか、8月には、俳優の石田ひかりさんと森高愛さんが「たびレジ」の登録と在留届の提出を呼びかける新たな広報動画を外務省公式YouTubeで公開した。海外旅行関連業者などに向けては、海外渡航者のデータを一括で登録することができる「たびレジ」連携インターフェイスも提供しており、企業にインターフェイスの活用を呼びかけている。また、外務省は、10月に「ツーリズムEXPOジャパン」（大阪）にブースを出展し、在留届や「たびレジ」登録を含め、海外に渡航・滞在する日本人の安全のために情報提供や注意喚起を行った。なお、「たびレジ」は2014年7月の運用開始以降、利便性向上のための取組や登録促進活動などにより、その登録者数は2023年12月時点で累計858万人を突破した。

また、外務省は、セミナーや訓練を通じて海外安全対策・危機管理に関する国民の知識や能力の向上を図る取組も行っている。2023年は、外務省主催の国内・在外安全対策セミナーをオ

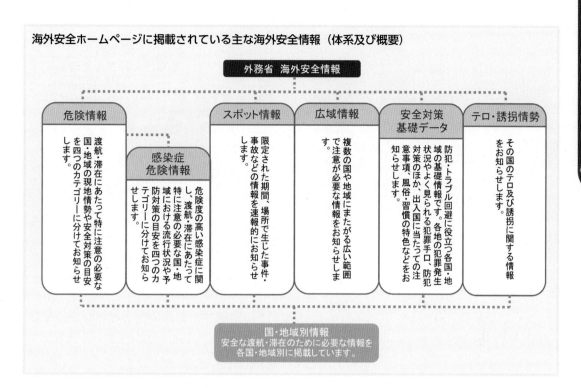

海外安全ホームページに掲載されている主な海外安全情報（体系及び概要）

外務省　海外安全情報

危険情報
渡航・滞在にあたって特に注意の必要な国・地域の現地情勢や安全対策の目安を四つのカテゴリーに分けてお知らせします。

感染症危険情報
危険度の高い感染症に関し、渡航・滞在にあたって特に注意の必要な国・地域における流行状況や予防対策の目安を四つのカテゴリーに分けてお知らせします。

スポット情報
限定された期間、場所で生じた事件・事故などの情報を速報的にお知らせします。

広域情報
複数の国や地域にまたがる広い範囲で注意が必要な情報をお知らせします。

安全対策基礎データ
防犯・トラブル回避に役立つ各国・地域の基礎情報です。各地の犯罪発生状況やよく見られる犯罪手口、防犯対策のほか、出入国に当たっての注意事項、風俗・習慣の特色などをお知らせします。

テロ・誘拐情勢
その国のテロ及び誘拐に関する情報をお知らせします。

国・地域別情報
安全な渡航・滞在のために必要な情報を各国・地域別に掲載しています。

ンライン・対面で実施した（在外公館で11回、国内で10回）ほか、国内の各組織・団体などが日本全国各地で実施するセミナーにおいて外務省領事局職員が講師として講演を行った。また、音声プラットフォームを通した海外安全情報の定期的な配信を行った。

さらに、日本企業・団体関係者の参加を得て、「官民合同テロ・誘拐対策実地訓練」を国内外で実施した。特に、国外での「官民合同テロ・誘拐対策実地訓練」は、2019年9月以来、新型コロナ感染流行を受け実施を見合わせていたが、2023年は約3年半ぶりに実施が実現した。これらの取組は、一般犯罪やテロなどの被害の予防に役立つことはもちろん、万が一事件に巻き込まれた場合の対応能力向上にも資するものである。また、海外でも官民が協力して安全対策を進めており、各国の在外公館では、「安全対策連絡協議会」を開催し、在留邦人との間で情報共有や意見交換、有事に備えた連携強化を継続している。

加えて、2016年7月のダッカ襲撃テロ事件を契機に、国際協力事業関係者や、安全に関する情報に接する機会が限られる中堅・中小企

3ヶ月未満の海外渡航者向け「たびレジ」と、3ヶ月以上の海外滞在者向け「在留届」を、俳優の石田ひかりさんと森高愛さんが紹介

（動画）
https://www.youtube.com/watch?v=TKjylf_moW4

（たびレジ）
https://www.ezairyu.mofa.go.jp/tabireg/index.html

（在留届）
https://www.ezairyu.mofa.go.jp/RRnet/index.html

海外安全対策フライヤー（表面）

海外安全対策フライヤー（裏面）

業、留学生、短期旅行者への啓発の強化を目的として作成した「ゴルゴ13の中堅・中小企業向け海外安全対策マニュアル」を活用した啓発や、LINEサービス上で、「デューク東郷からの伝言」との形でゴルゴ13を交えた安全対策に関する啓発メッセージや身を守るために役立つ知識の配信を引き続き推進した。

また、出張や旅行、留学などで初めて海外渡航する邦人を対象として、「たびレジ」や「海外安全ホームページ」、「ゴルゴ13の中堅・中小企業向け海外安全対策マニュアル」の2次元コード（QRコード）などをまとめたポスター及びフライヤーを作成し、企業関係者や一般邦人に配布した。

海外に渡航する日本人留学生に関しては、多くの教育機関で安全対策及び緊急事態対応に係るノウハウや経験が十分に蓄積されていない実情を踏まえ、外務省員が大学などの教育機関での講演やオンライン形式も含めた安全対策講座を実施しているほか、在留届や「たびレジ」の登録率向上のための協力依頼を行った。今後も引き続き学生の安全対策の意識向上及び学内の危機管理体制の構築の支援に努めていく。一部の留学関係機関との間で「たびレジ」自動登録の仕組みを開始するなど、政府機関と教育機関、留学エージェント及び留学生をつなぐ取組を進めている。

❷ 領事サービスと日本人の生活・活動支援

（1）領事サービスの向上とデジタル化の推進

㋐ 領事サービスの向上

海外の日本人に良質な領事サービスを提供できるよう、在外公館の領事窓口・電話での職員の対応や業務実施状況などが在留邦人にどのように受け止められているかについてのアンケート調査を毎年実施している。2023年12月の138公館を対象とした調査では、1万5,970人からの有効な回答が得られ、在外公館が提供する領事サービスにおおむね満足しているとの評価が示された。一方、言葉遣いや態度が事務的に感じる、利用者の事情に対し配慮や理解が不足しているなどの意見も寄せられており、このような利用者の声を真摯に受け止め利用者の視点に立ったより良い領事サービスを提供できるよう、サービスの向上・改善に引き続き努めていく。

㋑ デジタル化の推進

外務省は、利用者の利便性向上及び領事業務合理化の観点から、領事サービスのオンライン申請及び領事手数料のオンライン決済の拡大など、領事手続のデジタル化を進めている。具体的には、3月27日から、旅券、証明及びビザ（査証）のオンライン申請、並びにこれら領事手数料のクレジットカードによるオンライン決

領事サービス利用者へのアンケート調査結果（2023年度：138公館）

ご利用いただいた領事サービスを総合的にみて、
満足度はいかがですか。

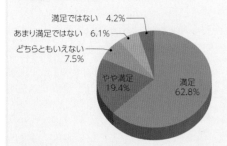

- 満足ではない　4.2%
- あまり満足ではない　6.1%
- どちらともいえない　7.5%
- やや満足　19.4%
- 満足　62.8%

領事サービスを利用することであなたの問題
（申請、届出、各種相談など）は解決されましたか。

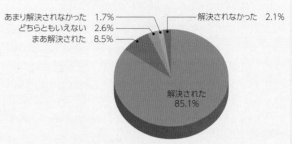

- あまり解決されなかった　1.7%
- 解決されなかった　2.1%
- どちらともいえない　2.6%
- まあ解決された　8.5%
- 解決された　85.1%

領事サービスの「業務知識・処理速度」について、
どの程度満足していますか。

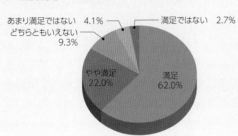

- あまり満足ではない　4.1%
- 満足ではない　2.7%
- どちらともいえない　9.3%
- やや満足　22.0%
- 満足　62.0%

領事サービスの「スタッフの接客マナー」について、
どの程度満足していますか。

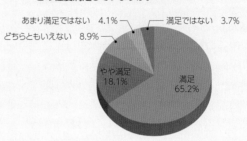

- あまり満足ではない　4.1%
- 満足ではない　3.7%
- どちらともいえない　8.9%
- やや満足　18.1%
- 満足　65.2%

領事サービスにおける窓口や電話の応対で「良かった」点についてのアンケート結果
（複数回答可）

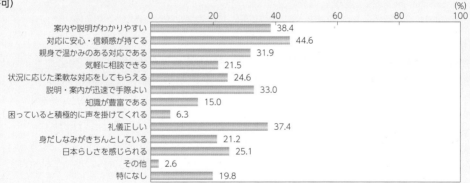

項目	(%)
案内や説明がわかりやすい	38.4
対応に安心・信頼感が持てる	44.6
親身で温かみのある対応である	31.9
気軽に相談できる	21.5
状況に応じた柔軟な対応をしてもらえる	24.6
説明・案内が迅速で手際よい	33.0
知識が豊富である	15.0
困っていると積極的に声を掛けてくれる	6.3
礼儀正しい	37.4
身だしなみがきちんとしている	21.2
日本らしさを感じられる	25.1
その他	2.6
特になし	19.8

領事サービスの「業務知識・処理速度」について改善が必要な点についてのアンケート結果
（複数回答可）

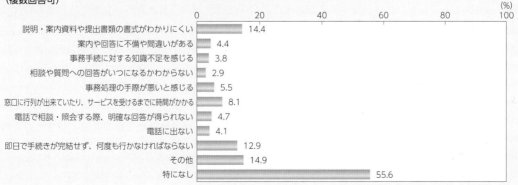

項目	(%)
説明・案内資料や提出書類の書式がわかりにくい	14.4
案内や回答に不備や間違いがある	4.4
事務手続に対する知識不足を感じる	3.8
相談や質問への回答がいつになるかわからない	2.9
事務処理の手際が悪いと感じる	5.5
窓口に行列が出来ていたり、サービスを受けるまでに時間がかかる	8.1
電話で相談・照会する際、明確な回答が得られない	4.7
電話に出ない	4.1
即日で手続きが完結せず、何度も行かなければならない	12.9
その他	14.9
特になし	55.6

4

国民と共にある外交

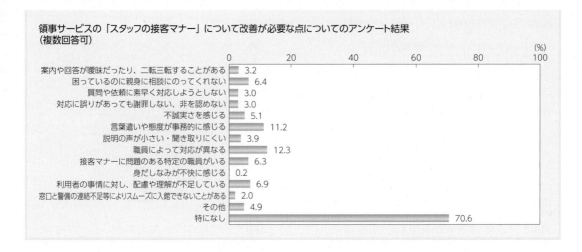

領事サービスの「スタッフの接客マナー」について改善が必要な点についてのアンケート結果（複数回答可）

項目	(%)
案内や回答が曖昧だったり、二転三転することがある	3.2
困っているのに親身に相談にのってくれない	6.4
質問や依頼に素早く対応しようとしない	3.0
対応に誤りがあっても謝罪しない、非を認めない	3.0
不誠実さを感じる	5.1
言葉遣いや態度が事務的に感じる	11.2
説明の声が小さい・聞き取りにくい	3.9
職員によって対応が異なる	12.3
接客マナーに問題のある特定の職員がいる	6.3
身だしなみが不快に感じる	0.2
利用者の事情に対し、配慮や理解が不足している	6.9
窓口と警備の連絡不足等によりスムーズに入館できないことがある	2.0
その他	4.9
特になし	70.6

済を開始した（本ページ　コラム参照）。オンライン申請の対象公館・手続は順次拡大しており、7月10日には、オンライン申請時のクレジットカードによるオンライン決済が基本的に全在外公館で可能となった。また、こうした取組を加速するため、4月1日には、外務省領事局内に領事デジタル化推進室を設置した。外務省としては、領事業務のデジタル化を通じて、邦人保護といった「人」による対応が不可欠な業務に領事担当官が専念できる環境を整備することで、領事実施体制を強化していく。

コラム
COLUMN

領事サービスのデジタル化
—旅券、証明、ビザ（査証）のオンライン申請・決済の導入—

外務省は、海外における邦人保護のほか、旅券・証明・ビザの発給などの各種領事サービスを担っており、その業務の重要性は、新型コロナウイルス感染症が収束した後の国際的な人の往来の再活性化に伴って、ますます高まっています。このような状況も踏まえ、領事サービスの利便性の向上と業務合理化の観点から、領事業務サービスのデジタル化を進めています。

3月27日には、旅券・証明・ビザのオンライン申請及びこれら領事手数料のクレジットカード決済が導入されました。これにより、オンライン申請時の窓口への往訪が不要となり、今まで遠隔地から窓口に来訪していた方の負担が軽減されています。また、いつでも申請が可能となり、各申請者の都合に合わせて手続を進めやすくなりました。同時に、オンライン申請時はクレジットカードによるオンライン決済も可能となり、現金の持ち運びが不要になります。対象となる手続や導入在外公館・都道府県は、まだ限定的ですが、順次拡大しています。

今回のコラムでは、旅券のオンライン申請を例にとって、申請の流れについてご紹介します。パスポートのイメージキャラクターであるパスポくんと共に、外務省領事局旅券課の職員が実際にパスポートのオンライン更新をしてみました。

＊＊＊＊＊

今年の夏休みは、パスポくんと一緒に海がきれいなパラオへ行くことになりました。

浮き輪や水着を用意し、ガイドブックを購入して早速読んでいると、パラオに入国するためには6か月以上のパスポートの残存有効期間が必要と書いてありました。ふと、自分が持っているパスポートを確認すると、なんと、有効期間が残り3か月くらいになっていました。

これは大変！出発日当日に、残存有効期間が足りず飛行機に乗れない！なんてことになったら全ての準備が無駄になってしまいます。急いで外務省や旅券事務所のホームページで手続を調べたら、パスポートの更新はオンラインでできるそうです。

自撮り機能を使って撮影すれば、証明写真を撮る手間が省けます♪

パスポくんのパスポートも有効期間が残り短くなっていたので、旅行の計画を立てるためにオンラインでつないで、一緒に更新手続をしました。有効期限内のパスポートとマイナンバーカード（国内から申請する場合）、それにスマートフォンがあれば、いつでもどこでも申請手続ができます。

スマートフォンでマイナポータルアプリを起動し、パスポートの取得、更新を選びました。申請に必要なものや流れを確認し、一つ一つ質問に答えていきました。

顔写真は、アプリ内でスマートフォンの自撮り機能を使い、顔のサイズなど所定のガイドに合わせながら撮影しました。別に用意した写真データも使えますが、ファイル形式、容量が規格内である必要があるそうです。オンライン申請であれば、証明写真を撮りに行く手間や費用がかからないのも良かったです。

次に、自分の署名画像をアップして、今持っている旅券の情報をスマートフォンで読み取りました。さらに必要情報を記入して、受取窓口や交付予定を確認して申請終了。4日から6日後に受け取れるそうです。

初めてのオンライン申請だったので不安もありましたが、平日の昼間に仕事を休んで旅券事務所に行ったり、窓口で並んだりする時間もなくて楽チン！全ての手続を無事に終えてほっと一息です。

それから5日後、マイナポータルに通知が届いたので、事前にオンラインでクレジットカード情報を入力後、旅券事務所でカード決済の確定がなされ[1]、パスポートを受け取りました！パラオ行きの航空券やホテルの予約も整い準備万端。無事にパラオへ出発です。旅行中もパスポートをなくさないように気を付けながら旅行を楽しみました。

次の旅行を楽しみにパスポートを大切に保管しようと思います。

1　都道府県別に順次対応しています（12月時点）。

国民と共にある外交

4

（2）旅券（パスポート）：信頼性の維持と利便性向上・業務効率化

2023年に入り、諸外国において新型コロナに伴う入国制限措置や行動制限措置などが緩和されて以降、徐々に海外旅行や留学などが回復し、2023年末時点で、旅券申請数は新型コロナ流行拡大前の水準に戻りつつある。2023年の旅券発行数は約353万冊であり、2022年比で158.3％増となった。

3月27日に開始した旅券のオンライン申請は、国内においては原則として切替発給申請を対象とし、マイナポータル上のサイトから申請ができる。国外においては在留届のオンライン申請システム（ORRネット）から申請ができる。オンライン申請により申請時に窓口に赴く必要がなくなり、申請に必要な顔写真や署名はスマートフォンなどで撮影してアップロードすることが可能となった。2023年末時点で、国内での切替申請でのオンライン申請の利用率は約31％である。加えて、オンライン申請時には、旅券の手数料をクレジットカードによりオンラインで支払うことも基本的に全在外公館で

可能となり、都道府県の旅券窓口においても順次導入している。また、2024年度から法務省の戸籍情報連携システムとの連携により戸籍電子証明書の参照が可能になるため、現在は窓口又は郵送での戸籍謄本の提出が必要な旅券の新規発給の申請についてもオンライン申請が可能となるよう準備を進めている。

2020年に旅券のICチップ内の個人情報の不正読取防止機能を強化し、査証ページに葛飾北斎の「冨嶽三十六景」のデザインを取り入れたことにより、旅券の偽変造対策を強化している。しかし、他人になりすます方法によって旅券を不正取得する事案は引き続き発生しており[2]、対面での交付などを通じた本人確認や顔照合システムの導入により、なりすまし・二重受給といった旅券の不正取得防止対策を強化している。今後も旅券の国際標準を定める国際民間航空機関（ICAO）での検討を踏まえ、偽変造対策を強化し、旅券の更なる信頼性の向上に向けて検討を行っていく。

引き続き、旅券の信頼性を維持しつつ、申請者の利便性向上及び旅券業務の効率化に取り組んでいく。

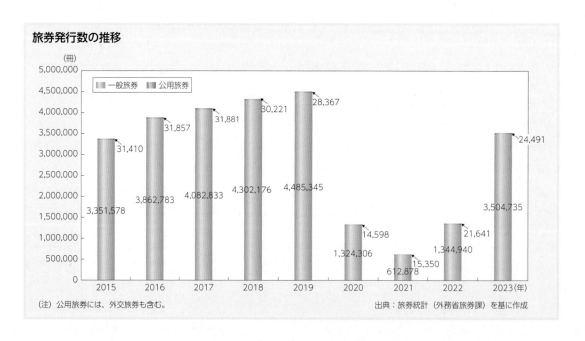

旅券発行数の推移

（注）公用旅券には、外交旅券も含む。

出典：旅券統計（外務省旅券課）を基に作成

---

[2]　2019年は8冊、2020年は3冊、2021年は3冊、2022年は3冊、2023年は5冊のなりすまし不正取得事案を把握

（3）在外選挙

　在外選挙制度は、海外に在住する有権者が国政選挙で投票するための制度である。在外選挙制度を利用して投票するためには、事前に市区町村選挙管理委員会が管理する在外選挙人名簿への登録を申請の上、在外選挙人証を入手する必要がある。2018年6月から、国外転出後に在外公館を通じて申請する従来の方法に加え、国外転出の届出と同時に市区町村窓口で申請することが可能になった。これにより、国外転出後に在外公館に赴く必要がなくなるなど、手続の簡素化が図られた。投票は「在外公館投票」、「郵便投票」又は「日本国内における投票」のいずれか一つを選択することができる。

　在外公館では、管轄地域での在外選挙制度の広報や遠隔地での領事出張サービスなどを通じて、制度の普及と登録者数の増加に努めているほか、選挙が実施される際は、事前の広報を含め、在外公館投票事務も担う。2022年は第26回参議院議員通常選挙の実施に伴い、16回目となる在外公館投票を234公館・事務所で実

在外選挙

ア　在外公館での投票

在外選挙人名簿に登録されている有権者は、投票記載場所を設置している在外公館で、在外選挙人証と旅券などを提示して投票することができる（投票できる期間や時間は、公館により異なる。）。

イ　郵便での投票

あらかじめ「在外選挙人証」と「投票用紙等請求書」を登録先の市区町村選挙管理委員会の委員長に送付して投票用紙を請求し、日本国内の選挙期日の投票終了時刻（日本時間の午後8時）までに投票所に到着するよう、投票用紙を登録先の市区町村選挙管理委員会の委員長に送付する（投票は、公示日又は告示日の翌日以降に行う。）。

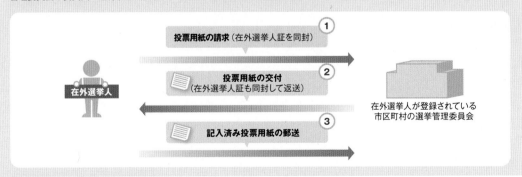

ウ　日本国内での投票

在外選挙人が選挙の時に一時帰国している場合や帰国後国内の選挙人名簿に登録されるまでの間は、国内における選挙人と同様の投票方法（期日前投票、不在者投票、選挙期日における投票）を利用して投票することができる。

施した。また、最高裁判所裁判官国民審査法の一部が改正され（2023年2月17日施行）、在外国民審査制度が創設されたことにより、在外日本国民による国民審査が可能となった。2024年においても、引き続き登録者数増加や在外公館投票に向けた広報活動などに取り組んでいく。

（4）海外での日本人の生活・活動に対する支援

ア 日本人学校、補習授業校

海外で生活する日本人にとって、子供の教育は大きな関心事項の一つである。外務省は、日本国憲法の精神及び2022年に成立・施行された「在外教育施設における教育の振興に関する法律」に基づき、義務教育相当年齢の児童・生徒が海外でも日本と同程度の教育を受けられるよう、文部科学省などと連携して日本人学校への支援（校舎借料、現地採用教師・講師謝金、安全対策費などへの支援）を行っており、また、主に日本人学校が存在しない地域に設置されている補習授業校（国語などの学力維持のために設置されている教育施設）に対しても、日本人学校と同様の支援を行っている。

2023年4月、「在外教育施設における教育の振興に関する法律」に基づき文部科学省と共同で、「在外教育施設における教育の振興に関する施策を総合的かつ効果的に推進するための基本方針」を策定した。

イ 医療・保健対策

外務省は、海外で流行している感染症などの情報を収集し、海外安全ホームページや在外公館ホームページ、メールなどを通じ、広く提供している。さらに、医療事情の悪い国に滞在する日本人に対する健康相談を実施するため、国内医療機関の協力を得て巡回医師団を派遣している。また、感染症や大気汚染が深刻となっている地域を対象に専門医による健康安全講話も実施している。

ウ その他のニーズへの対応

外務省は、海外に在住する日本人の滞在国での各種手続（運転免許証の切替え、滞在・労働許可の取得など）の煩雑さを解消し、より円滑に生活できるようにするため、滞在国の当局に対する働きかけを継続している。

例えば、外国の運転免許証から日本の運転免許証へ切り替える際、外国運転免許証を持つ全ての人に対し、自動車などを運転することに支障がないことを確認した上で、日本の運転免許試験の一部（学科・技能）を免除している。一方、在留邦人が滞在国の運転免許証を取得する際に試験を課している国・州もあるため、日本と同様に手続が簡素化されるよう働きかけを行っている。

また、日本国外に居住する原子爆弾被爆者が在外公館を経由して原爆症認定及び健康診断受診者証の交付を申請する際の手続の支援も行っている。

さらに、在外邦人の孤独・孤立対策についても、国内NPOと連携しながら海外の個別案件にきめ細かに対応している。

❸ 海外移住者や日系人との協力

日本人の海外移住の歴史は2023年で155年目を迎えた。北米・中南米を中心として、全世界に約500万人の海外移住者や日系人が在住している。移住者や日系人は、政治、経済、教育、文化を始めとする各分野において各国の発展に寄与し、日本と各在住国との「架け橋」として各国との関係緊密化に大きく貢献している。

外務省は独立行政法人国際協力機構（JICA）と共に、約310万人の日系人が在住している中南米諸国において、移住者の高齢化に対応する福祉支援、日系人を対象とした日本国内への研修員受入れ、現地日系社会へのボランティア派遣などの協力を行っている。また、2017年5月に外務大臣に提出された「中南米日系社会との連携に関する有識者懇談会」の報告書を踏

まえ、日系社会との更なる関係強化にも取り組んできている。

これまでも、北米・中南米では、各国・地域の様々な分野で指導的立場にいる日系人や次世代を担う若い日系人を日本に招へいするプログラムが実施されているほか、日本からの要人訪問の機会に日系人との接点を積極的に設けるなど、各国の在外公館が日系社会と緊密に協力し合うことで、日系人との関係強化を図っている。

2023年10月には、第63回海外日系人大会が4年ぶりに対面で開催され、上川外務大臣は歓迎レセプションを主催し、大会に参加した様々な世代の日系人と懇談を行った。今後も日系社会との連携を強めていく考えである。

④ 国際的な子の奪取の民事上の側面に関する条約（ハーグ条約）の実施状況

ハーグ条約は、子の利益を最優先するという考えの下、国境を越えた子供の不法な連れ去りや留置をめぐる紛争に対応するための国際的な枠組みとして、子供を元の居住国に返還するための手続や国境を越えた親子の面会交流の実現のための締約国間の協力などについて定めた条約である。

この条約は、日本については2014年4月1日に発効し、2023年12月末時点、日本を含む103か国が加盟している。

条約は、各締約国の「中央当局」として指定

された機関が相互に協力することにより実施されている。日本では外務省が中央当局として、様々な分野の専門家を結集し、外国中央当局と連絡・協力をしながら、子を連れ去られた親と子を連れ去った親の両方に、問題解決に向けた支援を行っている。

ハーグ条約発効後2023年12月末までの9年9か月間に、外務大臣は、子の返還を求める申請を371件、子との面会交流を求める申請を185件、計556件の申請を受け付けた。日本から外国への子の返還が求められた事案のうち、69件において子の返還が実現し、52件において返還しないとの結論に至った。外国から日本への子の返還が求められた事案については、68件において子の返還が実現し、39件において返還しないとの結論に至った。

幅広い層へハーグ条約を周知するため、在留邦人向け啓発セミナー（オンライン形式）や在留邦人向けの情報誌への記事掲載、国内の地方自治体や弁護士会などの関係機関向けセミナーの実施に加えて、ハーグ条約に関する啓発動画を作成し、外務省ホームページや動画共有プラットフォームに掲載するなど、広報活動に力を入れている。[3]

（参考）ハーグ条約の国内実施法に基づく外務省に対する援助申請の受付件数（2023年12月末現在）

	返還援助申請	面会交流援助申請
日本に所在する子に関する申請	203	139
外国に所在する子に関する申請	168	46

---

[3]　1980年ハーグ条約と日本の取組に関する外務省ホームページ参照：
https://www.mofa.go.jp/mofaj/gaiko/hague/index.html

3 国民の支持を得て進める外交

① 国民への積極的な情報発信

（1）全般

　外交政策を円滑に遂行するに当たっては、国民の理解と支持が必要不可欠であり、政策の具体的内容や政府の役割などについて、迅速で分かりやすい説明を行うことが重要である。このため、外務省は、各種メディア、講演会、刊行物などを活用し、機動的かつ効果的な情報発信に努めている。

（2）国内メディアを通じての情報発信

　外務省は、日本の外交政策などに対する国民の理解と支持を得るために、新聞・テレビ・インターネットなどの各種メディアを通じた迅速かつ的確な情報発信に努めている。効果的な情報発信のため、外務大臣及び外務報道官の定例記者会見の場を設けているほか、必要に応じ、臨時の記者会見を行っている。外務大臣の記者会見は、英語の同時通訳も含めてインターネットメディアを含む多種のメディアに開放されており、記者会見の模様については、記録や動画を外務省ホームページに掲載している。総理大臣や外務大臣の外国訪問に際しては、目的や成果などを速やかに伝えるため、訪問地からインターネットを活用した情報発信も行っている。また、個別の国際問題に関して日本の立場を表明する外務大臣談話や外務報道官談話、日々の外交活動などについて情報を提供する外務省報道発表を随時発出している。さらに、外務大臣、外務副大臣などの各種メディアへの出演やインタビューなどを通じて国民に対し、外交政策を直接説明している。

上川外務大臣記者会見（9月14日、東京）

会見による情報発信

外務大臣記者会見	117回
外務報道官記者会見	32回
合計	149回

（2023年1月1日から12月31日）

文書による情報発信

外務大臣談話	21件
外務報道官談話	28件
外務省報道発表	2,328件
合計	2,377件

（2023年1月1日から12月31日）

（3）インターネットを通じた国民に向けた情報発信

外務省ホームページ（日本語及び英語版）では総理大臣や外務大臣の外交活動に関する情報を迅速に発信し、領土・主権、歴史認識、安全保障を含む日本の外交政策や各国情勢に関する最新情報、基礎情報を提供している。

日本語ホームページでは、「世界一周何でもレポート」、「キッズ外務省」など、様々なコンテンツを幅広い層の国民に発信している。特に、「キッズ外務省」では、外務省の活動を分かりやすく説明する動画やクイズ、ニュースや新聞で取り上げられることの多い用語や国際問題について説明するＱ＆Ａコーナーなどの子ども向けコンテンツを掲載している。5月には、「おしえて！G7広島サミット」と題し、G7広島サミットに関する子ども向けコンテンツを制作し、「キッズ外務省」に掲載した。

このほか、各種ソーシャルメディアを通じて様々な情報発信を行っている。2023年は、G7広島サミット及び関連会合、ウクライナ情勢、ガザ情勢、ALPS処理水などに関する情報発信を積極的に行った。

外務省ホームページ：https://www.mofa.go.jp/mofaj/index.html

キッズ外務省：https://www.mofa.go.jp/mofaj/kids/index.html

外務省公式X：
https://twitter.com/MofaJapan_jp

外務省
ホームページ

外務省公式
X

外務省公式
フェイスブック

外務省公式
インスタグラム

キッズ
外務省

（4）国民との対話

外務省は、政務三役（外務大臣、外務副大臣、外務大臣政務官）や外務省職員が国民と直接対話を行う「国民と対話する広報」を推進している。

林外務大臣及び武井俊輔外務副大臣は、地方の魅力を世界に発信する「地方を世界へ」プロジェクトの一環として、2月に岡山、6月に秋田、8月に長野を拠点に活躍される方々と車座対話を実施し、日本の外交政策や各地方の魅力の発信について活発な意見交換を行った。

大学生などを対象とした外務省セミナー「学生と語る」を2月に外務省で実施し、吉川ゆうみ外務大臣政務官が開会挨拶を行い、G7広島サミットなどをテーマとして外務省員が各種講演を実施する中で多くの参加学生と対話を行った。加えて11月には、大阪大学で同セミナー

を実施し、関西圏を中心に多くの学生の参加を得て、日本と東南アジア諸国連合（ASEAN）などをテーマとする外務省員による各種講演の中で活発な対話を実施した。5月には、G7広島サミットに関する公開授業を上智大学で開催し、大学生など約500人が参加した。参加者から幅広い質問が寄せられ、登壇者との間で活発な議論が行われた。また、8月に実施した「こども霞が関見学デー」では、外務省の仕事や世界の国々について理解を深めてもらえるよう、講演会、体験ブースなど様々なプログラムを実施した。

外務省職員などを全国の自治体や国際交流団体、大学や高校に派遣する「国際情勢講演会」、「外交講座」、「高校講座」や「小中高生の外務省訪問」といった各種事業は、参加団体の希望などに応じ、オンライン形式と対面形式の双方で事業を行った。また、2023年は、日本の大

「公開授業：激動の時代とG7広島サミット」の様子（5月13日　上智大学）

「学生と語る」分科会ディスカッションの様子（11月6日　大阪大学）

「こども霞が関見学デー」で真剣に聞き入る子どもたちの様子（8月2日　外務省）

「国際問題プレゼンテーション・コンテスト」の様子（11月11日　外務省）

外交専門誌『外交』

学生のみならず、ASEAN出身の学生を対象として今後の日・ASEAN関係をテーマに「国際問題プレゼンテーション・コンテスト」を開催し、同時に、オンラインでも配信を行った。これらの事業を通じて、外交政策や国際情勢についての理解促進や次世代の日本を担う人材育成に取り組んでいる。

また、オンライン形式による「ODA出前講座」を通じて、外務省職員が講師として多数の学校で日本のODA政策やその具体的取組を紹介している。加えて、外交専門誌『外交』の発行を通じて、日本を取り巻く国際情勢の現状、外交に関する各界各層の様々な議論を広く国民に紹介している。2023年は、G7広島サミットに関する論考のほか、ロシアによるウクライナ侵略やイスラエル・パレスチナ武装勢力間の衝突が地域や世界に与えた影響を多角的な視野で考察するなど、現在の国際情勢を俯瞰（ふかん）する多様な外交課題をテーマに取り上げ、内外の著名な有識者の論文などを数多く掲載した。

また、外務省の組織や、G7広島サミットなどの日本外交に対する更なる理解を得るため、幅広い読者を想定しつつ、各種パンフレットや動画を作成した。このほかにも、外務省ホームページの「御意見・御感想」コーナーを通じた広聴活動を行い、寄せられた意見は、外務省内で共有の上、政策立案などの参考としている。

（5）外交記録公開及び情報公開の促進

外務省は、外交に対する国民の理解と信頼を一層促進するため、外交記録の公開に積極的に取り組み、外交史料利用の利便性向上にも努めている。

外務省では、外交史料館において、戦前の資料4万冊を含む12万点超の歴史資料を所蔵しており、1976年から、自主的な取組として戦後の外交記録を公開している。2010年には、「外交記録公開に関する規則」を制定し、（ア）作成又は取得から30年以上経過した外交記録を原則公開し、（イ）外務副大臣又は外務大臣政務官が委員長を務め、外部有識者が参加する「外交記録公開推進委員会」を設置し、外交記録公開の推進力を高め、透明性の向上に努めている。それ以来、2023年末までに移管・公開の手続を完了した外交記録ファイル数は約3万8,000冊に及ぶ。

さらに、外務省は、「行政機関の保有する情報の公開に関する法律（情報公開法）」に基づいて、日本の安全や他国との信頼関係、対外交渉上の利益、個人情報の保護などに配慮しつつ、情報公開を行ってきている。2023年には826件の開示請求が寄せられ、12万1,057ページの文書を開示した。

② 外交実施体制の強化

日本が戦後最も厳しく複雑な安全保障環境に直面している中、普遍的価値に基づいた国際秩序の維持・発展のための外交を強力に推進するためには、外交実施体制の抜本的な強化が不可欠である。そのため外務省は、在外公館の数と質の両面の強化や外務本省の組織・人的体制の整備を進めている。

大使館や総領事館などの在外公館は、海外で国を代表し、外交関係の処理に携わり、外交の最前線での情報収集・戦略的な対外発信などの分野で重要な役割を果たしている。同時に、邦人保護、日本企業支援や投資・観光の促進、資源・エネルギーの確保など、国民の利益増進に直結する活動も行っている。

こうした中、2024年1月には、新たにセーシェルに大使館、イタリアに在ローマ国際機関

在外公館数の推移

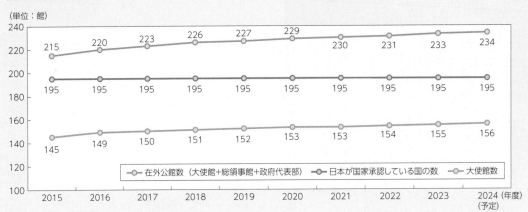

（単位：館）

凡例：在外公館数（大使館＋総領事館＋政府代表部）／日本が国家承認している国の数／大使館数

	2015	2016	2017	2018	2019	2020	2021	2022	2023	2024（年度）（予定）
在外公館数	215	220	223	226	227	229	230	231	233	234
国家承認	195	195	195	195	195	195	195	195	195	195
大使館数	145	149	150	151	152	153	153	154	155	156

主要国（P5＋独）との在外公館数の比較

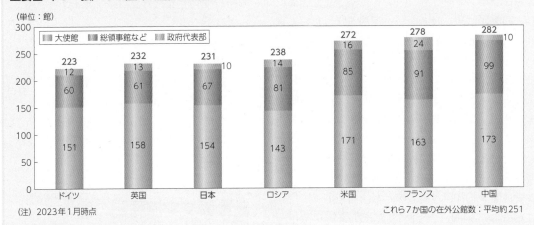

（単位：館）

凡例：大使館／総領事館など／政府代表部

	ドイツ	英国	日本	ロシア	米国	フランス	中国
合計	223	232	231	238	272	278	282
政府代表部	12	13	10	14	16	24	10
総領事館など	60	61	67	81	85	91	99
大使館	151	158	154	143	171	163	173

（注）2023年1月時点

これら7か国の在外公館数：平均約251

主要国外務省との職員数比較

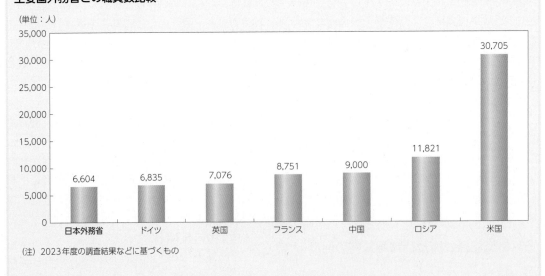

（単位：人）

日本外務省	ドイツ	英国	フランス	中国	ロシア	米国
6,604	6,835	7,076	8,751	9,000	11,821	30,705

（注）2023年度の調査結果などに基づくもの

外務省職員数の推移

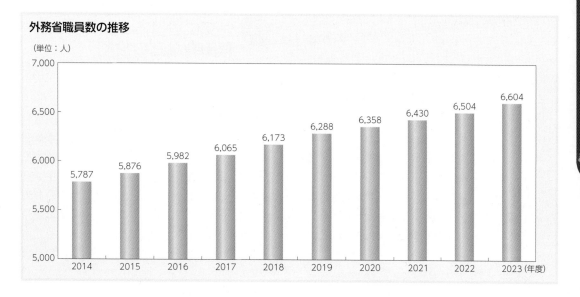

（単位：人）

2014年 5,787
2015年 5,876
2016年 5,982
2017年 6,065
2018年 6,173
2019年 6,288
2020年 6,358
2021年 6,430
2022年 6,504
2023（年度） 6,604

4

国民と共にある外交

日本政府代表部（兼館）を新設した。

　セーシェルは、インド洋の安全保障及び経済的に重要なシーレーン上に位置しており「自由で開かれたインド太平洋（FOIP）」の実現のためにも重要な国である。また、日本が開発を進める東アフリカ最大の商業港であるケニアのモンバサ港やモザンビークのナカラ港、マダガスカルのトアマシナ港と日本をつなぐ海洋ルート上に位置し、豊富な水産資源を有している。セーシェルは重要な国際選挙などで日本を支持している国でもあり、現地に大使館を設けることで、今後も引き続き良好な関係を維持、強化していくほか、海洋安全保障分野を始めとする様々な情報収集や緊急事態における各種支援などを一層効果的に行う体制を強化していくことが重要である。

　ローマには、国連食糧農業機関（FAO）[1]、国連世界食糧計画（WFP）[2]、国際農業開発基金（IFAD）[3]という食料・農業関連の国際機関があり、これら3国際機関は、相互密接に連携しながらグローバルな食料市場の安定化の取組、特に食料市場の不安定化のあおりを受けやすい脆弱な国への食料支援、農産物の生産及び流通の改善といった取組を通じて、世界の食料安全保障の確保や飢餓人口の減少に取り組んでいる。新型コロナウイルス感染症拡大による食料サプライチェーンの途絶、ロシアのウクライナ侵略による穀物供給の不安定化などの影響を受けて食料価格が高騰している中、日本の食料安全保障を確保し、特に影響を受けやすい脆弱国の食料へのアクセスを始めとするグローバルな食料市場の安定化は、日本の外交を進める上で不可欠である。食料及び農業を扱うローマ3機関との連携はますます重要になっており、日本政府代表部を設置することは、日本のプレゼンス強化及び3機関との密なネットワーク形成・連携に向けた体制作りに寄与するものであり重要である。

　在外公館の増設と併せて、外務本省及び各在外公館で、外交を支える人員を確保・増強することが重要である。2023年度においては、政府全体での厳しい予算・定員事情の中で、二国間関係・地域情勢への対応、経済安全保障の推進、地球規模課題への貢献、在外邦人保護・安全対策などに取り組むため、外務省の定員数は2022年度から100人増の6,604人となった。しかし、他の主要国と比較して人員は依然十分とはいえず、引き続き日本の国力・外交方針に

1　FAO：Food and Agriculture Organization of the United Nations
2　WFP：World Food Programme
3　IFAD：International Fund for Agriculture Development

合致した体制の構築を目指すための取組を実施していく。なお、2024年度も、外交・領事実施体制の強化が引き続き不可欠との考えの下、70人[4]の定員増を行う予定である。

国家間競争の時代において普遍的価値に基づく国際秩序を維持・強化するため、外務省は2023年度予算で7,560億円を計上した（G7広島サミット開催経費を含む。うち125億円はデジタル庁予算に計上）。また、2023年度補正予算に関しては2,701億円を計上した（うち43.6億円はデジタル庁予算に計上）。同補正予算においては、「人間の尊厳」が確保された国際社会の平和と安定の実現に向け、対ウクライナ支援、対グローバル・サウス（新興国・途上国）支援、FOIPの実現に向けた取組を中心に、喫緊の課題に対して機動的で力強い外交を実施するための施策、並びに物価高に対応するための施策も計上した。

2024年度当初予算政府案では、（ア）国家安全保障戦略の実施、（イ）海外での邦人保護・危機管理体制の強化、（ウ）日本の経済成長の促進を重点項目として、7,417億円を計上している（うち160億円はデジタル庁予算に計上）。この中には、価値を共有する同盟国・同志国などとの連携のための予算、FOIPのための新たなプランの具現化のための予算、ウクライナ及び影響を受ける国への支援強化のための予算、イスラエル・パレスチナ情勢への対応のための予算、政府安全保障能力強化支援（OSA）[5]のための予算、偽情報対策を含む情報力の抜本的強化のための予算、在外公館の強靱化のための予算、日本企業の海外展開支援強化のための予算などが含まれている。

日本の国益増進のため、引き続き、一層の合理化への努力を行いつつ外交実施体制の整備を戦略的に進め、一層拡充していく。

③ 外交におけるシンクタンク・有識者などの役割

外交におけるシンクタンク及び民間有識者の役割には、政府の公式見解にとらわれない形での外交・安全保障問題に関する国民の理解促進、外交・安全保障政策のアイデアを生み出す知的貢献、国際的な知的ネットワークの構築や日本の視点からの対外発信などがある。シンクタンク及び有識者による一般市民向けのセミナーやニュース解説は、外交・安全保障問題や政府の立場のより良い理解に不可欠であり、国民の理解を得ることによって政府の外交活動は一層力を発揮できる。また、政府とは異なる立場や専門性をいかした情報収集・分析・政策提言は、政府内の外交政策議論を豊かなものにする。さらに、国際的な知的交流は各国・地域の対日理解促進や国際世論形成への寄与という意味でも重要である。国際社会が複雑化し不透明感が増す中で、外交におけるシンクタンク・民間有識者の役割はますます重要になってきている。

このような背景の下、外務省は、日本のシンクタンクの情報収集・分析・発信・政策提言能力を高め、日本の総合的外交力の強化を促進することを目的として、外交・安全保障調査研究事業費補助金制度を実施し、2023年度は7団体に対して、13事業を支援した。本事業を通じ、刻一刻と変化する外交・安全保障環境に即した政策関係者への提言、諸外国シンクタンクや有識者との意見交換や、有識者による論文・論説の発表やメディアにおける発信などを促進している。これに加え、外務省は、2017年度から、日本の調査研究機関による領土・主権・歴史に関する調査研究・対外発信活動を支援する領土・主権・歴史調査研究支援事業補助金制度を運用しており、公益財団法人日本国際問題研究所[6]が国内外での一次資料の収集・分析・

4　定年引上げに伴う新規採用のための特例的な定員（1年時限）6人を含む。
5　OSA：Official Security Assistance
6　公益財団法人日本国際問題研究所ホームページ参照：https://www.jiia.or.jp/jic/

6

公開、海外シンクタンクと協力した公開シンポジウムの開催、研究成果の国内外への発信などを実施している。同事業を通じ、2023年には、尖閣諸島領有の歴史的根拠に関して、古地図や古文献を使用して解説するウェビナーが実施さ

れたほか、島根県への竹島編入後に初めて公的地図において「竹島」と表記したと見られる古地図が発見され、一般公開された。日本の領土・主権・歴史に係る史料及び知見の蓄積や、国内外への発信強化が期待される。

コラム
COLUMN

公邸料理人
―外交の最前線の担い手として―

　公邸料理人とは、調理師としての免許を有する者又は相当期間にわたって料理人としての職歴を有する者で、在外公館長（大使・総領事）の公邸などにおける公的会食業務に従事する資格があると外務大臣が認めた者をいいます。在外公館は、任国政府などとの交渉・情報収集・人脈形成などの外交活動の拠点であり、在外公館長の公邸において、任国政財官界などの有力者や各国外交団などを招待して会食の機会を設けることは、最も有効な外交手段の一つです。その際に質の高い料理を提供するため、在外公館長は通常、専任の料理人を公邸料理人として帯同しています。

●国際連合日本政府代表部大使公邸料理人　井浦愛実（あいみ）

　私はこれまで公邸料理人として、在アイスランド日本国大使館、在デンバー日本国総領事館で勤務し、2022年12月にニューヨークの国連日本政府代表部に着任しました。

　主に二国間関係に関する任務を行う大使館や、邦人や民間企業との関係が多い総領事館とは違い、現在勤務している国連日本政府代表部では、世界中の国の方が会食などの対象となります。また、公邸からは国連本部を目の前に見ることができ、9月の国連総会時は各国の大統領など首脳級を乗せた車が公邸の近くを走るなど、日本で生活しているとなかなか得られない経験もしています。

　日本政府代表部では会食や大規模レセプションを数多く開いていますが、ほかの国も積極的に会食やレセプションを開催しており、また、ニューヨークには多種多様なレストラン

レセプションで実演しながら料理を提供する様子（筆者左）

もある中で、ゲストの記憶に残る日本食を提供できるよう普段から意識して業務に取り組んでいます。元々日本に興味を持っている方も多いですが、例えば、土瓶蒸しや、朴葉焼き（ほおば）などは食したことがない方が多く、プレゼンテーションの仕方も工夫しています。また、1回お出ししたことがあるお食事は2回目では重複しないようメニューを作成し、日本について新たな発見と興味を持っていただくよう心掛けています。

　メニュー作りでは、ゲストの食の嗜好（し）（ベジタリアンやヴィーガンなど）や宗教などの特徴を考慮しているため、ゲスト一人一人が異なる嗜好をお持ちだと、組み合わせがパズルのように複雑ですが、全てのゲストを満足させられるメニューを考案できたときはとても楽しく、やりがいも感じます。

　公邸料理人はレストラン勤務とは違い、毎回の食材管理、メニューの作成、仕入れと仕込み、調理、

盛り付けを一人でさせてもらえるのもやりがいの一つです。物価高の中では予算の制約も厳しいですが、工夫して最善の料理を提供する努力をしています。食の最先端とも言えるニューヨークでは、嬉しいことに手に入れたい世界中の食材が入手可能なため、自分の考えるアレンジもでき、幸いゲストにもとても喜んでもらえています。

　公邸料理人という仕事は、周りのサポートがあるからこそ成り立つ仕事であり、国連日本代表部員の方々、協力、助言してくださる方々、そして家族にはとても感謝しています。

　今後も貴重な経験を得ることができる環境で生活できていることに感謝しつつ、日本外交の最前線の担い手の一人としてこの仕事をさせていただきたいと思います。

秋の前菜は彩りや盛り付けも工夫

ゲストの嗜好に合わせた甘さ控えめの手作りデザート

　外務省では、公邸料理人として共に外交に携わってくださる方を随時募集しています。御関心のある方は是非以下のURLからお問合せください。

【国際交流サービス協会 http://www.ihcsa.or.jp/zaigaikoukan/cook-1/】

公邸料理人の活躍はSNSアカウント「外務省×公邸料理人（Facebook、X）」でも御覧いただけます。

Facebook：
https://www.facebook.com/MofaJapanChef

X：
https://twitter.com/mofa_japan_chef

コラム
COLUMN

甦る外交の舞台・大使公邸
―営繕技官の仕事―

外務省には、「在外営繕」という仕事があることをご存じですか。「日本の顔」として外交活動の拠点や舞台となり、非常時には邦人保護の最後の「砦」となるのが、海外にある日本国大使館などの在外公館施設です。これら施設を設計・建設し、維持管理するのが「在外営繕」であり、外交活動を陰ながら支えつつ、日本国民の生命を守る重責の一端を担っているとも言えます。ここでは、在大韓民国日本国大使館で大使公邸施設の改修工事を担当した桑原いづみ営繕技官に在外営繕の仕事について語ってもらいました。

●建設以来初となる大規模改修工事

在大韓民国日本国大使公邸は、日本人建築家が設計を担当し、1970年代初期に建設されました。建設から約50年が経過し、当時から使用していた電気・機械設備の多くが耐用年数を過ぎて全面更新の時期を迎えていました。このため、各種設備機器などの全面改修を実施するとともに、内装改修やバリアフリー化なども含め、約1年かけて工事を行いました。

建設以来、初めて行われる大規模改修工事であり、建物の構造部分である躯体のみを残し、設備や内外装のほとんど全てを解体するところから工事が始まりました。壁紙や天井材、設備

改修工事を経て甦った公邸の外観

などが全て撤去され、建設当時に施工されたコンクリート躯体が露わになりましたが、50年以上前の技術にもかかわらず丁寧に施工された綺麗なコンクリートが現れ、驚きました。また、当時の関係者が協力し丁寧に作り上げたこの建物を大切に継承しなければならないと、身が引き締まり、励みにもなりました。

●日本らしさを表現・発信できる大使公邸

今回の改修工事では、外交活動の舞台となる大使公邸として、日本らしさを表現・発信できるしつらえとなるよう、織物壁紙や織絨毯は日本製品を採用し、仕上げ木材の一部には日本産の欅を使用しました。また、空間のアクセントとなる場所には、栃木県で採掘される大谷石を使用したデザインを施しています。さらに、改修前の建物では、障子を活用したデザインが取り入れられており、今回の工事でも日本の伝統的な要素としてこの障子のデザインを踏襲し、一部の障子を再利用しています。海外での工事で「日本らしさ」を取り入れることは、設計や施工の面からも難しいと感じましたが、同時にそれこそが「在外営繕」ならではの醍醐味や面白さです。

●工事現場での仕事と「在外営繕」のやりがい

工事中の1年間は、目指す建物の完成のためほぼ毎日建設現場の事務所で過ごし、工事関係者との協議や工程管理、各種図面チェック、契約手続き、設計変更の対応などの業務を行いました。知識や経験の豊富な先輩技官の指導の下、初めて現場で実際の工事に携わりながら「在外営繕」という仕事を行うことの新鮮さや楽しさを感じることができ、この仕事に取り組むモチベーションとなりました。また、大使館の現地職員や韓国の施工会社、建築士の人たちと一緒にこの工事を経験できたことも、大きな財

産になったと感じています。時には想定外の課題に直面し、難しい議論となる場面もありましたが、文化や慣習の違いもある中で、より良い建物を完成させるという同じ思いと目標を常に持って取り組んでくれている関係者の姿勢がとても嬉しく、完成した時の喜びもひとしおでした。

　改修工事完了後に初めての大規模なレセプションが行われた際、様々な国の関係者を大使公邸にお招きし、外交活動の舞台として大使公邸が利用されている瞬間に実際に身を置いた時、改めて達成感とともに「在外営繕」という仕事の楽しさを実感しました。これからも外交の舞台となる建物に関わるこの仕事に真摯に取り組んでいきたいと思います。

公邸のエントランスホール（左：工事中／右：工事完了後）

　外務省では、国家公務員採用一般職試験（大卒程度試験）技術系区分（試験区分：「建築」、「デジタル・電気・電子」、「機械」）の合格者の中から、営繕技官を採用しています。御関心のある方は以下のURLから技術系職員採用関係ホームページをご確認ください。

【外務省ホームページ「一般職採用試験（大卒・技術系）：在外営繕業務」】

https://www.mofa.go.jp/mofaj/ms/prs/page23_003447.html

資料編

慰安婦問題　参考資料

日韓両外相共同記者発表（2015年12月28日）

https://www.mofa.go.jp/mofaj/a_o/na/kr/page4_001667.html
（外務省ホームページ掲載箇所はこちら）

1　岸田外務大臣

　日韓間の慰安婦問題については、これまで、両国局長協議等において、集中的に協議を行ってきた。その結果に基づき、日本政府として、以下を申し述べる。

　（1）慰安婦問題は、当時の軍の関与の下に、多数の女性の名誉と尊厳を深く傷つけた問題であり、かかる観点から、日本政府は責任を痛感している。

　安倍内閣総理大臣は、日本国の内閣総理大臣として改めて、慰安婦として数多の苦痛を経験され、心身にわたり癒しがたい傷を負われた全ての方々に対し、心からおわびと反省の気持ちを表明する。

　（2）日本政府は、これまでも本問題に真摯に取り組んできたところ、その経験に立って、今般、日本政府の予算により、全ての元慰安婦の方々の心の傷を癒やす措置を講じる。具体的には、韓国政府が、元慰安婦の方々の支援を目的とした財団を設立し、これに日本政府の予算で資金を一括で拠出し、日韓両政府が協力し、全ての元慰安婦の方々の名誉と尊厳の回復、心の傷の癒やしのための事業を行うこととする。

　（3）日本政府は上記を表明するとともに、上記（2）の措置を着実に実施するとの前提で、今回の発表により、この問題が最終的かつ不可逆的に解決されることを確認する。

　あわせて、日本政府は、韓国政府と共に、今後、国連等国際社会において、本問題について互いに非難・批判することは控える。

2　尹外交部長官

　韓日間の日本軍慰安婦被害者問題については、これまで、両国局長協議等において、集中的に協議を行ってきた。その結果に基づき、韓国政府として、以下を申し述べる。

　（1）韓国政府は、日本政府の表明と今回の発表に至るまでの取組を評価し、日本政府が上記1．（2）で表明した措置が着実に実施されるとの前提で、今回の発表により、日本政府と共に、この問題が最終的かつ不可逆的に解決されることを確認する。韓国政府は、日本政府の実施する措置に協力する。

　（2）韓国政府は、日本政府が在韓国日本大使館前の少女像に対し、公館の安寧・威厳の維持の観点から懸念していることを認知し、韓国政府としても、可能な対応方向について関連団体との協議を行う等を通じて、適切に解決されるよう努力する。

　（3）韓国政府は、今般日本政府の表明した措置が着実に実施されるとの前提で、日本政府と共に、今後、国連等国際社会において、本問題について互いに非難・批判することは控える。

元慰安婦等による大韓民国ソウル高等裁判所における
訴訟に係る判決について（外務大臣談話）
（2023年11月23日）

https://www.mofa.go.jp/mofaj/press/danwa/page1_001923.html
（外務省ホームページ掲載箇所はこちら）

資料編

1　元慰安婦等が日本国政府に対して提起した訴訟において、本23日、ソウル高等裁判所が、2021年1月8日のソウル中央地方裁判所の判決に続き、国際法上の主権免除の原則の適用を否定し、日本国政府に対し、原告への損害賠償の支払等を命じる判決を出しました。

2　この判決は、2021年1月8日の判決と同様に、国際法及び日韓両国間の合意に明らかに反するものであり、極めて遺憾であり、断じて受け入れることはできません。

3　日本としては、韓国に対し、国家として自らの責任で直ちに国際法違反の状態を是正するために適切な措置を講ずることを改めて強く求めます。

[参考1]「財産及び請求権に関する問題の解決並びに経済協力に関する日本国と大韓民国との間の協定」（1965年12月18日発効）

第二条

1　両締約国は、両締約国及びその国民（法人を含む。）の財産、権利及び利益並びに両締約国及びその国民の間の請求権に関する問題が、千九百五十一年九月八日にサン・フランシスコ市で署名された日本国との平和条約第四条（a）に規定されたものを含めて、完全かつ最終的に解決されたこととなることを確認する。

（中略）

3　2の規定に従うことを条件として、一方の締約国及びその国民の財産、権利及び利益であつてこの協定の署名の日に他方の締約国の管轄の下にあるものに対する措置並びに一方の締約国及びその国民の他方の締約国及びその国民に対するすべての請求権であつて同日以前に生じた事由に基づくものに関しては、いかなる主張もすることができないものとする。

[参考2] 2015年12月28日の慰安婦問題に関する日韓合意
https://www.mofa.go.jp/mofaj/a_o/na/kr/page4_001667.html

[参考3] 慰安婦問題についての我が国の取組（PDF）
https://www.mofa.go.jp/mofaj/files/100648421.pdf

[参考4] 元慰安婦等による大韓民国ソウル中央地方裁判所における
訴訟に係る判決確定について（外務大臣談話）
https://www.mofa.go.jp/mofaj/press/danwa/page6_000519.html

このほかの関連資料については外務省ホームページ参照
https://www.mofa.go.jp/mofaj/a_o/rp/page25_001910.html

大韓民国大法院による日本企業に対する判決確定について
（外務大臣談話）（2018年10月30日）

https://www.mofa.go.jp/mofaj/press/danwa/page4_004458.html
（外務省ホームページ掲載箇所はこちら）

1　日韓両国は、1965年の国交正常化の際に締結された日韓基本条約及びその関連協定の基礎の上に、緊密な友好協力関係を築いてきました。その中核である日韓請求権協定は、日本から韓国に対して、無償3億ドル、有償2億ドルの資金協力を約束する（第1条）とともに、両締約国及びその国民（法人を含む。）の財産、権利及び利益並びに両締約国及びその国民の間の請求権に関する問題は「完全かつ最終的に解決」されており、いかなる主張もすることはできない（第2条）ことを定めており、これまでの日韓関係の基礎となってきました。

2　それにもかかわらず、本30日、大韓民国大法院が、新日鐵住金株式会社に対し、損害賠償の支払等を命じる判決を確定させました。この判決は、日韓請求権協定第2条に明らかに反し、日本企業に対し不当な不利益を負わせるものであるばかりか、1965年の国交正常化以来築いてきた日韓の友好協力関係の法的基盤を根本から覆すものであって、極めて遺憾であり、断じて受け入れることはできません。

3　日本としては、大韓民国に対し、日本の上記の立場を改めて伝達するとともに、大韓民国が直ちに国際法違反の状態を是正することを含め、適切な措置を講ずることを強く求めます。

4　また、直ちに適切な措置が講じられない場合には、日本として、日本企業の正当な経済活動の保護の観点からも、国際裁判も含め、あらゆる選択肢を視野に入れ、毅然とした対応を講ずる考えです。この一環として、外務省として本件に万全の体制で臨むため、本日、アジア大洋州局に日韓請求権関連問題対策室を設置しました。

旧朝鮮半島出身労働者問題に関する韓国政府の発表を受けた林外務大臣によるコメント（2023年3月6日）

https://www.mofa.go.jp/mofaj/a_o/na/kr/page1_001524.html
（外務省ホームページ掲載箇所はこちら）

本日、韓国政府は旧朝鮮半島出身労働者問題に関する政府の立場を発表した。

日本政府は、1965年の国交正常化以来築いてきた日韓の友好協力関係の基盤に基づき日韓関係を発展させていく必要があり、そのためにも旧朝鮮半島出身労働者問題の解決が必要であるとの考えの下、尹錫悦政権の発足以降、韓国政府と緊密に協議してきた。日本政府としては、本日韓国政府により発表された措置を、2018年の大法院判決により非常に厳しい状態にあった日韓関係を健全な関係に戻すためのものとして評価する。

日韓は、国際社会における様々な課題への対応に協力していくべき重要な隣国同士であり、尹政権の発足以降、日韓間では、首脳間を含め、緊密な意思疎通が行われてきている。日本政府として、現下の戦略環境に鑑み、安全保障面を含め、日韓・日韓米の戦略的連携を強化していく。また、自由で開かれたインド太平洋の実現に向け、韓国と連携して取り組む。

この機会に、日本政府は、1998年10月に発表された「日韓共同宣言」を含め、歴史認識に関する歴代内閣の立場を全体として引き継いでいることを確認する。日本政府として、1965年の国交正常化以来築いてきた友好協力関係の基盤に基づき、日韓関係を健全な形で更に発展させていくために韓国側と引き続き緊密に協力していく。

今回の発表を契機とし、措置の実施と共に、日韓の政治・経済・文化等の分野における交流が力強く拡大していくことを期待する。

このほかの関連資料については外務省ホームページ参照
https://www.mofa.go.jp/mofaj/a_o/na/kr/page4_004516.html

国際機関などに対する拠出実績
令和４年度外務省拠出実績

令和４年度（令和４年４月から令和５年３月）は、日本政府から国際機関などに対し、約7,695億円の分担金・拠出金を拠出した。このうち、外務省所管分は約41％を占め、内訳は分担金約1,031億円、拠出金約2,141億円。外務省所管の拠出額上位50機関は下表のとおり。

なお、各機関の拠出金受領総額に占める日本の割合については、下表の[参考]参照。[参考]では、国際機関の2022年財政報告などのデータ（注：多くは暦年会計を採用しており、日本の会計年度のデータとは異なる。）に基づき、各機関の拠出金全体に占める日本政府全体の拠出額（外務省に加え、他省庁拠出分や無償資金協力なども含む。）の割合を示した。

順位	外務省所管の分担金・拠出金の拠出先国際機関など	令和４年度外務省拠出総額（千円）	分担金 外務省所管分担金（千円）	分担金 2022年日本政府の分担率（%）[注1]	拠出金 外務省所管拠出金（千円）	拠出金 [参考]2022年国際機関における日本政府の拠出割合（%）[注2]
1	国際連合（UN）	78,635,345	78,601,046	8.03%	34,300	－
2	国連開発計画（UNDP）	39,925,601		－	39,925,601	－
3	世界エイズ・結核・マラリア対策基金	26,924,507		－	26,924,507	3.36%
4	GAVIワクチンアライアンス	22,680,000			22,680,000	－
5	国連難民高等弁務官事務所（UNHCR）	15,164,335		－	15,164,335	2.9%
6	世界食糧計画（WFP）	14,846,425		－	14,846,425	1.9%
7	国連児童基金（UNICEF）	13,553,648		－	13,553,648	4.13%
8	東南アジア諸国連合（ASEAN）	11,100,000		－	11,100,000	－
9	国連食糧農業機関（FAO）	10,624,679	4,567,425	8.57%	6,057,254	－
10	国際原子力機関（IAEA）	6,133,678	4,094,478	8.30%	2,039,200	－
11	国連教育科学文化機関（UNESCO）[注2]	5,142,533	3,080,936	10.38%	2,061,597	3.23%
12	国連人口基金（UNFPA）	5,111,528		－	5,111,528	3.36%
13	国際移住機関（IOM）	4,529,893	564,811	8.93%	3,965,082	－
14	赤十字国際委員会（ICRC）	4,093,788		－	4,093,788	2.61%
15	国連パレスチナ難民救済事業機関（UNRWA）	3,765,585		－	3,765,585	2.6%
16	国際機関職員派遣信託基金[注4]	3,749,233		－	3,749,233	100%
17	国連プロジェクト・サービス機関（UNOPS）	3,300,100		－	3,300,100	－
18	北大西洋条約機構（NATO）	3,242,960		－	3,242,960	－
19	経済協力開発機構（OECD）	3,190,678	3,146,536	9.2%	44,142	8.68%
20	国際刑事裁判所（ICC）	3,107,331	3,107,331	15.39%		
21	UNEPオゾン事務局（モントリオール議定書多数国間基金）	2,564,261		－	2,564,261	14.05%
22	対日理解促進交流プログラムの国際機関など[注5]	2,533,198		－	2,533,198	100%
23	ジェンダー平等と女性のエンパワーメントのための国連機関	2,525,466		－	2,525,466	3.48%
24	国連開発計画・グローバルヘルス技術振興基金連携事業拠出金（GHIT）	2,200,000		－	2,200,000	－
25	世界銀行	1,899,600			1,899,600	－
26	国連薬物犯罪事務所（UNODC）[注2][注3]	1,769,791		－	1,769,791	4%
27	国連工業開発機関（UNIDO）	1,585,660	1,260,758	14.1%	324,902	5.8%

順位	外務省所管の分担金・拠出金の拠出先国際機関など	令和4年度外務省拠出総額（千円）	分担金		拠出金	
			外務省所管分担金（千円）	2022年日本政府の分担率(%)(注1)	外務省所管拠出金（千円）	[参考]2022年国際機関における日本政府の拠出割合(%)(注2)
28	世界保健機関（WHO）	1,405,498		−	1,405,498	1.32%
29	国連人間の安全保障ユニット(注3)	1,371,937		−	1,371,937	100%
30	包括的核実験禁止条約機関（CTBTO）準備委員会	1,301,478	1,283,558	8.75%	17,920	−
31	国連軍縮部(注3)	1,080,000		−	1,080,000	−
32	世界貿易機関（WTO）	992,290	883,543	3.83%	108,748	4.12%
33	国連環境計画（UNEP）	983,018		−	983,018	−
34	国際赤十字・赤新月社連盟	864,484		−	864,484	4.34%
35	経済協力開発機構国際エネルギー機関（IEA）(注2)	775,466	375,466	13.17%	400,000	−
36	国連人間居住計画（UN−Habitat）	770,269		−	770,269	6.96%
37	ドイツ復興金融公庫(注2)	759,000		−	759,000	14%
38	化学兵器禁止機関（OPCW）(注2)	756,608	756,608	8.64%		−
39	国連人道問題調整事務所（OCHA）(注3)	744,940		−	744,940	1.32%
40	国際家族計画連盟（IPPF）	674,657		−	674,657	4.57%
41	適応基金	650,000		−	650,000	0.69%
42	国連地雷対策サービス部（UNMAS）(注3)	603,681		−	603,681	4.2%
43	国際農業研究協議グループ	574,675		−	574,675	0.2%
44	教育のためのグローバル・パートナーシップ	560,607		−	560,607	−
45	国連防災機関（UNDRR）(注3)	548,549		−	548,549	8.9%
46	アジア生産性機構（APO）	505,476	495,216	36.16%	10,260	90.3%
47	紛争関連の性的暴力生存者のためのグローバル基金	384,000		−	384,000	16%
48	気候変動枠組条約事務局（UNFCCC）	339,997		−	339,997	8.11%
49	幹部候補職員派遣先国際機関(注4)	319,103		−	319,103	100%
50	国際エネルギー・フォーラム事務局	308,801		−	308,801	−

（留意事項）

(注1) 外務省が分担金を支払っている国際機関の分担率についてのみ記載（他府省庁のみが分担金を支払っている場合は記載していない。）

(注2) 日本と国際機関などの会計年度の違いから、令和4年度の日本政府機関からの拠出が国際機関などの2022年会計年度の収入として扱われず、2022年の日本政府の拠出割合として反映されていない場合もある。右に該当する機関は、国連教育科学文化機関（UNESCO）（第11位）、国連薬物犯罪事務所（UNODC）（第26位）、経済協力開発機構・国際エネルギー機関（IEA）（第35位）、ドイツ復興金融公庫（第37位）及び化学兵器禁止機関（OPCW）（第38位）

(注3) 国際連合（UN）については事務局の規模が大きいため、国際連合通常予算分担金、同平和維持活動分担金（第1位）及び事務局内の信託基金とそれ以外の拠出金の拠出先を区別して記載。右に該当する拠出先は、国連薬物・犯罪事務所（UNODC）（第26位）、国連人間の安全保障ユニット（第29位）、国連軍縮部（第31位）、国連人道問題調整事務所（OCHA）（第39位）、国連地雷対策サービス部（UNMAS）（第42位）及び国連防災機関（UNDRR）（第45位）

(注4) 国際機関職員派遣信託基金（第16位）は国際機関を志望する若手日本人を日本政府（外務省）の経費負担により原則2年間国際機関に派遣し、勤務経験を積む機会を提供することにより、正規職員への途を開くことを目的としたジュニア・プロフェッショナル・オフィサー（JPO）派遣のための拠出金。また幹部候補職員派遣先国際機関（第49位）は、一定期間以上の特定の職務経験を有するミッドキャリアを対象として、将来的に国連などの国際機関における幹部ポスト（D1以上、国連以外の機関においては同等のレベル）を担い得る方を国際機関職員として派遣するための拠出金

(注5) 対日理解促進交流プログラムの国際機関など（第22位）は以下の11機関
東南アジア諸国連合（ASEAN）、モーリーン・アンド・マイク・マンスフィールド財団、日韓学術文化青少年交流共同事業体、公益財団法人日中友好会館、財団法人中華経済研究院、南太平洋大学（USP）、南アジア地域協力連合（SAARC）、ラテンアメリカ社会科学研究所、アジア欧州財団、カナダ・アジア太平洋財団、AFS Intercultural Programs India

資料編

グローバルな課題の解決に向けて
― 国際機関で働くという選択肢 ―

「グローバルな課題の解決に取り組みたい」と考えたことはありますか？ 国連を始めとする国際機関は、貧困、紛争、難民、人権、感染症、環境問題といった国際社会が直面する様々な課題に取り組んでおり、国際機関で活躍する日本人職員の数は年々増加しています。

外務省国際機関人事センターでは、国際機関を志す日本人の方々を積極的に支援しています。日本人が国際機関の専門職員を目指すには、主に次の三つの方法があります。

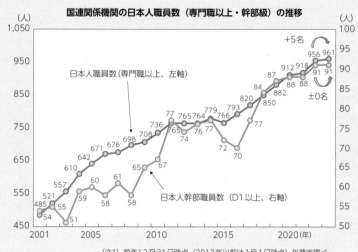

国連関係機関の日本人職員数（専門職以上・幹部級）の推移

日本人職員数（専門職以上、左軸）

日本人幹部職員数（D1以上、右軸）

（注1）前年12月31日時点（2013年以前は1月1日時点）外務省調べ
（注2）「幹部級の日本人職員数」は「専門職以上の日本人職員数」の内数

・国際機関による公募への直接応募
・日本政府を通じてのジュニア・プロフェッショナル・オフィサー（JPO）派遣制度への応募
・国際機関によるヤング・プロフェッショナル・プログラム（YPP）への応募（国連事務局、経済協力開発機構（OECD）、世界銀行）

　ここでは比較的若い日本人の方が国際機関職員を目指す上で非常に有効な手段であるJPO派遣制度について紹介します。JPO派遣制度は、各国際機関が各国政府の費用負担を条件に若手人材を受け入れる制度です。外務省では1974年から同制度を通じて若手人材の派遣を行っています。任期は2年で、派遣先の国際機関で職員として勤務しながら、正規採用を目指します。派遣者の選考は基本的に年1回のJPO派遣候補者選考試験を通じて行われます。応募資格は、(1)35歳以下、(2)修士号を取得又は取得見込みかつ2年以上の職務経験があり、(3)英語で仕事ができ、(4)将来も国際機関で働く意思を有し、(5)日本国籍を有する方です。応募資格の詳細は外務省国際機関人事センターのウェブサイト（下記）で最新の募集要項を参照してください。最近では同制度の下、毎年50人程度が派遣され、JPOの任期中の更なる就職活動の結果、JPOとしての派遣終了後も7割程度の方が国際機関の職員として勤務を続けています。国連関係機関で働く961人（2022年末時点、外務省調べ）の日本人職員（専門職以上）の約半数がJPO出身となっており、多くの方がJPOから国際機関でのキャリアを始めています。

　「国際機関の仕事」というと開発や人道支援というイメージが強いかもしれませんが、求められる人材はそれだけではありません。会計や人事、法務、広報やICTの専門家など、幅広い人材が必要とされています。外務省国際機関人事センターのウェブサイトでは、国際機関で活躍する様々な日本人職員の方の体験談を参照できるので、是非ご覧ください。

　　　　外務省国際機関人事センター　ウェブサイト　https://www.mofa-irc.go.jp/

資料編

JPO 経験者の声

国連の内部監査：その多様性と魅力

国連世界食糧計画（WFP）ローマ本部監察官室 内部監査官　山口達也

フランスで修士を取得した後、日本で勤務していましたが、妻がフランスに帰国することになり、彼女を追う形でパリに移り、パリの監査法人で外部監査の仕事をしていました。ある日、仕事の参考書類を調べていると、偶然一般公開されている国連の監査報告書が目に入りました。ソマリアの倉庫管理からジュネーブ本部の改修工事、平和維持活動でのドローン運用まで、国連の内部監査は地理的にも内容的にも幅広く、いくつか報告書を読んだ後「絶対この仕事がしたい！」と感じました。国連で働く方法を調べると、日本政府が毎年数十名をジュニア・プロフェッショナル・オフィサー

WFPローマ本部で同僚と共に（筆者右から4番目）

（JPO）として国連機関に派遣していることを知り、思い切って応募したところ、幸運にも採用となりました。

JPOではジュネーブの国連合同監査団（JIU）に派遣され、28の国連機関の管理、財務、特定業務の評価事業に携わりました。その後は国連事務局の内部監査に移り、オペレーションにより近い場所から監査に携わることができました。慣れ親しんだ分野で仕事をしつつも、国連行政の実務を理解する絶好の機会でした。同僚にも恵まれ、働くほどに国連を好きになり、正規職員の空席に応募し、2023年9月から国連世界食糧計画（WFP）のローマ本部で内部監査官として勤務しています。

WFPで気に入っているのは、民族や宗教、性別に関係なく必要とする人々に食糧を届けるという明快な使命感です。目標は明快であるものの、実現には高度で複雑な物流とロジスティックスを、厳しい地政学的環境下で構築することが必要です。この分野では多くの日本人専門家が活躍されています。

内部監査では、マネジメントの目、耳となり、計画やオペレーションが適切か評価し、改善提案を通じて組織全体の発展に貢献することが求められます。世界で危機が起こると、ほぼ間違いなくWFPが展開しますが、その活動がより安全かつ効率的になるよう日々思考する仕事に、大きなやりがいを感じています。

〈日本人職員が5人以上いる国際機関〉

国際機関名	職員数	国際機関名	職員数
ADB（アジア開発銀行）	134	UN（国連事務局）	219
AJC（日本アセアンセンター）	8	UNDP（国連開発計画）	63
AMRO（ASEAN+3マクロ経済研究所）	8	UNESCO（国連教育科学文化機関）	44
APO（アジア生産性機構）	8	UNFCCC（国連気候変動枠組条約事務局）	6
CGIAR（国際農業研究協議グループ）	20	UNFPA（国連人口基金）	15
ERIA（東アジア・ASEAN経済研究センター）	23	UNHCR（国連難民高等弁務官事務所）	80
FAO（国連食糧農業機関）	53	UNICEF（国連児童基金）	91
GFATM（世界エイズ・結核・マラリア対策基金）	16	UNIDO（国連工業開発機関）	17
IAEA（国際原子力機関）	38	UNJSPF（国連合同職員年金基金事務局）	7
IBRD（国際復興開発銀行）	168	UNOPS（国連プロジェクト・サービス機関）	6
ICAO（国際民間航空機関）	6	UNRWA（国連パレスチナ難民救済事業機関）	8
ICC（国際刑事裁判所）	10	UN Women（国連女性機関）	11
ILO（国際労働機関）	46	UPU（万国郵便連合）	10
IFC（国際金融公社）	45	WCO（世界税関機構）	12
IMF（国際通貨基金）	70	WFP（国連世界食糧計画）	57
IOM（国際移住機関）	36	WHO（世界保健機関）	58
ITER（イーター機構）	34	WIPO（世界知的所有権機関）	24
IFAD（国際農業開発機関）	6	WMO（世界気象機関）	9
ITU（国際電気通信連合）	8	WTO（世界貿易機関）	6
OECD（経済協力開発機構）	77		

（注）外務省調べに基づき、日本人職員5人以上の機関を記載（専門職相当以上、2022年末時点）
（注）アジア開発銀行（2022年12月時点）、世界銀行グループ（国際復興開発銀行（2023年6月末時点）、国際金融公社（2023年6月末時点）、国際通貨基金（2023年4月時点）における日本人職員数は財務省調べ（専門職相当以上）

外務省における採用情報

「国と国の関係」は、各国の外交官たちによるいくつもの「人と人の関係」が織りなすものです。

そして、私たち外務省職員一人一人は、大きく激動する国際社会という舞台で、国益を守り抜き、平和で安全な国際社会の維持に寄与するため、その全人格を以て日本を体現しています。

複雑な世界の動向を見極めながらその時々の課題に取り組み、歴史を重ね、いかなる日本と世界を未来に遺すべきかを考え抜く。それは単なる「国際的な仕事」という枠には収まらない魅力と挑戦に溢れる、一つの「生き方」です。

日本と国際社会のために力を尽くしたい、新たな出会いを大切に未知の課題にチャレンジし続けたい、そんな想いを抱く方々と一緒に未来の日本外交を担うことを楽しみにしています。

■ 総合職職員

外務省の総合職職員は、本省・在外の様々な地域・分野のポストを経験して、管理職さらには幹部職員として活躍することが期待されています。総合職職員については、原則として、英語、フランス語、ドイツ語、スペイン語、ロシア語、中国語、アラビア語（年によっては朝鮮語が含まれる。）の中の一つが研修語として指定されます。

■ 外務省専門職員

外務省専門職員は、高い語学力を有し、関連する国・地域、あるいは条約、経済、経済協力、軍縮、広報文化などの分野の業務を通じて実践的な知見を深め、その経験に基づく能力を発揮しつつ活躍することが期待されています。外務省専門職員については、原則として、40数言語の中の一つが研修語として指定されます。

■ 一般職職員

外務省の一般職職員は、会計、文書管理、通信事務、領事事務、在外公館施設管理などの業務を通し、国内外で、日本の外交を力強く支えています。

(注) 最新の採用情報については当省ホームページの採用情報ページ（https://www.mofa.go.jp/mofaj/annai/saiyo/index.html）、学生向けX（https://twitter.com/Mofa_student）やFacebook（https://www.facebook.com/Mofa.student）を御確認ください。

ホームページ　　　　X　　　　フェイスブック

採用に関するよくある質問（総合職職員及び外務省専門職員）

Q：どのような人材が求められていますか？

A：厳しい国際社会の中で日本の利益を追求していくため、(1)国民のために働きたいという強い意志と責任感を持つこと、(2)未知の課題に積極的に取り組むチャレンジ精神を持つこと、(3)冷静に考え、かつ、機動的に動くことができることが求められています。

Q：英語ができないと外務省には入れないのでしょうか？

A：採用選考は学力、適性などを総合的に勘案し、人物本位で行っています。外務省職員として活躍するために英語力は重要ですので、外務省としては、官庁訪問や専門職員採用試験の際に、TOEFL 又は IELTS のスコアを提出することを推奨しています。優れたスコアは高い語学能力を示すものとして評価されます。一方、英語力のみによって採用の可否を決めることはありません。外務省は多様な人物を求めており、受験時の語学力が不十分であっても、高い能力と意欲が評価されて採用され、入省後に語学力と外交官としての素養を得て活躍している職員も少なくありません。なお、英語以外に得意言語があれば、当該語学の公的な語学試験のスコアの提出を推奨しています。

Q：留学経験・海外生活経験がないのですが、採用されますか？

A：採用選考は学力、適性などを総合的に勘案し、人物本位で行っています。留学経験・海外生活経験については、その経験を通して何を会得したかが重要であり、経験の有無のみをもって採用の可否を判断することはありません。なお、外務省では、採用後、本省での研修及び勤務を経て2年から3年間の在外研修の機会が与えられます。この研修の機会に高いレベルの語学力を得、かつ、外交官としての素養を身に付けることが求められます。

Q：理系区分でも採用されますか？

A：外務省は、その業務が多岐にわたることから、多様な人材を求めており、試験区分・科目や出身学部にとらわれず、人物本位で採用選考を行っています。

Q：配属や転勤の希望はかないますか？

A：本人の能力、適性、希望などを総合的に考慮し、配属先が決定されます。おおむね2年から3年ごとに配属先が変わりますので、様々な仕事を通してより多くの知識や経験を得る機会があります。

Q：育児と両立できますか？

A：育児休業、フレックスタイム制、テレワークなどの各種制度を積極的に活用しやすい雰囲気が醸成されていますので、育児を行いながらでも大いに実力を発揮できる職場です。また、全省的に業務合理化やDXも最優先事項の一つとして進められています。

地方創生支援事業一覧

1　飯倉公館活用対外発信事業（外務大臣と自治体首長との共催レセプション）

実施日	共催者	事業内容
3月24日	栃木県知事	・外務大臣及び栃木県知事共催レセプション

2　地域の魅力発信セミナー

実施日	共催自治体及びテーマ	事業内容
10月19日	・奈良県：歴史で味わう奈良の食の旅 ・静岡県：静岡県の魅力と東アジア文化都市 ・福島県郡山市：100年先の未来を切り拓く持続可能都市　郡山 ・茨城県石岡市：伝統と新しさが共存するまち　石岡市	・参加自治体によるプレゼンテーション：観光客誘致、輸出促進 ・交流会：意見交換、物産展示、観光情報、ステージ・パフォーマンスなど

3　駐日外交団による地方視察ツアー

実施日	共催自治体	視察先・プログラム
7月18日-19日	福岡県 北九州市	・TOTOミュージアム ・北九州エコタウンセンター ・日本磁力選鉱株式会社 ・株式会社リサイクルテック ・門司港地ビール工房 ・三宜楼 ・門司港レトロ地区（門司港レトロ展望室、JR門司港駅、旧文字三井倶楽部） ・関門海峡（釣り体験） ・小倉城 ・小倉城庭園
8月2日-3日	福島県	・福島県環境創造センター 交流棟（コミュタン福島） ・福島県立ふたば未来学園 ・ワンダーファーム ・福島県水産海洋研究センター ・浅野撚糸株式会社双葉事業所　フタバスーパーゼロミル・エアーかおる双葉丸 ・福島水素エネルギー研究フィールド ・まるせい果樹園
10月12日-13日	新潟県	・佐渡西三川ゴールドパーク ・学校蔵（尾畑酒造株式会社） ・Ryokan　浦島 ・佐渡金銀山ガイダンス施設きらりうむ佐渡 ・史跡佐渡金山 ・佐渡奉行所 ・大膳神社能舞台 ・トキの森公園
11月28日-29日	静岡県	・株式会社タミヤ ・静岡県舞台芸術センター（SPAC） ・日本平夢テラス ・久能山東照宮 ・ホテルグランヒルズ静岡 ・ふじのくに茶の都ミュージアム ・可睡齋 ・河合楽器製作所竜洋工場 ・二橋染工場

4　地域の魅力海外発信支援事業

実施日	開催地	参加自治体	事業内容
2023年7月から 2024年3月	香港及び中国各地 （オンラインでの 情報発信を含む。）	［PR動画配信］ 40自治体	・在中国公館が主催するイベントにおいて日本の自治体の食や工芸品 をPR ・中国各地で行われる日本の魅力を発信するイベントなどにインフル エンサーを派遣 ・大使館などのSNSアカウントで、自治体のPR動画を配信 ・香港ブックフェアにおいて東北地方等のPR動画放映及びパンフレッ トなどの配付

5　地方の魅力発信プロジェクト

実施日	関係公館	利用施設	共催者	行事内容
2月24日	在瀋陽 日本国総領事館	公邸	富山県大連事務所、岩手県 大連事務所、神奈川経済貿 易事務所、北九州市大連事 務所、宮城県大連事務所、 山形県ハルビン事務所	参加自治体の伝統工芸品、日本酒、梅酒、焼酎、食品、 観光及び各参加自治体と大連市の結び付きをオンライ ンで紹介し、8,558人の視聴があった。
7月4日	在フランス 日本国大使館	公邸	東京都・東京観光財団	欧米で活躍し富裕層の支持者を持つ音楽家を日本に招 へいし、音響評価の高い東京の音楽ホール、寺院で演 奏会を行う企画に先立ち、音楽業界、旅行会社、メ ディア、富裕層に対して日本の魅力を発信した。
9月8日	在ハンブルク 日本国総領事館	公邸	日本海・瀬戸内海連携港 （青港、金沢港、境港、 広島港、神戸港、北九州港）	豪華客船の寄港実績がある日本海や瀬戸内の地方港 （青森、金沢、境、広島、神戸、北九州）が連携し、 欧州最大のクルーズ見本市「Seatrade Europe」の開 催に合わせ、船会社などを集めて合同セミナーとレセ プションを開催した。
10月11日	在ホーチミン 日本国総領事館	公邸	日・ベトナム外交関係樹立 50周年記念やまなし観光 物産プロモーション実行委 員会	地方政府関係者、バイヤーなどに対し、山梨の魅力を 説明したほか、観光や物産関係のブースを設け試飲・ 試食などの機会を提供した。
10月20日	在ニューヨーク 日本国総領事館	公邸	鳥取県	公的機関、現地メディア、飲食・観光関係者などに対 し、県産酒、県産食材を使用した寿司などの料理を提 供したほか、鳥取の自然などを体感できるVR映像の 体験ブース、鳥取の民工芸品の展示、インバウンド観 光情報発信を行った。
10月30日	在フランス 日本国大使館	公邸	播磨広域連携協議会 （播磨地域13市9町）	フランスのテロワールに理解が深いワインやレストラ ン業界関係者、メディアなどを対象に、播磨地域と 「GIはりま」のプロモーション活動のスタートアップ としてレセプションを開催し、「GIはりま」の日本酒 や料理を試飲・試食し、また地場産品を紹介する機会 を提供した。
11月1日	在ロサンゼルス 日本国総領事館	公邸	名古屋市、ロサンゼルス 名古屋姉妹都市委員会	米国在住の旅行業界関係者や政府関係者などに対し、 名古屋市と中部日本3県の観光資源に関するプレゼン テーションを行ったほか、米国系旅行会社への名古屋 周辺ホテルの抽選贈呈、公邸シェフによる名古屋飯の 料理の試食の機会を提供した。
12月21日	在マレーシア 日本国大使館	公邸	岩手県	日系スーパーマーケットでの物産展のPRと併せた県産 食材のPRレセプションを開催し、政府関係者や輸入業 者、メディアなどへの県産品の試食・試飲の機会を提 供した。
12月25日	在シンガポール 日本国大使館	公邸	岩手県	現地飲食事業者・食品バイヤーや旅行事業者などの日 本食や観光に対する関心の高い関係者を招待し、岩手 県産食材（県産米、いわて牛のしゃぶしゃぶ、セシー ナ（生ハム）、ウニやいくら等の水産物、りんご、日 本酒など）の試食・試飲を提供した。

国際社会及び日本の主な動き

※本資料の要人往来については、日本の総理大臣及び外務大臣の外国訪問のみを記載
　「日本関係」に記載の二国間会談については、往来を伴わない電話会談・テレビ会談などを記載（対面の会談などについては、資料編「要人往来」に記載）
※要人などの肩書は当時のもの
※日付・期間は現地時間

総理大臣	2021年10月 4日〜　岸田文雄
外務大臣	2021年11月10日〜　林芳正 2023年 9月13日〜　上川陽子

2023年1月1日〜12月31日（日付は現地時間）

日本関係		国際関係	
1月			
1	在キリバス日本国大使館及びフランス領ニューカレドニアに在ヌメア領事事務所を開設	1	北朝鮮が弾道ミサイルを1発発射
4	林外務大臣がメキシコ、エクアドル、ブラジル、アルゼンチン及び米国を訪問（14日まで）		
6	日・ウクライナ首脳電話会談		
9	岸田総理大臣がフランス、イタリア、英国、カナダ及び米国訪問（14日まで）		
11	日英部隊間円滑化協定（RAA）に署名		
12	林外務大臣が法の支配に関する国連安全保障理事会（安保理）閣僚級公開討論（ニューヨーク）に出席 林外務大臣が日米安全保障協議委員会（日米「2+2」ワシントンD.C.）に出席 日韓外相電話会談		
19	ロシア外務省が、現時点で北方四島周辺水域における日本漁船の操業に関する協定に基づく年に一度の政府間協議の実施時期を調整できないと通知		
20	日・イスラエル外相電話会談		
24	林外務大臣がウクライナのエネルギー分野支援に関するG7＋外相会合（オンライン形式）に出席		
31	日・アルメニア外相電話会談		
2月			
		1	ミャンマーでのクーデターから2年経過、ミャンマー国軍は緊急事態宣言を更に延長
2	日中外相電話会談		
6	ウクライナをめぐる国際情勢に鑑み、ロシア産石油製品に係るプライス・キャップ制度（上限価格措置）を導入	6	トルコ南東部を震源とするマグニチュード7.8の地震が発生
8	日・トルコ外相電話会談 林外務大臣が「新型コロナ対策（グローバル行動計画）に関する外相会合」（テレビ会議形式）に出席		
9	日・ベトナム首脳テレビ会談		
13	日・イスラエル首脳電話会談		
17	林外務大臣がG7外相会合及び第59回ミュンヘン安全保障会議など（いずれも18日）に出席のためドイツを訪問（18日まで） 日・トルコ首脳電話会談		
		18	北朝鮮がICBM級弾道ミサイルを1発発射、日本の排他的経済水域（EEZ）内に落下
		20	北朝鮮が弾道ミサイルを2発発射

日本関係	国際関係
22 日・モルドバ外相電話会談 林外務大臣がウクライナに関する国連総会緊急特別会合（23日）及び安保理閣僚級討論（24日）に出席するため米国を訪問（24日まで）	
	23 国連総会緊急特別会合でウクライナが提出した平和を求める決議案が採択
24 岸田総理大臣がG7首脳テレビ会議に出席	27 バヌアツをサイクロン・ジュディが通過
28 ウクライナをめぐる国際情勢に鑑み、ロシア連邦関係者の資産凍結などの措置を閣議了解	

3月

日本関係	国際関係
1 山田外務副大臣がG20外相会合（2日）に出席のためインドを訪問（2日まで）	1 ナイジェリアで大統領選挙（2月）の結果、与党全進歩会議（APC）のティヌブ候補が大統領に就任。8年ぶりに新大統領誕生
	2 バヌアツをサイクロン・ケビンが通過 ベトナムの第15期臨時国会で、ヴォー・ヴァン・トゥオン氏がベトナム国家主席に就任
3 林外務大臣が日米豪印外相会合など（3日）に出席のためインドを訪問（3日まで） 中谷人権担当総理補佐官が第52回国連人権理事会ハイレベルセグメントに出席	
5 日韓外相電話会談	
	6 韓国政府が旧朝鮮半島出身労働者問題に関する立場を発表
	9 ネパールでラムチャンドラ・ポーデル氏が新大統領に就任
10 林外務大臣がウクライナのエネルギー分野支援に関するG7+外相会合（オンライン形式）に出席	10 第14期全国人民代表大会(全人代)において習近平国家主席が3期目就任
	11 モザンビークでサイクロンによる洪水及び土砂災害が発生
	12 マラウイでサイクロンによる洪水及び土砂災害が発生
13 日英外相電話会談	
14 日豪首脳電話会談 日・イスラエル首脳電話会談	
16 韓国の尹錫悦大統領が訪日（17日まで）	16 北朝鮮がICBM級弾道ミサイルを1発発射 国連安全保障理事会で国連アフガニスタン支援ミッション（UNAMA）のマンデートの1年更新に関する国連安保理決議第2678号が全会一致で採択
	17 国際刑事裁判所（ICC）がプーチン・ロシア大統領などに逮捕状発出
19 岸田総理大臣がインドを訪問（21日まで） 林外務大臣がソロモン諸島及びクック諸島を訪問（21日まで）	19 北朝鮮が弾道ミサイルを1発発射
21 岸田総理大臣がウクライナ及びポーランドを訪問（22日まで）	
	27 北朝鮮が弾道ミサイルを2発発射
28 日米重要鉱物サプライチェーン強化協定に署名	
29 岸田総理大臣が第2回民主主義のためのサミットにオンライン形式で参加	29 ミャンマーで、新政党登録法によりアウン・サン・スー・チー氏率いる国民民主連盟（NLD）の政党登録が抹消

日本関係	国際関係

日本関係

30 林外務大臣が第2回民主主義のためのサミット・インド太平洋地域会合にビデオ・メッセージを発出

31 岸田総理大臣がフォン・デア・ライエン欧州委員会委員長と電話会談
日・ウズベキスタン外相電話会談

4月

1 林外務大臣が中国を訪問（2日まで）

4 林外務大臣が北大西洋条約機構（NATO）外相会合（5日）などに出席のためベルギーを訪問（5日まで）
林外務大臣が第1回「G7大阪・堺貿易大臣会合」（オンライン形式）に出席
林外務大臣が日EU・EPA合同委員会第4回会合に出席（ベルギー）
「核兵器のない世界」に向けた国際賢人会議第2回会合の開催（5日まで）（東京）

7 日・ブラジル首脳電話会談

12 日・イラン外相電話会談
林外務大臣がグロッシー国際原子力機関（IAEA）事務局長とテレビ会談

16 G7長野県軽井沢外相会合（18日まで）

17 世界貿易機関（WTO）のパネル（紛争処理小委員会）が、インドによる情報通信技術製品の関税引上げ措置に関する報告書を公表（日本が申立国）

20 岸田総理大臣が米国主催の「エネルギーと気候に関する主要経済国フォーラム（MEF）」首脳会合にビデオ・メッセージの形で参加

21 ロシア最高検察庁が千島歯舞諸島居住者連盟を「望ましくない外国NGO団体」に指定すると発表

24 日・サウジアラビア外相電話会談
日・アラブ首長国連邦（UAE）外相電話会談

25 G7広島サミットに向けた世界人口開発議員会議（GCPPD）2023で岸田総理大臣が基調講演を、林外務大臣が開会挨拶を行う（東京）

28 林外務大臣がレモンド米国商務長官と電話会談

29 岸田総理大臣がエジプト、ガーナ、ケニア、モザンビーク及びシンガポールを訪問（5月5日まで）
林外務大臣がトリニダード・トバゴ、バルバドス、ペルー、チリ、パラグアイを訪問（5月6日まで）

5月

4 秋篠宮皇嗣同妃両殿下がチャールズ3世国王陛下の戴冠式に御参列のため英国を御訪問（7日まで）

7 岸田総理大臣が韓国を訪問（8日まで）

9 第7回日仏外務・防衛閣僚会合（「2＋2」）（テレビ会議形式）

10 日・ヨルダン外相電話会談

国際関係

4 フィンランドのNATO加盟
第52回国連人権理事会において、北朝鮮人権状況決議を16年連続で採択

5 アフガニスタンにおいて、タリバーンが国連機関の業務に従事するアフガニスタン人女性職員の出勤を禁止

13 北朝鮮がICBM級弾道ミサイルを1発発射

15 スーダン・ハルツーム市内において、スーダン国軍と準軍事組織である即応支援部隊との衝突が発生

24 バングラデシュでモハンマド・シャハブッディン氏が新大統領に就任

5 世界保健機関（WHO）が新型コロナウイルスに関し、2020年1月に宣言した「国際的な公衆衛生上の緊急事態」を解除すると発表

日本関係

12	林外務大臣が欧州連合（EU）・スウェーデン共催インド太平洋閣僚会合（13日）に出席のためスウェーデンを訪問（15日まで）
15	ミュンヘン・リーダーズ・ミーティング（ミュンヘン安全保障事務局が開催するトラック1.5の国際会議。14日から16日に東京で開催）に際して、林外務大臣主催のレセプションを開催（東京）
18	G7広島サミットに際する日英首脳会談において「強化された日英のグローバルな戦略的パートナーシップに関する広島アコード」を発出
19	G7広島サミット開催（21日まで）
20	日米豪印首脳会合（広島）
26	ウクライナをめぐる国際情勢に鑑み、ロシア連邦関係者の資産凍結などの措置を閣議了解

国際関係

14	ミャンマー及びバングラデシュでサイクロン「モカ」による洪水被害が発生
19	中国・中央アジア首脳会議
29	ナイジェリア大統領選挙（2月）で選出されたボラ・ティヌブ氏が大統領に就任
31	北朝鮮が弾道ミサイル技術を使用した発射を強行

6月

日本関係

8	日・南アフリカ外相電話会談
9	日・ウクライナ首脳電話会談
16	林外務大臣がアズレー国連教育科学文化機関（ユネスコ）事務局長と電話会談
17	天皇皇后両陛下がインドネシアを御訪問（23日まで） 日米外相電話会談
19	日・米宇宙協力に関する枠組協定が発効
20	林外務大臣が「ウクライナ復興会議」（21日、英国）及び「新たな国際的開発資金取決めのための首脳会合」（22日、フランス）などに出席するため英国及びフランスを訪問（23日まで）
21	岸田総理大臣がフォン・デア・ライエン欧州委員会委員長と電話会談
24	G7外相電話会合
27	林外務大臣が日・EUハイレベル経済対話（オンライン会議形式）に出席
28	日伊映画共同製作協定に署名

国際関係

1	BRICS外相会合（2日まで）（南アフリカ）
6	ウクライナのカホフカ水力発電所ダム決壊により洪水が発生
12	シルビオ・ベルルスコーニ・イタリア上院議員が逝去
15	北朝鮮が弾道ミサイルを2発発射、いずれも日本のEEZ内に落下 国際海洋法裁判所（ITLOS）裁判官選挙において、堀之内秀久国連海洋法条約（UNCLOS）担当大使が当選
20	フィンランド議会総選挙（4月）の結果、ペッテリ・オルポ氏が首相に就任
27	シエラレオネ大統領選挙（同月）で再選されたビオ大統領が大統領に再任

7月

日本関係

6	日・トルコ首脳電話会談
11	岸田総理大臣がNATO首脳会合（12日）及び第29回日・EU定期首脳協議（13日）などに出席するためリトアニア及びベルギーを訪問（13日まで）

国際関係

6	アルナルド・フォルラーニ・イタリア元首相が逝去
10	米国がユネスコに再加盟

日本関係	国際関係
12 林外務大臣がASEAN関連外相会議に出席するためインドネシアを訪問（14日まで） 日豪NZ（ニュージーランド）韓首脳会議（リトアニア）	12 北朝鮮がICBM級弾道ミサイルを1発発射
13 林外務大臣が日ASEAN外相会議及びASEAN+3外相会議に出席	13 韓国において集中豪雨による被害が発生
14 林外務大臣が東アジア首脳会議（EAS）参加国外相会議及びASEAN地域フォーラム（ARF）に出席	
16 岸田総理大臣がサウジアラビア、アラブ首長国連邦及びカタールを訪問（18日まで）	16 環太平洋パートナーシップに関する包括的及び先進的な協定（CPTPP）への英国加入議定書に日本を含む締約国及び英国が署名
	17 黒海を通じたウクライナからの穀物輸出などに関する4者（国連、トルコ、ウクライナ及びロシア）合意「黒海穀物イニシアティブ」が終了
	19 北朝鮮が弾道ミサイルを2発発射
	24 北朝鮮が弾道ミサイルを2発発射
	26 ニジェール軍の一部兵士がバズム大統領を拘束
27 林外務大臣がインド、スリランカ、モルディブ、南アフリカ、ウガンダ及びエチオピアを訪問（8月3日まで）	
28 WTOのパネルが、中国による日本製ステンレス製品に対するダンピング防止措置に関する報告書を公表（日本が申立国）	

8月

日本関係	国際関係
	3 EU、ノルウェー、アイスランドによる日本産食品輸入規制の撤廃
4 岸田総理大臣がフロイド包括的核実験禁止条約機関（CTBTO）準備委員会暫定技術事務局長と電話会談	
	8 米国・ハワイ州で山火事による甚大な被害が発生
13 日豪部隊間協力円滑化協定が発効	
15 日米韓外相テレビ会談	15 スイス、リヒテンシュタインによる日本産食品輸入規制の撤廃
17 岸田総理大臣が日米韓首脳会合に出席のため米国を訪問（18日まで）	
18 日米韓首脳会合	
22 日・ペルー首脳テレビ会談	22 BRICS首脳会合（南アフリカ）（24日まで） カンボジア総選挙（7月）の結果、フン・マネット氏が首相に就任
24 日米韓外相電話会談 東京電力が福島第一原子力発電所のALPS処理水の海洋放出を開始	24 北朝鮮が弾道ミサイル技術を使用した発射を強行
25 日・メキシコ外相電話会談 林外務大臣がグロッシー国際原子力機関（IAEA）事務局長とテレビ会談	
26 アフリカ開発会議（TICAD）30周年行事が開催され、林外務大臣が出席、岸田総理大臣がビデオ・メッセージを発出	
29 日・ウクライナ首脳電話会談 日・パラグアイ外相電話会談	
	30 北朝鮮が弾道ミサイルを2発発射

日本関係		国際関係	

9月

	日本関係			国際関係
3	林外務大臣がヨルダン、エジプト、サウジアラビア、ポーランド及びウクライナを訪問（10日まで）			
			4	ガボンでオリギ・ンゲマ将軍が暫定大統領に就任
5	岸田総理大臣がASEAN関連首脳会議（6-7日）及びG20ニューデリー・サミット（9-10日）に出席のため、インドネシア及びインドを訪問（10日まで）			
6	岸田総理大臣がASEANインド太平洋フォーラム（AIPF）、日ASEAN首脳会議及びASEAN+3（日中韓）首脳会議に出席			
7	岸田総理大臣が東アジア首脳会議（EAS）に出席			
			8	モロッコ中部でマグニチュード6.8の地震発生
			10	リビア東部で洪水発生 ロシアが違法に「併合」したウクライナ国内の地域で、「地方議会選挙」などを実施
13	第2次岸田改造内閣発足		13	北朝鮮が弾道ミサイルを2発発射 露朝首脳会談（ロシア・アムール州）
14	日米外相電話会談		14	シンガポールで大統領選挙（同月）の結果、ターマン・シャンムガラトナム氏が大統領に就任
			15	ラトビアでカリンシュ首相の辞任に伴い、スィリニャ社会福祉相が首相に就任
18	上川外務大臣が第78回国連総会などに出席するため米国・ニューヨークを訪問（22日まで） 上川外務大臣がグロッシー国際原子力機関（IAEA）事務局長と会談、ALPS処理水に関する日本とIAEAとの間の協力覚書に署名			
19	岸田総理大臣が第78回国連総会などに出席するため米国・ニューヨークを訪問（21日まで） 岸田総理大臣が第78回国連総会一般討論演説を実施 岸田内閣総理大臣が核兵器用核分裂性物質生産禁止条約（FMCT）ハイレベル記念行事に出席		19	ナゴルノ・カラバフでアゼルバイジャンが軍事行動を実施（20日まで）
20	秋篠宮皇嗣同妃両殿下が外交関係樹立50周年の機会にベトナムを御訪問（25日まで） 岸田総理大臣が「2023年グローバル・ゴールキーパー賞」受賞 上川外務大臣が「持続可能な海洋経済の構築に向けたハイレベル・パネル」第5回会合に出席 上川外務大臣が国連総会パンデミックへの予防・備え・対応（PPR）に関するハイレベル会合に出席			
21	岸田総理大臣が「G7保健フォローアップ・サイドイベント」に出席 岸田総理大臣が「国連総会ユニバーサル・ヘルス・カバレッジ（UHC）ハイレベル会合」に出席			
22	日米豪印外相会合			
			23	ジョルジョ・ナポリターノ・イタリア前大統領が逝去 第19回アジア競技大会(中国)開催(10月8日まで)

10月

	日本関係
3	ウクライナ情勢に関する首脳電話会議（米国、英国、ドイツ、フランス、イタリア、カナダ、ポーランド、ルーマニア、EU、NATO）
5	日・サウジアラビア首脳電話会談 上川外務大臣がタイ米国通商代表と電話会談

日本関係	国際関係
	7 ハマスなどパレスチナ武装勢力がイスラエルを攻撃し多数の死傷者が発生。イスラエル国防軍は、ガザ地区への空爆を実施し、ネタニヤフ首相は「戦争状態」を宣言 アフガニスタン西部でマグニチュード6.3の地震が発生
8 上川外務大臣がブルネイ、ベトナム、ラオス及びタイを訪問（13日まで）	
9 日・ヨルダン外相電話会談	
10 日・UAE外相電話会談	
12 日・エジプト外相電話会談 上川外務大臣がフライフィ・カタール外務省国務相と電話会談 日・イスラエル外相電話会談	
13 日・パレスチナ外相電話会談	
15 日韓外相電話会談 日英部隊間協力円滑化協定が発効	
16 日・サウジアラビア外相電話会談	16 アハティサーリ・フィンランド元大統領が逝去
17 岸田総理大臣がフォン・デア・ライエン欧州委員会委員長と電話会談 日・エジプト首脳電話会談 日・イラン外相電話会談 日仏外相電話会談 G7外相電話会合	
18 日・サウジアラビア首脳電話会談 日・ヨルダン首脳電話会談 日・カタール首脳電話会談 日・UAE首脳電話会談 日英外相電話会談	
19 日豪外相電話会談	
20 上川外務大臣が「カイロ平和サミット」（21日）に出席するためエジプトを訪問（22日まで）	
	22 第4回アジパラ競技大会（中国）開催（10月28日まで）
26 日・ウズベキスタン外相電話会談 露朝間の武器移転に関する日米韓外相声明発出	
27 日仏首脳電話会談	27 李克強中国前国務院総理が逝去 日本が提出した核兵器廃絶決議案の国連総会第一委員会における採択
28 G7大阪・堺貿易大臣会合（29日まで） 上川外務大臣が日・EUハイレベル経済対話に出席（大阪）	
29 上川外務大臣が日英包括的経済連携協定（日英EPA）合同委員会第2回会合に出席（大阪）	
30 日・カンボジア外相電話会談	
11月	
1 佳子内親王殿下が外交関係樹立150周年の機会にペルーを御訪問（9日まで）	
2 岸田総理大臣が英国主催AI安全性サミットにオンラインで参加	2 ロシアが包括的核実験禁止条約（CTBT）の批准撤回に係る法律を公布・発効
3 岸田総理大臣がフィリピン及びマレーシアを訪問（5日まで） 上川外務大臣がイスラエル、パレスチナ及びヨルダンを訪問（4日まで）	3 ネパール西部で大規模な地震が発生
4 日・オマーン外相電話会談	

日本関係

7 G7外相会合（東京）（8日まで）
第5回日英外務・防衛閣僚会合（「2＋2」）

8 日・ウクライナ首脳電話会談

12 上川外務大臣がAPEC閣僚会議（14-15日）、インド太平洋経済枠組み（IPEF）閣僚級会合（13-14日）及び日米経済政策協議委員会（経済版「2＋2」）（14日）などに出席のため米国を訪問（15日まで）

13 Women Political Leaders（WPL）、アイスランド政府及び同国議会主催「レイキャビク・グローバル・フォーラム2023」（13-14日）に上川外務大臣がビデオ・メッセージを発出

14 日・ヨルダン外相電話会談
日・エジプト外相電話会談

15 岸田総理大臣がAPEC首脳会議（16-17日）及びIPEF首脳会合（16日）出席のため米国を訪問（17日まで）

20 日英外相電話会談

22 G20首脳テレビ会議
堀井外務副大臣がウクライナのエネルギー分野支援に関するG7＋外相会合（オンライン形式）に出席

25 日米韓外相電話会談
上川外務大臣が日中韓外相会議（26日）のため韓国訪問（26日まで）

29 日・エジプト首脳電話会談

30 岸田総理大臣が国連気候変動枠組条約第28回締約国会議（COP28）出席のためアラブ首長国連邦（UAE）を訪問（12月2日まで）

12月

2 日仏首脳電話会談に際して、両首脳は「特別なパートナーシップ」の下での日仏協力のロードマップを発表
日・イラン首脳電話会談

6 岸田総理大臣がG7首脳テレビ会議に出席
日・イスラエル首脳電話会談

8 「核兵器のない世界」に向けた国際賢人会議第3回会合（長崎）（9日まで）

11 日・UAE首脳電話会談

12 上川外務大臣が第2回グローバル難民フォーラム（13日）出席のためスイスを訪問（13日まで）

14 グローバル戦闘航空プログラム（GCAP）政府間機関の設立に関する条約（GIGO設立条約）に署名

15 ウクライナをめぐる国際情勢に鑑み、ロシア連邦関係者の資産凍結などの措置を閣議了解

国際関係

15 ガザ地区における児童の保護に焦点を当てた、人道的休止やハマスなどによる人質の即時・無条件の解放の要請などを含む安保理決議第2712号が採択

17 モルディブ大統領選挙（9月）の結果、モハメド・ムイズ氏が新大統領に就任

20 リベリア大統領選挙決選投票（同月）の結果、野党・統一党のジョセフ・ボアカイ氏が大統領に当選

21 北朝鮮が弾道ミサイル技術を使用した発射を強行

23 韓国で元慰安婦などが日本政府に対して提訴した訴訟の控訴審において、ソウル高等裁判所が、原告の訴えを認め、日本政府に対して原告への損害賠償の支払いなどを命じる（12月9日、同判決が確定）

29 屋久島沖で駐日米軍の操縦するCV-22オスプレイが墜落

30 国連気候変動枠組条約第28回締約国会議（COP28）がアラブ首長国連邦・ドバイで開幕（12月13日まで）

4 日本が提出した核兵器廃絶決議案が国連総会本会議で採択

16 ナッワーフ・クウェート首長が薨去

要人往来

（2023年1月1日-12月31日）

〈記載対象と留意点〉
1. 対象期間は原則2023年1月1日から同年12月31日まで
2. 日本の要人の往訪については、皇室、総理大臣、衆参両議院議長、閣僚、外務副大臣、外務大臣政務官、総理特使、特派大使による外国訪問を記載
3. 各国・機関の要人の来訪は、原則として各国の国家元首、国王、首相、国会議長、外相／外相より上位の閣僚または国際機関の長の来日であり、
   (1) 日本の外務大臣又は外務大臣以上の要人と会談などがあったもの、もしくは
   (2) 日本で開催された国際会議出席が目的であったものを記載
4. 日本の要人が国際会議出席の機会に第三国要人と会談を行ったものは、会議開催国への往訪における往来目的・主要日程の欄に記載
5. 要人の肩書は当時のもの
6. 期間はいずれも現地における滞在期間（海外要人の来訪は日本における滞在期間）
7. 2024年5月時点、外務省調べによるもの

国・地域名	往/来	要人名	期　間	往　来　目　的　・　主　要　日　程

（1）アジア・大洋州

国・地域名	往/来	要人名	期　間	往　来　目　的　・　主　要　日　程
インド	往	西村環境大臣	1/11-1/15	1/12　ヤーダブ環境・森林・気候変動相と会談
	往	鈴木財務大臣	2/23-2/25	2/23　シタラマン財務相と会談 2/23　G7財務大臣・中央銀行総裁会議出席 2/24-25　G20財務大臣・中央銀行総裁会議出席 2/24　リントナー・ドイツ財務相と会談 2/24　ゲオルギエヴァ国際通貨基金（IMF）専務理事と会談 2/25　イエレン米国財務長官と会談 2/25　ジェンティローニ欧州委員（経済財政担当）と会談
	往	山田外務副大臣	3/1-3/2	3/2　G20外相会合出席 3/2　ガヌー・モーリシャス陸運ライトレール相兼外務・地域統合・国際貿易相と会談
	往	林外務大臣	3/3	日米豪印外相会合出席 第8回ライシナ対話出席 ブリンケン米国国務長官と会談 バドル・オマーン外相と会談 ドゥルカマル・コモロ外務・国際協力相と会談 ジョリー・カナダ外相と会談 ジャイシャンカル外相と会談
	往	河野デジタル大臣	3/11	ヴァイシュナウ電子情報技術・通信・鉄道相と会談 ガン・キムヨン・シンガポール貿易産業相と会談 三極委員会デリー総会出席
	往	岸田総理大臣	3/20-3/21	3/20　モディ首相と会談 3/20　インド世界問題評議会（ICWA）で政策スピーチ「FOIPのための新たなプラン」
	来	モディ首相	5/19-5/21	5/20-21　G7広島サミット出席 5/20　岸田総理大臣と会談 5/20　日米豪印首脳会合出席 5/21　平和記念資料館訪問及び原爆死没者慰霊碑献花
	往	武井外務副大臣	6/11-6/14	6/11-13　G20開発大臣会合出席 6/11　ヴァラナシ国際協力・コンベンションセンター視察 6/11　ジャイシャンカル外相と会談 6/12　サージャン・カナダ国際開発相と会談 6/12　ミッチェル英国外務・英連邦・開発省担当相と会談 6/12　シュルツェ・ドイツ経済協力・開発相と会談 6/14　シン外務・教育担当閣外相と会談

国・地域名	往/来	要人名	期間	往来目的・主要日程
	往	野村農林水産大臣	6/15-6/17	6/16　G20農業大臣会合出席 6/16　ビボー・カナダ農業・農産食料相と会談 6/16　ホアン・ベトナム農業農村開発相と会談 6/16　ヴォイチェホフスキ欧州委員（農業担当）と会談 6/16　トマール農業・農民福祉相と会談 6/17　ロッロブリージダ・イタリア農業・食料主権・森林相と会談
	往	永岡文部科学大臣	6/22-6/23	6/22　G20教育大臣会合出席 6/22　プラダーン教育相兼技能開発・起業促進相と会談
	往	鈴木財務大臣	7/16-7/18	7/16　G7財務大臣・中央銀行総裁会議出席 7/16　ゲオルギエヴァIMF専務理事と会談 7/17-18　G20財務大臣・中央銀行総裁会議出席 7/17　フリーランド・カナダ財務相と会談 7/17　チャーマーズ・オーストラリア財務相と会談 7/18　バンガ世界銀行グループ総裁と会談
	往	加藤厚生労働大臣	7/19-7/22	7/20-21　G20労働雇用大臣会合出席 7/21　ファウジャ・インドネシア労働相と会談 7/21　オコーナー・オーストラリア技能訓練担当相と会談 7/21　ウングボ国際労働機関（ILO）事務局長と会談 7/21　ハイル・ドイツ労働社会相と会談 7/21　李正植韓国雇用労働部長官と会談 7/21　ヤーダブ労働相と会談 7/21　ヘニップ・オランダ社会雇用相と会談 7/21　武内経済協力開発機構（OECD）事務次長と会談
	往	西村経済産業大臣	7/19-7/23	7/20　「日印ディープテック及びクリーンエネルギーセミナー」出席 7/20　シンディア鉄鋼相と会談 7/20　ヴァイシュナウ電子情報技術相と会談 7/20　ゴヤル商工相と会談 7/21　グランホルム米国エネルギー長官と会談 7/21　ジャーベルUAE産業・先端技術相兼日本担当特使（UAE気候変動特使、COP28議長）と会談 7/21　「第14回クリーンエネルギー大臣会合（CEM14）／第8回ミッション・イノベーション（MI-8）閣僚会合」出席 7/21　マズルーイ・アラブ首長国連邦（UAE）エネルギー・インフラ相と会談 7/21　アブドルアジーズ・サウジアラビア・エネルギー相と会談 7/22　G20エネルギー移行大臣会合出席 7/22　ハベック・ドイツ経済・気候保護相と会談 7/22　シムソン欧州委員（エネルギー担当）と会談 7/22　タン・シンガポール第二貿易産業相兼人材開発相と会談 7/22　ビロル国際エネルギー機関（IEA）事務局長と会談 7/22　シャップス英国エネルギー安全保障・ネットゼロ相と会談 7/22　シン電力、新・再生可能エネルギー相と会談 7/22　ウーフィー・オマーン・エネルギー鉱物資源相と会談 7/22　ヨーゲンセン・デンマーク開発協力兼グローバル気候政策相と会談 7/22　マンタシェ南アフリカ鉱物資源エネルギー相と会談 7/22　シルヴェイラ・ブラジル鉱山エネルギー相と会談 7/22　ハミド・バングラデシュ電力・エネルギー・鉱物資源担当国務相と会談

国・地域名	往/来	要人名	期 間	往 来 目 的 ・ 主 要 日 程	
	往	髙木外務大臣政務官	7/21-7/23	7/22	G20エネルギー移行大臣会合出席
				7/22	ガーヴァ・イタリア環境・エネルギー安全保障副相と会談
				7/22	シン電力、新・再生可能エネルギー相と会談
				7/22	タスリフ・インドネシア・エネルギー鉱物資源相と会談
				7/22	ビロルIEA事務局長と会談
				7/22	マクモニグル国際エネルギー・フォーラム（IEF）事務局長と会談
				7/22	ラ・カメラ国際再生可能エネルギー機関（IRENA）事務局長と会談
				7/22	アル＝ガイス石油輸出国機構（OPEC）事務局長と会談
	往	西村環境大臣	7/26-7/29	7/27	ギルボー・カナダ環境・気候変動相と会談
				7/27	ジャーベルUAE産業・先端技術相兼日本担当特使（UAE気候変動特使、COP28議長）と会談
				7/27	ヤーダブ環境・森林・気候変動相と会談
				7/28	G20環境・気候大臣会合出席
				7/28	コフィー英国環境・食糧・農村地域相と会談
	往	林外務大臣	7/27-7/28	7/27	第15回日印外相間戦略対話出席
				7/28	日印フォーラム出席
	往	小倉内閣府特命担当大臣	8/1-8/4	8/2	G20女性活躍担当大臣会合出席
				8/3	イラニ女性子供開発担当相と会談
				8/3	オズデミル・トルコ家族・社会サービス担当相と会談
				8/3	マシーナ・アルゼンチン女性・ジェンダー・多様性担当相と会談
	往	河野デジタル大臣	8/17-8/20	8/18	ヴァイシュナウ電子情報技術・通信・鉄道相と会談
				8/18	アル＝サワーハ・サウジアラビア通信・情報技術相と会談
				8/18	ブディ・インドネシア通信情報相と会談
				8/18	ホフレン・オランダ・デジタル化担当相と会談
				8/18	フィック米国国務省サイバー空間・デジタル政策局大使と会談
				8/18	フィーリョ・ブラジル通信相と会談
				8/18	バルゴビン・モーリシャス情報技術・通信・イノベーション相と会談
				8/19	G20デジタル経済大臣会合出席
				8/19	テオ・シンガポール情報通信相兼第二内務相と会談
				8/19	ヴィッシング・ドイツ・デジタル・交通相と会談
				8/19	オラマUAE・AI・デジタル経済・リモートワーク担当相と会談
	往	加藤厚生労働大臣	8/17-/22	8/18-19	G20保健大臣会合出席
				8/18	マンダビヤ保健・家族福祉相と会談
				8/18	バトラー・オーストラリア保健・高齢者介護担当相と会談
				8/19	G20財務大臣・保健大臣合同会合出席
				8/19	武内OECD事務次長による表敬
				8/20	バークレイ英国保健・社会相と会談

資料編

国・地域名	往/来	要人名	期　間	往　来　目　的　・　主　要　日　程
	往	山田外務副大臣	8/23-8/25	8/24-25　G20貿易・投資大臣会合出席 8/24　ゼイユーディUAE貿易担当国務相と会談 8/24　トゥズジュ・トルコ貿易副相と会談 8/24　オコンジョ＝イウェアラ世界貿易機関（WTO）事務局長と会談 8/24　クヌッセンOECD事務次長による表敬 8/25　王受文中国商務部国際貿易交渉代表兼副部長と会談 8/25　ベシュト・フランス欧州外相付対外貿易・誘致・在外フランス人担当相と会談 8/25　ハッサン・インドネシア商業相と会談 8/25　ハミルトン国際貿易センター（ITC）事務局長と会談
	往	岸田総理大臣	9/8-9/10	9/8　エルドアン・トルコ首相と会談 9/9-10　G20ニューデリー・サミット出席 9/9　ルッテ・オランダ首相と会談 9/9　モディ首相と会談 9/9　アルバニージー・オーストラリア首相と会談 9/9　ムルム大統領と会談 9/10　尹錫悦韓国大統領と会談
インドネシア	来	ルトノ外相	3/3-3/6	外務省賓客 3/6　林外務大臣と会談
	来	ジョコ大統領及び同令夫人	5/19-5/21	5/20-21　G7広島サミット出席 5/20　岸田総理大臣と会談 5/21　平和記念資料館訪問及び原爆死没者慰霊碑献花
	往	天皇皇后両陛下	6/17-6/23	6/18　ジャカルタ都市高速鉄道車両基地御視察 6/18　プルイット排水機場御視察 6/19　歓迎行事 6/19　ボゴール植物園御視察 6/19　ジョコ大統領との御会見 6/19　大統領夫人との御会見 6/19　ジョコ大統領及び同令夫人主催午餐会 6/19　日本とゆかりのあるインドネシア人御接見 6/20　カリバタ英雄墓地御供花 6/20　国立博物館御視察 6/20　ダルマ・プルサダ大学御訪問 6/20　職業専門高校御訪問 6/20　在留邦人代表及びJICA海外協力隊員御接見 6/21　砂防技術事務所御視察 6/21　クラトン宮殿御訪問 6/21　ジョグジャカルタ特別州知事主催晩餐会 6/22　ボロブドゥール寺院御視察
	往	武井外務副大臣	7/7-7/9	7/8　第27回東南アジア諸国連合（ASEAN）元日本留学生評議会（ASCOJA）総会出席 7/8　アアン海上保安機構長官と会談 7/8　ゴーベル国会副議長と会談

国・地域名	往/来	要人名	期間	往来目的・主要日程	
	往	林外務大臣	7/12-7/14	7/12	ザンブリー・マレーシア外相と会談
				7/12	フレイタス東ティモール外務・協力相と会談
				7/12	エルワン・ブルネイ第二外務相と会談
				7/13	日・ASEAN外相会議出席
				7/13	朴振韓国外交部長官と会談
				7/13	パトツェツェグ・モンゴル外相と会談
				7/13	ルトノ外相と会談
				7/13	ウォン・オーストラリア外相と会談
				7/13	第24回ASEAN+3（日中韓）外相会議出席
				7/14	第13回東アジア首脳会議（EAS）参加国外相会議出席
				7/14	王毅中国共産党中央外事工作委員会弁公室主任と会談
				7/14	フィダン・トルコ外相と会談
				7/14	モメン・バングラデシュ外相と会談
				7/14	第30回ASEAN地域フォーラム（ARF）閣僚会合出席
				7/14	日米比外相会合出席
				7/14	日米韓外相会合出席
	往	谷国家公安委員会委員長	8/21-8/23	8/22	第13回ASEAN＋3国境を越える犯罪に関する閣僚会議（AMMTC+3）出席
				8/22	第8回日・ASEAN国境を越える犯罪に関する閣僚会議（AMMTC＋日本）出席
	往	岸田総理大臣	9/5-9/8	9/6	ASEANインド太平洋フォーラム（AIPF）出席
				9/6	第26回日・ASEAN首脳会議出席
				9/6	第26回ASEAN+3（日中韓）首脳会議出席
				9/6	マルコス・フィリピン大統領及びハリス米国副大統領と懇談
				9/7	第18回EAS出席
				9/7	ジョコ大統領と会談
				9/7	フン・マネット・カンボジア首相と会談
	来	ジョコ大統領	12/16-12/18	12/16	岸田総理大臣と会談
				12/16	岸田総理大臣夫妻主催晩餐会出席
				12/17	日本ASEAN友好協力50周年特別首脳会議出席
				12/18	アジア・ゼロエミッション共同体（AZEC）首脳会合出席
				12/18	宮中茶会に出席
	来	ルトノ外相	12/16-12/18	ジョコ大統領に同行	
				12/16	女性・平和・安全保障（WPS）に関する日本・インドネシア外相対話「なぜ、女性の視点が必要なのか―日本・インドネシアの女性外相が語る―」出席
オーストラリア	来	アルバニージー首相	5/19-5/21	5/20-21	G7広島サミット出席
				5/20	日米豪印首脳会合出席
				5/21	平和記念資料館訪問及び原爆死没者慰霊碑献花
	往	秋本外務大臣政務官	7/31-8/1	7/31	パラシェ・クイーンズランド州首相兼オリンピック・パラリンピック相と意見交換
				7/31	クリサフリ・クイーンズランド州自由国民党党首と意見交換
	往	後藤経済再生担当大臣	8/21-8/23	8/22	ファレル貿易・観光相と会談
	往	堀井外務副大臣	10/3-10/6	10/4	コンロイ国際開発・太平洋相兼国防産業相と会談
				10/4	アダムズ外務貿易省次官と会談
				10/5	ミンズ・ニュー・サウス・ウェールズ州首相と会談

国・地域名	往/来	要人名	期　間	往　来　目　的　・　主　要　日　程
	往	西村経済産業大臣	10/6-10/9	10/7　メルボルン市長と会談 10/8　第5回日豪経済閣僚対話出席 10/8　ファレル貿易・観光担当相ほかと会談 10/8　第60回日豪経済合同委員会出席 10/8　液化水素運搬船「すいそ　ふろんてぃあ」視察
韓国	来	尹錫悦大統領及び同令夫人	3/16-3/17	実務訪問賓客 3/16　岸田総理大臣と会談
	往	鈴木財務大臣	5/1-5/4	5/2　日中韓財務大臣・中央銀行総裁会議出席 5/2　秋慶鎬副総理兼企画財政部長官と会談 5/2　スリ・ムルヤニ・インドネシア財務相と会談 5/2　日・ASEAN財務大臣・中央銀行総裁会議出席 5/2　ASEAN+3財務大臣・中央銀行総裁会議出席 5/3　浅川アジア開発銀行（ADB）総裁と会談 5/4　ADB年次総会出席
	往	岸田総理大臣	5/7-5/8	5/7　尹錫悦大統領と会談
	来	尹錫悦大統領及び同令夫人	5/19-5/21	5/20-21　G7広島サミット出席 5/21　岸田総理大臣と会談 5/21　平和記念資料館訪問及び原爆死没者慰霊碑献花 5/21　日米韓首脳間の意見交換
	来	朴振外交部長官	5/19-5/21	尹錫悦大統領に同行 5/20　林外務大臣と会談
	往	永岡文部科学大臣	9/6-9/8	9/7　李周浩教育部長官と会談 9/8　日中韓文化大臣会合出席
	往	武井外務副大臣	9/11-9/12	9/12　陳昌洙世宗研究所日本研究センター長と意見交換 9/12　金碩基韓日議連副会長ほかと意見交換 9/12　李文熙外交安保研究所長と意見交換
	往	堀井外務副大臣	10/21-10/22	10/22　「日韓交流おまつり2023　in　Seoul」開会式出席
	往	上川外務大臣	11/25-11/26	11/25　王毅中国外交部長と会談 11/26　朴振韓国外交部長官と会談 11/26　第10回日中韓外相会議出席
	往	河野デジタル大臣	11/25-11/26	11/25-26　三極委員会アジア太平洋委員会出席
	来	金振杓国会議長	12/25-12/27	12/26　額賀衆議院議長と会談 12/27　岸田総理大臣を表敬
カンボジア	来	プラック・ソコン副首相兼外務国際協力相	1/21-1/24	外務省賓客 1/24　林外務大臣と会談
	往	武井外務副大臣	2/22-2/24	2/23　日・カンボジア外交関係樹立70周年記念事業「絆フェスティバル2023」開会式出席 2/23　フン・セン首相を表敬 2/23　故中田厚仁氏慰霊碑献花 2/24　ウィッ・ボリット外務国際協力省長官と会談 2/24　スーン・ラチャビー外務国際協力省長官と会談 2/24　故高田晴行警視慰霊碑献花
	来	フン・マネット首相及び同令夫人	12/15-12/19	12/16　岸田総理大臣夫妻主催晩餐会出席 12/17　日本ASEAN友好協力50周年特別首脳会議出席 12/18　AZEC首脳会合出席 12/18　岸田総理大臣と会談 12/18　宮中茶会に出席
	来	ソック・チェンダ・サオピア副首相兼外務国際協力相	12/15-12/19	フン・マネット首相に同行 12/17　上川外務大臣と会談
クック諸島	来	ブラウン首相兼外相	2/5-2/9	2/6　林外務大臣と会談 2/7　岸田総理大臣と会談
	往	林外務大臣	3/20-3/21	3/20　ブラウン首相兼外相を表敬

国・地域名	往/来	要人名	期　間	往　来　目　的　・　主　要　日　程
	来	ブラウン首相兼外相	5/18-5/21	5/20-21　G7広島サミット出席 5/20　岸田総理大臣と会談 5/21　平和記念資料館訪問及び原爆死没者慰霊碑献花
	往	堀井外務副大臣 (総理特使)	11/10-11/11	11/10　太平洋諸島フォーラム（PIF）域外国対話出席 11/10　ブラウン首相兼外相と会談 11/10　タングランギ・ニウエ首相と会談 11/10　ソヴァレニ・トンガ首相と会談 11/10　マタアファ・サモア首相と会談
シンガポール	往	鈴木財務大臣	1/10-1/12	1/11　ウォン副首相兼財務相と会談
	往	武井外務副大臣	3/12-3/14	3/13　シム・アン外務担当兼国家開発担当上級国務相 　　　と会談 3/13　メルヴィン・ヨン北東アジア地域議員連盟副会 　　　長と会談 3/14　第16回日・シンガポール・シンポジウム出席
	往	加藤厚生労働大臣	5/3-5/4	5/4　オン・イーカン保健相と会談
	往	岸田総理大臣	5/5	リー・シェンロン首相と会談
	来	ウォン副首相兼財務相	5/23-5/27	外務省賓客 5/25　日経フォーラム第28回「アジアの未来」出席 5/26　林外務大臣と会談 5/26　岸田総理大臣を表敬
	往	浜田防衛大臣	6/2-6/4	6/2-4　第20回アジア安全保障会議（シャングリラ・ダ 　　　イアローグ）出席 6/3　日米韓防衛相会談出席 6/3　日米豪防衛相会談出席 6/3　日・シンガポール防衛装備品・技術移転協定署 　　　名式出席 6/3　李尚福中国国防部長と会談 6/3　日米豪比防衛相会談出席 6/4　マールズ・オーストラリア副首相兼国防相と会 　　　談 6/4　レズニコフ・ウクライナ国防相と会談 6/4　李鍾燮韓国国防部長官と会談 6/4　日・ニュージーランド防衛当局間意図表明文書 　　　署名式出席
	往	河野デジタル大臣	6/22-6/23	6/22　情報通信メディア開発庁訪問 6/22　GovTech／Hive訪問 6/23　テオ情報通信相兼第二内務相と会談 6/23　プットゥチェリーGovTech担当相と会談 6/23　コー環境サステナビリティ省上級国務相と会談
	往	後藤スタートアップ担当 大臣	7/17-7/18	7/17　タン第二貿易産業相兼人材開発相と会談
	往	尾辻参議院議長	9/7-9/9	9/8　シア国会議長と会談
	来	シア国会議長	11/19-11/21	11/20　参議院本会議傍聴 11/21　額賀衆議院議長と会談
	来	リー・シェンロン首相及 び同令夫人	12/15-12/18	12/16　岸田総理大臣と会談 12/16　岸田総理大臣夫妻主催晩餐会出席 12/17　日本ASEAN友好協力50周年特別首脳会議出席 12/18　AZEC首脳会合出席 12/18　宮中茶会に出席
	来	バラクリシュナン外相	12/15-12/18	リー・シェンロン大統領に同行 12/16　上川外務大臣と会談
スリランカ	往	武井外務副大臣	2/2-2/4	2/3　ウィクラマシンハ大統領を表敬 2/3　グナワルダナ首相を表敬 2/3　ラージャパクサ司法相を表敬 2/3　カル・パキスタン外務担当国務相と会談 2/4　サブリー外相を表敬 2/4　第75回スリランカ独立記念式典出席

国・地域名	往/来	要人名	期　間	往　来　目　的　・　主　要　日　程	
	来	ウィクラマシンハ大統領 及び同令夫人	5/24-5/27	5/25	岸田総理大臣と会談
				5/25	日経フォーラム第28回「アジアの未来」出席
	往	林外務大臣	7/28-7/29	7/29	ウィクラマシンハ大統領を表敬
				7/29	サブリー外相と会談
				7/29	グナワルダナ首相を表敬
	往	高村外務大臣政務官	10/9-10/11	10/10	グナワルダナ首相を表敬
				10/10	サブリー外相と会談
				10/10	国連世界食糧計画（WFP）食料引渡し式出席
				10/11	第23回環インド洋連合（IORA）閣僚会合出席
				10/11	アルファリシIORA事務局長と会談
				10/11	シハサック・タイ外務大臣政務官と会談
				10/11	ワッツ・オーストラリア外務補佐相と会談
				10/11	ウィクラマシンハ大統領を表敬
ソロモン諸島	往	林外務大臣	3/19-3/20	3/19	マネレ外務・貿易相と会談
				3/19	ソガバレ首相を表敬
				3/19	ソロモン平和慰霊公苑訪問
				3/19	フォーラム漁業機関（FFA）訪問
				3/19	ソロモン海上警察本部及び巡視船訪問
	往	堀井外務副大臣	10/31-11/2	11/1	マネレ外務・貿易相を表敬
				11/1	アゴヴァカ通信航空相を表敬
タイ	往	西村環境大臣	1/17-1/18	1/17	二国間クレジット制度（JCM）プロジェクトサイト（Bangpoo Environmental Complex Co.,Ltd.「タイ：BPEC社」）視察
	来	ドーン副首相兼外相	5/24-5/26	5/25	日経フォーラム第28回「アジアの未来」出席
	往	穂坂外務大臣政務官	10/9		「バンコク大量輸送網整備事業（レッドライン）」視察
	往	上川外務大臣	10/12-10/13	10/12	バーンブリー副首相兼外相と会談
				10/12	シュクリ・エジプト外相と電話会談
				10/12	フライフィ・カタール外務省国務相と電話会談
				10/12	コーヘン・イスラエル外相と電話会談
	往	西村経済産業大臣	11/4-11/5	11/4	スパマート高等教育・科学・研究・イノベーション相と会談
				11/4	「Rock Thailand ＃5」出席
	来	セター首相	12/14-12/18	12/16	岸田総理大臣夫妻主催晩餐会出席
				12/17	日本ASEAN友好協力50周年特別首脳会議出席
				12/17	岸田総理大臣と会談
				12/18	AZEC首脳会合出席
				12/18	宮中茶会に出席
中国	往	林外務大臣	4/1-4/2	4/2	秦剛国務委員兼外交部長と会談
				4/2	李強中国国務院総理を表敬
				4/2	王毅中国共産党中央外事工作委員会弁公室主任と会談
ツバル	往	武井外務副大臣	5/4-5/6	5/4	コフェ法務・通信・外相を表敬
				5/4	ナタノ首相を表敬
				5/5	ターペ保健・社会厚生・ジェンダー相を表敬
				5/5	フナフティ島北端視察
ニュージーランド	来	マフタ外相	2/26-3/1	外務省賓客	
				2/27	林外務大臣と会談
	往	後藤経済再生担当大臣	7/15-7/16	7/15	ベイデノック英国ビジネス貿易相と会談
				7/15	オコナー貿易・輸出振興担当相と会談
				7/15	ザフルル・マレーシア投資貿易産業相と会談
				7/15	エアーズ・オーストラリア貿易・製造閣外相と会談
				7/16	第7回TPP委員会出席
				7/16	イン・カナダ国際貿易・輸出促進・小規模ビジネス・経済開発担当相と会談
				7/16	マティウス・ペルー通商観光相と会談
				7/16	ガン・キムヨン・シンガポール貿易産業相と会談

国・地域名	往/来	要人名	期　間	往　来　目　的　・　主　要　日　程	
パキスタン	来	ブットー外相	7/1-7/4	7/3	林外務大臣と会談
				7/3	岸田総理大臣を表敬
バヌアツ	往	武井外務副大臣	1/13-1/15	1/13	ヴロバラヴ大統領を表敬
				1/13	ナパット外務・国際協力・貿易相を表敬
				1/13	キルマン副首相兼土地・天然資源相を表敬
	往	武井外務副大臣	4/11-4/12	4/11	カルサカウ首相を表敬
				4/12	ナパット外務・国際協力・貿易相を表敬
				4/12	レゲンバヌ気候変動適応・エネルギー・環境・気象・地質災害・災害管理相を表敬
パプアニューギニア	往	秋本外務大臣政務官	8/1-8/2	8/2	マラペ首相を表敬
	往	堀井外務副大臣	10/1-10/3	10/2	ナザブ・トモダチ国際空港開港式出席
				10/3	マラペ首相を表敬
パラオ	来	ウィップス大統領	6/12-6/15	6/14	岸田総理大臣と会談
バングラデシュ	来	ハシナ首相	4/25-4/28	公式実務訪問賓客	
				4/26	天皇陛下が御引見
				4/26	岸田総理大臣と会談
	往	髙木外務大臣政務官	5/12-5/13	5/13	第6回インド洋会議2023出席
				5/13	アラム外務担当国務相と会談
				5/13	サウド・ネパール外相と意見交換
				5/13	アクター米国国務次官補代理と意見交換
				5/13	ドルジ・ブータン外務貿易相と意見交換
				5/13	ワッツ・オーストラリア外務補佐官と意見交換
				5/13	ヴィエット・ベトナム外務次官と意見交換
	来	チョードリー国会議長	5/24-5/28	5/25	細田衆議院議長と会談
				5/25	尾辻参議院議長と会談
	往	西村経済産業大臣	7/23-7/24	7/23	「新たな50年に向けた日バ経済関係サミット」出席
				7/23	フマユン工業相と会談
				7/23	ムンシ商業相と会談
	往	高村外務大臣政務官	10/7-10/9	10/7	ダッカ国際空港第3ターミナル開所式出席
				10/7	スカルペリWFPバングラデシュ事務所代表と意見交換
				10/7	アラム外務担当国務相と会談
				10/8	ハシナ首相を表敬
				10/8	ミャンマー・ラカイン州からの避難民キャンプ視察
東ティモール	往	武井外務副大臣	7/6-7/7	7/6	フレイタス外務・協力相及びランジェルASEAN関係副相を表敬
				7/6	ラモス=ホルタ大統領を表敬
				7/6	ライ国民議会議長を表敬
				7/6	グスマン首相を表敬
				7/6	救急車引渡式出席
	来	グスマン首相	12/15-12/19	12/16	岸田総理大臣と会談
				12/16	岸田総理大臣夫妻主催晩餐会出席
				12/17	日本ASEAN友好協力50周年特別首脳会議出席
				12/18	宮中茶会に出席
フィジー	往	武井外務副大臣	4/12-4/14	4/13	カミカミザ副首相兼対外貿易・企業・中小事業相を表敬
				4/13	プナPIF事務局長と会談
	往	武井外務副大臣	5/3-5/4	5/3	フィジー警察の警備艇視察
フィリピン	来	マルコス大統領及び同令夫人	2/8-2/12	実務訪問賓客	
				2/9	天皇皇后両陛下が御会見
				2/9	岸田総理大臣と会談
	来	マナロ外相	2/8-2/12	マルコス大統領に同行	
				2/10	林外務大臣と会談
	来	ズビリ上院議長	4/2-4/6	4/4	尾辻参議院議長と会談
				4/5	岸田総理大臣を表敬
				4/5	細田衆議院議長と会談

国・地域名	往/来	要人名	期　間	往　来　目　的　・　主　要　日　程	
	往	加藤厚生労働大臣	5/2-5/3	5/2	ベルヘーレ保健相代行と会談
				5/3	サラ・ドゥテルテ副大統領と会談
	来	マナロ外相	5/13-5/16	5/16	林外務大臣と会談
	往	岸田総理大臣	11/3-11/4	11/3	マルコス大統領と会談
	来	マルコス大統領及び同令夫人	12/15-12/18	12/16	岸田総理大臣夫妻主催晩餐会出席
				12/17	日本ASEAN友好協力50周年特別首脳会議出席
				12/17	岸田総理大臣と会談
				12/18	AZEC首脳会合出席
				12/18	宮中茶会に出席
	来	マナロ外相	12/14-12/18	マルコス大統領に同行	
				12/16	上川外務大臣と会談
ブータン	往	西村環境大臣	7/29-7/31	7/30	ロクナス・エネルギー・天然資源相と会談
				7/30	ドルジ外務・貿易相と会談
				7/31	ロティ・ツェリン首相と会談
				7/31	ワンチュク国王陛下を表敬
ブルネイ	往	上川外務大臣	10/8-10/9	10/9	エルワン第二外相と会談
				10/9	ボルキア国王陛下を表敬
				10/9	サファディ・ヨルダン副首相兼外務・移民相と電話会談
	来	ボルキア国王陛下	12/14-12/17	12/15	天皇陛下が御会見（王子マティン殿下同席）
				12/16	岸田総理大臣と会談
				12/16	岸田総理大臣夫妻主催晩餐会出席
				12/17	日本ASEAN友好協力50周年特別首脳会議出席
	来	エルワン第二外相	12/13-12/20	ボルキア国王陛下に同行	
				12/18	上川外務大臣と会談
				12/18	AZEC首脳会合出席
ベトナム	往	鈴木財務大臣	1/12-1/13	1/13	フォック財政相と会談
				1/13	チン首相を表敬
	往	武井外務副大臣	2/24-2/28	2/24	マイ・ホーチミン市人民委員会委員長と会談
				2/25	第8回ジャパン・ベトナム・フェスティバル（JVF）出席
				2/25	ヴー外務筆頭次官と会談
				2/25	技能実習送り出し機関訪問
				2/27	ソン外相を表敬
				2/27	チュン共産党対外委員長を表敬
	往	加藤厚生労働大臣	5/5-5/6	5/5	ズン労働・傷病兵・社会問題相と会談
				5/5	ラン保健相と会談
				5/5	ラム公安相と会談
	来	チン首相	5/19-5/21	5/20-21	G7広島サミット出席
				5/21	平和記念資料館訪問及び原爆死没者慰霊碑献花
				5/21	岸田総理大臣と会談
	来	クアン副首相	5/24-5/26	5/25	林外務大臣と会談
				5/25	日経フォーラム第28回「アジアの未来」出席
	往	西村環境大臣	8/24-8/25	8/24	カイン天然資源環境相と会談
	往	尾辻参議院議長	9/4-9/7	9/5	フエ国会議長と会談
				9/6	トゥオン国家主席を表敬

国・地域名	往/来	要人名	期間	往来目的・主要日程
	往	秋篠宮皇嗣同妃両殿下	9/20-9/25	9/21 スアン国家副主席主催歓迎式典御臨席 9/21 スアン国家副主席を御引見 9/21 スアン国家副主席主催午餐会御臨席 9/21 日越外交関係樹立50周年記念式典御臨席 9/22 トゥオン国家主席表敬 9/22 トゥオン国家主席主催午餐会御臨席 9/22 日越外交関係樹立50周年記念新作オペラ「アニオー姫」御鑑賞 9/23 クオン・クアンナム省党委書記を御引見 9/23 クオン・クアンナム省党委書記主催晩餐会御臨席 9/24 クアン・ダナン市党委書記を御引見 9/24 クアン・ダナン市党委書記主催午餐会御臨席
	往	上川外務大臣	10/10-10/11	10/10 ソン外相と会談 10/10 トゥオン国家主席を表敬 10/10 アブダッラーUAE外相と電話会談 10/10 チン首相を表敬 10/10 チュン党中央対外委員長と会談
	往	辻外務副大臣	10/25-10/26	10/26 OECD東南アジア閣僚フォーラム出席 10/26 ソン外相を表敬 10/26 コーマンOECD事務総長と会談 10/26 トレビリアン英国外務・英連邦・開発省閣外相と会談
	往	西村経済産業大臣	11/2-11/4	11/3 第6回「日ベトナム産業・貿易・エネルギー協力委員会」出席 11/3 「Inno Vietnam - Japan Fast Track Pitch2023」出席 11/3 ズン計画投資相と会談 11/3 チン首相を表敬
	来	トゥオン国家主席及び同令夫人	11/27-11/30	公式実務訪問賓客 11/27 岸田総理大臣と会談 11/28 天皇皇后両陛下が御会見・宮中午餐
	来	チン首相	12/15-12/18	12/16 岸田総理大臣と会談 12/16 岸田総理大臣夫妻主催晩餐会出席 12/17 日本ASEAN友好協力50周年特別首脳会議出席 12/18 AZEC首脳会合出席 12/18 宮中茶会に出席
マーシャル諸島	往	武井外務副大臣	1/10-1/11	1/10 カブア伝統的首長評議会議長を表敬 1/10 カブア外務・貿易相を表敬 1/10 カブア大統領を表敬 1/11 海上警察署及び海洋資源局訪問 1/11 太平洋戦没者慰霊碑献花
	来	カブア外務・貿易相	2/5-2/9	2/7 岸田総理大臣を表敬 2/8 林外務大臣と会談
	来	カブア大統領	12/7-12/10	12/8 岸田総理大臣と会談
マレーシア	往	武井外務副大臣	3/14-3/15	3/14 モハマド外務副相と会談 3/15 マラヤ大学日本留学特別コース訪問及び元日本留学生と意見交換
	往	永岡文部科学大臣	6/24-6/25	6/24 カレド高等教育相と会談
	往	宮下農林水産大臣	10/4-10/6	10/4 日・ASEAN農林大臣会合出席 10/4 モハマド農業・食料安全保障相と会談 10/4 フー・シンガポール持続可能性・環境相と会談 10/5 ドゥット・カンボジア農林水産相と会談 10/5 カオ・キムホンASEAN事務総長と会談 10/6 ASEAN＋3農林大臣会合出席
	往	岸田総理大臣	11/4-11/5	11/5 アンワル首相と会談

国・地域名	往/来	要人名	期　間	往 来 目 的 ・ 主 要 日 程	
	来	アンワル首相及び同令夫人	12/15-12/18	12/16	岸田総理大臣と会談
				12/16	岸田総理大臣夫妻主催晩餐会出席
				12/17	日本ASEAN友好協力50周年特別首脳会議出席
				12/18	AZEC首脳会合出席
				12/18	宮中茶会に出席
	来	モハマド外相	12/15-12/18	アンワル首相に同行	
				12/16	上川外務大臣と会談
ミクロネシア	来	パニュエロ大統領、同令夫人及びシミナ連邦議会議長	2/1-2/4	2/2	岸田総理大臣と会談
	往	古屋特派大使	7/24-7/26	7/24	シミナ大統領及びパリ区副大統領を表敬
				7/25	パニュエロ前大統領を表敬
				7/25	モーゼス連邦議会議長を表敬
				7/26	クリスチャン元大統領を表敬
				7/26	シミナ大統領就任式出席
	来	ロバート外相	12/19-12/22	12/21	上川外務大臣と会談
モルディブ	来	シャーヒド外相	5/15-5/17	5/16	林外務大臣と会談
	往	林外務大臣	7/29-7/30	7/30	シャーヒド外相と会談
				7/30	ディディ国防相と会談
	往	武井外務副大臣	9/8-9/10	9/8	タフィーク選挙管理委員長と意見交換
				9/9	モルディブ大統領選挙の監視活動実施
				9/10	カリール外務担当国務相と会談
	往	高村外務大臣政務官（総理特使）	11/16-11/18	11/17	ムイズ大統領就任式出席
				11/18	ラーフィウ・スポーツ相を表敬
				11/18	アスラム国会議長を表敬
モンゴル	来	ザンダンシャタル国家大会議議長及び同令夫人	3/1-3/5	3/2	尾辻参議院議長と会談
				3/3	細田衆議院議長と会談
				3/3	天皇皇后両陛下が御引見
				3/3	岸田総理大臣を表敬
	往	秋本外務大臣政務官	4/30-5/2	5/1	アマルトゥブシン外務副相と会談
				5/1	アンフバヤル外務次官と会談
				5/1	ムングンチメグ大蔵副相と会談
ラオス	往	西村環境大臣	1/15-1/17	1/16	ブンカム天然資源環境相と会談
	来	トンルン国家主席	5/25-5/27	5/25	天皇陛下が御会見
				5/25	岸田総理大臣と会談
				5/26	日経フォーラム第28回「アジアの未来」出席
	来	サルムサイ副首相兼外相	5/25-5/29	トンルン国家主席に同行	
				5/25	林外務大臣と会談
				5/27	ラオス・フェスティバル開会式出席
	往	西村環境大臣	8/23-8/24	8/23	シティ・インドネシア環境林業相と会談
				8/24	ASEAN＋3環境大臣会合出席
				8/24	日・ASEAN閣僚級環境気候変動対話出席
				8/24	ブンカム天然資源環境相と会談
	往	上川外務大臣	10/11-10/12	10/11	サルムサイ副首相兼外相と会談
				10/11	ソーンサイ首相を表敬
				10/11	プット教育スポーツ相兼ラオス日友好協会会長と意見交換
				10/11	サイソムポーン国民議会議長ほかと意見交換
				10/11	サルムサイ副首相兼外相と会談
	来	サルムサイ副首相兼外相及び同令夫人	11/8-11/11	外務省賓客	
				11/10	岸田総理大臣を表敬
				11/10	上川外務大臣と会談
	来	ソーンサイ首相及び同令夫人	12/16-12/19	12/16	岸田総理大臣と会談
				12/16	岸田総理大臣夫妻主催晩餐会出席
				12/17	日本ASEAN友好協力50周年特別首脳会議出席
				12/18	AZEC首脳会合出席
				12/18	宮中茶会に出席

国・地域名	往/来	要人名	期間	往来目的・主要日程

（2）北米

国・地域名	往/来	要人名	期間	往来目的・主要日程
カナダ	往	岸田総理大臣	1/11-1/12	1/12　トルドー首相と会談
	往	秋本外務大臣政務官	1/17-1/20	1/18　シャキターノ国際民間航空機関（ICAO）理事会議長と会談 1/18　サラサールICAO事務局長と会談 1/19　ICAO日本人職員と意見交換
	来	ジョリー外相	4/16-4/18	4/16-18　G7長野県軽井沢外相会合出席 4/18　林外務大臣と会談
	来	トルドー首相	5/18-5/21	5/19-21　G7広島サミット出席 5/19　岸田総理大臣と会談 5/19　平和記念資料館訪問及び原爆死没者慰霊碑献花
	往	吉川外務大臣政務官	6/28-6/30	6/29　フォーティエ行財政管理調整委員会委員長と意見交換 6/29　マクドナルド・ローリエ研究所（MLI）ディレクターほかと意見交換 6/29　オリファント外務大臣政務官と会談 6/29　ビーティー商工会議所会頭兼最高経営責任者と意見交換 6/30　トロント日系文化会館訪問
	来	ロタ下院議長	9/7-9/10	9/8　G7下院議長会議出席 9/8　天皇陛下が御引見
	往	西村経済産業大臣	9/20-9/22	9/21　シャンパーニュ革新科学産業相と会談 9/21　イン国際貿易・輸出促進・小規模ビジネス・経済開発担当相と会談 9/21　ウィルキンソン・エネルギー天然資源相と会談 9/21　蓄電池サプライチェーン及び産業科学技術分野に関する協力覚書に署名 9/21　蓄電池サプライチェーンに関する官民ラウンドテーブル出席
	来	ジョリー外相	11/6-11/8	11/7-8　G7外相会合出席 11/7　上川外務大臣と会談
米国	往	西村経済産業大臣	1/5-1/9	1/5　レモンド商務長官と会談 1/5　戦略国際問題研究所（CSIS）で講演 1/6　米国連邦下院議員らと会談 1/6　マヨルカス国土安全保障長官と会談 1/6　ピーターソン米日経済協議会会長及びクラーク全米商工会議所会頭ほかと面談 1/6　タイ通商代表と会談 1/9　グランホルム・エネルギー長官と会談
	往	武井外務副大臣	1/8-1/9 及び 1/12	1/8　アリゾナ記念館で献花 1/12　グリーン・ハワイ州知事と意見交換
	往	河野デジタル大臣	1/10-1/12	1/11　フィック国務省サイバー空間・デジタル政策局大使と会談 1/11　グレーブス商務副長官と会談 1/12　タイ通商代表と会談
	往	浜田防衛大臣	1/11-1/13	1/11　日米安全保障協議委員会（日米「2＋2」）出席 1/12　オースティン国防長官と会談

国・地域名	往/来	要人名	期　間	往　来　目　的　・　主　要　日　程	
	往	林外務大臣	1/11-1/14	1/11	日米安全保障協議委員会（日米「2＋2」）出席
				1/11	ブリンケン国務長官と会談
				1/12	クールシ第77回国連総会議長と会談
				1/12	ソアレシュ・カーボベルデ外務・協力・地域統合相と会談
				1/12	法の支配に関する国連安全保障理事会（安保理）閣僚級公開討論出席
				1/12	カシス・スイス外相と会談
				1/12	グテーレス国連事務総長と会談
				1/12	サーイグUAE国務相と会談
				1/12	グリーンフィールド国連大使と会談
				1/12	朴振韓国外交部長官と電話会談
				1/13	「日・米宇宙協力に関する枠組協定」署名式出席
				1/14	全米商工会議所ラウンドテーブル出席
	往	岸田総理大臣	1/12-1/14	1/13	アーリントン国立墓地訪問
				1/13	ハリス副大統領と会談
				1/13	バイデン大統領と会談
				1/13	ジョンズ・ホプキンス大学高等国際関係大学院（SAIS）で講演
				1/13	米国連邦議会上・下院議員（超党派）と夕食会
	往	秋本外務大臣政務官	1/16-1/17	1/16	日本企業関係者と意見交換
				1/17	ボーイング社視察
	往	松本総務大臣	1/16-1/19	1/17	マルパス世界銀行総裁と会談
				1/17	ローゼンウォーセル連邦通信委員会（FCC）委員長と会談
	往	吉川外務大臣政務官	1/24-1/26	1/25	ゲレーロ・グアム準州知事を表敬
				1/25	南太平洋戦没者慰霊公苑で献花
				1/26	米海兵隊キャンプ・ブラス再発足・命名式典出席
	往	林外務大臣	2/22-2/24	2/23	ウクライナに関する国連総会緊急特別会合出席
				2/23	アムプラトゥン＝サルポン・ガーナ外務・地域統合副相と会談
				2/23	カーチェル・スロバキア外務・欧州問題相と会談
				2/23	ブカロ・グアテマラ外相と会談
				2/23	太平洋島嶼国国連常駐代表ほかと会談
				2/23	アルバレス・スペイン外務・EU・協力相と会談
				2/23	シーヤールトー・ハンガリー外務貿易相と会談
				2/23	ボージュ・マルタ外務・欧州・貿易相と会談
				2/23	タヤーニ・イタリア副首相兼外務・国際協力相と会談
				2/23	ボージュ・マルタ外務・欧州・貿易相主催夕食会出席
				2/24	ウクライナに関する安保理閣僚級討論出席
				2/24	グルリッチ＝ラドマン・クロアチア外務欧州相と会談
				2/24	フックストラ・オランダ副首相兼外相と会談
	往	鈴木財務大臣	4/11-4/14	4/12	マルチェンコ・ウクライナ財務相と会談
				4/12	G7財務大臣・中央銀行総裁会議出席
				4/12	第107回世界銀行・IMF合同開発委員会出席
				4/13	G20財務大臣・中央銀行総裁会議出席
				4/13	マルパス世界銀行グループ総裁と会談
				4/13	シタラマン・インド財務相と会談
				4/14	第47回国際通貨金融委員会出席
	来	ジョン・ケリー気候問題担当大統領特使	4/14-4/18	4/15-16	G7札幌気候・エネルギー・環境大臣会合出席
				4/17	岸田総理大臣を表敬

国・地域名	往/来	要人名	期間	往来目的・主要日程
	往	岸田総理大臣夫人	4/16-4/18	バイデン米国大統領夫人賓客として訪問 4/16　サクラマツリ・ストリートフェスティバル視察 4/16　国立アジア美術館訪問 4/17　バイデン大統領夫人と懇談 4/17　バイデン大統領と懇談 4/18　ハワード大学訪問
	来	ブリンケン国務長官	4/16-4/18	4/16-18　G7長野県軽井沢外相会合出席 4/17　林外務大臣と会談 4/18　岸田総理大臣を表敬
	往	秋本外務大臣政務官	5/2-5/4	5/3　「平和の持続のための未来志向の信頼」に関する安保理閣僚級公開討論出席 5/3　アベリアン国連事務次長と会談 5/3　国連関係機関邦人職員と意見交換
	来	バイデン大統領及び同令夫人	5/18-5/21	5/18　岸田総理大臣と会談 5/19-21　G7広島サミット出席 5/19　平和記念資料館訪問及び原爆死没者慰霊碑献花 5/20　日米豪印首脳会合出席 5/21　日米韓首脳間の意見交換
	来	ブリンケン国務長官	5/18-5/21	バイデン大統領に同行 5/19　林外務大臣と会談
	往	山田外務副大臣	5/24-5/28	5/25-26　アジア太平洋経済協力（APEC）貿易担当大臣会合出席 5/27　インド太平洋経済枠組み（IPEF）閣僚級会合出席 5/27　カミカミザ・フィジー副首相兼対外貿易・企業・中小企業相と会談 5/27　ハルタルト・インドネシア経済担当調整相と会談 5/27　トン・マレーシア投資貿易産業副相と会談 5/27　タイ通商代表と会談 5/27　ジエン・ベトナム商工相と会談
	往	西村経済産業大臣	5/24-5/28	5/25-26　APEC貿易担当大臣会合出席 5/25　オコナー・ニュージーランド貿易・輸出振興相と会談 5/25　マティウス・ペルー通商観光相と会談 5/25　ファレル・オーストラリア貿易・観光相と会談 5/25　ズルキフリ・インドネシア商業相と会談 5/25　マル・パプアニューギニア国際貿易相と会談 5/25　ジエン・ベトナム商工相と会談 5/26　王文濤中国商務部長と会談 5/26　イン・カナダ国際貿易・輸出促進・小規模ビジネス・経済開発担当相と会談 5/26　レモンド商務長官と会談 5/26　ガン・キムヨン・シンガポール貿易産業相と会談 5/26　スミス米国連邦議会下院歳入委員長と会談 5/26　アイルランガ・インドネシア経済担当調整相及びアグス工業相と会談 5/27　IPEF閣僚級会合出席
	往	吉川外務大臣政務官	6/26-6/28	6/27　ジャパン・ハウス　ロサンゼルス視察 6/27　全米日系人博物館（JANM）視察

資料編

国・地域名	往/来	要人名	期　間	往　来　目　的　・　主　要　日　程	
	往	武井外務副大臣	7/17-7/19	7/17	グリーンフィールド国連大使と会談
				7/17	ウクライナ情勢に関する安保理閣僚級会合出席
				7/18	AIと国際の平和と安全に関する安保理閣僚級会合出席
				7/18	ウクライナに関する国連総会討論出席
				7/18	クレーバ・ウクライナ外相と会談
				7/18	国連関係機関邦人職員と意見交換
				7/18	グテーレス国連事務総長と会談
				7/19	ロシアの拒否権行使に関する総会討論出席
				7/19	イサエフ・キルギス筆頭外務次官と会談
				7/19	ラッセル国連児童基金（UNICEF）事務局長と会談
				7/19	国連ハイレベル政治フォーラム2023閣僚級会合出席
	往	渡辺復興大臣	7/23-7/26	7/24	国立パシフィックノースウェスト研究所(PNNL)訪問
				7/24	OCOchem社視察
				7/24	トライシティー開発協議会訪問
				7/24	コロンビアベイスン大学訪問
				7/25	ハンマー連邦政府トレーニングセンター訪問
				7/25	ポート・オブ・ベントン訪問
	往	山田外務副大臣	8/2-8/3	8/3	飢饉と紛争に起因するグローバルな食料不安についての安保理ハイレベル公開討論出席
				8/3	アル・カアビーUAE国務相と会談
				8/3	フィノ・アルバニア欧州・外務副相と会談
	往	岸田総理大臣	8/17-8/18	8/18	バイデン大統領と会談
				8/18	日米韓首脳会合出席
				8/18	尹錫悦韓国大統領と会談
	往	小倉内閣府特命担当大臣	8/18-8/21	8/18	女性の経済的自立に関する日米韓三か国会議出席
				8/19	トレンティーノ・ペルー女性・社会的弱者担当相と会談
				8/20	APEC女性と経済フォーラム会合出席
	往	岡田国際博覧会担当大臣・内閣府特命担当大臣	9/6-9/7	9/7	国立公文書記録管理院（NARA）視察
				9/7	アレン国務次官と会談
	来	マッカーシー下院議長	9/7-9/10	9/8	G7下院議長会議出席
				9/8	天皇陛下が御引見

国・地域名	往/来	要人名	期　間	往　来　目　的　・　主　要　日　程
	往	上川外務大臣	9/18-9/22	第78回国連総会出席
				9/18　クレバリー英国外務・英連邦・開発相と会談
				9/18　グロッシー国際原子力機関（IAEA）事務局長と 　　　会談及びALPS処理水に関する日本とIAEAとの 　　　間の協力覚書に署名
				9/18　ヴィエイラ・ブラジル外相と会談
				9/18　ブリンケン国務長官と会談
				9/18　G7外相会合出席
				9/19　カッバ・シエラレオネ外務・国際協力相と会談
				9/19　コロンナ・フランス欧州・外務相と会談
				9/19　ワーリー国連薬物犯罪事務所（UNODC）事務 　　　局長と会談
				9/19　ファヨン・スロベニア副首相兼外務・欧州相と 　　　会談
				9/19　フランシス国連総会議長と会談
				9/19　ルトノ・インドネシア外相と会談
				9/19　ウォン・オーストラリア外相と会談
				9/19　ジャパン・ソサエティ訪問
				9/20　持続可能な海洋経済の構築に向けたハイレベル・ 　　　パネル第5回会合出席
				9/20　「女性・平和・リーダーシップ」シンポジウム出席
				9/20　パンデミックへの予防・備え・対応（PPR）に関 　　　するハイレベル会合出席
				9/20　モトリー・バルバドス首相を表敬
				9/20　ヌルトレウ・カザフスタン首相兼外相と会談
				9/20　クレーバ・ウクライナ外相と会談
				9/20　女性外務大臣レセプション出席
				9/21　朴振韓国外交部長官と会談
				9/21　イバーラ・メキシコ外相と会談
				9/21　国連未来サミット閣僚級会合出席
				9/21　女性・平和・安全保障（WPS）フォーカルポイン 　　　ト・ネットワーク・ハイレベル・サイドイベ 　　　ント出席
				9/21　安保理改革に関するG4外相会合出席
				9/21　ジョリー・カナダ外相と会談
				9/21　グテーレス国連事務総長と会談
				9/21　ゴメス・クラヴィーニ・ポルトガル外相と会談
				9/22　日米豪印外相会合出席
				9/22　ジャイシャンカル・インド外相と会談
				9/22　第13回包括的核実験禁止条約（CTBT）発効促 　　　進会議出席
				9/22　日米韓外相立ち話
				9/22　日米比外相会合出席
	往	武見厚生労働大臣	9/18-9/22	9/21　ユニバーサル・ヘルス・カバレッジ（UHC）ハ 　　　イレベル会合出席
				9/22　結核ハイレベル会合出席

資料編

国・地域名	往/来	要人名	期　間	往　来　目　的　・　主　要　日　程
	往	岸田総理大臣	9/19-9/21	第78回国連総会出席及び一般討論演説実施
				9/19　核兵器用核分裂性物質生産禁止条約（FMCT）ハイレベル記念行事出席
				9/19　SDGサミット出席
				9/19　一般討論演説実施
				9/20　2023年グローバル・ゴールキーパー賞受賞式出席
				9/20　ライースィ・イラン大統領と会談
				9/20　効果的な多国間主義とウクライナ情勢に関する安保理首脳級会合出席
				9/20　フレルスフ・モンゴル大統領と会談
				9/20　日本人国連関係機関員激励会出席
				9/20　アトランティック・カウンシル「グローバル市民賞」受賞式出席
				9/21　G7保健フォローアップ・サイドイベント出席
				9/21　UHCハイレベル会合出席
				9/21　ニューヨーク経済クラブで講演
	往	斉藤国土交通大臣	9/20-9/22	9/20　訪日観光レセプション出席
	往	木原防衛大臣	10/3-10/5	10/4　サリバン大統領補佐官（国家安全保障担当）と会談
				10/4　オースティン国防長官と会談
	往	堀井外務副大臣	11/4	ビッセン・マウイ郡長及びマウイ島山火事被災者と面会
				グリーン・ハワイ州知事と意見交換
				ランツ・インド太平洋軍司令官外交政策補佐官及びロッチマン太平洋陸軍司令官外交政策補佐官と意見交換
	来	ブリンケン国務長官	11/7-11/8	11/7-8　G7外相会合出席
				11/7　上川外務大臣と会談
	往	上川外務大臣	11/12-11/15	11/13-14　インド太平洋経済枠組み（IPEF）閣僚級会合出席
				11/13　タイ通商代表と会談
				11/13　「WPS＋イノベーション」シンポジウム出席
				11/13　ストルク・チリ外相と会談
				11/13　日系米国人と懇談
				11/14-15　APEC閣僚会議出席
				11/14　サファディ・ヨルダン副首相兼外務・移民相と電話会談
				11/14　シュクリ・エジプト外相と電話会談
				11/14　日米韓外相会合出席
				11/14　日米経済政策協議委員会（経済版「2+2」）第2回閣僚会合出席
				11/15　朴振韓国外交部長官と会談
				11/15　フランコ・ペルー外相と会談
				11/15　マナロ・フィリピン外相と会談

国・地域名	往/来	要人名	期　間	往　来　目　的　・　主　要　日　程
	往	西村経済産業大臣	11/12-11/17	11/12　「Japan Innovation Campus」オープニングセレモニー出席 11/13-14　IPEF閣僚級会合出席 11/13　タイ通商代表と会談 11/13　ザフルル・マレーシア投資貿易産業相と会談 11/13　カミカミザ・フィジー副首相兼対外貿易・企業・中小事業相と会談 11/13　AI・次世代半導体ラウンドテーブル出席 11/14-15　APEC閣僚会議出席 11/14　アイルランガ・インドネシア経済担当調整相と会談 11/14　ガン・キムヨン・シンガポール貿易産業相と会談 11/14　王文濤中国商務部長と会談 11/14　日米経済政策協議委員会（経済版「2+2」）第2回閣僚会合出席 11/14　レモンド商務長官と会談 11/15　方文圭韓国産業通商資源部長官と会談 11/15　アルジャーノン・ヤウ香港商務経済発展局長官と会談 11/15　カリフォルニア大学バークレー校で講演 11/15　APEC　CEOサミット　サイドイベント視察
	往	新藤経済再生担当大臣	11/14-11/16	11/14　マティウス・ペルー通商観光相と会談 11/15　ガン・キムヨン・シンガポール貿易産業相と会談 11/15　環太平洋パートナーシップに関する包括的及び先進的な協定（CPTPP）閣僚会合出席 11/15　ファレル・オーストラリア貿易・観光相と会談 11/15　ジエン・ベトナム商工相と会談 11/15　ベイデノック英国ビジネス貿易相と会談
	往	岸田総理大臣	11/15-11/17	11/15　セター・タイ首相兼財務相と会談 11/16-17　APEC首脳会議出席 11/16　トルドー・カナダ首相と会談 11/16　尹錫悦韓国大統領と会談 11/16　日米韓首脳立ち話 11/16　IPEF首脳会合出席 11/16　バイデン大統領と会談 11/16　習近平中国国家主席と会談 11/17　アルバニージー・オーストラリア首相と会談 11/17　スタンフォード大学における日韓行事出席

(3) 中南米

国・地域名	往/来	要人名	期　間	往　来　目　的　・　主　要　日　程
アルゼンチン	往	林外務大臣	1/9-1/11	1/10　フェルナンデス大統領を表敬 1/10　カフィエロ外務・通商・宗務相と会談 1/10　マサ経済相と会談 1/10　在アルゼンチン日系人と懇談
	来	カフィエロ外務・通商・宗教相	8/29-8/30	8/29　岸田総理大臣を表敬 8/30　林外務大臣と会談
	往	山東特派大使	12/9-12/12	12/10　ミレイ大統領就任式出席 12/12　ビジャルエル副大統領を表敬
ウルグアイ	往	武井外務副大臣	8/11-8/12	8/11　アルヒモン副大統領を表敬 8/11　エスクデル外務省事務総局長と会談 8/11　在ウルグアイ日系人及びJICA専門家と意見交換
エクアドル	往	林外務大臣	1/5-1/7	1/6　ラッソ大統領を表敬 1/6　オルギン外務・移民相と会談
コロンビア	往	秋本外務大臣政務官	6/28	コイ筆頭外務次官と会談

国・地域名	往/来	要人名	期 間	往 来 目 的 ・ 主 要 日 程
ジャマイカ	往	武井外務副大臣	5/15〜5/17	5/16-17　カリブ共同体（カリコム）外交・共同体関係理事会会合（COFCOR）出席 5/16　コートニー・ベリーズ外務・貿易・出入国管理担当相と会談 5/16　バプティスト・セントルシア外務・国際貿易・民間航空・海外移住者相と会談 5/16　ダグラス・セントクリストファー・ネービス外務・国際貿易・産業・商業及び消費者問題・経済開発・投資相と会談 5/17　ジョンソン＝スミス外務・貿易相及びジェネウス・ハイチ外務・宗務相と会談 5/17　ヘンダーソン・ドミニカ国外務・国際ビジネス・貿易・エネルギー相と会談 5/17　ピーターズ・セントビンセント外相と会談 5/17　アンドール・グレナダ外務・貿易・輸出開発相と会談 5/17　ラムディン・スリナム外務・国際商業・国際協力相と会談 5/17　バーネット・カリコム事務局長と会談
セントビンセント及びグレナディーン諸島	往	髙木外務大臣政務官	7/12-7/14	7/13-14　東カリブ漁業大臣会合出席 7/13　デフォエ・ドミニカ国農業・漁業・ブルー及びグリーンエコノミー担当相と会談 7/13　プロスペー・セントルシア農業・漁業・食料安全保障・村落開発相と会談 7/13　トーマス・グレナダ農業・土地・漁業・協同組合担当相と会談 7/14　ギッテンス漁業次官と会談 7/14　ダギンズ・セントクリストファーネービス農業・漁業・海洋資源・企業・共同組合・創造経済相と会談 7/14　セウディエン・スリナム農業・畜産・漁業相と会談 7/14　チャールズ・アンティグアバーブーダ水産政務次官と会談
セントルシア	往	武井外務副大臣	5/18-5/19	5/19　プロスペー農業・漁業・食料安全保障・村落開発相と会談 5/19　キング上級相兼インフラ・港湾・国土開発・都市再開発相と経済協力案件視察
チリ	往	林外務大臣	5/4-5/5	5/4　バン・クラベレン外相と会談 5/4　ボリッチ大統領を表敬 5/4　在チリ日系人との懇談
ドミニカ共和国	来	ペーニャ副大統領	3/31-4/5	実務訪問賓客 4/3　細田衆議院議長と会談 4/4　岸田総理大臣を表敬
	往	武井外務副大臣	7/20-7/21	7/20　ペーニャ副大統領を表敬 7/20　日本人移住記念碑に献花・日系人団体と懇談 7/21　アビナデル大統領を表敬 7/21　アルバレス外相と会談
トリニダード・トバゴ	往	林外務大臣	4/29-5/1	5/1　ヤング・エネルギー及びエネルギー産業相と会談 5/1　ブラウン外務・カリコム担当相と会談
パラグアイ	往	林外務大臣	5/5-5/6	5/5　在パラグアイ日系人と懇談 5/5　ペニャ次期大統領を表敬 5/5　アリオラ外相と会談
	往	武井外務副大臣 （特派大使）	8/13-8/16	8/14　アブド大統領を表敬 8/15　ペニャ大統領就任式出席
バルバドス	往	林外務大臣	5/1-5/2	5/2　シモンズ外務・貿易相と会談 5/2　モトリー首相を表敬

国・地域名	往/来	要人名	期　間	往　来　目　的　・　主　要　日　程		
ブラジル	往	小渕特派大使	2022/12/29 - 1/2	2022/12/29	開拓先没者慰霊碑に献花	
				2022/12/30	ジャパン・ハウス　サンパウロ視察	
				2022/12/30	クリチバ日伯文化援護協会及びパラナ日伯商工会議所訪問	
				1/1	ルーラ大統領就任式出席	
				1/2	ヴィエイラ外相と会談	
	往	林外務大臣	1/7-1/9	1/8	日系社会歓迎式典出席	
				1/8	ジャパン・ハウス　サンパウロ視察	
				1/9	ヴィエイラ外相と会談	
	来	ルーラ大統領及び同令夫人	5/19-5/22	5/20-21	G7広島サミット出席	
				5/20	岸田総理大臣と会談	
				5/21	平和記念資料館訪問及び原爆死没者慰霊碑献花	
	来	ヴィエイラ外相	5/19-5/22	ルーラ大統領に同行		
				5/19	林外務大臣と会談	
ペルー	往	林外務大臣	5/2-5/4	5/3	ヘルバシ外相と会談	
				5/3	ボルアルテ大統領を表敬	
				5/3	国際交流基金リマ日本文化センター開所式出席	
				5/3	ペルー日系人協会訪問	
	来	ヘルバシ外相	8/30-9/2	9/1	林外務大臣と会談	
	往	佳子内親王殿下	11/2-11/9	11/3	日本ペルー外交関係樹立150周年記念式典御臨席	
				11/5	クスコ市主催歓迎式典御臨席	
				11/7	ボルアルテ大統領表敬	
				11/7	ボルアルテ大統領主催午餐会御臨席	
				11/7	外交関係樹立150周年記念公演御鑑賞	
ボリビア	往	秋本外務大臣政務官	6/29-7/1	6/29	チョケワンカ副大統領を表敬	
				6/29	マイタ外相を表敬	
				6/29	ママニ外務次官と会談	
				6/29	ラパス日本人会関係者と懇談	
				6/29	日・ボリビア税関相互支援協定及び無償資金協力署名式出席	
				6/30	サンタクルス県所在の日系団体代表者と懇談	
メキシコ	往	林外務大臣	1/4-1/5	1/4	ブエンロストロ経済相と会談	
				1/5	日墨会館訪問	
				1/5	エブラル外相と会談	
	往	秋本外務大臣政務官	6/25-6/27	6/27	第13回日・メキシコEPAに基づくビジネス環境整備委員会出席	
				6/27	エンシナス経済省通商担当次官と会談	
				6/27	モレノ筆頭外務次官と会談	
				6/27	日墨会館訪問	
	往	岡田国際博覧会担当大臣・内閣府特命担当大臣	9/4-9/6	9/5	エルナンデス外務次官と会談	

(4) 欧州

国・地域名	往/来	要人名	期　間	往　来　目　的　・　主　要　日　程		
アイスランド	往	西村経済産業大臣	4/30	ヘトリスヘイジ地熱発電所ほか視察 トールダルソン環境・エネルギー・気候相と会談		
	往	西村環境大臣	8/9-8/11	8/10	トールダルソン環境・エネルギー・気候相と会談	
アイルランド	来	オファイール下院議長	2/11-2/18	2/14	細田衆議院議長と会談	
				2/14	尾辻参議院議長と会談	
アルバニア	来	ラマ首相及び同令夫人	2/21-2/25	実務訪問賓客		
				2/22	岸田総理大臣と会談	
EU	来	ミシェル欧州理事会議長	5/18-5/21	5/19	平和記念資料館訪問及び原爆死没者慰霊碑献花	
				5/20-21	G7広島サミット出席	
	来	フォン・デア・ライエン欧州委員会委員長及び同令夫君	5/18-5/21	5/19	平和記念資料館訪問及び原爆死没者慰霊碑献花	
				5/20-21	G7広島サミット出席	

国・地域名	往/来	要人名	期　間	往　来　目　的　・　主　要　日　程
	来	メッツォラ欧州議会議長	9/7-9/10	9/8　　G7下院議長会議出席 9/8　　天皇陛下が御引見
	来	ボレル外務・安全保障政策上級代表兼欧州委員会副委員長	11/7-11/8	11/7-8　G7外相会合出席 11/8　　上川外務大臣と会談
イタリア	往	岸田総理大臣	1/10	メローニ首相と会談
	来	タヤーニ外務・国際協力相	4/14-4/19	4/16-18　G7長野県軽井沢外相会合出席 4/16　　林外務大臣と会談
	往	齋藤法務大臣	5/3-5/5	5/4　　ノルディオ司法相と会談 5/4　　カッサーノ破棄院長官を表敬
	来	メローニ首相	5/17-5/21	5/18　　岸田総理大臣と会談 5/19-21　G7広島サミット出席 5/19　　平和記念資料館訪問及び原爆死没者慰霊碑献花
	往	甘利総理特使	6/14-6/15	6/14　　ベルルスコーニ上院議員（元首相）葬儀出席
	来	フォンターナ下院議長	9/7-9/10	9/8　　G7下院議長会議出席 9/8　　天皇陛下が御引見
	来	タヤーニ外務・国際協力相	11/7-11/8	11/7-8　G7外相会合出席
ウクライナ	往	岸田総理大臣	3/21	ゼレンスキー大統領と会談
	来	ゼレンスキー大統領	5/20-5/21	5/21　　G7広島サミット出席 5/21　　岸田総理大臣と会談 5/21　　平和記念資料館訪問及び原爆死没者慰霊碑献花
	来	クブラコフ復興担当副首相兼地方自治体・国土・インフラ発展相	6/15-6/20	6/19　　林外務大臣と会談
	来	ステファンチューク最高会議議長	9/7-9/10	9/7　　細田衆議院議長と会談 9/8　　G7下院議長会議出席 9/8　　天皇陛下が御引見
	往	林外務大臣	9/9	ブチャ市訪問 シュミハリ首相を表敬 ゼレンスキー大統領を表敬 クレーン付トラック供与式出席 在ウクライナ日本国大使館視察 クレーバ外相と会談 スヴィリデンコ第一副首相兼経済相及びクブラコフ復興担当副首相兼地方自治体・国土・インフラ発展相と意見交換
	往	辻外務副大臣	11/20	シュミハリ首相を表敬 スヴィリデンコ第一副首相兼経済相を表敬 クブラコフ復興担当副首相兼地方自治体・国土・インフラ発展相を表敬 ウクライナ商工会議所と意見交換 地雷探知機等供与式出席 バニコフ外務副相と会談
英国	往	岸田総理大臣	1/10-1/11	1/11　　スナク首相と会談 1/11　　日英部隊協力円滑化協定署名式出席
	往	小倉内閣府特命担当大臣	1/12-1/14	1/12　　ベイデノック女性・平等担当相と会談 1/12　　文化・メディア・スポーツ（DCMS）省（孤独・孤立対策部局）訪問 1/13　　孤独・孤立対策関連専門家と意見交換 1/13　　フェアフィールド英国前歴開示及び前歴者就業制限機構（DBS）理事長と会談
	往	河野デジタル大臣	1/13-1/15	1/13　　ドネラン・デジタル・文化・メディア・スポーツ相と会談 1/13　　英国政府デジタルサービス（GDS）訪問 1/15　　ジャパン・ハウス ロンドン視察

国・地域名	往/来	要人名	期　間	往　来　目　的　・　主　要　日　程	
	来	クレバリー外務・英連邦・開発相	4/16-4/18	4/16-18	G7長野県軽井沢外相会合出席
				4/17	林外務大臣と会談
	往	秋篠宮皇嗣同妃両殿下	5/4-5/6	5/5	シメオン2世ブルガリア元国王御夫妻と御面会
				5/5	国王陛下主催レセプション御臨席
				5/6	国王陛下戴冠式御参列
	来	スナク首相及び同令夫人	5/18-5/21	5/18	岸田総理大臣と会談
				5/19-21	G7広島サミット出席
				5/19	平和記念資料館訪問及び原爆死没者慰霊碑献花
	往	髙木外務大臣政務官	6/11-6/12	6/12	「食料危機における対応に関する対話（産消対話）」出席
				6/12	ハドルストン・ビジネス・貿易省閣外相と会談
				6/12	カチャ・ウクライナ経済開発・貿易・農業副相と会談（オンライン）
	往	林外務大臣	6/20-6/22	6/21	「ウクライナ復興会議」出席
				6/21	クレバリー外務・英連邦・開発相と会談
				6/21	ハスラー・リヒテンシュタイン外務・教育・スポーツ相と会談
				6/21	G7外相会合出席
				6/21	マーティン・アイルランド副首相兼外務・国防相と会談
				6/21	シュミハリ・ウクライナ首相を表敬
				6/21	王立国際問題研究所（チャタムハウス）で講演
	往	西村環境大臣	8/7-8/9	8/8	ネピア大学視察
	往	西村経済産業大臣	9/5-9/6	9/6	日英戦略経済貿易政策対話出席
				9/6	国際戦略研究所（IISS）でスピーチ
				9/6	クティーニョ・エネルギー安全保障・ネットゼロ相と会談
	来	ホイル下院議長	9/7-9/10	9/8	G7下院議長会議出席
				9/8	天皇陛下が御引見
	来	クレバリー外務・英連邦・開発相	11/6-11/8	11/7-8	G7外相会合出席
				11/7	第5回日英外務・防衛閣僚会合（「2＋2」）出席
エストニア	往	河野デジタル大臣	7/14-15	7/14	カッラス首相と会談
				7/14	リーサロ経済IT相と会談
				7/15	国家情報システム庁（RIA）訪問
				7/15	NATOサイバー防衛協力センター視察
オーストリア	往	岡田国際博覧会担当大臣・内閣府特命担当大臣	5/1-5/2	5/2	ブラスニク政府代表と会談
				5/2	オーストリア政府主催「Road to Expo 2025」出席
				5/2	国立公文書館視察
	往	髙木外務大臣政務官	6/12-6/13	6/13	アル＝ガイスOPEC事務局長と会談
	往	武井外務副大臣	7/30-8/1	7/31	2026年核兵器不拡散条約（NPT）運用検討会議第1回準備委員会出席
				7/31	「核兵器のない世界」に向けた国際賢人会議に関するサイドイベント出席
				7/31	中満国連事務次長・軍縮担当上級代表と意見交換
				7/31	ヴィーナネンNPT運用検討会議第1回準備委員会議長と意見交換
				7/31	シト・キリバス国連常駐代表と意見交換
				7/31	フロイド包括的核実験禁止条約機関（CTBTO）準備委員会暫定技術事務局長と意見交換
	往	高市内閣府特命担当大臣	9/24-9/26	9/25	IAEA第67回総会出席
				9/25	グロッシーIAEA事務局長と会談
				9/25	フルビー米国エネルギー省核安全保障庁（NNSA）長官と会談
				9/25	ジャック・フランス原子力・代替エネルギー庁（CEA）長官と会談

国・地域名	往/来	要人名	期　間	往　来　目　的　・　主　要　日　程	
オランダ	往	吉川外務大臣政務官	5/12-5/13	5/12	化学兵器禁止機関（OPCW）化学・技術センター（CCT）開所式典出席
				5/12	アリアスOPCW事務局長と会談
				5/12	アナベル・ゴルディ英国防省閣外相を表敬
北マケドニア	往	深澤外務大臣政務官	11/29-12/1	11/30-12/1　第30回欧州安全保障協力機構（OSCE）外相理事会出席	
				11/30	コナコビッチ・ボスニア・ヘルツェゴビナ外相と会談
				11/30	イバノビッチ・モンテネグロ外相と会談
				12/1	OSCEトロイカ及びアジア・パートナー国会合出席
				12/1	シュミットOSCE事務総長と会談
				12/1	ボシニャコフスキ大統領府長官と会談
				12/1	オスマニ外相と会談
				12/1	トール・ファウス・アンドラ外相と会談
ギリシャ	来	ミツォタキス首相及び同令夫人	1/28-1/31	実務訪問賓客（実務訪問賓客としての滞在期間は1/29-31）	
				1/30	細田衆議院議長と会談
				1/30	秋篠宮皇嗣同妃両殿下が御引見
				1/30	岸田総理大臣と会談
クロアチア	往	吉川外務大臣政務官	7/7-7/9	7/8	ドブロニク・フォーラム出席
				7/8	アフメティ・コソボ外務副相と会談
	来	グルリッチ=ラドマン外務・欧州相	7/20-7/22	7/21	林外務大臣と会談
	往	辻外務副大臣	10/10-10/12	10/11	「ウクライナにおける人道的地雷除去支援ドナー会合」出席
				10/11	グルリッチ=ラドマン外務・欧州相を表敬
スイス	往	秋本外務大臣政務官	1/9-1/10	1/9	パキスタン洪水被害に関する支援国会合出席
				1/9	ミッチェル英国外務・英連邦開発省担当相と会談
				1/9	シュタイナーUNDP総裁と会談
				1/9	水鳥国連事務総長特別代表（防災担当）兼国連防災機関（UNDRR）長と会談
				1/9	セス国連訓練調査研究所（UNITAR）事務局長と会談
				1/9	ランド米国国務省対外援助部長と会談
				1/9	国際機関邦人職員と意見交換
	往	河野デジタル大臣	1/16-1/18	1/16-18　世界経済フォーラム年次総会2023（ダボス会議）出席	
				1/17	テオ・シンガポール情報通信相兼第二内務相と会談
				1/17	スキンナリ・フィンランド・開発協力・外国貿易相と会談
				1/17	フェードロフ・ウクライナ副首相兼デジタル化担当相と会談
				1/17	ブデン・チュニジア首相と会談
	往	後藤内閣府特命担当大臣	1/17-1/18	1/18	ダボス会議出席
				1/18	ベイデノック英国ビジネス貿易相と会談
				1/18	オコナー・ニュージーランド貿易・輸出振興担当相と会談

資料編

国・地域名	往/来	要人名	期間	往来目的・主要日程	
	往	西村経済産業大臣	1/18-1/20	1/18	ダボス会議出席
				1/18	プラド・エクアドル生産貿易投資漁業相と会談
				1/18	ベイデノック英国国際貿易相と会談
				1/19	シャップス英国ビジネス・エネルギー・産業戦略相と会談
				1/19	オコンジョ＝イウェアラWTO事務局長主催閣僚間対話出席
				1/19	気候関連貿易大臣会合出席
				1/19	日米EU閣僚級会合出席
				1/19	カナダ主催少数国グループ（オタワ・グループ）閣僚会合出席
				1/20	WTO電子商取引有志国会合出席
				1/20	スイス政府主催WTO非公式閣僚会合出席
	往	山田外務副大臣	1/19-1/20	1/19	WTO投資円滑化に関する非公式閣僚会合出席
				1/19	オタワ・グループ閣僚会合出席
				1/19	オコンジョ＝イウェアラWTO事務局長主催閣僚間対話出席
				1/20	WTO電子商取引有志国会合出席
				1/20	スイス政府主催WTO非公式閣僚会合出席
	往	上川外務大臣	12/12-12/14	12/13	第2回グローバル難民フォーラム（GRF）出席
				12/13	コロンナ・フランス欧州・外務相と会談
				12/13	サファディ・ヨルダン副首相兼外務・移民相と会談
				12/13	ナバンジャ・ウガンダ首相を表敬
				12/13	ブハビーブ・レバノン外務・移民相と会談
				12/13	アブドラヒアン・イラン外相と会談
				12/13	「WPS＋イノベーション－難民支援・人道支援の現場から－」意見交換会主催
				12/13	ポープ国際移住機関（IOM）事務局長と会談
スウェーデン	往	小倉内閣府特命担当大臣	1/10	テニエ高齢者・社会保険相と会談	
	往	岡田国際博覧会担当大臣	5/3	イェブレル貿易及び輸出・投資促進担当副相と会談	
	往	林外務大臣	5/12-5/15	5/13	EU・スウェーデン共催インド太平洋閣僚会合出席
				5/13	ハーヴィスト・フィンランド外相と会談
				5/13	シャレンベルク・オーストリア欧州・国際担当相と会談
				5/13	リンケービッチ・ラトビア外相と会談
				5/13	コンボス・キプロス外相と会談
				5/14	ビルストロム外相と会談
	往	河野デジタル大臣	7/13	イノベーションシステム庁訪問 eヘルス庁訪問 デジタル庁（DIGG）訪問 国税庁訪問	
スペイン	往	永岡文部科学大臣	4/30-5/1	5/1	外尾悦郎氏（世界文化遺産「サグラダ・ファミリア」主任彫刻家）へ文部科学大臣賞授与
	往	深澤外務大臣政務官	11/28-11/29	11/28-29	第23回日本・スペイン・シンポジウム出席
				11/28	モレノ外務・EU・協力省外交・グローバル問題担当長官と会談
チェコ	往	西村経済産業大臣	5/3-5/4	5/4	シーケラ産業貿易相と会談
デンマーク	往	西村経済産業大臣	5/1	リスキリング・ラウンドテーブル出席	
	往	岡田国際博覧会担当大臣・内閣府特命担当大臣	5/3-5/4	5/4	ビジネス庁ウィンディング長官及びテゲセン産業連盟国際市場政策部長ほか民間企業代表者との合同会議出席
				5/4	国立公文書館視察
	来	フレデリクセン首相	10/23-10/26	10/25	岸田総理大臣と会談
ドイツ	往	河野デジタル大臣	1/15-1/16	1/16	ヴィッシング連邦デジタル・交通相と会談

国・地域名	往/来	要人名	期　間	往　来　目　的　・　主　要　日　程	
	往	野村農林水産大臣	1/19-1/21	1/20	ヴォイチェホフスキ欧州委員（農業担当）と会談
				1/20	ビボー・カナダ農業・農産食料相と会談
				1/21	ロッロブリージダ・イタリア農業・食料主権・森林相と会談
				1/21	ベルリン農業大臣会合出席
				1/21	エズデミル食料・農業相と会談
				1/21	フェノー・フランス農業・食料主権相と会談
	往	林外務大臣	2/17-2/18	2/18	レインサル・エストニア外相と会談
				2/18	G7外相会合出席
				2/18	クレーバ・ウクライナ外相と会談
				2/18	王毅中国共産党中央外事工作委員会弁公室主任と会談
				2/18	ウクライナ復興サイドイベント出席
				2/18	リンケービッチ・ラトビア外相と会談
				2/18	日米韓外相会合出席
				2/18	第59回ミュンヘン安全保障会議出席
				2/18	ランズベルギス・リトアニア外相と会談
				2/18	朴振韓国外交部長官と会談
	来	ショルツ首相	3/18-3/19	3/18	岸田総理大臣と会談
				3/18	第1回日独政府間協議出席
				3/18	岸田総理大臣主催夕食会出席
	来	ハーベック副首相兼経済気候相	3/18-3/19	ショルツ大統領に同行	
				3/18	第1回日独政府間協議出席
	来	ベアボック外相	3/18-3/19	ショルツ大統領に同行	
				3/18	林外務大臣と会談
				3/18	第1回日独政府間協議出席
	来	ベアボック外相	4/16-4/18	4/16-18	G7長野県軽井沢外相会合出席
				4/17	林外務大臣と会談
	往	齋藤法務大臣	5/3	ブッシュマン司法相と会談	
	来	ショルツ首相及び同令夫人	5/18-5/21	5/19-21	G7広島サミット出席
				5/19	岸田総理大臣と会談
				5/19	平和記念資料館訪問及び原爆死没者慰霊碑献花
	来	バース連邦議会議長	9/7-9/10	9/8	G7下院議長会議出席
				9/8	天皇陛下が御引見
	来	ベアボック外相	11/7-11/8	11/7-8	G7外相会合出席
				11/8	上川外務大臣と会談
ノルウェー	来	ガラカーニ議会議長	2/4-2/8	2/6	細田衆議院議長と会談
				2/7	天皇陛下が御引見
				2/7	尾辻参議院議長と会談
	往	西村環境大臣	8/11-8/13	8/11	アイデ気候・環境相と会談
	来	ストーレ首相	12/6-12/8	12/7	岸田総理大臣と会談
フィンランド	往	小倉内閣府特命担当大臣	1/9	サルキネン社会問題・保健相と会談	
				マキパー家族問題・社会サービス大臣政務次官と会談	
	往	河野デジタル大臣	7/12	タヴィオ外国貿易・開発相と会談	
				財務省及びデジタル・人口データサービス庁訪問	
フランス	往	河野デジタル大臣	1/8-1/9	1/9	バロ・デジタル移行・電気通信担当相と会談
	往	岸田総理大臣	1/9-1/10	1/9	アズレー国連教育科学文化機関（ユネスコ：UNESCO）事務局長と会談
				1/9	マクロン大統領と会談
	往	小倉内閣府特命担当大臣	1/11-1/12	1/11	コーマンOECD事務総長と会談
				1/11	ローム男女平等・多様性・機会均等担当相と会談
				1/11	コンブ連帯・自立・障害者相と会談

国・地域名	往/来	要人名	期間	往来目的・主要日程
	往	髙木外務大臣政務官	2/13-2/15	2/14-15　OECD責任ある企業行動（RBC）閣僚級会合出席 2/14　ビロルIEA事務局長と会談 2/14　ハドルストン・ビジネス・英国貿易省閣外相と意見交換
	往	山田外務副大臣	3/4-3/6	3/4　カレンコ内務・海外領土相付海外領土担当相主催昼食会出席 3/4　在ヌメア領事事務所開所式出席 3/4　ダルマナン内務・海外領土相と会談 3/5　日本人墓地及び日本軍潜水艦乗組員慰霊碑献花
	来	コロンナ欧州・外務相	4/15-4/18	4/16-18　G7長野県軽井沢外相会合出席 4/18　林外務大臣と会談
	往	永岡文部科学大臣	5/2-5/3	5/2　アッシュバッハ欧州宇宙機関長官と会談 5/3　バラバスキ国際熱核融合実験炉（ITER）機構長と会談
	往	西村経済産業大臣	5/2-5/3	5/2　ル・メール経済・財務・産業・デジタル主権相と会談 5/3　パニエ＝リュナシェ・エネルギー移行相と会談 5/3　パリ・イル・ド・フランス商工会議所で講演
	往	岡田国際博覧会担当大臣・内閣府特命担当大臣	5/4-5/5	5/5　ケルケンツェス博覧会国際事務局（BIE）事務局長と会談 5/5　国立公文書館視察
	来	マクロン大統領	5/19-5/21	5/19-21　G7広島サミット出席 5/19　岸田総理大臣と会談 5/19　平和記念資料館訪問及び原爆死没者慰霊碑献花
	往	山田外務副大臣	6/7-6/8	6/6-7　OECD閣僚理事会出席 6/7　トレビリアン英国外務・英連邦・開発省閣外相と会談 6/7　オーストラリア主催WTO非公式閣僚会合出席 6/8　エアーズ・オーストラリア貿易補佐相兼製造業補佐相と会談 6/8　コーマンOECD事務総長と会談 6/8　オタワ・グループ閣僚会合出席
	往	林外務大臣	6/22-6/23	6/22　「新たな国際的開発資金取決めのための首脳会合」出席 6/22　国際交流基金パリ日本文化会館視察 6/22　コロンナ欧州・外務相と会談 6/23　ラジョリナ・マダガスカル大統領を表敬 6/23　バズム・ニジェール大統領を表敬
	来	ブロン＝ピヴェ国民議会議長	9/7-9/10	9/8　G7下院議長会議出席 9/8　天皇陛下が御引見
	往	髙村外務大臣政務官	9/27-9/28	9/28　IEA重要鉱物・クリーンエネルギー・サミット出席 9/28　ビロルIEA事務局長と会談 9/28　ホセ・フェルナンデス米国国務次官と会談

資料編

国・地域名	往/来	要人名	期　間	往　来　目　的　・　主　要　日　程	
	往	西村経済産業大臣	9/28-9/29	9/28	IEA重要鉱物・クリーンエネルギー・サミット出席
				9/28	ピケット＝フラティン・イタリア環境・エネルギー安全保障相と会談
				9/28	モスクファ・ポーランド気候・環境相と会談
				9/28	ラクトゥマララ・マダガスカル鉱山・戦略的資源相と会談
				9/28	ブルトンEU委員（域内市場担当）と会談
				9/28	キング・オーストラリア資源相兼北部豪州担当相と会談
				9/28	方文圭韓国産業通商資源部長官と会談
				9/28	ル＝メール経済・財務・産業・デジタル主権相と会談
				9/28	パニエ＝リュナシェ・エネルギー移行相と会談
				9/28	グランホルム米国エネルギー長官と会談
				9/28	ブラウン・クック諸島首相兼外相と会談
				9/28	タスリフ・インドネシア・エネルギー鉱物資源相と会談
				9/28	ビロルIEA事務局長と会談
	往	穂坂外務大臣政務官	10/17-10/18	10/18	学校給食コアリション閣僚級会合出席
				10/18	マケインWFP事務局長と会談
				10/18	フリジェンティ教育のためのグローバル・パートナーシップ（GPE）CEOと会談
				10/18	ムケシマナ国際農業開発基金（IFAD）副総裁と会談
				10/18	タヴィオ・フィンランド外国貿易・開発相と会談
	来	コロンナ欧州・外務相	11/6-11/8	11/7-8	G7外相会合出席
				11/8	上川外務大臣と会談
	往	深澤外務大臣政務官	11/9	「ガザ市民のための国際人道会合」出席	
	往	盛山文部科学大臣	11/11-11/12	11/11	ユネスコ総会で一般政策演説
				11/11	アズレー・ユネスコ事務局長と会談
	往	高村外務大臣政務官	11/14-11/15	11/14	ノロドム・シハモニ・カンボジア国王陛下に拝謁
				11/15	「第4回アンコール遺跡救済・持続的開発に関する政府間会議」出席
				11/15	アズレー・ユネスコ事務局長と会談
				11/15	国際交流基金パリ日本文化会館及びギメ東洋美術館視察
	往	堀井外務副大臣	11/29	国際交流基金パリ日本文化会館視察	
ブルガリア	往	西村経済産業大臣	5/5-5/6	5/5	ストヤノフ経済産業相と会談
				5/5	プレフ・イノベーション成長相と会談
				5/5	ペカノフ副首相とINSAIT視察
ベルギー	往	河野デジタル大臣	1/9-1/10	1/10	ヴェステアー欧州委員会副委員長（デジタル時代に対応した欧州担当）と会談

国・地域名	往/来	要人名	期　間	往　来　目　的　・　主　要　日　程	
	往	林外務大臣	4/3-4/6	4/4	日EU・EPA合同委員会第4回会合出席
				4/4	ラビブ外務・欧州問題・対外貿易・連邦文化施設相と会談
				4/4	ボレルEU外務・安全保障政策上級代表兼委員会副委員長と会談
				4/4	第1回「G7大阪・堺貿易大臣会合」(オンライン形式)出席
				4/4	チャヴシュオール・トルコ外相と会談
				4/4	ゴメス・クラヴィーニョ・ポルトガル外相と会談
				4/4	ラウ・ポーランド外相と会談
				4/4	ストルテンベルク北大西洋条約機構(NATO)事務総長と会談
				4/4	クレーバ・ウクライナ外相と会談
				4/5	ミルコフ・ブルガリア外相と会談
				4/5	アセルボーン・ルクセンブルク外相と会談
				4/5	アジア太平洋パートナー(AP4)及びストルテンベルクNATO事務総長と会談
				4/5	NATO外相会合出席
				4/5	ラスムセン・デンマーク外相と会談
	往	西村経済産業大臣	5/1-5/2	5/2	ドムブロウスキス欧州委員会上級副委員長(「人々のための経済」担当)兼欧州委員(貿易担当)と会談
	往	髙木外務大臣政務官	5/10-5/11	5/10-11	国連女性機関(UN Women)トップドナー・ラウンドテーブル出席
				5/10	ジュネ開発協力・大都市相と会談
				5/10	バフースUN Women事務局長と会談
				5/10	カンセラ・スペイン外務・EU・協力省国際協力担当長官と会談
				5/11	マサング・コンゴ民主共和国・ジェンダー家族・子供相と会談
	往	山田外務副大臣	6/15	「シリアと地域の将来のための第7回ブリュッセル会合」出席	
				ブハビーブ・レバノン外務移民相と会談	
				サファディ・ヨルダン副首相兼外務・移民相及びトーカーン・ヨルダン計画・国際協力相と会談	
	往	岸田総理大臣	7/12-7/13	7/13	ドゥ=クロー首相と会談
				7/13	第29回日・EU定期首脳協議出席
	往	辻外務副大臣	11/6-11/8	11/7	日・EUビジネス・ラウンドテーブル(BRT)第25回年次会合出席
				11/7	ヨウロヴァー欧州委員会副委員長(価値、透明性兼デジタル担当)と会談
				11/7	ジョアナNATO事務次長と会談
				11/7	サンニーノ欧州対外活動庁事務総長と会談
ポーランド	往	岸田総理大臣	3/22	モラヴィエツキ首相と会談	
				ドゥダ大統領と会談	
	往	西村経済産業大臣	5/4-5/5	5/4	ブダ経済開発・技術相と会談
				5/4	モスクファ気候・環境相と会談
	来	ラウ外相	5/9-5/12	5/10	林外務大臣と会談
				5/11	岸田総理大臣を表敬
	往	林外務大臣	9/8-9/9	9/8	ラウ外相と会談
ラトビア	往	中曽根特派大使	7/6-7/11	7/8	リンケービッチ大統領就任式出席
リトアニア	来	ランズベルギス外相	5/15-5/17	5/15	ミュンヘン・リーダーズ・ミーティング出席
				5/16	林外務大臣と会談

国・地域名	往/来	要人名	期　間	往　来　目　的　・　主　要　日　程	
	往	岸田総理大臣	7/11-7/12	7/11	モラヴィエツキ・ポーランド首相と会談
				7/12	NATO首脳会合出席
				7/12	「ウクライナ支援に関する共同宣言」発出式典出席
				7/12	杉原記念館訪問
				7/12	日豪NZ韓首脳会合出席
				7/12	ストルテンベルグNATO事務総長と会談
				7/12	シモニーテ首相と会談
				7/12	尹錫悦韓国大統領と会談
				7/12	ヒプキンス・ニュージーランド首相と会談
				7/12	クリステション・スウェーデン首相と会談
				7/12	パヴェル・チェコ大統領と会談
				7/12	ナウセーダ大統領と会談
	来	チュミリーテ・ニールセン国会議長	10/25-10/28	10/27	額賀衆議院議長と会談
ルーマニア	来	ヨハニス大統領及び同令夫人	3/5-3/9	実務訪問賓客	
				3/6	細田衆議院議長と会談
				3/7	天皇皇后両陛下が御会見
				3/7	岸田総理大臣と会談
	来	アウレスク外相	3/5-3/9	ヨハニス大統領に同行	
				3/7	林外務大臣と会談
	往	西村経済産業大臣	5/6-5/7	5/6	ブルドゥジャ研究・イノベーション・デジタル化相と会談
				5/6	ビジネスラウンドテーブル出席
	往	吉川外務大臣政務官	7/5-7/7	7/6	ブライラ橋開通式出席
	往	辻外務副大臣	10/12-10/13	10/12	ウクライナ避難民支援センター視察
				10/12	アウレスク大統領外交顧問を表敬
				10/12	アドベスク外相を表敬
				10/12	フリステア外務次官と会談

（5）ロシア・ベラルーシと中央アジア・コーカサス

国・地域名	往/来	要人名	期　間	往　来　目　的　・　主　要　日　程	
アゼルバイジャン	往	吉川外務大臣政務官	5/4-5/5	5/5	ルザエフ外務次官と会談
				5/5	バキロフ国家税関委員会委員長と会談
				5/5	ババエフ環境天然資源相と会談
アルメニア	往	吉川外務大臣政務官	5/2-5/3	5/2	ゲヴォルギャン経済次官と会談
				5/2	シモニャン国民議会議長を表敬
				5/3	サファリャン外務次官と会談
ウズベキスタン	往	吉川外務大臣政務官	1/10-1/12	1/11	サファーエフ上院第一副議長と会談
				1/11	サイードフ外相代行を表敬
				1/11	アブドゥハキーモフ天然資源相と会談
	来	クチカーロフ副首相	7/23-7/29	7/26	林外務大臣と会談
カザフスタン	往	吉川外務大臣政務官	1/12-1/14	1/12	カラバエフ産業・インフラ発展相と会談
				1/13	スレイメノヴァ・エコロジー・天然資源相と会談
				1/13	ヴァレシンコ外務次官と会談
				1/13	カズハン大統領府副長官兼国際協力担当大統領特別代表と会談
キルギス	往	吉川外務大臣政務官	8/1-8/2	8/1	クルバエフ外相を表敬
				8/1	モルドガジエフ外務次官と会談
				8/2	無償資金協力「人材育成奨学計画（JDS）」署名式出席
	来	ジャパロフ大統領及び同令夫人	11/17-11/20	公式実務訪問賓客	
				11/17	天皇皇后両陛下が御会見・宮中午餐
				11/17	額賀衆議院議長と会談
				11/20	岸田総理大臣と会談

国・地域名	往/来	要人名	期　間	往　来　目　的　・　主　要　日　程	
ジョージア	往	吉川外務大臣政務官	5/3-5/4	5/4	ダルサリア外務第一次官と会談
				5/4	ダヴィタシヴィリ副首相兼経済・持続的発展相と会談
タジキスタン	往	吉川外務大臣政務官	8/3-8/4	8/3	ムフリッディン外相を表敬
				8/3	ザウキゾダ経済発展貿易相を表敬
				8/3	秋野豊元国連政務官顕彰プレートに献花
				8/3	「ドゥシャンベ市第2産科病院医療機材供与式」出席
トルクメニスタン	往	吉川外務大臣政務官	7/10-7/12	7/11	ゲルディムィラドフ経済・銀行・国際金融担当副首相と会談
				7/11	メレドフ副首相兼外相と会談
				7/11	グルマノヴァ国会議長を表敬

（6）中東と北アフリカ

国・地域名	往/来	要人名	期　間	往　来　目　的　・　主　要　日　程	
アラブ首長国連邦	往	髙木外務大臣政務官	1/13-1/15	1/14-15	国際再生可能エネルギー機関（IRENA）第13回総会出席
				1/14	ヴェンツェル・ドイツ経済・気候保護省政務次官と会談
				1/14	シン・インド電力、新・再生可能エネルギー相と会談
				1/14	アリフィン・インドネシア・エネルギー・鉱物資源相と会談
				1/15	ラ・カメラIRENA事務局長と会談
	往	西村経済産業大臣	1/15-1/17	1/16	ワールド・フューチャー・エナジー・サミット出席
				1/16	ジャーベル産業・先端技術相兼日本担当特使（UAE気候変動特使、COP28議長）と会談
				1/16	アブダッラー外務・国際協力相と会談
				1/16	マズルーイ・エネルギー・インフラ相と会談
				1/16	ハルドゥーン・アブダビ執行関係庁長官と会談
				1/16	パニエ＝リュナシェ・フランス・エネルギー移行相と会談
	来	アブダッラー外相	6/9-6/12	6/9	岸田総理大臣を表敬
				6/12	林外務大臣と会談
	往	岸田総理大臣	7/17-7/18	7/17	ムハンマド大統領と会談
				7/17	日・UAE・ビジネス・フォーラム出席
	往	岸田総理大臣	11/30-12/2	12/1	国連気候変動枠組条約第28回締約国会議（COP28）出席
				12/1	ヘルツォグ・イスラエル大統領と会談
				12/1	タミーム・カタール首長と会談
				12/1	エルドアン・トルコ大統領と会談
				12/1	エルシーシ・エジプト大統領と会談
				12/2	フォン・デア・ライエン欧州委員会委員長と会談
				12/2	アブドゥッラー2世ヨルダン国王陛下と会談
				12/2	メローニ・イタリア首相と会談
				12/2	ライースィ・イラン大統領と電話会談
				12/2	マクロン・フランス大統領と電話会談

資料編

国・地域名	往/来	要人名	期　間	往　来　目　的　・　主　要　日　程	
	往	伊藤環境大臣	12/9-12/14	12/9-14	COP28出席
				12/9	趙英民中国生態環境部副部長と会談
				12/9	ヤーダブ・インド環境・森林・気候変動相と会談
				12/9	ストリレツ・ウクライナ環境保護・天然資源相と会談
				12/10	ジャーベル産業・先端技術相兼日本担当特使（UAE気候変動特使、COP28議長）と会談
				12/11	シルヴァ・ブラジル環境・気候変動相と会談
				12/11	フックストラ欧州委員（気候変動対策担当）と会談
				12/12	ギルボー・カナダ環境・気候変動相と会談
				12/12	フー・シンガポール持続可能性・環境相と会談
				12/12	パニエ＝リュナシェ・フランス・エネルギー移行相と会談
イスラエル	往	髙木外務大臣政務官	2/17-2/20	2/20	コーヘン外相を表敬
				2/20	オハナ・イスラエル議会議長を表敬
				2/20	ハネグビ国家安全保障会議（NSC）議長兼国家安全保障顧問を表敬
				2/20	ホロコースト博物館訪問
	往	河野デジタル大臣	7/19-7/20	7/19	アルベル内務相兼保健相と会談
				7/20	バルカット経済産業相と会談
				7/20	デジタル庁訪問
	往	山田外務副大臣	8/13-8/14	8/13	オハナ国会議長を表敬
				8/14	ハネグビNSC議長兼国家安全保障顧問と会談
	往	西村経済産業大臣	9/3-9/4	9/3	ヘルツォグ大統領を表敬
				9/4	日・イスラエル・イノベーション・ネットワーク（JIIN）総会出席
				9/4	経済イノベーション政策対話出席
				9/4	日本・イスラエル・ビジネスフォーラム出席
	往	上川外務大臣	11/3	コーヘン外相と会談	
				ヘルツォグ大統領を表敬	
イラン	来	アミール・アブドラヒアン外相	8/6-8/7	8/7	林外務大臣と会談
				8/7	岸田総理大臣を表敬
エジプト	往	岸田総理大臣	4/29-5/1	4/30	アラブ連盟事務局訪問
				4/30	エルシーシ大統領と会談
				4/30	大エジプト博物館視察
				4/30	日本・エジプト友好レセプション主催
				4/30	日・エジプト・ビジネスフォーラム出席
	往	山田外務副大臣	8/17	ローザ・アフリカ担当外務副相と会談	
				大エジプト博物館視察	
	往	林外務大臣	9/4-9/6	9/5	アンマール・チュニジア外務・移民・在外チュニジア人相と会談
				9/5	シュクリ外相と会談
				9/5	アブルゲイト・アラブ連盟事務総長と会談
				9/5	第3回日・アラブ政治対話出席
				9/5	中東に関する日本・エジプト・ヨルダン三者閣僚級協議出席
				9/5	ブリタ・モロッコ外務・アフリカ協力・在外モロッコ人相と会談
				9/6	エルシーシ大統領を表敬
				9/6	大エジプト博物館視察
	往	上川外務大臣	10/20-10/22	10/21	カイロ平和サミット出席
				10/21	エルシーシ・エジプト大統領と意見交換
				10/21	アッバース・パレスチナ大統領と意見交換
				10/21	クレバリー英国外務・英連邦・開発相と意見交換
				10/21	コロンナ・フランス欧州・外務相と意見交換
				10/21	ジョリー・カナダ外相と意見交換
				10/21	アイデ・ノルウェー外相と意見交換
				10/21	ヴィエイラ・ブラジル外相と意見交換

国・地域名	往/来	要人名	期　間	往　来　目　的　・　主　要　日　程
カタール	来	ムハンマド副首相兼外相	1/30-1/31	外務省賓客 1/31　岸田総理大臣を表敬 1/31　第2回日・カタール外相間戦略対話
	往	岸田総理大臣	7/18	タミーム首長と会談 日・カタール・ビジネス・レセプション出席
クウェート	往	髙木外務大臣政務官	1/15-1/16	1/16　オタイビ副外相と会談 1/16　ブーカマーズ公共事業相兼電力・水・再生可能エネルギー担当相を表敬 1/16　ハヤート外務省アジア担当外相補と会談
	往	森総理特使	12/17-12/20	12/18　ナッワーフ首長殿下の薨去を受けたミシュアル新首長への弔問
サウジアラビア	往	岸田総理大臣	7/16-7/17	7/16　日・サウジアラビア・ビジネス・ラウンドテーブル出席 7/16　ムハンマド皇太子殿下兼首相と会談
	往	林外務大臣	9/6-9/7	9/7　バドル・オマーン外相と会談 9/7　第1回日・サウジアラビア外相級戦略対話出席 9/7　ザヤーニ・バーレーン外相と会談 9/7　サーレム・クウェート外相と会談 9/7　第1回日・湾岸協力理事会（GCC）外相会合出席
	往	深澤外務大臣政務官	12/24-12/25	12/24　ホレイジー外務副相と会談 12/24　カーディ・スポーツ副相と会談 12/25　「日・サウジ・ビジョン2030」第7回閣僚会合出席 12/25　ハミードディーン政府観光局長官と会談 12/25　タウク文化相補佐官と会談
	往	齋藤経済産業大臣	12/24-12/25	12/24　日・サウジ・エネルギー協議出席 12/24　ホレイフ産業・鉱物資源相と会談 12/25　「日・サウジ・ビジョン2030」第7回閣僚会合出席 12/25　日・サウジ投資フォーラム出席 12/25　カサビ商業相と会談 12/25　イブラヒーム経済企画相と会談
チュニジア	往	山田外務副大臣	6/15-6/17	6/16　ブデン首相を表敬 6/16　アンマール外務・移民・在外チュニジア人相を表敬 6/16　第11回日本・チュニジア合同委員会出席 6/16　ベンアベス・チュニジア日本商工会議所会頭と意見交換
トルコ	往	山田外務副大臣	3/9-3/12	3/10-11　トルコ南東部地震被災地訪問 3/11　チャヴシュオール外相と電話会談 3/11　ヴァランク環境都市気候変動副相と会談 3/11　シャーヒン・ガジアンテップ市長と会談 3/11　国際緊急援助隊・医療チーム及び専門家チーム激励
	往	山田外務副大臣（総理特使）	6/3	エルドアン大統領就任式出席
	往	西村経済産業大臣	9/4-9/5	9/5　ボラット貿易相と会談 9/5　バイラクタル・エネルギー天然資源相と会談 9/5　日・トルコ・ビジネスフォーラム出席
	往	深澤外務大臣政務官	10/25-10/27	10/26　トルコ日本科学技術大学（TJU）訪問
パレスチナ	往	髙木外務大臣政務官	2/19	アッバース大統領を表敬 アムロ副首相を表敬 ジェリコ農産加工団地（JAIP）訪問
	往	河野デジタル大臣	7/19	サドル通信・IT相と会談 シュタイエ首相と会談
	往	山田外務副大臣	8/14-/8/15	8/14　シュタイエ首相を表敬 8/14　マーリキー外務・移民庁長官と会談 8/14　パレスチナ難民キャンプ視察 8/14　JAIP及びヒシャム宮殿視察

国・地域名	往/来	要人名	期間	往来目的・主要日程
	往	西村経済産業大臣	9/3	アッバース大統領を表敬 オサイリー国民経済庁長官と会談 JAIP訪問
	往	上川外務大臣	11/3	マーリキー外務・移民長長官と会談
モロッコ	来	エル・アラミー衆議院議長	3/5-3/9	3/6　天皇陛下が御引見 3/7　細田衆議院議長と会談 3/7　尾辻参議院議長と会談
	往	鈴木財務大臣	10/11-10/14	10/11　マルチェンコ・ウクライナ財務相と会談 10/12　G7財務大臣・中央銀行総裁会議出席 10/13　G20財務大臣・中央銀行総裁会議出席 10/14　第48回国際通貨金融委員会出席
ヨルダン	往	西村経済産業大臣	1/17	アブドッラー2世国王陛下を表敬
	来	サファディ副首相兼外務・移民相	3/11-3/14	外務省賓客 3/13　第3回日・ヨルダン外相間戦略対話出席 3/14　岸田総理大臣を表敬
	来	アブドッラー2世国王同妃両陛下	4/7-4/12	実務訪問賓客 4/11　天皇皇后両陛下が御会見 4/11　細田衆議院議長と会談 4/11　岸田総理大臣と会談
	来	フセイン皇太子殿下	4/7-4/12	アブドッラー2世国王同妃両陛下に同行 4/10　秋篠宮皇嗣同妃両殿下が御懇談 4/11　天皇皇后両陛下が御会見（国王同妃両陛下に同行）
	往	河野デジタル大臣	7/18	アル＝ハナーニデ・デジタル経済・起業相と会談 デジタル分野における協力覚書署名式出席
	往	林外務大臣	9/3-9/4	9/3　第4回日・ヨルダン外相間戦略対話出席 9/4　ハサーウネ首相を表敬 9/4　アブドッラー2世国王陛下に拝謁
	往	上川外務大臣	11/3-11/4	11/4　サファディ副首相兼外務・移民相と会談 11/4　バドル・オマーン外相と電話会談 11/4　国連パレスチナ難民救済事業機関（UNRWA）本部訪問
レバノン	往	山田外務副大臣	8/16	ミカーティ暫定首相を表敬 ナビーフ・ベッリ国会議長を表敬 ファーディ・アラーメ国会外交委員長ほかと意見交換 レバノン国内難民関連施設視察

（7）アフリカ

国・地域名	往/来	要人名	期間	往来目的・主要日程
アンゴラ	往	山田外務副大臣	2/8-2/10	2/9　マルティンス国営石油会社総裁と会談 2/9　ロペス外務副相と会談 2/9　バローゾ鉱物資源・石油・ガス副相と会談
	来	ロウレンソ大統領及び同令夫人	3/12-3/15	実務訪問賓客 3/13　天皇皇后両陛下が御会見 3/13　岸田総理大臣と会談
	往	西村経済産業大臣	8/8-8/9	8/8　CFAOモーターズアンゴラ視察 8/8　ジョアン経済企画相と会談 8/9　ロウレンソ大統領を表敬 8/9　日・アンゴラ・ビジネス・ラウンドテーブル出席
ウガンダ	往	林外務大臣	8/2	オドンゴ外相と会談 ムセベニ大統領を表敬

国・地域名	往/来	要人名	期　間	往　来　目　的　・　主　要　日　程	
エチオピア	往	髙木外務大臣政務官	2/16-2/17	2/16	栄養と食料安全保障に関するアフリカ連合（AU）総会サイドイベント出席
				2/16	ドラドラ・エスワティニ外務・国際協力相と会談
				2/16	イモンゴ・ガボン外務副相と会談
				2/16	マレク南スーダン外務・国際協力副相と会談
				2/16	シンゴエイ・ケニア外務次官と会談
				2/16	サッコ・アフリカ連合委員会（AUC）農業・農村開発・ブルーエコノミー・持続可能な環境担当委員と会談
				2/17	デメケ副首相兼外相と会談
				2/17	ペライラ・サントメ・プリンシペ外務・協力・共同体相と会談
				2/17	アンマール・チュニジア外務・移民・在外チュニジア人相と会談
				2/17	アドム・コートジボワール外務・アフリカ統合・在外自国民大臣付閣外相と会談
	往	林外務大臣	8/2-8/3	8/3	デメケ副首相兼外相と会談
				8/3	アビィ首相を表敬
ガーナ	往	岸田総理大臣	5/1-5/2	5/1	野口記念医学研究所視察
				5/1	アクフォ＝アド大統領と会談
ケニア	往	岸田総理大臣	5/2-5/3	5/3	ルト大統領と会談
コモロ連合	来	アザリ大統領及び同令夫人	5/19-5/22	5/20-21	G7広島サミット出席
				5/21	岸田総理大臣と会談
				5/21	平和記念資料館訪問及び原爆死没者慰霊碑献花
コンゴ民主共和国	往	西村経済産業大臣	8/9-8/10	8/10	サマ＝ルコンデ首相を表敬
				8/10	カメレ副首相兼国家経済相を表敬
				8/10	モテモナ鉱山相と会談
ザンビア	往	西村経済産業大臣	8/10-8/11	8/11	ヒチレマ大統領を表敬
				8/11	日・ザンビア鉱業投資ラウンドテーブル出席
				8/11	カブスウェ鉱山・鉱物開発相と会談
ジブチ	往	武井外務副大臣	4/25-4/28	4/26	ハッサン外務事務次官ほかと意見交換
セネガル	往	堀井外務副大臣	11/26-11/28	11/27	第9回アフリカの平和と安全に関するダカール国際フォーラム出席
				11/27	サル大統領を表敬
				11/27	ファル外務・在外自国民相と会談
				11/27	ユム国防相と会談
				11/27	ガズワニ・モーリタニア大統領を表敬
				11/27	マルティンス・ギニアビサウ首相を表敬
				11/28	セネガル日本職業訓練センター（CFPT）訪問
				11/28	無償資金協力「国立保健医療・社会開発学校（ENDSS）母子保健実習センター建設計画」完工式出席
ナイジェリア	往	田中総理特使	5/28-5/30	5/29	ティヌブ大統領就任式出席
ナミビア	往	西村経済産業大臣	8/7-8/8	8/8	ホエベス大統領府相と会談
				8/8	アルウェンド鉱山・エネルギー相と会談
				8/8	イープンブ産業化・貿易相と会談
マダガスカル	往	西村経済産業大臣	8/11-8/12	8/11	ツァイ首相、イヴェット・シラー外相及びラクトゥマララ鉱物・戦略資源相と会談
				8/12	アンバトビー・ニッケルプラント視察
南アフリカ	往	山田外務副大臣	2/5-2/8	2/6	フローリック国民会議議長代行と会談
				2/6	ンドゥングル・タンザニア鉱物省次官と会談
				2/7	鉱物資源安全保障パートナーシップ（MSP）副大臣級会合出席
				2/7	マシェゴ＝ドラミニ国際関係・協力副相と会談
				2/7	ガーニー英国産業・投資安全保障相と会談
				2/7	フェルナンデス米国務次官と会談
				2/7	アゼベド・アンゴラ鉱物資源・石油・ガス相と会談
				2/7	カザディ・コンゴ民主共和国財務相と会談

資料編

国・地域名	往/来	要人名	期 間	往 来 目 的 ・ 主 要 日 程
	往	林外務大臣	7/31-8/1	7/31　在南アフリカ日本商工会議所関係者と意見交換 8/1　パンドール国際関係・協力相と会談
モザンビーク	往	山田外務副大臣	5/1-5/4	5/1　日・モザンビーク投資促進セミナー出席 5/3　マレイアーネ首相を表敬 5/3　ザカリアス鉱物資源・エネルギー相と会談 5/3　トネラ経済財務相と会談 5/3　マガラ運輸通信相と会談 5/3　メスキータ公共事業・住居・水資源相と会談 5/3　ゴンサルヴェス外務副相と会談
	往	岸田総理大臣	5/3-5/4	5/3　日・モザンビーク経済界交流会出席 5/4　ニュシ大統領と会談
	来	ビアス国民議会議長	6/5-6/10	6/6　細田衆議院議長と会談 6/6　尾辻参議院議長と会談
	往	穂坂外務大臣政務官	10/5-10/8	10/5　ゴンサルヴェス外務協力副相と会談 10/7　ナカラ港完工式出席 10/7　ニュシ大統領を表敬
	来	マカモ外務協力相	11/26-11/29	外務省賓客 11/27　上川外務大臣と会談
モーリシャス	往	山田外務副大臣	5/4-5/6	5/5　ガヌー外相と会談 5/5　ボワゼゾン副大統領を表敬 5/5　日・モーリシャス投資促進フォーラム出席

(8) 国際機関

国・地域名	往/来	要人名	期 間	往 来 目 的 ・ 主 要 日 程
アジア・アフリカ法律諮問委員会（AALCO）	来	カマリン事務局長	1/31-2/7	2/1　山田外務副大臣を表敬
アジア海賊対策地域協力協定情報共有センター（ReCAAP-ISC）	来	ナタラジャン事務局長	10/30-11/2	10/31-11/1　第3回世界海上保安機関長官級会合出席
アジア・太平洋電気通信共同体（APT）	来	近藤 APT 事務局長	12/19-12/26	12/20　柘植外務副大臣と会談
医薬品特許プール（MPP）	来	ゴア事務局長	6/25-6/30	6/28　武井外務副大臣を表敬
欧州安全保障協力機構（OSCE）	来	シュミット事務総長	5/11-5/12	5/11　林外務大臣を表敬 5/12　山田外務副大臣と会談
北大西洋条約機構（NATO）	来	ストルテンベルグ事務総長	1/30-2/1	実務訪問賓客 1/31　岸田総理大臣と会談 2/1　林外務大臣と会談
教育のためのグローバル・パートナーシップ（GPE）	来	フリジェンティCEO	3/8	武井外務副大臣を表敬
教育を後回しにはできない基金（ECW）	来	シェリフ事務局長	3/8	武井外務副大臣を表敬
グローバルファンド（GF）	来	サンズ事務局長	2/28 － 3/2	3/2　武井外務副大臣を表敬
経済協力開発機構（OECD）	来	コーマン事務総長	1/23-1/24	外務省賓客 1/23　岸田総理大臣を表敬 1/24　林外務大臣と会談
	来	コーマン事務総長	5/11-5/21	5/11-13　G7新潟財務大臣・中央銀行総裁会議出席 5/20-21　G7広島サミット出席 5/20　林外務大臣と会談 5/21　平和記念資料館訪問及び原爆死没者慰霊碑献花
	来	コーマン事務総長	10/28-10/29	10/28-29　G7大阪・堺貿易大臣会合出席 10/29　上川外務大臣と会談

国・地域名	往/来	要人名	期間	往来目的・主要日程
国際エネルギー機関（IEA）	来	ビロル事務局長	4/15-4/16	4/15-16　G7札幌気候・エネルギー・環境大臣会合出席
	来	ビロル事務局長	5/19-5/21	5/20-21　G7広島サミット出席 5/20　林外務大臣と会談 5/21　平和記念資料館訪問及び原爆死没者慰霊碑献花
国際エネルギーフォーラム（IEF）	来	マクモニグル事務局長	2/26-3/2	2/27　髙木外務大臣政務官と会談
国際海洋法裁判所（ITLOS）	来	ホフマン所長	5/20-5/27	5/25　岸田総理大臣を表敬 5/25　林外務大臣を表敬
国際家族計画連盟（IPPF）	来	ベルメホ事務局長	4/23-4/29	4/27　秋本外務大臣政務官を表敬
国際刑事警察機構（INTERPOL）	来	ストック事務総長	12/7-12/11	12/8-10　G7茨城水戸内務・安全担当大臣会合出席
国際原子力機関（IAEA）	来	グロッシー事務局長	7/4-7/7	外務省賓客 7/4　林外務大臣と会談 7/4　岸田総理大臣を表敬 7/5　東京電力福島第一原子力発電所視察 7/6　日本原燃及び量子科学技術研究開発機構（QST）六ヶ所研究所視察 7/7　日本企業向け講演会出席
国際交通フォーラム（ITF）	来	キム・ヨンテ事務局長	6/17	G7三重・伊勢志摩交通大臣会合出席
国際再生可能エネルギー機関（IRENA）	来	ラ・カメラ事務局長	4/15-4/16	4/15-16　G7札幌気候・エネルギー・環境大臣会合出席
国際獣疫事務局（WOAH）	来	エロワ事務局長	3/6-3/7	3/7　秋本外務大臣政務官を表敬
	来	エロワ事務局長	9/20-9/22	9/21　CVO（首席獣医官）フォーラム会合出席
国際赤十字・赤新月社連盟（IFRC）	来	チャパゲイン事務総長	2/26-3/1	2/28　武井外務副大臣を表敬
国際通貨基金（IMF）	来	ゲオルギエヴァ専務理事	5/19-5/22	5/20-21　G7広島サミット出席 5/21　平和記念資料館訪問及び原爆死没者慰霊碑献花
国際電気通信連合（ITU）	来	ドリーン・ボグダン＝マーティン事務総局長	10/8-10/12	10/8-12　インターネット・ガバナンス・フォーラム（IGF）出席
国際熱核融合実験炉機構（ITER）	来	バラバスキ機構長	11/30-12/1	11/30　岸田総理大臣を表敬
国際熱帯木材機関（ITTO）	来	サックル事務局長	4/20-4/22	4/21　G7宮崎農業大臣会合サイドイベント「持続可能な木材利用によるネット・ゼロ及び循環経済の実現に向けて」出席
国際農業開発基金（IFAD）	来	ラリオ総裁	4/18-4/24	4/19　林外務大臣を表敬 4/22-23　G7宮崎農業大臣会合出席
国際民間航空機関（ICAO）	来	シャキターノ理事会議長	5/28-6/2	5/30　秋本外務大臣政務官と会談 6/1　武井外務副大臣と会談 6/1　上智大学シンポジウム講演
国際労働機関（ILO）	来	ウングボ事務局長	4/20-4/25	4/22-23　G7倉敷・労働雇用大臣会合出席 4/23　日・ILO年次戦略協議出席 4/24　林外務大臣を表敬 4/24　岸田総理大臣を表敬 4/25　ILO駐日事務所創設100周年記念式典出席
国連（UN）	来	クールシ第77回国連総会議長	2/15-2/19	2/15　林外務大臣と会談 2/17　岸田総理大臣を表敬
	来	グテーレス事務総長	5/19-5/21	5/20-21　G7広島サミット出席 5/21　平和記念資料館訪問及び原爆死没者慰霊碑献花 5/21　岸田総理大臣と会談
国連開発計画（UNDP）	来	シュタイナー総裁	7/6-7/7	7/6　林外務大臣を表敬 7/7　G7司法大臣会合出席

国・地域名	往/来	要人名	期間	往来目的・主要日程
国連気候変動枠組条約 (UNFCCC)	来	サイモン・スティル事務局長	4/15-4/17	4/15-16　G7札幌 気候・エネルギー・環境大臣会合出席
国連訓練調査研究所 (UNITAR)	来	セス総代表	6/27-7/2	6/28　武井外務副大臣を表敬
国連児童基金 (UNICEF)	往	ラッセル事務局長	7/17-7/19	7/19　武井外務副大臣と会談
国連食糧農業機関 (FAO)	来	屈冬玉事務局長	4/21-4/23	4/21　林外務大臣と会談 4/22-23　G7宮崎農業大臣会合出席
国連世界食糧計画 (WFP)	来	マケイン事務局長	4/19-4/25	4/20　林外務大臣と会談 4/22-23　G7宮崎農業大臣会合出席 4/24　岸田総理大臣を表敬
国連大学 (UNU)	来	マルワラ学長	3/14	林外務大臣と会談
	来	マルワラ学長	11/21	上川外務大臣と会談
国連難民高等弁務官事務所 (UNHCR)	来	グランディ高等弁務官	10/18-10/21	10/18　秋篠宮皇嗣同妃両殿下が御引見 10/19　上川外務大臣と会談
国連人間居住計画 (UN-Habitat)	来	シャリフ事務局長	7/6-7/9	7/7-7/9　G7香川・高松都市大臣会合出席
国連パレスチナ難民救済事業機関 (UNRWA)	来	ラザリーニ事務局長	10/1-10/4	10/2　上川外務大臣と会談
国連プロジェクト・サービス機関 (UNOPS)	来	モレイラ・ダ・シルバ事務局長	10/31-11/1	10/31　穂坂外務大臣政務官を表敬
国連薬物・犯罪事務所 (UNODC)	来	ワーリー事務局長	7/5-7/9	7/6　林外務大臣を表敬 7/6　日・ASEAN特別法務大臣会合出席 7/7　G7司法大臣会合出席
生物多様性条約 (CBD)	来	クーパー事務局長代行	5/14-16	5/15　「国際生物多様性の日2023 シンポジウム」出席
世界銀行 (WB)	来	マルパス総裁	5/19-5/21	5/20-21　G7広島サミット出席 5/20　林外務大臣と会談 5/21　平和記念資料館訪問及び原爆死没者慰霊碑献花
世界知的所有権機関 (WIPO)	来	タン事務局長	2/26-3/2	2/27　林外務大臣を表敬
世界貿易機関 (WTO)	来	オコンジョ=イウェアラ事務局長	5/19-5/22	5/20-21　G7広島サミット出席 5/20　林外務大臣と会談 5/21　平和記念資料館訪問及び原爆死没者慰霊碑献花
	来	オコンジョ=イウェアラ事務局長	10/27-10/29	10/28-29　G7大阪・堺貿易大臣会合出席 10/28　上川外務大臣と会談
赤十字国際委員会 (ICRC)	来	スポリアリッチ総裁	6/13-6/15	6/13-14　ICRCドナー・サポート・グループ年次会合出席 6/15　林外務大臣を表敬
東南アジア諸国連合 (ASEAN)	来	カオ・キムホン事務総長	6/5-6/6	6/5　林外務大臣と会談
	来	カオ・キムホン事務総長	10/24-10/29	10/24　上川外務大臣と会談 10/24　岸田総理大臣を表敬
	来	カオ・キムホン事務総長	12/16-12/18	12/16　岸田総理大臣夫妻主催晩餐会出席 12/17　日本ASEAN友好協力50周年特別首脳会議出席
万国郵便連合 (UPU)	来	目時政彦国際事務局長	6/5-6/7	6/5　岸田総理大臣を表敬 6/6-7　WCO（世界税関機構）-UPUグローバルカンファレンス出席
	来	目時政彦国際事務局長	12/18-2024/1/15	12/25　上川外務大臣を表敬 12/25　岸田総理大臣を表敬 2024/1/11　柘植外務副大臣を表敬

国・地域名	往/来	要人名	期　間	往　来　目　的　・　主　要　日　程	
米州開発銀行 (IDB)	来	イラン・ゴールドファイン総裁	1/22-1/24	1/22	穂坂外務大臣政務官を表敬
包括的核実験禁止条約機関 (CTBTO)	来	フロイドCTBTO準備委員会事務局長	1/18-1/19	1/18 1/19	林外務大臣を表敬 岸田総理大臣を表敬
	来	フロイドCTBTO準備委員会事務局長	8/4-8/9	8/4 8/6 8/6	岸田総理大臣と電話会談 林外務大臣を表敬 広島平和記念式典に参加
緑の気候基金 (GCF)	来	グレマレック事務局長	2/7-2/9	2/8	武井外務副大臣を表敬
	来	マファルダ・ドゥアルテ事務局長	11/19-11/20	11/20	堀井外務副大臣を表敬

資料編

用語索引

資料編

資料編

資料編

資料編

ろ

わ

資料編

御意見をお寄せください。

　外務省では、令和6年版外交青書についての御意見を募集しています。御感想、改善すべき点など、お気付きの点がございましたら、お知らせください。次年版の作成に当たり参考とさせていただきます。

〒100-8919
東京都千代田区霞が関２－２－１
外務省　総合外交政策局　政策企画室
（電話）03-5501-8208
（FAX）03-5501-8207
（メールアドレス）bluebook-policy@mofa.go.jp

外交青書ホームページ
https://www.mofa.go.jp/mofaj/
gaiko/bluebook/index.html

外務省ホームページ
https://www.mofa.go.jp/mofaj/

外 交 青 書 2024（令和6年版）

令和6年6月28日発行　　　　　　　　　　定価は裏表紙に表示してあります。

編　集　　外　　務　　省
〒100-8919
東京都千代田区霞が関2-2-1
TEL 03 (3580) 3311（代表）
https://www.mofa.go.jp/mofaj/

発　行　　日 経 印 刷 株 式 会 社
〒102-0072
東京都千代田区飯田橋2-15-5
TEL 03 (6758) 1011

発　売　　全 国 官 報 販 売 協 同 組 合
〒100-0013
東京都千代田区霞が関1-4-1
TEL 03 (5512) 7400

落丁・乱丁本はお取り替えします。

ISBN978-4-86579-420-5